Entscheidungen

des

Reichsgerichts.

Herausgegeben

von

den Mitgliedern des Gerichtshofes
und der Reichsanwaltschaft.

Entscheidungen in Zivilsachen.

111. Band.

Berlin und Leipzig 1926

Walter de Gruyter & Co.

vormals G. J. Göschen'sche Verlagshandlung - J. Guttentag, Verlagsbuchhandlung - Georg Reimer - Karl J. Trübner - Veit & Comp.

Entscheidungen

des

Reichsgerichts

in

Zivilsachen.

---

111. Band.

Mit Anhang: Entscheidungen des Staatsgerichtshofs.

Berlin und Leipzig 1926

Walter de Gruyter & Co.

vormals G. J. Göschen'sche Verlagshandlung - J. Guttentag, Verlagsbuchhandlung - Georg Reimer - Karl J. Trübner - Veit & Comp.

Druck von Metzger & Wittig in Leipzig.

Inhalt.

I. Bürgerliches Recht.

a. Reichsrecht.

Anhang: Entscheidungen des Staatsgerichtshofs.

III. Gerichtliches Verfahren.

1. Unter welchen Voraussetzungen dürfen preußische Polizeibeamte von der Schußwaffe Gebrauch machen, um die Flucht eines ihrer Bewachung anvertrauten Gefangenen zu verhindern?

Erlaß des preußischen Ministers des Innern vom 24. Juli 1919 über Waffengebrauch.

III. Zivilsenat. Urt. v. 21. April 1925 i. S. S. (Kl.) w. Preuß. Staat (Bekl.). III 238/24.

I. Landgericht I Berlin.
II. Kammergericht daselbst.

Am 31. März 1921 wurde der des Hochverrats dringend verdächtige und deshalb verhaftete Kommunistenführer S. aus dem Polizeigefängnis in das Berliner Polizeipräsidiumsgebäude überführt. Mit seiner Vorführung und Bewachung war der Kriminalassistent J. beauftragt worden. Bei dieser Gelegenheit wurde S. durch einen Pistolenschuß des J. niedergestreckt und starb an den Folgen seiner Verletzung. Die Kläger — die Witwe und die Kinder des S. — nehmen den preußischen Staat auf Schadensersatz in Anspruch, weil J. seine Amtspflichten schuldhaft verletzt und S. widerrechtlich erschossen habe. Der Beklagte verneint seine Verpflichtung zum Schadensersatz, da S. einen gewaltsamen Fluchtversuch gemacht habe und J. daher nach den bestehenden Vorschriften, insbesondere nach dem Erlaß des preußischen Ministers des Innern vom 24. Juli 1919, zum Gebrauch der Schußwaffe berechtigt gewesen sei. Das Landgericht und das Kammergericht teilten diese Rechtsauffassung und wiesen die Klage ab. Die Revision der Kläger hatte keinen Erfolg.

Gründe:

Die Revision macht in erster Reihe geltend:

1. daß der Erlaß des preußischen Ministers des Innern vom 24. Juli 1919 rechtsungültig sei,
2. daß J. bei Abgabe des Schusses sich nicht in den Grenzen dieses Erlasses gehalten habe.

Beide Angriffe gehen fehl.

Nach § 10 ALR. II 17 hat die Polizei die Aufgabe, die öffentliche Ruhe, Sicherheit und Ordnung aufrecht zu erhalten. Ihr liegt es ob, die Autorität der Staatsgewalt zu wahren und Angriffe auf sie abzuwehren. Zur Durchführung ihrer Aufgaben sind ihr Waffen anvertraut. Schon aus dieser Tatsache allein folgt, daß sie die Waffen nicht nur zur Ausübung des jedem Staatsbürger zustehenden Notwehrrechts, sondern auch zur Brechung des der Erfüllung ihrer Aufgaben entgegengesetzten Widerstandes, namentlich auch zur Aufrechterhaltung der Staatsautorität gebrauchen soll und darf, selbstverständlich nicht nach freier Willkür, sondern nach Maßgabe der von den zuständigen Stellen gegebenen Vorschriften und Richtlinien. Die Zentralstelle, der die Polizei im allgemeinen untersteht, ist das Ministerium des Innern (vgl. VO. vom 27. Oktober 1810 GS. 1811 S. 3). Der höchste Vorgesetzte der Schutz- und Sicherheitspolizei ist also der Minister des Innern, der früher sogar den Amtstitel Minister des Innern und der Polizei führte. Daß im Laufe der Zeit gewisse Zweige der Polizei anderen Ministern unterstellt worden sind, z. B. die Bau-, Wege- und Eisenbahnpolizei dem Minister der öffentlichen Arbeiten, die Berg-, Hafen- und Schiffahrtspolizei dem Handelsminister und die Gesundheitspolizei dem Kultusminister, ändert nichts an der Zuständigkeit des Ministers des Innern, für die Sicherheitspolizei Bestimmungen über den Waffengebrauch, sei es im allgemeinen, sei es für gewisse Zeiten oder Fälle, zu erlassen. So sind beispielsweise durch sein Reskript an das Polizeipräsidium in Berlin vom 13. Juli 1823 (Kamptz Ann. Bd. 7 S. 643), in seinem Reskript an die Regierung zu Oppeln vom 20. März 1824 (Kamptz Ann. Bd. 8 S. 202) und in seiner Allg. Verf. vom 3. Juli 1908 (MinBl. f. inn. V. S. 165) in Übereinstimmung mit der Kabinettsorder vom 3. Dezember 1823 und dem K. Erlaß vom 4. Februar 1854 (MinBl. f. inn. V. S. 69) die für die Gendarmerie gegebenen Vorschriften über den Waffengebrauch auch für Polizeibeamte als maßgebend erklärt worden. Für die Gendarmerie kommen in Betracht § 28 der Dienstinstruktion vom 30. Dezember 1820 (GS. 1821 S. 10) und der mit ihm übereinstimmende § 18 der VO. betr. Organisation der Landgendarmerie in den neuerworbenen Landesteilen vom 23. Mai 1867 (GS. S. 777). In beiden Instruktionen ist die Berechtigung zum Waffengebrauch „ohne weitere Autorisation der vorgesetzten Behörde" geregelt. Es ist damit also dieser die Befugnis vorbehalten, in einzelnen geeigneten Fällen über die im allgemeinen gegebenen Anweisungen hinauszugehen, den untergeordneten Organen andere Befehle zu erteilen und die Waffengebrauchsermächtigung zu erweitern. Diese Befugnis muß selbstverständlich ebenso wie den Vorgesetzten der Gendarmen auch den Vorgesetzten der Polizeibeamten zustehen, wenn diese bei der Mannigfaltigkeit und Verschiedenartigkeit des polizeilichen Tätigkeitsfelds ihres Amtes mit Erfolg walten sollen.

Fand also der Waffengebrauch der Sicherheitspolizeibeamten zunächst in § 28 der Instruktion vom 30. Dezember 1820 seine gesetzliche Stütze, so war und blieb es das Recht und die Pflicht des Oberhaupts der Landespolizei, des Ministers des Innern, diese Instruktion zu gewissen Zeiten und für gewisse Fälle den Umständen entsprechend zu ändern, zu verschärfen oder zu mildern. Daran hat auch die Staatsumwälzung nichts geändert.

Zur Zeit der kommunistischen und spartakistischen Unruhen und Umtriebe wurde von gewissen Elementen mit Macht an den Grundlagen des Staates gerüttelt und die Staatsautorität, wo es nur irgend anging, verhöhnt und zu unterwühlen versucht. Wenn der Minister des Innern unter diesen Umständen mit Rücksicht auf die damals ganz besonders schwierigen und verantwortungsreichen Aufgaben des polizeilichen Sicherheitsdienstes es für geboten hielt, die Vorschriften über den Waffengebrauch zu verschärfen, so machte er lediglich von seinem Recht Gebrauch, die Staatsautorität zu stützen und zu stärken. Er hielt sich dabei übrigens im wesentlichen an die Vorschriften, die für das zum Beistand von Zivilbehörden eingesetzte Militär gegeben sind (§ 5 des Gesetzes vom 20. März 1837 GS. S. 60) und an die von dem Chef der Landgendarmerie am 20. Juli 1906 mit Genehmigung des damaligen Ministers des Innern für die Landgendarmerie zusammengefaßten und in Kraft gesetzten Bestimmungen über den Waffengebrauch (vgl. Art. 148—154). Es kann daher in keiner Weise behauptet werden, daß er übermäßig strenge, dem Gerechtigkeits- und Billigkeitsgefühl widerstreitende Anordnungen getroffen hat. Nach dem Erlaß vom 24. Juli 1919 waren also die Polizeibeamten in den daselbst genannten besonders gefährdeten Bezirken bis auf weiteres befugt, von der Waffe Gebrauch zu machen, wenn eine eines Verbrechens oder Vergehens dringend verdächtige Person sich der Festnahme durch die Flucht zu entziehen suchte und auf die Aufforderung des Beamten: „Halt, oder ich schieße!" nicht sofort stehen blieb.

In tatsächlicher Hinsicht stellt das Kammergericht für den gegebenen Fall nun fest, daß der des Hochverrats dringend verdächtige S. während der Überführung aus dem Polizeigefängnis in das Polizeipräsidiumsgebäude innerhalb dieses einen Fluchtversuch machte, nachdem er dem J. einen heftigen Stoß vor die Brust versetzt hatte. S. suchte sich also seiner Festnahme unter Anwendung von Gewalt gegen die Person des mit seiner Bewachung amtlich betrauten J. durch die Flucht zu entziehen. Damit war eine der im Erlaß vom 24. Juli 1919 geforderten Voraussetzungen für den Waffengebrauch gegeben. Das Kammergericht hält aber auch weiter für erwiesen, daß J. den S. vor oder während der Überführung vor Fluchtversuchen ausdrücklich gewarnt und erst nach mehrmaligen Haltrufen auf den Fliehenden geschossen habe, und zwar nur, um dessen Flucht zu verhindern. Wenn der Berufungsrichter an anderer Stelle sagt, dem J. hätten dienstliche Nachteile gedroht, falls er nicht jedes ihm zu Gebote stehende Mittel zur Vereitelung der Flucht seines Gefangenen ergriffen und angewendet hätte, so sollte damit nicht gesagt werden, daß Furcht vor disziplinarer Bestrafung den J. zur Pistole hat greifen lassen, sondern es sollte zum Ausdruck gebracht werden, daß J. zum Gebrauch der Schußwaffe nicht nur berechtigt, sondern nach Lage des Falles sogar verpflichtet gewesen sei und pflichtwidrig gehandelt haben würde, wenn er nicht geschossen hätte.

Der Revision ist zuzugeben, daß diese Feststellung rechtsirrig wäre, wenn J. seinen Zweck, die Flucht zu verhindern, auch auf andere weniger gefährliche Weise mit Sicherheit hätte erreichen können. Das Kammergericht legt aber dar, daß trotz der Absperrung der meisten Ausgänge des Polizeipräsidiums, trotz der Bewachung der geöffneten Tore und trotz der sonst noch getroffenen Sicherungsmaßregeln S. bei der Größe und Unübersichtlichkeit des Gebäudes gute Fluchtaussichten gehabt hätte, sobald er auf der Treppenwendung den Augen des J. entschwunden wäre. Unter diesen Umständen durfte J. nach pflichtmäßigem Ermessen annehmen, daß er die Flucht nur durch eine Verwundung des S. mit Sicherheit verhüten könne und daß er deshalb schießen müsse. Den Tod des S. hat J. nicht gewollt. Einem solchen Verdacht widersprechen die tatsächlichen Feststellungen und Erwägungen des Berufungsrichters. Mit der Möglichkeit einer tödlichen Verwundung mußte J. bei der Schnelligkeit, mit der sich die Vorgänge abspielten, freilich rechnen. Sie durfte ihn aber vom Gebrauch der Schußwaffe nicht abhalten. Daß er die Waffen fahrlässig gehandhabt habe, dafür fehlt jeder Anhalt. Das Verhalten des J. wird also objektiv durch den Ministerialerlaß vom 24. Juli 1919 und subjektiv durch die Feststellungen des Berufungsurteils gerechtfertigt. Danach ist ein Verschulden, eine fahrlässige oder gar vorsätzliche Amtspflichtverletzung des J., nicht nur nicht erwiesen, sondern sogar einwandfrei widerlegt.

---

2. Wann liegt eine arglistige Täuschung vor, die das Recht auf Anfechtung der Ehe begründet?

BGB. § 1334.

IV. Zivilsenat. Urt. v. 30. April 1925 i. S. Ehem. H. (Kl.) w. Ehefr. H. (Bekl.). IV 562/24.

I. Landgericht Glogau.
II. Oberlandesgericht Breslau.

Der Ehemann H. hat seine im Jahre 1919 geschlossene Ehe wegen arglistiger Täuschung durch die Beklagte angefochten. Das Landgericht hat der Anfechtungsklage stattgegeben. Das Oberlandesgericht hat sie abgewiesen. Die Revision des Klägers hatte Erfolg.

Gründe:

Der Vater der Beklagten, der Gutsbesitzer in Ostpreußen war, ist im Jahre 1916 wegen Betrugsversuchs zu einer Geldstrafe von 2500 ℳ verurteilt worden, weil er den seinem Besitztum beim Russeneinfall zugefügten Schaden bei der Behörde in übertriebener Höhe zum Ersatz angemeldet hatte. Er ist im Jahre 1918, etwa ein Jahr vor der Eheschließung der Parteien, gestorben. Der Kläger macht geltend, die Beklagte habe ihm die Bestrafung ihres Vaters arglistig verschwiegen, um ihn zur Eingehung der Ehe zu bestimmen, die er — wie sie gewußt habe — bei Kenntnis der Sachlage nicht eingegangen wäre.

Das Berufungsgericht erörtert zunächst die Fragen, ob die Kenntnis der wahren Sachlage den Kläger von der Eingehung der Ehe abgehalten haben würde und ob die Beklagte mit einer solchen Sinnesart des Klägers gerechnet habe. Es trifft hierüber keine Feststellung, unterstellt aber, daß beide Fragen in einem dem Kläger günstigen Sinne zu beantworten seien; zur Abweisung der Anfechtungsklage kommt es aus folgenden Erwägungen: Von einer arglistigen Täuschung könne nur die Rede sein, wenn der Täuschende in verwerflicher Absicht zum Nachteil des Getäuschten handle. Daß eine solche verwerfliche Absicht bei der Beklagten vorgelegen habe, lasse sich nicht feststellen. Die gegebenen Umstände, daß nämlich die Beklagte ihren Vater für unschuldig gehalten habe und daß sein Ansehen durch die Bestrafung wenig gelitten habe, rechtfertigten die Annahme, daß die Beklagte den Standpunkt des Klägers, daß er zur Wahrung seiner Ehre und seines Ansehens die Beklagte wegen der Bestrafung ihres Vaters nicht heiraten dürfe, als unrichtig und einem zu hoch geschraubten Ehr- und Standesgefühl entsprossen angesehen und die Erwartung gehegt habe, der Kläger werde, wenn er in der Ehe mit ihr das von ihnen beiden gehoffte Glück gefunden haben würde, für den Fall, daß er dann Kenntnis von der Bestrafung ihres Vaters erhielte, seinen jetzigen Standpunkt als zu schroff erkennen und nicht beibehalten, sondern zufrieden und froh darüber sein, daß die Bestrafung ihres Vaters ihm bei der Eheschließung unbekannt geblieben sei und ihn nicht von der Eheschließung abgehalten habe.

Diese Ausführungen werden von der Revision mit Recht angegriffen.

Im Schrifttum wird allerdings zu § 1334 BGB. auch die Meinung vertreten, daß die Täuschung nur dann eine arglistige sei, wenn sie in der Absicht geschehe, dem Getäuschten etwas Arges anzutun, seinen Interessen zuwider zu handeln (so Staudinger-Engelmann A. 3a zu § 1334 BGB.; ähnlich Hollweck, Zivileherecht S. 123 Nr. 1). Aber § 1334 verlangt nichts weiter, als daß der Getäuschte zur Abschließung einer Ehe bestimmt werden soll, die er ohne die Täuschung nicht abschließen würde. Auf die Vorstellung, welchen Verlauf die durch Täuschung herbeigeführte Ehe nehmen werde, kommt es nicht an. Die Hoffnung, daß die so zustande gekommene Ehe späterhin einen für beide Teile günstigen Verlauf nehmen und daß der Getäuschte an ihr festhalten werde, wird fast immer bestehen. Wollte man das Erfordernis aufstellen, daß erwiesen werden müßte, der Täuschende habe darauf abgezielt, eine den Interessen des Getäuschten nachteilige Ehe herbeizuführen, so würde damit das Anfechtungsrecht aus § 1334 unerträglich eingeschränkt. In der Beratung der II. Kommission (Prot. Bd. 4 S. 77) hat man die Anfechtung für den Fall als berechtigt erklärt, daß der Mann die Braut über die von ihr zur Bedingung gemachte Zustimmung ihrer Eltern zur Eheschließung getäuscht habe. Dabei ist sicher nicht daran gedacht worden, daß der Braut noch außer der erschlichenen Einwilligung in die Eheschließung weiterhin etwas Arges angetan, ihren Interessen zuwidergehandelt werden sollte.

Auch in der Rechtslehre wird überwiegend die Meinung vertreten, daß schon die Herbeiführung einer vom andern Teil in dieser Weise nicht gewollten Eheschließung den Tatbestand der arglistigen Täuschung erfülle.

Der Begriff der arglistigen Täuschung kann bei § 1334 nicht anders umgrenzt werden als bei § 123 BGB. Dort ist aber die Rechtsprechung darüber einig, daß eine auf Schädigung gerichtete Absicht nicht erforderlich ist (Warn. 1909 Nr. 440, 1913 Nr. 310, JW. 1912 S. 69 Nr. 31 und öfter). Insoweit hält auch Staudinger (Riezler) eine auf Schädigung des Getäuschten gerichtete Absicht nicht für erforderlich (A. IV 1 zu § 123). Anders soll nur der Fall behandelt werden, wenn die Täuschung geradezu zum Besten des Getäuschten erfolgt sei (Staudinger a. a. O., RGR. Komm. A. 2 zu § 123). Etwas derartiges kann im Streitfall aus den Ausführungen des Berufungsurteils nicht entnommen werden.

Läßt aber das Gesetz schon bei einem gewöhnlichen Vertrag die Anfechtung wegen Arglist ohne den Nachweis einer Schädigungsabsicht zu, so muß das noch viel mehr bei der höchstpersönlichen Angelegenheit einer Eheschließung gelten.

Die Erwägung des Berufungsgerichts, die Hoffnung der Beklagten sei dahin gegangen, daß der Kläger später trotz der an ihm verübten Täuschung an der Ehe festhalten werde, kann nicht als ausschlaggebend erachtet werden. Wesentlich für die Anfechtbarkeit der Ehe ist die Meinung des Täuschenden über das zu gewärtigende Verhalten des Getäuschten gegenüber der Abschließung der Ehe, nicht darüber, wie sich dessen Verhalten späterhin, nach erfolgter Eheschließung gestalten werde, ob er dann von seinem Anfechtungsrecht auch Gebrauch machen werde. Das ist vom Reichsgericht in anderem Zusammenhang — unter dem Gesichtspunkt der Kenntnis von der Nichtigkeit der Ehe im Sinne von §§ 1345, 1701 BGB. — wiederholt ausgesprochen worden (RGZ. Bd. 109 S. 64 und die dort angeführten Urteile, ferner Urteil IV 218/24 vom 3. November 1924).

---

3. Unter welchen Voraussetzungen greift die Ausnahmebestimmung des § 16 Abs. 1 Satz 2 des Reichsmietengesetzes Platz?

III. Zivilsenat. Urt. v. 2. Mai 1925 i. S. Gemeinde St. (Kl.) w. Deutsches Reich (Bekl.). III 220/24.

I. Landgericht Münster.
II. Oberlandesgericht Hamm.

Zur Unterbringung des Postamtes in St. und zur Beschaffung einer Wohnung für den Postverwalter hat die Klägerin im Jahre 1899 ein Gebäude errichtet und an den damaligen Postverwalter vermietet. Im Jahre 1907 ist der Postfiskus in den Vertrag eingetreten und hat dann nach Ablauf der ursprünglichen Vertragszeit am 5. Juni 1914 das Gebäude zum jährlichen Mietpreise von 1320 *M* bis zum 1. Oktober 1924 weitergemietet.

Die Klägerin hält sich für berechtigt, auf Grund der Ausnahmebestimmung des § 16 Abs. 1 Satz 2 des Reichsmietengesetzes an Stelle der gesetzlichen die angemessene Miete zu fordern, und begehrt deren Festsetzung durch das Gericht. Das Landgericht hat der Klage stattgegeben, das Oberlandesgericht hat sie abgewiesen. Die Revision hatte keinen Erfolg.

Gründe:

Der Streit der Parteien drehte sich lediglich um die Frage, ob das zwischen ihnen bestehende Mietverhältnis den Bestimmungen des Reichsmietengesetzes untersteht oder ob es unter die Ausnahmebestimmung des § 16 Abs. 1 Satz 2 des genannten Gesetzes fällt.

Der Paragraph besagt zunächst, daß die Vorschriften des Gesetzes auf Neubauten . . . keine Anwendung finden und fährt dann in Satz 2 fort:

„Das gleiche gilt für Räume in Gebäuden, die im Eigentume des Reichs, eines Landes oder einer sonstigen Körperschaft des öffentlichen Rechtes stehen und entweder öffentlichen Zwecken oder zur Unterbringung von Angehörigen der Verwaltung des Reichs, des Landes oder der Körperschaft dienen oder diesen Zwecken, falls die Gebäude bereits vor dem 1. Oktober 1918 im Eigentum der genannten Körperschaften standen, zu dienen bestimmt sind."

Das Berufungsgericht glaubt, bereits aus dem Satzbau entnehmen zu sollen, daß die Worte „der Verwaltung des Reichs, des Landes oder der Körperschaft" auf die beiden Alternativen „öffentlichen Zwecken" und „Unterbringung von Angehörigen" zu beziehen seien, beide Voraussetzungen also in der Person der klagenden Stadtgemeinde zusammentreffen müßten. Schon hiernach finde die Vorschrift keine Anwendung, wenn eine Stadtgemeinde, wie im vorliegenden Falle, ein in ihrem Eigentume stehendes Haus für ihr fremde öffentliche Zwecke vermietet habe. Dieser Auslegung entsprächen auch der Sinn und die Absicht der Vorschrift, wie sie sich aus der Entstehungsgeschichte — § 5a WMG. vom 11. Mai 1920, § 7 WMG. vom 26. Juli 1923 und § 32 MSchG. vom 1. Juni 1923 — ergäben. Danach fordere § 16 RMG. ein Gebäude, das 1. der Stadt gehöre, 2. ihren öffentlichen Zwecken oder zur Unterbringung städtischer Beamten diene oder zu dienen bestimmt sei, in dessen Räume sie 3. freiwillig oder zwangsweise Mieter aufgenommen habe, denen sie als Vermieterin gegenüberstehe. Der § 16 Abs. 1 Satz 2 RMG. wolle eine unbillige Belastung der Mieter vermeiden und den Schutz und die Privilegierung des öffentlichen Interesses der Gemeinde, ihre *ihren* öffentlichen Zwecken dienenden Gebäude im Falle eigenen Notbedarfs freizumachen, sicherstellen. Für den vorliegenden Fall, da die Stadt das Gebäude eigens für die Zwecke der Post erbaut habe, treffe dies nicht zu.

Diesen Ausführungen kann das Revisionsgericht nicht beitreten.

Die Fassung der Bestimmung ist nach jeder Richtung hin unklar und läßt die aus dem Satzbau entnommene Auslegung des Berufungsurteils außerordentlich zweifelhaft erscheinen. Aber auch die Heranziehung des Wohnungsmietengesetzes und des Mieterschutzgesetzes zur Ermittelung des Zweckes und der Absicht der Ausnahmevorschrift unterliegt erheblichen Bedenken. Die Gesetze vom 1. Juni und 26. Juli 1923 sind nach dem Reichsmietengesetz vom 24. März 1922 erlassen. Da das jetzige Mietrecht als Ausnahmerecht sich den jeweils wechselnden Bedürfnissen anpassen muß und damit selbst dem Wechsel unterliegt, lassen die späteren Absichten des Gesetzgebers einen Rückschluß auf seine früheren um so weniger zu, als die verschiedenen Gesetze verschiedene Zwecke verfolgen. Das Reichsmietengesetz will lediglich die Höhe des Mietzinses regeln, die anderen wollen die Sicherstellung und Erfassung des Wohnraumes und den Schutz des Mieters im Besitze seiner Wohnung erreichen. Mit der Freimachung von Gebäuden, die das Berufungsgericht in den § 16 RMG. hinein legt, hat dieses Gesetz nichts zu tun.

Trotzdem war dem Berufungsgericht im Endergebnis beizutreten.

Das Reichsmietengesetz erfaßt grundsätzlich alle Mietverträge, soweit die Höhe der zu entrichtenden Miete in Frage kommt, und es erfaßt sie so vollständig, daß auf Verlangen einer Partei seine Vorschriften ohne weiteres und sogar unverzichtbar — § 19 — Platz greifen. Weder in sachlicher noch in persönlicher Hinsicht macht es einen Unterschied. Ob es sich um ein ganzes Gebäude oder nur um einzelne Räume in einem solchen handelt, welcher Art die Benutzung ist, ob der Vertrag von Privatpersonen oder einer öffentlichrechtlichen Körperschaft auf der Mieter- oder Vermieterseite abgeschlossen wird, ist grundsätzlich bedeutungslos. Demgemäß fällt zweifellos unter die Bestimmungen des Gesetzes ein Mietvertrag zwischen einer Privatperson einerseits, dem Reiche, einem Lande oder einer Körperschaft des öffentlichen Rechts anderseits auch dann, wenn die Mietsache zu öffentlichen Zwecken benutzt werden soll. Nicht anders ist in einem solchen Falle eine Körperschaft des öffentlichen Rechts, eine Stadtgemeinde gestellt, wenn sie als Vermieterin auftritt. An sich unterliegt also auch der hier streitige Mietvertrag den Vorschriften des Gesetzes, denen gegenüber auch Ausnahmevorschriften eng auszulegen sind.

Die Bestimmung des § 16 Abs. 1 Satz 2 RMG. kommt für den vorliegenden Fall überhaupt nicht in Betracht. Aus dem Wortlaut ist dies allerdings nicht zu ersehen, wohl aber gibt die Begründung über das, was beabsichtigt ist, Aufschluß. Sie besagt:

„Eine besondere Regelung erfordern in gewissem Umfang Räume in Gebäuden, die im Eigentum des Reichs, eines Landes oder einer sonstigen Körperschaft des öffentlichen Rechts stehen. Sofern diese Gebäude öffentlichen Zwecken dienen, d. h. mindestens teilweise der Erfüllung von öffentlichen Aufgaben des Reichs usw. gewidmet sind, verbietet sich die Anwendung der Vorschriften des Entwurfs auf Mietverträge, die etwa mit Beamten oder Privatpersonen über einzelne Räume geschlossen werden, schon aus dem Grunde, weil die Heranziehung der Mieter zur Tragung der Instandsetzungskosten, die meist nur zu einem kleinen Teile den Mietern zugute kommen würden — man denke namentlich an die Kosten großer Instandsetzungsarbeiten — zu einer unbilligen Belastung der Mieter führen müßte, und weil auch im übrigen derartige Gebäude nach besonderen Grundsätzen eingerichtet, benutzt und unterhalten werden. Der letztere Grund trifft auch bei solchen fiskalischen Gebäuden zu, die zur Unterbringung von Angehörigen — Beamten, Angestellten und Arbeitern — der Verwaltung dienen, wie z. B. bei den zahlreichen, von der Eisenbahnverwaltung für diesen Zweck errichteten Baulichkeiten.

Ausdrücklich hervorgehoben sei noch, daß die Vorschriften des Entwurfs in jedem Falle dann Anwendung finden, wenn das Reich usw. seinerseits Räume mietet."

Die Bestimmung bezieht sich also zunächst nicht auf ganze Gebäude, sondern auf Räume in Gebäuden, die öffentlichen Zwecken oder der Unterbringung von Beamten usw. der Verwaltung der zuständigen Körperschaft dienen oder zu dienen bestimmt sind. Die Instandsetzungskosten werden, wenn die Gebäude im übrigen dem öffentlichen Verkehr dienen, infolge der größeren Abnutzung, andernfalls infolge der besonderen Einrichtung, Benutzung und Unterhaltung sich höher stellen, als in Gebäuden, die nur von Privatpersonen bewohnt und benutzt werden. Würden diese Kosten nach den Grundsätzen des Reichsmietengesetzes auf die in solchen Gebäuden einzelne Räume innehabenden Beamten oder Privatpersonen umgelegt, so würden diese ohne Grund die durch den öffentlichen Verkehr, die Einrichtung usw. verursachten Kosten mitzutragen haben und schlechter gestellt sein, als die Mieter in Privathäusern; die Bestimmungen des Gesetzes, die ihren Schutz bezwecken, würden zu ihrem Nachteil ausschlagen. Das und nur das will die Ausnahmebestimmung verhüten. Anders soll es gehandhabt werden, wenn das Reich usw. selbst Mieter ist. Dann werden die erhöhten Kosten durch seinen Betrieb verursacht und in diesem Falle sollen nicht die Ausnahmebestimmung, sondern die Vorschriften des Gesetzes gelten.

Die Vorschrift hat also nicht, wie die Klägerin annimmt, den Zweck, dem Vermieter, wenn er eine Körperschaft des öffentlichen Rechts ist, über die von dem Reichsmietengesetz gezogenen Grenzen hinaus gehende Mieteinnahmen zu verschaffen, sondern nur den Mieter gegen unbillige Belastungen zu schützen. Ihre Anwendung für den vorliegenden Fall kommt also nicht in Frage.

---

4. Haftet für die Amtspflichtverletzungen, deren sich ein preußischer Amtsvorsteher in Ausübung ortspolizeilicher Befugnisse schuldig macht, der Amtsverband?

Preuß. Staatshaftungsgesetz vom 1. August 1909 § 4 Abs. 2.

III. Zivilsenat. Urt. v. 5. Mai 1925 i. S. S. (Kl.) w. den Amtsbezirk Altenfließ (Bekl.). III 285/24.

I. Landgericht Landsberg a. W.
II. Kammergericht Berlin.

Die vorbezeichnete Frage wurde bejaht aus folgenden

Gründen:

Der Amtsvorsteher hat die vom Kläger beanstandete Maßnahme in Ausübung der ihm nach § 59 Nr. 1 der Kreisordnung vom 13. Dezember 1872/19. März 1881 zustehenden ortspolizeilichen Machtbefugnisse verfügt. Wenn er dabei auch gemäß § 46 daselbst eine ihm übertragene staatliche Tätigkeit ausübte, so trägt doch die Verantwortung für eine von ihm hierbei begangene Zuwiderhandlung gegen die Amtspflichten nach § 4 Abs. 2 des Staatshaftungsgesetzes vom 1. August 1909 der Amtsverband, für dessen Dienst er angestellt war. Der erkennende Senat hat wiederholt ausgesprochen, daß für die Amtspflichtverletzung eines Kommunalbeamten der Kommunalverband, in dessen Dienst der Beamte steht, aufzukommen hat, auch wenn dieser bei seiner Amtsausübung Hoheitsrechte einer anderen Person des öffentlichen Rechts wahrgenommen hat (JW. 1917 S. 663 Nr. 21). Der gleiche Grundsatz muß in bezug auf die Ersatzpflicht eines Amtsverbandes wegen des Schadens angewendet werden, den der Amtsvorsteher unter Verletzung seiner Amtspflicht in Ausübung der ihm zustehenden ortspolizeilichen Gewalt, also staatlicher Hoheitsrechte verursacht hat. Der Standpunkt, welcher nach dem Ursprung der Gewalt scheiden und und für die in Betätigung staatlicher Machtbefugnisse begangenen Amtspflichtverletzungen der Beamten, die für den Dienst von Kommunal- oder ihnen gleichgestellten Verbänden angestellt sind, dem Staat die Haftung auferlegen wollte, hat nicht die gesetzliche Anerkennung gefunden. Er hat insbesondere in den Kommissionen des Abgeordneten- und des Herrenhauses, welche mit der Beratung des Entwurfs des Staatshaftungsgesetzes betraut waren, keine Zustimmung gefunden (siehe den Bericht der Komm. des AbgH. S. 14 flg., insbesondere S. 16, und den Bericht der Komm. des HH. S. 6 flg., S. 21 flg.). In bezug auf den Landrat hat zwar der Senat zwischen den Verstößen, die er sich als Beamter der Kreiskommunalverwaltung, und den Pflichtwidrigkeiten, die er sich als Organ der Staatsregierung hat zuschulden kommen lassen, unterschieden und dort den Kreis, hier den Staat für haftpflichtig erklärt (RGZ. Bd. 100 S. 188). Dies beruht jedoch auf der Doppelstellung des Landrats, der einerseits die den Kreis betreffenden staatlichen Geschäfte führt, anderseits aber an der Kommunalverwaltung des Kreises teilnimmt (§ 76 KreisO.) und demnach für den Dienst des Kreises als Kommunalverband und des Staates angestellt ist. Eine solche zweifache Stellung kommt aber dem Amtsvorsteher nicht zu. Er steht lediglich im Dienste des Amtsverbandes und wird bei der Ausübung der Ortspolizei so wenig wie die mit der örtlichen Polizeiverwaltung betrauten Gemeindebeamten als Organ des Staates tätig.

5. 1. Folgen des Beitritts Schwedens zur Revidierten Berner Übereinkunft für den Übersetzungsschutz schwedischer Urheber.
2. Genügt unter Umständen zum „Erscheinen" eines Schriftwerks eine Notausgabe von wenigen Stücken?

Revidierte Berner Übereinkunft über Urheberschutz vom 13. November 1908 Art. 4, 8. Verordnung vom 12. Juli 1910 (RGBl. S. 989).

I. Zivilsenat. Urt. v. 11. Mai 1925 i. S. v. Ph. u. Gen. (Kl.) w. H. (Bekl.). I 487/24.

I. Landgericht III Berlin.
II. Kammergericht daselbst.

Die Kläger sind Erben des am 14. Mai 1912 verstorbenen schwedischen Dichters August Strindberg. Der beklagte Verlag hat eine siebenbändige Ausgabe von „Ausgewählten Dramen" Strindbergs und eine Ausgabe seines Romans „Das rote Zimmer" in deutscher Übersetzung erscheinen lassen. Die Kläger sehen darin eine Verletzung des ihnen an jenen Werken zustehenden Urheberrechts und haben auf Unterlassung, Vernichtung und Schadensersatz geklagt. Die Beklagte hat Abweisung der Klage beantragt; sie bestreitet, daß eine Urheberrechtsverletzung vorliege.

Das Landgericht hat nach Beweiserhebung die Klage abgewiesen. Das Kammergericht hat durch Teilurteil die Berufung zurückgewiesen mit Ausnahme des von den Klägern hinsichtlich des Werkes „Totentanz" geltend gemachten Anspruchs.

Die Revision der Kläger hatte keinen Erfolg.

Gründe:

1. Bis zum 1. Januar 1920 bestimmten sich zwischen Schweden und dem Deutschen Reich die urheberrechtlichen Verhältnisse an Schriftwerken allein nach der Berner Übereinkunft vom 9. September 1886 (RGBl. 1887 S. 493) und der Pariser Deklaration vom 4. Mai 1896 (RGBl. 1897 S. 759). Schweden trat beiden erst durch Erklärung vom 8. Juli 1904 bei, und zwar nur der Berner Übereinkunft und der Pariser Deklaration, aber nicht der Pariser Zusatzakte.

Art. 2 der Berner Übereinkunft regelte den Urheberschutz und bestimmte: Die Urheber (und ihre Rechtsnachfolger) aus einem der

Verbandsländer sollten in den übrigen Ländern für ihre Werke die Rechte genießen, welche das Gesetz des betreffenden Landes den inländischen Urhebern einräume oder künftig einräumen werde (Art. 2 Abs. 1). Der ausländische Urheber wurde also für den Schutz des Originals dem inländischen gleichgestellt. Art. 5 der Berner Übereinkunft regelte den Schutz der Urheber gegen Übersetzung in fremde Sprachen. Er gab dem einem Verbandsland angehörigen Urheber und seinen Rechtsnachfolgern in den übrigen Ländern das ausschließliche Übersetzungsrecht. Doch war dieses Recht auf die Frist von 10 Jahren, gerechnet von der Veröffentlichung des Originals in einem Verbandslande an, beschränkt (Art. 5 Abs. 1).

Als schwedischer Urheber hatte Strindberg also Schutz gegen Übersetzung im Deutschen Reich 10 Jahre lang vom Erscheinen jedes seiner Werke an. Die Schutzfrist war für die jüngsten — 1907 erschienenen — Werke mit Ende 1917 abgelaufen, für die älteren entsprechend noch früher (Berner Übereinkunft Art. 5 Abs. 4). Das ist auch unstreitig. Vom Anfang des Jahres 1918 an stand somit für die 1907 erschienenen spätesten Werke die Übersetzung im Deutschen Reiche frei, für die älteren entsprechend vorher.

Inzwischen war vom Deutschen Reich die Revidierte Berner Übereinkunft vom 13. November 1908 (RGBl. 1910 S. 965) am 9. Juni 1910 angenommen worden. Ihr trat Schweden erst unter dem 16. Dezember 1919 (RGBl. S. 2127) bei, und zwar mit Wirkung vom 1. Januar 1920 ab. Dadurch empfing der Übersetzungsschutz schwedischer Urheber und ihrer Rechtsnachfolger im Deutschen Reich eine neue Grundlage. Art. 8 der Revidierten Berner Übereinkunft gibt dem einem Verbandsland angehörigen Urheber in den übrigen Verbandsländern während der ganzen Dauer ihres Rechts am ursprünglichen Werk die ausschließliche Befugnis der Übersetzung. Der Übersetzungsschutz des Urhebers ist also mit seinem Schutzrecht am ursprünglichen Werke gleichgestellt. Art. 4 der Revidierten Berner Übereinkunft mißt dem einem Verbandsland angehörigen Urheber in allen Verbandsländern, ausgenommen das Ursprungsland des Werkes, diejenigen Rechte bei, welche die einschlägigen Gesetze den inländischen Urhebern einräumen oder künftig einräumen werden, und ferner die in der Revidierten Berner Übereinkunft besonders festgesetzten Rechte (Art. 4 Abs. 1). Art. 18 der Revidierten Berner Übereinkunft trifft Übergangsbestimmungen. Zu ihrer Ausgestaltung und Ausführung dient wiederum die Verordnung vom 12. Juli 1910 (RGBl. S. 989), die unter Nr. 3 bestimmt:

„War vor dem Inkrafttreten der Übereinkunft eine Übersetzung erlaubterweise ganz oder zum Teil erschienen, so bleibt die Befugnis des Übersetzers zur Vervielfältigung, Verbreitung und Aufführung dieser Übersetzung unberührt."

Danach genießt vom 1. Januar 1920 ab der schwedische Urheber für seine erstmalig in Schweden veröffentlichten Werke auch im Deutschen Reich Übersetzungsschutz auf die ganze Dauer seines Urheberrechts am ursprünglichen Werke. Er wird gleich einem deutschen Urheber geschützt; nur kann er für ein Werk, das im Deutschen Reich durch Ablauf der früher maßgeblichen Schutzfrist schon Gemeingut war, keinen neuen urheberrechtlichen Schutz beanspruchen. Neue Übersetzungen dürfen im Deutschen Reich nur mit Erlaubnis des Urhebers vervielfältigt und verbreitet werden, selbst wenn der Übersetzungsschutz des Urhebers nach den früheren Vorschriften schon vor dem 1. Januar 1920 abgelaufen war. War aber eine Übersetzung erlaubterweise schon vor dem 1. Januar 1920 im Deutschen Reich erschienen, so kann, trotz Fortdauer des Urheberrechts, der Übersetzer diese Übersetzung weiter vervielfältigen und verbreiten.

Für Strindbergs Erben ergibt sich hiernach: Sie haben auf Grund ihres Urheberrechts an den ursprünglichen Werken, solange dieses dauert, im Deutschen Reich vom 1. Januar 1920 ab vollen Übersetzungsschutz erlangt; er war erloschen und ist durch die neuen Vorschriften wieder aufgelebt. Hat jedoch die Beklagte (oder wer sonst) vor dem 1. Januar 1920 erlaubterweise eine Übersetzung ganz oder zum Teil erscheinen lassen, so müssen die Erben dulden, daß diese Übersetzung weiter vervielfältigt und verbreitet werde. (Vgl. RGZ. Bd. 102 S. 135—138).

2. Das Berufungsgericht, das zutreffend von diesen in der Rechtsprechung entwickelten Grundsätzen ausgeht, hat weiter geprüft, ob das Erscheinen der Übersetzung vor dem 1. Januar 1920 — sofern es festgestellt werden könne — erlaubt gewesen sei.

Unstreitig war die zehnjährige Schutzfrist aus der Berner Übereinkunft Art. 5 Abs. 1 schon 1918 und vorher abgelaufen; die Werke waren also im Deutschen Reich für die Übersetzung frei.

Das Berufungsgericht hat weiter geprüft, ob die für Ausländer erforderliche Voraussetzung (§ 55 UrhG.) vorliege, daß das Werk selbst oder eine Übersetzung nicht etwa schon früher im Ausland als in Deutschland erschienen sei. In der Schwebe ist diese Frage nur für den „Totentanz" geblieben. Auf ihn erstreckt sich deshalb das Teilurteil des Kammergerichts nicht. Für „Kronbraut" und „Königin Christine" haben die Kläger entsprechende Behauptungen aufgestellt. Aber das Berufungsgericht sieht sie als widerlegt an durch das Gutachten des Sachverständigen.

3. Nach allem dem hängt die Entscheidung davon ab, ob die Dramenauswahl in 7 Bänden und der Roman „Das rote Zimmer" vor dem 1. Januar 1920 erschienen sind.

Das Berufungsgericht hat diese Frage — abgesehen von dem „Totentanz", für den die Entscheidung noch aussteht — bejaht. Die von der Revision dagegen unternommenen Angriffe können keinen Erfolg haben.

Der Roman „Das rote Zimmer" ist, wie das angefochtene Urteil als durch Zeugenaussagen bewiesen feststellt, bereits im Jahre 1919 in vielen Stücken — mindestens 3000 — verkauft worden. Hier bedarf es also keiner näheren Darlegung, daß das Buch schon vor dem 1. Januar 1920 erschienen ist. Das Kammergericht legt dar, warum es gewisse von den Klägern angetretene Beweise im Verhältnis zu den Ergebnissen der erhobenen für unwesentlich hält. Damit bleibt es in den Grenzen einer nach freier Überzeugung vollzogenen Beurteilung von Tatsachen (§ 286 ZPO.). Die Revision erstreckt ihren Antrag zwar mit auf diesen Roman, bringt aber zur Begründung insoweit nichts vor.

Bei der siebenbändigen Dramenauswahl nimmt das Berufungsgericht ebenfalls mit fehlerfreier Begründung an, daß sie noch im Jahre 1919 erschienen sei. Nach der Zeugenaussage einer Verlagsgehilfin der Beklagten waren bis zum 31. Dezember 1919 die Dramen in mindestens 50 Exemplaren zu 7 Bänden gedruckt, und mindestens 21 Bände waren verkauft worden. Ein Zeuge, der zu jener Zeit in Leipzig eine Sortimentsbuchhandlung hatte, bekundet, daß er in deren Betrieb schon zu Weihnachten 1919 die Dramen verkauft habe. Und ein anderer Leipziger Sortimenter sagt aus, er habe eine Ausgabe der Dramen bereits vor Weihnachten 1919 in seiner Buchhandlung zum Verkauf ausgestellt. Doch haben die Kläger demgegenüber unter Beweisantritt behauptet: Nur eine Notausgabe der Dramen sei vor dem 1. Januar 1920 in nicht mehr als 7 Stück zu 7 Bänden mit der Handpresse fertiggestellt worden; die wirkliche, erst im Jahre 1920 erschienene Ausgabe weiche in Druck und Ausstattung erheblich von der Notausgabe ab. Das Berufungsgericht unterstellt, daß es sich so verhalten möge, wie die Kläger behaupten, hebt hervor, daß — wie die Kläger zugeben — bereits gegen Ende des Jahres 1919 die angebliche Notausgabe in Buchhandlungen zum Verkauf ausgelegen habe, und führt aus: auch damit schon sei das Werk im Sinne der Verordnung vom 12. Juli 1910 „erschienen". Denn die Stücke seien im Buchhandel zu haben gewesen und mit dem ausdrücklichen Willen des Verlegers vor dem 1. Januar 1920 in den Verkehr gebracht worden. Unerheblich sei es, wenn es sich nur um eine Notausgabe gehandelt habe und die spätere von dieser in Druck und Ausstattung abgewichen sei. Die Verordnung vom 12. Juli 1910 habe die Übersetzer vor den Folgen neuauflebenden Übersetzungsschutzes bewahren und verhüten wollen, daß sie um die Früchte ihrer Tätigkeit gebracht würden. Die Beklagte habe befürchtet, daß der nahe bevorstehende Beitritt Schwedens zur Revidierten Berner Übereinkunft sie um die bereits aufgewendeten Kosten der Übersetzung bringe und, um ihre Rechte zu sichern, vor dem 1. Januar 1920 noch in aller Eile das Erscheinen bewerkstelligen müssen. „Erschienen" sei das Werk, wenngleich es nur in einer Notausgabe und in wenigen Stücken vor 1920 den Käufern zugänglich gemacht worden sei.

Diese Erwägungen des Berufungsgerichts enthalten keinen Rechtsirrtum.

Selbst wenn die Beklagte nur eine Notausgabe der „Ausgewählten Dramen" in sieben Stücken zu je sieben Bänden vor dem 1. Januar 1920 fertiggestellt hätte, so wäre damit das Werk vor diesem Zeitpunkt im Verlagshandel durch öffentliches tatsächliches Angebot einer Mehrzahl von Vervielfältigungsstücken an die Allgemeinheit herausgegeben worden und also „erschienen". Es braucht hier nicht erörtert zu werden, ob die genannten Merkmale schlechthin erforderlich und genügend sind, oder ob es z. B. in der Regel nicht bloß einer Mehrzahl, sondern einer Vielzahl von Stücken bedarf.

Denn bei der besonderen Lage des gegenwärtigen Falls kommt es darauf, was im allgemeinen und für gewöhnliche Fälle ausreichend und nötig sei, nicht entscheidend an. Entbehrlich ist darum auch die Untersuchung, welchen Sinn die einschlägigen Gesetzesvorschriften (UrhG. vom 19. Juni 1901/22. Mai 1910 §§ 7, 10, 11, 19, 20, 21, 22, 23, 27, 35, 55, 62; VerlG. §§ 2, 3, 15, 25, 42, 45, 46; KunstSchG. vom 9. Januar 1907/22. Mai 1910 §§ 9, 11, 19, 25, 26, 29, 30, 51, 53) mit dem nicht überall in gleicher Bedeutung verwendeten Ausdruck „erscheinen" jeweils verbinden. Wäre sonst grundsätzlich eine Vielzahl oder gar die vollendete Fertigstellung der ganzen Auflage für geboten zu erachten, so müßten doch unter mannigfachen besonders gestalteten Verhältnissen verschiedentlich Ausnahmen zugelassen werden. Wird etwa ein Werk überhaupt oder in einer besonderen Ausgabe oder mit besonderer Ausstattung (Liebhaberdruck u. dergl.) nur in geringer Anzahl hergestellt, so erhellt ohne weiteres, daß zum Erscheinen die Vollendung weniger Stücke genügen muß. Also geht es nicht an, die Fertigstellung einer kleinen oder eng begrenzten Menge schlechthin als unzulänglich auszuschließen, weil sie den Tatbestand des Erscheinens nicht verwirklichen könne. In einem Fall wie dem hier gegebenen reichte es zum Erscheinen des Werkes aus, wenn es beim Verleger auch nur in einigen Vervielfältigungsstücken derart fertig vorlag, wie es zum alsbaldigen Vertrieb an Käufer und damit zum bestimmungsmäßigen Hervortreten nötig war. Der Meinung der Revision, daß die Vervielfältigungsstücke als ein zum allgemeinen Absatz auf dem Büchermarkt bestimmter Vorrat hätten bei Leipziger Kommissionären auf Lager gebracht sein müssen, ist nicht beizutreten; der Weg über den Kommissionär bildet nicht so schlechthin die Regel, daß er für das Erscheinen eines Werkes geradezu begriffswesentlich sein könnte. War aber der Drucksatz fertig, so bestand jederzeit die Möglichkeit weiterer Vervielfältigung, und es kam daher auf den Umfang der schon bewirkten für die Frage des Erscheinens nicht an. Mit Recht hebt bereits das angefochtene Urteil hervor, daß diese Auslegung dem Zweck der Verordnung vom 12. Juli 1910 entspricht, die Übersetzer und Verleger vor den nachteiligen Folgen neu auflebenden Übersetzungsschutzes zu bewahren, ihnen die Früchte der in Zeiten der Übersetzungsfreiheit unter Ausnutzung des Rechtszustandes und im

Vertrauen auf seine Dauer geleisteten Arbeit und Vermögensaufwendung zu sichern.

Die Revision verkennt die durch jahrelange Übersetzungsfreiheit geschaffene Rechts- und buchhändlerische Geschäftslage, wenn sie ausführt, daß die Auslegung des Berufungsgerichts dem Gesetzgeber ein Schnippchen schlage zugunsten des literarischen Piratentums. Ihre Ablehnung der Frage nach dem Zweck des Gesetzes ist nicht angebracht, weil seine Ermittlung hier wie sonst im Dienst der Gesetzesauslegung nicht nur erlaubt, sondern geradezu geboten ist. Der Hinweis, daß der Gesetzeszweck von verschiedenen Berufskreisen je nach ihrem wirtschaftlichen Vorteil verschieden beurteilt werden könne, hält nicht Stich gegenüber der Erkenntnis, daß ein früheres, der Übersetzungsfreiheit gewichenes, Recht mit dem 1. Januar 1920 neu erstand und Gebilde der Zwischenzeit zum Nachteil der auf sie Vertrauenden beseitigte.

Die allgemeine Erwägung der Kläger, daß ihrem Urheberrecht als einer Befugnis höherer Ordnung auch unter diesen besonderen Umständen Vorrang und durchgreifende Wirkung gebühre, steht mit der Billigkeit nicht im Einklang; diese fordert, daß beim Verlust einmal entstandener Befugnisse samt den an sie geknüpften Erwartungen und Verwertungsmöglichkeiten die Einbuße nicht ohne Not vergrößert, sondern, wenn angängig, vermieden oder gemildert werde. Das Verlangen der Rechtsmittelbegründung, den in Goethes „Katechisation" (Bedenk', o Kind!" ...) mitenthaltenen Gedanken, daß alles abgeleitete, überkommene Gut (auch die Befugnis) letztlich einer ursprünglichen Aneignung entstamme, für das Gebiet des geistigen Eigentums umzukehren, zeigt keinen Weg zur billigen Gesetzesanwendung.

Fehl geht ihr Angriff wider das angefochtene Urteil, insofern er den Nachweis vermißt, daß die Beklagte im Vertrauen auf das Weiterbestehen der vormaligen Übersetzungsfreiheit auch nur bis zum 16. Dezember 1919 bereits kostspielige Vorbereitungen für die Dramenausgabe getroffen habe. Zunächst muß bedacht werden, daß das Reichsgesetzblatt, welches jenen Beitritt Schwedens zur Revidierten Berner Übereinkunft vom 16. Dezember enthielt, erst am 23. Dezember 1919 ausgegeben wurde; damit erst erfolgte die Verkündung, und durch sie erst wurde den beteiligten Kreisen Gewißheit über die nahe bevorstehende Änderung des Rechtszustandes verschafft. Sodann aber bedurfte die Feststellung des Berufungsgerichts, die von „bereits aufgewendeten Kosten für die Übersetzung" spricht, keiner näheren Darlegung. Denn es konnte nach allgemeiner Erfahrung als bekannt vorausgesetzt und brauchte nicht im einzelnen begründet zu werden, daß eine mehrbändige Übersetzung Strindbergscher Dramen ins Deutsche einschließlich der nötigen Verhandlungen, des Drucks und des Bindens nicht in wenigen Wochen, geschweige denn in den Tagen vom 23. bis zum 31. Dezember 1919 zu erledigen war; ferner, daß schon währenddessen und nicht erst nachträglich bedeutende Geldaufwendungen gemacht werden mußten, um sie durchzuführen.

Dies in Verbindung mit dem vorher Ausgeführten ergibt zugleich, daß die Fertigstellung, auch schon einer Notausgabe von sieben siebenbändigen Stücken, keineswegs, wie die Revision meint, als bloße Vorbereitung des Erscheinens, sondern als das Erscheinen des Werkes im Sinne von § 1 Nr. 3 der Verordnung vom 12. Juli 1910 zu würdigen ist und im angefochtenen Urteil mit Recht so beurteilt wird.

Gegen die von der Revision erhobenen Bedenken ist weiter daran zu erinnern, daß eine Übersetzung, die erlaubterweise vor dem 1. Januar 1920 — ganz oder zum Teil — erschienen ist, die Befugnis des Übersetzers zur Vervielfältigung, Verbreitung und Aufführung dieser Übersetzung sichert; daß ihm also mit dem Vervielfältigungsrecht auch die Befugnis zur Veranstaltung neuer Auflagen gewahrt bleibt, gleichviel welchen Umfang die erste hatte.

Den Klägern ist nicht beizustimmen, wenn sie die Meinung vertreten, die Art, wie die Beklagte (nach der als richtig unterstellten Behauptung der Kläger) die Notausgabe herausgebracht habe, sei kein „ordnungsmäßiges buchhändlerisches Erscheinen." Unter den besonderen Umständen der hier durch außergewöhnliche Gestaltung zwischenstaatlicher Rechtsbeziehungen gegebenen Lage war sie das.

Damit erledigt sich endlich die Rüge: das Berufungsgericht habe bei der Anwendung des Begriffs „Erscheinen" nicht berücksichtigt, daß der Übersetzer Schering, seiner Behauptung nach, bereits vor dem Erscheinen der schwedischen Ausgabe eine große Zahl von Druckexemplaren seiner Übersetzung der „Kammerspiele" an die deutschen Bühnen versandt habe. Diese Gruppe Strindbergscher

Werke wurde dadurch keineswegs dem Büchermarkt und der Allgemeinheit, sondern ausgesprochenermaßen nur unter der Hand einem begrenzten Kreise zugänglich gemacht; und die Kläger selbst sprechen deshalb von einer „mindestens das Erscheinen in hohem Grade vorbereitenden Handlung“. Das Berufungsgericht sieht mithin zutreffend in der Herausgabe der „Ausgewählten Dramen“ vor dem 1. Januar 1920 ein „Erscheinen“, in jener Versendung durch Schering aber nicht. Von einer Verwechslung des Erscheinens selbst mit bloßer Vorbereitung dazu kann keine Rede sein....

---

6. Welche Schadensersatzansprüche stehen den Hinterbliebenen eines Beamten zu, dessen Tod dadurch herbeigeführt worden ist, daß der Staat die ihm seinen Beamten gegenüber obliegende Fürsorgepflicht verletzt hat?

BGB. §§ 618 Abs. 3, 844 Abs. 2 im öffentlichen Recht.

III. Zivilsenat. Urt. v. 12. Mai 1925 i. S. Preuß. Staat (Bekl.) w. Frau A. u. Gen. (Kl.). III 304/24.

I. Landgericht I Berlin.
II. Kammergericht daselbst.

Der Polizeiwachtmeister A. in Berlin ist an Lungentuberkulose gestorben. Die Kläger, seine Witwe und Kinder, behaupten, seine Erkrankung sei auf Ansteckung durch einen der gleichen Krankheit erlegenen Polizeibeamten zurückzuführen, mit dem der Verstorbene zusammen zu arbeiten hatte; der Beklagte habe es unterlassen, die gebotenen Maßnahmen gegen eine solche Ansteckung zu treffen. Die von den Klägern erhobenen Schadensersatzansprüche sind von den Vorinstanzen für begründet erklärt worden. Die Revision des Beklagten hatte nur in Nebenpunkten Erfolg.

Aus den Gründen:

Die Rechtsprechung des Reichsgerichts (vgl. RGZ. Bd. 97 S. 44) hat aus § 618 BGB. einen allgemeinen Rechtsgedanken entnommen, der in seiner Anwendung auf das öffentlichrechtliche Beamtenverhältnis ergibt, daß dem Staate seinen Beamten gegenüber eine Fürsorgepflicht obliegt, deren vorsätzliche oder fahrlässige Außerachtlassung ihn schadensersatzpflichtig macht. Diese Schadensersatzpflicht trifft ihn, wenn die schuldhafte Verletzung der Fürsorgepflicht den Tod des Beamten herbeigeführt hat, gegenüber dessen unterhaltsberechtigten Hinterbliebenen. Die Regelung, die in dieser Hinsicht für den privatrechtlichen Dienstvertrag der § 618 Abs. 3 in Verbindung mit § 844 Abs. 2 BGB. gibt, wiederum als allgemeingültig aufzufassen und sie zur Ausfüllung der sich im positiven öffentlichen Rechte findenden Lücke zu verwenden, bestehen keine Bedenken. Die Witwen- und Waisengelder, die die Beamtenhinterbliebenen kraft besonderer gesetzlicher Vorschrift erhalten, dienen nicht zugleich zur Abgeltung des Schadens, den sie durch den schuldhafterweise verursachten Tod ihres Ernährers erleiden. Soweit der Schaden durch die gesetzlichen Versorgungsbezüge nicht ausgeglichen wird, hat ihn der Staat als Folge seiner schuldhaften Pflichtverletzung zu tragen. Allerdings erstreckt sich seine Verpflichtung nicht auf volle Ersatzleistung. Vielmehr liegt dem geltenden Recht, wie die angeführten Vorschriften des Bürgerlichen Gesetzbuchs erkennen lassen, der Gedanke zugrunde, daß den Hinterbliebenen einer durch Verschulden eines Dritten zu Tode gekommenen Person nur dafür Ersatz geleistet werden soll, daß ihnen durch das Ableben des Unterhaltverpflichteten das Recht auf Unterhalt entzogen worden ist. Diese Begrenzung muß auch gelten im Verhältnis des Staates zu den schadensersatzberechtigten Beamtenhinterbliebenen. Ein Schadensersatzanspruch kann ihnen nur im Rahmen des § 844 BGB. zugebilligt werden. ...

---

7. Zur Anwendung des § 447 Abs. 1 BGB.

II. Zivilsenat. Urt. v. 19. Mai 1925 i. S. E. (Kl.) w. H. u. Gen. (Bekl.). II 283/24.

I. Landgericht I Berlin, Kammer für Handelssachen.
II. Kammergericht daselbst.

Im März 1923 kaufte die Klägerin von der Beklagten, die gleich ihr in Berlin ansässig war, 6250 kg Sahnebonbons. Die zur Ausfuhr nach Ägypten bestimmte Ware sollte vom Ort ihrer

Herstellung aus nach Hamburg gesandt werden. Nachdem Streitigkeiten über die Art der Bezahlung durch einen am 21. April 1923 abgeschlossenen Vergleich beigelegt worden waren, zeigte die Beklagte am 26. April 1923 der Klägerin telephonisch an, daß sie die Ware von Köln aus nach Hamburg senden werde, und die Klägerin übernahm es, die Ware auf eigene Kosten gegen die Gefahr des Transports ab Köln zu versichern. Am 3. oder 4. Mai 1923 übergab die Beklagte die Ware einem Kölner Spediteur zur Beförderung nach Hamburg. Als die Ware am 16. Mai noch nicht in Hamburg eingetroffen war, setzte die Klägerin der Beklagten eine Frist zur Lieferung dorthin bis zum 19. Mai 1923 mit der Erklärung, daß sie nach Ablauf der Frist die Annahme ablehne. Infolge der Verhältnisse im besetzten Gebiet verzögerte sich die Ankunft der Ware in Hamburg bis zum 22. Juni 1923. Die Klägerin, die inzwischen Klage auf Schadensersatz wegen Nichterfüllung erhoben hatte, verblieb bei ihrer Annahmeverweigerung, worauf die Beklagte die Abweisung der Klage und im Wege der Widerklage ihrerseits Schadensersatz wegen Nichterfüllung (Nichtzahlung des Kaufpreises trotz Fristsetzung gemäß § 326 Abs. 1 BGB.) forderte.

Das Landgericht erklärte unter Abweisung der Widerklage den Klaganspruch als den. Grunde nach gerechtfertigt. Auf die Berufung der Beklagten wies dagegen das Kammergericht durch Teilurteil die Klage ab. Die Revision der Klägerin wurde zurückgewiesen.

Aus den Gründen:

... Die Feststellung des Kammergerichts, die Vertragsklausel: „Der Preis versteht sich franko Hamburg Freihafen“ habe nicht die Bedeutung gehabt, daß abweichend von der Regel des § 269 BGB. für die Beklagte nicht ihr Niederlassungsort, Berlin, sondern Hamburg habe Erfüllungsort sein sollen, und hieran sei durch den Vergleich vom 21. April 1923 nichts geändert worden, wird von der Revision nicht besonders bemängelt und ist nach Lage der Sache nicht zu beanstanden. Ein von dem Niederlassungsort verschiedener Erfüllungsort kommt für die Beklagte auch nicht etwa deshalb in Betracht, weil die Parteien schon beim Vertragschlusse vereinbart haben, daß die Beklagte die Ware sogleich von deren, damals noch nicht genanntem, Herstellungsort aus nach Hamburg versenden sollte, ebensowenig deshalb, weil die Beklagte noch vor Abschluß des Vergleichs vom 21. April 1923 der Klägerin mitgeteilt hat, die Ware, die sie zu liefern beabsichtige, befinde sich im besetzten Gebiet, und endlich auch nicht deshalb, weil die Beklagte bei dem Telephongespräch vom 26. April 1923 der Klägerin angezeigt hat, sie werde die Ware von Köln aus nach Hamburg versenden, und die Klägerin es daraufhin übernommen hat, die Sendung auf ihre Kosten gegen die Gefahr des Transportes ab Köln zu versichern. Nun ist es zwar richtig, daß die Vorschrift des § 447 Abs. 1 BGB., wonach beim Versendungskauf die Gefahr (des zufälligen Unterganges und einer zufälligen Verschlechterung) mit der Auslieferung der Kaufsache an die zur Ausführung der Versendung bestimmte Person oder Anstalt auf den Käufer übergeht, eine Versendung vom Erfüllungsort aus voraussetzt, daß also der Verkäufer weder den Übergang der Gefahr, noch, wenn es sich um einen Gattungskauf handelt, die Beschränkung des Schuldverhältnisses gemäß § 243 Abs. 2 BGB. durch die Versendung von irgendeinem anderen Orte aus beliebig herbeiführen kann (vgl. RGZ. Bd. 106 S. 213). Allein ein solch einseitiges, den Käufer nicht berührendes Vorgehen des Verkäufers liegt hier nicht vor. Vielmehr hat sich die Klägerin, als Käuferin, spätestens bei der telephonischen Verhandlung der Parteien vom 26. April 1923 damit einverstanden erklärt, daß die Beklagte die Ware sogleich von Köln aus nach Hamburg versende, und sie hat ihr Einverständnis keineswegs an die Bedingung geknüpft, daß die Ware früher, als es tatsächlich geschehen ist, in Hamburg eintreffen, daß insbesondere wegen der Verhältnisse im besetzten Gebiete keine Verzögerung eintreten werde. Das Kammergericht hat daher ohne Rechtsirrtum angenommen, daß die Beklagte mit der am 3. oder 4. Mai 1923 erfolgten Auslieferung der Ware an den mit der Versendung nach Hamburg beauftragten Kölner Spediteur ihrer Verkäuferpflicht genügt habe, für eine Fristsetzung durch die Klägerin gemäß § 326 Abs. 1 BGB. und einen daraus herzuleitenden Anspruch gegen die Beklagte auf Schadensersatz wegen Nichterfüllung somit kein Raum gewesen sei....

8. Ist ein Generalversammlungsbeschluß, der unter Verstoß gegen § 11 der Verordnung über Goldbilanzen vom 28. Dezember 1923 die Zahl der Aktien vermindert, obgleich sich diese Maßnahme bei Herabsetzung des Nennwerts der Aktien auf 20 RM. ganz oder doch zum Teil hätte vermeiden lassen, nichtig oder nur anfechtbar?

II. Zivilsenat. Beschl. v. 19. Mai 1925 in der Handelsregistersache des Amtsgerichts in Frankfurt a. M. betr. die Dentalwerk-A.-G. in Frankfurt a. M.-Rödelheim. II B. 10/25.

I. Amtsgericht Frankfurt a. M.
II. Landgericht daselbst.

Der Senat hat sich für Anfechtbarkeit entschieden aus folgenden

Gründen:

Die Antragstellerin, deren Aktienkapital aus 40 Aktien zum Nennwert von je 100000 Papiermark, 500 Aktien zum Nennwert von je 5000 PM. und 3500 Aktien zum Nennwert von je 1000 PM. — also insgesamt aus 10 Millionen PM. — bestand, hatte auf den 21. Oktober 1924 eine Generalversammlung einberufen. Vertreten waren auf dieser 8477000 PM. Es wurde einstimmig beschlossen, die der Versammlung vorgelegte Eröffnungsgoldbilanz für den 1. Januar 1924 zu genehmigen und unter entsprechender Änderung der Satzung der Gesellschaft folgende Umstellung des Aktienkapitals vorzunehmen: Das Aktienkapital wurde von ℳ 10000000 auf ℳ 50000 herabgesetzt; die 40 Aktien zu ℳ 100000 wurden in 40 Aktien zu je ℳ 500, die 500 Aktien zu 5000 ℳ in 125 Aktien zu je 100 ℳ und die 3500 Aktien zu 1000 ℳ in 175 Aktien zu je 100 ℳ umgewandelt. Den am gleichen Tage gestellten Eintragungsantrag beanstandete der Registerrichter, da die Umstellung nicht dem § 11 der Verordnung über Goldbilanzen vom 28. Dezember 1923 entspreche. Alle Aktien müßten gleichmäßig, also im Verhältnis von 200:1 umgestellt werden. Es ergebe sich, daß die 500 Aktien zu ℳ 5000 in 500 Aktien zu ℳ 20 „denominiert" und jedem dieser Aktionäre eine Aktie zu ℳ 5 gewährt werden müsse, daß ferner die 3500 Aktien zu 1000 ℳ so umzustellen seien, daß auf 4 Aktien je eine zu ℳ 20 entfalle (also 875 Aktien zu 20 ℳ). Voraussetzung sei dabei, daß die in § 35 Abs. 2 der 2. Durchführungsverordnung vom 28. März 1924 vorgesehene Bescheinigung vorgelegt werde, was auch geschehen ist. Die Antragstellerin hat nun aber gegen die Verfügung des Amtsgerichts Beschwerde eingelegt. Das Landgericht wies die Beschwerde als unbegründet zurück; es steht gleich dem Registerrichter auf dem Standpunkt, daß der Beschluß der Generalversammlung gegen die Vorschrift des § 11 der GBV. verstoße und daher insoweit nichtig sei. Auf die weitere Beschwerde der Antragstellerin wollte das Kammergericht abhelfen und die Eintragung des Beschlusses anordnen, legte dann aber die Sache dem Reichsgericht zur Entscheidung vor, weil es mit seiner Rechtsauffassung zu einem Beschluß des Hanseatischen Oberlandesgerichts vom 28. November 1924 (JW. 1925 S. 654 Nr. 28) in Widerspruch getreten wäre.

Der Fall des § 28 Abs 2 des Ges. über die Angelegenheiten der freiwilligen Gerichtsbarkeit ist unbedenklich gegeben.

§ 11 der GBV. schreibt vor:

„Eine Verminderung der Zahl der Aktien ... aus Anlaß der Umstellung einer Aktiengesellschaft ... ist nur insoweit zulässig, als ohne sie die im § 10 für Aktien ... vorgeschriebene Mindestgrenze nicht eingehalten werden könnte".

Die in § 10 Abs. 2 festgesetzte Mindestgrenze beträgt 100 GM. für Inhaberaktien. Doch hat die 2. Durchführungsverordnung vom 28. März 1924 in § 35 Abs. 2 die folgende Ausnahme zugelassen:

„Falls der Wert von Aktien einer Aktiengesellschaft ... weniger als 40 Billionen für 100 ℳ Aktienkapital betrug, gilt als Mindestbetrag für die Aktien dieser Gesellschaft ein Betrag von 20 Goldmark. Maßgebend für die Wertberechnung ist die vom Reichsminister der Finanzen für die Veranlagung zur Vermögenssteuer für das Jahr 1924 getroffene vorläufige Festsetzung der Steuerkurse und Steuerwerte, für die Zeit nach der endgültigen Festsetzung durch den Reichsrat diese Festsetzung. Hat eine Festsetzung nicht stattgefunden, so trifft die oberste Landesbehörde oder die von ihr bestimmte Stelle die näheren Bestimmungen über die Ermittlung des Wertes".

Ferner bestimmt § 45 Abs. 1 der 2. Durchführungsverordnung:

„Soweit in der Verordnung über Goldbilanzen und den Durchführungsverordnungen auf die in § 10 der Verordnung über Goldbilanzen vorgeschriebenen Mindestbeträge Bezug genommen ist und diese durch andere Beträge ersetzt sind, treten an ihre Stelle diese Beträge".

Gemäß Bescheinigung der Industrie- und Handelskammer Frankfurt a. M.-Hanau vom 24. November 1924 liegt der in § 35 Abs. 2 der 2. Durchführungsverordnung vorgesehene Fall hier vor. Der zulässige Mindestbetrag der Aktie belief sich sonach auf 20 Goldmark. Wäre daher der Rechtsstandpunkt der Vorinstanzen zutreffend, so hätte der Beschluß die Umstellung wirksam nur in der vom Registerrichter bezeichneten Weise vornehmen können.

Auch das Oberlandesgericht Hamburg vertritt in dem erwähnten Beschluß die Auffassung, daß die Vorschrift des § 11 GBV. zwingendes Recht enthalte und daher ein gegen diese Vorschrift verstoßender Generalversammlungsbeschluß gemäß § 134 BGB. nichtig sei. Es läßt aber eine Ausnahme zu: wenn alle Aktionäre zustimmten — so meint es —, möge die Vorschrift nach ihrem Sinn und Zweck keine Wirksamkeit haben.

Dieser Entscheidung kann nicht zugestimmt werden; ihre Begründung ist überdies in sich widerspruchsvoll. Ist ein Rechtsgeschäft, weil es gegen ein gesetzliches Verbot verstößt, gemäß § 134 BGB. nichtig, so ist diese Nichtigkeit eine absolute. Sie zerstört das Rechtsgeschäft, gleichgültig, ob die Beteiligten seinen Inhalt und seine Wirkungen billigen oder nicht. Läßt daher das Oberlandesgericht zu, daß der gegen § 11 GBV. verstoßende Beschluß wirksam bleibt, sobald alle von ihm Betroffenen mit dem Erlaß einverstanden sind, so hebt es seinen eigenen Ausspruch wieder auf. Denn wenn die Gültigkeit des Beschlusses von der Zustimmung der Beteiligten abhängig ist, so handelt es sich eben nicht um zwingendes, sondern um nachgiebiges Recht, und die Folge wäre dann, daß nicht ohne weiteres Nichtigkeit des Beschlusses eintritt.

Ob die Vorschrift des § 11 GBV. zwingendes Recht enthält, ist aus ihrem Wortlaut nicht zu entnehmen. Die Ausdrucksweise der Verordnung, soweit sie Verbote enthält, wechselt. Bald heißt es, daß etwas nicht geschehen dürfe oder könne, bald daß etwas unzulässig sei. Daß mit derartigen Wortwendungen als Folge der Verbotsübertretung die Nichtigkeit ausgesprochen sein soll, kann nicht gesagt werden. In der 1. Durchführungsverordnung vom 5. Februar 1924 — außer Kraft gesetzt durch § 60 der 2. Durchführungsverordnung vom 28. März 1924 — werden Beschlüsse, welche gegen das zeitweilige Verbot der Aktienverminderung verstoßen, ausdrücklich für nichtig erklärt. Ob dieser Umstand als Schluß aus dem Gegenteil verwertet werden darf, erscheint auch durchaus zweifelhaft. Es stehen Verordnungen in Frage, welche in einer Zeit dringender wirtschaftlicher Not geschaffen worden sind; an deren Ausarbeitung dürfen nicht die hohen Anforderungen gestellt werden, wie sie bei sorgsam und von langer Hand vorbereiteten Gesetzen am Platze sind.

Es wird daher wesentlich auf den mit dem Erlaß der Vorschrift verknüpften gesetzgeberischen Zweck ankommen. § 11 der Verordnung will die Kleinaktionäre davor schützen, daß sie ohne Not ihren Aktienbesitz verlieren oder zum Zukauf von Spitzen gezwungen werden. Diese Schutzbestimmung anders als sonstige zum Schutz der Aktionäre erlassene aktienrechtliche Vorschriften zu behandeln, liegt kein Anlaß vor. Es wird also, um die Nichtigkeit eines derartige Vorschriften verletzenden Beschlusses anzunehmen, erforderlich sein, daß der Beschluß gegen die guten Sitten oder gegen solche Bestimmungen verstößt, die nicht ausschließlich die Interessen der zurzeit vorhandenen Aktionäre betreffen und auf deren Innehaltung daher im Einzelfall nicht gültig verzichtet werden kann; vgl. Hueck, Anfechtbarkeit und Nichtigkeit von Generalversammlungsbeschlüssen, S. 80; Staub, HGB. § 273 Anm. 17.

Daß der vom Registerrichter beanstandete Beschluß der Generalversammlung gegen die guten Sitten verstoße, wird von den Vorinstanzen nicht geltend gemacht und kann auch nicht geltend gemacht werden; denn er läßt keine Absicht erkennen, eine Minderheit von Aktionären zu schädigen oder aus der Gesellschaft zu verdrängen. Er ergibt vor allem keine ungleichartige Behandlung der Aktionäre. Daß der Beschluß gegebenenfalls durch die Zusammenlegung von Aktien den Verlust der Mitgliedschaft, also eines Sonderrechts im weiteren Sinne, mit sich bringen kann, ist richtig. Aber derartiges kann auch im Normalfall bei Herabsetzung des Grundkapitals (HGB. § 288) geschehen und wird von § 11 GBV. ausdrücklich dann zugelassen, wenn eine andere Regelung mit Rücksicht auf den Kapitalverlust der Gesellschaft nicht möglich ist.

Im übrigen handelt es sich bei der Vorschrift des § 11 um ein Schutzgesetz zugunsten einer Minderheit von derzeitigen Aktionären, der sog. Kleinaktionäre; ein darüber hinausreichendes Interesse der Allgemeinheit kann nicht anerkannt werden. Die Entwicklung des Aktienverkehrs ist dem Kleinaktienbesitz nicht günstig. Der Aktienmarkt ist nicht für Kleinsparer gedacht, und die Aktiengesellschaften haben ein Interesse daran, Aktien zu besitzen, die für den börsenmäßigen Verkehr möglichst geeignet sind. Wenn trotzdem der Gesetzgeber verhüten will, daß anläßlich der Umstellung auf Goldmark der Versuch gemacht wird, unbequeme Minderheiten hinauszudrängen, oder daß Kleinaktionäre unnötig geschädigt werden, so ist dies gewiß am Platze. Aber es ist nicht einzusehen, warum mit diesem Schutz über das, was sonst in solchen Fällen rechtens ist, hinausgegangen und der Gesetzesverstoß mit absoluter Nichtigkeit des unzulässigen Beschlusses geahndet werden sollte. Es genügt, wenn dem benachteiligten Aktionär die Möglichkeit gegeben ist, seine Rechte im Wege der Anfechtung geltend zu machen; aufgezwungen braucht ihm solche Geltendmachung nicht zu werden. Will er sie nicht, so steht nichts entgegen, daß er auf sie verzichtet. Gerade für die Wahrung von Rechten und Interessen, welche den derzeitigen Aktionären und nur diesen eigen sind und nicht über ihren Kreis hinaus die Allgemeinheit (spätere Aktionäre, Gläubiger usw.) angehen, ist die Anfechtungsklage der gegebene Rechtsbehelf.

Daß etwa die Vorschrift des § 11 GBV. um deswillen als zwingend gedacht wäre, weil — wie das Oberlandesgericht Hamburg ausführt — erfahrungsgemäß gerade Kleinaktionäre von der Einberufung einer zur Beschlußfassung über die Umstellung berufenen Generalversammlung erst zu spät Kenntnis erlangen oder nicht in der Lage sind, zu erscheinen oder sich vertreten zu lassen, ist nicht anzunehmen. Wer Aktien erwirbt, hat sich den für die Aktiengesellschaften bestehenden Vorschriften anzupassen; wer das nicht kann oder will, soll dem Aktienverkehr fernbleiben; für ihn paßt eine Vermögensanlage in Aktien nicht. Im übrigen gibt ihm § 257 HGB. (wonach jeder Aktionär, der eine Aktie bei der Gesellschaft hinterlegt, verlangen kann, daß ihm die Berufung der Generalversammlung und die Gegenstände der Verhandlung, sobald ihre öffentliche Bekanntmachung erfolgt, durch eingeschriebenen Brief besonders mitgeteilt werden und eine weitere Mitteilung über die in der Generalversammlung gefaßten Beschlüsse erfolge) die nötige Handhabe, um für die Wahrung seiner Rechte zu sorgen (vgl. auch § 271 Abs. 3 HGB.). Unterläßt der Aktionär die Anfechtung, so wird er als einverstanden zu behandeln sein. Nur eine solche Regelung entspricht den Bedürfnissen des Verkehrs. Es wäre unerträglich, wenn Umstellungsbeschlüsse, die im Interesse der Gesellschaft von einer überwältigenden Mehrheit gefaßt worden sind und gegen die niemand in der Generalversammlung Verwahrung eingelegt hat, vom Registerrichter beanstandet oder noch nach Jahr und Tag mit der Nichtigkeitsfeststellungsklage in Frage gezogen werden könnten. Mit der hier vertretenen Auffassung stimmen überein: Flechtheim im Recht 28, 228; Pinner in JW. 1924 S. 1088; Byk, Komm. zur Verordnung über Goldbilanzen, Bd. II, S. 176flg. (gegen Bd. I § 11 Anm. 10 S. 96flg.); Quassowski-Susat, Komm. zur GBV. 2. Aufl. S. 150; Rambke und Keichel, Die Goldbilanzverordnung § 11, Anm. 5 S. 214; Feilchenfeld, Die Goldumstellung der Aktiengesellschaften S. 11; Abraham, Der Übergang zur Goldmarkbilanz S. 69; Schlegelberger, Verordnung über die Goldbilanzen S. 37; Geiler, Goldmarkbilanz und Goldmarkumstellung S. 20; Mainzer in JW. 1925 S. 654; Breit in JW. 1925 S. 683 und Komm. zur Goldbilanzverordnung, Bd. II § 11 Anm. 11 S. 362flg.; anscheinend auch Rosendorff, Die Goldmarkbilanz S. 263flg. und vor allem das Gutachten des Goldbilanzschiedsgerichts in JW. 1925 S. 682. Abweichend: Michaelis-Schachian, Die Goldmarkbilanz in der Praxis S. 62.

---

9. Kann gegen ein vor dem 1. Juni 1924 verkündetes Urteil die Berufung eingelegt werden, solange das Urteil noch nicht zugestellt worden ist?

ZPO. § 516.
Verordnung vom 13. Februar 1924 Art. VII Abs. 4.

VI. Zivilsenat. Urt. v. 22. Mai 1925 i. S. A. (Bekl.) w. Schw.-A. (Kl.). VI 119/25.

I. Landgericht I Berlin.
II. Kammergericht daselbst.

Die Berufung gegen das am 23. Mai 1924 verkündete Urteil des Landgerichts I in Berlin ist von dem Beklagten am 11. Juni 1924 eingelegt worden, bevor noch das Urteil zugestellt worden war.

Das Kammergericht hat deshalb die Berufung durch das jetzt angefochtene Urteil als unzulässig verworfen. Die Revision des Beklagten blieb erfolglos.

Gründe:

Es handelt sich um eine Übergangsfrage. Die bis zum 1. Juni 1924 geltende Zivilprozeßordnung bestimmte in § 516 Abs. 2:

Die Einlegung (der Berufung) vor Zustellung des Urteils ist wirkungslos.

Dieser Absatz ist durch die Verordnung vom 13. Februar 1924 (RGBl. I S. 135) gestrichen worden, so daß jetzt die Berufung auch vor der Zustellung des Urteils wirksam eingelegt werden kann. Die maßgebende Übergangsvorschrift sieht das Kammergericht in Art. VII Abs. 4 VO. Hier heißt es:

Die Zulässigkeit eines Rechtsmittels gegen die vor dem Inkrafttreten der Verordnung — d. h. vor dem 1. Juni 1924 — verkündeten Entscheidungen richtet sich nach den bisherigen Vorschriften.

Daraufhin hat das Kammergericht an der Hand der bisherigen Vorschriften geprüft, ob die Berufung in der gesetzlichen Frist eingelegt worden ist, hat diese Frage verneint und die Berufung des Beklagten als unzulässig verworfen. Das letztere entspricht dem § 519b Abs. 1 ZPO., der an die Stelle des § 535 a. F. getreten ist. Nach beiden Vorschriften ist eine nicht in der gesetzlichen Frist eingelegte Berufung als unzulässig zu verwerfen. Schon dieses Gebot zeigt unzweideutig, daß eine nicht fristgerechte Berufung eine im Sinne des Gesetzes unzulässige Berufung ist. Wenn also die Frage der Zulässigkeit eines Rechtsmittels gegen die vor dem Inkrafttreten der Verordnung verkündeten Entscheidungen sich nach den bisherigen Vorschriften richten soll, wie Art. VII Abs. 4 es anordnet, so muß nach den bisherigen Vorschriften auch geprüft werden, ob das Rechtsmittel fristgerecht eingelegt worden ist. Das Kammergericht hat demnach die maßgebende Übergangsvorschrift richtig erkannt und es hat auch die bisherigen Vorschriften zutreffend angewendet. Solange die Rechtsmittelfrist erst von einem bestimmten Anfangszeitpunkt an läuft, ist ein vor diesem Zeitpunkt eingelegtes Rechtsmittel nicht innerhalb der gesetzlichen Frist eingelegt und also unzulässig.

Die Revision hat Wert darauf gelegt, daß § 516 Abs. 2 ZPO. a. F. die vor der Zustellung des Urteils eingelegte Berufung nur als wirkungslos, nicht als unzulässig, bezeichnete. Das kann gegenüber dem § 535 ZPO. a. F. und dem § 519b Abs. 1 ZPO. nicht ins Gewicht fallen. Es hat durch das Wort „wirkungslos" vielleicht gesagt werden sollen, daß eine verfrühte Berufung den Berufungskläger nicht des Rechtsmittels überhaupt berauben, daß er immer noch in der Lage bleiben soll, später, d. h. nach Zustellung des Urteils, eine wirksame Berufung einzulegen. Aber das mag auf sich beruhen, jedenfalls hat die Rechtsprechung des Reichsgerichts den jetzt von der Revision gemachten Unterschied zwischen Wirkungslosigkeit und Unzulässigkeit nicht anerkannt. Ein wirkungsloses Rechtsmittel ist als unzulässig zu verwerfen (RGZ. Bd. 3 S. 408, Gruch. Bd. 44 S. 1177); die Wirkungslosigkeit der Berufung ist auch im Sinne des § 547 Abs. 1 ZPO. der Unzulässigkeit gleich geachtet worden (RGZ. Bd. 58 S. 120).

Die Revision hat ferner auf die Ausführungen hingewiesen, die Volkmar in seinem Kommentar zu der Verordnung auf S. 231 gemacht hat. Hier wird dargelegt, daß für die Zulässigkeit des Rechtsmittels im Sinne des Art. VII Abs. 4 nur die in der Sache liegenden Voraussetzungen für die Statthaftigkeit des Rechtsmittels in Betracht kämen, z. B. die Beschwerdesumme oder das Verbot, die örtliche Unzuständigkeit des Landgerichts noch in der Berufungsinstanz zu rügen, § 512a ZPO.; die Form und die Voraussetzungen der Einlegung des Rechtsmittels würden aber durch jenen Abs. 4 nicht berührt; deshalb sei eine nach dem 1. Juni 1924 eingelegte Berufung auch dann zulässig, wenn das vor dem 1. Juni 1924 verkündete Urteil erster Instanz noch nicht zugestellt worden sei. Damit wird, wie das Kammergericht richtig hervorhebt und wie sich auch bereits aus den obigen Darlegungen ergibt, in das Gesetz eine ihm selbst unbekannte Unterscheidung hineingetragen. Gerade ein nicht in der gesetzlichen Frist eingelegtes Rechtsmittel erklärt die Zivilprozeßordnung für unzulässig (vgl. § 519b Abs. 1, § 554a ZPO.). Es kann nicht angenommen werden, daß die die Zivilprozeßordnung abändernde Verordnung in ihren Übergangsvorschriften unter Zulässigkeit und Unzulässigkeit eines Rechtsmittels etwas anderes und engeres verstanden hätte, als die Zivilprozeßordnung selbst es tat und noch tut.

Ob es zweckmäßiger gewesen wäre, die streitige Übergangsfrage anders als geschehen zu regeln, braucht nicht untersucht zu werden. Aus Zweckmäßigkeitserwägungen könnte niemals das Gesetz in einer seinem Wortlaute widersprechenden Weise ausgelegt werden. Mit Recht hat auch das Kammergericht dargelegt, daß die auf eine Beschleunigung des Verfahrens gerichtete Absicht der Novelle für die Übergangsvorschriften nicht überall maßgebend gewesen ist. Nach Art. VII Abs. 5 VO. finden die Vorschriften über die Berufungsbegründung auf die am 1. Juni 1924 anhängigen Berufungen keine Anwendung, obwohl gerade der Zwang, die Berufung zu begründen, zu rascherer Abwickelung des Verfahrens beitragen sollte. Diesem vom Kammergericht gegebenen Beispiel könnte noch angefügt werden, daß die sogenannte Sprungrevision des § 566a ZPO., deren Zulassung gewiß auf schnellere Beendigung der Prozesse abzielt, gegen die vor dem 1. Juni 1924 verkündeten Entscheidungen der Landgerichte nicht stattfindet, vgl. den Beschluß des erkennenden Senats vom 30. September 1924 VI 252/24.

---

10. 1. Kann der zunächst als Wahlanwalt tätige Rechtsanwalt, wenn er im Laufe des Rechtsstreits seiner Partei auf Grund des § 115 Nr. 3 ZPO. beigeordnet wird, die Prozeßgebühr nach § 1 des Gesetzes über die Erstattung von Rechtsanwaltsgebühren in Armensachen vom 6. Februar 1923 aus der Staatskasse fordern?

2. Ist in solchem Fall ein Vorschuß, den der Rechtsanwalt vor seiner Bestellung als Armenanwalt erhalten hat, auf die ihm zu erstattenden Gebühren und Auslagen anzurechnen?

Gesetz über die Erstattung von Rechtsanwaltsgebühren vom 6. Februar/13. Dezember 1923.

V. Zivilsenat. Beschl. v. 20. März 1925 i. S. O. (Bekl.) w. K. (Kl.). V 468/24.

Der Rechtsanwalt Dr. Sch. ist zunächst als Wahlanwalt der Revisionsbeklagten aufgetreten und hat für sie mit Schriftsatz vom 6. September 1924 den Antrag auf Abweisung der Revision eingereicht. Nachdem Dr. Sch. unterm 19. Januar 1925 einen seine einmalige Gebühr nicht deckenden Vorschuß von 200 RM. erhalten hatte, hat er am 21. Februar 1925 um Bewilligung des Armenrechts für seine Partei gebeten. Diesem Antrage hat der Senat durch Beschluß vom 28. Februar 1925 entsprochen und zugleich der Revisionsbeklagten den Rechtsanwalt Dr. Sch. nach § 115 Nr. 3 ZPO. beigeordnet. Dr. Sch. ist alsdann weiter für die arme Partei tätig geworden, indem er einen Schriftsatz angefertigt und in der mündlichen Verhandlung ihre Rechte vertreten hat. Nach Erlaß des die Revision zurückweisenden Urteils hat der Rechtsanwalt Dr. Sch. auf Grund des Gesetzes über die Erstattung von Rechtsanwaltsgebühren in Armensachen vom 6. Februar 1923 in der Fassung der Verordnung vom 13. Dezember 1923 die Prozeß- und Verhandlungsgebühr nach einem Streitwert von 2000 RM. auf je 97,50 RM. berechnet und einschließlich 2,90 RM. Umsatzsteuer und 1,05 RM. Postgebühren insgesamt 199,45 RM. gefordert. Der Gerichtsschreiber hat jedoch die Festsetzung abgelehnt, weil die Armenanwaltskosten durch den empfangenen Vorschuß gedeckt seien. Mit der nach § 3 des Gesetzes vom 6. Februar 1923 erhobenen Erinnerung macht Dr. Sch. geltend, daß der Vorschuß, wenn seine Berücksichtigung zulässig sei, höchstens verhältnismäßig auf die bei dem vollen Streitwerte von 21890 RM. erwachsenen Kosten angerechnet werden dürfe.

Zweifelhaft könnte zunächst erscheinen, ob der Rechtsanwalt die Erstattung der Prozeßgebühr beanspruchen kann, obwohl diese schon durch den Geschäftsbetrieb vor der Bewilligung des Armenrechts erwachsen ist. Wird ein als Wahlanwalt tätiger Rechtsanwalt im Laufe des Rechtsstreits auf Grund des § 115 Nr. 3 ZPO. seiner Partei beigeordnet, so hat diese Beiordnung keine rückwirkende Kraft. Weder aus der im § 115 Nr. 1 ZPO. verordneten einstweiligen Befreiung von den rückständigen Gerichtskosten und den dort angegebenen Auslagen, noch aus dem Gesetz über Erstattung von Rechtsanwaltsgebühren in Armensachen kann das gefolgert werden. § 1 Abs. 2 dieses Gesetzes handelt nur über die Fälligkeit der Gebühren, setzt also den Zeitpunkt fest, wann der beigeordnete Rechtsanwalt seine Ersatzforderung gegen die Staatskasse erheben darf, sagt aber nichts über die Höhe der Forderung und entscheidet nicht die Frage, welche Gebühren erstattungsfähig sind. Hierüber befindet § 1 Satz 1 des Gesetzes, worin bestimmt ist, daß dem bestellten Anwalt die Gebühren und Auslagen nach Maßgabe der Gebührenordnung für Rechtsanwälte — bis zu der in Satz 2 bestimmten Höchstgrenze — aus der Staatskasse zu ersetzen sind. Danach stehen ihm aber dieselben Gebühren zu, welche er erhalten würde, wenn er im Augenblick der Beiordnung von der Partei beauftragt wäre. Sieht man von dem Vorschuß ab, so ist kein Grund ersichtlich, den bisherigen Vertrauensanwalt der Staatskasse gegenüber schlechter zu stellen, als einen anderen nach § 36 RAO. vom Vorsitzenden ausgewählten Pflichtanwalt. Daß aber dem vor der mündlichen Verhandlung berufenen Rechtsanwalt die Prozeßgebühr neben der Verhandlungsgebühr zusteht, ist anerkannten Rechtens. Im vorliegenden Falle ist dem Rechtsanwalt Dr. Sch. die Prozeßgebühr umsomehr zuzubilligen, als er nach seiner Beiordnung die mündliche Verhandlung durch Ausarbeitung eines Schriftsatzes vorbereitet und somit eine besondere Tätigkeit außerhalb des Verhandlungstermins entfaltet hat.

Der für Rechnung der Partei an den Rechtsanwalt gezahlte Vorschuß ist, wenn eine — hier nicht behauptete — abweichende Vereinbarung zwischen den Beteiligten nicht getroffen ist, auf die gesamte Kostenforderung des Rechtsanwalts zu verrechnen. Der zahlungspflichtigen Staatskasse gegenüber ist die Vorschußzahlung einer endgültigen Zahlung auf die Kostenschuld gleich zu erachten. Im Streitfalle kommen, abgesehen von den nicht erheblichen Auslagen, für die Partei und die Reichskasse nur dieselben Gebühren des Rechtsanwalts, nämlich Prozeß- und Verhandlungsgebühr, in Frage. Nach dem auf 21 900 RM. aufzurundenden vollen Streitwerte beträgt die volle Gebühr nach §§ 9, 52 RAGO. 499,20 RM., also die doppelte Gebühr rund 1000 RM. Diese Gebühren sind durch den vor der Bestellung des Rechtsanwalts Dr. Sch. als Armenanwalt gezahlten Vorschuß von 200 ℳ zu $^1/_5$ getilgt. Durch seine Beiordnung erlangte daher der Rechtsanwalt nur einen Anspruch gegen das Reich auf den Restbruchteil von $^4/_5$ seiner Gebühren. Für diesen Bruchteil haftet das Reich unter der Berechnung der Gebühren nach einem Werte von 2000 RM. Von der an sich nicht zu beanstandenden Gesamtforderung von 199,45 ℳ sind demnach dem Rechtsanwalt $^4/_5$, also 159,56 RM. aus der Reichskasse zu erstatten.

11. 1. Zur Anwendung des § 254 BGB. im Hinblick auf § 485 HGB.

2. Gehören die Kanalsteurer auf den den Kaiser Wilhelm-Kanal befahrenden Schiffen zur Schiffsbesatzung? Befinden sie sich bei eigenmächtigem Ruderlegen noch in Ausführung ihrer Dienstverrichtungen?

HGB. § 485. BGB. § 254. Betriebsordnung für den Kaiser Wilhelm-Kanal.

III. Zivilsenat. Urt. v. 22. Mai 1925 i. S. Akt.-Ges. Hugo St. Seesch. u. Überseeh. (Kl.) w. Deutsches Reich (Bekl.). III 161/24.

I. Landgericht Kiel.
II. Oberlandesgericht daselbst.

Am 22. August 1919 fuhr der der Klägerin gehörige Dampfer „Annie Hugo Stinnes 6" unter Führung des Zwangslotsen Sch. durch den Kaiser Wilhelm-Kanal in der Richtung nach Brunsbüttel. Hierbei stieß er mit dem ihm entgegenkommenden Dampfer „Olga" zusammen, wobei beide Schiffe schwer beschädigt wurden. Nach dem Spruch des Seeamts Flensburg, der insoweit von keiner Seite beanstandet wird, ist die Ursache des Zusammenstoßes darin zu suchen, daß der Stinnesdampfer vor dem Zusammenstoß der nördlichen Böschung zu nahe kam, absetzte, nach Backbord abdrehte und dadurch der „Olga" vor den Bug lief. Von der Klägerin wird behauptet, daß die Schuld an diesem Verlauf der Ereignisse den Zwangslotsen treffe, der die Fahrt des Stinnesdampfers zu spät verlangsamt und dem vom Kapitän angenommenen Kanalsteurer R. zu viel freie Hand gelassen, namentlich nicht verhindert habe, daß R. den Kurs zu nahe an der Nordböschung des Kanals genommen habe. Die Klägerin macht das Reich für die angebliche Amtspflichtverletzung des Lotsen verantwortlich. Sie fordert Ersatz des ihr durch den Zusammenstoß erwachsenen Schadens. Das Landgericht hat den Klaganspruch dem Grunde nach für gerechtfertigt erklärt. Das Oberlandesgericht hat in teilweiser Beachtung der die Klagabweisung erstrebenden Berufung des Beklagten den Klaganspruch zu drei Vierteilen dem Grunde nach für berechtigt anerkannt. Die Revision der Klägerin wurde zurückgewiesen.

Aus den Gründen:

Das Berufungsgericht stellt fest, der Zwanglotse Sch. habe insofern gegen die ihm der Klägerin gegenüber obliegenden Pflichten verstoßen, als er die Fahrgeschwindigkeit des Stinnesdampfers zu spät und in zu geringer Entfernung von der „Olga" vermindert habe. Auch habe er unbeachtet gelassen und nicht verhindert, daß der Kanalsteurer R., dem er zu viel freie Hand eingeräumt habe, den Kurs zu nahe an der Nordböschung des Kanals genommen habe; er sei auch nicht durch eigene Ruderkommandos der eigenmächtigen Ruderlegung des Kanalsteurers entgegengetreten, die die letzte unmittelbare Ursache des Zusammenstoßes bilde. Hätte der Lotse in diesen Richtungen seine Amtspflicht erfüllt, so wäre der Zusammenstoß vermieden worden. Indessen treffe auch den Kanalsteurer R. ein nicht geringer Vorwurf. Er habe das Ruder nicht ohne den für ihn maßgebenden Befehl des Lotsen so stark, wie geschehen, nach Steuerbord legen und das Schiff dadurch der Nordböschung zu nahe bringen dürfen. Denn dadurch sei der Dampfer, wie er sich bei pflichtmäßiger Überlegung habe sagen müssen, der Gefahr des Ausscherens und damit des Zusammenstoßes mit der schon nahe herangekommenen „Olga" ausgesetzt worden. Dieses Verschulden des Kanalsteurers, den das Berufungsgericht zur Schiffsmannschaft zählt, rechnet es gemäß § 485 HGB. der Klägerin zu, und legt ihr infolgedessen auf Grund von § 254 BGB. einen Teil des Schadens auf.

Die Revision bekämpft diesen Standpunkt und vertritt die Ansicht, daß die bezeichneten Vorschriften die Schadensteilung nicht rechtfertigten. Ihren Angriffen konnte jedoch keine Folge gegeben werden. Der Vorderrichter hat ohne Rechtsverstoß ausgeführt, daß R. fahrlässig gehandelt und durch sein Verhalten den Zusammenstoß der beiden Schiffe mitverursacht hat. Wie ein solches schuldhaftes Handeln einer Person der Schiffsbesatzung gemäß § 485 HGB. die Haftung des Reeders gegenüber Dritten begründen würde, so begründet es im Rahmen des § 254 BGB. auch die Verantwortung des Reeders gegen sich selbst. Das fremde Verschulden ist ihm dort wie hier als eigenes anzurechnen. Nur die entsprechende Anwendung des § 486 Abs. 1 Nr. 3 HGB. und damit die Begrenzung des von der Klägerin zu tragenden Schadens durch den Wert von Schiff und Fracht sind hier, wo es sich nicht um eine Haftung des Reeders

Dritten gegenüber, sondern um das Maß seiner Ersatzberechtigung handelt, ausgeschlossen (vgl. das Urteil des erkennenden Senats vom 19. Dezember 1924 III 481/24 und RGZ. Bd. 85 S. 372).

Daß der Kanalsteurer zur Besatzung des Dampfers der Klägerin gehörte, zieht die Revision mit Unrecht in Zweifel. Aus den Feststellungen des Berufungsgerichts erhellt, daß die den Kaiser Wilhelm-Kanal befahrenden Schiffe in bezug auf die Annahme eines solchen Steurers nicht — wie hinsichtlich des Lotsen (vgl. § 8 der Betriebsordnung für den Kanal) — einem Zwang unterworfen sind, daß vielmehr der Kapitän des Schiffes dem Steurer auf Grund freier Entschließung die ihm obliegende Bedienung des Ruders gegen eine Vergütung überträgt. Insoweit decken sich übrigens die Ausführungen im Berufungsurteil mit dem, was der Revisionsbeklagte über die Rechtsstellung des Kanalsteurers dargelegt hat, und die Revisionsklägerin hat in diesen Richtungen ebenfalls nichts Abweichendes vortragen lassen. Der Steurer wird also zur Vornahme von Dienstverrichtungen auf dem Schiff, wenn auch nur vorübergehend, angestellt und erfüllt damit in seiner Person die Voraussetzungen, welche nach dem maßgebenden § 481 HGB. die Zugehörigkeit zur Schiffsbesatzung bedingen. Eine dauernde Anstellung wird vom Gesetz nicht erfordert und ist namentlich auch nicht Vorbedingung für die Anwendung des § 485. Der Gesetzgeber hat im Interesse der Verkehrssicherheit die Haftung des Reeders für die schadenstiftenden Handlungen der Schiffsbesatzung mit Rücksicht auf die starke Abhängigkeit des Schiffahrtsbetriebs von dem Verhalten der auf den Seeschiffen tätigen Personen angeordnet. Die folgerichtige Durchführung dieses Rechtsgedankens macht es notwendig, davon abzusehen, ob der Schädiger auf längere oder kürzere Zeit für die ihm übertragenen Dienste angenommen war (vgl. RGZ. Bd. 13 S. 91; Seuff. Arch. Bd. 44 Nr. 39).

Auch dem weiteren Erfordernis des § 485 ist genügt, daß der Schadenstifter bei seiner schuldhaften Handlungsweise sich in Ausführung seiner Dienstverrichtungen befunden haben muß. Der Kanalsteurer durfte allerdings nur nach den Anweisungen des Zwangslotsen handeln und der ihm vom Kapitän des Schiffes erteilte Auftrag zur Bedienung des Ruders war deshalb mit der Beschränkung zu verstehen, daß er hierbei nicht ohne die Anordnungen des Lotsen zu Werke gehen dürfe. Allein trotz der Überschreitung der Grenzen des Auftrags, deren er sich hiernach durch das eigenmächtige Ruderlegen schuldig machte, blieb — und dies allein ist entscheidend — der innere Zusammenhang zwischen jenem Vorgehen und der ihm übertragenen Tätigkeit gewahrt. Seine pflichtwidrigen Maßnahmen fielen nach ihrer objektiven Beschaffenheit noch in den Kreis der zur Ausführung seiner Verrichtungen gehörenden Handlungen. ...

---

12. Galten im Reichsgebiete während des Herbstes 1919 noch die Bestimmungen des Vertrags von Brest-Litowsk über den Erwerb von unbeweglichem Vermögen?

Hamburg. AusfG. zum BGB. § 28.

V. Zivilsenat. Urt. v. 23. Mai 1925 i. S. E. (Kl.) w. G. u. Gen. (Bekl.). V 185/24.

I. Landgericht Hamburg.
II. Oberlandesgericht daselbst.

Der Kläger hat sein Klageverlangen, die Beklagten zur Einwilligung in die Berichtigung des Grundbuchs durch Wiedereintragung des Klägers als Eigentümer ihrer im Oktober des Jahres 1919 vom Kläger erworbenen, in Hamburg belegenen Grundstücke zu verurteilen, darauf gestützt, daß die Beklagten als russische Staatsangehörige zum Grunderwerb der Genehmigung des Hamburger Senats bedurft hätten, und daß mangels einer solchen Genehmigung das Eigentum an den Grundstücken nicht auf sie übergegangen sei. Der gegenteilige Standpunkt der Beklagten ist von den Vorinstanzen geteilt und demgemäß auf Abweisung der Klage erkannt worden.

Die Revision des Klägers hatte Erfolg.

Gründe:

Abs. 1 Satz 1 des § 28 Hamburg. Ausführungsgesetzes zum Bürgerlichen Gesetzbuch vom 14. Juli 1899, worauf sich der Kläger beruft, lautet: „Der Erwerb von Grundeigentum durch Ausländer ist von der Genehmigung des Senats abhängig."

Das Berufungsgericht geht davon aus, daß das dem Eingreifen dieser Vorschrift entgegenstehende, ursprünglich im deutsch-russischen Handelsvertrag von 1894/1904 den beiderseitigen Staatsangehörigen gewährleistete Recht, ungehindert im fremden Lande Grundeigentum zu erwerben, durch den Vertrag von Brest-Litowsk wiederhergestellt worden sei. Einem vom Kläger beigebrachten Rechtsgutachten des Professors Jacobi in Leipzig stimmt das Berufungsgericht zwar insoweit zu, als es annimmt, daß eine ausdrückliche Aufhebung des Vertrags von Brest-Litowsk zwischen den Vertragsparteien niemals erfolgt sei. Aus dem mit den Verbandsmächten abgeschlossenen Waffenstillstandsvertrag und dem Vertrag von Versailles könne Rußland mangels formeller Zustimmung für die Beziehungen zwischen ihm und Deutschland keine Rechte herleiten. Aber die Auffassung müsse verworfen werden, daß aus näher angegebenen schlüssigen Handlungen dieser beiden Mächte ihr Einverständnis über die Aufhebung des zwischen ihnen abgeschlossenen Friedensvertrags für die hier in Betracht kommende Zeit zu entnehmen sei. Anders als bei Handelsverträgen im Falle der Kriegserklärung sei hier eine ausdrückliche Erklärung der Vertragsparteien über die Aufhebung unerläßlich. Wolle man selbst eine stillschweigende Übereinkunft als ausreichend ansehen und sie in dem auf den Vertragsschluß folgenden Verhalten der beiden Mächte finden, so fehle es dennoch an einem für den gegenwärtigen Rechtsstreit maßgebenden Wegfall des durch die Veröffentlichung des Vertrags von Brest-Litowsk im Reichsgesetzblatt innerstaatlich in Kraft getretenen Rechtssatzes, der seine Geltung nur durch verfassungsmäßige Aufhebung wieder hätte einbüßen können.

Die Revision stellt die Begründung des angegriffenen Urteils in vollem Umfange zur Nachprüfung. Diese muß zugunsten des Klägers ausfallen.

Der Vertrag zwischen Deutschland und Rußland vom 10. Februar/29. Januar 1894 nebst Zusatzvertrag vom 28./15. Juli 1904, der als im Reichsgesetzblatt (1894 S. 153, 1905 S. 35) ordnungsgemäß veröffentlichte und deshalb für das Reichsgebiet verbindliche Norm den nach Art. 88 EG. z. BGB. für Hamburg geltenden § 28 AG. z. BGB. außer Kraft gesetzt hatte, war seiner Bezeichnung wie seinem Inhalt nach ein Handelsvertrag und verlor daher beim Kriegsausbruch, wie alle mit den Feindmächten abgeschlossenen

Handelsverträge, seine Geltung. Es bedurfte eines neuen Handelsvertrags oder sonstigen Abkommens zwischen Deutschland und Rußland, um es zu ermöglichen, daß für die Angehörigen letzteren Reiches die Geltung der landesrechtlichen Vorschrift des § 28 a. a. O. wieder aufgehoben wurde. Das ist durch die Bekanntmachung vom 7. Juni 1918 (RGBl. S. 654) geschehen, die den Vertrag von Brest-Litowsk betraf, nach dessen Art. XI in Verb. mit Anlage 2 zwar der frühere deutsch-russische Handelsvertrag als erloschen erklärt, dagegen laut Unteranlage 1 zur Anlage 2 bestimmt wurde (vgl. RGBl. 1918 S. 479, 492 Nr. 1 Abs. 1, 498 Art. 2 Abs. 1):

„Die Angehörigen jedes der beiden vertragschließenden Teile sollen in dem Gebiete des anderen Teils gleich den Inländern berechtigt sein, jede Art von beweglichem oder unbeweglichem Vermögen zu erwerben."

Es fragt sich, ob jenes, wie im Gegensatz zu dem von den Beklagten vorgelegten Gutachten des Professors Mendelssohn-Bartholdy in Hamburg angenommen werden muß, die früheren Vertragsbeziehungen zwischen Deutschland und Rußland endgültig beseitigende Abkommen, nachdem es in Deutschland innerstaatlich wirksam geworden war, diese Wirksamkeit an dem hier maßgebenden (vgl. RGZ. Bd. 105 S. 173) Tage der Auflassung der Grundstücke an die Beklagten — ausweislich des erstinstanzlichen Urteils im Herbst 1919 — wieder eingebüßt hatte. Hierfür hat der Vertrag von Versailles keinerlei Bedeutung. Denn zwar ist das ihm zustimmende deutsche Reichsgesetz vom 16. Juli 1919 (RGBl. S. 687) mit dem Tage der Verkündung, der Vertrag selbst jedoch nach seinen Schlußbestimmungen (RGBl. 1919 S. 1329) für das Reichsgebiet erst mit der Niederlegung der Ratifikationsurkunden in Kraft getreten. Sie ist erst im Jahre 1920, also nach dem hier in Betracht kommenden Zeitpunkt, erfolgt (RGBl. 1920 S. 31). Auch hatte inzwischen die Reichsregierung weder im Ausführungsgesetz zum Versailler Vertrage vom 31. August 1919 (RGBl. S. 1530) eine hier eingreifende Bestimmung getroffen, noch von der ihr nach § 28 dieses Ausführungsgesetzes zustehenden Ermächtigung zu weiteren Maßregeln, die sich für die Ausführung des Vertrags als notwendig und dringend erweisen sollten, hinsichtlich der Rechtsbeziehungen zwischen Deutschland und Rußland Gebrauch gemacht.

Dem den Abschluß des Friedensvertrags einleitenden Waffenstillstandsabkommen zwischen den an ihm beteiligten Verbandsmächten und Deutschland vom 11. November 1918 kann schon mangels Zustimmung Rußlands die Bedeutung einer zwischen Deutschland und Rußland unmittelbar geltenden völkerrechtlichen Vereinbarung und mangels Kundgabe durch die Reichsregierung die Wirkung eines innerstaatlichen Gesetzesbefehls nicht zuerkannt werden (vgl. in letzterer Richtung RGZ. Bd. 102 S. 108). In beiderlei Hinsicht hat das Berufungsgericht den Nachweis einer Außerkraftsetzung des Vertrags von Brest-Litowsk zu dem hier fraglichen Zeitpunkt vermißt. Dies trifft allerdings insofern zu, als weder völkerrechtlich noch innerstaatlich eine formelle Aufhebung des Vertrags und seiner Wirkungen auf den Rechtsverkehr stattgefunden hat. Die Würdigung der seinem Abschluß folgenden geschichtlichen Ereignisse zeigt jedoch, daß er zwischen den an seinem Abschluß beteiligten Mächten bereits im Herbst 1918 tatsächlich außer Kraft getreten war und daß seither die in ihm enthaltenen Bestimmungen auch für die Rechtsbeziehungen der beiderseitigen Staatsangehörigen keine Bedeutung mehr beanspruchen können.

Bereits am 5. November 1918 hatte die deutsche Regierung der russischen mitgeteilt, daß sie die diplomatischen Beziehungen zu ihr als abgebrochen ansehe. Dadurch wurde die Ausführung des zwischen ihnen kurz zuvor geschlossenen Friedensvertrags unterbrochen. Als wenige Wochen später die russische Sowjetregierung durch Funkspruch „an alle" kundgab, sie sehe die Verträge von Brest-Litowsk als beseitigt an, wurde offenbar, daß auf eine Vertragserfüllung ihrerseits nicht mehr gerechnet werden konnte. Die deutsche Regierung hat damals allerdings nur an andere Feindmächte und deshalb nicht mit unmittelbarer Wirkung für ihre Beziehungen zu Rußland bezüglich des Verzichts auf die Wirkungen des Vertrags Erklärungen abgegeben und ist mit Rußland erst bei Abschluß des Vertrags von Rapallo vom 16. April 1922 wieder in Vertragsbeziehungen getreten (vgl. Gesetz vom 17. Juli 1922, RGBl. II S. 677).

Welche Bedeutung aber die deutsche Regierung den dem Vertrag von Rapallo vorausgegangenen geschichtlichen Ereignissen beilegte, zeigt sich aus folgenden Eingangsworten der Denkschrift, mit welcher der Entwurf eines Gesetzes über den deutsch-russischen Vertrag von

Rapallo dem Reichstag vorgelegt wurde (Verhandlungen des Deutschen Reichstags, Wahlperiode 1920/22 Bd. 374 Nr. 4546 S. 2):

„Durch Nr. XV des Waffenstillstandsabkommens mit den Alliierten vom 11. November 1918, sowie durch die Art. 116 Abs. 2 und 292 des Vertrags von Versailles ist Deutschland verpflichtet worden, den Friedensvertrag mit der russischen Sowjetrepublik von Brest-Litowsk und die gleichzeitig oder später zu seiner Ergänzung abgeschlossenen deutsch-russischen Verträge als aufgehoben anzusehen. Nach der Unterbrechung der diplomatischen Beziehungen zwischen Deutschland und Rußland im Herbst 1918 hat sich auch die Sowjetrepublik nicht mehr als an jene Verträge gebunden angesehen. Zwischen den beiden Ländern bestand mithin ein vertragsloser Zustand. Das bedeutete jedoch nicht das Wiederaufleben des Kriegszustandes. Nachdem der Friedenszustand einmal eingetreten war, konnte er durch die bloße Aufhebung der erwähnten Verträge nicht wieder in den Kriegszustand umgewandelt werden."

In der Tat kann, in Übereinstimmung mit diesen Ausführungen, das Verhalten beider in Betracht kommender Mächte in der Zwischenzeit nicht anders aufgefaßt werden, als daß beide seit dem Herbst 1918 den Vertrag von Brest-Litowsk als erledigt und beseitigt angesehen und ihre Ansicht hinreichend zum Ausdruck gebracht haben. Rußland hat dies damals ausdrücklich erklärt, und die deutsche Regierung hat es durch Unterlassen einer Verwahrung dagegen, durch Nichtbeanspruchen vertraglicher Rechte, sowie durch die Räumung der besetzten russischen Gebiete in Verbindung mit dem Verhalten gegenüber anderen Mächten bestätigt. Daß beide Mächte in dieser Hinsicht derselben Auffassung waren, geht gleichfalls daraus klar hervor, daß der Vertrag von Brest-Litowsk in demjenigen von Rapallo nicht mehr erwähnt worden ist.

Die Würdigung des geschichtlichen Hergangs führt aber auch zu dem Schluß, daß es der deutschen Regierung nicht erforderlich erscheinen mußte und erschienen ist, neben den gesetzlichen Schritten, die sie nach dem Unterliegen Deutschlands im Weltkriege zur Ausführung des Vertrags von Versailles unternahm, noch eine besondere Kundgebung an die Reichsangehörigen zu erlassen, mit welcher der Vertrag von Brest-Litowsk ausdrücklich außer Kraft gesetzt wurde, der, wie allen bekannt, durch die Macht der Verhältnisse gegenstandslos geworden war. Hinsichtlich einer solchen Nachwirkung eines verlorenen Krieges können Anforderungen nicht Platz greifen, die für Regelfälle an die Verlautbarung des Aufhörens staatsrechtlicher Geltung völkerrechtlicher Abkommen etwa aufzustellen wären. Auch wenn man sonst Unterschiede bei Beurteilung der Frage gelten lassen will, inwieweit die Rechte der einzelnen aus einem Staatsvertrag durch Vorgänge berührt werden, die das friedliche Verhalten der Völker zueinander unterbrechen — z. B. bei Handelsverträgen oder Urheberrechtsabkommen —, läßt sich doch ein Unterschied zwischen völkerrechtlicher und innerstaatlicher Wirkung bei einem Vertrage, wie dem von Brest-Litowsk, nicht machen, dessen politischer, militärischer, wirtschaftlicher und privatrechtlicher Inhalt ein einheitliches und untrennbares Ganzes bildet. Hier ist jeder Teil vom Ganzen abhängig, steht und fällt mit ihm, sowohl was die Geltung nach außen wie diejenige nach innen anlangt. Daß aber der übermächtige Druck der Ereignisse dem deutsch-russischen Friedensvertrag in seiner Gesamtheit nach beiden Seiten hin jegliche praktische Bedeutung genommen hatte, war im Herbst 1918 für jeden ohne weiteres erkennbar. Es konnte der dem Drucke weichenden Reichsregierung nicht zugemutet werden, den Reichsangehörigen die Tatsache, daß nunmehr der Vertrag wieder bedeutungslos geworden sei, ausdrücklich amtlich kundzutun, wenngleich er auf amtlichem Wege zur Kenntnis gebracht worden war, ehe die ihn beseitigenden Ereignisse eingetreten waren.

Alsdann aber stand der Wirksamkeit des § 28 Hamb. AG. z. BGB. zur Zeit der Auflassung der streitigen Grundstücke an die Beklagten nichts im Wege. Da die hiernach erforderliche Genehmigung des Senats den Beklagten als russischen Staatsangehörigen nach dem vorgetragenen Tatbestand des erstinstanzlichen Urteils nicht erteilt worden und infolgedessen Eigentum an den Grundstücken auf die Beklagten bisher nicht übergegangen ist, war das angefochtene Erkenntnis aufzuheben. Eine Entscheidung gemäß § 565 Abs. 3 Nr. 1 ZPO. ist wegen der von den Beklagten noch erhobenen Einwendungen, namentlich derjenigen aus § 273 BGB., aber auch deswegen untunlich, weil bisher nicht feststeht, daß die Genehmigung zu der hier streitigen Grundstücksveräußerung endgültig versagt worden ist (vgl. RGZ. Bd. 103 S. 106, Bd. 105 S. 169/174).

13. Wie ist die Rechtslage zu beurteilen, wenn jemand seine Rechte aus einem ihm gemachten, wegen Formmangels nichtigen Verkaufsangebot an einen Dritten abgetreten hat?

BGB. §§ 405, 413.

V. Zivilsenat. Urt. v. 10. Juni 1925 i. S. N. (Kl.) w. L. (Bekl.). V 511/24.

I. Landgericht Altona.
II. Oberlandesgericht Kiel.

Zu notariellem Protokoll vom 19. Juni 1920 bot die Beklagte, welcher zusammen mit dem Kläger das Miteigentum an mehreren im Grundbuch von H. eingetragenen Grundstücken je zur ideellen Hälfte zustand, ihre ideelle Hälfte dem Kaufmann N. in H. in dessen Gegenwart zum Preise von 247500 ℳ zum Kauf an. In diesem Angebote heißt es:

„§ 3. Das Angebot läuft bis zum 30. Juni 1921 einschließlich. Der Erschienene zu 2 (d. i. der Kaufmann N.) ist auch berechtigt, die Annahme durch eine dritte Person erklären zu lassen oder die Rechte und Ansprüche aus dem Angebot auf eine dritte Person zu übertragen. § 6. Ich (d. i. die Beklagte) verzichte auf Zustellung der Annahmeerklärung innerhalb der Frist, vielmehr genügt die Erklärung der Annahme zu notariellem oder gerichtlichem Protokoll."

Am 26. Juni 1921 hat N. zu notariellem Protokoll erklärt, daß er seine Rechte aus diesem Verkaufsangebot an den Kläger abtrete und dieser hat die Abtretung und zugleich das Verkaufsangebot der Beklagten angenommen.

Mit der Klage verlangt der Kläger Verurteilung der Beklagten zur Auflassung ihres Miteigentums. Diese verweigert die Auflassung, weil der vereinbarte Kaufpreis im Einverständnis mit N. in ihrem Verkaufsangebot nicht richtig angegeben und nach §§ 117, 313 BGB. dieses Angebot und mithin auch der Kaufvertrag nichtig sei. Der Kläger hat diese Behauptung bestritten. Er hält sie auch im Hinblick auf § 405 BGB. für unerheblich, weil er sich auf den ihm mitgeteilten Inhalt des Verkaufsantrags der Beklagten habe verlassen dürfen. Die Beklagte hat die Anwendbarkeit dieser Vorschrift bestritten, da es sich nicht um Abtretung von Rechten handle, das Verkaufsangebot auch bei der Abtretung — wie unstreitig — nicht vorgelegt worden sei. Abgesehen davon habe der Kläger auch gewußt, daß der Kaufpreis im Verkaufsangebot nicht richtig beurkundet sei.

Das Landgericht hat die Entscheidung von einem dem Kläger über die letztere Behauptung zugeschobenen Eid abhängig gemacht. Die Berufung der Beklagten führte zur Abweisung der Klage. Die Revision des Klägers blieb ohne Erfolg.

Gründe:

Nach den vom Berufungsrichter getroffenen Feststellungen ist der Verkaufsantrag der Beklagten, aus dem der Kläger seine Rechte gegen diese herleitet, nichtig, weil der für das Grundstück zu zahlende Kaufpreis von der Beklagten im Einverständnis mit dem Antragsgegner N. bei der Beurkundung nicht richtig angegeben worden ist. Dagegen hat auch die Revision nichts erinnert. Sie bemängelt nur die weitere Annahme des Berufungsrichters, daß der Kläger sich zur Begründung seines Anspruchs auch auf die Vorschrift des § 405 BGB. nicht berufen könne. Mit dieser Rüge kann sie aber nicht durchdringen. Allerdings ist die Anwendung der erwähnten Vorschrift nicht, wie der Berufungsrichter meint, deshalb abzulehnen, weil sie voraussetzt, daß ein Schuldner eine Urkunde über die Schuld ausgestellt hat, ein Verkaufsantrag aber lediglich eine Gebundenheit, nicht aber eine Schuld des Antragenden begründe. Denn nach § 413 BGB. finden die Vorschriften über die Übertragung von Forderungen und mithin auch § 405 BGB. auf die Übertragung anderer Rechte entsprechende A..wendung, soweit nicht das Gesetz ein anderes vorschreibt. Als ein Recht im Sinne dieser Vorschrift ist aber das aus der Gebundenheit des Antragstellers an seinen Antrag sich ergebende Recht des Gegners jedenfalls dann anzusehen, wenn dem letzteren wie hier, die Befugnis eingeräumt ist, seine Rechte aus dem Angebot an einen Dritten abzutreten. Die Begründung des Berufungsrichters läßt sich daher nicht aufrechterhalten. Im Ergebnis ist ihm aber beizutreten. Denn die Anwendung des § 405 BGB. muß daran scheitern, daß die Abtretung, wie tatbestandsmäßig feststeht, nicht unter Vorlegung der das Vertragsangebot der Beklagten enthaltenden notariellen Urkunde erfolgt ist.

Ob der Kläger, wie er behauptet, die Urkunde vor der Abtretung gesehen hatte und dann später im Vertrauen auf ihren Inhalt die Abtretung vorgenommen hat, ist ohne Belang. Denn nach dem unzweideutigen Wortlaut des § 405 reichen diese Umstände zur Anwendung der Vorschrift nicht aus und kann auch eine ausdehnende Auslegung nicht für zulässig erachtet werden.

---

14. Ist der Rechtsweg zulässig für eine Klage auf Feststellung der Rechtswirksamkeit eines Abkommens, durch das sich eine Stadtgemeinde verpflichtet hat, von der Beschlagnahme gewisser Wohnungen abzusehen?

GVG. § 13.

VI. Zivilsenat. Urt. v. 12. Juni 1925 i. S. Akt.-Ges. f. A. (Kl.) w. Stadtgemeinde D. (Bekl.). VI 53/25.

I. Landgericht Dessau.
II. Oberlandesgericht Naumburg a. S.

Die Parteien haben im April 1920 vereinbart, daß die klagende Aktiengesellschaft der Stadtgemeinde einen Baukostenzuschuß leisten, diese aber sich der Verfügung über Wohnungen in „werkseigenen" Häusern der Klägerin enthalten und andere Wohnungen von Angestellten der Klägerin im Falle ihres Fortzugs im allgemeinen den Nachfolgern zur Verfügung stellen sollte. Auf Grund eines Ersuchens des Anhaltischen Staatsministeriums vom 22. Januar 1923 hat der Magistrat der Beklagten am 7. Februar 1923 der Klägerin mitgeteilt, daß er die Vereinbarung, nach welcher von Werksbeamten bewohnte Wohnungen im allgemeinen deren Nachfolgern zu überlassen seien, als im Widerspruch mit den Bestimmungen der Anhaltischen Wohnungsmangel-Verordnung vom 30. November 1920 stehend, ferner zu halten nicht in der Lage sei.

Mit der im Oktober 1923 eingereichten Klage beantragte die Klägerin die Feststellung, daß das Abkommen vom 30. April 1920 rechtswirksam sei. Die Vorinstanzen wiesen die Klage ab. Die Revision der Klägerin hatte keinen Erfolg.

Aus den Gründen:

Die Parteien haben beabsichtigt, durch das Abkommen vom April 1920 eine Bindung der verklagten Stadtgemeinde auf dem Gebiet der Wohnungszwangswirtschaft herbeizuführen. Sie sollte verpflichtet werden, in gewissen Fällen zugunsten der Angehörigen der Werke der Klägerin von der Beschlagnahme von Wohnungen abzusehen. Eine solche Beschlagnahme stellt sich als Amtshandlung hoheitsrechtlicher Art dar, und die Beklagte kann daher weder zu ihrer Vornahme noch zu ihrer Unterlassung im Wege eines Verfahrens vor den ordentlichen Gerichten veranlaßt werden (RGZ. Bd. 109 S. 294). Die vorliegende Klage ist nun allerdings nicht auf Unterlassung von Beschlagnahmen gerichtet, es wird vielmehr Feststellung der Wirksamkeit des Abkommens vom April 1920 begehrt. Aber in der Klagschrift wird ausgeführt, daß die Beklagte hinsichtlich der in dem Abkommen bezeichneten Wohnungen eine Beschlagnahme nicht vornehmen dürfe, daß ferner ihre Weigerung, diese Vereinbarung zu halten, das rechtliche Interesse der Klägerin an der Feststellung der Wirksamkeit des Abkommens begründe, und weitere Ausführungen der Klägerin bezeichnen die Verpflichtung der Beklagten, den Anträgen der ersteren auf Freistellung von Wohnungen stattzugeben, als einen Teil der sich aus der Wirksamkeit des Abkommens ergebenden Pflichten der Beklagten. Daraus ergibt sich, daß die Klägerin durch die Klage einen Druck auf die Beklagte ausüben wollte, um sie zur Erfüllung des Abkommens zu veranlassen. Für die Frage der Zulässigkeit des Rechtswegs ist es belanglos, ob der Anspruch durch Leistungs- oder Feststellungsklage verfolgt wird (vgl. JW. 1908 S. 153 Nr. 27); der Rechtsweg ist mithin im vorliegenden Fall ausgeschlossen. . . .

---

15. 1. Sind bei Verträgen auch die Vertreter der Vertragschließenden zur Zahlung der Stempelsteuer verpflichtet?

2. Unter welchen Umständen kann die Einräumung der Aufführungsbefugnis als Veräußerung im Sinne des Preußischen Stempelsteuergesetzes angesehen werden?

Preuß. Stempelsteuergesetz §§ 12, 13, Tarifstelle 32.

VI. Zivilsenat. Urt. v. 16. Juni 1925 i. S. S. F. Verlag Akt.-Ges. (Kl.) w. Preuß. Staat (Bekl.). VI 439/24.

I. Landgericht I Berlin.
II. Kammergericht daselbst.

Am 20. April 1924 wurde zwischen „Herrn Siegfried T., vertreten durch die Firma S. F., Verlag A. G. in Berlin, einerseits und Herrn Direktor Carl Sch. als zum Abschluß dieses Vertrags legitimierten Vertreter des konzessionierten Schauspielunternehmers Stadttheater Landsberg a. W. .... andererseits" ein schriftlicher „Sondervertrag" abgeschlossen, durch den dem letztgenannten das ausschließliche Recht zur deutschsprachigen Aufführung des Werkes „Helden" von Bernard Shaw, deutsch von Siegfried T., an dem bezeichneten Theater übertragen wurde. Sch. verpflichtete sich, das Werk zur Aufführung zu bringen, und zwar als Abendvorstellung spätestens bis zum 31. Dezember 1924. In § 4 des Vertrags war ferner bestimmt: „Die Bühnenleitung zahlt für die Überlassung des in § 1 genannten Werkes von der Bruttoeinnahme einen Urheberanteil von 10%". In § 5 wurde „die Abrechnung der sich aus § 4 ergebenden Beträge" geregelt, und in § 7 die Dauer des Vertrags bis zum 31. Mai 1925 bestimmt.

Eine Vertragsurkunde wurde von der Klägerin dem Finanzamt Börse (für Stempelsteuer) zu Berlin vorgelegt. Dieses verwendete einen Landesstempel zu 3 Goldmark und verfügte ferner unter dem 28. April 1924: „Wieder vorzulegen alljährlich am 1. Mai, zuerst am 1. Mai 1925 mit der Anzeige, welche Beträge auf Grund des § 4 insgesamt und welche seit der letzten Vorlegung des Vertrags gezahlt sind. An Stempel sind $^2/_3$% von der gezahlten Summe zu entrichten".

Die Klägerin erachtet dieses Vorgehen für unberechtigt. Sie erhob im Mai 1924 Klage gegen den Preußischen Staat mit dem Antrag, zu erkennen: das Verlangen des Finanzamts Börse nach Wiedervorlage des Vertrags vom 20. April 1924 und nach der Anzeige, welche Beträge gezahlt sind, sowie der Ansatz von $^2/_3$% der gezahlten Summe sind unberechtigt, der Vertrag ist lediglich gemäß Tarifstelle 71 Nr. 2 mit 3 Goldmark zu verstempeln. Das

Landgericht entsprach diesem Antrag in der Weise, daß es feststellte, der Vertrag sei lediglich nach Tarifstelle 71 Nr. 2 des Preußischen Stempelsteuergesetzes zu verstempeln. Auf die Berufung des Beklagten wies das Kammergericht die Klage ab. Die Revision der Klägerin führte zur Wiederherstellung des landgerichtlichen Urteils.

Gründe:

Die Entscheidung ist nach dem Preußischen Stempelsteuergesetz in der Fassung der Bekanntmachung vom 16. März 1924 (GS. S. 139) zu treffen, die vom 1. Februar 1924 an Geltung hatte, seit dem 1. November 1924 aber durch die neue Fassung der Bekanntmachung vom 27. Oktober 1924 (GS. S. 627) ersetzt wurde vgl. die Übergangsvorschrift in § 34 Abs. 1 daselbst).

Wegen der Zulässigkeit des Rechtswegs besteht kein Bedenken. Unter Hinweis auf die frühere Rechtsprechung hat der erkennende, damals als der VII. bezeichnete Zivilsenat in RGZ. Bd. 72 S. 159 ausgesprochen, daß nach § 26 StStG. der zur Stempelsteuer Herangezogene nicht auf die Rückforderungsklage beschränkt, sondern auch zur Feststellungsklage gegen den Staat befugt ist, wenn — wie hier — die Voraussetzungen des § 256 ZPO. gegeben sind.

Ein Bedenken gegen die Berechtigung der Klägerin zur Sache könnte auf den ersten Besicht daraus entnommen werden, daß sie nicht selbst Vertragspartei ist, sondern beim Abschluß des Vertrags vom 20. April 1924 nur als Vertreterin des Siegfried T., des Übersetzers des Shawschen Theaterstücks, gehandelt hat. Nach § 12 Abs. 1c StStG. sind indes bei Verträgen „alle Teilnehmer“ zur Zahlung der Stempelsteuer verpflichtet. Dazu gehören die Vertreter der Vertragschließenden, sowohl die gesetzlichen wie die bevollmächtigten (vgl. Heinitz, Kommentar zum Preuß. StStG., 3. Aufl., S. 126, Anm. II B 3a zu § 12; Hummel-Specht, desgl. S. 23, Anm. 11e zu § 1 StStG.). Die Richtigkeit dieser Auffassung ergibt sich aus § 13 Abs. 1a (früher b) des Gesetzes, wo gewisse Handels- und andere Gesellschaften, wenn sie Vertragschließende waren, neben den für sie handelnden Vorständen oder Geschäftsführern, die als „die eigentlich Verpflichteten“ bezeichnet werden, für mithaftend erklärt sind (vgl. dazu RGZ. Bd. 76 S. 32). Sonach entfällt das Bedenken.

In der Sache selbst kann der Auffassung des Berufungsrichters nicht beigestimmt werden. Er stellt die Stempelpflicht der Urkunde vom 20. April 1924 gemäß Tarifstelle 32 Abs. 1c StStG. fest, weil darin ein ein lästiges Veräußerungsgeschäft enthaltender Vertrag beurkundet sei. Die Auffassung beruht auf der Annahme, daß die Klägerin einen Teil des anscheinend ihr zustehenden ausschließlichen Rechts zur deutschsprachigen Aufführung des Werkes „Helden" von Bernard Shaw, deutsch von Siegfried T., nämlich das Aufführungsrecht am Stadttheater in Landsberg a. W., für die von dem Erwerber Sch. übernommenen Gegenleistungen veräußert habe. Wäre die vertragsmäßige Leistung der Klägerin — richtiger: des von ihr vertretenen Siegfried T. — in der Art bestimmt, daß das Urheberrecht als solches in gewissem Umfang auf Sch. übergehen sollte, dann wäre in der Tat nichts dagegen einzuwenden, daß das Rechtsgeschäft auch im Sinne des Stempelsteuergesetzes als Veräußerung angesehen würde (vgl. RGZ. Bd. 31 S. 295, Bd. 57 S. 40, Bd. 75 S. 402, Bd. 76 S. 235, Bd. 83 S. 21). So läßt sich aber der vorliegende Vertrag nicht auffassen. Daß im § 1 von einer „Übertragung des Aufführungsrechts" die Rede ist, kann die rechtliche Natur des Vertrags nicht bestimmen. Entscheidend ist vielmehr der Inhalt der dem Erwerber übertragenen Befugnis. Diese erschöpft sich darin, daß er das dramatische Werk am Stadttheater in Landsberg a. W. während eines Zeitraums von Ende April 1924 bis Ende Mai 1925 zur Aufführung bringen durfte. Bei derartiger örtlicher und zeitlicher Beschränkung muß die Annahme, es hätte das mit dem Urheberrecht verknüpfte Aufführungsrecht teilweise übertragen werden sollen, für ausgeschlossen gelten. Es kann sich vielmehr nur darum handeln, daß mit jener Begrenzung dem Sch. die Ausübung des Aufführungsrechts im Wege rein schuldrechtlicher Bindung überlassen wurde. Die Möglichkeit, daß etwa ein Dritter als späterer Erwerber des Urheberrechts in die von Sch. erworbene Befugnis während der kurzen Vertragszeit hätte eingreifen können, lag offenbar so fern, daß der Gedanke daran die Gestaltung des Vertragsverhältnisses nicht beeinflussen konnte.

Sonach liegt in dem der Beurteilung unterstehenden besonderen Falle kein Veräußerungsgeschäft vor. Damit erledigt sich die Frage, ob es als ein „lästiges" aufzufassen sein würde. Die Anwendbarkeit der Tarifstelle 32 entfällt, und es bewendet bei der Verstempelung der Vertragsurkunde nach Tarifstelle 71, die von der Klägerin nicht angegriffen wird. Hiernach ist die in diesem Sinne gefällte Entscheidung des ersten Richters, unter Aufhebung des Berufungsurteils, zu bestätigen.

---

16. Ist, wenn bei einem dauernd vereinigten Kirchen- und Schulamt, z. B. einer Küsterlehrerstelle, gemäß § 30 Abs. 6, 7 des Preuß. Volksschulunterhaltungsgesetzes vom 28. Juli 1906 die Auseinandersetzung zwischen Kirche und Schulverband erfolgen soll, hierfür die öffentlichrechtliche Zweckbestimmung der bisher gemeinschaftlich benutzten Vermögensstücke maßgebend?

IV. Zivilsenat. Urt. v. 18. Juni 1925 i. S. Schulgemeinde Groß-G. (Bekl.) w. Kirchengemeinde Groß-G. (Kl.). IV 126/25.

I. Landgericht Magdeburg.
II. Oberlandesgericht Naumburg a. S.

In Groß-Germersleben ist das Volksschulamt (die Lehrerstelle) mit dem kirchlichen Amt des Kantors, Küsters und Organisten organisch vereinigt. Die Klägerin erstrebt die Auseinandersetzung des gesamten bisher zu Zwecken der Lehrerküsterstelle verwendeten Vermögens auf Grund des § 30 Abs. 6 und 7 des Preußischen Volksschulunterhaltungsgesetzes vom 28. Juli 1906. Sie verlangt gegenüber der beklagten Schulgemeinde die Feststellung ihres Alleineigentums an gewissen Grundstücken, insbesondere am sogenannten Kantorhaus, und soweit erforderlich deren Umschreibung im Grundbuch, ferner Löschung einer zugunsten der Beklagten eingetragenen Belastung sowie die Anerkennung, daß sie Alleinberechtigte bezüglich weiterer Vermögensstücke (Kapitalien, Akzidentien, Renten und dergl.) sei. Das Landgericht hat, nachdem durch Urteil des Berufungsgerichts der Rechtsweg gemäß § 30 Abs. 6 a. a. O. für zulässig erklärt war, nach dem Klagantrag erkannt. Die Berufung der Beklagten ist vom Oberlandesgericht zurückgewiesen worden. Ihre Revision blieb erfolglos

Aus den Gründen:

Nach § 30 Abs. 7 des Volksschulunterhaltungsgesetzes vom 28. Juli 1906 soll eine Vermögensauseinandersetzung auch bei einstweiliger Beibehaltung der Ämtervereinigung stattfinden können. Die Vorschrift ist aufgenommen, um bei der künftigen Trennung der Ämter Schwierigkeiten und Streitigkeiten zu vermeiden (Begründung des Entwurfs, Drucks. des Abgeordnetenhauses 1905/06, II. Session, Nr. 11 S. 55). Der Auseinandersetzungsanspruch der Klägerin ist hiernach unabhängig von einer etwa erfolgten oder gleichzeitig beantragten Ämtertrennung gegeben.

Die Klägerin will bei der Auseinandersetzung ihr privatrechtrechtliches Eigentum an sich ziehen. Die Beklagte widerspricht dieser Art der Regelung. Sie verlangt, selbst wenn die Klägerin nach Privatrecht Alleineigentümerin (Alleinberechtigte) wäre, Neuordnung der Eigentumsverhältnisse durch Überweisung des Küsterhauses an den Schulverband gegen Übernahme der Unterhaltspflicht und allenfallsige Entschädigung, sowie Teilung der Äcker und sonstigen Vermögensstücke. Zum mindesten beansprucht sie die Einräumung von Nutzungsrechten an den Stelleneinkünften, sowie die dauernde Benutzung der Schulräume und die Mitbenutzung der Lehrerwohnung. Sie stellt dabei die im öffentlichen Recht wurzelnde bisherige Zweckbestimmung der Vermögensstücke, die von Kirche und Schule genutzt würden, in den Vordergrund und bestreitet, daß lediglich privatrechtliche Gesichtspunkte für die Auseinandersetzung maßgebend seien. Die Vorinstanzen haben diese Auffassung mißbilligt und der Klägerin auf Grund des erbrachten Nachweises das Eigentum an den streitigen Vermögensstücken zugesprochen.

Im Schrifttum ist die Frage bestritten, ob bei der Trennung eines dauernd vereinigten Kirchen- und Schulamts, hier einer Küsterlehrerstelle, und der dabei gemäß § 30 Abs. 6, 7 VUG. vorzunehmenden Vermögensauseinandersetzung die Schulgemeinde (der Schulverband) einen Anspruch darauf hat, an dem von der Kirche herrührenden, nicht etwa im gemeinschaftlichen Eigentum von Kirche und Schule stehenden Stellenvermögen in irgendeiner Weise (durch Zuweisung von Vermögensteilen oder Gewährung dauernder Rechte) beteiligt zu werden, weil nach öffentlichem Recht auf Grund der bisherigen Zweckbestimmung die Vermögensstücke für die Bedürfnisse von Kirche und Schule verwendet wurden, oder ob diese Bestimmung für den Fall der Trennung ihr Ende erreicht und keine Rechtsfolgen nach sich zieht, vielmehr über die Zuteilung des Vermögens lediglich das Privatrechtsverhältnis entscheidet. Auf dem Standpunkt der beklagten Schulgemeinde stehen v. Eynern (im Volksschularchiv Bd. 8 S. 8, 97; Dirksen, das. Bd. 11 S. 113; auch v. Bremen, das Volksschulunterhaltungsgesetz vom 28. Juli 1906, Anm. 6 zu § 30), während die gegenteilige Auffassung von Koch, Trennung und Vermögensauseinandersetzung dauernd vereinigter Kirchen- und Schulämter S. 16; Paschasius (im Volksschularchiv Bd. 14 S. 209, 305); Arndt, die organisch vereinigten Kirchen- und Schulämter S. 24; Strippel, die Kurhessische Küsterlehrerpfründe S. 8, 24 und Starke (in der JW. 1923 S. 1019) vertreten wird. Das Reichsgericht hat in den Urteilen vom 22. Mai 1916 IV 414/15 (abgedruckt im Volksschularchiv Bd. 17 S. 240) und vom 2. Juni 1924 V 909/23 (JW. 1924 S. 1982 Nr. 16) die Frage nicht entschieden, weil in diesen Streitfällen eine Bestimmung des Vermögens für Schulzwecke überhaupt nicht vorlag, vielmehr erwiesen war, daß es nur kirchlichen Zwecken diente. Vom Berufungsrichter ist im gegenwärtigen Rechtsstreit eine solche Feststellung nicht getroffen, sondern nur verneint worden, daß die von der Klägerin beanspruchten Vermögensstücke allein für Schulzwecke bestimmt gewesen seien. Es ist also davon auszugehen, daß sie bisher bestimmungsgemäß für Zwecke der Kirche und Schule gemeinschaftlich benutzt wurden.

Die Streitfrage war im Sinne des Berufungsurteils zugunsten der Klägerin zu beantworten. Die die Auseinandersetzung betreffenden Vorschriften des Volksschulunterhaltungsgesetzes (§ 30 Abs. 6 und 7) enthalten in der Hauptsache Zuständigkeitsnormen und besagen nichts darüber, nach welchen rechtlichen Gesichtspunkten die Auseinandersetzung vorzunehmen ist. Es fragt sich, ob sonstwie aus dem Gesetz die Berechtigung des einen oder anderen Standpunkts hergeleitet werden kann. Die Beklagte beruft sich auf verschiedene Gesetzesstellen, aus denen sich die dauernde Aufrechterhaltung der Zweckbestimmung und der diesbezüglichen Verpflichtungen der Klägerin ergebe, zunächst auf § 30 Abs. 2 und 4. Nach § 32 Abs. 1 kommen die auf allgemeiner Rechtsnorm beruhenden Verpflichtungen für die Zwecke der Volksschule nur so weit in Wegfall, als sie nicht durch das Gesetz aufrechterhalten werden. Aufrechterhalten sind somit u. a. die in § 30 erwähnten Verpflichtungen. Danach werden die von der Kirchengemeinde für das vereinigte Amt nach gesetzlichen Rechtsnormen, Herkommen oder Ortsverfassung zu erfüllenden Verbindlichkeiten durch das Volksschulunterhaltungsgesetz nicht berührt (Abs. 4) und es sollen nach Abs. 2, wenn mit dem Volksschulamt ein kirchliches Amt dauernd vereinigt ist, nach Übergang der Schullast auf den Schulverband die Vermögensstücke, welche schon seither zugleich für Schul- und Kirchenzwecke bestimmt gewesen sind, diesem Zwecke erhalten bleiben. Der Berufungsrichter nimmt an, daß diese Vorschriften nach dem Sinn und Wortlaut des § 30 nur für die Dauer der Verbindung der Ämter, nicht aber für den Fall einer Trennung Geltung haben sollen. Die dauernde Vereinigung bilde die Voraussetzung für die dort ausgesprochene Aufrechterhaltung der bisherigen Zweckbestimmung; eine auf ihr beruhende Verpflichtung gerate gemäß § 32 Abs. 1 in Fortfall, wenn es zur Trennung komme. Daß diese Auffassung dem wirklichen Willen des Gesetzgebers entspreche, ergebe sich aus den Verhandlungen bei der Beratung des Gesetzentwurfs. Hier habe (Stenogr. Berichte des Herrenhauses 1905/06 S. 483/484) der Regierungsvertreter unwidersprochen ausgeführt, daß die Kirche im Falle der Trennung der Ämter ihr Vermögen zurücknehmen könne, daß alsdann der Staat für die Schule zu sorgen habe und daß der Kirche diese Last verfassungsmäßig nur durch ein Kirchengesetz auferlegt werden könne.

Die Revision macht demgegenüber geltend: Die Auslegung des Berufungsrichters verstoße gegen den Wortlaut des Gesetzes. Es sei nicht angängig, an Stelle des „Wo“ in Abs. 1 des § 30 ein „Solange“ zu setzen. Vor allem sei aber die Bestimmung in § 30 Abs. 7 übersehen, wonach auch unter Beibehaltung der dauernden Ämtervereinigung eine Vermögensauseinandersetzung gemäß Abs. 6 stattfinden könne. In diesem Fall verbleibe es bei der bisherigen Zweckbestimmung; die Verteilung müsse auf ihrer Grundlage erfolgen und könne nicht bei einer späteren Trennung wieder aufgehoben werden. Die Auslegung des Berufungsrichters führe zu dem unannehmbaren Ergebnis, daß die Vermögensauseinandersetzung verschieden ausfalle, je nachdem sie mit oder ohne gleichzeitige Trennung erfolge.

Diese Angriffe gehen fehl. Die Auseinandersetzung des Abs. 7 hat die rechtliche, nicht die tatsächliche Seite des Gemeinschaftsverhältnisses zum Gegenstand. Es soll nach Art einer sogenannten Eventualteilung schon jetzt im Hinblick auf eine spätere Trennung der Ämter Klarheit über die Rechte am Stellenvermögen geschaffen werden. Die Auseinandersetzung nach Abs. 7 unterliegt daher keinen anderen Grundsätzen als diejenige nach Abs. 6. Ist für diese die Zweckbestimmung der einzelnen Vermögensstücke nicht entscheidend, so muß das auch für jene gelten. Die Beibehaltung der Verbindung der Ämter nach der Auseinandersetzung schafft nur einen tatsächlichen Zustand, hat aber nicht zur rechtlichen Folge, daß die bisherige, einstweilen fortgesetzte Zweckbestimmung für die Auseinandersetzung selbst maßgebend bleibt. Daß „Wo" nicht auch im Sinne von „Solange als" verstanden werden kann, ist der Revision nicht zuzugeben.

Auch im übrigen war der Auslegung des Berufungsrichters beizutreten. Die ganze Anordnung der Vorschriften des § 30, von denen erst die zwei letzten Absätze von der Trennung der Ämter und der Auseinandersetzung handeln, läßt erkennen, daß die Bestimmungen in Abs. 1 bis 5, wie dies in Abs. 5 noch besonders hervorgehoben ist, nur die Verhältnisse während der Dauer der Vereinigung im Auge haben, und daß namentlich die Zweckbestimmung der Vermögensstücke nur für diese Zeit aufrechterhalten bleiben soll. Mit Recht weist der Berufungsrichter auf den Grundgedanken des Gesetzes hin, der in den §§ 1, 29 Abs. 1, 32 Abs. 1 zum Ausdruck gelangt ist und dahin geht, die Kirche, nachdem der Schulverband Träger der Schullast geworden ist, von ihren auf Gesetz und Herkommen beruhenden Verpflichtungen zu befreien, ihr aber anderseits ihre Rechte an den zugleich Schulzwecken dienenden Vermögensstücken zu belassen. Die bei der Beratung des Gesetzes abgegebenen, oben erwähnten Erklärungen des Regierungsvertreters stellen im Einklang damit außer Zweifel, daß die Kirche ihr Vermögen, trotz seiner etwaigen öffentlichrechtlichen Mitbestimmung für Schulzwecke, ungeschmälert sollte zurücknehmen können. Gerade weil bei der Auseinandersetzung die privatrechtlichen Gesichtspunkte den Ausschlag geben sollten, ist von der Kommission des Abgeordnetenhauses auf die Zulassung des ordentlichen Rechtswegs gedrungen worden (Drucks. 1905/06, II. Session, B. zu Nr. 288 S. 532/533).

Beizupflichten ist dem Berufungsrichter des weiteren darin, daß die eine Zweckbestimmung berücksichtigenden Vorschriften der §§ 27, 28, 29 Abs. 2 VUG. — ebenso wie § 25 Satz 2 — in dem Sonderfall des dauernd vereinigten Kirchen- und Schulamts (§ 30 das.) keine Anwendung zu finden haben. Die Revision kann sich also auf § 28 nicht berufen, wonach außer dem Vermögen selbständiger Schulstiftungen die sonstigen, zu Schulzwecken bestimmten Vermögensstücke, welche im Eigentum von Dritten, insbesondere kirchlichen Beteiligten stehen, ihren Zwecken erhalten bleiben. Die Vorschrift besagt nichts weiter, als daß hier entgegen der allgemeinen Regel des § 24 Abs. 2 ein Vermögensübergang (Universalsukzession) auf den Schulverband nicht stattfindet; sie gilt aber nicht für den erst in § 30 geregelten besonderen Fall der Auseinandersetzung eines vereinigten Kirchen- und Schulamts. Ebensowenig soll die Bestimmung in § 29 Abs. 2 der Auseinandersetzung vorgreifen; auch sie hat nur für die Dauer der Vereinigung Geltung. § 27 endlich bezieht sich auf die wenigen sogenannten Parochialschulen (Kirchschulen), bei denen die Kirchengemeinde als solche bisher die alleinige Trägerin der ganzen Volksschullast war. Sie sind nicht zu verwechseln mit den Küstereischulen des § 30, um die es sich hier handelt. Selbst wenn daher bei einer solchen Parochialschule Küster- und Schulamt vereinigt und die auszusondernden Vermögensstücke der Kirche bei der Auseinandersetzung dem Schulverband zuzuweisen wären, so würde aus dieser Sonderregelung das gleiche für Küstereischulen nicht zu folgern sein (vgl. hierzu v. Rohrscheidt, VUG. A. 3 zu § 28, A. 2 zu § 27; v. Bremen, VUG. A. 2 zu § 29, A. 1 zu 27; v. Brauchitsch, Preuß. Verw.-Gesetze Bd. VII, A. 1 zu § 29, A. 1 zu § 27 VUG.; Paschasius, a. a. O. S. 306/307).

Auch die Berufung auf § 32 Abs. 2 VUG. kann der Revision nicht zum Erfolg verhelfen. Danach bleiben die auf besonderen Rechtstiteln beruhenden Verpflichtungen Dritter für die Zwecke der Volksschule bestehen. Dritte im Sinne dieser Vorschrift sind alle, die außerhalb des Kreises der durch allgemeine Rechtsnorm zur Tragung der Volksschullast Verpflichteten stehen. Dahin gehört auch die Kirche, soweit sie an der Unterhaltung der in früherer Zeit meist von ihr gegründeten Schule beteiligt ist (Drucks. des Abgeordnetenhauses, a. a. O. N. 288 S. 227/228; v. Bremen, VUG.,

Vorbem. vor § 32; v. Rohrscheidt, VUG., A. 6 zu § 32; v. Brauchitsch, a. a. O. A. 7 zu § 32). Ihre Verpflichtungen bleiben erhalten, wenn sie auf besonderen — und zwar öffentlichrechtlichen (RGZ. Bd. 78 S. 9) — Titeln beruhen, z. B. eigener Widmung gewisser Vermögensstücke zu Schulzwecken oder Stiftungen, die ihr von anderen zu solchen Zwecken gemacht wurden. Von der Beklagten sind aber derartige Rechtstitel nicht nachgewiesen worden. Sie hat selbst in einem Schriftsatz erklärt, daß sich eine Widmung nicht mehr feststellen lasse. Bloße Möglichkeiten reichen selbstverständlich nicht aus, wenn auch an den Nachweis angesichts der ganzen geschichtlichen Entwicklung der Verhältnisse keine allzustrengen Anforderungen zu stellen sind. Eine ausschließliche langdauernde Benutzung der Vermögensstücke nur für Schulzwecke, von der die Revision spricht, ist vollends nicht dargetan. Auch der Umstand, daß die „Schule" als Besitzerin des Kantorats und einiger Grundstücke im Grundbuch eingetragen ist, genügt nicht, wie die Revision meint, zum Nachweis einer Widmung oder Stiftung, da nach den zutreffenden Ausführungen des Berufungsrichters unter Schule hier die alte Kirchenschule zu verstehen und als Rechtsträgerin die Kirche anzusehen ist.

Aus alledem folgt, daß, wenn das Eigentum und die alleinige Berechtigung der Kirche an den streitigen Vermögensstücken erwiesen wird, ihre gemeinschaftliche Bestimmung zu Kirchen- und Schulzwecken, obwohl sie bis zur Trennung aufrechterhalten bleibt, die Auseinandersetzung nicht zu beeinflussen vermag und für diesen Fall der Beklagten keine Rechte gibt. Wie es zu halten wäre, wenn Teile des Kirchenvermögens nur zu Schulzwecken bestimmt wären und verwendet würden, ist hier nicht zu untersuchen, da nach dem Berufungsurteil ein solcher Sachverhalt nicht feststellbar ist.

An dem dergestalt auf Grund des Volksschulunterhaltungsgesetzes gewonnenen Ergebnis können auch die im Schrifttum, zum Teil unter Berufung auf die Rechtsprechung vor dem Inkrafttreten des Gesetzes, erörterten allgemeinen Gesichtspunkte nichts ändern. Weder die geschichtliche Entwicklung noch Gründe der Billigkeit zwingen dazu, das Eigentum der Kirche an dem vereinigt gewesenen Stellenvermögen zu teilen oder zugunsten der Schule zu beschränken. Die Bindung des kirchlichen Vermögens steht und fällt hier mit der

Dauer der Vereinigung der Ämter. Was die Urteile aus früherer Zeit anlangt, so haben sie, soweit ersichtlich, die Verhältnisse während der Dauer der Ämtervereinigung, nicht aber die Auseinandersetzung nach der Trennung betroffen (so die Entscheidungen des Reichsgerichts vom 2. Mai 1883 bei Gruchot Bd. 27 S. 976 und vom 12. Mai 1884/15. Oktober 1885, letzteres abgedr. im kirchlichen Gesetz- und Verordnungsblatt 1886 S. 68, ferner Urteil des Oberverwaltungsgerichts in dessen Entscheidungen Bd. 14 S. 258), auch teilweise für die Leistungen zu Schulzwecken den Nachweis eines besonderen Rechtstitels verlangt (Urteil des Reichsgerichts vom 21. Mai 1890 bei Gruchot Bd. 34 S. 1036). Sie können jedenfalls für die auf Grund des Volksschulunterhaltungsgesetzes zu treffende Entscheidung der Streitfrage keine maßgebende Bedeutung beanspruchen. . . .

---

17. 1. Wird der Mietvertrag dadurch aufgehoben, daß der Mietzins über den Goldwert des ursprünglich vereinbarten Betrags aufgewertet wird?
2. Schiedsrichterliches Verfahren und Einwand der rechtskräftig entschiedenen Sache.

BGB. § 242. ZPO. § 1041.

VI. Zivilsenat. Urt. v. 19. Juni 1925 i. S. Th. (Bekl.) w. Bremischen Staat (Kl.). VI 101/25.

I. Landgericht Bremen.
II. Oberlandesgericht Hamburg.

Durch Vertrag vom 15. Januar 1920 hat der Beklagte an den Kläger ein Gebäude für die Zeit vom 1. April 1920 bis zum 31. März 1935 gegen einen jährlichen Mietzins von 130000 ℳ vermietet. Alle Streitigkeiten aus diesem Vertrage sollen nach seinem § 11 durch ein Schiedsgericht erledigt werden. Ausgenommen sind die Streitigkeiten über die Aufhebung oder die Kündigung des Vertrags; insoweit sollen die ordentlichen Gerichte entscheiden. Bereits im Juli 1920 rief der Beklagte das Schiedsgericht an. Bei der Fertigstellung des Gebäudes waren durch Abweichungen von den ursprünglichen Bauplänen Mehrkosten entstanden; der Beklagte bat deshalb um eine angemessene Erhöhung des Mietzinses und schlug vor, ihn auf jährlich 200000 ℳ zu bestimmen. Diesen Antrag hat das Schiedsgericht „mangels Zuständigkeit" abgelehnt. Am 13. Oktober 1923 erhob der Beklagte eine neue Klage vor dem Schiedsgericht. Er beantragte, den Mietzins wegen der eingetretenen Geldentwertung für die Zeit vom 1. Juli 1922 ab auf 130000 Friedensmark festzusetzen. Der Kläger hielt das Schiedsgericht für unzuständig und machte hilfsweise auch sächliche Einwendungen. Das Schiedsgericht hat am 28. Dezember 1923 dahin erkannt, daß der Kläger für die Zeit vom 1. Oktober 1923 ab bis zum 1. April 1935 einen Mietzins von jährlich 115000 GM., außerdem für die Zeit vom 1. Juli 1922 bis zum 1. Oktober 1923 insgesamt noch 86250 GM. zu zahlen habe. Der Schiedsspruch ist durch Beschluß des Landgerichts vom 9. Juli 1924 in Höhe von 8888,80 GM. für vollstreckbar erklärt worden.

Mit der Klage im gegenwärtigen Rechtsstreit beantragt der Kläger, den Schiedsspruch aufzuheben, soweit er für vollstreckbar erklärt ist. Er hält das ganze Verfahren vor dem Schiedsgericht für unzulässig. Das Landgericht hat die Klage abgewiesen, das Oberlandesgericht hat ihr stattgegeben. Die Revision führte zur Wiederherstellung des landgerichtlichen Urteils.

Gründe:

Der Kläger verlangt die Aufhebung des ergangenen Schiedsspruchs, weil das ganze schiedsrichterliche Verfahren unzulässig gewesen sei (§ 1041 Nr. 1 ZPO.). Das Oberlandesgericht hat der Klage stattgegeben, weil es meint, daß der Schiedsspruch den Mietvertrag vom 15. Januar 1920 zwar nicht mit ausdrücklichen Worten, aber doch tatsächlich aufgehoben habe, Streitigkeiten über die Aufhebung des Vertrags aber nach der Schiedsabrede der Parteien nicht dem Schiedsgericht unterworfen, vielmehr den ordentlichen Gerichten vorbehalten worden seien. Dabei findet das Berufungsgericht die „Aufhebung" des Vertrags darin, daß das Schiedsgericht die zu zahlende Miete höher festgesetzt hat, als auf den nach dem bremischen Teuerungsindex und für den Tag des Vertragschlusses berechneten Goldwert des ursprünglich vereinbarten Mietzinses. Mit Recht führt demgegenüber die Revision aus, daß das Schiedsgericht sich im Rahmen der sogenannten Aufwertung gehalten, den ursprünglichen Vertrag nicht abgeändert oder gar aufgehoben, sondern nur darüber entschieden habe, wie der alte Vertrag unter den veränderten Verhältnissen nach Treu und Glauben und mit Rücksicht auf die Verkehrssitte zu erfüllen sei. Der Auffassung des Oberlandesgerichts wäre nur dann beizutreten, wenn es zum Wesen der „Aufwertung" gehörte, daß für sie der — wie auch immer berechnete — Goldwert der geschuldeten Leistung die obere Grenze bildete. Das ist aber nicht der Fall. Die Entscheidung der Vereinigten Zivilsenate des Reichsgerichts vom 31. März 1925 (RGZ. Bd. 110 S. 371) hat klar zum Ausdruck gebracht, daß in dafür geeigneten Fällen auch im Wege der „Aufwertung" über den Goldwert der geschuldeten Leistung hinausgegangen werden kann. Ob der vom Schiedsgericht zu entscheidende Fall, in welchem es sich um einen noch laufenden Mietvertrag handelte, dazu geeignet war, das zu entscheiden, war Sache des Schiedsgerichts. Im gegenwärtigen Verfahren darf diese von ihm getroffene Entscheidung nicht nachgeprüft werden.

Die Revisionsbeantwortung hat die Tragweite der erwähnten Plenarentscheidung nicht verkannt, sie meint aber, daß der jetzige Beklagte mit seinen vor das Schiedsgericht gebrachten Anträgen nicht die Aufwertung seiner Mietzinsforderung, vielmehr die Festsetzung eines neuen Mietzinses verlangt, somit den Erlaß eines Gestaltungsurteils begehrt habe; ein solches habe das Schiedsgericht nach dem Inhalt seines Schiedsspruchs auch erlassen wollen und erlassen. Dazu ist zu bemerken: die Anträge des Beklagten fußten auf der Behauptung, daß die im Vertrag als Mietzins vereinbarten 130000 ℳ nach dem Willen beider Parteien Friedens-Goldmark hätten darstellen sollen, und jene Anträge verfolgten den Zweck, dem Beklagten dauernd einen Mietzins von diesem Werte zu sichern. Dazu zog der Beklagte ursprünglich — kurz gesagt — einen Mietenindex, später einen Neubaukostenindex heran. Immer aber blieb er dabei im Rahmen eines Aufwertungsverlangens. Er forderte nicht etwas anderes, als das Vereinbarte, sondern gerade das — nach seiner Meinung — Vereinbarte, nur sollte es jetzt mit Rücksicht auf die veränderten Verhältnisse in anderer Weise geleistet werden als früher.

Nicht zu verkennen ist, daß das Schiedsgericht Ausführungen über seine Befugnis zum Erlaß eines Gestaltungsurteils gemacht hat. Es stützt sich dabei namentlich auf die Entscheidung des Reichsgerichts in RGZ. Bd. 100 S. 129. Indessen als diese Entscheidung erging, galt noch der Satz „Mark gleich Mark“; in einer Erhöhung der Papiermarkbeträge sah man noch eine wirkliche Erhöhung der Preise; der Gedanke der Aufwertung hatte sich noch nicht durchgesetzt. So kam damals das Reichsgericht dazu, das, was es als Recht erkannt hatte, auf dem Umwege über ein sogenanntes Gestaltungsurteil zu verwirklichen. Vom Standpunkt der heutigen Rechtsauffassung aus hat das Reichsgericht auch damals nichts anderes getan, als daß es das Entgelt für den vertragsmäßig zu liefernden Dampf „aufgewertet“ hat. Der Hinweis auf jene Entscheidung hat das Schiedsgericht also nicht gehindert, sich im Rahmen der bei ihm gestellten „Aufwertungs-“Ansprüche zu halten, wie das auch aus dem Schiedsspruch selbst hervorgeht, wenn man ihn in seinem ganzen Zusammenhang betrachtet. Wie das Schiedsgericht schließlich zu den von ihm gefundenen Zahlen gelangt ist, haben die ordentlichen Gerichte nicht nachzuprüfen. Für die Bejahung der Zulässigkeit des schiedsrichterlichen Verfahrens genügt es, daß Aufwertungsanträge vor das Schiedsgericht gebracht worden sind, die sich aus dem abgeschlossenen Vertrage selbst ergaben, und daß das Schiedsgericht auch nur über diese Anträge erkannt hat.

Die Revisionsbeantwortung hat noch auf den im Eingang erwähnten früheren Schiedsspruch hingewiesen und daraus gefolgert, daß unter den Parteien rechtskräftig feststehe, das Schiedsgericht dürfe den Mietzins nicht erhöhen. Damit wird der Einwand der rechtskräftig entschiedenen Sache erhoben. Dieser Einwand bekämpft nicht die Zulässigkeit des schiedsrichterlichen Verfahrens, sondern die sachliche Richtigkeit des gefällten Schiedsspruchs. Er gehörte in das schiedsrichterliche Verfahren, ist dort auch vorgebracht, vom Schiedsgericht aber ablehnend beschieden worden. Auf ihre — übrigens unzweifelhafte — Richtigkeit ist auch diese Entscheidung des Schiedsgerichts nicht nachzuprüfen.

18. Ist der Rechtsweg zulässig, wenn ein Schadensersatzanspruch gegen das Reich geltend gemacht wird, der sich stützt auf die schuldhafte Amtspflichtverletzung eines Finanzbeamten bei Erledigung eines Steuervergütungsantrags?

RAbgO. § 227. GVG. § 13.

III. Zivilsenat. Urt. v. 5. Mai 1925 i. S. Deutsches Reich (Bekl.) w. Z. (Kl.). III 290/24.

I. Landgericht I Berlin.
II. Kammergericht daselbst.

In der Zeit vom 3. Juni bis 30. September 1922 führte die Klägerin 12 Klaviere ins Ausland aus, für welche sie die erhöhte Umsatzsteuer, die sogenannte Luxussteuer, entrichtet hatte. Am 14. Oktober 1922 beantragte sie beim Finanzamt für Umsatzsteuer Berlin-West in Berlin, ihr gemäß § 19a UmsStG. zum Ausgleich der gezahlten Steuer einen entsprechenden Betrag zu vergüten. Erst durch Bescheid vom 11. September 1923 wurde diesem Antrage stattgegeben; die Klägerin erhielt 334200 ℳ erstattet.

Die Klägerin legt den Beamten des Finanzamts zur Last, sie hätten die Behandlung ihres Vergütungsantrags schuldhafterweise verzögert. Infolgedessen sei ihr der ihr zustehende Betrag mit erheblicher Verspätung in völlig entwertetem Gelde ausbezahlt worden. Für den ihr dadurch erwachsenen Schaden habe der Beklagte einzustehen. Den Ersatz dieses Schadens verlangt sie mit der gegenwärtigen Klage.

Der Beklagte hat auf Grund des § 227 RAbgO. die Einrede der Unzulässigkeit des Rechtswegs erhoben. Die Vorinstanzen haben die Einrede verworfen. Die Revision des Beklagten wurde zurückgewiesen.

Gründe:

Bereits in dem LZ. 1924 Sp. 639 Nr. 11 abgedruckten Urteil vom 22. Januar 1924 III 279/23 hat der erkennende Senat ausgesprochen, daß eine Klage, die sich auf eine in einer Steuerangelegenheit begangene, schuldhafte Amtspflichtverletzung eines Beamten stütze, keine Steuersache im Sinne des § 227 RAbgO. sei. Dementsprechend muß auch im vorliegenden Falle die Zulässigkeit des Rechtswegs anerkannt werden.

Die Finanzbehörden des Reichs haben zu entscheiden über die Steueransprüche des Reichs einerseits, über die Erstattungs- und Vergütungsansprüche der Steuerpflichtigen anderseits. Es handelt sich dabei um Ansprüche, die ausschließlich öffentlichrechtlichen Verhältnissen entstammen, die schon ihrer Natur nach nicht den Gegenstand von bürgerlichen Rechtsstreitigkeiten bilden. Wenn § 227 RAbgO. für sie den Rechtsweg vor den ordentlichen Gerichten ausschließt, so spricht er nur das aus, was bereits aus allgemeinen Rechtsgrundsätzen folgt. Der der Klägerin nach § 19a UmsStG. zustehende Vergütungsanspruch unterliegt danach allerdings der Entscheidung allein durch die Finanzbehörden. Aber er befindet sich überhaupt nicht im Streite. Die Klägerin nimmt nicht in Abrede, daß er durch den Bescheid vom 11. September 1923 und die Zahlung der in ihm festgesetzten 334200 ℳ erledigt worden ist. Sie stützt sich lediglich darauf, daß über ihren Vergütungsantrag infolge einer schuldhaften Amtspflichtverletzung der beteiligten Beamten zu spät entschieden worden sei, und verlangt über den ihr zu vergütenden Steuerbetrag hinaus Schadensersatz wegen seiner verzögerten Feststellung und Auszahlung. Der Klaganspruch findet also seine Rechtsgrundlage nicht in irgendwelchen steuerrechtlichen Normen, sondern in Art. 131 RVerf. in Verbindung mit dem Reichshaftungsgesetze vom 22. Mai 1910 und mit § 839 BGB. Die Zulässigkeit des Rechtswegs für ihn ergibt sich aus Abs. 1 Satz 3 der angezogenen Bestimmung der Reichsverfassung. § 227 RAbgO. enthält keine Einschränkung dieser Verfassungsvorschrift für den Fall, daß ein Finanzbeamter bei Bearbeitung einer Steuersache seine Amtspflicht verletzt. Der auf ein solches Verschulden sich gründende Schadensersatzanspruch ist keine Steuersache.

Wenn die Revision demgegenüber ausführt, der ordentliche Rechtsweg könne nur dann zulässig sein, wenn die in Frage stehende Handlung eines Beamten keinen inneren Zusammenhang mit der Ausübung öffentlicher Gewalt habe, nur bei Gelegenheit solcher Amtsausübung vorgenommen sei, oder wenn der Beamte gar nicht in Ausübung seiner öffentlichrechtlichen Funktionen gehandelt habe, so verkennt sie das Wesen der jetzt in Art. 131 RVerf. geordneten Staatshaftung. Diese Haftung tritt im Gegenteil gerade dann ein, wenn der schuldige Beamte in Ausübung der ihm anvertrauten öffentlichen Gewalt, also regelmäßig in Ausübung von Hoheitsrechten, gehandelt hat (RGZ. Bd. 103 S. 430). Das aber haben, wie der Beklagte selbst zutreffend betont, die Beamten des zuständigen Finanzamts bei Prüfung und Erledigung des Vergütungsantrags der Klägerin getan. Und deshalb haftet das Reich, sofern die Beamten schuldhaft verfahren sind. Daß nach dem Gesetz über die Berücksichtigung der Geldentwertung in den Steuergesetzen vom 20. März 1923 (RGBl. I S. 198) und nach der Verordnung über Steueraufwertung und Vereinfachungen im Besteuerungsverfahren vom 11. Oktober 1923 (RGBl. I S. 939) eine Aufwertung des Vergütungsanspruchs der Klägerin nicht in Frage kommt, bildet keinen Einwand gegen den auf Verschulden gestützten Schadensersatzanspruch. Umgekehrt vielmehr würde ihm die Zulassung einer Aufwertung der Steuervergütung entgegenstehen, da sie den der Klägerin durch die verzögerliche Behandlung ihres Antrags etwa entstandenen Schaden ganz oder teilweise beseitigt haben würde.

Für den Klaganspruch so, wie er erhoben ist, ist demnach der Rechtsweg zulässig. Doch gilt das, wie zur Vermeidung von Zweifeln bemerkt werden soll, nur für den auf Art. 131 RVerf. sich gründenden, die schuldhafte Amtspflichtverletzung eines Beamten voraussetzenden Schadensersatzanspruch. Wollte die Klägerin unabhängig von einem Beamtenverschulden Aufwertung der ihr zustehenden Steuervergütung fordern, so würde insoweit der Rechtsweg nicht gegeben sein. Denn dann würde sie den Vergütungsanspruch selbst, nur in verändertem, erhöhtem Betrage, geltend machen. Über ihn aber haben auch in aufgewerteter Gestalt nur die Finanzbehörden zu entscheiden (vgl. RGZ. Bd. 110 S. 165). ...

---

19. Muß eine jüngere Firma, deren Inhaber durch Benutzung der Firma vor dem 1. Oktober 1909 nicht gegen § 8 des früheren UWG. vom 27. Mai 1896 verstieß, einer älteren Firma weichen, wenn sich nach dem 1. Oktober 1909 zwischen beiden Firmen Verwechslungsgefahr im Sinne des § 16 des jetzigen UWG. vom 7. Juni 1909 herausstellt?

II. Zivilsenat. Urt. v. 22. Mai 1925 i. S. der off. Handelsgesellsch. S. J. Arnheim, Kunstschlosserei in Berlin (Kl.) w. 1. die Akt.-Ges. Hermann Arnheim in Berlin, 2. die Inhaber der früheren off. Handelsgesellsch. H. Arnheim u. H. Behrens (Bekl.). II 288/24.

I. Landgericht I Berlin, Kammer für Handelssachen.
II. Kammergericht daselbst.

Die Klägerin, offene Handelsgesellschaft S. J. Arnheim, Kunstschlosserei in Berlin, ist eine im Jahre 1833 gegründete Geldschrankfabrik. Der Beklagte Hermann Arnheim betreibt seit dem Jahre 1870 eine Kunstschlosserei in Berlin, die bis gegen Ende 1918 nicht über den Rahmen des handwerksmäßigen Betriebs hinausgegangen war. Um jene Zeit gründeten die beiden Beklagten zu 2 in Berlin eine offene Handelsgesellschaft zur Herstellung und zum Vertrieb von Geldschränken, Tresoranlagen u. dergl. Zunächst ließ der Beklagte Hermann Arnheim die Firma „Hermann Arnheim, Kunstschlosserei und Geldschrankfabrik, gegründet 1870" und sich selbst als ihren Alleininhaber in das Handelsregister eintragen. Am 6. Februar 1919 wurde, jedoch ohne Änderung der bisherigen Firma, der Eintritt des Beklagten Behrens zum Handelsregister angemeldet mit der Maßgabe, daß die Gesellschaft am 1. Januar 1919 begonnen habe und ihr Kapital 80000 ℳ betrage. Im Laufe des Rechtsstreits ist die bisherige offene Handelsgesellschaft in die „Aktiengesellschaft Hermann Arnheim" (Beklagte zu 1) umgewandelt worden.

Die Klägerin behauptet nun, die Firma der Beklagten sei mit der ihrigen verwechslungsfähig, da das beide Firmenbezeichnungen beherrschende Wort „Arnheim" infolge ihrer — der Klägerin — jahrzehntelangen hervorragenden Leistungen auf dem Spezialgebiet des Geldschrank- und Tresorbaues geradezu zum Warennamen auf diesem Gebiet geworden sei und Weltruf erlangt habe. Sie macht weiter geltend, die Beklagten seien bei Abschluß des Gesellschaftsvertrags darauf ausgegangen, durch Ausnutzung dieser Verwechslungsfähigkeit das Publikum glauben zu machen, es handle sich bei ihrer neugegründeten Firma um die alteingeführte, Weltruf besitzende Firma der Klägerin. Es seien denn auch zahlreiche Verwechslungen vorgekommen und die Klägerin habe durch das Verhalten der Beklagten schweren Schaden erlitten. Demgemäß verlangt die Klägerin (nachdem sie sich ursprünglich nur dagegen gewandt hatte, daß die Beklagten ihre Firma nicht mit dem ausgeschriebenen Vornamen „Hermann", sondern mit der von der eingetragenen Form abweichenden Abkürzung „H." Arnheim gebrauchen) mit der auf §§ 16, 1, 3 UWG., § 826 BGB. gestützten Klage:

1. Löschung der Firma „Hermann Arnheim Aktiengesellschaft"; hilfsweise Erlassung des Verbots an die Beklagte zu 1, daß sie für den Betrieb ihrer Kunstschlosserei und Geldschrankfabrik innerhalb Groß-Berlins und seiner Vororte die Firmierung „Hermann Arnheim Aktiengesellschaft" mit oder ohne Zusatz „Kunstschlosserei und Geldschrankfabrik, gegründet 1870" gebrauche;
2. Ersatz des ihr durch die Verwechslungsfähigkeit der beiden Firmen entstandenen und noch entstehenden Schadens;
3. Zubilligung der Veröffentlichungsbefugnis.

Die Vorinstanzen wiesen die Klage ab. Die Revision der Klägerin hatte Erfolg.

Aus den Gründen:

Das Berufungsgericht hält ohne Rücksicht auf das etwaige Bestehen einer Verwechslungsgefahr den § 16 UWG. vom 7. Juni 1909 deshalb nicht für anwendbar, weil der Beklagte Hermann Arnheim am 1. Oktober 1909, dem Zeitpunkt des Inkrafttretens dieses Gesetzes, seinen Namen befugt als Gewerbebezeichnung im geschäftlichen Verkehr geführt habe; es sei nämlich von der Klägerin selbst nicht behauptet worden, daß der Tatbestand des § 8 des früheren Gesetzes zur Bekämpfung des unlauteren Wettbewerbs vom 27. Mai 1896, der außer der Verwechslungsfähigkeit ein auf das Hervorrufen von Verwechslungen berechnetes Verhalten erforderte, schon am 1. Oktober 1909 vorgelegen habe. Hieraus entnimmt das Berufungsgericht, daß, da die Firma der Klägerin und die Namensführung des Hermann Arnheim bei Inkrafttreten des neuen Gesetzes sich gleichberechtigt gegenüber gestanden hätten (I. Zivilsenat in RGZ. Bd. 77 S. 27), für dieses schon unter dem alten Gesetz entstandene Rechtsverhältnis die erst durch das neue UWG. (§ 16) eingeführte Bevorzugung der älteren Firma nicht gelte. An dieser Beurteilung werde nichts geändert durch die gegen Ende 1918 als Firmenbestandteil erfolgte Eintragung des bürgerlichen Namens „Hermann Arnheim", den sein Inhaber zur Bezeichnung seines Gewerbebetriebs habe führen dürfen und schon seit 48 Jahren geführt habe. Eine wegen dieses Bestandteils etwa vorhandene Verwechslungsfähigkeit treffe daher — wie unter Bezugnahme auf die genannte Entscheidung des Reichsgerichts angenommen wird — beide Firmen gleichmäßig und gleichzeitig. Dieselbe Rechtsauffassung hat der I. Zivilsenat auch in RGZ. Bd. 78 S. 265 und ebenso der erkennende Senat in seinem Urteil vom 7. Mai 1912 (M. und W. Bd. 11 S. 487) vertreten.

Der erkennende Senat vermag aber diese Ansicht bei nochmaliger Prüfung der Frage nicht aufrecht zu erhalten. Auch der I. Zivilsenat hält nach seiner auf Anfrage abgegebenen Erklärung an der früheren Auffassung nicht mehr fest. Der Einholung einer Entscheidung der Vereinigten Zivilsenate des Reichsgerichts bedurfte es daher nicht.

Bestimmend für die anderweite rechtliche Beurteilung waren für den erkennenden Senat folgende Gesichtspunkte:

1. Die Benutzung einer Firma im geschäftlichen Verkehr (§ 16 UWG.) stellt eine fortgesetzte Handlung dar, sie erzeugt einen Dauerzustand. Haben die einzelnen Akte, aus denen sich diese Handlung oder der Zustand zusammensetzt, bereits vor dem Inkrafttreten des neuen Gesetzes begonnen und setzen sie sich in die Geltungsdauer des neuen Gesetzes hinein fort, so findet auf diese nach dem Zeitpunkt des Inkrafttretens des letzteren sich ereignenden Akte das neue Gesetz Anwendung.

2. Der Umstand, daß die Benutzung der jüngeren Firma vor dem 1. Oktober 1909 nicht gegen § 8 des damals geltenden Gesetzes verstieß, bewirkt — entgegen der in den angeführten Urteilen des I. Zivilsenats vertretenen Ansicht — nicht, daß „beide Firmen sich gleichberechtigt gegenüberstehen und die Verwechslungsgefahr sie gleichmäßig und gleichzeitig trifft". Die eine Firma, die Klägerin, ist zeitlich vor der Rechtsvorgängerin der Beklagten in das Handelsregister eingetragen worden. Die Tatsache, daß sie älter ist und daß schon früher eine Verwechslungsgefahr bestand, liegt danach unabänderlich vor. Wenn demgegenüber der I. Zivilsenat in RGZ. Bd. 77 S. 29 sagt, dieser Umstand komme nicht in Betracht, so

fingiert er entgegen der Tatsache des höheren Alters der einen Firma, daß beide Firmen bei Inkrafttreten des neuen UWG. gleich alt gewesen seien und daß sich nunmehr eine Verwechslungsgefahr herausgestellt habe. Diese Fiktion der Gleichalterigkeit der beiden Firmen beruht auf dem Gedanken, daß deshalb, weil beim Fehlen der Voraussetzung des subjektiven Moments nach § 8 des früheren UWG. ein Rechtsanspruch aus dieser Gesetzesvorschrift nicht gegeben war, die Frage des höheren Alters der einen oder der anderen Firma für die Zeit der Geltung des alten UWG. unerheblich gewesen sei und deshalb, als das neue UWG. in Kraft trat, beide Parteien sich als gleichberechtigt, nämlich als gleich alt gegenübergestanden hätten. Demzufolge sei die Anwendbarkeit des § 16 des neuen UWG., der die Voraussetzung des subjektiven Moments für den Unterlassungsanspruch nicht mehr enthalte, mangels Priorität der klagenden Firma ausgeschlossen.

Diese Fiktion der Gleichalterigkeit beider Firmen am Tage des Inkrafttretens des neuen UWG. beruht auf unzutreffender Erwägung. Wenn auch die Tatsache, daß die eine Firma älter ist als die andere, rechtlich unerheblich ist, weil der älteren Firma wegen Fehlens eines Tatbestandsmerkmals des § 8 des alten UWG. ein Rechtsanspruch aus dieser Gesetzesvorschrift nicht zusteht, so stellt das Gesetz hiermit noch keine Fiktion der Gleichalterigkeit der beiden Firmen auf. Das erscheint mangels eines Anhalts für eine solche Auffassung im Gesetz ohne weiteres einleuchtend, ergibt sich aber auch klar aus dem Umstande, daß, wenn die weitere Voraussetzung des § 8 des alten UWG., die Absicht, Verwechslungen hervorzurufen, später hinzutritt, auch das höhere Alter der einen Firma nach § 8 des alten UWG. rechtliche Bedeutung erhält.

3. Bei Anwendung des neuen UWG. auf die in die Zeit seiner Geltung fallenden Akte der fortgesetzten Handlung oder des Dauerzustandes (oben Nr. 1) handelt es sich nicht um rückwirkende Kraft des neuen Gesetzes, wie in RGZ. Bd. 78 S. 265 angenommen wird. Denn das Gesetz wird nicht auf die vor, sondern nur auf die in seiner Geltungsdauer liegenden Zustände angewendet. Die Zulässigkeit ergibt sich aus der in § 30 des neuen UWG. geregelten Geltungskraft des Gesetzes. Eine Ausnahme in der Anwendbarkeit auf solche Firmen, die schon vor dem 1. Oktober 1909 geführt

worden sind, hat das neue UWG. nicht gemacht. Dafür, daß das Gesetz sich stillschweigend eine dahingehende Beschränkung auferlegt haben sollte, fehlt es an jedem Anhalt.

4. Es kann nicht anerkannt werden, daß es sich, wie der I. Zivilsenat in RGZ. Bd. 78 S. 265 und der II. Zivilsenat in seinem Urteil vom 7. Mai 1912 annehmen, um wohlerworbene Rechte handle, wenn die Führung einer an sich verwechslungsfähigen Firma beim Fehlen der Absicht der Irreführung nach § 8 des alten UWG. nicht unzulässig ist. Es besteht kein Rechtssatz des Inhalts, daß, wenn die Umstände des Falles den gesetzlichen Tatbestand nicht erfüllen, die jüngere Firma ein in seinem Bestand zu schützendes subjektives Recht erworben haben sollte, nunmehr für alle Zeiten in der zu Verwechslungen objektiv geeigneten Form weitergeführt zu werden, und daß es ein unzulässiger Eingriff in dieses wohlerworbene Recht wäre, wenn ein späteres Gesetz dies verbieten wollte. Kam die Tatsache, daß eine Firma älter als die andere ist, aus besonderen Gründen im vorliegenden Falle nach dem alten UWG. nicht in Betracht, so folgt daraus nicht, daß dieser Umstand nun fernerhin auch für die Anwendung von § 16 des neuen UWG. außer Betracht bleiben muß. Dieser Standpunkt stellt zugleich auch eine Verkennung der Bedeutung des alten UWG. dar; denn es werden dabei dessen allgemein empfundene Lücken in der Bekämpfung des unlauteren Wettbewerbs, die zur Zeit des Erlasses der bezeichneten Urteile des I. und II. Zivilsenats entsprechend den berechtigten rechtlichen und wirtschaftlichen Forderungen bereits ausgefüllt waren, als Begründung subjektiver Rechte auf Begehung der vom Gesetz nicht getroffenen Handlungen unlauteren Wettbewerbs bewertet. Dieses Ergebnis ist praktisch in hohem Maße unbefriedigend. Es ist aber auch rechtlich unhaltbar. Jenes Gesetz, das lediglich die Verhütung von Mißbräuchen bezweckte, war überhaupt nicht geeignet, Rechte von bleibendem Wert zu schaffen. Wie hier Lobe in GewRschutz 1912 S. 184, Rosenthal, UWG. 5. Aufl. Note zu § 30, derselbe in LZ. 1912 Sp. 881, Eick-Pinner, Note zu § 30 UWG., Ludwig Cahen in LZ. 1913 Sp. 532 u. a.

Hiernach sind vom Inkrafttreten des neuen UWG. (1. Oktober 1909) ab die Rechtsbeziehungen der beiden Firmen in bezug auf den Namensgebrauch so zu behandeln, als wären sie erstmalig einer gesetzlichen Regelung unterworfen. Die Befugnis zur Weiterführung des Namens richtet sich nach Außerkrafttreten des früheren UWG. nach dem neuen UWG. (§ 16). Deshalb mußte, wie die Revision mit Recht geltend macht, der Beklagte Hermann Arnheim, als er gegen Ende 1918 zur Firmeneintragung schritt (die Klägerin legt auf die frühere Zeit wegen des damaligen geringen Umfangs des Gewerbebetriebs dieses Beklagten kein Gewicht), es vermeiden, eine Firma zu wählen, die zu Verwechslungen mit der Klägerin geeignet war. Darüber, daß letzteres in Anbetracht der schlagwortartigen Verwendung des in der Geldschrankbranche auf Grund der viele Jahrzehnte langen Tätigkeit und hervorragenden Leistungen der Klägerin vorzüglich eingeführten und in weitesten Kreisen bekannten Namens „Arnheim" der Fall ist, kann kein Zweifel bestehen. Daran ändert die Verschiedenheit der beiderseits dem Namen Arnheim hinzugefügten Gesellschaftsform nichts, da das Publikum auf solche Unterschiede nicht achtet. Der Umstand, daß die Klägerin sich in der Klageschrift und in ihrem ursprünglichen Klagantrag nur gegen die von der eingetragenen Form „Hermann Arnheim" abweichende Benutzung der Firma mit dem abgekürzten Vornamen „H. Arnheim" gewandt hat, kommt abweichend von der Ansicht des Berufungsgerichts für die Frage der Verwechslungsgefahr nicht in Betracht.

Hiernach ist der Löschungsanspruch aus § 16 UWG. bezüglich der jüngeren Firma der Beklagten gegeben. Es besteht auch nicht etwa ein gesetzliches Recht zur Aufnahme des Personennamens eines der Gründer in die Firma der Aktiengesellschaft. ...

---

20. 1. Zum Begriff „Reisegepäck" im Sinne der Eisenbahnverkehrsordnung.

2. Wie haftet die Eisenbahn für den Verlust des Guts, wenn zur Beförderung als Reisegepäck Gegenstände aufgegeben werden, die im gesetzlichen Sinne nicht zum Reisegepäck gehören?

HGB. §§ 465, 467.

Eisenbahnverkehrsordnung §§ 30, 57, 96.

I. Zivilsenat. Urt. v. 23. Mai 1925 i. S. B. (Kl.) w. Deutsche Reichsbahnges. (Bekl.). I 441/24.

I. Landgericht Köln.
II. Oberlandesgericht daselbst.

Der Kläger gab, als er am 16. März 1922 mit der Eisenbahn von Berlin nach seinem Wohnort Köln zurückfuhr, als Reisegepäck einen Schrankkoffer auf, der mehrere Anzüge, eine Anzahl anderer Bekleidungsstücke, 11 m Seide, einige Bücher und verschiedenes Notgeld enthielt. Die Anzüge und sonstigen Bekleidungsstücke hatte der Kläger zum erheblichen Teil in Berlin für sich neu angeschafft. Die Seide war zum Geschenk für seine Frau bestimmt. Der Koffer konnte dem Kläger in Köln nicht ausgehändigt werden, da er einem Unbefugten auf einen gefälschten Gepäckschein übergeben worden war. Der Kläger verlangt von der Eisenbahn die Erstattung des Wertes von Koffer und Inhalt. Die Beklagte beantragt Abweisung der Klage und macht geltend, daß die Gegenstände nicht Reisegepäck im Sinne der Eisenbahnverkehrsordnung und überdies zu einem erheblichen Teil Kostbarkeiten gewesen seien. Das Landgericht wies die Klage ab. Die Berufung des Klägers wurde vom Oberlandesgericht zurückgewiesen. Seine Revision hatte Erfolg.

Gründe:

Das Berufungsgericht führt aus: Zum Begriff „Reisegepäck" gehöre es, daß die als solches aufgegebenen Gegenstände zur Hauptsache dem persönlichen Gebrauch des Reisenden auf der Reise dienen sollten. Das sei hier nicht der Fall. Denn der an Zahl und Wert größte Teil der Gegenstände sei zur Verwendung durch den Kläger und seine Frau nach der Rückkehr in seinen Wohnort Köln bestimmt gewesen. Der Kläger habe durch die Aufgabe der Sendung als Reisegepäck der Sendung eine Bezeichnung gegeben, die den Tatsachen nicht entspreche. Es entfalle daher die Haftung der Beklagten auf Grund des § 96 EVO.

Die Revision rügt: Der Begriff des Reisegepäcks sei verkannt; die Beklagte werde auch nicht dadurch von ihrer Haftung befreit, daß der Inhalt der Sendung nicht Reisegepäck im Sinne der

Eisenbahnverkehrsordnung gewesen sei. Die letztere Rüge ist in der allgemeinen Fassung nicht begründet. Der Senat hat sich mit der Frage, welche Folgen es habe, wenn als Reisegepäck Gegenstände aufgegeben werden, welche nicht dazu gehören, ob insbesondere dann die Haftung der Bahn für Verlust usw. entfalle, bereits in dem in RGZ. Bd. 97 S. 109 veröffentlichten Urteil vom 5. November 1919 befaßt und die Haftung in eingehenden Ausführungen verneint. Er hat das einmal aus dem Wortlaut des § 35 EVO. gefolgert, und ferner aus der Bestimmung des § 96 daselbst. Ob die erstere Begründung aufrecht zu erhalten ist, kann dahingestellt bleiben. Der zweite Grund erscheint aber auch nach erneuter Prüfung zutreffend. Die Angriffe, die von v. d. Leyen und Senckpiehl in JW. 1920 S. 780 und 428 dagegen erhoben worden sind, greifen nicht durch. Daß die Bestimmung des § 96 EVO. überhaupt auch auf Reisegepäck Anwendung findet, ergibt sich aus § 35 Abs. 1 daselbst. Zweifelhaft kann sein — und in dieser Richtung bewegen sich auch die gegen das Urteil erhobenen Angriffe —, ob § 96 EVO. nicht nur die im § 54 EVO. bezeichneten, von der Beförderung ausgeschlossenen oder zu ihr nur bedingungsweise zugelassenen Gegenstände im Auge hat, ob Gegenstände, die nicht als Reisegepäck aufzufassen sind, von der Beförderung als solches ausgeschlossen sind, und ob eine unrichtige Bezeichnung darin liegt, daß diese Gegenstände als Reisegepäck aufgegeben werden.

In Anbetracht der allgemeinen Fassung und des Zwecks der Bestimmung muß angenommen werden, daß sie sich nicht nur auf die gänzlich von der Beförderung ausgeschlossenen Gegenstände bezieht, sondern auch auf solche, die von gewissen Arten der Beförderung ausgeschlossen sind. Der gesetzgeberische Zweck, der zu der Bestimmung geführt hat, ist in beiden Fällen der gleiche. Die Bestimmung will verhüten, daß solche Gegenstände der Anordnung zuwider zur Beförderung aufgegeben werden, und daß die Beförderung durch eine sachlich unrichtige Bezeichnung erreicht wird, weil die Bahn praktisch zu einer Nachprüfung nicht in der Lage ist. Sie sucht den Zweck dadurch zu erreichen, daß sie, gewissermaßen als Abschreckungsmittel und Strafe, ihre Haftung für diese Sachen ausschließt. Rundnagel, Haftung der Eisenbahn, 3./4. Aufl. S. 54, kommt zu demselben Endergebnis. Die von ihm vertretene Ansicht, es solle das sich aus einer bestimmungswidrigen Auflieferung für die Bahn ergebende Risiko verhütet werden, erscheint aber nicht zutreffend. Denn mit der Beförderung der im § 54 EVO. an erster Stelle aufgeführten, dem Postzwang unterliegenden Gegenstände ist irgendein höheres Risiko nicht verbunden, und ebensowenig vielfach mit denjenigen, deren Beförderung nach gesetzlicher Vorschrift oder aus Gründen der öffentlichen Ordnung verboten ist. Auch die weiteren in der früheren Entscheidung des Senats angestellten Erwägungen sprechen für die weitere Auslegung. Die Entstehungsgeschichte des § 96 EVO. läßt irgend einen sicheren Rückschluß auf seine Auslegung nicht zu.

Ausgeschlossen von der Beförderung als Reisegepäck sind aber die Gegenstände, die den Anforderungen des § 30 EVO. nicht entsprechen. Es ist das zwar nicht ausdrücklich im Gesetz gesagt, folgt aber aus der Bestimmung, daß eben nur Gegenstände gewisser Art als Reisegepäck aufgegeben werden dürfen. In dieser Aufgabe liegt aber auch die Angabe, daß das Aufgegebene Reisegepäck sei, und damit eine unrichtige Bezeichnung. Wenn das Gesetz sagt, daß der Reisende gewisse Gegenstände „als Reisegepäck" aufgeben kann und daß das Reisegepäck durch seine Verpackung als solches kenntlich sein muß, so gibt der Reisende, wenn er Gegenstände so verpackt und sie als Reisegepäck aufgibt, der Bahn kund, daß die Verpackung solche Gegenstände enthalte.

Werden mit anderen, zur Beförderung zugelassenen Gegenständen in einheitlicher Verpackung zugleich solche verwendet, die nicht so versendet werden dürfen, so entfällt die Haftung doch nur für die letzteren, nicht auch zugleich für die ersteren. So auch Eger, EVO. § 96 Anm. 504; Staub, HGB. § 467 Anm. 5 und Rundnagel, a. a. O. S. 50. Denn die außerordentliche Bestimmung des § 96 EVO. will eben nur die Gegenstände treffen, die zu Unrecht zur Beförderung gebracht sind. Es würde deshalb vorliegend die Haftung der Beklagten unter keinen Umständen für diejenigen Sachen ausgeschlossen sein, die wirklich zum Reisegepäck im Sinne des § 30 EVO. gehören. Und daß solche Sachen sich in dem Koffer befunden haben, nimmt ja auch das Berufungsgericht an.

Es kann ihm aber auch aus Rechtsgründen darin nicht beigetreten werden, daß der erheblichste Teil der Sachen nicht zum „Reisegepäck" gehörte. In seinem in RGZ. Bd. 106 S. 194 veröffentlichten Urteil vom 13. Januar 1923 hat der Senat aus der Entstehungsgeschichte des § 30 EVO. gefolgert, daß der Begriff „Reisegepäck" nicht ängstlich, dem Wortlaute nach, sondern ausdehnend auszulegen ist, und es für nicht rechtsirrtümlich bezeichnet, daß das Berufungsgericht diejenigen Gegenstände als Reisegepäck zugelassen hat, deren Verwendung in einem näheren Zusammenhange mit dem Zweck der Reise steht, so daß der Reisende ihrer aus persönlichen oder wirtschaftlichen Gründen in nicht allzu ferner Zeit am Ziele der Reise bedarf. Daran ist festzuhalten. Je nach den persönlichen Verhältnissen und den Zwecken der Reise wird der Umfang der als „Reisegepäck" anzusehenden Gegenstände ein verschiedener sein. Das, was nach den besonderen Verhältnissen der Reisende als Gepäck mit sich zu führen pflegt und was er in nicht zu ferner Zeit für die Bedürfnisse seiner Person, seiner etwa mitreisenden Angehörigen und seines Haushalts zu benutzen beabsichtigt oder als übliche Geschenke mitbringt, wird man als Reisegepäck ansehen können. Jede mißbräuchliche Benutzung ist aber auszuschließen. Was danach Reisegepäck ist und was mißbräuchlich als solches mitgeführt wird, muß nach diesen Gesichtspunkten im Einzelfalle beurteilt werden. Ob die Gegenstände überwiegen, die auf der Reise selbst gebraucht werden, kann nicht mehr als ausschlaggebend erachtet werden. Nach diesen Gesichtspunkten wird daher vom Tatrichter erneut zu prüfen sein, inwieweit die verloren gegangenen Gegenstände zum Reisegepäck gehören. Das bisher Vorgebrachte allein erscheint kaum geeignet, den im Koffer mitgeführten Sachen die Eigenschaft als Reisegepäck zu nehmen. Auch wenn danach für einen Teil die Haftung der Beklagten ausscheidet, ist diese im übrigen, wie oben ausgeführt, gegeben. Es wird hinsichtlich der an sich als Reisegepäck zu erachtenden Gegenstände ferner der Einwand zu prüfen sein, ob sie Kostbarkeiten sind. Dafür sind nicht die Verhältnisse des einzelnen Gegenstandes, sondern Umfang, Gewicht und Wert des gesamten Versandstücks in Betracht zu ziehen (vgl. RGUrt. v. 4. Oktober 1924 I 25/24).

---

21. 1. Inwieweit haben die Mitglieder einer Gesellschaft bürgerlichen Rechts rückständige Beiträge zu leisten, nachdem die Erreichung des vereinbarten Gesellschaftszwecks unmöglich geworden ist?

2. Zur Frage der Bewertung von Papiermarkeinlagen bei der Auseinandersetzung über das Vermögen der beendigten Gesellschaft.

BGB. §§ 705, 726, 733.

II. Zivilsenat. Urt. v. 26. Mai 1925 i. S. Frankf. Sozietätsdruckerei (Bekl.) w. R. K. (Kl.). II 355/24.

I. Landgericht Frankfurt a. M., Kammer für Handelssachen.
II. Oberlandesgericht daselbst.

Die englische Verlagsfirma C. Br. Ltd. hatte sich durch Schreiben vom 18. September 1922 erboten, der Beklagten das alleinige Verlagsrecht einer deutschen Ausgabe der Kriegsmemoiren des englischen Premierministers Lloyd George für 1500 £ zu überlassen, und zwar sollten 150 £ bei Unterzeichnung des Vertrags, 675 £ bei Lieferung der ersten 100000 Wörter und 675 £ bei Lieferung des Schlusses der Memoiren gezahlt werden. Am 11. Oktober 1922 schloß die Beklagte (F. S. D.) mit der Klägerin (R. K.) einen Vertrag zur „Verwertung“ des von der Beklagten zu erwerbenden Verlagsrechts „auf gemeinschaftliche Rechnung“. Nach § 3 des Vertrags hatte die Beklagte „in die dergestalt gebildete Gemeinschaft (Meta)“ das Verlagsrecht einzubringen, ohne hierfür besondere Vergütung zu erhalten; ferner hieß es daselbst:

„Die F. S. D. übernimmt die druckfertige Herstellung des ihr zu liefernden Manuskripts in Buchform und die fertige Verkaufsherstellung und den Vertrieb des Buches. Sie ist berechtigt und verpflichtet, in angemessener Weise Propaganda für das Buch zu machen. Sie legt die ihr erwachsenden Kosten der Übersetzung, des Drucks, des Bindens, der Propaganda, sowie alle ihre sonstigen mit dem Geschäft zusammenhängenden Ausgaben für Rechnung der Gemeinschaft vor.“

Der § 4 des Vertrags lautete:

„R. K. ist verpflichtet, den ... an die Firma C. Br. Ltd. zu zahlenden Betrag von 1500 £ ... der Gemeinschaft bei Unterschrift dieses Vertrags zu überweisen. R. K. belastet die Gemeinschaft mit dem Gegenwert der 1500 £ in Mark, berechnet nach dem Frankfurter Umrechnungskurs der £ am Tage der Einzahlung.

R. K. verpflichtet sich, der F. S. D. den von derselben jeweils anzugebenden Betrag, der für die Beschaffung des für das Buch benötigten Druckpapiers erforderlich ist, alsbald nach Anforderung zur Verfügung zu stellen. Die F. S. D. schafft mit diesem Betrag das erforderliche Druckpapier auf gemeinschaftliche Rechnung an. Soweit die Raumverhältnisse der F. S. D. es zulassen, wird eine gesonderte Aufbewahrung des Druckpapiers erfolgen."

In § 5 war vorgesehen, daß die Gemeinschaft jedem der Vertragschließenden 5% jährliche Zinsen auf die von ihm gemachten Auslagen gutbringe, sowie daß die Guthaben eingehender Bankzinsen der Gemeinschaft zugute kämen.

Der § 6 bestimmte: „Jeder der Vertragschließenden ist an Gewinn und Verlust dieses Geschäfts zur Hälfte beteiligt." ... Nach § 7 endlich sollte der F. S. D. in allen die Herstellung und den Vertrieb des Buches betreffenden Fragen einschließlich des Verkaufspreises, des Umfanges der jeweiligen Propaganda und der Begrenzung der Auflage das alleinige Bestimmungsrecht und die alleinige Führung des Geschäfts zustehen, sie versprach jedoch, R. K. von allen wichtigen Vorkommnissen Mitteilung zu machen, um ihr Gelegenheit zur Äußerung ihrer kaufmännischen Ansicht zu geben. — Am 13. Oktober 1922 fand zwischen dem Teilhaber der Klägerin, N., und dem Angestellten der Beklagten, W., eine Besprechung statt, deren Ergebnis die Beklagte in folgendem, der Klägerin mitgeteilten „Protokoll" niederlegte:

„Herr N. wurde durch Herrn W. davon in Kenntnis gesetzt, daß wir das für das Buch von Lloyd George erforderliche Druckpapier (50000 kg) sofort erhalten können, und zwar zum Preise von 136,50 ℳ pro kg. Bei sofortigem Abschluß kann das Papier im November geliefert werden. Die Gesamtkosten werden betragen 6825000 ℳ, wozu noch die Frachtspesen kommen. Dieser Preis bedeutet gegenüber dem in der Vorkalkulation eingesetzten Preis (200 ℳ pro kg) einen wesentlichen Unterschied. Herr N. hat sich bereit erklärt, den erforderlichen Betrag zur Verfügung zu stellen. Da er das Geld jeweils erst flüssig machen muß, bittet er, ihm jeweils rechtzeitig Mitteilung zu machen, wann und in welcher Höhe Beträge fällig sind.

Den für die Bezahlung der ersten Rate an die Firma C. Br. Ltd. benötigten Betrag von 150 englischen Pfund hält Herr N. bereit und wird den Betrag sofort nach unserer Aufforderung über Holland an den Empfänger übermitteln."

Am 27. Oktober 1922 schloß die Beklagte mit der Firma C. Br. Ltd. den Verlagsvertrag unter den Bedingungen des Schreibens vom 18. September 1922 ab, und die Klägerin überwies der genannten Firma die anzuzahlenden 150 £. Unter dem 31. Oktober 1922 erteilte die Beklagte der Klägerin einen Rechnungsauszug, in dem die Einlage der Klägerin von 1500 £ per 11. Oktober 1922 (zum Tageskurs) mit 18075000 ℳ, Reisekosten- und Stempelauslagen der Beklagten per 11. Oktober 1922 mit 8068 ℳ sowohl unter „Soll" wie unter „Haben" aufgeführt waren. Im November 1922 wurde der Beklagten zunächst etwa die Hälfte des von ihr angekauften Druckpapiers geliefert, und die Klägerin bezahlte am 27. November 1922 den Rechnungsbetrag mit 3140068,30 ℳ, während die Beklagte die Frachtkosten auslegte. In dem zweiten Rechnungsauszug, den sie der Klägerin unter dem 30. November 1922 erteilte, führte die Beklagte demgemäß sowohl unter „Soll" wie unter „Haben" die die Klägerin betreffenden Beträge per 11. Oktober 1922 mit 18075000 ℳ und per 27. November 1922 mit 3140068,30 ℳ, die sie selbst betreffenden Beträge per 30. Oktober 1922 mit 8068 ℳ, per 27. November 1922 mit 108626 und 108682 ℳ und per 30. November 1922 mit 206785 ℳ auf. Am 5. Dezember 1922 bezahlte die Klägerin den Rest des von der Beklagten angeschafften Druckpapiers mit 3260181 ℳ. Da die Firma C. Br. Ltd. kein Manuskript lieferte, Lloyd George auch anderweitig eine Reihe von Artikeln erscheinen ließ, die es zweifelhaft machten, ob die Herausgabe seiner Memoiren in Deutschland noch lohnend sein würde, erklärte die Beklagte mit Zustimmung der Klägerin durch Telegramm vom 22. Januar 1923 der Firma C. Br. Ltd., daß sie von dem Verlagsvertrage zurücktrete. Die Firma C. Br. Ltd. erklärte sich am 7. Februar 1923 mit der Aufhebung des Vertrags einverstanden und zahlte demnächst die empfangenen 150 £ an die Beklagte zurück.

Streitigkeiten der Parteien wegen der Auseinandersetzung führten zu der vorliegenden Klage, mit der die Klägerin schließlich beantragte,

die Beklagte zu verurteilen, einzuwilligen, daß das zwischen den Parteien auf Grund des Gesellschaftsvertrags vom 11. Oktober 1922 gebildete Gesellschaftsvermögen verwertet und derart auseinandergesetzt wird, daß für die Klägerin als Einlage — abgesehen von den zur Anschaffung von Papier gezahlten Beträgen — nur ein Betrag von 150 £ zugrunde gelegt wird, daß nach Berichtigung der für die Gesellschaft entstandenen Schulden, Unkosten und Auslagen der Klägerin für ihre Einlage von 150 £ ein dem Werte von 150 £ am Tage der Auszahlung entsprechender Betrag und ferner für den zur Anschaffung von Papier gezahlten Betrag von 6400249 ℳ der bei Verwertung des Papiers erlöste Betrag vergütet werden, soweit zu diesen Vergütungen die Mittel der Gesellschaft ausreichen.

Die Beklagte beantragte die Abweisung der Klage und erhob Widerklage auf die Feststellung,

daß von den 1500 £, welche die Klägerin und Widerbeklagte der auf Grund des Vertrags vom 11. Oktober 1922 gebildeten Gesellschaft zur Verfügung gestellt hat, nicht bloß 150 £, sondern auch die weiteren 1350 £ Bestandteil der Liquidationsmasse geworden und der Klägerin und Widerbeklagten bei der Auseinandersetzung der Parteien als Einlage nach dem Satze von 18075000 ℳ (nämlich zum Kurse des Tages des Einbringens, 11. Oktober 1922) zurückzuerstatten seien.

Das Landgericht erkannte dahin:

Unter Abweisung der Widerklage und der weitergehenden Klage wird die Beklagte verurteilt, einzuwilligen, daß das zwischen den Parteien auf Grund des Gesellschaftsvertrags vom 11. Oktober 1922 gebildete Gesellschaftsvermögen verwertet und derart auseinandergesetzt wird, daß als Einlagen der Klägerin die Beträge von 150 £ und 6400249 ℳ angesehen werden, und daß — nach Berichtigung der für die Gesellschaft entstandenen Schulden — der Klägerin für diese Einlagen derjenige Betrag vergütet wird, der dem unter Zugrundelegung des amtlichen Frankfurter Dollarmittelkurses durch Umrechnung in Goldmark (1 Goldmark = $^{10}/_{42}$

am. Dollar) ermittelten Werte entspricht, den die 150 £ und die 6400249 ℳ am Tage der Einbringung in die Gesellschaft gehabt haben, wobei Gewinn und Verlust je zur Hälfte zwischen den Parteien geteilt werden.

Die Berufung der Beklagten wurde zurückgewiesen, ebenso ihre Revision.

Aus den Gründen:

Nach den Eingangsworten des Gesellschaftsvertrags vom 11. Oktober 1922 bestand der Zweck der Gesellschaft in der auf gemeinschaftliche Rechnung vorzunehmenden Verwertung des Verlagsrechts, das die Firma C. Br. Ltd. der Beklagten zum Kauf angeboten hatte. Zur Erreichung dieses gemeinsamen Zweckes hatte die Klägerin zweierlei Beiträge zu leisten: sie hatte einmal, und zwar bei der Unterzeichnung des Gesellschaftsvertrags, die zum Ankaufe des Verlagsrechts erforderlichen 1500 £ der Gemeinschaft zu überweisen (§ 4 Abs. 1 Satz 1 des Gesellschaftsvertrags), die Gemeinschaft aber nicht mit dem eingebrachten Pfundbetrag, sondern mit dem Markbetrag zu belasten, der nach dem Frankfurter Umrechnungskurs am Tage der Einzahlung zu berechnen war (§ 4 Abs. 1 Satz 2 das.), und sie hatte außerdem die zum Ankauf des nötigen Druckpapiers auf gemeinschaftliche Rechnung erforderlichen Markbeträge je alsbald nach Anforderung durch die Beklagte der Gemeinschaft zur Verfügung zu stellen (§ 4 Abs. 2 a. a. O.). Die Beklagte will hieraus gefolgert wissen, daß es nach dem Willen der Vertragschließenden so habe angesehen werden sollen, wie wenn die Klägerin die 1500 £ bereits am 11. Oktober 1922 in die Gesellschaft eingebracht, sie aber, sei es als jederzeit rückzahlbares Darlehen, sei es zur Aufbewahrung für die Gesellschaft mit der Verpflichtung zur jederzeitigen Herausgabe, zurückerhalten hätte, sowie daß bei der künftigen Auseinandersetzung unter den Parteien nicht die 1500 £, sondern der durch Umrechnung nach dem Frankfurter Kurse des Vertragstags ermittelte Nennbetrag von 18075000 Papiermark als Einlage der Klägerin habe gelten sollen. Sie vertritt demgemäß, nachdem die Gesellschaft durch Unmöglichwerden der Erreichung des gemeinsamen Zweckes ihr Ende gefunden hat, nunmehr den Standpunkt, daß die Klägerin, die bei Abschluß des Verlagsvertrags vom 27. Oktober 1922 die Anzahlung auf den Kaufpreis für das Verlagsrecht mit 150 £

geleistet und den Kaufpreis für das auf gemeinschaftliche Rechnung angeschaffte Druckpapier am 27. November 1922 mit 3140068,80 *M* und am 5. Dezember 1922 mit 3260181 *M* bezahlt hat, in die Teilungsmasse noch 1350 £ einzuschießen, dagegen als Einlage im ganzen nur 18075000 + 6400249 Papiermark zurückzuerhalten habe. Auch macht sie geltend, daß dieser ihr Standpunkt nach Abschluß des Gesellschaftsvertrags von der Klägerin wiederholt gebilligt worden sei. Als sie nämlich am 13. Oktober 1922 der Klägerin auf deren Ansuchen gestattet habe, die 1500 £ erst je bei Fälligkeit der von der Firma C. Br. Ltd. verlangten Ratenzahlungen zu entrichten, habe sie, ohne Widerspruch zu finden, der Klägerin erklärt, hierdurch werde nichts daran geändert, daß die Pfundeinlage bei Abschluß des Gesellschaftsvertrags ganz geleistet worden und für deren Bewertung der Kurs vom Tage des Vertragsschlusses maßgebend sei. Ferner habe die Klägerin gegen die ihr per 31. Oktober und 30. November 1922 erteilten Rechnungsauszüge, in denen die 1500 £ als am 11. Oktober 1922 ein- und zurückgezahlt mit 18075000 *M* (dem Kurswerte des 11. Oktober 1922) in Ansatz gebracht worden seien, längere Zeit hindurch nichts erinnert. Endlich habe sie der Klägerin, als sie mit ihr im Januar 1923 übereingekommen sei, den Verlagsvertrag vom 27. Oktober 1922 rückgängig zu machen, auf die Frage, was nun werde, erklärt, die englischen Pfunde und die angeschafften Druckpapiervorräte würden geteilt, und die Klägerin habe hierzu geschwiegen.

Selbst wenn man jedoch hiernach der Beklagten zugeben müßte, daß die Klägerin bei Endigung der Gesellschaft noch 1350 £ in das Gesellschaftsvermögen einzuzahlen und als Einlage im ganzen nur 18075000 und 6400249 Papiermark zurückzufordern gehabt habe, würde immerhin für die noch bevorstehende Auseinandersetzung nicht, wie die Beklagte meint, der Zeitpunkt der tatsächlichen Vornahme der Auseinandersetzung, sondern der der Endigung der Gesellschaft maßgebend sein. Die Klägerin würde daher aus dem nach Berichtigung der Schulden übrig bleibenden Gesellschaftsvermögen vorweg nicht den bloßen Nennbetrag ihrer Papiermarkeinlagen, sondern einen unter Berücksichtigung der Umstände des Falles aufgewerteten Betrag zurückzuerhalten haben. Denn die Papiermark hatte schon bei Abschluß des Gesellschaftsvertrags ihre Eignung als Wertmesser und ihre Eigenschaft als Geld im Sinne des § 733 Abs. 2 Satz 2 BGB. verloren, und wenn die Parteien trotzdem vereinbart haben sollten, daß der Klägerin bei der Endigung des Gesellschaftsverhältnisses nicht der Wert ihrer Papiermarkeinlagen zur Zeit der Einbringung, sondern nur deren Nennbetrag zu erstatten sei, so würde die erst nach der Endigung der Gesellschaft eingetretene weitere Entwertung der Papiermark nicht die Klägerin allein, sondern beide Gesellschafter treffen müssen.

Allein der Standpunkt der Beklagten ist auch im übrigen nicht haltbar. Dies gilt zunächst in Ansehung des Umfangs des Vermögens der beendigten Gesellschaft. Allerdings hat der Anspruch gegen die Klägerin, auch die noch rückständigen 1350 £ in die Gesellschaft einzubringen und sie nach der Einbringung als ihre Papiermarkeinlage in Höhe des nach dem Kurse des Tages der Einzahlung zu errechnenden Betrags gelten zu lassen, vom Abschlusse des Gesellschaftsvertrags an einen Bestandteil des Vermögens der Gesellschaft gebildet. Der Anspruch war jedoch von vornherein auf eine Beitragsleistung gerichtet (§ 705 BGB.), die ausgesprochenermaßen zur Förderung der Erreichung des Gesellschaftszwecks durch Bezahlung der zweiten und der dritten Rate des Kaufpreises für das Verlagsrecht dienen sollte, und an dieser rechtlichen Natur des Anspruchs ist, wie das Oberlandesgericht in Übereinstimmung mit dem Landgericht zutreffend ausgeführt hat, weder durch den Gesellschaftsvertrag selbst, noch durch die späteren Verhandlungen der Parteien irgend etwas geändert worden. Vom Augenblicke der Endigung der Gesellschaft an hätte daher die Erfüllung des Anspruchs, da sie nicht mehr zur Förderung der Erreichung des gemeinsamen Zwecks in der durch den Vertrag bestimmten Weise zu dienen vermochte (§ 705 BGB.), nur noch gefordert werden können, wenn und soweit sie zur Berichtigung von Gesellschaftsschulden oder zur Zurückerstattung von Gesellschaftereinlagen notwendig gewesen wäre (§ 733 das.). Das war und ist jedoch, wie unangefochten feststeht, nicht der Fall.

Was sodann die Bewertung der von der Klägerin tatsächlich geleisteten Beiträge, also ihrer „Einlagen" im Rechtssinne betrifft, so ergibt sich aus § 4 Abs. 1 des Gesellschaftsvertrags lediglich, daß die einzubringenden englischen Pfunde nach ihrer Einbringung als Papiermarkeinlagen gelten sollten, deren Höhe nach dem Frankfurter Umrechnungskurs am Tage der Einzahlung zu berechnen war. Daß der Nennbetrag der so errechneten Papiermarkeinlagen auch für die Auseinandersetzung nach Endigung der Gesellschaft maßgebend sein, der Klägerin somit bei der Auseinandersetzung nur dieser Nennbetrag aus dem nach Berichtigung der Schulden übrigbleibenden Gesellschaftsvermögen erstattet werden sollte, kann dagegen aus § 4 Abs. 1 des Gesellschaftsvertrags nicht entnommen werden, und zwar um so weniger, als in § 4 Abs. 2 von einer entsprechenden Behandlung der unmittelbar in Papiermark zu leistenden, zum Ankaufe von Druckpapier bestimmten Beiträge auch nicht andeutungsweise die Rede ist. Es hätte aber einer dahingehenden ausdrücklichen Vereinbarung bedurft, weil, wie bereits hervorgehoben, die Papiermark zur Zeit des Vertragschlusses die Eigenschaft als Geld im Sinne des § 733 Abs. 2 Satz 2 BGB. nicht mehr besaß und weil damals an dem künftigen weiteren Sinken des Papiermarkwertes kaum noch gezweifelt werden konnte. Ohne eine solche Vereinbarung mußten die Papiermarkeinlagen als nicht in Geld bestehende Einlagen angesehen werden, für die gemäß § 733 Abs. 2 Satz 2 nach Endigung der Gesellschaft der Wert zu ersetzen war, den sie zur Zeit der Einbringung hatten. Daraus, daß schon im Oktober 1922 der Satz „Mark ist gleich Mark" nicht mehr galt, wird übrigens auch für die Personalgesellschaften des Handelsrechts allgemein die Folgerung gezogen, daß die Papiermarkposten der Bilanzen von 1922 behufs Berechnung der Kapitalkonten der Gesellschafter umgewertet werden müssen (vgl. z. B. Abraham, Übergang zur Goldmarkbilanz, 2. Aufl., S. 35flg., 47; Delbrück, Bankarchiv XXIII S. 290flg.; Geiler, Goldmarkbilanz und Goldmarkumstellung S. 54; Rosendorff, Goldmarkbilanz S. 141flg.; Quassowski-Susat, Goldbilanzen, 2. Aufl. S. 70flg.). Ob die Beklagte beim Abschluß des Gesellschaftsvertrags und bei den späteren Verhandlungen mit der Klägerin davon ausgegangen ist, daß auch für die künftige Auseinandersetzung schlechthin der von ihr der Klägerin gemäß § 4 des Vertrags gutzubringende und gutgebrachte Nennbetrag der Papiermarkeinlagen maßgebend sei, ist unerheblich. Denn aus ihrem Vorbringen in der Berufungsinstanz war keinesfalls zu entnehmen, daß sie dieser ihrer Auffassung vor Endigung der Gesellschaft jemals dergestalt Ausdruck gegeben hätte, daß die Klägerin, um nicht als zustimmend zu gelten, nach Treu und Glauben und nach den im Verkehr unter Kaufleuten geltenden Gewohnheiten und Gebräuchen hätte Widerspruch erheben müssen. Das Oberlandesgericht glaubt zwar mit Rücksicht auf die Ausführungen der Beklagten über die Äquivalenz der beiderseitigen gesellschaftlichen Leistungen den § 4 des Gesellschaftsvertrags abweichend vom Landgericht dahin verstehen zu sollen, daß die Parteien — allerdings nur für den als selbstverständlich vorausgesetzten und deshalb ausschließlich geregelten Fall der Erreichung des Gesellschaftszwecks — den nach dem Kurse des Vertragstags zu errechnenden Markwert der Pfundeinlage der Klägerin seinem Nennbetrag nach auch für die künftige Auseinandersetzung hätten festlegen wollen. Die Gründe, die es für diese seine Meinung anführt, daß nämlich die Parteien bei Abschluß des Gesellschaftsvertrags an ein Unmöglichwerden der Erreichung des Gesellschaftszwecks gar nicht gedacht hätten, und daß die Klägerin das Unternehmen habe für aussichtsreich halten und deshalb erwarten dürfen, durch ihren Anteil an dem zu erzielenden Gewinne für die Einbuße am Wert ihrer Einlage entschädigt zu werden, sind jedoch nicht stichhaltig. Für eine Beschränkung der Bestimmungen des § 4 auf den Fall der Erreichung des Gesellschaftszwecks würde gerade dann nichts sprechen, wenn die Parteien mit Sicherheit auf einen größeren Gewinn gerechnet hätten, und der Umstand allein, daß für die Klägerin im Falle der Erzielung eines größeren Gewinnes die Entwertung ihrer Papiermarkeinlage weniger fühlbar gewesen wäre, kann die Feststellung, daß sie die Entwertungsgefahr ganz auf sich genommen habe, angesichts der Fassung des § 4 Abs. 1 und 2 des Gesellschaftsvertrags keinesfalls rechtfertigen.

Es ist ferner rechtlich nicht zu mißbilligen, daß das Landgericht den der Klägerin gemäß § 733 Abs. 2 Satz 2 BGB. aus dem Gesellschaftsvermögen zu erstattenden Wert ihrer Einlagen, und zwar nicht nur der in Papiermark eingezahlten, sondern auch der durch Hingabe von 150 £ geleisteten, nach dem Tage der tatsächlichen Einbringung in die Gesellschaft und nicht etwa nach dem der Unterzeichnung des Gesellschaftsvertrags festgesetzt wissen will. Der § 4 Abs. 2, welcher die von der Klägerin zur Anschaffung von Druckpapier zu leistenden Beiträge betrifft, spricht von dem Tage des Vertragsschlusses überhaupt nicht, und die von der Klägerin für diesen Zweck zuerst hingegebenen 3140068 Papiermark sind ihr ausweislich des Rechnungsauszugs vom 30. November 1922 für den 27. November 1922, den Tag der Hingabe, gutgebracht worden. Der Tag der Unterzeichnung des Gesellschaftsvertrags, von dem in § 4 Abs. 1 Satz 1 als dem Tage der Fälligkeit der von der Klägerin einzubringenden 1500 £ die Rede ist, könnte also höchstens für die bei Abschluß des Verlagsvertrags vom 27. Oktober 1922 angezahlten 150 £ in Betracht kommen. Allein in § 4 Abs. 1 Satz 2 ist ausdrücklich vereinbart worden, daß die Belastung der Gemeinschaft mit dem Gegenwert der 1500 £ in Mark nach dem Frankfurter Umrechnungskurs der £ am Tage der Einzahlung erfolgen solle. Dieser Vereinbarung gegenüber sind die späteren Erklärungen der Beklagten, daß sie die (in Höhe von 1350 £ überhaupt nicht eingezahlten) 1500 £ als am 11. Oktober 1922, dem Tage des Abschlusses des Gesellschaftsvertrags, voll eingezahlt ansehe, ohne jede Bedeutung. ...

---

22. 1. Zum Begriffe der Verfallerklärung nach § 3 der Einfuhrverordnung vom 16. Januar 1917/22. März 1920. Können ihre Voraussetzungen im ordentlichen Rechtswege nachgeprüft werden?

2. Stellt die Verfallerklärung einen Rechtsmangel im Sinne von § 434 BGB. auch dann dar, wenn sie infolge eines Widerrufs der früher erteilten Einfuhrbewilligung ausgesprochen wird?

II. Zivilsenat. Urt. v. 9. Juni 1925 i. S. K. (Kl.) w. Handelsgesellschaft für internat. Erzeugnisse „Hasie" (Bekl.). II 411/24.

I. Landgericht I Berlin. Kammer für Handelssachen.
II. Kammergericht daselbst.

Der Kläger, Inhaber einer Amsterdamer Firma, verkaufte im Februar 1920 an die Beklagte 80000 Meter Hemdentuch zum Preise von 29 ℳ für das Meter zur Lieferung „frei Lager Berlin" nach Beendigung des Streiks in Holland. Zwischen den Parteien ist streitig, ob die Klausel „nach Beendigung des Streiks in Holland" sich, wie der Kläger behauptet, auf den Streik der Hafen- und Transportarbeiter oder, wie die Beklagte geltend macht, auf einen solchen der Eisenbahner beziehe. Die Beklagte hat am 6. April 1920 dem Kläger eine Nachfrist für die Lieferung bis zum 12. April gesetzt mit der Erklärung, daß sie nach Fristablauf vom Vertrage zurücktrete, und hat die Erfüllung abgelehnt, als die Ware Anfang Mai 1920 in Berlin eintraf und sie wiederholt zur Annahme und Bezahlung aufgefordert wurde.

Am 21. Mai 1920 wurde die noch im Zollverschluß befindliche Ware behördlich beschlagnahmt; späterhin wurde die vorher erteilte Einfuhrbewilligung widerrufen. Am 7. Juli 1920 sprach der Reichsbeauftragte für Überwachung der Ein- und Ausfuhr die Verfallerklärung aus, worauf die Ware versteigert wurde. Auf Beschwerde des Klägers erklärte das Reichswirtschaftsgericht die Verfallerklärung für rechtmäßig, billigte jedoch dem Kläger eine Entschädigung von 884383,30 *M* zu.

Mit der Klage begehrt der Kläger Zahlung des vereinbarten Kaufpreises mit 2344041 *M* nebst Zinsen. Er bestreitet die Rechtmäßigkeit der Rücktrittserklärung und macht geltend, daß die Voraussetzungen für eine Verfallerklärung nicht vorgelegen hätten. Jedenfalls habe er diesen Umstand nicht zu vertreten, da die Beklagte damals schon in Annahmeverzug gewesen sei. Die Beklagte beantragte Abweisung der Klage und machte neben der Unwirksamkeit des Vertrags aus dem Gesichtspunkte der übermäßigen Preissteigerung und des unerlaubten Handels noch geltend, daß kein Annahmeverzug bestanden habe, weil die Ware nicht ordnungsmäßig „frei von Rechten Dritter" angeboten sei; denn es habe sich die Unwirksamkeit der erteilten Einfuhrbewilligung herausgestellt.

Beide Vorinstanzen wiesen die Klage ab. Die Revision des des Klägers wurde zurückgewiesen.

Aus den Gründen:

Das Berufungsgericht hat sich nur mit der Frage befaßt, ob der Kläger trotz der infolge Verfallerklärung eingetretenen nachträglichen Unmöglichkeit der Lieferung den Kaufpreis verlangen könne. Das wird verneint, weil die Befugnis des Reichs zur Verfallerklärung, wie sie in dem Urteil des Reichswirtschaftsgerichts als rechtmäßig anerkannt sei, einen Rechtsmangel im Sinne von § 434 BGB. darstelle, für den der Kläger einstehen müsse. Durch das Angebot der mit der Möglichkeit der Beschlagnahme und Verfallerklärung belasteten Ware sei die Beklagte nicht in Annahmeverzug gekommen; deshalb finde der § 324 Abs. 2 BGB. keine Anwendung.

Die Begriffe „Beschlagnahme", „Einziehung" und „Verfallerklärung" werden im angefochtenen Urteil nicht immer streng auseinandergehalten. Die Beschlagnahme, wie sie im vorliegenden Falle zunächst nicht aus dem Gesichtspunkte der unerlaubten Einfuhr, sondern wegen Verdachts des Preiswuchers vorgenommen wurde, diente nur der vorläufigen Sicherstellung der von ihr betroffenen Ware, ohne als bloß vorübergehende Verfügungsbeschränkung notwendig ein dauerndes Hindernis der Erfüllung zu bilden. Eine strafrechtliche „Einziehung" steht nicht in Frage, es handelt sich vielmehr allein um eine Verfallerklärung auf Grund von § 3 der EinfVO. vom 16. Januar 1917 in der Fassung der Verordnung vom 22. März 1920 (RGBl. S. 334). Sie ist eine vom Vorliegen einer strafbaren Handlung unabhängige, lediglich objektiv an die Voraussetzung einer unerlaubten Einfuhr oder einer Zuwiderhandlung gegen Bedingungen der Bewilligung geknüpfte, im Verwaltungsweg auszusprechende Maßnahme, durch die das Eigentum ohne Entgelt auf das Reich übertragen wird. Durch § 3 Abs. 4 jener VO., wonach über die Rechtmäßigkeit der Verfallerklärung und die Festsetzung einer Entschädigung auf Beschwerde des Betroffenen das Reichswirtschaftsgericht endgültig entscheidet, ist die Nachprüfung der Rechtsbeständigkeit solcher Maßnahmen den ordentlichen Gerichten entzogen, wie dies auch vom Berufungsgericht im Anschluß an die Rechtsprechung des Reichsgerichts (vgl. RGZ. Bd. 105 S. 192 und S. 275, Bd. 106 S. 350) angenommen wird; nur für den hier nicht gegebenen Fall von Schadensersatzansprüchen auf Grund Beamtenverschuldens ist mit Rücksicht auf die Bestimmung in Art. 131 Abs. 1 Satz 3 der Reichsverfassung eine Ausnahme zu machen (RGZ. Bd. 106 S. 406). Dem angefochtenen Urteil ist auch darin beizutreten, daß solche auf das öffentliche Recht sich gründenden Befugnisse, wie die Beschlagnahme und Verfallerklärung, ebenfalls einen Rechtsmangel im Sinne von § 434 BGB. darstellen können, für den der Verkäufer einzustehen hat (RGZ. Bd. 105 S. 273/275, 390).

Im gegenwärtigen Rechtszuge wird diese Auffassung auch nicht mehr beanstandet, sondern lediglich geltend gemacht, daß die Haftung des Verkäufers auf Grund von § 434 BGB. nur solche Rechte umfasse, die schon zur Zeit der Lieferung auf dem Kaufgegenstand lasteten, und daß hier zur Zeit des Erfüllungsangebots eine Einfuhrbewilligung für die Ware vorgelegen habe, die dann erst nachträglich widerrufen sei, was zur Verfallerklärung geführt habe; für diese erst später entstandene Rechtsbelastung habe daher der Kläger nicht aufzukommen. Es ist zwar richtig, daß sich die Haftung des Verkäufers nach § 434 BGB. nur auf die zur Zeit des Eigentumsübergangs, hier des Angebots der Ware, begründeten Rechte bezieht (RGZ. Bd. 83 S. 314), und daß, als die Ware Anfang Mai 1920 der Beklagten angeboten wurde, die Rechtsbeständigkeit der Einfuhrbewilligung noch nicht beanstandet war, und weder eine Beschlagnahme ausgebracht war, noch eine Verfallerklärung drohte. Aber der Einfuhrbewilligung wurde durch die nachträglichen Maßnahmen der Verwaltungsbehörden rückwirkend die Kraft entzogen, die Einfuhr der Waren zu einer erlaubten zu gestalten, und es muß deshalb mit dem Berufungsgericht die Sachlage so angesehen werden, als ob die Einfuhr ohne Erlaubnis erfolgt wäre. Die Ware war also von Anfang an dem Zugriffe des Reichs im Wege der Verfallerklärung unterworfen. Für die Anwendung des § 434 BGB. ist es auch nicht erforderlich, daß die Rechte Dritter schon in dem maßgebenden Zeitpunkte der Eigentumsübertragung wirksam geltend gemacht werden können, sondern es genügt die Möglichkeit späterer Geltendmachung solcher Rechte, wenn sie nur ihre Grundlage finden in Rechtsverhältnissen, wie sie schon zur Zeit des Eigentumsübergangs oder des Angebots der Leistung bestanden haben. Das muß hier bejaht werden. Wie das Kammergericht zutreffend ausführt, schloß nur eine rechtsbeständige Einfuhrbewilligung, deren Wirkung auch für die Zukunft durch einen Widerruf nicht in Frage gestellt wurde, eine Verfallerklärung aus. Fehlte ihr diese Kraft, so war die Ware von Anfang an mit der Möglichkeit einer Verfallerklärung belastet. Mit Rücksicht hierauf kann das Leistungsangebot des Klägers von Anfang Mai 1920 nicht als ein vertragsmäßiges im Sinne von § 294 BGB. gelten, da die Ware mit einem Rechtsmangel behaftet war; mit Recht ist daher aus diesem Grunde ein Annahmeverzug der Beklagten in der Ablehnung jener Leistung vom Berufungsgericht nicht erblickt worden. Ohne Bedeutung ist dabei, daß die Beklagte sich bei Ablehnung des Angebots auf den ihr damals noch nicht bekannten Mangel gar nicht berufen hat. Entscheidend ist allein, daß die Leistung infolge des Rechtsmangels tatsächlich nicht genügte. Beim Fehlen eines Annahmeverzugs aber entfällt die Anwendung des § 324 Abs. 2 BGB. ...

---

23. Waren die Bestimmungen des preußischen Allgemeinen Landrechts über die Verjährung durch Besitz, insbesondere § 649 Teil I Titel 9, auf wasserrechtlichem Gebiet auch noch in der Zeit vom 1. Januar 1900 ab bis zum Inkrafttreten des preußischen Wassergesetzes vom 7. April 1913 in Geltung? Konnte demgemäß gegenüber dem zur Duldung einer Stauanlage verpflichteten Gutsbesitzer ein Recht auf Instandhaltung der Ufer auch noch in dieser Zeit durch Ersitzung erworben werden?

EG. z. BGB. Art. 65, 189. Preuß. AG. z. BGB. Art. 89.
Preuß. AblösungsGes. v. 2. März 1850 §§ 7, 91 Abs. 2.
Preuß. ALR. § 35 I 22, § 649 I 9.

V. Zivilsenat. Urt. v. 18. Oktober 1924 i. S. Erben F. (Kl.) w. E. (Bekl.). V 912/23.

I. Landgericht Liegnitz.
II. Oberlandesgericht Breslau.

Der Erblasser der Klägerinnen war Eigentümer einer in K. an der Katzbach, einem Wasserlauf zweiter Ordnung, belegenen Wassermühle. Zu der Mühle gehört ein in die Katzbach eingebautes Wehr, durch welches das zum Treiben der Mühle erforderliche Wasser aus dem Flusse in den am linken Ufer abzweigenden Mühlgraben gedrängt wird. Der Mühlgraben und der Teil der Katzbach, in dem sich das Wehr befindet, sind Teile des Ritterguts K., dessen Eigentümer der Beklagte ist. Am 16. April 1917 wurde ein Teil des Wehres am linken Katzbachufer und des rechten Ufers des Mühlgrabens durch Hochwasser der Katzbach fortgerissen. Der Erblasser der Klägerinnen hat demnächst das Wehr nach den Vorschriften der Flußbauverwaltung erneuert und im April 1918 nochmals ausgebessert. Auf Ersatz der Kosten dafür hat er Klage erhoben mit der Behauptung, daß der Beklagte zur Instandhaltung der Ufer der

Katzbach und des Mühlgrabens verpflichtet sei, diese Pflicht aber schuldhaft vernachlässigt und dadurch die teilweise Zerstörung der Wehranlage verschuldet habe. Die Verpflichtung des Eigentümers des Ritterguts K. zur Unterhaltung der Ufer und der Wehrwange wird unter anderem auf ein durch Ersitzung erworbenes Recht des Eigentümers des Mühlengrundstücks gestützt unter der Behauptung, daß der Beklagte und seine Rechtsvorgänger seit rechtsverjährter Zeit stets die Ausbesserungen an den Ufern des Mühlgrabens ausgeführt und bei einem etwa 1871 eingetretenen Damm- und Wehrbruch vergleichsweise auch die Hälfte der Wiederherstellungskosten für das Wehr übernommen hätten.

Landgericht und Oberlandesgericht wiesen die Klage ab. Die Revision der Klägerinnen hatte Erfolg.

Aus den Gründen:

... Den Nachweis für die Behauptung des Erblassers der Klägerinnen, daß er oder seine Rechtsvorgänger im Eigentum des Mühlengrundstücks gegenüber dem Rittergut eine auf Unterhaltung der Ufer und der Wehrwange gerichtete Reallast ersessen hätten, sieht das Berufungsgericht als nicht erbracht an. Es führt aus: Da die gewöhnliche Verjährung des § 596 I 9 ALR. mit zehnjähriger Zeitdauer nicht in Betracht komme, sei gemäß § 649 I 9 ALR. ein vierzigjähriger Rechtsbesitz mit wenigstens dreimaliger Rechtsausübung zur Ersitzung erforderlich, und zwar habe die Ersitzung, da das Bürgerliche Gesetzbuch eine derartige Erwerbsart für Reallasten nicht kenne, bis zum 1. Januar 1900 vollendet sein müssen. Nach diesem Zeitpunkt habe eine Ersitzung auch auf Grund des Art. 65 EG. z. BGB. nicht mehr vollendet werden können, denn keine der preußischen landesrechtlichen Vorschriften über Ersitzung und Reallasten gehöre dem Wasser- und Mühlenrecht an. Zum Nachweis einer bis zum 1. Januar 1900 vollendeten Ersitzung reiche das Beweisergebnis nicht aus, zumal die Parteien im Jahre 1871 in einem ähnlichen Falle einen Vergleich geschlossen hätten und sich danach anscheinend schon damals über die Rechtslage im unklaren befunden hätten. Wenn der Beklagte und seine Rechtsvorgänger der Unterhaltungspflicht an den Ufern und an der Wehrwange in den letzten Jahrzehnten vor dem 1. Januar 1900 auch tatsächlich nachgekommen sein möchten, so genüge dies doch weder zeitlich noch inhaltlich, um eine dahingehende Reallast zugunsten des Erblassers der Klägerinnen zu begründen.

Die Revision bekämpft die Annahme des Berufungsgerichts, daß die Ersitzung bis zum 1. Januar 1900 habe vollendet sein müssen. Die durch Art. 65 EG. z. BGB. aufrechterhaltenen landesgesetzlichen Vorschriften des Wasser- und Mühlenrechts seien nicht nur die eigentlichen wasserrechtlichen Bestimmungen, sondern auch diejenigen allgemeinen Vorschriften des Preußischen Rechts, welche dem Wasserrecht angehörten, und gerade beim Wasserrecht spielten die Vorschriften über die Ersitzung eine besonders große Rolle. Demnach sei eine Ersitzung bis zum 1. Mai 1914, dem Tage des Inkrafttretens des Wassergesetzes, möglich gewesen. Nun sei bereits im Jahre 1871, also länger als 40 Jahre vor dem 1. Mai 1914, eine Ausbesserung des Wehres auf Kosten des Gutes erfolgt, und wenn sich damals auch die Beteiligten im Vergleichsweg geeinigt hätten, so sei diese Einigung doch offenbar auf Grund der Verpflichtung des Gutes zur Unterhaltung der Wehranlage geschehen. Denn andernfalls sei unverständlich, warum das Gut sich überhaupt an der Unterhaltung des Wehres beteiligt haben sollte.

Wenn die behauptete Verpflichtung des jeweiligen Eigentümers des Ritterguts K. zur Unterhaltung der Ufer und der Wehrwange als eine auf dem Gute ruhende Reallast aufzufassen wäre, so würde eine Ersitzung für den Eigentümer der Mühle aus dem Grunde nicht in Frage kommen können, weil nach dem Inkrafttreten des Ablösungsgesetzes vom 2. März 1850 Reallasten mit Ausnahme fester Geldrenten einem Grundstücke nicht mehr auferlegt werden konnten (§ 91 Abs. 2 des Gesetzes vom 2. März 1850), und diese landesgesetzliche Beschränkung der Begründung von Reallasten nach Art. 115 EG. z. BGB. auch nach dem Inkrafttreten des Bürgerlichen Gesetzbuchs bestehen geblieben ist. In Wahrheit würde es sich bei der vom Eigentümer der Mühle dem Rittergut gegenüber in Anspruch genommenen Berechtigung jedoch nicht um eine selbständige Reallast, sondern um eine Erweiterung des Rechts zur Haltung der Wehranlagen auf dem Gelände des Ritterguts handeln. Die Hauptverpflichtung des Gutseigentümers bestand darin, die Wehranlagen und das Bestehen des Mühlgrabens zwecks Zuführung des erforderlichen Wassers zu der Mühle zu dulden. Die daneben etwa begründete Verpflichtung des Gutseigentümers, die Ufer des Mühlgrabens und der Katzbach nebst der Wehrwange in einem den Erfordernissen des Mühlenbetriebs entsprechenden, ordnungsmäßigen Zustande zu unterhalten, würde, da sie nur hin und wieder zu erfüllen und nur für die Dauer des Bestehens und der Benutzung der Wehranlagen für den Mühlenbetrieb zu leisten war, gegenüber der Verpflichtung, die Stau- und Wasserzuleitungsanlagen zu dulden, als eine Nebenverpflichtung erscheinen, die mit jener Hauptverpflichtung zusammen ein einheitliches Ganzes bildet. Bestimmend für die rechtliche Natur einer derartigen Belastung war aber nach den Vorschriften des Preußischen Allgemeinen Landrechts der Inhalt der Hauptverpflichtung (RGZ. Bd. 11 S. 316, Bd. 60 S. 90, Bd. 79 S. 375; vgl. ObTrib. Entsch. Bd. 68 S. 122), und diese besteht hier darin, daß der Eigentümer des Ritterguts auf seinem Grundstück eine Stauanlage dulden muß. Diese Verpflichtung stellt sich ihrem Inhalt nach als eine Grundgerechtigkeit dar. Daß zum Inhalt dieser Grundgerechtigkeit auch die Verpflichtung des Eigentümers des dienenden Grundstücks gehören konnte, sein Grundstück und eine darauf befindliche Anlage in einem zur Ausübung der Berechtigung geeigneten Zustand zu erhalten, war im § 35 I 22 ALR. ausdrücklich anerkannt, und auch nach § 1021 BGB. kann die Unterhaltung einer auf dem belasteten Grundstück stehenden Anlage mit zum Inhalt der Grunddienstbarkeit gemacht werden dergestalt, daß sich diese Unterhaltungspflicht nach den Vorschriften über Reallasten näher bestimmt. Wäre aber hiernach die vertragliche Begründung einer Grunddienstbarkeit mit einer Unterhaltspflicht des verpflichteten Grundstückseigentümers hinsichtlich der auf seinem Grundstück stehenden Anlagen auch noch nach dem Inkrafttreten des Gesetzes vom 2. März 1850 statthaft gewesen, so kann auch die Zulässigkeit der Begründung einer derartigen Verpflichtung im Wege der Ersitzung nicht in Zweifel gezogen werden (RGZ. Bd. 79 S. 375). Es handelt sich dabei eben nicht um die Begründung einer Reallast im Sinne des genannten Gesetzes, sondern um die Erweiterung des Inhalts der bestehenden Grunddienstbarkeit, auf die das Gesetz vom 2. März 1850 nach ausdrücklicher Vorschrift des § 7 (abgesehen von den hier nicht in Betracht kommenden Ausnahmen des dritten Abschnitts) keine Anwendung findet.

Besteht hiernach kein grundsätzliches Bedenken gegen die Möglichkeit einer Ersitzung der vom Kläger in Anspruch genommenen Berechtigung, so sind die Ausführungen des Berufungsgerichts nicht geeignet, die Verneinung des auf Ersitzung gestützten Klaganspruchs zu rechtfertigen.

Nach Art. 189 EG. z. BGB. erfolgt die Begründung eines Rechts an einem fremden Grundstück auch nach dem Inkrafttreten des Bürgerlichen Gesetzbuchs nach den bisherigen Gesetzen, bis das Grundbuch als angelegt anzusehen ist, und gilt das gleiche von der Änderung des Inhalts der Rechte. Für den Bezirk des Oberlandesgerichts Breslau ist nach Art. 3 der Verordnung, betreffend das Grundbuchwesen, vom 13. November 1899, das Grundbuch mit dem Inkrafttreten des Bürgerlichen Gesetzbuchs als angelegt anzusehen. Da das Bürgerliche Gesetzbuch einen Rechtserwerb an Grundstücken im Wege der Ersitzung (abgesehen von dem nicht in Betracht kommenden Falle einer Tabularersitzung gemäß § 900 BGB.) nicht kennt, wäre demnach, soweit lediglich die Vorschrift des Art. 189 EG. z. BGB. zur Anwendung zu kommen hätte, nach dem 1. Januar 1900 eine Vollendung der Ersitzung des mit der Klage behaupteten Rechts nicht mehr möglich gewesen. Es fragt sich aber, ob die Anwendbarkeit des Art. 189 EG. im vorliegenden Falle nicht durch die Vorschrift des Art. 65 EG. ausgeschlossen wird, wonach die dem Wasserrecht angehörenden landesgesetzlichen Vorschriften mit Einschluß des Mühlenrechts durch das Inkrafttreten des Bürgerlichen Gesetzbuchs unberührt geblieben sind. In den Motiven zum Einführungsgesetz ist über das Verhältnis des Bürgerlichen Gesetzbuchs zu den Landesgesetzen folgendes bemerkt worden (S. 148/149):

> Ist dem Landesrechte generell eine Materie zugewiesen, so werden durch den Vorbehalt alle Normen getroffen, welche die Regelung der Materie zum Gegenstande haben ... An sich sind auch in Ansehung der allgemeinen Vorschriften des Bürgerlichen Gesetzbuchs auf dem vorbehaltenen Gebiete Abweichungen statthaft; es steht nicht entgegen, daß die Landesgesetzgebung Sonderbestimmungen trifft über die Formerfordernisse eines Rechtsgeschäfts, über die Statthaftigkeit oder Unstatthaftigkeit von Bedingungen oder Zeitbestimmungen, über die Verjährung, über die Wirksamkeit des rechtskräftigen Urteils gegen Dritte, über das Grundbuchrecht usw.

Ebenso schließt die Beseitigung der unvordenklichen Verjährung und der Wiedereinsetzung durch das Bürgerliche Gesetzbuch nicht aus, daß landesgesetzliche Vorschriften über diese Institute für eine vorbehaltene Materie getroffen werden können bzw. bereits getroffene derartige Vorschriften ihre Kraft behalten. In Kraft bleiben nicht minder diejenigen bestehenden Vorschriften, welche zwar inhaltlich vom bisherigen gemeinen Privatrechte nicht abweichen, nach der Absicht des betr. Gesetzes aber nicht lediglich die Bedeutung einer erläuternden Wiederholung des jus commune haben, sondern einen Bestandteil des Spezialrechtes bilden sollen. Hier ist ausdrücklich anerkannt, daß auf den der Landesgesetzgebung vorbehaltenen Rechtsgebieten auch Vorschriften über Verjährung und über das Grundbuchrecht getroffen werden können, die von der im Bürgerlichen Gesetzbuch gegebenen Regelung dieser Institute abweichen. Ist der Landesgesetzgebung eine besondere Materie vorbehalten, so kann deren Regelung grundsätzlich in allen Beziehungen selbständig geschehen. Eine Schranke findet diese Befugnis nur, soweit reichsgesetzlich eine positive Vorschrift entgegensteht. Danach muß es an sich als zulässig angesehen werden, daß landesgesetzlich auf dem Gebiete des Wasser- und Mühlenrechts auch nach dem Inkrafttreten des Bürgerlichen Gesetzbuchs die Begründung von Rechten mit einem nach den Vorschriften des Bürgerlichen Gesetzbuchs zulässigen Inhalt im Wege der Ersitzung gestattet werden kann. Demgemäß sind nach Art. 3 EG. z. BGB. auch die zur Zeit des Inkrafttretens des Bürgerlichen Gesetzbuchs bestehenden wasser- und mühlenrechtlichen Vorschriften in Kraft geblieben, nach denen ein Rechtserwerb durch Ersitzung zulässig war. Die gesetzlichen Bestimmungen des Preußischen Rechtes über das Wasser- und Mühlenrecht enthielten im allgemeinen keine besonderen Vorschriften über einen Rechtserwerb durch Ersitzung, ließen ihn aber zu, wie sich aus den Vorschriften dieser Gesetze über die Anerkennung der auf Grund spezieller Rechtstitel begründeten Rechtsverhältnisse der Beteiligten ergibt (vgl. z. B. §§ 1, 7 des Gesetzes über die Benutzung der Privatflüsse vom 28. Februar 1843). Nur der code civil, dessen wasserrechtliche Vorschriften auch nach dem Inkrafttreten des Gesetzes vom 28. Februar 1843 für die zum Bezirk des Appellationsgerichtshofs zu Köln gehörenden Landesteile in Geltung geblieben sind (vgl. Einl. des Gesetzes vom 28. Februar

1843), enthielt besondere Bestimmungen über die Ersitzung von Rechten auf dem Gebiete des Wasserrechts (vgl. Art. 641 bis 643). In den übrigen Landesteilen waren daher für die Zulässigkeit und die Erfordernisse eines Rechtserwerbs auf wasserrechtlichem Gebiet die Vorschriften der allgemeinen Landesgesetze über die Ersitzung maßgebend, also für die landrechtlichen Teile des preuß. Staates die Vorschriften des neunten Abschnitts Teil I Titel 9 des Allgemeinen Landrechts, die von der Verjährung im allgemeinen handeln, sowie die einschlägigen Bestimmungen des 22. Titels Teil I über Gerechtigkeiten der Grundstücke gegeneinander, in den gemeinrechtlichen Gebietsteilen die Vorschriften des gemeinen Rechts, von denen namentlich die Vorschriften über die unvordenkliche Verjährung auf dem Gebiete des Wasserrechts eine große Rolle spielten. Wenn diese Vorschriften der allgemeinen Landesgesetze auch mit dem Inkrafttreten des Bürgerlichen Gesetzbuchs als aufgehoben anzusehen waren, so konnten sie doch auf Grund der für die Landesgesetzgebung gemachten Vorbehalte für die darunter fallenden Materien aufrechterhalten werden. Das ist durch Art. 89 Preuß. AG. z. BGB. geschehen. In diesem Artikel ist bestimmt, inwieweit die Vorschriften der Allgemeinen Preußischen Landesgesetze mit dem Inkrafttreten des Bürgerlichen Gesetzbuchs aufgehoben werden. Dort sind von der Aufhebung ausgenommen worden von dem Rheinischen Gesetzbuch die Art. 640 bis 643 als wasserrechtliche Vorschriften, von dem neunten Titel des ersten Teils des Allgemeinen Landrechts eine Anzahl besonders aufgezählter Bestimmungen, unter denen von den Vorschriften des die Verjährung behandelnden neunten Abschnitts nur die öffentlichrechtliche Ansprüche betreffenden §§ 655 bis 659 genannt werden, jedoch ferner die sonstigen Vorschriften des neunten Abschnitts, soweit sie auf Grund der im EG. z. BGB. gemachten Vorbehalte in Kraft bleiben. In Ansehung des gemeinen Rechts sind lediglich die Vorschriften über die Wiedereinsetzung in den vorigen Stand und über die Privatpfändung aufgehoben worden. Dazu ist in der Begründung zu Art. 89 AG. (Materialien, Heymanns Verlag, S. 292) bemerkt worden:

In betreff des gemeinen Rechts kann weder die Aufhebung im ganzen noch die Außerkraftsetzung bestimmter Teile der bisherigen Rechtsquellen in Frage kommen. Vielmehr muß die Beseitigung der durch Vorbehalte des Einführungsgesetzes gedeckten Bestimmungen des gemeinen Rechts einer künftigen Neuregelung der betreffenden Rechtsgebiete überlassen werden. Die allgemeinen Grundsätze des gemeinen Rechts werden ohne weiteres nach Maßgabe des Art. 4 EG. z. BGB. durch die entsprechenden allgemeinen Vorschriften des Bürgerlichen Gesetzbuchs ersetzt. Wo letzteres eine Einrichtung des bisherigen Rechts, wie die Wiedereinsetzung in den vorigen Stand und die unvordenkliche Verjährung, nicht übernommen hat, schließt dies an sich nicht aus, daß die bezüglichen Vorschriften des geltenden Rechts für ein der Landesgesetzgebung vorbehaltenes Gebiet ihre Kraft behalten (Mot. z. EG. S. 149). Hinsichtlich der unvordenklichen Verjährung muß es hierbei auch verbleiben, da sie für einige Sonderrechtsgebiete, namentlich das Wasserrecht und das Fischereirecht, noch von erheblicher praktischer Bedeutung ist.

Hieraus ergibt sich mit völliger Klarheit, daß die Aufrechterhaltung der gemeinrechtlichen unvordenklichen Verjährung gerade im Hinblick auf ihre Bedeutung auf dem Gebiete des Wasserrechts erfolgt ist, daß also ihre Vorschriften auf diesem Gebiet auch nach dem 1. Januar 1900 haben in Geltung bleiben sollen. Sind aber für die rheinisch-rechtlichen und die gemeinrechtlichen Staatsteile die Vorschriften über die Ersitzung auf dem Gebiete des Wasserrechts aufrechterhalten worden, so muß es mangels eines ersichtlichen inneren Grundes als ausgeschlossen angesehen werden, daß in dieser Beziehung für die dem Herrschaftsgebiet des Allgemeinen Landrechts unterliegenden Teile etwas anderes beabsichtigt worden ist. Die Aufrechterhaltung „der sonstigen Vorschriften des neunten Abschnitts I 9 ALR., soweit sie auf Grund der im EG. z. BGB. gemachten Vorbehalte in Kraft bleiben“, kann daher nur dahin verstanden werden, daß diese Vorschriften, soweit sie nicht gemäß Art. 4 EG. durch entsprechende Vorschriften des Bürgerlichen Gesetzbuchs ersetzt werden, jedenfalls auf dem Gebiet des der Landesgesetzgebung vorbehaltenen Wasser- und Mühlenrechts in Kraft bleiben sollen. Danach ist, entgegen der Ansicht des Berufungsgerichts, bei dem Mangel entsprechender Vorschriften des Bürgerlichen Gesetzbuchs die Fortgeltung der die Ersitzung betreffenden Bestimmungen I 9 ALR. und insbesondere des hier in Betracht kommenden § 649 I 9 auf wasserrechtlichem Gebiet auch für die

Zeit nach dem 1. Januar 1900 zu bejahen. Daß mit der Fortgeltung dieser landrechtlichen Bestimmungen auch beim Erlaß des Wassergesetzes vom 7. April 1913 gerechnet worden ist, erhellt aus der Vorschrift des § 399 Abs. 2 WG., durch welche der neunte Abschnitt I 9 ALR., soweit er noch für das Wasserrecht gilt, für aufgehoben erklärt wird. Wären diese Vorschriften auch auf dem Gebiete des Wasserrechts mit dem 1. Januar 1900 als aufgehoben angesehen worden, so hätte es einer besonderen Bestimmung über ihre Aufhebung im Wassergesetz nicht mehr bedurft. Anderseits sind die auf besonderem Titel beruhenden, beim Inkrafttreten des Wassergesetzes bestehenden Rechte an einem Wasserlauf mit dem bisherigen Inhalt durch die §§ 379, 382 WG. aufrechterhalten worden. Demgemäß war eine Ersitzung des der Klage zugrunde gelegten Rechts bis zum 30. April 1914, mit dessen Ablauf das Wassergesetz in Kraft getreten ist (VO. vom 13. April 1914, GS. S. 64), zulässig und ist ein bis dahin ersessenes Recht bestehen geblieben. Die Ausführung des Berufungsgerichts, daß das Beweisergebnis in zeitlicher Beziehung zum Nachweis einer Ersitzung nicht ausreiche, die erst im Jahre 1871 begonnen habe, beruht daher auf Rechtsirrtum.

---

24. Wird die Formungültigkeit des Grundstückkaufvertrags durch die Eintragung des Käufers als Eigentümers in das Grundbuch auch dann noch geheilt, wenn der Verkäufer vorher bereits die Klage auf Kondiktion der Auflassung erhoben hatte?

BGB. § 313.

V. Zivilsenat. Urt. v. 18. März 1925 i. S. R. (Kl.) w. H. (Bekl.).
V 436/24.

I. Landgericht Köslin.
II. Oberlandesgericht Stettin.

Der Kläger und seine Ehefrau haben ihr Grundstück durch notariellen Vertrag vom 9. Januar 1923 an den Beklagten verkauft. Am 14. Februar 1923 erfolgte die Auflassung des Grundstücks, die Auflassungsverhandlung wurde dem Grundbuchamt eingereicht, die

Eintragung des Eigentumsübergangs aber zunächst wegen Fehlens vom Grundbuchamt erforderter Nachweise noch nicht vorgenommen. Unter dem 12. Mai 1923 erwirkte der Kläger beim Landgericht in Köslin auf Grund der Behauptung, daß der Kaufvertrag vom 9. Januar 1923 wegen unrichtiger Beurkundung des in Wahrheit vereinbarten Kaufpreises unwirksam sei, eine einstweilige Verfügung, durch die dem Grundbuchamt verboten wurde, die Eintragung des Beklagten als Eigentümers vorzunehmen. Im Juni 1923 erhob der Kläger Klage mit dem Antrag, den Beklagten zu verurteilen, auf die Rechte aus der Auflassung vom 14. Februar 1923 zu verzichten, indem er sich auf die angebliche Formungültigkeit des Kaufvertrags berief. Nachdem das Kammergericht durch Beschluß vom 9. August 1923 (in dem vom Beklagten beschrittenen Beschwerdeverfahren wegen Eintragung der Eigentumsänderung) die Unverbindlichkeit des in der einstweiligen Verfügung enthaltenen Verbots ausgesprochen hatte, wurde der Beklagte auf Grund der Auflassung vom 14. Februar 1923 als Eigentümer des Kaufgrundstücks im Grundbuch eingetragen. Das Landgericht verurteilte am 7. Dezember 1923 den Beklagten dem geänderten Klagantrage gemäß zur Rückauflassung des Grundstücks; das Oberlandesgericht wies die Klage ab. Die Revision des Klägers wurde zurückgewiesen.

Aus den Gründen:

Das Berufungsgericht stellt fest, daß die Parteien im notariellen Kaufvertrag den vereinbarten Kaufpreis zur Ersparung von Abgaben unrichtig haben beurkunden lassen, daß demnach der Vertrag gemäß § 313 BGB. unwirksam gewesen, dieser Mangel aber dadurch geheilt sei, daß die Parteien die Auflassung vorgenommen haben und der Beklagte auf Grund dieser Auflassung im Grundbuch als Eigentümer eingetragen worden ist. Dabei stellt das Berufungsgericht weiter fest, daß die Beteiligten zur Zeit der Vornahme der Auflassung noch über den vereinbarten Vertragsinhalt einig gewesen sind, und führt aus, daß zufolge der mit der Vornahme der Auflassung eingetretenen Bindung der Parteien der Kläger nicht mehr einseitig von dem Vereinbarten habe zurücktreten können, daß ein ihm etwa zustehender Kondiktionsanspruch hinsichtlich der Auflassung durch die Eintragung des Beklagten als Eigentümers fortgefallen sei, ein Kondiktionsanspruch in Ansehung des Eigentums am Grundstück infolge des Wirksamwerdens des Kaufvertrags nicht bestehe und für ein arglistiges Verhalten des Beklagten bei der Betreibung seiner Eigentumseintragung nichts beigebracht sei.

Die Rüge der Revision, daß die Ausführungen des Berufungsgerichts mit Grundsätzen der Rechtsprechung im Widerspruch stehen, trifft nicht zu. Insbesondere befindet sich das Berufungsgericht mit seiner Annahme, daß es zum Eintritt der Heilung der Formungültigkeit des Vertrags durch Auflassung und Eintragung genüge, wenn die Beteiligten noch im Zeitpunkt der Auflassung die Absicht gehabt haben, an dem Vertrag festzuhalten, im Einklang mit dem Standpunkt des Reichsgerichts, wie er in den Urteilen bei Gruchot Bd. 51 S. 926 und Bd. 57 S. 947 eingehend begründet und seitdem in ständiger Rechtsprechung festgehalten worden ist (RGZ. Bd. 109 S. 351). Die Bezugnahme der Revision auf das Urteil des Reichsgerichts RGZ. Bd. 60 S. 338 ist verfehlt. Dort handelte es sich um die Frage, ob die Heilung eines Formmangels des Vertrags auch dann eintritt, wenn bei der Auflassung eine versehentlich unrichtige Bezeichnung des Grundstücks stattgefunden hat und demgemäß die Eintragung auf dem unrichtigen Grundbuchblatt vorgenommen worden ist. Das Reichsgericht hat die unrichtige Bezeichnung bei der Auflassung, da sie durch Feststellung des vorhandenen wahren Parteiwillens richtig gestellt werden könne, für unschädlich erklärt, dagegen die Eintragung als wirkungslos angesehen, wenn sie dem wahren, nur unter unrichtiger Bezeichnung kundgegebenen Willen der Beteiligten nicht entspricht. Es handelte sich dort also um eine ganz andere Frage als im gegenwärtigen Falle, wo die Revision der Eintragung im Grundbuch die heilende Kraft versagen will, wenn im Zeitpunkt ihrer Vornahme der Wille, den Vertrag zu erfüllen, nicht mehr bei sämtlichen Beteiligten vorhanden gewesen ist. Diese bei einem Vertragsteil eingetretene Willensänderung ist unerheblich, weil die Beteiligten gemäß § 873 BGB. an ihre Auflassungserklärungen gebunden sind und diese Bindung einen einseitigen Widerruf nach der dinglichen wie nach der schuldrechtlichen Seite ausschließt, der mit der Auflassung erklärte Wille, den Vertrag zu erfüllen, mithin rechtlich auch noch im Zeitpunkt der Eintragung fortwirkt, selbst wenn er dann bei einem Teile tatsächlich nicht mehr vorhanden ist. Diese rechtliche Fortwirkung des bei der

Auflassung bestehenden Willens fällt nur dann fort, wenn die Auflassung selbst durch eine begründete Kondiktion vor der Vornahme der Eintragung aufgehoben wird (RGZ. Bd. 108 S. 329). Das tritt aber nicht schon dadurch ein, daß der Verkäufer seinen Kondiktionswillen dem Käufer gegenüber erklärt oder den Kondiktionsanspruch im Klagewege geltend macht. Der Kondiktionsanspruch richtet sich auf Rückgängigmachung der Auflassung, d. h. der dinglichen Einigung der Parteien. Diese Rückgängigmachung kann — im Gegensatz zu einem einseitigen Widerruf — nicht durch einseitige Erklärung des Kondizierenden erfolgen, sie erfordert vielmehr die Abgabe einer darauf gerichteten Erklärung des anderen Teils, und diese muß bei dessen Weigerung im Klagewege erzwungen werden. Erst mit der Rechtskraft des den Beklagten zur Einwilligung in die Aufhebung der Auflassung verurteilenden Erkenntnisses gilt die zur Aufhebung erforderliche Willenserklärung des Beklagten als abgegeben, erst in diesem Zeitpunkt verliert daher die Auflassung ihre Wirksamkeit und tritt die Bindung des Kondiktionsklägers an seine Auflassungserklärung und seinen darin erklärten Willen, den formungültigen Vertrag zu erfüllen, außer Kraft. Bis zu diesem Zeitpunkt kann durch die Vornahme der Eintragung der Eigentumsänderung der Formmangel des Vertrags geheilt werden. Geschieht das, so fällt damit der Grund für den erhobenen Kondiktionsanspruch fort und kann mangels der Voraussetzungen der Kondiktion eine Verurteilung des Beklagten nicht mehr erfolgen. Ebenso ist eine Kondiktion des Eigentums am Grundstück ausgeschlossen, da für den Eigentumsübergang zufolge des Wirksamwerdens des Vertrags ein gültiger Rechtsgrund vorliegt.

Hiernach hat das Berufungsgericht mit Recht angenommen, daß mit der im Laufe des Rechtsstreits geschehenen Eintragung des Beklagten als Eigentümers der zwischen den Parteien geschlossene Kaufvertrag wirksam geworden und ein vorher etwa bestehender Kondiktionsanspruch des Klägers in Wegfall gekommen ist.

Die Ansicht der Revision, daß der Beklagte mit der während des Kondiktionsrechtsstreits herbeigeführten Erwirkung der Eintragung gegen Treu und Glauben verstoßen habe und sich deshalb nicht auf die Heilung des Formmangels des Vertrags berufen könne, ist unbegründet. Der Beklagte hatte durch die Auflassung gemäß

§ 873 Abs. 2 BGB. ein unwiderrufliches Recht erlangt, die Eintragung des Eigentumsübergangs in das Grundbuch zu beantragen. Die Tatsache, daß der Kläger bemüht war, dieses Recht im Wege einer Kondiktion der Auflassung zu zerstören, begründete für den Beklagten weder vom Rechtsstandpunkt aus noch nach Treu und Glauben eine Verpflichtung, die Ausübung seines Rechts bis zur Entscheidung des Rechtsstreits zu unterlassen. Irgendwelche besonderen Umstände, aus denen eine Verpflichtung des Beklagten hergeleitet werden könnte, die Entscheidung des Rechtsstreits abzuwarten, sind weder behauptet noch ersichtlich. Wie dem Kläger nicht verdacht werden kann, daß er versucht hat, die von ihm erklärte Auflassung wieder rückgängig zu machen, um das Wirksamwerden des Vertrags zu verhindern, so wenig kann dem Beklagten verwehrt werden, durch Ausübung eines ihm zustehenden Rechts dem Bestreben des Klägers entgegenzuwirken und seine ohne eine Verletzung der Grundsätze von Treu und Glauben erlangte Rechtsstellung zu einer voll wirksamen zu gestalten. Ob eine andere Beurteilung geboten wäre, wenn der Beklagte gewußt hätte, daß der Kläger die Auflassung in der irrigen Meinung einer für ihn bestehenden rechtswirksamen Verpflichtung erklärt hatte, und der Beklagte seine Eintragung in das Grundbuch in der Absicht betrieben hätte, um auf diese Weise einen seiner Überzeugung nach begründeten Kondiktionsanspruch des Klägers zu vereiteln, kann dahingestellt bleiben, da nach dieser Richtung hin vom Kläger in den Vorinstanzen keinerlei Behauptungen aufgestellt waren.

---

25. 1. **Kann beim Versicherungsvertrag auch Ersatz von Verzugsschäden, der nicht auf Geldentwertung beruht, nur bis zur Höhe der Versicherungssumme beansprucht werden?**

2. **In welcher Zeit verjährt der eigentliche, nicht auf Geldentwertung beruhende Verzugsschadensanspruch des Versicherungsnehmers und wann beginnt die Verjährung?**

BGB. § 242. VVG. § 12.

VI. Zivilsenat. Urt. v. 9. Juni 1925 i. S. F. (Kl.) w. C. Versicherungs-Aktiengesellschaft (Bekl.). VI 23/25.

I. Landgericht I Berlin.
II. Kammergericht daselbst.

Der Kläger war bei der Beklagten gegen Diebstahl versichert. Er hat einen Schaden durch Diebstahl von Schmuckgegenständen erlitten und verlangt Ersatz dieses Schadens. Seiner Klage ist vom Berufungsgericht nur zum Teil stattgegeben worden. Seine Revision führte zur Aufhebung des Berufungsurteils.

Aus den Gründen:

Der Kläger hatte ursprünglich aus dem Versicherungsvertrag auf Ersatz des ihm durch den Diebstahl entstandenen Schadens in Höhe von 7000 *M* geklagt. Die Klage ist im März 1919 erhoben worden. Nachdem dann die Beklagte durch Urteil vom 12. Juli 1922 rechtskräftig verurteilt worden war, nach Maßgabe des Versicherungsscheins Entschädigung zu leisten, hat der Kläger im späteren Verfahren, und zwar im Jahre 1923, seine Klageforderung, gestützt auf den Verzug der Beklagten, auf 8422,40 Goldmark erhöht. Die Beklagte hat dem erhöhten Anspruche gegenüber die Verjährungseinrede gemäß § 12 VVG. erhoben. Das Berufungsgericht hat die Einrede unter Bezugnahme auf die Entscheidung des Reichsgerichts in RGZ. Bd. 106 S. 184 mit der Begründung zurückgewiesen, daß mit der Klage der Ersatz des ganzen dem Kläger erwachsenen Schadens nach der damals gültigen Valuta gefordert worden sei. Wenn sich zur Zeit der Urteilsfällung wegen der gesunkenen Kaufkraft des Zahlungsmittels der Anspruch anders beziffert habe, so könne keine Rede davon sein, daß in der Klage nur ein Teilbetrag geltend gemacht sei und daß der durch die Entwertung entstandene überschießende Betrag einen Restbetrag darstelle, der der Verjährung unterliege.

Mit dieser Begründung konnte allerdings die Verjährungseinrede insoweit zurückgewiesen werden, als mit dem auf Goldmark lautenden Anspruch die Aufwertung der ursprünglichen Klageforderung, also der Ausgleich der zwischenzeitlich eingetretenen Geldentwertung geltend gemacht wurde. Nun berechnet das Berufungsgericht den Goldwert der ursprünglich eingeklagten 7000 *M* für den 1. Oktober 1918 auf 4516,13 Goldmark. Mit Zahlung dieser Goldmarksumme wäre die eigentliche Geldentwertung ausgeglichen. Der auf 8422,40 Goldmark erhöhte Anspruch geht demnach erheblich über den voll aufgewerteten ursprünglichen Klaganspruch hinaus. Die Mehrforderung über 4516,13 Goldmark ist also nicht mehr Aufwertungsanspruch, sondern mit ihr wird Ersatz eigentlichen Verzugsschadens gemäß § 288 Abs. 2 BGB. verlangt mit der Begründung, daß die Preise der gestohlenen Gegenstände gestiegen seien und daß der Kläger mit dem vollaufgewerteten Entschädigungsbetrag heute nicht mehr in der Lage sei, sich die gestohlenen Gegenstände wieder zu beschaffen. Dieser eigentliche Verzugsschaden, der auf einem anderen Grunde beruht als auf Geldentwertung, war in der ursprünglichen Klage noch nicht geltend gemacht worden. Das hat das Berufungsgericht nicht beachtet. Es hätte also weiterhin prüfen müssen, ob auch dieser erst im Jahre 1923 erhobene Anspruch nicht verjährt ist.

Die Revision der Beklagten meint nun zwar, über 4516,13 Goldmark hinaus könne der Kläger überhaupt keine Forderung geltend machen; dieser Betrag bilde die Höchstgrenze dessen, was er beanspruchen könne. Dieser Meinung kann aber nicht beigepflichtet werden. Richtig ist freilich, daß der Versicherungsnehmer bei eingetretenem Versicherungsfalle nur Ersatz des erlittenen Schadens verlangen kann und auch diesen nur im Rahmen der vertraglich vereinbarten Versicherungssumme. Wenn aber der Versicherer mit der Zahlung der Entschädigungssumme in Verzug gerät, so ist er, wie jeder Geldschuldner, nach allgemeinen Rechtsgrundsätzen (§§ 286 flg. BGB.) verpflichtet, dem Versicherungsnehmer auch den durch den Verzug entstandenen Schaden, ohne Rücksicht auf die Höhe der Versicherungssumme, zu ersetzen.

Die Verjährungsfrist für den Anspruch auf Ersatz des Verzugsschadens ist nun keine andere, als die zweijährige des § 12 VVG.; denn auch dieser Anspruch ist letzten Endes ein Anspruch aus dem Versicherungsvertrag. Die Frist beginnt nach Satz 2 des Abs. 1 mit dem Schlusse des Jahres, in welchem die Leistung verlangt werden kann. Unter der „Leistung" ist immer diejenige Vertragsleistung zu verstehen, die gefordert und mit der Verjährungseinrede bekämpft wird. Der Beginn der Verjährungsfrist ist kein einheitlicher in dem Sinne, daß mit dem Schlusse des Jahres, in welchem der Versicherungshauptanspruch verlangt werden konnte, die Frist für alle Ansprüche aus dem Vertrage, also auch für solche, die erst später etwa entstehen, zu laufen begonnen hätte. Sonst würde ein Anspruch wegen Verzugs oft schon verjährt sein, bevor er entstanden war, wenn nämlich die schädigenden Folgen der nicht rechtzeitigen Zahlung erst nach Ablauf der Verjährungsfrist eintreten, die für den Hauptanspruch in Betracht käme. Die Verjährungsfrist für den Verzugsschadensersatzanspruch hat also erst mit dem Schlusse des Jahres begonnen, in welchem die Preissteigerung für Juwelen eingesetzt hat; denn erst in diesem Jahre ist der Verzugsschaden zur Entstehung gelangt und konnte daher seine „Leistung“ erst „verlangt werden“. Wenn der Anspruch auf Ersatz des (eigentlichen) Verzugsschadens noch nicht verjährt sein sollte, so wird er in vollem Umfange dem Kläger zuzuerkennen sein; denn mit Aufwertung hat er nichts zu tun, § 242 BGB. kann demnach insoweit keine Anwendung finden.

---

26. 1. Welche Pflichten legt eine in einem Tarifvertrag enthaltene Vereinbarung, nach welcher bei Lohnstreitigkeiten die Anwendung wirtschaftlicher Kampfmittel ausgeschlossen sein soll, den Tarifvertragsparteien auf?

2. Ist passive Resistenz ein mit einer solchen Abrede verträgliches Kampfmittel?

III. Zivilsenat. Urt. v. 9. Juni 1925 i. S. P. & K. (Kl.) w. Zentralverband der Lederarbeiter (Bekl.). III 322/24.

I. Landgericht I Berlin.
II. Kammergericht daselbst.

Am 1. April 1921 schlossen die Parteien einen Tarifvertrag, nach dessen § 15 bei allen Lohndifferenzen und Streitigkeiten, soweit die Betriebsvertretung keine Einigung herbeizuführen imstande sei, der Schlichtungsausschuß oder das Gewerbegericht angerufen werden sollte (Abs. 1), Arbeitnehmer die Arbeit nicht niederlegen und die Klägerin die Arbeiter nicht aussperren durfte (Abs. 3). In § 16 verpflichteten sich die Vertragsparteien ausdrücklich zur Ein- und Aufrechterhaltung der Tarifbestimmungen. Durch Nachtrag vom

26. Januar 1922 wurde vereinbart, daß die Löhne monatlich festgesetzt werden sollten. Über die Aprillöhne konnte eine Einigung nicht erzielt werden. Der Schlichtungsausschuß wurde angerufen. Sein Schiedsspruch wurde von der Klägerin angenommen, von den Arbeitern am Freitag den 7. April 1922 jedoch abgelehnt. Am folgenden Tage kamen die Arbeiter zwar in die Fabrik, übten aber passive Resistenz aus. Ermahnungen der Klägerin blieben erfolglos. Nach einer von ihr während der Arbeitszeit gestatteten Betriebsversammlung erklärte der Betriebsratsobmann, daß die Arbeiter beschlossen hätten, in passiver Resistenz bis zur Erledigung des Streits zu verharren. Darauf hielt die Klägerin am Montag den 10. April ihre Fabrik geschlossen, kündigte den erschienenen Arbeitern aber an, daß sie wieder geöffnet werden würde, sobald sie, die Klägerin, die Gewähr hätte, daß die Arbeit in gewohnter Weise aufgenommen würde. Die Arbeiter antworteten damit, daß sie in den Streik traten, eine Streikkommission wählten und die Klägerin davon benachrichtigten. Diese ließ nunmehr am 11. April den streikenden Arbeitern bekannt geben, daß sie wegen Kontraktsbruchs auf Grund des § 123 Abs. 3 GewO. fristlos entlassen seien.

Die Vorgänge von Sonnabend den 8. April hatte die Klägerin, unter Beifügung der vorher erwähnten protokollarischen Erklärung des Betriebsratsobmanns, dem Beklagten noch an demselben Tage brieflich mitgeteilt, ihn auf seine Vertragspflichten hingewiesen und darauf aufmerksam gemacht, daß sie sich in jeder Hinsicht weitere Schritte vorbehalte. Dieser Brief gelangte Montag den 10. April früh in die Hände des Beklagten. Ebenso benachrichtigte ihn die Klägerin am 11. April von der fristlosen Kündigung. Laut Beschluß vom 13. April bewilligte der Beklagte den Streikenden Unterstützungsgelder, zahlte sie auch aus und soll auch den Boykott über die Fabrik der Klägerin verhängt haben. Eine Einigung zwischen dieser und den Arbeitern kam erst nach etwa 14 Tagen zustande.

Die Klägerin wirft auf Grund dieses Sachverhalts dem Beklagten Tarifvertragsbruch vor und verlangt von ihm Schadensersatz. Das Landgericht erachtete diesen Anspruch für dem Grunde nach gerechtfertigt. Das Kammergericht wies die Klage ab. Die Revision der Klägerin führte zur Zurückverweisung der Sache an das Berufungsgericht.

Gründe:

Der Tarifvertrag vom 1. April 1921 ist zwischen der Klägerin als einzelner Arbeitgeberin und dem Beklagten, einem nach seiner Satzung zweifellos tariffähigen Arbeitnehmerverbande, geschlossen. In seinen §§ 1—14 setzt er die Lohn- und allgemeinen Arbeitsbedingungen fest, die bestimmt waren, Bestandteil der einzelnen — sei es bereits geschlossenen, sei es in Zukunft erst zum Abschluß gelangenden — Arbeitsverträge zu werden. Die schon oben inhaltlich wiedergegebenen § 15 Abs. 3 und § 16 enthalten das Verbot, bei Streitigkeiten, insbesondere bei Lohnstreitigkeiten, zu wirtschaftlichen Kampfmitteln, wie Streik, Aussperrungen und dergl. zu greifen. Dies Verbot ist in der Natur und dem innersten Wesen eines Tarifvertrags begründet. Jeder Tarifvertrag will dem wirtschaftlichen Frieden zwischen den Arbeitgebern und Arbeitnehmern dienen und ihn während seiner Dauer aufrechterhalten. Den Arbeitern soll er für bestimmte Zeit eine sichere Arbeitsstelle mit auskömmlichen Löhnen, befriedigenden Arbeitsbedingungen, den Arbeitgebern aber ebenso lange die Sicherheit ungestörter Fabrikation und die Möglichkeit einer gleichmäßigen Preiskalkulation gewährleisten. Zu diesem Zwecke sollen die Vertragsparteien und ihre Mitglieder auf den Versuch verzichten, neue Forderungen in bezug auf die durch den Tarifvertrag geregelten Verhältnisse durch den Druck der bekannten wirtschaftlichen Kampfmittel durchzusetzen. Das ist auch der Sinn der § 15 Abs. 3, § 16 des Vertrags vom 1. April 1921.

Es kann zweifelhaft sein, ob und inwieweit eine vertragliche Bindung auch der Arbeiter oder der Arbeiterschaft der Klägerin in ihrer Gesamtheit nach der angegebenen Richtung hin eingetreten ist. Unmittelbar aus dem Tarifvertrag folgt sie nicht. Dieser erzeugt wie jeder andere auf privatrechtlicher Grundlage errichtete Vertrag — abgesehen von etwaigen aus § 328 BGB. zugunsten der Arbeiter abzuleitenden Rechtsfolgen — nur zwischen den Vertragsparteien, die im gegebenen Falle zugleich die Prozeßparteien sind, Rechte und Pflichten. Daran ändert auch sein öffentlichrechtlicher Einschlag nichts. Erst durch Vermittlung der Einzelarbeitsverträge und nur, soweit sein Inhalt kraft positiver gesetzlicher Vorschrift oder infolge freiwilliger Vereinbarung Eingang in sie findet, bilden seine Bestimmungen auch die Grundlage der rechtlichen Beziehungen zwischen dem Unternehmer und den Dienstverpflichteten. Selbst wenn man aber die Vorschrift des § 15 Abs. 3 a. a. O. zu den Arbeitsbedingungen im weiteren Sinne rechnet und sie daher auch als einen Bestandteil der Einzelarbeitsverträge ansieht, würde ihre Verletzung nicht einen Bruch des Tarifvertrags, sondern nur eine Verletzung der Einzelarbeitsverträge bedeuten und als solche dem Beklagten nicht als Verschulden anzurechnen sein. Ihn dieserhalb haftbar zu machen, wäre nur möglich, wenn er die Gewähr für die Wahrung des Wirtschaftsfriedens durch die Arbeiter übernommen hätte. Das soll er nach der Behauptung der Revision auch in § 16 des TV.s getan haben. Wäre diese Behauptung richtig, so könnte der Beklagte allerdings schlechthin auf Ersatz des der Arbeitgeberin durch den Arbeitskampf entstandenen Schadens in Anspruch genommen werden. Die Eingehung einer so weit reichenden Garantie würde aber mit den Machtmitteln des Verbandes und seinem Einfluß auf widerspenstige Mitglieder nicht in Einklang stehen, und als außergewöhnliche Verpflichtung nur in den besonderen Umständen des Falles ihre Rechtfertigung finden. Sie erfordert daher auch stets eine unzweideutige zweifelsfreie Willenserklärung. Das Kammergericht verneint, daß der Wille der Parteien bei Fassung des § 16 des TV.s auf eine Garantieübernahme gerichtet gewesen sei. Selbst wenn man mit der Revision davon ausgeht, daß die Friedensklausel sich in zahlreichen Tarifverträgen findet, daß ihre Bedeutung weit über den Einzelfall hinausreicht und daß sie daher als sogenannte typische Vertragsabrede der Auslegung durch das Revisionsgericht zugänglich ist, könnte der Auffassung des Kammergerichts nur beigetreten werden. Denn sie entspricht der des Verkehrs und ist daher aus den angegebenen Gründen nicht zu beanstanden. Dafür, daß im gegebenen Falle besondere Verhältnisse ausnahmsweise zu einer anderen Auslegung der Friedensklausel zwingen, hat die Revision nichts vorgebracht, läßt sich auch aus dem festgestellten Sachverhalt nichts entnehmen (vgl. JW. 1911 S. 1014 Nr. 4; Hueck, Recht des TV.s S. 153).

Soweit also der beklagte Verband in den §§ 15, 16 des TV.s die Einhaltung des Wirtschaftsfriedens durch seine Mitglieder, d. h. zugesagt hat, daß sie auch bei Lohnstreitigkeiten weiterarbeiten und nicht in den Streik treten würden, hat er lediglich Handlungen und

Unterlassungen Dritter versprochen. Damit hat er nach allgemeinen Rechtsgrundsätzen übernommen:

a) die negative Vertragspflicht, die Anstiftung oder Anreizung zur Arbeitsniederlegung und jede Unterstützung oder Förderung eines von den Arbeitern im Gegensatz zu § 15 Abs. 3 TV. beschlossenen oder begonnenen Streiks zu unterlassen,

b) die positive Vertragspflicht, mit allen ihm zu Gebote stehenden Verbandsmitteln für den Wirtschaftsfrieden zu wirken und seine Mitglieder von der Eröffnung eines Arbeitskampfes abzuhalten.

Vgl. RGZ. Bd. 73 S. 92, Bd. 86 S. 153; Oertmann, ArbVR. S. 64 flg.; Hueck, TR. S. 93, 95 flg. und Recht des TV.s S. 150, 171, 172.

Anderseits hatte durch die Friedensklausel die Klägerin unmittelbar sich selbst zur Abstandnahme von wirtschaftlichen Kampfmitteln verpflichtet. Diese Verpflichtung enthielt aber — und das ist vom Kammergericht nicht genügend gewürdigt — doch nur einen Verzicht auf ihre angriffsweise Anwendung. In der Verteidigung wollte und konnte sie sich ohne Gefährdung des eigenen Betriebs nicht beschränken. Sie durfte die Arbeiter nicht aussperren, um in den durch den TV. geregelten Angelegenheiten eine Änderung zu ihren Gunsten herbeizuführen oder bezüglich der monatlich zu vereinbarenden Löhne den Arbeitern ihren Willen aufzuzwingen. Aber die §§ 15, 16 hinderten die Klägerin nicht, die ihr als Angriffsmittel versagten Kampfmaßnahmen verteidigungsweise zu benutzen und auszunutzen, und zwar gleichviel, ob der Arbeitnehmerverband die Friedenspflicht verletzte oder ob die Arbeiter wider seinen Willen ihr durch Streik den Arbeitskampf aufnötigten. Aufrechterhaltung und Förderung des Betriebs ist ja gerade Zweck der Arbeitsgemeinschaft zwischen Arbeitgeber und Arbeitnehmer und des TV.s. Treten die Arbeitnehmer durch einen dem TV. zuwiderlaufenden Streik aus dem Rahmen der Arbeitsgemeinschaft heraus, entziehen sie damit der Betriebs- und Produktionsgemeinschaft den Boden, auf dem sie aufgebaut ist, so muß auch der Arbeitgeber die Macht haben, dem ihm aufgezwungenen Arbeitskampfe mit sachgemäßen wirtschaftlichen Kampfmitteln zu begegnen und mit ihrer Hilfe seine möglichste Abkürzung zu versuchen. Das entspricht der Billigkeit und den Grundsätzen von Treu und Glauben. Das Recht, die Betriebsinteressen gegen die kontraktbrüchigen Arbeiter zu verteidigen, steht der Klägerin aber nicht nur diesen gegenüber, steht ihr vielmehr auch im Verhältnis zu ihrem vertragstreuen Tarifvertragsgegner zu. Denn die Arbeiterschaft bildet einen Teil des beklagten Verbandes. Dieser hat in Betätigung des Kollektivvertragsgedankens und im Vertrauen auf die Verbandstreue seiner Mitglieder der Klägerin die Wahrung des Wirtschaftsfriedens durch die Arbeiter versprochen. Täuschen die Arbeiter dies Vertrauen, gehen sie ihre eigenen mit dem Tarifvertragszweck unvereinbaren Wege, so hört in demselben Augenblick die Gebundenheit der Klägerin an die Friedenspflicht auch dem Beklagten gegenüber auf. In diesem Sinne sind die im TV. mißbilligten Kampfhandlungen der Arbeiterschaft, obgleich sie nicht TV.-Partei ist, doch von entscheidendem Einfluß auch auf das Rechtsverhältnis der TV.-Parteien selbst. Das ist eine notwendige Folge des Gesamtvertragsgedankens. Ob sie sich auch aus § 320 BGB. herleiten läßt, kann unter diesen Umständen dahingestellt bleiben.

Eine gedeihliche Wirkung der Friedensklausel läßt sich selbstverständlich nur erwarten, wenn die TV.-Parteien Hand in Hand gehen und sich nicht gegenseitig Hindernisse in den Weg legen. Treu und Glauben, sowie Sinn und Zweck der Friedensklausel können daher unter Umständen verlangen, daß die TV.-Parteien sich vor Ausbruch eines Wirtschaftskampfes miteinander in Verbindung setzen und sich bei Anwendung der zu seiner Vermeidung zweckdienlichen Mittel gegenseitig unterstützen. Sie verlangen auch, daß der Arbeitgeber den Arbeitnehmerverband von dem Ausbruch eines Wirtschaftskampfes benachrichtigt. Weiter geht seine Mitteilungspflicht aber nicht, er ist namentlich nicht verpflichtet, den Verband davon in Kenntnis zu setzen, welche wirtschaftlichen Gegen- und Verteidigungsmaßnahmen im einzelnen er zu ergreifen beabsichtige. Ihre Zahl ist klein, sie sind dem Verband ebenso bekannt wie dem Arbeitgeber. Ist der Wirtschaftskampf von den Arbeitern einmal eröffnet, so muß der Arbeitnehmerverband stets mit der Möglichkeit rechnen, daß der Arbeitgeber den Kampfmitteln der Arbeiter mit den ihm zu Gebote stehenden Kampfmitteln entgegentritt. Ihre Androhung vor ihrer Anwendung wird oft nicht möglich sein und könnte leicht ihre kampfbeendende Wirkung abschwächen. Sind die Arbeiter angriffsweise vorgegangen und hat der Arbeitgeber den TV.-Gegner hiervon unterrichtet, so ist es dessen unbedingte Pflicht, jede Unterstützung des tarifwidrig begonnenen Streiks zu verweigern und in kraftvoller Weise im Sinne des Friedens auf die Arbeiter einzuwirken.

Von diesen Gesichtspunkten aus hat die Klägerin in jeder Hinsicht vertragstreu gehandelt, der Beklagte aber schuldhaft gegen seine negativen und positiven Vertragspflichten verstoßen.

Er hatte sich schon zum Abschluß des TV.s seiner Ortsgruppe B. und ihrer Beamten bedient und benutzte sie auch später zur Beobachtung des zwischen der Klägerin und ihren Arbeitern ausgebrochenen Lohnstreits und zur Einwirkung auf die Arbeiter im Sinne des TV.s. Die Ortsgruppe B. und ihre Beamten waren also seine Erfüllungsgehilfen. Ihr Verschulden muß der Verband daher wie sein eigenes vertreten (§ 278 BGB.).

Schon in der Versammlung vom 7. April 1922, in der die Arbeiterschaft den Lohnschiedsspruch des Schlichtungsausschusses ablehnte, hatte der Vorsitzende der Ortsgruppe J. gesehen, daß es unter den Arbeitern gärte und daß Kampfstimmung vorhanden war. Nur mit Mühe hatte er einen Streikantrag zu Falle gebracht. Deshalb waren Aufmerksamkeit, Überwachung und Beeinflussung der Arbeiter im friedlichen Sinne geboten. Wie sehr sie geboten waren, zeigt das Verhalten der Arbeiter am folgenden Tage. Sie erschienen zwar in der Fabrik, übten aber passive Resistenz aus, d. h. standen in den Räumen herum, plauderten und arbeiteten trotz wiederholter Ermahnungen der Aufseher und anderer Angestellten der Klägerin entweder gar nicht oder so wenig, daß eine ordnungsmäßige Aufrechterhaltung des Betriebs unmöglich war. Ob das auf Grund eines Beschlusses vom Tage vorher oder einer erst am 8. April getroffenen Abrede geschah, ist unerheblich und kann dahingestellt bleiben. Die passive Resistenz bedeutete einen Bruch der Arbeitsverträge, welche die Arbeiter — auch abgesehen von ihrer etwaigen Friedenspflicht — dazu verpflichteten, während der vertraglichen Arbeitszeit ihre Arbeitskraft voll in den Dienst der Klägerin zu stellen. Sie stand aber auch mit dem in § 15 TV. abgegebenen Verbandsversprechen in schroffem Widerspruch. Zwar ist in ihm die passive Resistenz als verbotenes Kampfmittel nicht ausdrücklich aufgeführt. Aber der in dem Bescheid vom 30. April 1923 geäußerten Ansicht des Reichsarbeitsministers (RArbBl. Amtl. T. S. 530), daß passive Resistenz kein Streik sei, kann nicht beigepflichtet werden. Sie ist sogar schlimmer als ein Streik. Denn sie will die Streikwirkung ohne nachteilige Folgen für die Arbeiter erreichen. Sie hängt der tatsächlichen Arbeitsniederlegung das Mäntelchen der Vertragstreue um, um neben dem Druck auf den Arbeitgeber den Arbeitnehmern den Lohn ohne Gegenleistung von ihrer Seite zu erhalten und um, wenn der Arbeitgeber sich zur Wehr setzt, den Anschein zu erwecken, als seien die Arbeiter die Angegriffenen und nicht die Angreifer. Passive Resistenz ist daher ein unlauteres Kampfmittel, ein verschleierter Streik.

Am 8. April brachen also die Arbeiter der Klägerin den Arbeitsfrieden. Das hätte die Klägerin schon an diesem Tage berechtigt, den Angreifern mit wirtschaftlichen Kampfmaßnahmen entgegenzutreten. Sie tat es indessen nicht, sondern versuchte im Geiste und im Sinne des TV.s auf dem Verhandlungsweg den Wirtschaftsfrieden herzustellen. Sie stellte in Aussicht, die Löhne weiter zu erhöhen, wenn bis zum nächsten Donnerstag größere Bestellungen einliefen, und gab den Arbeitern Gelegenheit zu einer Betriebsversammlung. Aber dieser Friedensversuch schlug fehl. Der Obmann des Betriebsrats gab der Klägerin die von ihm unterzeichnete Erklärung ab, „daß der Beschluß, passive Resistenz zu üben, auch weiterhin in Kraft bleibe, bis beiderseits eine Regelung stattgefunden habe“, d. h. unverkennbar, bis die von den Arbeitern geforderten, vom Schlichtungsausschuß nicht in voller Höhe als berechtigt anerkannten Löhne bewilligt seien. Damit war von den Arbeitern der Wirtschaftskrieg in schärfster Form erklärt, und die Klägerin mußte nunmehr sowohl den Arbeitern wie dem Beklagten gegenüber für befugt erachtet werden, sich mit wirtschaftlichen Kampfmitteln gegen die vertragsbrüchigen Arbeiter zur Wehr zu setzen und zu schützen. Das geschah in der Weise, daß sie am Montag den 10. April die Fabrik geschlossen, den Arbeitern aber den Weg zum Wirtschaftsfrieden dadurch offen hielt, daß sie dem Betriebsrat schriftlich mitteilte, die Arbeit könne wieder aufgenommen werden, sobald sie die Gewähr dafür habe, daß die Arbeiter die passive Resistenz aufgeben und in gewohnter Weise arbeiten würden. Auch dies Friedensangebot war vergeblich. Die Arbeiter ließen darauf, ohne in Verhandlungen einzutreten, im Laufe des Vormittags durch eine Kommission der Klägerin antworten, sie hätten den Streik beschlossen und ein Streikkomitee gebildet. Sie betonten also von neuem ihren unbeugsamen Kampfeswillen.

Die Schließung der Fabrik war eine natürliche und verständige Maßregel. Denn der Klägerin konnte nicht zugemutet werden, ihre Arbeitsräume Arbeitern zu öffnen, die ihre feste Absicht, passive Resistenz zu leisten und damit den Betriebszweck zu sabotieren, kund gegeben hatten. Ebensowenig war zu beanstanden, daß sie nach Zurückweisung ihres Friedensangebots vom 10. April die kontraktbrüchigen Arbeiter fristlos entließ. Das Verhalten der Klägerin ihren Arbeitern gegenüber war also rechtlich einwandfrei. Was ihr Verhältnis zu dem Beklagten anlangt, so hatte sie ihm noch am 8. April die Vorgänge von diesem Tage richtig geschildert und ihm unter Überreichung einer Abschrift der erwähnten protokollarischen Erklärung des Betriebsratsobmanns über den Beschluß der Arbeiter, die passive Resistenz fortzusetzen, die Eröffnung des Wirtschaftskampfes durch die Arbeiterschaft mitgeteilt. Zugleich hatte sie ihn in höflicher Weise auf seine Tarifvertragspflichten sowie darauf hingewiesen, daß sie sich dem Angriffe der Arbeiter gegenüber nicht passiv verhalten werde. Zu mehr war sie nicht verpflichtet, und wenn das Kammergericht es ihr zum Verschulden anrechnet, daß sie ihre Absicht, die Fabrik zu schließen und die Arbeiter zu entlassen, nicht vor ihrer Ausführung dem Beklagten angezeigt habe, so verkennt es, wie sich bereits aus den vorstehenden Ausführungen ergibt, die an die Vertragstreue der Klägerin und an die des Beklagten zu stellenden Anforderungen. Es kommt aber noch folgendes hinzu.

Der Verband oder seine Erfüllungsgehilfen waren — auch abgesehen von dem Briefe der Klägerin vom 8. April — hinsichtlich der Gefährlichkeit der Lage und hinsichtlich der einzelnen Vorgänge völlig im klaren. Die streiklustige Stimmung der Arbeiter kannte J. aus der Versammlung vom 7. April. Gerade diese veranlaßte ihn, sich am Nachmittag des 8. April an Ort und Stelle von dem Stand der Sache zu überzeugen. In der Fabrik der Klägerin erfuhr er, daß an diesem Tage nicht ordnungsmäßig gearbeitet worden sei, und nahm die Gelegenheit wahr, die wenigen Leute, die er noch erreichte, vor einem Streik zu warnen. Am 10. April früh traf dann bei dem Beklagten der Brief der Klägerin vom 8. April ein, der über den Eintritt der Arbeiter in den Wirtschaftskampf keinen Zweifel mehr ließ. Bald darauf erschienen bei dem Beklagten oder vielmehr bei dem Geschäftsführer seiner Ortsgruppe, B., einige Arbeiter der Klägerin, die von der Schließung der Fabrik berichteten. Nun war es Sache des Beklagten, den Arbeitern auf das bestimmteste zu erklären, daß sie, wenn sie die Fortsetzung des Wirtschaftskampfes ebenso verschulden würden, wie sie seinen Beginn verschuldet hätten, auf Unterstützung durch den Verband, insbesondere auf Streikgelder, nicht rechnen dürften. Eine solche Erklärung gaben weder die Organe des Verbandes noch die seiner Ortsgruppe ab. B. verwies die ihn aufsuchenden Arbeiter auf den Weg der Verhandlungen und gab dem J. den Auftrag, solche anzubahnen. J. führte diesen Auftrag in ganz ungenügender Weise aus. An die Klägerin wandte er sich überhaupt nicht. Hätte er das getan oder hätte er wenigstens bei dem Betriebsrat oder den Arbeitern ordnungsmäßig Erkundigungen eingezogen, so hätte er erfahren, daß und unter welcher Bedingung die Klägerin die Fabrik wieder öffnen wollte. Dann hätte er oder ein anderer Verbandsvertreter den Arbeitern erst recht eröffnen müssen, daß es ihre Pflicht sei, zunächst zu den vom Schlichtungsausschuß festgesetzten Löhnen weiter zu arbeiten und über ihre Erhöhung zu verhandeln, und daß jede Geldunterstützung verweigert werden würde, falls sie einen Streikbeschluß faßten oder den gefaßten aufrecht erhielten. Von alledem tat J. nichts. Er begnügte sich mit der objektiv unzutreffenden Angabe einzelner Arbeiter, daß keine Verhandlungsgrundlage gegeben sei, und erstattete in diesem Sinne an B. Bericht, der ihn ohne weitere Prüfung an den beklagten Verband weitergab. Dies Verhalten des J. und des B. war fahrlässig und wurde den Tarifvertragspflichten des Beklagten nicht gerecht. Das Verschulden des J. wäre noch größer, wenn er das Angebot der Klägerin an den Betriebsrat, die Arbeit wieder aufzunehmen, gekannt haben sollte. Ebenso fahrlässig handelten aber die Organe des Verbandes selbst. Er war durch den Brief der Klägerin vom 8. April über das angriffsweise Vorgehen der Arbeiter und ihren Resistenzbeschluß, sowie durch den Brief der Klägerin vom 11. April über die Fortsetzung des Kampfes durch die Arbeiter, d. h. über ihren Streikbeschluß, und über die fristlose Kündigung als Folge dieses Beschlusses unterrichtet worden. Aber auch er sah sich nicht veranlaßt, auf diese Briefe zu antworten und mit der Klägerin in Verbindung zu treten oder auf andere Weise vermittelnd einzuschreiten, sondern er bewilligte — wahrscheinlich auf den einseitigen Bericht des B. hin — ohne weiteres Streikgelder, gleichsam als ob die Klägerin zuerst von den wirtschaftlichen Kampfmitteln Gebrauch gemacht hätte und nicht von ihren Arbeitern in Verteidigungsstellung gedrängt worden wäre. Das war eine grobe Verletzung der Friedensklausel, ein Bruch des Tarifvertrags, zu dem die Klägerin keine Veranlassung gegeben hatte.

Zur Endentscheidung ist der Rechtsstreit jedoch nicht reif. Denn die Feststellung, ob das schuldhafte Verhalten des Beklagten und seiner Hilfspersonen für den Schaden der Klägerin ursächlich geworden ist oder nicht, d. h. ob der Ausstand bei vertragstreuem Verhalten des Beklagten vermieden oder wenigstens abgekürzt oder ob er von den Arbeitern auch dann bis zu seinem tatsächlichen Ende durchgeführt worden wäre, vermag der Senat nicht zu treffen. Sie liegt dem Tatrichter ob.

---

27. 1. Zur Rechtsstellung der von Deutschland ernannten Mitglieder der nach dem Versailler Vertrag errichteten gemischten Schiedsgerichtshöfe. Sind sie unabsetzbare Richter? Sind sie Reichsbeamte? Können sie aus ihrer Stellung jederzeit abberufen werden?
2. Kann ein Landesbeamter zugleich Reichsbeamter sein?

Versailler Vertrag Art. 304. RVerf. Art. 104. RBeamtenG. § 2.

III. Zivilsenat. Urt. v. 9. Juni 1925 i. S. D. (Kl.) w. Deutsches Reich (Bekl.). III 1062/23.

I. Landgericht I Berlin.
II. Kammergericht daselbst.

Der Kläger, damals noch Landgerichtsrat am Landgericht III in Berlin, seit dem 1. Juni 1920 Kammergerichtsrat daselbst, wurde am 6. März 1920 vom Auswärtigen Amt als Gehilfe des deutschen Staatsvertreters bei dem auf Grund von Art. 304 des Versailler Vertrags gebildeten deutsch-französischen gemischten Schiedsgerichtshof einberufen und war als solcher bis zum 5. April 1920 tätig. Dann wurde er als deutscher Richter bei dem deutsch-jugoslawischen gemischten Gerichtshof in Aussicht genommen. Da sich aber dessen Zusammentritt verzögerte, wurde ihm erst durch Erlaß des Reichsministers des Auswärtigen vom 18. April 1921 das Amt eines Richters bei dem genannten Schiedsgerichtshof übertragen. Durch Erlaß desselben Ministers vom 10. September 1921 wurde er gebeten, neben dieser Tätigkeit auch das Amt des deutschen Richters beim deutsch-tschechoslowakischen gemischten Schiedsgerichtshof zu übernehmen. In beiden Stellungen war der Kläger in der Schweiz und in Österreich tätig, wurde im Dezember 1921 auch vertretungsweise in Berlin bei den Staatsvertretern der gemischten Schiedsgerichtshöfe beschäftigt. Durch Erlaß vom 2. Februar 1922 nahm der Reichsminister des Auswärtigen die dem Kläger erteilten Aufträge zur Wahrnehmung des Amtes eines deutschen Schiedsrichters bei dem deutsch-jugoslawischen und dem deutsch-tschechoslowakischen gemischten Schiedsgerichtshof zurück. Von seiner ersten Einberufung im März 1920 an war der Kläger aus dem preußischen Justizdienst beurlaubt. Nur vor dem Zusammentritt des deutsch-jugoslawischen gemischten Schiedsgerichtshofs hat er im Januar und Februar 1921 vorübergehend seine Dienstgeschäfte als Kammergerichtsrat wahrgenommen. Erst nach seiner Entlassung aus der schiedsrichterlichen Tätigkeit ist er dauernd an das Kammergericht zurückgekehrt.

Der Kläger ist der Auffassung, daß der Reichsminister des Auswärtigen nicht befugt gewesen sei, ihn aus seinem Amte als Mitglied der beiden Schiedsgerichtshöfe abzuberufen, da es ihm für die Dauer des Bestehens der beiden Gerichtshöfe übertragen worden sei. Mit der Klage verlangt er deshalb Zahlung der ihm als Mitglied der beiden Gerichtshöfe zustehenden Beschäftigungszulage von jährlich 6000 ℳ zunächst für die Zeit vom 1. April 1922 bis zum 1. Oktober 1923, sowie einer ihm für die Zeit vor seiner Entlassung noch geschuldeten Wirtschaftsbeihilfe von 357,15 ℳ, sodann Feststellung, daß der Beklagte verpflichtet sei, ihm allen durch die ungerechtfertigte Entlassung entstandenen und noch entstehenden Schaden zu ersetzen, endlich Verurteilung des Beklagten zur Auskunftserteilung über die Zeitdauer der von dem deutschen Mitgliede der beiden Gerichtshöfe gemachten Dienstreisen und über die Höhe der ihm gewährten Tagegelder.

Der Beklagte hat Klagabweisung beantragt. Er hält den Reichsminister des Auswärtigen für berechtigt, die Bestellung der deutschen Richter für die auf Grund des Versailler Vertrags errichteten gemischten Schiedsgerichtshöfe zu widerrufen, also auch die dem Kläger erteilten Aufträge zurückzunehmen.

Das Landgericht hat dem Zahlungsantrag des Klägers mit einer für diese Instanz nicht weiter in Betracht kommenden Einschränkung stattgegeben, die auf Feststellung und Auskunftserteilung gerichtete Klage aber abgewiesen. Beide Teile haben Berufung eingelegt, der Beklagte jedoch nicht hinsichtlich des von ihm nicht mehr bestrittenen Betrags von 357,15 ℳ Wirtschaftsbeihilfe. Der Kläger hat in der Berufungsinstanz seine Anträge erweitert auf Zahlung von 400 Schweizer Franken und von 300000 ℳ Geldentwertungsschaden, sowie auf Feststellung dahin, daß seine Entlassung aus den Ämtern als Schiedsrichter unzulässig und staatsrechtlich und völkerrechtlich unwirksam sei. Das Kammergericht hat die Berufung des Klägers zurückgewiesen, der Berufung des Beklagten dagegen stattgegeben und die Klage, von dem unbestrittenen Betrag abgesehen, vollständig abgewiesen. Auf die Revision des Klägers wurde das Berufungsurteil aufgehoben.

Gründe:

I. Zu Unrecht bezweifelt der Beklagte in dieser Instanz die Zulässigkeit des Rechtswegs. (Wird näher ausgeführt. . . .)

II. Die vermögensrechtlichen Ansprüche, die der Kläger durch seine Bestellung zum deutschen Mitglied des deutsch-jugoslawischen und des deutsch-tschechoslowakischen gemischten Schiedsgerichtshofs gegen das Deutsche Reich erworben hat, stehen ihm über den 2. Februar 1922 hinaus dann zu, wenn seine durch Erlaß des Reichsministers des Auswärtigen von diesem Tage ausgesprochene Amtsenthebung rechtsunwirksam ist. Der Kläger beruft sich zur Begründung ihrer Rechtsunwirksamkeit auf seine Eigenschaft als unabsetzbarer Richter, als Reichsbeamter und als Schwerkriegsbeschädigter.

1. Seine Unabsetzbarkeit als Richter leitet der Kläger sowohl aus völkerrechtlichen wie aus staatsrechtlichen Grundsätzen her. Sie stehen ihm indessen, wie das Kammergericht zutreffend dargelegt hat, nicht zur Seite.

a) Eine allgemein anerkannte Regel des Völkerrechts (vgl. Art. 4 RVerf.) dahin, daß die Mitglieder internationaler Gerichtshöfe unabsetzbar seien, besteht nicht. Ihre Unabsetzbarkeit bedarf vielmehr völkerrechtlich der besonderen vertraglichen Festlegung. An ihr fehlt es für die durch Art. 304 des Versailler Vertrags eingesetzten gemischten Schiedsgerichtshöfe. § 1 der Anlage zu diesem Artikel bestimmt, nach welchem Verfahren ein ausgeschiedenes Mitglied eines gemischten Schiedsgerichtshofs zu ersetzen ist. Die Fälle, in denen ein solches Ausscheiden erfolgen kann, haben durch die Worte „wird es (ein Mitglied des Gerichtshofs) aus irgend einem Grund an der Ausübung seines Amtes behindert" möglichst umfassend bezeichnet werden sollen. Es steht nichts im Wege, darunter auch den Fall der Abberufung des Mitglieds durch seine Regierung zu begreifen. Jedenfalls ist dem angeführten § 1 nicht zu entnehmen, daß solche Abberufung ausgeschlossen sein sollte. So hat denn auch Frankreich durch Art. 3 des Dekrets vom 17. Januar 1920 (Journal officiel S. 946) bestimmt, daß die Mitglieder der gemischten Schiedsgerichtshöfe auf Vorschlag des Ministers der auswärtigen Angelegenheiten durch Dekret (des Präsidenten der Republik) ernannt werden und daß sie auf demselben Wege ihres Amtes enthoben werden können. Der Kläger sucht diese Bestimmung damit zu erklären, daß Frankreich die Unabsetzbarkeit der Richter nicht kenne. Das ist unrichtig. Auch nach französischem Recht sind die Richter grundsätzlich unabsetzbar.

Ohne Bedeutung für den vorliegenden Fall ist die Vorschrift in Teil VI Titel 1 Art. 563 § 2 des deutsch-polnischen Abkommens über Oberschlesien vom 15. Mai 1922 (RGBl. II S. 238, 511). Die Mitglieder des in diesem Abkommen vorgesehenen Schiedsgerichts können nur aus denselben Gründen, in denselben Formen und durch dieselben Stellen ihres Amtes enthoben werden, wie die Richter eines Gerichts zweiter Instanz (in Deutschland des Oberlandesgerichts). Es handelt sich bei diesem Schiedsgericht aber überhaupt nicht um einen gemischten Schiedsgerichtshof im Sinne des Versailler Vertrags, so daß sich schon aus diesem Grunde die Anwendung der gedachten Bestimmung auf die Mitglieder der gemischten Schiedsgerichtshöfe verbietet. Völlig verfehlt ist die Behauptung des Klägers, die Vorschrift im Abkommen über Oberschlesien sei das bis jetzt fehlende Ausführungsgesetz zu § 1 der Anlage zu Art. 304 des Versailler Vertrags.

Die Tatsache, daß Deutschland als Richter für die gemischten Schiedsgerichtshöfe bisher nur Personen bestimmt hat, die die Befähigung zum Richteramte besitzen, beweist für ihre Unabsetzbarkeit nichts. Nicht ersichtlich ist auch, welche Bedeutung dem Umstande zukommen soll, daß in einer Reihe von Fällen, wie sie der Kläger einzeln angeführt hat, Mitglieder der gemischten Schiedsgerichtshöfe ihr Amt aus eigener Entschließung aufgegeben haben. Daß ihre Zustimmung ein Erfordernis für ihre Amtsenthebung bilde, ist daraus nicht zu entnehmen.

Gegen die Ausführungen des Kammergerichts, das es ebenfalls abgelehnt hat, die Unabsetzbarkeit des Klägers auf Grund des Versailler Vertrags anzuerkennen, erhebt die Revision eine Rüge aus § 286 ZPO. Der Berufungsrichter habe zu Unrecht dem Antrage des Klägers nicht stattgegeben, die Botschafterkonferenz in Paris um eine Auskunft darüber zu ersuchen, daß nach den in ihren Händen befindlichen Materialien zum Versailler Vertrag die Absetzung der Schiedsrichter nur unter den Formen und unter den Voraussetzungen des betreffenden nationalen Rechts erfolgen könne, wie auch seinem weiteren Antrage, den Professor P. in Berlin als Sachverständigen über die Streitfrage zu vernehmen. Dieser Revisionsangriff scheitert daran, daß § 286 ZPO. lediglich die tatsächliche Würdigung des Sachverhalts betrifft. Bei der Ermittlung des anzuwendenden Rechts ist das Gericht nicht an Anträge der Parteien gebunden.

Das Kammergericht hat nach alledem die Rechtslage in völkerrechtlicher Hinsicht einwandsfrei beurteilt.

b) Die richterliche Unabsetzbarkeit kann der Kläger in seiner Eigenschaft als Mitglied der gemischten Schiedsgerichtshöfe aber auch nach deutschem Rechte nicht beanspruchen. Entscheidend ist in dieser Hinsicht, daß die Reichsverfassung die Unabsetzbarkeit nur den Richtern der ordentlichen Gerichtsbarkeit zuerkennt. Sie werden nach Art. 104 Abs. 1 RVerf. auf Lebenszeit ernannt und können wider ihren Willen nur kraft richterlicher Entscheidung und nur aus den Gründen und unter den Formen, welche die Gesetze bestimmen, dauernd oder zeitweise ihres Amtes enthoben oder an eine andere Stelle oder in den Ruhestand versetzt werden. Die ordentliche

Gerichtsbarkeit wird nach Art. 103 RVerf. durch das Reichsgericht und die Gerichte der Länder ausgeübt. Die Mitglieder der gemischten Schiedsgerichtshöfe gehören danach nicht zu den Richtern der ordentlichen Gerichtsbarkeit im Sinne des Art. 104. Über ihn hinaus steht die Unabsetzbarkeit nur den Richtern zu, denen sie durch Gesetz besonders beigelegt wird. Ein allgemeiner Rechtsgrundsatz dahin, daß sämtliche Richter, auch die der besonderen Gerichte und der Verwaltungsgerichte, unabsetzbar seien, kann angesichts der Beschränkung, in der die Reichsverfassung die richterliche Unabsetzbarkeit gewährleistet, nicht anerkannt werden. So sind denn beispielsweise die Mitglieder der Finanzgerichte zwar als solche unabhängig und nur dem Gesetz unterworfen (§ 14 Abs. 4 RAbgO.). Die Vorsitzenden und ständigen Mitglieder kann der Reichsminister der Finanzen aber aus ihrem Richteramt entfernen, indem er sie aus ihrem Hauptamt als Mitglieder des Landesfinanzamts abberuft (§ 15 das.). Die Ansicht des Klägers, er sei als richterliches Mitglied der gemischten Schiedsgerichtshöfe unabsetzbar, findet somit auch im deutschen Recht keine Grundlage.

2. Die vom Kläger in zweiter Reihe in Anspruch genommene Eigenschaft als Reichsbeamter hat das Landgericht als vorhanden angenommen und daher dem Zahlungsanspruch des Klägers stattgegeben. Das Kammergericht dagegen hat sie verneint, jedoch zu Unrecht. Denn der Kläger ist vom Reichsminister des Auswärtigen, dessen Befugnis hierzu außer Streit ist, als Reichsbeamter angestellt worden. Die Erlasse des genannten Ministers vom 18. April und 10. September 1921 können nur dahin verstanden werden, daß sie die Ernennung des Klägers zum Reichsbeamten aussprechen. Durch den ersten Erlaß wird ihm das Amt eines Richters bei dem deutsch-jugoslawischen gemischten Schiedsgerichtshof übertragen. In dem zweiten Erlaß wird er gebeten, neben dieser Tätigkeit auch das Amt des deutschen Richters bei dem deutsch-tschechoslowakischen gemischten Schiedsgerichtshof zu übernehmen. Daß der Minister diese Ausdrucksweise in der Absicht gewählt haben sollte, ein privatrechtliches Dienstverhältnis zu begründen, muß als ausgeschlossen bezeichnet werden. Die Ämter, von denen die Erlasse sprechen, können nur Reichsämter sein, da sie vom Deutschen Reich verliehen werden. Diese Auslegung der Erlasse wird durch sachliche Gründe unterstützt.

Das Reich hatte ein erhebliches Interesse daran, daß die deutschen Mitglieder der Schiedsgerichtshöfe in den Kreis der Reichsbeamten eintraten und damit deren Pflichten übernahmen. Andernfalls hätte ihnen beispielsweise nicht einmal die Pflicht zur Amtsverschwiegenheit obgelegen. Auch hätten sie ohne ihre Ernennung zu Reichsbeamten während ihrer Tätigkeit bei den Schiedsgerichtshöfen keiner Disziplinargewalt unterstanden. Der Reichsminister des Auswärtigen selbst hat den Kläger offenbar zunächst als Reichsbeamten angesehen. Denn er hat ihn gelegentlich einer Unterbrechung der Tätigkeit der Schiedsgerichtshöfe bei der Berliner Amtsstelle der Staatsvertreter bei den gemischten Schiedsgerichtshöfen verwandt, in einer Stellung also von unzweifelhaftem Beamtencharakter.

Das Kammergericht glaubt dem Kläger die Reichsbeamteneigenschaft hauptsächlich deshalb absprechen zu müssen, weil er preußischer Landesbeamter geblieben sei; mit dem Fortbestehen dieses Verhältnisses sei seine Anstellung als Reichsbeamter unvereinbar. Dieser Ansicht kann nicht beigepflichtet werden. Richtig ist zwar, daß der Kläger, der aus dem preußischen Justizdienst nur beurlaubt worden war, trotz seiner Übernahme in den Reichsdienst preußischer Beamter Richter) geblieben ist. Es ist aber durch keine positive Vorschrift untersagt, daß jemand gleichzeitig Reichsbeamter und Landesbeamter ist. Und ebensowenig läßt sich die Unzulässigkeit einer solchen Doppelstellung aus allgemeinen Erwägungen herleiten.

Das Beamtenverhältnis wird gekennzeichnet durch das Gewaltverhältnis, das die Anstellung zwischen dem Gemeinwesen und dem Beamten begründet und das letzterem eine besondere Gehorsams-, Treue- nnd Dienstpflicht ersterem gegenüber auferlegt. Daraus mag im allgemeinen folgen, daß niemand gleichzeitig Beamter von zwei verschiedenen Staaten sein kann. Reich und Länder stehen einander aber nicht als fremde Staaten gegenüber. Mögen ihre Interessen in Einzelfragen vielfach auseinandergehen, so hängen sie doch rechtlich und tatsächlich auf das engste zusammen. Die Länder sind Glieder des Reichs und bilden mit ihm ein Ganzes. Das Endziel ihrer Betätigung ist kein anderes als das des Reichs, die Wohlfahrt des deutschen Volkes. So stellt der Eintritt in den Reichsdienst den Landesbeamten keineswegs mit Notwendigkeit in einen solchen Widerstreit der Pflichten, daß sein Verbleiben im Landesdienst dadurch unmöglich würde. Die Fortdauer des Unterordnungsverhältnisses, in dem er zu seinem Lande steht, ist durchaus vereinbar mit der Übernahme einer entsprechenden Bindung gegenüber dem Reiche. Das Reichsgericht (RGZ. Bd. 43 S. 131) hat ausgesprochen, daß ein reichsdienstliches Nebenamt mit einem landesdienstlichen Hauptamt Hand in Hand gehen kann. Damit hat es den Grundsatz anerkannt, daß sich die Stellungen als Reichsbeamter und als Landesbeamter gegenseitig nicht ausschließen. In der Regel wird sich freilich aus der Natur der Dinge ergeben, daß ein Landesbeamter, der im Reichsdienst ein Hauptamt übernimmt, zuvor aus dem Landesdienst ausscheidet. Ist das in Frage kommende Reichsamt aber nur von zeitlich beschränkter Dauer, so steht nichts im Wege, seine Übernahme dem Landesbeamten durch Beurlaubung aus dem Landesdienste zu ermöglichen, wie das im vorliegenden Fall hinsichtlich des Klägers geschehen ist.

Die Anstellung des Klägers durch den Reichsminister des Auswärtigen genügt dem Erfordernis des § 1 RBG. (vgl. RGZ. Bd. 86 S. 9). Die ihm zugegangenen Erlasse des genannten Ministers sind dem § 4 Abs. 1 RBG. entsprechende Anstellungsurkunden. Die Dauer des dem Kläger übertragenen Reichsamts richtet sich also nach den Bestimmungen des Reichsbeamtengesetzes. Eine Anstellung des Klägers auf Lebenszeit ist allerdings nicht erfolgt, da er nur für ein seiner Natur nach vorübergehendes Geschäft angenommen worden ist (vgl. § 38 RBG.). Er erhebt auch selbst nur Ansprüche für die Dauer des Bestehens der beiden gemischten Schiedsgerichtshöfe, denen er zugeteilt worden ist. Während ihres Bestehens würde seine Entlassung aus dem Reichsdienst wider seinen Willen — von dem Falle des Disziplinarverfahrens abgesehen — nach § 2 RBG. nur zulässig sein, wenn seine Anstellung unter dem ausdrücklichen Vorbehalt des Widerrufs oder der Kündigung erfolgt wäre. Diesen Vorbehalt der Ernennung des Klägers beizufügen, wäre der Reichsminister des Auswärtigen nicht gehindert gewesen. Er hat diesen Vorbehalt nicht gemacht und hat sich dadurch außerstande gesetzt, den Kläger durch Widerruf oder Kündigung aus dem Reichsdienst zu entlassen. Die Folgen dieser Säumnis können dem Reiche nicht abgenommen werden.

§ 2 RBG. kann hier auch nicht deshalb ausgeschaltet werden,

weil er nur auf planmäßige Reichsbeamte anzuwenden sei. Für diese im § 2 unzweifelhaft nicht zum Ausdruck gelangte Einschränkung lassen sich überzeugende Gründe nicht anführen. Die Begriffe „lebenslänglich angestellt" und „nicht planmäßig" schließen sich keineswegs aus. Auch ist der Kläger ja nicht lebenslänglich angestellt worden. Für das ihm übertragene Amt von vorübergehender Dauer konnte aber sehr wohl davon abgesehen werden, eine Planstelle zu schaffen.

Ohne daß es eines Eingehens auf die Frage bedarf, ob und inwieweit dem Kläger die Gesetzgebung zugunsten der Schwerkriegsbeschädigten zur Seite steht, ist demnach seiner Revision stattzugeben und das Berufungsurteil aufzuheben, soweit es der Klage nicht entsprochen hat. Das Kammergericht wird die einzelnen Klagansprüche daraufhin prüfen müssen, inwieweit sie sich aus der fortdauernden Reichsbeamteneigenschaft des Klägers herleiten lassen.

---

28. Ist § 1 des Gothaischen Gesetzes vom 31. Juli 1919 über Einziehung des Gothaischen Hausfideikommisses usw. mit dem Reichsrechte vereinbar?

VI. Zivilsenat. Beschl. v. 18. Juni 1925. VII B 3/23 und VI B 4/24.

Im Verfahren nach Art. 13 Abs. 2 der Reichsverfassung hat das Reichsgericht die Frage verneint mit folgender, den Sachverhalt ergebender

Begründung:

Nach der Staatsumwälzung im November 1918 war die tatsächliche Regierungsgewalt in dem vormaligen Herzogtum Sachsen-Gotha auf den Vollzugsausschuß des Arbeiter- und Soldatenrates übergegangen, an dessen Stelle im Dezember 1918 drei aus ihm hervorgegangene Volksbeauftragte traten. In den Kreisen der neuen Machthaber hielt man es für geboten, das größtenteils in fideikommissarisch gebundenem Grundbesitz bestehende Vermögen des letztregierenden Herzogs Karl Eduard und des Herzoglichen Hauses in das Eigentum des Staates überzuführen. Es wurden darüber mit dem Herzog Verhandlungen gepflogen, bei denen man ihm eine Entschädigung für den Verzicht auf seine Vermögensrechte anbot; eine Einigung kam indes nicht zustande.

Die Volksbeauftragten legten darauf der Landesversammlung einen Gesetzentwurf vor, durch den die Einziehung der in Betracht kommenden Vermögensmassen verfügt werden sollte. In der Sitzung vom 31. Juli 1919 stimmte die Mehrheit der Landesversammlung (12 gegen 7 Stimmen) dem Entwurfe zu. Er wurde als „Gesetz über die Einziehung des Gothaischen Hausfideikommiß, des Lichtenberger Fideikommiß, des Ernst-Albert-Fideikommiß, der Schmalkaldener Forsten und des Hausallods, vom 31. Juli 1919" in der Nr. 35 der Gesetzsammlung für den Staat Gotha (S. 105) veröffentlicht, die am 2. August 1919 ausgegeben wurde. Die Veröffentlichung umfaßte neben der Überschrift nur den Text des fünf Paragraphen enthaltenden Gesetzes und folgende Unterschrift: „Gotha, den 31. Juli 1919. Die Volksbeauftragten. Schauder. Grabow. Tenner."

§ 1 des Gesetzes lautet:

„Das Gothaische Hausfideikommiß, das Lichtenberger Fideikommiß, das Ernst-Albert-Fideikommiß, die Schmalkaldener Forsten und das Hausallod des ehemaligen Herzoglichen Hauses werden vorbehaltlich der Rechte anderer Staaten beschlagnahmt und in das Eigentum des Staates übergeführt.

Als Stichtag für den Eigentumsübergang gilt für das Gothaische Hausfideikommiß und das Hausallod der 1. Dezember 1918. Für das Ernst-Albert-Fideikommiß, das Lichtenberger Fideikommiß und die Schmalkaldener Forsten der 1. April 1919."

Im § 2 wurden wegen der zukünftigen Verwaltung der bezeichneten Vermögen, im § 3 wegen der rechtlichen Stellung der Beamten, im § 4 wegen der Sicherstellung des Besitzes des Staates Vorschriften gegeben. § 5 verordnete, daß alle diesem Gesetz entgegenstehenden gesetzlichen Bestimmungen aufgehoben seien.

Demnächst kam am 24. Dezember 1919 ein „Gesetz für die vorläufige Regierungsgewalt in der Republik Gotha" zustande, das in der am 10. Januar 1920 ausgegebenen Nr. 3 der Gesetzsammlung von

1920 (S. 5) veröffentlicht wurde. Im Art. 6 Abs. 1 und 2 daselbst wurde folgendes verfügt:

„Alle bisherigen Gesetze und Verordnungen bleiben in Kraft, soweit dieses Gesetz nicht entgegensteht.

Alle vom Arbeiter- und Soldatenrat, dem Vollzugsausschuß und den Volksbeauftragten in der Gesetzsammlung verkündeten Gesetze und Verordnungen sind Gesetze im Sinne dieser Vorschrift."

Zwischen der Regierung des Landes Thüringen, dessen Bestandteil das vormalige Herzogtum Sachsen-Gotha seitdem geworden ist, einerseits und dem Reichsminister des Innern, sowie der Regierung des Landes Bayern anderseits besteht Meinungsverschiedenheit darüber, ob § 1 des Gothaischen Gesetzes vom 31. Juli 1919 mit dem Reichsrecht vereinbar ist. Gemäß Art. 13 Abs. 2 der Reichsverfassung vom 11. August 1919 in Verbindung mit dem Reichsgesetze vom 8. April 1920 (RGBl. S. 510) haben am 30. Oktober 1923 das Bayerische Staatsministerium der Finanzen und am 6. März 1924 der Reichsminister des Innern die Entscheidung des Reichsgerichts angerufen und übereinstimmend den Antrag gestellt, zu entscheiden:

§ 1 des Gothaischen Gesetzes über die Einziehung des Gothaischen Hausfideikommiß, des Lichtenberger Fideikommiß, des Ernst-Albert-Fideikommiß, der Schmalkaldener Forsten und des Hausallods vom 31. Juli 1919 (Gesetzsammlung für den Staat Gotha S. 105) ist mit dem Reichsrecht nicht vereinbar.

Der Präsident des Reichsgerichts hat die Entscheidung dem VI. Zivilsenat übertragen.

Die Regierung des Landes Thüringen hat den Anträgen widersprochen, auch die Berechtigung des Landes Bayern, gemäß Art. 13 Abs. 2 RV. die Entscheidung des Reichsgerichts anzurufen, bestritten und nach § 2 des Gesetzes vom 8. April 1920 die Anordnung einer mündlichen Verhandlung beantragt. Diese hat, nachdem sich die beteiligten Zentralbehörden vorher mehrfach schriftlich zur Sache geäußert hatten, am 18. Juni 1925 stattgefunden. Der Senat hat dabei beschlossen, die beiden Anträge zur gemeinsamen Verhandlung und Entscheidung zu verbinden.

Dem Antrage des Reichsmi..isters, dessen Befugnis, ihn zu stellen, außer Zweifel steht, ist zu entsprechen.

Der Erörterung bedarf zunächst die Frage, wann das umstrittene Landesgesetz in Kraft getreten ist. Die Thüringische Regierung behauptet, dies sei am 6. August 1919 geschehen, weil im § 110 des Staatsgrundgesetzes für die Herzogtümer Coburg und Gotha vom 3. Mai 1852 (GS. Nr. 410) verordnet ist, daß jedes Gesetz, wenn in ihm nicht ausdrücklich ein anderer Zeitpunkt bestimmt wird, am vierten Tage nach dem Tage in Kraft tritt, an welchem seine Verkündigung durch das Regierungsblatt erfolgt ist. Hingegen erachtet der Reichsminister des Innern die Verkündung des Gesetzes in der am 2. August 1919 ausgegebenen Nummer der Gesetzsammlung für rechtlich unwirksam, weil dabei sowohl die Erwähnung der Zustimmung der Landesversammlung als auch die Gegenzeichnung eines Mitgliedes des Staatsministeriums fehle, und meint, das streitige Gesetz habe erst auf Grund des Art. 6 Abs. 1, 2 des Landesgesetzes vom 24. Dezember 1919 mit diesem, nämlich am 14. Januar 1920, in Kraft treten können. Da dieser Streit im Sinne der Auffassung des Reichsministers zu entscheiden ist, so ergibt sich die Folge, daß danach in erster Reihe zu prüfen ist, ob eine Verletzung der inzwischen — am 14. August 1919 — in Kraft getretenen Reichsverfassung vorliegt. Ein grundsätzliches Bedenken dagegen, im gegenwärtigen Verfahren die landesrechtliche Gültigkeit des beanstandeten Gesetzes zu untersuchen, besteht nicht; ein solches ist auch in der Entscheidung vom 26. Oktober 1921 (RGZ. Bd. 103 S. 93) für die hier zu prüfende Frage nach dem Zeitpunkt des formellgültigen Erlasses eines Landesgesetzes nicht ausgesprochen.

Die Nichterwähnung der Zustimmung der Landesversammlung ist als ein wesentlicher Mangel der am 2. August 1919 vorgenommenen Gesetzesverkündung anzuerkennen. Der von der Thüringischen Regierung vertretenen Ansicht, daß für die Beurteilung der damaligen Rechtsgültigkeit von Gesetzen lediglich die Innehabung der tatsächlichen Gewalt im Staatswesen entscheiden könne, würde für die ersten Monate nach der Staatsumwälzung vielleicht beizupflichten sein (vgl. RGZ. Bd. 102 S. 423, RGSt. Bd. 53 S. 65, Bd. 54 S. 157). Diese Zeit kommt aber hier nicht in Betracht, denn sie fand in Gotha ihr Ende mit dem Beginn der Wirksamkeit der

Landesversammlung, die am 25. März 1919 ihre erste Sitzung hielt. Gewählt war sie am 23. Februar 1919 auf Grund einer Verordnung der drei Volksbeauftragten vom 23. Januar 1919 (GS. 1919 S. 7), zu deren Erlaß diese nach der damaligen staatsrechtlichen Lage als berechtigt zu gelten haben. Daselbst war im § 1 Abs. 1 bestimmt, für den Staat Gotha solle an dem genannten Tage eine Landesversammlung gewählt werden, „die bis auf weiteres an Stelle des in dem Staatsgrundgesetz vom 3. Mai 1852 vorgesehenen Landtages für das Herzogtum Gotha ... tritt." Im § 10 war ferner bestimmt, daß die Landesversammlung durch die Volksbeauftragten einberufen werde, und daß für die Regelung ihrer Geschäfte bis auf weiteres die Geschäftsordnung des bisherigen Landtages maßgebend bleiben solle. Den in beiden Paragraphen gebrauchten Worten „bis auf weiteres" kommt für die hier anzustellende Untersuchung keine Bedeutung zu, weil während der in Betracht zu ziehenden Zeit eine Änderung der Bestimmungen nicht erfolgte. Diese sind geeignet, als Grundlage für die Beurteilung der staatsrechtlichen Lage nach dem Zusammentreten der Landesversammlung zu dienen. Ihr sollten danach dieselben Rechte zukommen, wie sie in dem ausdrücklich angeführten Staatsgrundgesetz dem Landtage eingeräumt waren. Die auf den Landtag bezüglichen Vorschriften dieses Gesetzes sollten mithin aufrechterhalten bleiben. Zu diesen gehört auch der zweite Absatz des § 108, wo es heißt:

„Zur wesentlichen Form eines Gesetzes gehört die Erwähnung der Zustimmung des Landtages zu demselben in den Verkündigungsworten."

Die Fassung der Vorschrift läßt keinen Zweifel, daß nach dem Willen des Gesetzgebers ihre Nichtbeachtung die Ungültigkeit der Verkündung und damit auch des Gesetzes, um dessen Erlaß es sich handelt, herbeiführen soll. Dieselbe Schlußfolgerung ist für das Gesetz vom 31. Juli 1919 zu ziehen. Ob die dabei vorgekommene Unterlassung der Erwähnung der Zustimmung der Landesversammlung aus bestimmter Absicht erfolgte oder lediglich auf Versehen beruhte, ist unerheblich.

Den Einwendungen, die hiergegen von seiten der Thüringischen Regierung vorgebracht sind, kann kein Gewicht beigelegt werden. Wenn tatsächlich die Volksbeauftragten oder der Arbeiter- und

Soldatenrat der Landesversammlung nicht die Stellung und die Befugnisse eingeräumt haben sollten, die sie nach dem Staatsgrundgesetz zu beanspruchen hatte, so vermag dies an der Rechtslage, die durch die Verordnung vom 23. Januar 1919 geschaffen war, nichts zu ändern. Davon, daß diese etwa durch eine neue Staatsumwälzung beseitigt worden wäre, kann keine Rede sein. Hiervon abgesehen kann aber rechtswidrigen Handlungen grundsätzlich keine rechtsbildende Kraft zuerkannt werden. Ohne Belang ist auch, in welchem Umfange sonst die Bestimmungen des Staatsgrundgesetzes nach der Revolution in Kraft geblieben sind. Eine Preisgabe der Förmlichkeiten der Gesetzesverkündung, die für die Bindung der Staatsbürger an die Gesetze von schwerwiegender Bedeutung sind, muß als ausgeschlossen gelten. Es ist auch nicht einzusehen, weshalb etwa § 108 Abs. 2 des Staatsgrundgesetzes weggefallen, dagegen der die viertägige Frist für das Inkrafttreten der Gesetze anordnende § 110, auf den sich die Thüringische Regierung selbst beruft, bei Bestand geblieben sein sollte. Beide Vorschriften wurden durch den Wechsel der Staatsform in ihrem Inhalt nicht beeinträchtigt, sie sind in einem republikanischen Staatswesen ebenso am Platze wie in einem monarchischen. Daß der Einschränkung der Regierungsmacht, die das Erfordernis, die Zustimmung der Volksvertretung bei der Gesetzesverkündung kundzutun, mit sich bringt, durch die Revolution die Bedeutung genommen worden wäre, kann nicht zugegeben werden. Ob die Gothaer Volksbeauftragten auch in anderen Verkündungsfällen jene Erwähnung unterlassen haben, erscheint unerheblich. Um so mehr, als sich eine ständige gegensätzliche Übung nicht nachweisen läßt, da nicht lange vor dem Gesetz vom 31. Juli 1919 in der Gothaischen Gesetzsammlung verschiedene andere Gesetze verkündet worden sind, bei denen die Zustimmung der Landesversammlung erwähnt wurde.

Hiernach ist festzustellen, daß die am 2. August 1919 bewirkte Verkündung des beanstandeten Gesetzes nichtig war, und daß es deshalb nicht am 6. August 1919 in Kraft treten konnte. Bei diesem Ergebnis kann unerörtert bleiben, ob etwa auch daraus, daß die Gegenzeichnung eines Mitgliedes des Staatsministeriums fehlt, die Nichtigkeit der Verkündung herzuleiten wäre.

An der nachträglichen Inkraftsetzung des Gesetzes vom 31. Juli

1919 durch Art. 6 des Landesgesetzes vom 24. Dezember 1919 kann ein Zweifel nicht wohl bestehen. Was die Förmlichkeiten der Verkündung angeht, so ist dieses Gesetz frei von Bedenken, und wenn im Art. 6 Abs. 1 von dem „in Kraft bleiben" der bisherigen Gesetze die Rede ist, so sollte damit in Ansehung solcher Gesetze, die vorher nicht ordnungsmäßig zustande gekommen waren, offenbar deren nunmehriges Inkrafttreten verordnet werden. Diese Absicht ist namentlich dem eingangs mitgeteilten Wortlaut des zweiten Absatzes im Art. 6 zu entnehmen. Für solche Fälle mag der Gesetzgeber vom 24. Dezember 1919 die Beilegung rückwirkender Kraft für den Zeitpunkt der früheren unwirksamen Verkündung beabsichtigt haben. Für die im gegenwärtigen Verfahren vorzunehmende Prüfung der Vereinbarkeit mit den Vorschriften des Reichsrechts ist aber diese rückwirkende Kraft ohne Bedeutung, denn die beanstandete landesgesetzliche Bestimmung trat, da sie vorher als solche nicht bestand, erst mit ihrer tatsächlichen Inkraftsetzung durch das Gesetz vom 24. Dezember 1919, also am 14. Januar 1920, dem Reichsrechte gegenüber, als dessen Bestandteil nunmehr die in der Zwischenzeit in Kraft getretene Reichsverfassung erscheint. Wollte man der Landesgesetzgebung die Befugnis zusprechen, in solcher Lage durch die Beilegung der rückwirkenden Kraft zu erreichen, daß die Geltung ihrer Gesetze nach den früheren Rechtsnormen beurteilt werde, so würde damit den zahlreichen neuen Rechtsgrundsätzen, welche die Reichsverfassung als Richtlinien für die Gesetzgebung des Reichs und der Länder aufgestellt hat, der Boden entzogen. Für den vorliegenden Fall kommt noch der Gesichtspunkt hinzu, daß eine Eigentumsübertragung mit rückwirkender Kraft als begrifflich ausgeschlossen zu gelten hat. Deshalb kann auch dem zweiten Absatz im § 1 des Gesetzes vom 31. Juli 1919, der für den Eigentumsübergang den 1. Dezember 1918 und den 1. April 1919 als Stichtage festsetzt, nur die Bedeutung beigemessen werden, daß die in der Zeit von den Stichtagen bis zum Inkrafttreten des Gesetzes gewonnenen Nutzungen für den Staat mit eingezogen werden sollten.

Nach alledem kommt für die gemäß Art. 13 RV. vorzunehmende Vergleichung der Stand des Reichsrechts am 14. Januar 1920 in Betracht. Der Reichsminister des Innern macht geltend, die von ihm beanstandete Gesetzesbestimmung verstoße in doppelter Hinsicht gegen die im Art. 153 Abs. 2 Satz 1 und 2 RV. für die Enteignung aufgestellten Grundsätze: einmal dadurch, daß eine Enteignung ohne jede Entschädigung ausgesprochen worden sei, sodann dadurch, daß sie nicht zum Wohle der Allgemeinheit vorgenommen worden sei.

Vorweg ist die Frage zu prüfen, ob sich der angegriffene § 1 des Gesetzes vom 31. Juli 1919 überhaupt als eine „Enteignung" darstellt, wie die angeführten Verfassungsvorschriften sie im Auge haben. Die Thüringische Regierung zieht dies in Zweifel, weil dort nur an Enteignungen im Verwaltungswege, nicht aber an solche Rechtsentziehungen gedacht sei, die unmittelbar durch Gesetz bewirkt würden; die letzteren würden durch Art. 153 Abs. 2 nicht berührt. Dieser Meinung ist nicht zu folgen. Die ganz allgemeine Fassung der Gesetzesstelle gibt keinen Anhalt für eine derartige Begrenzung ihres Inhalts, die zudem ihrer Umgehung Tür und Tor öffnen würde. Das Reichsgericht hat auch bereits mehrfach angenommen, daß eine Rechtsentziehung durch ein sie anordnendes Landesgesetz selbst gegen Art. 153 Abs. 2 RV. verstoßen kann (RGZ. Bd. 103 S. 200, Bd. 109 S. 310 flg., bes. S. 317/318, 323). In demselben Sinne hat sich im Schrifttum Martin Wolff („Reichsverfassung und Eigentum" in der Festgabe für Kahl IV S. 21) ausgesprochen.

Daß die in dem beanstandeten § 1 vorgesehene Maßnahme als Enteignung zu gelten habe, bestreitet ferner die Thüringische Regierung mit dem Vorbringen, die eingezogenen Vermögensmassen seien nicht „reines Privateigentum" des Herzoglichen Hauses gewesen. Zunächst wäre es unerheblich, wenn diese etwa zugunsten des Staates irgendwie belastet gewesen wären, und auch dann würde Art. 153 Abs. 2 RV. anwendbar sein, wenn die Rechte des Herzoglichen Hauses nicht als Eigentum, sondern als sonstige subjektive Berechtigungen dinglicher oder persönlicher Art aufzufassen wären (vgl. RGZ. Bd. 103 S. 200, Bd. 105 S. 253, Bd. 107 S. 375, Bd. 109 S. 319). Sonach würde der Einwand des Landes Thüringen nur dann beachtlich sein, wenn behauptet werden könnte, die im § 1 bezeichneten Vermögen hätten schon vor dem Erlaß des Gesetzes vom 31. Juli 1919 — das dann bedeutungslos erscheinen würde — im unbeschränkten Eigentum des Gothaischen Staates gestanden. Davon kann indes keine Rede sein. Als Eigentümer der Grundstücke war damals, wie in der mündlichen Verhandlung von den Beteiligten übereinstimmend erklärt wurde, der Herzog oder das Herzogliche Haus im Grundbuch eingetragen, sonach stritt insoweit für deren Eigentum die Rechtsvermutung des § 891 Abs. 1 BGB.

Aber auch abgesehen hiervon ist die Rechtslage völlig klar. Im Herzogtum Sachsen-Gotha war der Streit um das Domanialvermögen durch den Vertrag zwischen dem Herzog und dem Staate vom 19. Juli 1905 beendigt worden, der durch das „Gesetz betreffend die Domänenteilung" vom gleichen Tage mit Gesetzeskraft bekleidet wurde (GS. 1905 S. 81). Er hatte den ausgesprochenen Zweck, die bisherigen Meinungsverschiedenheiten und Unklarheiten zu beseitigen und durch eine Teilung des Vermögens zwischen dem Herzoglichen Hause und dem Staate für die Zukunft klare Verhältnisse zu schaffen. Mithin trägt er den Rechtscharakter eines Vergleichs, dem ohne Zweifel die Wirkung beizumessen ist, daß auf die frühere Rechtslage nichts mehr ankommt. Der Inhalt des Vertrags stellt klar, daß diejenigen Vermögensbestandteile, die bei der Teilung dem Herzoglichen Hause zugewiesen wurden, dessen Privateigentum sein sollten. Nach § 23 Abs. 1 entsagte der Staat allen Ansprüchen an diesen Vermögensteil in bezug auf Mittragung staatlicher Ausgaben und Verwaltungskosten, wogegen der Herzog für sich und seine Nachfolger dem Lande gegenüber auf alle Leistungen für die Hofhaltung und den Unterhalt der Herzoglichen Familie einschließlich der Kosten einer etwaigen Regierungsverwesung oder Statthalterschaft verzichtete. Die letztere Verbindlichkeit führte dazu, daß mittelbar der Herzog doch noch zur Tragung von Kosten beitrug, die sonst vom Staate zu tragen gewesen wären; deshalb wurde auch die Eigenschaft der Hofkammer, die nach 1905 das Domänenfideikommiß im Auftrage des Herzogs verwaltete, als öffentliche Behörde von den Gerichten anerkannt. Aber alle diese Beziehungen und rechtlichen Wirkungen erledigten sich mit dem Augenblick im November 1918, als das Herzogliche Haus zu regieren aufhörte. Denn dieser Fall war im Vertrage vom 19. Juli 1905 ausdrücklich vorgesehen. Nach § 6 Abs. 3, 4, 5 machte sich nämlich das Herzoglich Sachsen-Gothaische Gesamthaus verbindlich, falls es aufhören sollte, im Herzogtum Gotha zu regieren, bestimmte, im Grundbuche besonders zu kennzeichnende Grundstücke mit einem jährlichen Reinertrage von 96000 ℳ an das Herzogtum zu übereignen; diese Leistung war als

Ausgleich für den teilweisen Wegfall der Hofhaltungskosten gedacht. Ferner war im § 23 Abs. 2 bestimmt, die Verpflichtung zur Entrichtung von Staatssteuern vom Domänenfideikommiß, die an sich anerkannt wurde, sollte so lange ruhen, wie ein Glied des Herzoglich Sachsen-Gothaischen Gesamthauses das Herzogtum regiere. Nur in diesen Richtungen trat also mit der Staatsumwälzung eine Änderung des Rechtszustandes ein. Daß es im übrigen auch nach dem Aufhören der Regierung des Herzoglichen Hauses bei den im Vertrage vom 19. Juli 1905 getroffenen Festsetzungen bleiben sollte, entsprach unzweifelhaft den Absichten der Vertragschließenden wie auch des Gesetzgebers des Domänenteilungsgesetzes. Mit diesem Zeitpunkte sind sonach alle früher etwa denkbaren Zweifel an der Natur des Domänenfideikommisses als reinen Privateigentums beseitigt.

Bezüglich der anderen enteigneten Vermögensmassen (Lichtenberger Fideikommiß, Ernst-Albert-Fideikommiß, Schmalkaldener Forsten, Hausallod) ist ebensowenig ersichtlich, wer sonst hätte Eigentümer sein sollen, wenn nicht das Herzogliche Haus. Eines Eingehens auf Einzelheiten bedarf es nicht. Wenn der Staat aus der Entstehungsgeschichte dieser Vermögen Eigentumsansprüche für sich herleiten wollte, so wäre es seine Sache gewesen, sie zu verfolgen. Bis zum Jahre 1919 hatte er sie jedenfalls nicht durchgesetzt.

Die Frage, ob die eingezogenen Vermögensmassen ihrer rechtlichen Natur nach Gegenstand einer Enteignung zugunsten des Staates hätten sein können, ist somit ohne jede Einschränkung zu bejahen.

Die Annahme des Reichsministers, daß die — wie hiernach festzustellen — im § 1 des Gesetzes vom 31. Juli 1919 ausgesprochene Enteignung gegen Art. 153 Abs. 2 RV. verstoße, weil sie ohne jede Entschädigung erfolgt sei, ist zu billigen. Mindestens für solche Landesgesetze, die unmittelbar eine Enteignung verhängen, ist die Verfassungsvorschrift dahin auszulegen, daß das Gesetz dem Eigentümer eine angemessene Entschädigung, wenigstens dem Grunde nach, zubilligen muß, und mithin schon dann das Reichsrecht verletzt, wenn es von der Entschädigungsfrage schweigt. Denn die Anordnung im Art. 153 Abs. 2 Satz 3, daß wegen der Höhe der Entschädigung der Rechtsweg bei den ordentlichen Gerichten offen zu halten ist, ergibt, daß der Gesetzgeber die Möglichkeit eines Streites über den Grund der Entschädigungsverpflichtung garnicht in Betracht gezogen hat, sonst würde er dafür erst recht den Rechtsweg eröffnet haben. Er geht offenbar davon aus, daß der Grund dieser Verpflichtung durch das Enteignungsgesetz selbst klarzustellen ist, sodaß darüber nicht weiter gestritten werden kann, und namentlich der betroffene Eigentümer sich insoweit sein Recht nicht erst vor Gericht zu suchen braucht. Der angefochtene § 1 verstößt also schon deshalb gegen das Reichsrecht, weil er — wie auch der übrige Teil des Gesetzes vom 31. Juli 1919 — von der Entschädigungspflicht schweigt.

Es ist aber auch anzunehmen, daß der damalige Gesetzgeber dem Herzog und dem Herzoglichen Hause jede Entschädigung hat versagen wollen. In dieser Richtung gibt die Verhandlung in der 18. Sitzung der Landesversammlung vom 31. Juli 1919 (Verhandlungen 1919 Nr. 6 S. 152—172) volle Gewißheit. Der Antrag des demokratischen Abgeordneten Dr. Gutmann (S. 154), die Regierung um Vorlage eines abgeänderten Entwurfs zu ersuchen, in welchem der dem Herzog mit Schreiben vom 13. Juni 1919 gemachte Vorschlag einschließlich der gebotenen Abfindung dem Gesetze zugrunde gelegt wird, kam zwar nicht zur Abstimmung, wurde aber in verneinendem Sinne auf die Weise erledigt, daß die über eine Abfindung schweigende Regierungsvorlage gegen die Stimmen der bürgerlichen Abgeordneten angenommen wurde (S. 172). Besonders sei noch auf die nachstehende, von dem demokratischen Abgeordneten Krüger in jener Sitzung getane Äußerung (S. 169) hingewiesen: „Der Unterschied zwischen diesen Körperschaften — gemeint sind der Arbeiter- und Soldatenrat und die Landesregierung — und uns ist nur der, daß sie ohne und wir mit Entschädigung enteignen wollen, wie es ja auch der Reichsverfassungsentwurf vorschreibt." Die Gothaische Regierung hat denn auch ihrer unter dem 23. August 1919 an den Reichsjustizminister gerichteten Anfrage die Auffassung zugrunde gelegt, daß die Eigentumsentziehung ohne Entschädigung erfolgt sei. Daß dies der Wille des Gesetzgebers war, kann sonach mit Fug nicht bezweifelt werden.

Diese Erwägungen reichen aus, um darzutun, daß die beanstandete landesrechtliche Vorschrift mit dem Reichsrechte nicht vereinbar ist. Mithin bedarf es nicht noch des Eingehens darauf, ob Art. 153 Abs. 2 RV. auch insoweit verletzt ist, als er bestimmt, daß eine Enteignung nur zum Wohle der Allgemeinheit vorgenommen werden könne. Ebenso kann dahinstehen, ob der angegriffenen Vorschrift etwa auch sonstige Bestimmungen des Reichsrechts, insbesondere Art. 109 des Einführungsgesetzes zum Bürgerlichen Gesetzbuch, entgegenstehen.

Ist hiernach dem Antrage des Reichsministers des Innern stattzugeben, so erledigt sich damit auch der von der bayerischen Regierung gestellte Antrag. Von der Entscheidung der Frage, ob sie nach Art. 13 Abs. 2 RV. berechtigt war, ihn zu stellen, ist deshalb abzusehen.

---

29. 1. Ist das braunschweigische Grundsteuergesetz vom 26. Februar 1923 (GuVBl. S. 37) mit den Art. 173, 138 der Reichsverfassung insoweit vereinbar, als es die bisherige, auf Gesetz beruhende Freiheit des Grundbesitzes der Kirchen, Pfarren und Pfarrwitwentümer der evangelisch-lutherischen Landeskirche in Braunschweig von Staatssteuern beseitigt hat?

2. Ist die in jenem Gesetz ausgesprochene Aufhebung der Freiheit jenes Grundbesitzes von den Kommunalsteuern mit den genannten Verfassungsvorschriften vereinbar?

IV. Zivilsenat. Beschl. v. 20. Juni 1925. IV Tgb. 83/25.

Im Verfahren nach Art. 13 Abs. 2 der Reichsverfassung hat das Reichsgericht die erste Frage verneint, die zweite Frage bejaht mit folgender, den Sachverhalt ergebender

Begründung:

I. Der Grundbesitz der Kirchen, Pfarren und Pfarrwitwentümer der ev. luth. Landeskirche in Braunschweig war von altersher in gewissem Umfang von der Grundsteuer befreit. Diese Steuerfreiheit ist durch das braunschweigische Staatsgesetz vom 26. Februar 1923 (GuVS. S. 37) in erheblichem Maße eingeschränkt worden. Nach § 2d ist nur noch den dem öffentlichen Gottesdienst dauernd gewidmeten Gebäudegrundstücken Steuerfreiheit gewährt. Die Kirchenregierung der braunschweigischen Landeskirche und der deutsche evangelische Kirchenausschuß sind abweichend von der Auffassung des braunschweigischen Finanzministers der Ansicht, daß die bisherige Gewährung der Steuerfreiheit eine „Staatsleistung" im Sinne der Art. 138, 173 RV. bedeute, und daß deshalb ihre Aufhebung mit diesen Verfassungsbestimmungen nicht vereinbar sei. Der Reichsminister des Innern hält die Frage für zweifelhaft und hat, gestützt auf Art. 13 Abs. 2 RV. und das zu seiner Ausführung ergangene Gesetz vom 8. April 1920 (RGBl. S. 510), bei dem Präsidenten des Reichsgerichts den Antrag gestellt:

Das Reichsgericht wolle entscheiden, ob das braunschweigische Grundsteuergesetz vom 26. Februar 1923 insoweit mit den Art. 173 und 138 RV. vereinbar ist, als es unter Beseitigung der bisherigen Steuerbefreiung auf den Grundbesitz der braunschweigischen evangelisch-lutherischen Landeskirche Anwendung findet.

Der Präsident des Reichsgerichts hat zur Entscheidung dieser Frage den IV. Zivilsenat bestimmt.

II. Bestehen Zweifel oder Meinungsverschiedenheiten darüber, ob eine landesrechtliche Vorschrift mit dem Reichsrecht vereinbar ist, so kann die zuständige Reichs- oder Landeszentralbehörde nach näherer Vorschrift eines Reichsgesetzes die Entscheidung eines obersten Gerichtshofes des Reichs anrufen (Art. 13 Abs. 2 RV.). Zur Ausführung erging das Gesetz vom 8. April 1920 (RGBl. S. 510), das im § 1 ganz allgemein bestimmt: Für die Entscheidungen auf Grund des Art. 13 Abs. 2 der Verfassung des Deutschen Reiches ist das Reichsgericht zuständig. Vorher war schon im § 6 des Landessteuergesetzes vom 30. März 1920 (RGBl. S. 402) verordnet, daß im Falle von Meinungsverschiedenheiten zwischen dem Reichsminister der Finanzen und einer Landesregierung über die Frage, ob eine landesrechtliche Steuervorschrift mit dem Reichsrecht vereinbar sei, auf Antrag des Reichsministers der Finanzen oder der Landesregierung der Reichsfinanzhof entscheiden solle. Gegenüber dem Gesetz vom 8. April 1920 bedeutet diese Regelung eine Ausnahme von der Zuständigkeit des Reichsgerichts.

Der Reichsminister der Finanzen hat in seinem Schreiben an den Reichsminister des Innern vom 16. Februar 1925 Zweifel hinsichtlich der Tragweite des § 6 des Landessteuergesetzes (jetzt des Finanzausgleichsgesetzes, vgl. Art. VII des Gesetzes vom 23. Juni

1923, RGBl. I S. 483, und Bekanntmachung vom 23. Juni 1923 I S. 494) geltend gemacht. Dem Wortlaut nach enthielt der § 6, wie in dem vom Reichsminister der Finanzen vorgelegten Gutachten vom 13. Februar 1925 zutreffend ausgeführt ist, gegenüber dem Art. 13 Abs. 2 RV. zwei Einschränkungen. Nach letzterer Vorschrift ist nämlich die Anrufung des obersten Gerichtshofs zulässig sowohl im Falle von Zweifeln, wie im Falle von Meinungsverschiedenheiten, während § 6 des Finanzausgleichsgesetzes nur von Meinungsverschiedenheiten spricht. Nach § 6 des Finanzausgleichsgesetzes müssen ferner die Meinungsverschiedenheiten gerade zwischen dem Reichsminister der Finanzen und einer Landesregierung bestehen, während es nach Art. 13 Abs. 2 RV. genügt, wenn Zweifel oder Meinungsverschiedenheiten zwischen irgendwelchen sonstigen Stellen bestehen, die an der Angelegenheit ein Interesse haben, z. B. Gerichten, Verwaltungsbehörden, Kirchenbehörden, Parlamenten usw. (RGZ. Bd. 106 S. 34; Triepel, Streitigkeiten zwischen Reich und Ländern, in der Festgabe für Kahl S. 67). Im vorliegenden Falle bestehen, wie in dem erwähnten Gutachten hervorgehoben ist, Meinungsverschiedenheiten zwischen dem Reichsminister der Finanzen und der braunschweigischen Landesregierung nicht, wohl aber zwischen dieser und den oben genannten Kirchenbehörden. In dem Gutachten wird ausgeführt, die Wortfassung des § 6 des Finanzausgleichsgesetzes sei zu eng. Die prozessualen Voraussetzungen der Anrufung des obersten Gerichtshofes in Steuersachen könnten keine anderen sein, als die im Art. 13 Abs. 2 RV. aufgestellten. Die gegenteilige Auffassung würde dazu führen, daß materiell gleichliegende Fälle einmal vom Reichsgericht und ein anderes Mal vom Reichsfinanzhof entschieden würden, je nachdem, ob im Einzelfalle zwar Zweifel, aber keine Meinungsverschiedenheiten, oder zwar Meinungsverschiedenheiten, aber nicht gerade zwischen dem Reichsminister der Finanzen und einer Landesbehörde bestünden.

Dieser Auffassung kann nicht beigetreten werden.

Der § 6 des Finanzausgleichsgesetzes muß im Zusammenhang mit den vorhergehenden Bestimmungen gewürdigt werden. Er gibt die Mittel an die Hand, um die in den §§ 1—5 über das Verhältnis der Reichssteuern zu den Steuern der Länder und der Gemeinden aufgestellten Grundsätze zur Durchführung zu bringen. In den Fällen der §§ 1 und 2 soll das im § 6 Abs. 1, in den Fällen der §§ 3 und 4 das in § 6 Abs. 2 geordnete Verfahren Anwendung finden. Diese Regelung ist, wie der Wortlaut und die Begründung des Gesetzes ergeben, eine erschöpfende (vgl. Begründung S. 27/28, abgedruckt bei Markull, Kommentar S. 173; übereinstimmend Markull a. a. O. S. 177, 178; vgl. auch RGZ. Bd. 109 S. 315). Sie bedeutet danach allerdings eine Einschränkung gegenüber Art. 13 Abs. 2 RV. Zur Entscheidung anderer als der in § 6 des Finanzausgleichsgesetzes geregelten Fälle ist und bleibt aber das Reichsgericht zuständig.

Der Reichsminister des Innern hatte zur Prüfung gestellt, ob nicht die Zuständigkeit des Reichsfinanzhofs lediglich für das Verhältnis zwischen landesrechtlichen und reichsrechtlichen Steuervorschriften gegeben sei. Demgegenüber ist in dem mehrfach erwähnten Gutachten zutreffend ausgeführt, daß es nach dem klaren Wortlaut des § 6 des Finanzausgleichsgesetzes unerheblich sei, ob das Reichsrecht, mit dem die landesrechtliche Vorschrift unvereinbar sein solle, Reichssteuerrecht, insbesondere Finanzausgleichsrecht, Reichsverfassungsrecht oder sonstiges Reichsrecht sei.

Alle diese Fragen spielen aber im vorliegenden Falle keine entscheidende Rolle. Denn Voraussetzung der Zuständigkeit des Reichsfinanzhofs ist nach dem Gesagten, daß der Reichsminister der Finanzen bei ihm den Antrag auf Entscheidung stellt. In allen anderen Fällen ist die Zuständigkeit des Reichsgerichts begründet. Es ist deshalb sogar zweifelhaft, ob das Reichsgericht sich in dem Falle für unzuständig erklären könnte, wenn der Reichsminister der Finanzen es in einer Steuersache im Sinne des § 6 des Finanzausgleichsgesetzes anriefe. Jedenfalls ist es im vorliegenden Falle zuständig, in dem der Reichsminister des Innern im Einverständnis mit dem Reichsminister der Finanzen seine Entscheidung beantragt hat.

III. 1. Wenn man den Begriff der „Staatsleistungen" in den Art. 138, 173 RV. im buchstäblichen Sinne versteht, so bedeutet er lediglich die Beiträge des Staates zu den sächlichen und persönlichen Kultuskosten der Religionsgesellschaften, mögen sie in Geldzahlungen oder Naturalleistungen bestehen. Man kann nicht, wie die braunschweigische Kirchenregierung im Schreiben an den deutschen evangelischen Kirchenausschuß vom 25. Juli 1924 unter Hinweis auf

§ 241 BGB. meint, von einem Anspruch der Kirche auf Unterlassung der Steuererhebung sprechen. Ein solcher Anspruch würde ein zwischen Kirche und Staat bestehendes Schuldverhältnis voraussetzen. Davon kann keine Rede sein. Es handelt sich um nichts weiter, als um eine, auf der Grundlage der Immunität der Kirche entstandene Ausnahmebestimmung (Exemtion), kraft deren die Kirche von gewissen öffentlichen Lasten befreit ist, die den übrigen Staatsgenossen obliegen (vgl. RGZ. Bd. 87 S. 201 und über die Entwicklung der Steuerfreiheit in den verschiedenen Staaten: Richter-Dove-Kahl, Kirchenrecht § 30, Friedberg dsgl. § 168, Sägmüller dsgl. II § 194). Dagegen steht rechtlich nichts im Wege, den Begriff der Staatsleistungen über den Wortlaut hinaus ausdehnend auszulegen, wenn sich ergibt, daß man bei buchstäblicher Auslegung dem Sinne des Gesetzes, wenn es auch die Verfassung ist, nicht gerecht werden würde (RGZ. Bd. 2 S. 110, Bd. 90 S. 57, Bd. 93 S. 5). Und dabei kann allerdings § 241 BGB. insofern eine gewisse Bedeutung gewinnen, als aus ihm zu entnehmen ist, daß in der deutschen Rechtssprache der Begriff der Leistung auch ein Unterlassen bedeuten kann. Eine solche ausdehnende Auslegung ist aber hier veranlaßt. Der Bericht des Verfassungsausschusses der Nationalversammlung (Bd. 336 Nr. 391 S. 190 flg.) und die Verhandlungen der Nationalversammlung selbst in der 59. Sitzung, S. 1648 flg., lassen deutlich erkennen, daß es der Zweck der Art. 138, 173 sein sollte, die vermögensrechtliche Stellung der Kirche, so weit sie auf dem bisherigen Zusammenhang mit dem Staate beruht, bis zur Neuregelung des finanziellen Verhältnisses zwischen Staat und Kirche aufrecht zu erhalten. Der Antrag auf Einfügung des Art. 173 ist von dem Abgeordneten Dr. Kahl in der 59. Sitzung der Nationalversammlung (S. 1648) gestellt worden. Zur Begründung führte er aus, es sei für die evangelische und die katholische Kirche von gleich großer Bedeutung, daß für den Zwischenzustand (bis zur Ablösung der Staatsleistungen), welcher Jahre, vielleicht Jahrzehnte dauern könne, wenigstens der bisherige Rechtszustand sichergestellt werde. Er habe alle Veranlassung, dies zu betonen. Es seien ihm Klagen aus verschiedenen Einzelstaaten zugestellt, in denen man in der Zwischenzeit die Staatsleistungen kurzerhand für den Staatssäckel eingezogen habe. Das sei contra bonam fidem. Deshalb müsse festgestellt werden, daß, bis die Reichsgesetzgebung diese Ablösung näher regele, die bisherigen Staatsleistungen ihren gewöhnlichen Weg weitergingen. Das ist auch der Standpunkt der übrigen Abgeordneten, die sich zu der Frage geäußert haben. Z. B. sagte Dr. Naumann im Verfassungsausschuß: Die Konsequenz des Antrags Groeber (Nr. 91 S. 175) sei die, daß vom Staat in Zukunft, nachdem einmal Inventur gemacht und Ablösung erfolgt sei, keine Mittel mehr für die Kirche aufzuwenden seien. Es müsse eine „gerechte Ablösung" erfolgen, die die Kirche lebensfähig erhalte. Aus diesem Grunde müsse die Kirche auch das Besteuerungsrecht behalten (S. 203); vgl. ferner Dr. Harnack S. 191, Düringer S. 194 und Groeber in der Plenarsitzung S. 1655. Das Besteuerungsrecht der Kirche ist dann auch im Art. 137 Abs. 6 ausdrücklich festgelegt. Das gestattet aber nicht etwa ein argumentum e contrario zum Nachteil der bisherigen Steuerfreiheit der Kirche. Von der letzteren ist in den ganzen Verhandlungen nirgendwo die Rede. Nur einmal wurde die Frage berührt von dem Abgeordneten Kuhnert (59. Sitzung S. 1659), der verlangte, daß das Vermögen der Kirchen mit den höchsten Steuersätzen belegt, eventuell daß es konfisziert werde.

Nun ist es gewiß richtig, daß das Recht zur Erhebung der öffentlichen Abgaben ein Ausfluß der Finanzhoheit des Staates ist, und daß es deshalb in der Macht des Staates steht, eine einmal gesetzlich bewilligte kirchliche Steuerfreiheit durch ein späteres Gesetz ohne Entschädigung aufzuheben. Diese Befugnis kann aber durch ein Reichsgesetz, insbesondere die Reichsverfassung, eingeschränkt werden. Das ergibt sich aus § 1 des Finanzausgleichsgesetzes, der bestimmt, daß die Länder und Gemeinden berechtigt seien, Steuern nach Landesrecht zu erheben, soweit nicht die Reichsverfassung und die gemäß der Reichsverfassung erlassenen reichsrechtlichen Vorschriften entgegenstehen. Soweit also die bestehende Steuerfreiheit der Kirche als Staatsleistung im Sinne des Art. 173 RV. anzusehen ist, kann sie nicht durch ein Landesgesetz vor der Ablösung beseitigt werden. Die geschichtliche Entwicklung in Braunschweig ergibt nun in der Tat, daß die Befreiung von der staatlichen Grundsteuer ihrem Wesen nach einer Staatsleistung, die der Kirche zur Erfüllung ihrer Aufgaben gewährt wird, gleichzustellen ist, daß sie mit anderen

Worten einen organischen Bestandteil der zwischen Staat und Kirche bestehenden vermögensrechtlichen Beziehungen bildet.

2. Die Grundsteuerfreiheit der Kirchen, Pfarren und Pfarrwitwentümer geht nach den Mitteilungen der braunschweigischen Kirchenregierung auf die Kirchenordnung des Herzogs Julius vom Jahre 1569 zurück. v. Schmidt-Phiseldek, das evangelische Kirchenrecht des Herzogtums Braunschweig, erwähnt als älteste Urkunde darüber den Landtagsabschied vom 3. Juni 1597 (§ 112 Anm. 14 S. 296). Die erneuerte Kirchenordnung des Herzogs Anton Ulrich vom Jahre 1709 — Neudruck Braunschweig 1862 — bestimmt im cap. XIV zu IV: „So sollen auch die Prediger und ihre Witwen mit keinen Reichs- und Creyßsteuern, ordinar- und extraordinaren Landesanlagen, Kopfsteuern und dergleichen, wie die Nahmen haben können, beleget werden, sondern davon beständig eximiret und befreyet seyn" und unter Nr. V: „Die Kirchen- und Pfarr-Witwen-Häuser wie auch die darinnen wohnenden Prediger- und Küster-Witwen, seyend von oneribus publicis frey, wie auch der inquilinus, wenn auf Vergünstigung die Witwe ihren Witwengehalt an einem anderen Ort genüsset und das Haus vermiehtet" (vgl. auch cap. XVI Nr. II). Diese Vorschriften galten bis zur französischen (königlich westfälischen) Fremdherrschaft. Nach deren Beendigung wurde der Zustand durch § 5 der Verordnung vom 21. Juli 1814 (GuVS. S. 300) und § 16 der Verordnung vom 29. Oktober 1821 (S. 159) im wesentlichen wieder hergestellt. In § 39 der Neuen Landschaftsordnung (Verfassung) vom 12. Oktober 1832 (S. 191) ist die Steuerfreiheit ausdrücklich anerkannt. Es heißt dort: „Das Grundeigentum .... der Kirchen und übrigen frommen Stiftungen, soweit dasselbe jetzt von den ordentlichen Steuern befreit ist, ist frei von Staatslasten." Durch Gesetz vom 24. August 1849 (S. 189) wurde eine allgemeine Grundsteuer eingeführt. In diesem Gesetz war eine Befreiungsvorschrift für Kirchen, Pfarren und Pfarrwitwentümer nicht mehr enthalten. Vielmehr bestimmte der § 97, daß den kirchlichen Körperschaften als Ersatz für den Fortfall der Grundsteuerfreiheit eine Entschädigung auszuzahlen sei. Die Entschädigung sollte das 25fache der bei Einführung der neu zu veranlagenden Grundsteuer zu erhebenden Jahressteuer betragen. Die Aufhebung der Steuerfreiheit erfolgte, weil man annahm, daß sie gegen § 173 der

Frankfurter Reichsverfassung verstoße. Darin war bestimmt, die Besteuerung solle so geordnet werden, daß die Bevorzugung einzelner Stände und Güter in Staat und Gemeinde aufhöre. Die Vorschrift des § 97 des Gesetzes vom 24. August 1849 kam aber nicht zur Ausführung. Es erging vielmehr das Gesetz vom 20. April 1855 (S. 141), das in seinem § 1 bestimmte: „Die Grundbesitzungen der Kirchen, Pfarren, Pfarrwitwentümer, Schulen und milden Stiftungen, welche gegenwärtig steuerfrei sind, ... sollen auch nach der Einführung des neuen Grundsteuersystems von der allgemeinen Grundsteuer befreit sein. Der § 97 des Gesetzes vom 24. August 1849 .... tritt daher nicht in Wirksamkeit." Dieser Zustand dauerte bis zum Erlaß des Gesetzes vom 26. Februar 1923.

Man kann danach in der Tat mit dem Reichsminister des Innern sagen, daß die im Jahre 1855 wiederum eingeführte Steuerfreiheit an die Stelle einer durch das Gesetz von 1849 bestimmten Leistungspflicht getreten ist. Jedenfalls muß gesagt werden, daß die Steuerbefreiung wirtschaftlich wie eine Staatsleistung wirkte und wirken sollte. Dieser Standpunkt ist bei den Landtagsverhandlungen über die Gesetze von 1849 und 1855 deutlich zum Ausdruck gekommen.

In der Landtagsverhandlung vom 28. April 1849 (13. Sitzung), veröffentlicht in dem braunschweiger Anzeiger, Beilage zum 107. Stück, erklärte der Regierungsvertreter Geheimrat von Geyso, der den Standpunkt vertrat, daß die Steuerbefreiungen mit der Reichsverfassung nicht in Widerspruch stünden, die Regierung habe auf eine Beschränkung der Steuerbefreiungen der Kirchen, Pfarren usw. nicht eingehen können, da die Befreiungen auf wohlerworbenen Rechten beruhten und nur gegen Entschädigung aufgehoben werden könnten. Der Abgeordnete Trieps führte aus, ob die bestehende Steuerbefreiung ein ursprüngliches Recht sei, könne vielleicht in Zweifel gezogen werden, aber im Verlaufe der Zeiten sei sie ein Recht geworden, wie die alte Gesetzgebung, die Verordnung vom Jahre 1821 und das Grundgesetz vom Jahre 1832, erkennen ließen. Es würde dem Geiste der Reichsverfassung (von 1849) stracks zuwiderlaufen, wenn man die Emanzipation der Kirche damit beginne, daß man ihr einen Teil ihres Vermögens nehme.

In der 14. Sitzung vom 30. April 1849 (Beilage zu Stück 106

des Anzeigers) machte der Abgeordnete von Campe ähnliche Ausführungen.

Der zweite Kommissionsbericht vom 3. Juni 1849 (Anl. 1 zu Nr. 29 der Landtagsverhandlung S. 8flg.) spricht aus, die Steuerbefreiung der Kirchen könne nicht ohne Entschädigung aufgehoben werden. Denn sie beruhe keineswegs auf einem bloß faktischen Verhältnis. Das wird näher dargelegt. Nachher heißt es: Ob das Recht der Steuerfreiheit als ein Recht privater Natur nur gegen volle Entschädigung aufgehoben werden könne, oder ob die öffentliche Seite dieses Rechtsverhältnisses sich mehr in den Vordergrund stelle, werde immer eine bestrittene Frage bleiben. Soviel aber scheine der Kommission außer Zweifel zu sein, daß es, wenn nicht wider das Recht, doch gegen alle Billigkeit verstoßen würde, wenn die verfassungsmäßig garantierte Steuerbefreiung ohne weiteres zur Aufhebung gebracht werden sollte. Auch dürfe nicht übersehen werden, daß der Staat, welcher bekanntlich schon jetzt erhebliche Zuschüsse zu der Besoldung der Pfarrer und Schullehrer leiste, an vielen Stellen (durch Aufhebung der Steuerfreiheit) mit der einen Hand das nehmen würde, was er mit der anderen Hand wieder zu geben hätte.

Im Gegensatz dazu wurde in demselben Kommissionsbericht die Ablehnung zweier Anträge vorgeschlagen, die gewissen später mit dem Herzogtum Braunschweig vereinigten Gemeinden ihre im bisherigen Staatsverbande genossene Steuerfreiheit vorbehalten wollten (S. 11, 13). Begründet wurde der Ablehnungsvorschlag damit, daß der lediglich faktische Bestand irgendeines Steuersystems dem einzelnen im Gegensatz zur gesetzgebenden Gewalt nicht das Recht auf dessen immerwährende Beibehaltung gewähren könne.

Nach demselben Kommissionsbericht waren Anträge gestellt worden, in das Gesetz eine die Entschädigung für die aufzuhebenden Befreiungen regelnde Bestimmung aufzunehmen. In der Landtagsverhandlung vom 13. Juni 1849 (Nr. 35 der Drucksachen, Beilage zu Stück 148 des Anzeigers) wurde vorgeschlagen, einstweilen über die Entschädigungsfrage Beschluß nicht zu fassen. Gegen den Antrag wandten sich vier Abgeordnete, indem sie, wie schon in der Kommissionsverhandlung vom 28. April 1849, geltend machten, daß die Steuerfreiheit bis zum Jahre 1807 als wohlerworbenes Recht anzusehen und in den Landesverfassungen von 1821 und 1832 ausdrücklich anerkannt sei.

Zur Abstimmung kam es erst in der 36. Sitzung vom 15. Juni 1849. In dieser bekämpfte der Abgeordnete Schmidt den Aussetzungsantrag. Er ging dabei ebenfalls von der Auffassung aus, daß die Steuerbefreiung in den wiederholt erwähnten älteren Gesetzen eine Anerkennung gefunden habe, aus welcher ein gerichtlich verfolgbares Recht der Kirchen hervorgegangen sei. Er führte weiter aus, die Staatsgewalt sei nun zwar nicht in der Lage, nach Maßgabe der Bestimmungen der Grundrechte und der Reichsverfassung die Steuerbefreiung selbst fortbestehen zu lassen; auch könne, da die Reichsgesetzgebung über die Regelung dieser Verhältnisse bestimmte Vorschriften nicht enthalte, dieselbe vielmehr der Landesgesetzgebung überlasse, nicht behauptet werden, daß den Kirchen auf eine bestimmte Entschädigung noch jetzt ein gerichtlich verfolgbares Recht zustehe. Gleichwohl habe der Staat die moralische Verpflichtung, eine Entschädigung nicht zu versagen. In Betracht der früheren staatsrechtlichen Verhältnisse werde damit ein unbestreitbares Gebot der Billigkeit erfüllt. Der Staat dürfe der Kirche die Mittel nicht nehmen, welche sie zur Erfüllung ihrer Zwecke und zur Hebung ihres Ansehens im Volke bedürfe. Ähnlich äußerten sich zwei andere Abgeordnete. Der Kommissionsantrag auf Einfügung des § 97 wurde dann gegen 13 Stimmen angenommen (Anlage 1 zu Nr. 53). Der Bericht des Landtages vom 17. Juli 1849 wiederholte schließlich die in den Verhandlungen für die Entschädigung angeführten Gründe. In dem Schreiben vom 23. Juli 1849 (Anlage 2 zu Nr. 58) vertrat das braunschweigische Staatsministerium den Standpunkt, daß die Aufhebung der Grundsteuerfreiheit der kirchlichen Körperschaften nur durch ein verfassungsmäßiges Gesetz erfolgen könne, da die Grundsteuerfreiheit verfassungsmäßig festgesetzt sei. Der Landtag erkannte diese Bedenken an und wiederholte die Abstimmung, wobei sich die im § 141 des Landesgrundgesetzes (von 1832) vorgeschriebene Mehrheit ergab (46 gegen 2 Stimmen; 61. Sitzung vom 1. August 1849 S. 340).

Als dann das braunschweigische Staatsministerium am 30. November 1854 den Antrag auf Bestehenbleiben der Grundsteuerfreiheit stellte, sprach sich der Kommissionsbericht vom 17. Februar 1855

(Anlage 2 zu Nr. 7) für die Annahme aus. Unter anderem ist dort ausgeführt: die Erträge dieser Grundstücke (der Kirchen usw.) seien keineswegs zur Befriedigung von Privatbedürfnissen, sondern für Zwecke bestimmt, deren Erreichung von Staatswegen überwacht und dadurch gesichert würde, daß, wenn zu ihrer Erfüllung das eigene Vermögen der Kirchen usw. nicht ausreiche, teils durch Verwendung von Staatsmitteln, teils durch gesetzlich regulierte Heranziehung der Gemeinden usw. nachgeholfen werde. Wie sehr aber eine derartige Nachhilfe erforderlich sei, ergebe sich aus den bedeutenden Summen, welche alljährlich aus dem (säkularisierten) Klosterfonds zugeschossen und in Gemeinden, namentlich für Kirchen-, Pfarr- und Schulbauten aufgebracht würden. Die aus der Steuerbelastung des Stiftungsvermögens der Staatskasse zuzuwendenden Mehreinnahmen und die daraus etwa zu folgernde entsprechende Steuerentlastung der Landeseinnahmen würde also durch Vermehrung der notwendigen Zuschüsse zu dem Bedarfe der Stiftungen wieder beseitigt werden, sei es, daß diese Zuschüsse durch Vermittlung der Staatskasse oder durch direkte Heranziehung der Beteiligten herbeigeschafft würden.

Aus alledem ergibt sich unzweideutig, daß die Steuerfreiheit der Kirchen, Pfarren und Pfarrwitwentümer in Braunschweig einen wesentlichen Teil derjenigen Unterstützung bildete, die der Staat der Kirche zur Bestreitung ihrer Bedürfnisse gewährte, und daß er, wenn sie nicht bestanden hätte, statt ihrer entsprechende Leistungen an die Kirche hätte machen müssen. Es liegt daher durchaus im Sinne der Art. 173, 138 RV., die Steuerfreiheit der Grundstücke der Kirche in Braunschweig, soweit es sich um die Staatssteuer handelt, ebenso wie wirkliche Staatsleistungen zu behandeln.

3. Da die Steuerfreiheit der Kirche auf Gesetz beruhte, war die braunschweigische Regierung nicht befugt, sie vor Erlaß des Ablösungsgesetzes aufzuheben. Voraussetzung ist nicht, daß die auf Gesetz beruhenden Staatsleistungen dem Rechtsweg unterliegen. Solche privatrechtliche Ansprüche (über die Bedeutung dieses Begriffes auf dem Gebiet des Kirchenrechts vgl. Urteil des Reichsgerichts vom 15. Mai 1922, JW. 1922 S. 1579 Nr. 5 unter Nr. 2) hätten des Schutzes der Art. 138, 173 nicht einmal bedurft. Wollte man diese Vorschriften, wie die braunschweigische Regierung will, nur auf privatrechtliche Ansprüche beziehen, so würden von den Art. 138,

173 RV. die wichtigsten gesetzlichen Staatsleistungen, z. B. die auf dem preußischen Gesetz betreffend die Bereitstellung von Mitteln zu Diensteinkommensverbesserungen für die Geistlichen der evangelischen Landeskirche und die katholischen Pfarrer vom 26. Mai 1909 (GS. S. 85) beruhenden Leistungen nicht getroffen. Damit soll aber nicht gesagt sein, daß etwa die auf den jährlichen Staatshaushaltsgesetzen beruhenden Dotationen ohne weiteres als gesetzliche Staatsleistungen im Sinne der Art. 138, 173 RV. angesehen werden können (vgl. dazu die Ausführungen des Abgeordneten Dr. Naumann in der 59. Plenarsitzung der Nationalversammlung S. 1654).

Ebenso ist es für die Anwendbarkeit der Art. 138, 173 gleichgültig, ob die Steuerfreiheit aus „Liberalität", aus „Billigkeitserwägungen" gewährt ist. Es genügt, daß die Staatsleistung auf Gesetz beruht. Die Staatsleistungen sind zum großen Teil durch Billigkeitserwägungen veranlaßt.

Nach braunschweigischem Staatskirchenrecht sind sämtliche Kirchen, Pfarren und Pfarrwitwentümer selbständige juristische Personen (v. Schmidt-Phiseldeck a. a. O. § 112 S. 299). Deshalb bezeichnet der braunschweigische Finanzminister es als unrichtig, Pfarren und Pfarrwitwentümer als „Religionsgesellschaften" im Sinne der Art. 138, 173 RV. anzusehen. Er meint, dies ergebe sich einmal schon aus ihrer Eigenschaft als selbständiger juristischer Personen, ferner aber auch aus dem inneren Gegensatz der Religionsgesellschaften einerseits und der Pfarren und Pfarrwitwentümer anderseits. Es sei zwar berechtigt, den Kirchen als solchen, dem öffentlich-rechtlichen Verband als Träger öffentlicher Aufgaben, mit Rücksicht auf seinen unmittelbaren gemeinnützigen Charakter bestimmte Ansprüche zu gewährleisten, nicht aber den nur mittelbar religiösen Zwecken dienenden Anstalten, wie Pfarren und Pfarrwitwentümern, die im Grunde nur als Versorgungsanstalten der Geistlichen und ihrer Hinterbliebenen anzusehen seien. Es liegt auf der Hand, daß diese Unterscheidung jeglicher Berechtigung entbehrt. Wenn die Art. 138, 173 von den auf Gesetz, Vertrag oder besonderen Rechtstiteln beruhenden Staatsleistungen an „die Religionsgesellschaften" sprechen, so verstehen sie darunter alle Beiträge, die von den Ländern an die betreffenden Kirchengemeinschaften zur Bestreitung der sächlichen und persönlichen Kultuskosten geleistet werden, ohne Rücksicht darauf, welche Institute der Kirche im einzelnen Falle Träger der Berechtigungen sind (vgl. über die verschiedenen Auffassungen hierüber Urteil des Reichsgerichts vom 20. Oktober 1913 IV 277/13 S. 6, abgedruckt im Archiv für katholisches Kirchenrecht Bd. 94 S. 138, und die dort zitierte Literatur). Es ist keinerlei Grund ersichtlich, weshalb nicht die Leistungen des Staates für die Diener der Religionsgesellschaft der Entschädigungspflicht unterworfen sein sollten. Ohne solche Diener kann die Kirche nicht bestehen. Würde man anderer Ansicht sein, so würde sich überdies das unannehmbare Ergebnis herausstellen, daß in einem Lande, wo die Kirchengemeinde als solche Trägerin der kirchlichen Rechte und Pflichten ist, wie z. B. in Preußen, eine solche Entschädigung stattzufinden hätte, in Ländern dagegen, in denen wie in Braunschweig die Pfarre selbständiges Rechtssubjekt ist, nicht. Indem der Art. 138 sagt, daß das Reich die Grundsätze für die Ablösung aufstellt, bringt er zum Ausdruck, daß diese in den Ländern sich nach einheitlichen Grundsätzen vollziehen soll.

Die Art. 138, 173 regeln nur das vermögensrechtliche Verhältnis zwischen Kirche und Staat, nicht zwischen Kirche und Gemeinde und sonstigen Kommunalverbänden. Die bisherigen Leistungen des Staates bleiben bis zum Erlaß des Ablösungsgesetzes bestehen. Wenn deshalb auch die Kirchen, Pfarren und Pfarrwitwentümer, wie in der Denkschrift des braunschweigischen Finanzministers anerkannt ist (vgl. auch v. Schmidt-Phiseldeck a. a. O. § 112 S. 297) in gewissem Umfange von der Grundsteuer der Städte, Gemeinden und Kreise bisher befreit waren, so kann diese bisher gewährte Steuerfreiheit nicht unter den Begriff der „Staatsleistungen" gebracht werden. Die Aufhebung der Steuerfreiheit von den Kommunalabgaben durch die §§ 2, 22 des Grundsteuergesetzes vom 26. Februar 1923 (S. 37) und §§ 5, 33 des Gemeindeabgabengesetzes vom 5. November 1923 (S. 357) verstößt also nicht gegen Art. 138, 173.

Die Frage, in welchem Umfange bisher Befreiung von der Staatssteuer bestanden hat, ist in diesem Verfahren nicht zu entscheiden.

30. Wann beginnt die Verjährung des Aufwertungsanspruchs?

BGB. §§ 198, 202. Eisenbahnverkehrsordnung § 98.

I. Zivilsenat. Urt. v. 22. Juni 1925 i. S. Deutsche Reichsbahnges. (Bekl.) w. W. (Kl.). I 468/24.

I. Landgericht Köln.
II. Oberlandesgericht daselbst.

In einem Vorprozeß ist der Reichseisenbahnfiskus am 8. März 1923 rechtskräftig verurteilt worden, an die Klägerin 57715,41 Papiermark nebst Zinsen zu zahlen. Diesen Betrag zahlte die Eisenbahn am 17. Juli 1923. Im gegenwärtigen Rechtsstreit macht die Klägerin bezüglich der ihr zugesprochenen Papiermarksumme den Geldentwertungsschaden geltend. Sie hat auf Zahlung von 4253 Goldmark nebst Zinsen Klage erhoben. Dem Anspruch setzte die Bahn unter anderem den Einwand der Verjährung entgegen. Diesen Einwand erklärte das Oberlandesgericht für nicht durchgreifend. Das Reichsgericht gelangte zum gleichen Ergebnis, aber mit anderer Begründung.

Aus den Gründen:

... Das Berufungsgericht hat die Einrede der Verjährung mit der Begründung zurückgewiesen, daß der Anspruch der Klägerin aus der Geldentwertung „bis zum Wiederfestwerden der deutschen Währung andauernd weiter entstand und im Januar 1924 (wo die gegenwärtige Klage erhoben wurde) die Frist des § 98 EVO. noch nicht abgelaufen war". Das ist indes nur nur insofern richtig, als die Geldentwertung ununterbrochen weiterschritt. Aber die in jedem Zeitteil schon eingetretene Geldentwertung blieb bestehen, erneuerte sich also nicht.

Die Revision will aus dem Urteil des Senats vom 12. März 1924 I 428/23 (abgedruckt in der Deutschen Richterzeitung 1924 Sp. 197 und in JW. 1924 S. 1434 Nr. 10) entnehmen, daß der Aufwertungsanspruch wegen derjenigen Geldentwertung, die bereits ein Jahr vor der Erhebung der gegenwärtigen Klage eingetreten war, verjährt sei. Dem kann jedoch nicht beigetreten werden. Allerdings hat der erkennende Senat in jenem Urteile ausgeführt, der Verfall der deutschen Währung, wie er seit dem Frühjahr 1922 eintrat, sei eine von niemanden voraussehbare und deshalb neue

Schadensfolge, und daher beginne die Verjährung des sich darauf beziehenden Aufwertungsanspruchs erst mit dem Eintritt dieses neuen Ereignisses. Hieran kann jedoch bei erneuter Prüfung nicht festgehalten werden. Der Beginn der Verjährung des Aufwertungsanspruchs muß vielmehr in eine noch spätere Zeit verlegt werden. Denn man darf dabei nicht unbeachtet lassen, daß, von einzelnen Ansätzen für bestimmte Vertragsverhältnisse abgesehen, ein positiver Aufwertungsanspruch mindestens bis in die erste Zeit des Jahres 1923 grundsätzlich und allgemein noch nicht von der Rechtsprechung anerkannt worden war. Bis zu dieser Zeit wurde im allgemeinen die Geldentwertung noch vom Gesichtspunkt der Clausulalehre aus betrachtet. Erst allmählich und ausgehend vom zweiseitigen Vertrag rang sich die allgemeine Überzeugung durch, daß das durch die Geldentwertung hervorgetretene erhebliche Mißverhältnis zwischen Leistung und Gegenleistung, und entsprechend zwischen dem Wert der Markforderung zur Zeit ihrer Entstehung und der Zahlung, gemäß § 242 BGB. einen Ausgleich verlange. Wer also im Jahre 1922 und ebenso im Januar 1923 eine Klage auf Aufwertung erhoben hätte, wäre damit nicht durchgedrungen. Dann aber kann auch ein Aufwertungsanspruch, wie er jetzt allgemein anerkannt wird, unmöglich verjährt sein wegen Nichterhebung im Jahre 1922 oder anfangs 1923. Der Fall ist rechtsähnlich dem der Hemmung der Verjährung, wo der Verpflichtete aus irgend einem Grunde vorübergehend zur Verweigerung der Leistung berechtigt ist (§ 202 BGB.). „Berechtigt" war aber die Bahn dazu nach der damaligen Rechtsüberzeugung. Deshalb darf der Verjährungseinwand keinen Erfolg haben. Bei entgegengesetzter Auffassung würde der Aufwertungsberechtigte seines wohlbegründeten Anspruchs wegen Zeitablaufs beraubt sein, obwohl er überhaupt niemals wirklich in die Lage kam, den Anspruch geltend zu machen, ein Ergebnis, das schlechthin unannehmbar wäre. Greift aber schon hiernach die Verjährungseinrede nicht durch, so kann unerörtert bleiben, ob dies auch deshalb der Fall sein würde, weil, wie die Revisionsbeklagte geltend gemacht hat, der Aufwertungsanspruch überhaupt nicht unter die kurzfristig verjährenden Ansprüche gegen die Eisenbahn nach § 98 EVO. falle.

31. Kann gegen den im Inlande klagenden Exterritorialen eine Widerklage erhoben werden?

GVG. § 18.

II. Zivilsenat. Urt. v. 23. Juni 1925 i. S. B. (Bekl.) w. K. (Kl.). II 228/23.

I. Landgericht III Berlin.
II. Kammergericht daselbst.

Der Kläger gehört als Legationssekretär der bei dem Deutschen Reiche beglaubigten chinesischen Gesandtschaft an und ist damit Exterritorialer im Sinne des § 18 GVG. Am 13. September 1922 kaufte er von der Beklagten einen Kraftwagen, den er teilweise bezahlte. Mit der am 4. November 1922 eingereichten Klage verlangte er die Lieferung des Wagens Zug um Zug gegen Zahlung eines Restbetrags von 1100000 *M*. Daneben erwirkte er am 23. dess. Mts. beim Prozeßgericht eine einstweilige Verfügung des Inhalts, daß die Beklagte gehalten sei, ihm den Wagen herauszugeben. Durch die Vollstreckung dieser Verfügung gelangte er in den Besitz des Wagens. Die Beklagte trat der Klage entgegen mit der Behauptung, daß sie berechtigterweise von dem Kaufvertrag zurückgetreten sei, weil der Kläger seiner Zahlungspflicht nicht genügt habe; auch erhob sie Widerklage auf Zurückgabe des Wagens.

Das Landgericht wies die Klage ab und gab der Widerklage statt. Die einstweilige Verfügung hob es im Widerspruchsverfahren auf. Der Kläger legte gegen das in der Hauptsache ergangene Urteil Berufung ein, beschränkte aber das Rechtsmittel auf die Entscheidung zur Widerklage. Ohne sich auf die Sache selbst einzulassen, begehrte er die Abweisung der Widerklage, weil sie gegen ihn als Exterritorialen unzulässig sei. Das Kammergericht entsprach diesem Antrag. Auf die Revision der Beklagten wurde das Berufungsurteil aufgehoben und die Sache in die Vorinstanz zurückverwiesen.

Gründe:

Die Frage, ob und unter welchen Voraussetzungen gegen einen im Inlande klagenden Exterritorialen eine Widerklage erhoben werden kann, ist, wie in dem ähnlichen Falle der Klage eines fremden Staates oder eines fremden Souveräns, lebhaft bestritten. Während von der einen Seite Widerklagen allgemein zugelassen werden mit der Begründung, daß die Erhebung der Klage vor dem deutschen Gericht eine zulässige Unterwerfung bezüglich etwaiger Widerklagen enthalte, gehen die hiervon abweichenden Meinungen teilweise so weit, daß Widerklagen für schlechthin unstatthaft erklärt werden. Das Berufungsgericht hat sich dieser letzteren Auffassung angeschlossen. Es erwägt, der § 18 GVG. gehöre dem öffentlichen Recht an, über ihn könne sich weder der Exterritoriale noch das deutsche Gericht hinwegsetzen, selbst das Einverständnis des Exterritorialen würde die Prozeßvoraussetzung für die Widerklage nicht schaffen. Nach der Ansicht des Senats ist es ebenso ungerechtfertigt, unter dem Gesichtspunkte der stillschweigenden Unterwerfung Widerklagen allgemein zuzulassen, wie es ungerechtfertigt erscheint, allgemein die Zulässigkeit zu verneinen. Die Entscheidung wird vielmehr immer von der Besonderheit des einzelnen Falles abhängen.

Hier liegt die Sache nun so, daß der vom Landgericht mit seiner Klage abgewiesene Exterritoriale sich den Kraftwagen, auf dessen Lieferung die Klage gerichtet war, durch eine von ihm erwirkte, nachher im Widerspruchsverfahren aufgehobene einstweilige Verfügung des Prozeßgerichts verschafft hat. Er befindet sich damit nicht nur zu Unrecht im Besitze des Wagens, sondern will, indem er sich auf die Widerklage nicht einläßt, seine Exterritorialität auch dazu benutzen, den durch die einstweilige Verfügung geschaffenen Zustand im Verhältnis zur inländischen Gerichtsbarkeit zu einem dauernden zu machen. Dieser Standpunkt des Klägers kann nicht als richtig anerkannt werden. Die Exterritorialität hat nur die negative Bedeutung, daß gegen den ihren Schutz Genießenden die inländische Gerichtsbarkeit nicht in Bewegung gesetzt werden darf. Sie darf jedoch, wenn der Exterritoriale seinerseits als Kläger die inländische Gerichtsbarkeit in Anspruch nimmt, nicht dazu führen, daß der inländische Beklagte in dem Gebrauch von Rechtsbehelfen beschränkt wird, deren er sich bedienen will, um seine rechtliche Stellung gegenüber dem erhobenen Anspruch zu wahren. Das wäre aber hier der Fall, wenn die Widerklage wegen der Exterritorialität des Klägers nicht zugelassen würde. Denn die Beklagte verfolgt mit ihr, mag sie sich auch formell als Angriffsmittel darstellen, der Sache nach doch nur den Zweck, den Angriff, den der Kläger seinerseits gegen sie unternommen hat, abzuwehren. Auf die streitige Frage, ob es dem Exterritorialen freisteht, sich der inländischen Gerichtsbarkeit zu unterwerfen, kommt es dabei nicht an, weil es sich um eine Folgerung handelt, die sich schon aus dem Wesen der Exemtion ergibt, und nicht um ein Eingreifen der inländischen Gerichtsbarkeit, dessen Zulässigkeit darauf beruht, daß der Kläger auf die an sich begründete Exemtion verzichtet hat.

---

32. 1. Ist bei der sog. Handschenkung von dem dinglichen Vertrag ein schuldrechtliches Grundgeschäft zu unterscheiden?

2. Steht das durch die Sittenwidrigkeit einer Leistung nach § 817 Satz 2 BGB. in der Person des Leistenden begründete Hindernis der Rechtsverfolgung seinem Erben auch dann entgegen, wenn gerade er durch die Leistung benachteiligt werden sollte?

3. Genügt es zur Annahme einer Schadenszufügung im Sinne des § 826 BGB., daß eine für den Betroffenen als künftigen Erben eines anderen bestehende tatsächliche Erwerbsaussicht beeinträchtigt wird?

BGB. §§ 516, 812, 817, 826.

IV. Zivilsenat. Urt. v. 25. Juni 1925 i. S. Eheleute B. (Bekl.) w. Witwe P. (Kl.). IV 39/25.

I. Landgericht Hamburg.
II. Oberlandesgericht daselbst.

Die Klägerin ist die alleinige Erbin ihres am 29. August 1919 gestorbenen Ehemanns, des Hausmaklers P. Dieser hat am 30. Juni 1919 ein ihm gehöriges Hausgrundstück durch Auflassung vor dem Grundbuchamt unentgeltlich auf die beklagte Ehefrau übertragen, die zu ihm in geschlechtlichen Beziehungen gestanden hat. Mit der Klage wird die Verurteilung der beklagten Ehefrau zur Herausgabe und Rückauflassung des Grundstücks an die Klägerin, sowie die Verurteilung des mitbeklagten Ehemanns zur Duldung der Zwangsvollstreckung in das eingebrachte Gut seiner Frau verlangt. Beide Vorinstanzen haben der Klage auf Grund des § 817 BGB. stattgegeben.

Die Revision der Beklagten hatte keinen Erfolg.

Aus den Gründen:

... Die Zuerkennung des Klaganspruchs auf der in den Vorentscheidungen angenommenen Grundlage ungerechtfertigter Bereicherung hat zur ersten Voraussetzung, daß ein Tatbestand der ungerechtfertigten Bereicherung an sich gegeben ist. Die Bejahung dieser Voraussetzung durch das Berufungsgericht beruht auf den folgenden Feststellungen und Erwägungen: Die Schenkung des Grundstücks sei durch das ehebrecherische Verhältnis veranlaßt worden, in dem der Ehemann P. mit der Beklagten, einer verheirateten Frau, gelebt habe. Der Zweck der Schenkung, wie er sich aus einer ihr vorangegangenen Äußerung des Schenkers zu der Beklagten ergebe, sei gewesen, das Grundstück der Ehefrau des Schenkers zu entziehen und es der Ehebrecherin zuzuwenden. Eine solche Schenkung verstoße gegen die guten Sitten. Deshalb sei aber die dingliche Übertragung des Eigentums nicht nichtig (RGZ. Bd. 63 S. 185, Bd. 68 S. 100). Im vorliegenden Falle lasse sich auch kein Kausalgeschäft feststellen, das gegen die guten Sitten verstoße und dessen Nichtigkeit einen Rückforderungsanspruch nach § 812 BGB. auslösen würde. Vor der Auflassung habe P. nur die Absicht geäußert, der Beklagten das Grundstück zu übertragen. Hierin sei, selbst wenn man von dem Formerfordernis für ein Schenkungsversprechen absehe, kein Rechtsgeschäft zu erblicken, sondern nur ein rechtlich bedeutungsloses Inaussichtstellen, die Bekundung der Absicht, demnächst eine Schenkung vorzunehmen. Dann sei ohne vorherige vertragliche Bindung die Auflassung erfolgt, die als solche wegen ihres abstrakten Charakters gültig sei. Der Rückforderungsanspruch der Klägerin ergebe sich daher lediglich aus § 817 BGB., nämlich daraus, daß die Beklagte durch die Annahme des Grundstücks gegen die guten Sitten verstoßen habe.

Diese Ausführung enthält insofern einen Widerspruch, als einerseits eine Schenkung des Grundstücks angenommen und anderseits doch ein Kausalgeschäft für die dingliche Eigentumsübertragung verneint wird. Eine Übereignung braucht ihren Rechtsgrund nicht in einem schuldrechtlichen Verpflichtungsgeschäft zu finden. Bei der ohne vorgängiges Versprechen vollzogenen Schenkung, der sogenannten Hand- oder Realschenkung, übernimmt der Schenker keinerlei Verpflichtung. Aber auch bei ihr liegt in der nach § 516 BGB. zum Begriff der Schenkung erforderlichen Einigung der Beteiligten darüber, daß die Zuwendung unentgeltlich erfolge, ein schuldrechtlicher Vertrag in dem Sinne vor, daß die Einigung den Rechtsgrund schafft, der die durch die Zuwendung bewirkte Bereicherung schuldrechtlich rechtfertigt. Diese Einigung kann beiderseits stillschweigend erklärt werden, insbesondere auch in der Weise, daß, nachdem der eine Teil gegenüber dem anderen seine Absicht bekundet hat, demnächst die Schenkung eines Grundstücks vorzunehmen, beide Teile zum Grundbuchamt gehen und dort, ohne daß von einer Gegenleistung gesprochen wird, die Auflassung erklären und entgegennehmen. Mindestens eine solche stillschweigende Einigung hat nach dem vom Berufungsgericht festgestellten Sachverhalt zwischen P. und der Beklagten stattgefunden. Verstößt der so zustande gekommene Vertrag gegen die guten Sitten, so ist er nach § 138 BGB. nichtig; und diese Nichtigkeit entzieht der abstrakten Eigentumsübertragung ihren rechtlichen Grund. Das Berufungsgericht hat sich deshalb zu Unrecht gegen die Anwendbarkeit des § 812 (Abs. 1 Satz 1) BGB. ausgesprochen. Die Entscheidung wird aber hierdurch nicht beeinflußt. Der Bereicherungsanspruch aus § 812 führt zu keinem anderen Ziel als der aus dem gleichzeitig anwendbaren und vom Berufungsgericht angewendeten § 817 Satz 1 BGB. Dies gilt auch mit Bezug auf die Ausschließung der Rückforderung beim Tatbestand des § 817 Satz 2 BGB. Denn diese Vorschrift enthält nach feststehender Rechtsprechung eine für alle Bereicherungsansprüche maßgebende Regel und kommt daher den Beklagten auch zustatten, sofern sich die Klage auf den § 812 stützt (RGZ. Bd. 99 S. 166, Bd. 105 S. 271).

Die Revision wendet sich gegen die Annahme eines Verstoßes gegen die guten Sitten. Ihr ist zuzugeben, daß das Berufungsgericht nicht festgestellt hat, die Schenkung sei erfolgt, um die Beklagte zur Fortsetzung des ehebrecherischen Verhältnisses zu bestimmen. Dagegen trifft es nicht zu, was die Revision ferner geltend macht, es sei nicht einmal festgestellt, daß die Schenkung aus Anlaß des ehebrecherischen Verhältnisses und um dieses Verhältnisses willen erfolgt sei. Das Berufungsurteil enthält eine dahin gehende Feststellung. Mit dieser Feststellung, nach deren Inhalt die Beklagte von P. für die seine und ihre Ehe brechende geschlechtliche Hingabe an ihn durch die Schenkung belohnt werden sollte, verbindet sich die weitere Feststellung, daß zugleich der wertvolle Gegenstand der Schenkung der Ehefrau des Schenkers entzogen werden sollte. Nach der ersten Feststellung schon für sich allein und zumal in Verbindung mit der zweiten Feststellung ist sowohl die Annahme rechtlich unbedenklich, daß die Schenkung sich nach ihrem aus der Zusammenfassung von Inhalt, Beweggrund und Zweck ergebenden Gesamtcharakter mit dem Anstandsgefühl aller billig und gerecht Denkenden in Widerspruch setzt und deshalb im Sinne des § 138 Abs. 1 BGB. sittenwidrig ist, als auch die weitere Annahme, daß die Beklagte nach der Zweckbestimmung der Grundstücksübereignung mit deren Annahme im Sinne des § 817 Satz 1 BGB. gegen die guten Sitten verstoßen hat. Allerdings hätte P. auch ohne die Schenkung an die Beklagte auf anderem Wege, durch Verfügung unter Lebenden oder von Todes wegen, das Grundstück seiner Frau als seiner künftigen Erbin entziehen können, ohne daß eine solche Verfügung schon deshalb als sittenwidrig angesehen werden müßte. Aber der Revision, die dies hervorhebt, ist entgegenzuhalten, daß eine Verfügung zugunsten irgend eines anderen nicht mit der Verfügung verglichen werden kann, durch die die ehebrecherische Geliebte an die Stelle der Ehefrau gesetzt wurde.

Es ist demnach auf die fernere Frage einzugehen, ob § 817 Satz 2 BGB. nach Lage des Falles die Rückforderung ausschließt. Das Berufungsgericht hat die Frage unter Bezugnahme auf RGZ. Bd. 48 S. 293 und Bd. 99 S. 161 mit der Begründung verneint, daß gegenüber der als Erbin des Schenkers klagenden Witwe der diesem zur Last fallende Verstoß gegen die guten Sitten nicht eingewendet werden könne, weil er sich gegen sie selber richte. Dem kann nicht beigetreten werden. § 817 Satz 2 BGB. versagt demjenigen, welcher sich durch eine Leistung nach ihrer Zweckbestimmung eines Verstoßes gegen die guten Sitten schuldig gemacht hat, den Anspruch auf Herausgabe gegenüber dem durch die Leistung ungerechtfertigterweise Bereicherten auch dann, wenn dieser durch die Annahme der Leistung auch seinerseits sittenwidrig gehandelt hat. Das durch die Sittenwidrigkeit der Leistung in der Person des Leistenden begründete Hindernis der Rechtsverfolgung steht auch seinen Rechtsnachfolgern, insbesondere seinen Erben entgegen, da diese kraft der Rechtsnachfolge lediglich in die Rechtsstellung ihres Vorgängers einrücken. Das ist auch in den beiden vom Berufungsgericht angeführten Reichsgerichtsentscheidungen anerkannt. In RGZ. Bd. 48 S. 293, 297 werden die Dritten, die durch eine wegen zweiseitigen Verstoßes gegen die guten Sitten nichtige Schenkung in ihren Vermögensinteressen verletzt seien, gerade in Gegensatz gestellt zu den Erben des Schenkers, die das Geschenk gleich diesem nicht zurückfordern könnten. Ebenso werden in RGZ. Bd. 99 S. 161, 168 für die Anwendung des § 817 Satz 2 die Rechtsnachfolger des Leistenden diesem selbst gleichgestellt, den Rechtsnachfolgern (und Vertretern) aber für den Fall der Eröffnung des Konkurses über das durch die Leistung verminderte Vermögen der Konkursverwalter gegenübergestellt; von ihm wird angenommen, daß es an einem inneren Grunde fehle, ihm die Bereicherungsklage abzusprechen. Ob und wie diese Annahme mit der Grundregel des Konkurses zu vereinigen ist, daß der Verwalter nicht mehr Rechte für die Masse beanspruchen kann, als dem Gemeinschuldner zustehen, braucht hier nicht erörtert zu werden. Denn jedenfalls kann das, was nach jener Entscheidung für den besonderen Fall des Konkurses gelten soll, auf den Fall der Erbfolge nicht übertragen werden. Die Klägerin kann auch nicht deshalb, weil durch die in Rede stehende Schenkung nicht nur die Ehebrecherin belohnt, sondern zugleich sie, die Ehefrau, benachteiligt werden sollte, also weil sich das unsittliche Geschäft gegen sie richtete, bei Beurteilung des Bereicherungsanspruchs so behandelt werden, als erhöbe sie diesen Anspruch nicht, wie es ihr allein möglich ist, aus dem Rechte ihres von ihr beerbten Mannes als desjenigen, durch dessen Leistung die Beklagte ungerechtfertigterweise bereichert ist, sondern als sei sie (im Sinne von RGZ. Bd. 48 S. 293, 297) eine von den beiden Teilnehmern an der unsittlichen Schenkung verschiedene Dritte. Vielmehr kann die Richtung des unsittlichen Geschäfts gegen die Klägerin nur dazu verwendet werden, einen ihr aus eigenem Rechte zustehenden Anspruch zu begründen. Als ein solcher Anspruch kommt, abgesehen von dem Pflichtteilsergänzungsanspruch des § 2329 BGB., dessen Voraussetzungen nicht behauptet sind und der nach dem Klagantrag nicht geltend gemacht ist, ein Schadensersatzanspruch aus § 826 mit § 249 BGB. in Betracht. Nach

§ 826 ist derjenige schadensersatzpflichtig, welcher in einer gegen die guten Sitten verstoßenden Weise einem anderen vorsätzlich Schaden zugefügt hat. Das Berufungsgericht hat diese Vorschrift zwar nicht angewandt und von seinem, wie dargelegt, rechtlich fehlsamen Standpunkt aus nicht anzuwenden brauchen. Aber es hat die Tatsachen festgestellt, deren rechtliche Unterordnung unter den § 826 auch dem Revisionsgericht möglich ist. Daß die Beklagte durch ihren Eigentumserwerb an dem Grundstück gegen die guten Sitten verstoßen hat, ergibt sich als eine rechtlich zu billigende Annahme des Berufungsgerichts schon aus Abs. 2 und 4 dieser Entscheidungsgründe. Durch ihren Erwerb des Grundstücks hat die Beklagte der Klägerin Schaden zugefügt. Denn zu einer Schadenszufügung im Sinne des § 826 genügt, wie das Reichsgericht schon des öfteren (so in RGZ. Bd. 79 S. 58) ausgesprochen hat, jede nachteilige Einwirkung auf die Vermögenslage im allgemeinen, auch die Beeinträchtigung einer bloß tatsächlichen Erwerbsaussicht. Eine solche bestand hier für die Klägerin als künftige Erbin ihres Mannes. Die Beklagte hat diese Erwerbsaussicht auch vorsätzlich beeinträchtigt, da sie nach der ebenfalls schon im vorstehenden behandelten Sachwürdigung des Berufungsgerichts bewußtermaßen dabei mitgewirkt hat, das Grundstück der Ehefrau zu entziehen.

Wird die Entscheidung des Berufungsgerichts hiernach auch durch seine rechtliche Beurteilung des Sachverhalts nicht getragen, so stellt sie sich doch aus anderen rechtlichen Gründen als richtig dar. Die Revision ist deshalb gemäß § 563 ZPO. zurückzuweisen.

---

33. Genügt bei einer durch Geldentwertung verursachten erheblichen Verschiebung des Wertverhältnisses zwischen Leistung und Gegenleistung die Weigerung des Käufers, den Kaufpreis zu erhöhen, ohne weiteres, um den Rücktritt des Verkäufers vom Vertrage zu rechtfertigen?

BGB. §§ 242, 326.

II. Zivilsenat. Urt. v. 26. Juni 1925 i. S. P. (Kl.) w. Phänomenwerke (Bekl.). II 312/24.

I. Landgericht I Berlin.
II. Kammergericht daselbst.

Gegen Ende August 1921 verhandelte der Kläger mit der Berliner Zweigniederlassung der Beklagten über den Ankauf von drei Automobilen zu den Preisen von 40000 *M*, 60000 *M* und 50000—52000 *M*, Lieferung schnellmöglichst. Nachdem er einen Monat später 50000 *M* angezahlt hatte, erklärte die Beklagte am 8. Oktober 1921, sie sei im Hinblick auf die in der Zwischenzeit vor sich gegangene erhebliche Steigerung der Preise für Automobile und Karrosserien nicht mehr in der Lage, obige Preise einzuhalten, und verlangte eine mäßige Preiserhöhung, deren Bewilligung der Kläger ablehnte. Er hielt an dem Verlangen der Lieferung der drei Automobile zu den im August 1921 besprochenen Preisen auch zu Anfang des Jahres 1922 fest und erhob Mitte September 1922 Lieferungsklage unter Zugrundelegung der Vertragspreise. Das Landgericht wies die Klage ab. Im Berufungsverfahren hielt der Kläger seine Ablehnung jeglicher Aufwertung des Kaufpreises nicht mehr aufrecht. Seine Berufung wurde jedoch zurückgewiesen. Die Revision des Klägers hatte die Zurückverweisung der Sache an das Berufungsgericht zur Folge.

Aus den Gründen:

Das Berufungsgericht unterstellt den vom Kläger behaupteten Kaufabschluß als erfolgt und erblickt einen den Rücktritt der Beklagten rechtfertigenden Grund in dem wochenlangen Schweigen des Klägers auf den Brief der Beklagten vom 8. Oktober 1921, namentlich aber — wie die Bezugnahme auf die Entscheidung in RGZ. Bd. 103 S. 328 ergibt — auch darin, daß der Kläger trotz des Zeitablaufs seit Vertragsschluß immer noch Lieferung zu den Vertragspreisen verlangt, also jede Kaufpreiserhöhung abgelehnt habe.

Diese Beurteilung wird der reichsgerichtlichen Rechtsprechung, wie sie sich in den letzten Jahren entwickelt hat, nicht gerecht, und zwar auch dann nicht, wenn man davon auszugehen hat, daß sich das Wertverhältnis zwischen Leistung und Gegenleistung schon zur Zeit der Rücktrittserklärung der Beklagten in erheblichem Maße verschoben hatte. Die angeführte Entscheidung gesteht allerdings dem Schuldner das Recht des Rücktritts vom Vertrage zu, wenn bei grundsätzlicher Verschiebung des Wertverhältnisses zwischen Leistung und Gegenleistung der Gläubiger die vom Schuldner (hier Verkäufer) ihm angesonnene Erhöhung der Gegenleistung schlechthin verweigert. Allein in der Folgezeit hat das Reichsgericht an diesem Grundsatze nicht festgehalten. Die verschiedenen Zivilsenate, und zwar auch der jetzt erkennende, haben sich vielmehr auf den Standpunkt gestellt, daß die Weigerung, den Kaufpreis zu erhöhen oder aufzuwerten, als positive Vertragsverletzung zu behandeln sei, mithin ein Verschulden des Käufers voraussetze, und daß daher der Rücktritt des Verkäufers frühestens vom Herbst 1922 an mit der Aufwertungsweigerung allein habe begründet werden können. Daraus ergibt sich, daß die im Jahre 1921 und in den ersten Monaten des Jahres 1922 erfolgte Weigerung des Klägers, die für die drei Automobile vereinbarten Kaufpreise entsprechend zu erhöhen, weil nicht ohne weiteres auf Verschulden beruhend, nicht als positive Vertragsverletzung aufgefaßt werden kann und demnach den Rücktritt der Beklagten nicht rechtfertigt. Das längere Stillschweigen des Klägers auf den Brief vom 8. Oktober 1921 stellt, auch wenn man darin einen Verstoß gegen seine Vertragspflicht erblicken mag, gleichfalls keine die Beklagte zum Rücktritt berechtigende positive Vertragsverletzung dar; dieses Verhalten war, wie auch die etwaige sonstige Lässigkeit des Klägers in der Beantwortung von Briefen, höchstens eine geeignete Grundlage für die Weigerung der Beklagten, noch zu den Vertragspreisen zu erfüllen. An dem Verlangen, die Automobile zu den Vertragspreisen geliefert zu bekommen, hat nun aber der Kläger nicht festgehalten. Denn er hat im Berufungsverfahren sich zur Aufwertung erboten, freilich nur in der ungewöhnlichen Form, daß er auf einen Teil der den Gegenstand der Besprechung vom 23. August 1921 bildenden Bestellung, nämlich auf die Lieferung des dritten Wagens (mit Krankentransportkarrosserie) verzichten zu wollen erklärte. Ob dieser Verzicht in dem Sinne gemeint war, daß der Kläger für die nun noch verlangten zwei Automobile den ganzen, für die drei Wagen vereinbarten Kaufpreis bezahlen wollte (wie die Revision in der mündlichen Verhandlung behauptet hat), oder so, daß mit dem Verzicht auf Lieferung des dritten Wagens auch die Verpflichtung zur Zahlung des auf ihn entfallenden Kaufpreises beseitigt sein sollte, ist aus den Akten nicht mit Sicherheit zu ersehen. Dies kann indessen auf sich beruhen; denn auch im letzteren Falle läge eine endgültige Verweigerung jeglicher Aufwertung nicht vor . . .

---

34. 1. Kann für den durch Unfall Verletzten nach der Reichsversicherungsordnung nur ein Unternehmer und ein Versicherungsträger vorhanden sein?

2. Schließt die Feststellung eines Unternehmers in dem Verfahren nach der Reichsversicherungsordnung bei Ersatzansprüchen der Versicherungsträger die Annahme der Gerichte aus, daß ein anderer der Unternehmer ist?

RVO. §§ 633, 1543.

IV. Zivilsenat. Urt. v. 27. Juni 1925 i. S. Deutsche Reichsbahnges. (Bekl.) w. Tiefbauberufsgenossenschaft (Kl.). IV 14/25.

I. Landgericht Oppeln.
II. Oberlandesgericht Breslau.

Am 13. April 1920 ist auf dem Bahnhof Beuthen O/S. die ledige Arbeiterin P. D. tödlich verunglückt. Sie war bei dem Tiefbauunternehmer K. in Beuthen beschäftigt, der durch Vertrag mit der Eisenbahn die auf dem Bahnhof Beuthen erforderliche Umladung von Bahnfrachtgütern von der Hauptbahn zur Schmalspurbahn und umgekehrt übernommen hatte.

Durch Bescheid der Klägerin vom 19. November 1920 wurde die Entschädigungsberechtigung der P. D. und ihres hinterlassenen unehelichen Kindes anerkannt und zugleich ausgesprochen, daß die Eisenbahn nicht als Unternehmerin des Betriebes anzusehen sei, in dem die P. D. verunglückte. Die Klägerin nimmt deswegen die Beklagte aus § 1542 RVO. und §§ 1, 3 des Reichshaftpflichtgesetzes auf Ersatz ihrer bereits gemachten und künftighin zu bestreitenden Aufwendungen in Anspruch. Die Beklagte steht auf dem Standpunkt, daß sie gleichfalls Betriebsunternehmerin im Sinne der §§ 633, 898 RVO. gewesen sei und die im Rentenbescheide getroffene gegenteilige Feststellung die Gerichte nicht binde.

Die beiden Vorderrichter haben der Klage stattgegeben. Die Revision der Beklagten hatte keinen Erfolg.

Gründe:

Die Revision hält von dem Standpunkt der Beklagten aus, daß sie gleichfalls Betriebsunternehmerin der Verunglückten gewesen sei, die im Bescheide vom 19. November 1920 getroffene gegenteilige Feststellung für überflüssig und unerheblich. Für die Anerkennung der Ersatzpflicht der Klägerin hätte die Feststellung genügt, daß die Verunglückte im Betrieb des Tiefbauunternehmers K. beschäftigt gewesen sei. Die im Bescheide getroffene Entscheidung beruhe daher nicht auf der Verneinung der Unternehmereigenschaft der Beklagten. Schon aus diesem Grunde könne diese negative Feststellung für die Gerichte nicht bindend sein. Sie sei auch nur getroffen worden, um der Klägerin den Rückgriff auf die Beklagte zu ermöglichen. Der Klägerin stehe deswegen die Einrede der Arglist entgegen.

Die Voraussetzung, von der hiernach die Revision ausgeht, daß im Sinne der Reichsversicherungsordnung der Unfall sich im Betriebe mehrerer Unternehmer ereignet haben könne, steht im Einklang mit Entscheidungen des früheren VI. Zivilsenats (RGZ. Bd. 74 S. 223, Bd. 97 S. 206, Bd. 98 S. 252). Im Gegensatz hierzu vertritt das Reichsversicherungsamt in seiner Entscheidung Ia 1352/24 vom 16. März 1925 die Auffassung, daß es im Verhältnis zum Verletzten versicherungsrechtlich immer nur einen Unternehmer geben könne. Nach dem ganzen Aufbau der Unfallversicherung sei es begrifflich ausgeschlossen, daß dem Versicherten gegenüber mehrere Versicherungsträger für die Unfallentschädigung in Frage kommen könnten. Dementsprechend stehe auch versicherungsrechtlich dem Verletzten immer nur ein Unternehmer gegenüber. Hieran ändere auch die Vorschrift des § 1739 RVO. nichts. Sie wolle lediglich zwischen den beteiligten Versicherungsträgern einen vermögensrechtlichen Ausgleich zulassen, wenn die Beschäftigung, bei der sich der Unfall ereignet habe, für mehrere bei verschiedenen Versicherungsträgern versicherte Betriebe stattgefunden habe. Die Ansprüche des Verletzten würden hierdurch aber nicht berührt.

Der erkennende Senat schließt sich diesen Ausführungen des Reichsversicherungsamtes an. Dies führt zu einer Erweiterung der bisher vom erkennenden Senat in Übereinstimmung mit dem früheren VI. Zivilsenat bei Ansprüchen aus § 1542 RVO. angenommenen Bindung der Gerichte an die im Feststellungsbescheid getroffene

Entscheidung. Nach § 1543 Abs. 1 RVO. sind bei solchen Ansprüchen die Gerichte an die Entscheidung des Bescheides darüber gebunden, ob und in welchem Umfange der Versicherungsträger zu Leistungen verpflichtet ist. Diese Entscheidung umfaßt, wie bisher schon angenommen wurde, auch die Bestimmung des Betriebsunternehmers, nach dem sich die Feststellung des entschädigungspflichtigen Versicherungsträgers richtet. Dagegen blieben die Gerichte frei in der Annahme, daß auch ein Dritter Betriebsunternehmer sei. Nur dann wurde eine solche Annahme nicht zugelassen, wenn in dem Bescheid eine entgegenstehende Feststellung getroffen war (RGZ. Bd. 93 S. 323, Bd. 97 S. 206; Warn. 1925 Nr. 48). Auf diese negative Feststellung kann es jedoch für die Bindung der Gerichte nicht ankommen, wenn versicherungsrechtlich nur ein Betriebsunternehmer vorhanden sein kann. Die die Gerichte bindende Bestimmung des Betriebsunternehmers schließt schon für sich allein die Annahme aus, daß ein anderer Betriebsunternehmer ist.

---

35. 1. Ist für einen Streit über das Bestehen eines Kirchenpatronats der ordentliche Rechtsweg auch nach dem Inkrafttreten des Preuß. Staatsgesetzes, betr. die Kirchenverfassungen der evangelischen Landeskirchen, vom 8. April 1924 zulässig geblieben?

2. Kann das Kirchenpatronat auch für und gegen ein zu einem Familienfideikommiß gehöriges Gut durch Verjährung erworben werden? Wie kann dies geschehen?

GVG. § 13. Pr. ALR. §§ 577, 574, 579 II 11; § 122 II 4.

IV. Zivilsenat. Urt. v. 27. Juni 1925 i. S. Graf S.-H. u. Gen. (Bekl.) w. ev. Kirchengemeinde D. (Kl.). IV 84/24.

I. Landgericht Breslau.
II. Oberlandesgericht daselbst.

Die evangelische Kirche in D. ist im Jahre 1744 erbaut worden. Ihre Ausgaben wurden von den Grundherren von D. mit bestritten. Die Klägerin behauptet, der Fideikommißherrschaft D. sei das Patronat über die dortige evangelische Kirche vom preußischen Staate verliehen worden; die Fideikommißbesitzer von D. hätten auch seit mehr als

44 Jahren Patronatslasten getragen und Patronatsrechte ausgeübt, das Patronat sei daher auch durch Verjährung entstanden. Auf Grund dieser Behauptung hat sie gegen den Erstbeklagten als den gegenwärtigen Fideikommißbesitzer und die beiden anderen Beklagten als die nächsten Anwärter des Familienfideikommisses eine Leistungs- und Feststellungsklage erhoben. Dem Feststellungsantrag gemäß hat das Landgericht festgestellt, daß mit der Grundherrschaft von D. das Patronat über die klagende Kirchengemeinde verbunden sei. Das Oberlandesgericht hat die Berufung der Beklagten zurückgewiesen.

Ihre Revision hatte keinen Erfolg.

Gründe:

1. Die Zulässigkeit des ordentlichen Rechtswegs für den hier allein zur Entscheidung stehenden Feststellungsanspruch der Klägerin, daß der Grundherrschaft von D. das Patronat über sie, die klagende Kirchengemeinde, zustehe, folgt aus der Vorschrift des § 577 II 11 Pr. ALR. (RGZ. Bd. 63 S. 21, 23). Diese Vorschrift ist gleich den sonstigen „bisherigen staatlichen Vorschriften über die Rechtsverhältnisse des Patrons" durch Art. 19 Nr. 1 des preuß. Staatsgesetzes, betr. die Kirchenverfassungen der evangelischen Landeskirchen, vom 8. April 1924 (GS. S. 221) aufrecht erhalten. Durch Art. 17 desselben Gesetzes sind allerdings die Streitigkeiten der Kirchengemeinden und Drittverpflichteten darüber, wem von ihnen die öffentlichrechtliche Verbindlichkeit zum Bau oder zur Unterhaltung der in Art. 17 Abs. 1 bezeichneten Gebäude ganz oder teilweise obliege, dem Verwaltungsstreitverfahren überwiesen; und in dem Urteil vom 5. Februar 1925 (RGZ. Bd. 110 S. 160) hat der erkennende Senat angenommen, daß sich diese Bestimmung auch auf eine aus dem Patronat fließende kirchliche Baulast beziehe und daß sie auch auf anhängige Rechtsstreitigkeiten anwendbar sei. Zu diesen beiden die Anwendung des Art. 17 betreffenden Fragen braucht aber im vorliegenden Falle nicht von neuem Stellung genommen zu werden. Denn der vorliegende Streit erschöpft sich nicht in dem Streite über eine Patronatsbaulast, sondern hat das Bestehen des Patronats mit seinem Inbegriff von Rechten und Pflichten überhaupt zum Gegenstande. Die Zulassung des ordentlichen Rechtswegs für einen solchen Streit wird durch die Entscheidung vom 5. Februar 1925 nicht berührt.

2. In der Sache selbst läßt es das Berufungsgericht dahingestellt, ob das Patronat durch staatliche Verleihung (§ 573 II 11 Pr. ALR.) entstanden sei. Es sieht jedenfalls den Entstehungsgrund der Verjährung (§§ 574, 575 II 11 in Verbindung mit §§ 629, 630 I 9 Pr. ALR.) als gegeben an und begründet dies in doppelter Weise: a) Die Fideikommißbesitzer von D. hätten, wie unstreitig sei, weit länger als 44 Jahre (nach der Feststellung des Landgerichts seit mindestens 1844 bis 1914) ruhig und redlicherweise Patronatsrechte für sich in Anspruch genommen und ausgeübt, Patronatslasten getragen und sich als Patrone gefühlt. Sie hätten danach, da die Vermutung des § 579 II 11 Pr. ALR. für ein Realpatronat spreche, das Patronat für die Grundherrschaft D. ersessen. Es handle sich um eine Ersitzung nicht gegen, sondern für die Grundherrschaft; Pflichten der Grundherrschaft seien nur eine Reflexerscheinung des entstandenen Rechts. Die Verteidigung der Beklagten damit, daß die Verjährung gegen die Fideikommißanwärter gemäß §§ 512, 516 I 9 Pr. ALR. nicht habe beginnen können, sei schon aus diesem Grunde zurückzuweisen. b) Das Ergebnis sei das gleiche, wenn man annehme, daß eine Ersitzung des Patronats nicht durch das Fideikommiß gegen die Kirche, sondern durch die Kirche gegen das Fideikommiß stattgefunden haben müsse. Denn daß auch Rechte gegen ein Fideikommiß durch Verjährung erworben werden könnten, sei in § 122 II 4 Pr. ALR. anerkannt, und es sei unstreitig, daß während der zur Verjährung ausreichenden Zeit die Klägerin ruhig und redlicherweise Rechte in Anspruch genommen und ausgeübt und Verpflichtungen erfüllt habe, wie sie das Patronat mit sich bringe, und die Fideikommißbesitzer von D. als ihre Patrone angesehen habe. Das Patronat sei deshalb auch gegen das Fideikommiß durch Verjährung entstanden. Die Meinung, daß eine Verjährung, die gegen ein Fideikommiß wirken solle, nicht nur gegenüber dem zeitigen Fideikommißbesitzer, sondern auch gegenüber den sonstigen Fideikommißbeteiligten ordnungsmäßig begonnen haben müsse, sei mit RGZ. Bd. 19 S. 266, Bd. 21 S. 304 abzulehnen.

Die Revision wendet demgegenüber ein: a) Für ein Fideikommiß könne überhaupt kein Recht durch Verjährung erworben werden. Denn sein Umfang werde durch die bei seiner Errichtung oder Erweiterung zu verlautbarende, der Bestätigung durch die Fideikommißbehörde unterliegende Stiftungsurkunde begrenzt. Dementsprechend regele § 122 II 4 Pr. ALR. als Sondergesetz die Verjährung für Fideikommisse dahin, daß zwar einzelne Rechte des Fideikommisses oder auf das Fideikommiß durch Verjährung erlöschen und andererseits einzelne Rechte gegen das Fideikommiß durch Verjährung erworben werden könnten. Die Vorschrift erwähne aber den Erwerb einzelner Rechte für das Fideikommiß durch Verjährung nicht, weil eben die Natur des Fideikommisses einen solchen Erwerb ausschließe. b) Mit der Existenz des Patronatsrechts stehe und falle die Unterhaltungspflicht gegenüber der Kirche als eine bloße Folgeerscheinung jenes Rechts. Das Recht auf Unterhaltung könne, ohne daß ein Patronatsrecht zur Entstehung gelangt sei, als ein einseitiges Forderungsrecht gegen das Fideikommiß nicht ersessen werden.

Diese Einwendungen sind zu a) schlechthin, zu b) in ihrer Voraussetzung unbegründet. Trotz der grundsätzlichen Unveränderlichkeit des Fideikommißvermögens können bei ihm in tatsächlicher und rechtlicher Hinsicht gewisse Veränderungen vor sich gehen, die der Lauf der Dinge mit sich bringt. So ist es anerkannten Rechtens, daß das, was der Fideikommißbesitzer als solcher mit Mitteln des Fideikommißvermögens erwirbt, ohne weiteres durch Ersatzerwerb (Surrogation) Bestandteil des Fideikommißvermögens wird. Das gleiche gilt von dem Zuwachs, der sich bei einem Fideikommißgrundstück durch eine Anlandung, ein verlassenes Flußbett oder eine entstehende Insel vollzieht. Einem solchen tatsächlichen Zuwachs ist der rechtliche Zuwachs an die Seite zu stellen, der sich dadurch vollzieht, daß sich mit einem zum Fideikommiß gehörenden Grundstück oder auch mit dem ganzen Fideikommißgut im Wege einer vom Vorhandensein eines Titels unabhängigen Verjährung (§§ 629, 630 I 9 Pr. ALR.) ein Realrecht, etwa (gemäß §§ 13, 14 I 22 Pr. ALR.) eine Grundgerechtigkeit oder auch ein Realpatronat verbindet. Daß die von der Verjährung bei Fideikommissen handelnden §§ 122 bis 125 II 4 Pr. ALR. zwar das Erlöschen einzelner zum Fideikommißvermögen gehöriger Rechte und das Erlöschen der Nachfolgerechte auf das Fideikommiß, sowie den Erwerb einzelner Rechte gegen das Fideikommiß durch besondere Vorschriften regeln, dagegen eine erwerbende Verjährung für das Fideikommiß nicht erwähnen, kann sehr wohl damit erklärt werden, daß in letzterer Hinsicht schon die allgemeinen Vorschriften das Erforderliche enthalten.

Indessen kann dem Berufungsgericht (zu a) darin nicht beigetreten werden, daß die Voraussetzungen einer zugunsten der Fideikommißherrschaft eingetretenen Ersitzung genügen, um das Patronat und damit auch die ihm entsprechenden Pflichten der Fideikommißherrschaft als entstanden anzusehen. Das Patronat ist kein einseitiges Recht des Patrons mit Pflichten des Patrons als einer bloßen „Reflexerscheinung", sondern gemäß §§ 568, 584—597 II 11 Pr. ALR. ein Inbegriff von Rechten und Pflichten. Infolge dieser zweiseitigen Natur des Rechtsverhältnisses muß die Ersitzung durch dazu geeignete Besitzhandlungen während des vierundvierzigjährigen Zeitraums nicht nur für den Patron gegen die Kirchengemeinde, sondern auch für die Kirchengemeinde gegen den Patron begründet werden (RGZ. Bd. 4 S. 289, Urt. IV 56/06 vom 20. September 1906). Wird also eine Fideikommißherrschaft als Patron in Anspruch genommen, so müssen auch die Voraussetzungen gegeben sein, unter denen ein Fideikommiß im Wege der Ersitzung mit einem Patronat belastet werden kann.

Die Ausführung des Berufungsgerichts (zu b), daß auch eine Ersitzung des Patronats durch die Kirche gegen das Fideikommiß stattgefunden habe, hat danach nicht nur unterstützende, sondern mitentscheidende Bedeutung. Diese Ausführung befindet sich in Übereinstimmung mit den in ihr angezogenen Entscheidungen (RGZ. Bd. 19 S. 266 und Bd. 21 S. 304), wo der Grundsatz aufgestellt und eingehend begründet ist, daß die Ersitzung einer Grundgerechtigkeit gegen ein zu einem Familienfideikommiß oder Lehen gehöriges Grundstück nicht von besonderen, aus der rechtlichen Natur des Fideikommisses oder Lehens herzuleitenden Voraussetzungen abhängt, insbesondere nicht mit Bezug auf die Richtung der Besitzhandlungen gegenüber den Fideikommiß- oder Lehensanwärtern. Der gleiche Grundsatz ist in dem Urteil IV 34/01 vom 15. April 1901 bereits für die Ersitzung des Patronats gegen ein Familienfideikommiß angewendet, und zwar mit der Begründung, daß sich ein wesentlicher Unterschied zwischen der Ersitzung einer Grundgerechtigkeit und eines Patronats aus der rechtlichen Natur dieser Belastungen nicht entnehmen lasse, auch nicht daraus, daß im Patronat auch Rechte auf positive Leistungen, sogenannte affirmative Rechte, im Sinne des § 80 I 7 Pr. ALR. enthalten seien. An diesem Standpunkt ist festzuhalten. Es kommt deshalb darauf nicht an, ob, wenn Ersitzungshandlungen auch gegenüber den Fideikommißanwärtern vorgenommen werden müßten, die Möglichkeit eines Beginns der Ersitzung durch die §§ 512, 516 I 9 Pr. ALR. ausgeschlossen würde. Auf die Verneinung dieser Frage durch das Berufungsgericht und die hiergegen erhobenen Revisionsangriffe braucht deshalb nicht eingegangen zu werden.

Wenn die Revision schließlich einwendet, das Berufungsgericht stelle nicht fest, daß die Verjährung gegen irgend einen der Fideikommißbesitzer beendet worden sei, so ist dem entgegenzuhalten: Die Verjährung gegen ein Familienfideikommiß braucht nicht während der Besitzzeit eines und desselben Fideikommißbesitzers begonnen und vollendet zu werden. Es genügt, wenn sie gegen einen Fideikommißbesitzer begonnen und gegenüber seinen Nachfolgern fortgesetzt und vollendet wird. Daß sich die Ersitzung des streitigen Patronats in solcher Weise gegenüber den Fideikommißbesitzern von D. im vorigen Jahrhundert vollendet hat, ist im Berufungsurteil rechtlich einwandfrei festgestellt.

---

36. 1. Sind die Gerichte befugt, die Ordnungsmäßigkeit der Besetzung eines vom Reichsarbeitsminister nach Maßgabe des § 22 Abs. 2 der Tarifvertragsverordnung vom 23. Dezember 1918 einberufenen Schlichtungsausschusses nachzuprüfen?

2. Ist der Schiedsspruch eines Schlichtungsausschusses, der in einem Gesamtstreite zwischen einem Arbeitgeber- und einem Arbeitnehmerverband ergeht und die Klauseln enthält, daß die Arbeit wieder aufzunehmen und die entlassenen Arbeiter wieder einzustellen seien, einer Verbindlicherklärung fähig?

3. Begründet ein solcher Schiedsspruch nach seiner Verbindlicherklärung zwischen dem Arbeitnehmerverband oder seinen Mitgliedern einerseits und den einzelnen dem Arbeitgeberverband angehörigen Unternehmern anderseits im Klagewege erzwingbare Rechte und Pflichten?

Tarifvertragsverordnung vom 23. Dezember 1918 § 22.
Einstellungsverordnung vom 12. Februar 1920 § 28.

III. Zivilsenat. Urt. v. 30. Juni 1925 i. S. Verband der Bergarbeiter Deutschlands u. Gen. (Bekl.) w. Arbeitgeberverband für den Braunkohlenbergbau (Kl.). III 371/24.

I. Landgericht Halle a. S.
II. Oberlandesgericht Naumburg a. S.

Für den mitteldeutschen Braunkohlenbergbau besteht ein Tarifvertrag vom 24. März 1922, den der klagende Arbeitgeberverband und die beklagten Arbeitnehmerverbände als Vertragsparteien mit abgeschlossen hatten. Nach Ausbruch von Lohnstreitigkeiten fällte ein vom Reichsarbeitsminister gemäß § 22 Abs. 2 der Tarifvertragsverordnung vom 23. Dezember 1918 einberufener Schlichtungsausschuß einen Schiedsspruch über die Löhne für die Woche vom 15.—22. Oktober 1923. Darauf trat ein Teil der Arbeiter in den Streik. Am 26. Oktober erging ein neuer Schiedsspruch über die Abstaffelung der Lohntafel, die einen Teil des Tarifvertrags bildete. Obschon die Arbeitervertreter erklärten, daß nach ihrer Ansicht nunmehr der Streik abgebrochen werden müsse, nahm die Arbeiterschaft die Arbeit nicht wieder auf, weil keine Einigung über die Wiedereinstellung der streikenden und von den Werkbesitzern inzwischen fristlos entlassenen Arbeiter erzielt wurde. Zur Beilegung dieses Streites wurde vom Reichsarbeitsminister ein neuer Schlichtungsausschuß einberufen. Dieser fällte am 31. Oktober 1923 einen Schiedsspruch, der unter anderen folgende Bestimmungen enthielt:

1. Die Arbeit wird bis zum 2. November wieder aufgenommen.
2. Die Arbeiter werden — mit einzelnen hier nicht in Betracht kommenden Ausnahmen — wieder eingestellt.

Der Schiedsspruch wurde vom Reichsarbeitsminister für verbindlich erklärt. Der Kläger und die einzelnen Arbeitgeber haben sich geweigert, den Schiedsspruch als für sie verbindlich anzuerkennen. Einzelne der in ihm vorgesehenen Schiedsstellen haben die Arbeitgeber jedoch zur Wiedereinstellung und zu Lohnzahlungen verurteilt. Deshalb hat der Kläger klagend verlangt:

1. die Feststellung der Nichtigkeit des Schiedsspruchs vom 31. Oktober 1923 und der in seiner Durchführung gefällten Entscheidungen der Schiedsstellen,

2. die Feststellung seiner Nichtverpflichtung, seine Mitglieder zur Befolgung dieser Sprüche anzuhalten,
3. die Feststellung, daß seine Mitglieder weder gegenüber den Beklagten noch gegenüber den einzelnen Mitgliedern der Beklagten zur Erfüllung der Schiedssprüche verpflichtet seien.

Das Landgericht und das Oberlandesgericht erklärten den Schiedsspruch vom 31. Oktober für rechtsunwirksam. Die Revision der Beklagten hatte teilweise Erfolg. Die Rechtswirksamkeit des Schiedsspruchs vom 31. Oktober 1923 wurde anerkannt und der Feststellungsklage zu 1 hinsichtlich der Entscheidungen der in ihm vorgesehenen Schiedsstellen stattgegeben. Ferner wurde dem Feststellungsbegehren zu 3 entsprochen. Im übrigen wurde die Klage abgewiesen.

Gründe:

Das Oberlandesgericht hat den Schiedsspruch vom 31. Oktober 1923 für unwirksam erklärt, weil er vom Schlichtungsausschuß

a) in gesetzwidriger Besetzung,
b) unter Überschreitung seiner sachlichen Zuständigkeit gefällt worden und sowohl deshalb, als auch wegen der rein obligatorischen Natur seines Inhalts einer Verbindlicherklärung nicht fähig gewesen sei.

Zu a

bemängelt der Berufungsrichter, daß Landesrat U. als Arbeitervertreter am Schlichtungsverfahren teilgenommen habe, ohne zu prüfen, ob und in welchem Umfang ihn das Gesetz zu einer Nachprüfung der Zusammensetzung eines vom Reichsarbeitsminister einberufenen Sonderschlichtungsausschusses ermächtige. Die §§ 15—18 der Tarifvertragsverordnung regeln die Zusammensetzung der für bestimmte Bezirke zu bildenden Schlichtungsausschüsse, die Berufung der Mitglieder, die Bestellung des Vorsitzenden und die Beschaffung der Bürokräfte. Der VII. Zivilsenat hat die Gerichte für befugt und verpflichtet erklärt, die Schiedssprüche eines ordentlichen Schlichtungsausschusses auf die Beobachtung zwingender Verfahrensvorschriften, insbesondere die des § 15 Abs. 5 TVVO. hin zu prüfen (RGZ. Bd. 104 S. 182). Dagegen hat der erkennende Senat die Frage, ob die Ordnungswidrigkeit der Besetzung eines ordentlichen

Schlichtungsausschusses noch vor den Gerichten mit Erfolg gerügt werden könne, dahin gestellt gelassen (RGZ. Bd. 104 S. 418). Einer Entscheidung dieser Frage bedarf es auch im vorliegenden Falle nicht. Denn es handelt sich hier um den Spruch eines vom Reichsarbeitsminister nach Maßgabe des § 22 Abs. 2 TVVO. einberufenen außerordentlichen Sonderschlichtungsausschusses. § 22 Abs. 2 a. a. O. schafft für den Reichsarbeitsminister die rechtliche Möglichkeit, in besonders wichtigen Fällen, über deren Vorliegen er allein zu befinden hat, unter Übergehung des gesetzlich zuständigen Schlichtungsausschusses die Einigungs- und Schlichtungstätigkeit selbst zu übernehmen oder sie einer von ihm gewählten Schiedsstelle zu übertragen. Tut er das, so „müssen" — das ist die einzige Schranke, die das Gesetz dem Minister auferlegt — bei der Verhandlung und Abgabe des Schiedsspruchs Vertreter der Arbeitgeber und Arbeitnehmer in gleicher Zahl als Beisitzer mitwirken. Im übrigen überläßt das Gesetz die Auswahl der Arbeitgeber- und Arbeitnehmervertreter dem pflichtmäßigen Ermessen des Reichsarbeitsministers. Insbesondere schreibt es nicht etwa vor, daß die von ihm ernannten Beisitzer der Schiedsstelle zur Zeit der Ausübung ihrer Schlichtungstätigkeit noch Arbeitgeber oder Arbeitnehmer sein müssen.

Deshalb ist bei Schiedssprüchen, deren Fällung der Reichsarbeitsminister einer besonderen Schiedsstelle im Sinne des § 22 Abs. 2 a. a. O. übertragen hat, das Nachprüfungsrecht der Gerichte hinsichtlich ihrer Besetzung in der Regel und im allgemeinen nicht weiter als darauf auszudehnen, ob bei dem Spruche zahlenmäßig ebensoviel Arbeitgeber- wie Arbeitnehmervertreter mitgewirkt haben. Wie zu verfahren sei, wenn die Zusammensetzung der ministeriellen Schlichtungsstelle eine offenbare gröbliche Verletzung der natürlichen Grundsätze des Schlichtungswesens erkennen läßt, kann dahingestellt bleiben. Denn ein solcher Fall liegt nach dem unstreitigen Sachverhalt nicht vor, da der vom Oberlandesgericht beanstandete Arbeitnehmervertreter U. früher Bergarbeiter und noch vier Monate vor dem Schiedsspruch Bezirksleiter des Bergarbeiterverbandes in Halle gewesen ist, und die beklagten Verbände U. als ihren Vertrauensmann anerkannt haben. In ähnlicher Weise hat sich der Senat für unzuständig erachtet, die ordnungsmäßige Besetzung der Mieteinigungsämter nachzuprüfen (RGZ. Bd. 105 S. 59/60).

Zu b

führt das Oberlandesgericht unter Bezugnahme auf die in RGZ. Bd. 104 S. 171, Bd. 105 S. 331 abgedruckten Entscheidungen aus, daß das im § 28 EinstVO. vom 12. Februar 1920 geordnete Schlichtungsverfahren sich nur auf Gesamtstreitigkeiten „über Löhne und sonstige Arbeitsbedingungen", nicht aber auf Streitigkeiten über die Frage beziehe, ob die einzelnen Arbeitgeber und Arbeitnehmer verpflichtet seien, nach Lösung des alten Arbeitsverhältnisses neue Dienstverträge miteinander zu schließen. Da der Schiedsspruch vom 31. Oktober 1923 diese Frage entscheiden wolle und entscheide, falle er aus dem Rahmen des § 28 a. a. O. heraus und sei deshalb einer Verbindlicherklärung nicht fähig. Diese Erwägung wird aber weder dem Inhalt des Schiedsspruchs noch dem Begriff der Gesamtstreitigkeiten im Sinne des § 28 a. a. O. gerecht.

Gesamtstreitigkeiten stehen stets mit einer Gesamtvereinbarung — einer bereits abgeschlossenen oder einer erst abzuschließenden — in innerem Zusammenhange. Als Parteien eines Gesamtstreits kommen deshalb nie einzelne Arbeitnehmer, sondern nur solche Verbände oder Personen in Betracht, welche Subjekte einer Gesamtvereinbarung sein können. Zu den Gesamtvereinbarungen gehören die Tarifverträge. Solche wurden aber schon lange vor dem Inkrafttreten der TVVO. von 1918 geschlossen und enthielten schon damals — abgesehen von der Regelung der Arbeitsbedingungen im engeren Sinne — wenigstens in vielen Fällen auch noch Bestimmungen anderer Art, welche unmittelbare Rechte und Pflichten nur zwischen den Tarifvertragsparteien begründeten, aber doch dazu bestimmt waren, Reibungen zwischen Arbeitgebern und Arbeitnehmern in den einzelnen Betrieben möglichst zu verhüten und die Erhaltung des Wirtschaftsfriedens zu sichern.

Satz 1 des § 1 der TVVO. lautet:

„Sind die Bedingungen für den Abschluß von Arbeitsverträgen zwischen Vereinigungen von Arbeitnehmern und einzelnen Arbeitgebern oder Vereinigungen von Arbeitgebern durch schriftlichen Vertrag (TV.) geregelt, so sind Arbeitsverträge zwischen den beteiligten Personen insoweit unwirksam, als sie von der tariflichen Regelung abweichen."

Mit diesem Satze hat der Gesetzgeber nicht etwa den allein

möglichen, nicht den gesetzlich allein zulässigen Inhalt eines Tarifvertrags festlegen, sondern dem klaren Wortlaute nach nur denjenigen Teil seires Inhalts genau umschreiben wollen, auf den sich der von ihm neu eingeführte Grundsatz der Unabdingbarkeit bezieht und der, wie man hinzusetzen muß, nach Maßgabe des § 2 für allgemein verbindlich erklärt werden kann. § 1 a. a. O. handelt also nur von den Arbeitsnormen und ihrer Bedeutung für die Einzelarbeitsverträge, verbietet aber nicht die Aufnahme anderer, der friedlichen Entwickelung der Arbeitsverhältnisse dienender, der Unabdingbarkeit und der Allgemeinverbindlichkeit nicht unterliegender, daher rein schuldrechtlicher Bestimmungen in den Tarifvertrag. Sie ist nach dem Inkrafttreten der TVVO. ebenso zulässig wie früher und allgemein üblich. Deshalb kann für den Begriff der Gesamtstreitigkeiten im Sinne des § 28 VO. vom 12. Februar 1920 aus § 1 TVVO. nichts Entscheidendes entnommen werden. Er steht vielmehr in engster Verbindung mit dem III. Abschnitte, insbesondere mit § 20 TVVO. Der III. Abschnitt daselbst handelt von der „Schlichtung von Arbeitsstreitigkeiten". Schon der Wortlaut des § 20, der ihren Umfang näher erläutert und bestimmt, zeigt, daß der Gesetzgeber den Begriff der Gesamtstreitigkeiten nicht auf Streitigkeiten über „Arbeitsbedingungen", nicht auf Streitigkeiten über den in § 1 TVVO. in ganz anderem Zusammenhang allein erwähnten normativen Teil eines Tarifvertrags beschränken, sondern auf alle Streitigkeiten tarifvertragsfähiger Parteien ausdehnen wollte und ausgedehnt hat, die aus Anlaß wirtschaftlicher Interessengegensätze „in bezug auf das Arbeitsverhältnis" entstehen oder entstanden sind. Darunter fallen auch Streitigkeiten über rein schuldrechtliche Bestimmungen eines Tarifvertrags, die im Interesse des Wirtschaftsfriedens die Verpflichtung zum Abschluß von Dienstverträgen mit gewissen Personenkreisen, ihre Einstellung oder Nichteinstellung in bestimmte Betriebe regeln oder regeln sollen und von deren Aufnahme oder Nichtaufnahme in den Tarifvertrag die Parteien dessen Unterzeichnung abhängig machen. Daß diese Charakterisierung der Gesamtstreitigkeiten richtig ist, folgt aber auch aus dem Zwecke der Tarifverträge. Sie wollen ausnahmslos dem Wirtschaftsfrieden dienen, Arbeitskämpfe beenden oder ihren Ausbruch verhüten. Soweit ihr Inhalt diesen Zweck erstrebt und zu erreichen geeignet ist, bildet er in der

Regel ein organisches Ganzes, so daß im Zweifel anzunehmen ist, der Tarifvertrag wäre bei mangelnder Einigung über diese oder jene Bestimmung überhaupt nicht zustande gekommen. Daraus ergibt sich, daß der Tarifvertrag mit seinen beiden Teilen, dem normativen und dem schuldrechtlichen, ein einheitliches Gebilde, und zwar trotz des durch die Tarifvertragsverordnung in ihn hineingetragenen öffentlichrechtlichen Einschlags und trotz gewisser öffentlichrechtlicher Ausstrahlungen ebenso wie vor dem Inkrafttreten der Verordnung ein Gebilde privatrechtlicher Natur darstellt, das, so weit der Gesetzgeber nicht etwas anderes vorschreibt, eine einheitliche rechtliche Behandlung verlangt. Streitigkeiten über den Abschluß eines Tarifvertrags, mögen sie nun seinen Gesamtinhalt oder nur den Inhalt einzelner Normativ- oder rein schuldrechtlicher Bestimmungen zum Gegenstande haben, sind daher Gesamtstreitigkeiten im Sinne des § 20 TVVO. Das trifft insbesondere auch dann zu, wenn, wie im vorliegenden Falle, die Tarifvertragsparteien nach Einigung über die künftigen Lohn- und Arbeitsbedingungen in Meinungsverschiedenheiten darüber geraten, ob die Arbeitsaufnahme durch die infolge eines Streiks entlassenen Arbeiter von ihrem Belieben, und ihre Wiedereinstellung von dem Belieben der einzelnen Arbeitgeber abhängen, oder ob sie den einen wie den anderen von Verbandswegen als Verbandspflicht auferlegt werden soll. Geschieht das letztere nicht, so wird in vielen, wenn nicht in den meisten Fällen, in denen es zu Streiken und Aussperrungen gekommen ist, ein Arbeitsnormenvertrag allein nicht zu wirklichem wirtschaftlichem Frieden führen und so lange ein blut- und markloses Gebilde bleiben, als die Arbeiter nicht in die Betriebe zurückkehren oder von den Arbeitgebern nicht wieder eingestellt werden. Erst die Auferlegung eines Verbandszwangs nach beiden Richtungen schafft, so weit das die Unzulänglichkeit aller menschlichen Einrichtungen zuläßt, Sicherheit dafür, daß die Arbeitsnormen auch ein Betätigungsfeld, ein Anwendungsgebiet vorfinden, und daß die durch den Streik brach gelegten Betriebe im Interesse der Produktionsgemeinschaft von Arbeitgebern und Arbeitnehmern ihre volle Wirksamkeit entfalten können. Die Verpflichtung zur Anwendung des Verbandszwanges bildet denn auch den Kern des Schiedsspruchs vom 31. Oktober 1923 und die Hauptursache des gegenwärtigen Rechtsstreits.

Wenn man unterstellt, die Verbände hätten nach einem Lohnstreik und nach fristloser Entlassung der Arbeiter einen Vertrag mit dem Inhalt der Schiedssprüche vom 19., 26. und 31. Oktober 1923 geschlossen, so hätten sie in den Klauseln:

1. Die Arbeit wird bis zum 2. November wieder aufgenommen,
2. Die Arbeiter werden wieder eingestellt,

nicht, wie das Oberlandesgericht annimmt, etwas für sie Unmögliches, sondern Leistungen Dritter versprochen. Damit hätten sie aber nach allgemeinen Rechtsgrundsätzen zugleich die Verpflichtung übernommen, sich mit allen Verbandsmitteln dafür einzusetzen, daß die einzelnen Verbandsmitglieder die Abmachungen ihrer Organisationen achten und durchführen, daß also die Arbeiter bis zum 2. November in ihre früheren Betriebsstätten zurückkehren und daß die Arbeitgeber die Zurückkehrenden nach Maßgabe des Tarifvertrags wieder beschäftigen. Diese Auffassung enthält nicht eine unzulässige Umdeutung, sondern die allein mögliche Auslegung der beiden Klauseln, wenn ihnen überhaupt ein verständiger Sinn beigelegt werden soll.

Nun haben sich aber im vorliegenden Falle die Tarifvertragsparteien über den Umfang der Wiedereinstellungspflicht nicht geeinigt. Es lag somit ein Gesamtstreit vor, zu dessen Beilegung ein Eingreifen des ordentlichen Schlichtungsausschusses oder des Reichsarbeitsministers auch von Amts wegen nicht nur zulässig, sondern wegen der Gefahren, die ein Wirtschaftskampf zwischen organisierten Arbeitgeber- und Arbeitnehmerverbänden naturgemäß mit sich bringt, und wegen des hohen Interesses des Staates und der Allgemeinheit an seiner Beendigung, auch geboten war (vgl. §§ 21, 22 TVVO.). Der Schlichtungsausschuß oder die sonstigen Schiedsstellen müssen aber, wenn anders der Schlichtungszweck erreicht werden soll, berechtigt sein, und sind nach dem Gesetze auch berechtigt, in ihren Tarifvertragsvorschlag — denn ein „Mehr" stellt ihr Schiedsspruch nicht dar — alle von ihnen nach Lage des Falles zur Herbeiführung und Sicherung des Wirtschaftsfriedens für erforderlich erachteten Bestimmungen normativen oder rein schuldrechtlichen Charakters aufzunehmen und nach ihrem pflichtmäßigen Ermessen die zwischen den Parteien herrschenden Streitpunkte, im gegebenen Falle also die Frage der Wiedereinstellungspflicht und des Verbandszwanges, zu regeln. Zur Zeit des Inkrafttretens der Tarifvertragsverordnung standen allerdings dem Schlichtungsausschuß oder anderen Organen keine Mittel zu Gebote, dem Schiedsspruch, wenn sich die Parteien ihm nicht freiwillig unterwarfen, Geltung zu verschaffen. Das Unbefriedigende dieses Zustandes lag klar zutage, und der Gesetzgeber erkannte bald, daß das Schlichtungsverfahren ohne Durchführungszwang, namentlich in wirtschaftlich und sozial bewegten Zeiten, in den Händen des Staates eine stumpfe und zur Erfüllung seines Zweckes untaugliche Waffe bleiben würde. Deshalb hat er bereits in den §§ 13 und 14 der ersten EinstVO. vom 4. Januar 1919 dem Demobilmachungskommissar die Ermächtigung erteilt, Schiedssprüche in Streitigkeiten „über Löhne und sonstige Arbeitsverhältnisse", also in den in § 20 TVVO. behandelten Gesamtstreitigkeiten, für verbindlich zu erklären. Diese Befugnis erstreckte sich, da keine Ausnahmen gemacht waren, auf sämtliche Teile des in dem Schiedsspruch enthaltenen Tarifvertragsvorschlags, auf die Arbeitsbedingungen ebenso wie auf die Wiedereinstellungsklausel und ähnliche schuldrechtliche Bestimmungen. An ihr wollten auch § 17 der zweiten EinstVO. vom 24. Januar 1919, § 26 der beide ersetzenden Verordnung vom 3. September 1919 und der mit diesem völlig übereinstimmende § 28 VO. vom 12. Februar 1920 nichts ändern und haben an ihr auch nichts geändert (vgl. RGZ. Bd. 105 S. 331 und Urteil des erkennenden Senats vom 8. Juli 1924 III 963/23). In keiner der genannten Verordnungen wird die Verbindlicherklärung auf die Arbeitsnormen des Tarifvertrags beschränkt. Wäre es der Fall, so hätte sich die durch die Tarifvertragsverordnung geschaffene unbefriedigende Rechtslage kaum gebessert. Denn Tarifverträge mit lediglich normativem Inhalt bilden eine Ausnahme, und ihr Zwangsabschluß würde nach Streiken und Arbeiterentlassungen für sich allein ein Ende des Wirtschaftskampfes nur selten herbeiführen. Die seine Beilegung bezweckende Wiedereinstellungsklausel und ihr wesensgleiche schuldrechtliche Bestimmungen bilden mit dem normativen Teil eines Tarifvertragsvorschlags gleichfalls eine Einheit, die nach dem Willen des Schlichtungsausschusses nur als Ganzes wirken kann und soll, und daher auch nur im ganzen angenommen und für verbindlich erklärt werden darf. Eine andere Auffassung würde mit den Lebenswirklichkeiten, der sozialpolitischen Bedeutung der Gesamtstreitigkeiten und dem Interesse der Allgemeinheit an der Vermeidung von Wirtschaftskämpfen in Widerspruch stehen. Die Aufnahme der Wiedereinstellungsklausel und ähnlicher schuldrechtlicher Bestimmungen in Tarifverträge war nicht eine Neuheit, sondern, wie bereits hervorgehoben, auch schon vor dem Inkrafttreten der Verordnung gebräuchlich, so daß der Gesetzgeber sie naturgemäß berücksichtigen und als wesentlichen Bestandteil eines Tarifvertragsschiedsspruchs dem Durchführungszwang unterwerfen mußte, wenn er den Forderungen der Zeit und der Entwickelung des Schlichtungs- und Tarifvertragswesens gerecht werden wollte.

Die Gegner der Zulässigkeit einer Verbindlicherklärung des schuldrechtlichen Teils eines Tarifvertragsvorschlags berufen sich auf den ihr anscheinend entgegenstehenden Wortlaut des § 28 VO. vom 12. Februar 1920. Aber aus seiner eben entwickelten Entstehungsgeschichte, aus dem engen Zusammenhang mit seinen Vorläufern, den §§ 13 und 14 VO. vom 4. Januar 1919 und ihrem Zweck, eine als schädlich erkannte Gesetzeslücke auszufüllen und einen Einigungszwang in Gesamtstreitigkeiten zu schaffen, folgt, daß die Worte „Streitigkeiten über Löhne und sonstige Arbeitsbedingungen" in § 28 der VO. vom 12. Februar 1920 sich nicht etwa an den § 1 TVVO. anlehnen, sondern denselben Sinn und dieselbe rechtliche Bedeutung haben wie die Worte „Streitigkeiten über Löhne und sonstige Arbeitsverhältnisse" in § 20 TVVO. und § 13 VO. vom 4. Januar 1919.

Eine Gleichstellung der Verbindlicherklärung von Tarifvertragsschiedssprüchen und der Allgemeinverbindlicherklärung von Tarifverträgen nach § 2 TVVO. muß abgelehnt werden. Der Zweck, den diese verfolgt, ist ein ganz anderer als derjenige, den jene erreichen will. Die Allgemeinverbindlicherklärung erstrebt ausschließlich die Vereinheitlichung der Arbeitsbedingungen und will verhindern, daß nicht organisierte Arbeiter durch deren Unterbietung die organisierten schädigen. Sie beschäftigt sich also begrifflich nur mit dem normativen Teil eines Tarifvertrags. Die Verbindlicherklärung von Tarifvertragsvorschlägen eines Schlichtungsausschusses verfolgt dagegen das Ziel, den gestörten Arbeitsfrieden ebenso im Interesse der Arbeitgeber und Arbeitnehmer, wie in dem der Allgemeinheit wieder herzustellen, ein Ziel, das in der Regel nur in Verbindung mit der Übernahme solcher schuldrechtlichen Verpflichtungen, wie sie die

Arbeitsaufnahme- und Wiedereinstellungsklauseln enthalten, seitens der Tarifvertragsparteien erreicht werden kann.

Auch der Hinweis auf die §§ 75 und 80 BRG. kann die Rechtsauffassung des Senats nicht beeinflussen. Denn sie handeln im wesentlichen nur von Meinungsverschiedenheiten über Arbeitsbedingungen, die im Tarifvertrag keine allgemeine Regelung gefunden haben, während die Fassung des § 20 TVVO. eine viel weitere ist und § 28 VO. vom 12. Februar 1920 sich ihm organisch anschließt. Zudem sind die nach §§ 75 und 80 a. a. O. kraft Gesetzes ohne besonderen Staatsakt von selbst eintretende Verbindlichkeit der vom Schlichtungsausschuß festgesetzten Arbeitsordnungen und Dienstvorschriften für einzelne Betriebe und die Verbindlicherklärung von Tarifvertragsvorschlägen der Schlichtungsausschüsse ihrem Wesen und ihrem Zwecke nach ganz verschieden; beide können deshalb überhaupt nicht miteinander in Vergleich gestellt werden (vgl. Nipperdey in Potthoffs Arbeitsrecht 1924 S. 582). Daß die Verbindlicherklärung von Schiedssprüchen schuldrechtlichen Inhalts dem Schlichtungsverfahren nicht wesensfremd ist, zeigen die allerdings auf Einzelstreitigkeiten bezüglichen §§ 24—27 VO. vom 12. Februar 1920. Die Verbindlicherklärung eines in Einzelstreitigkeiten ergangenen Schiedsspruchs bewirkt, daß ein seinem Inhalt entsprechender Dienstvertrag zwischen Arbeitgeber und Arbeitnehmer als abgeschlossen gilt. Die Verbindlicherklärung ist ein staatlicher Hoheitsakt, der die Zustimmung des seine Unterwerfung unter den Schiedsspruch weigernden Teils ersetzen soll. Finden nun die eben angezogenen §§ 24—27 nach § 28 a. a. O. ohne Einschränkung auf Schiedssprüche in Gesamtstreitigkeiten Anwendung, so muß in beiden Fällen die Wirkung die gleiche sein, d. h. den Abschluß eines Vertrags zur Folge haben, dessen Inhalt sich nach dem des Streites und des Schiedsspruchs verschieden gestalten muß. Die Wiedereinstellungsklausel und ähnliche für die Wahrung des Wirtschaftsfriedens wesentliche schuldrechtliche Bestimmungen eines Tarifvertragsschiedsspruchs von der Verbindlicherklärung ausnehmen, hieße die Einheitlichkeit des Tarifvertrags zerstören und einen ganz anderen Vertrag als den vom Schlichtungsausschuß gewollten, hieße einen Vertrag schaffen, dem, wenn trotz der Verbindlicherklärung der Arbeitsnormen die Arbeiter die Arbeit nicht aufnehmen oder die Arbeitgeber die Arbeiter nicht wieder einstellen, keine oder nur geringe praktische Bedeutung zukäme.

Man kann auch nicht einwenden, daß der Schiedsspruch vom 31. Oktober 1923 keinen Tarifvertragsvorschlag enthalte, weil er keine zu dessen gesetzlichem Tatbestande gehörigen Arbeitsnormen aufweise, und daß er deshalb einer Verbindlicherklärung unfähig sei. Denn auf jeden Fall stellt er einen Schiedsspruch zur Beendigung eines Gesamtstreits im Sinne des § 20 TVVO. und des § 28 VO. vom 12. Februar dar. Aber auch seine Nummern 5 und 7, welche für die wieder eingestellten Arbeiter den Streik nur als Unterbrechung des Arbeitsverhältnisses gelten lassen und bis zum 9. November 1923 eine Kündigung aus wirtschaftlichen oder technischen Gründen des Betriebs ausschließen, sind Arbeitsbedingungen im eigentlichen Sinne und dazu bestimmt, in die Einzelarbeitsverträge überzugehen. Schließlich bildet der Schiedsspruch vom 31. Oktober mit seinen Vorgängern vom 19. und 26. Oktober 1923 eine organische Einheit. Alle drei Sprüche waren in ihrer Gesamtheit dazu bestimmt, den Wirtschaftskampf zu Ende zu bringen, die Wiedereinstellung der streikenden und entlassenen Arbeiter zu regeln und Arbeitsnormen für die Zeit nach ihrer Einstellung zu geben.

Sind daher der streitige Schiedsspruch und seine Verbindlicherklärung wirksam, so ist die Rechtslage dieselbe, als hätten die nunmehrigen Zwangstarifvertragsparteien seinen Inhalt im Wege freier Willenseinigung vereinbart. Die Pflichten, die sich für sie aus dem freiwilligen Abschluß ergeben, sind bereits oben erörtert. Unterläßt es der Kläger, seine Mitglieder zur Beachtung der Bestimmungen des Schiedsspruchs vom 31. Oktober 1923 anzuhalten und gegen ungehorsame und widerspenstige Mitglieder mit den satzungsmäßigen Druck- und Strafmitteln vorzugehen, oder fördert er gar offen oder stillschweigend ihren Widerstand gegen den Zwangstarifvertrag, so können die beklagten Verbände auf vertragsmäßiges Verhalten des Klägers und — ein Verschulden auf seiner Seite vorausgesetzt — gegebenenfalls auf Schadensersatz klagen. Die gleichen Klagerechte stehen auch den einzelnen Mitgliedern der Beklagten gegen den klägerischen Verband zu. Denn bei freiwilligem Abschluß des Tarifvertrags wäre in der Wiedereinstellungsklausel zugleich ein Vertrag zugunsten der entlassenen Arbeiter zu finden. Daß der Tarifvertragsvorschlag des Schlichtungsausschusses in gleichem Sinne gemeint war und in gleichem Sinne für verbindlich erklärt ist, unterliegt keinem Zweifel. Dagegen können weder die beklagten Verbände noch die einzelnen Arbeiter gegen diejenigen Einzelmitglieder des klägerischen Verbandes im Klagewege vorgehen, welche trotz des Druckes, den dieser auf sie ausübt, gegen die Verbandsdisziplin verstoßend sich weigern, die Wiedereinstellungsklausel als für sie verbindlich anzuerkennen. Denn zwischen den Arbeitnehmerverbänden und ihren Mitgliedern auf der einen Seite und den einzelnen Unternehmern in ihrer Eigenschaft als Mitglieder des klägerischen Verbandes auf der anderen Seite vermochte auch der Schiedsspruch und seine Verbindlicherklärung keine unmittelbaren Rechtsbeziehungen zu schaffen. Sie lassen sich auch nicht aus dem Gesichtspunkt der Tarifgemeinschaft und des Gesamtvertragsgedankens herleiten. Verträge zu Lasten Dritter kennt das bürgerliche Recht nicht. Deshalb können auch die in dem Schiedsspruch vorgesehenen Schiedsstellen Streitigkeiten zwischen den beklagten Verbänden oder ihren Mitgliedern und einzelnen Arbeitgebern über die Wiederaufnahme entlassener Arbeiter wirksam nur schlichten, wenn die Arbeitgeber sich ihrer Entscheidung freiwillig unterwerfen. Daß sie es tun, muß allerdings der klägerische Verband, wenn er vertragstreu sein will, ernstlich und mit allen ihm zu Gebote stehenden Mitteln kraftvoll erstreben, da er vertraglich verpflichtet ist, die Wiedereinstellung der Arbeiter in ihre früheren Arbeitsstätten nach Maßgabe des Schiedsspruchs vom 31. Oktober 1923, so weit es ihm möglich, zu fördern. . . .

---

37. 1. In welchen Rechtsnormen findet ein Schadensersatzanspruch seine Grundlage, den ein Kommunalbeamter gegen seine Gemeinde erhebt, weil sie es unterlassen habe, ihn in seiner dienstlichen Tätigkeit gegen Ansteckung zu schützen?

2. Inwieweit wird ein solcher Anspruch durch § 14 RUnfFürsG. eingeschränkt?

Unfallfürsorgegesetz für Beamte und für Personen des Soldatenstandes vom 18. Juni 1901 (RGBl. S. 211) §§ 1, 10—12, 14.

Sächsisches Gesetz, die Unfallfürsorge für Beamte betreffend, vom 1. Juli 1902 (GuVBl. S. 248) §§ 1, 10, 11. RVerf. Art. 131.

III. Zivilsenat. Urt. v. 16. Juni 1925 i. S. G. (Kl.) w. Stadt Leipzig (Bekl.). III 391/24.

I. Landgericht Leipzig.
II. Oberlandesgericht Dresden.

Der Kläger, seit dem 1. März 1918 Beamter im Dienste der Beklagten, war seit dem 2. Januar 1919 in dem Ortsamte für Kriegerfürsorge beschäftigt. Im Dezember 1921 erkrankte er an ägyptischer Augenkrankheit. Für den ihm dadurch erwachsenen Schaden macht er die Beklagte verantwortlich. Sie habe es schuldhafterweise unterlassen, die erforderlichen Vorsichtsmaßregeln zu treffen, um ihre mit der Kriegerfürsorge betrauten Beamten vor Ansteckung durch die vielfach mit leicht übertragbaren Krankheiten behafteten Kriegsbeschädigten zu schützen. Hätte die Beklagte ihre Fürsorgepflicht erfüllt, so würde ihn, Kläger, die Krankheit, die er sich nur durch Ansteckung im Dienste bei den ihm obliegenden persönlichen Verhandlungen mit Kriegsbeschädigten zugezogen haben könne, nicht befallen haben. Mit der Klage verlangt er Feststellung der Schadensersatzpflicht der Beklagten.

Die Beklagte ist dem Klaganspruch in rechtlicher wie tatsächlicher Hinsicht entgegengetreten. Ihrem Antrage gemäß haben die Vorinstanzen auf Klagabweisung erkannt. Die Revision des Klägers führte zur Aufhebung des Berufungsurteils.

Gründe:

Gegen die Beklagte kann der Kläger Ansprüche auf Schadensersatz wegen seiner Ansteckung mit ägyptischer Augenkrankheit nur dann erheben, wenn er sie sich in seiner dienstlichen Tätigkeit zugezogen hat. Der Berufungsrichter unterstellt das zu seinen Gunsten, kommt aber trotzdem zur Klagabweisung, weil die Erkrankung des Klägers dann einen im Dienst erlittenen Unfall darstelle. Dafür werde ihm schon Fürsorge zuteil auf Grund des Ortsgesetzes der Beklagten, betreffend die Unfallfürsorge für städtische Beamte, vom 2. November 1904. Weitere Ansprüche aus dem Unfall als nach diesem Ortsgesetze ständen ihm aber, wie sich aus dem Unfallfürsorgegesetz für Beamte und für Personen des Soldatenstandes vom 18. Juni 1901 und dem sächsischen Gesetze, die Unfallfürsorge für Beamte betreffend, vom 1. Juli 1902 ergebe, nicht zu. Dieser Klagabweisungsgrund kann nur zum Teil gebilligt werden.

Die beiden bezeichneten Gesetze unterscheiden sich hinsichtlich des Kreises der von ihnen betroffenen Personen. Während das erstere (§ 1) sich nur auf die Reichsbeamten bezieht, die in reichsgesetzlich der Unfallversicherung unterliegenden Betrieben beschäftigt sind, sieht das letztere (§ 1) von einer solchen Einschränkung ab und umfaßt alle Beamten der Staatszivilverwaltung, unabhängig von der Art ihrer Beschäftigung. Es gewährt ihnen deshalb auch Unfallpension, wenn sie infolge eines im Dienst erlittenen Unfalls dauernd dienstunfähig werden, während das RUnfFürsG. einen Betriebsunfall erfordert. Die §§ 10—12 RUnfFürsG. nehmen den Reichsbeamten, denen die Fürsorge des Gesetzes zukommt, gewisse Schadensersatzansprüche, die sie sonst aus einem Unfall zu erheben berechtigt wären. Diese Vorschriften erstreckt § 14 RUnfFürsG. hinsichtlich reichsgesetzlicher Schadensersatzansprüche auf Staats- und Kommunalbeamte, sofern für sie durch Landesgesetzgebung oder statutarische Festsetzung eine der reichsgesetzlichen mindestens gleichkommende Unfallfürsorge getroffen ist. § 14 beschränkt sich seinem Wortlaute nach nicht auf die Staats- und Kommunalbeamten, die in reichsgesetzlich der Unfallversicherung unterliegenden Betrieben beschäftigt sind. Es ist deshalb die Meinung vertreten worden, er beziehe sich — abweichend von den sonstigen Vorschriften des RUnfFürsG. — auf alle von ihm bezeichneten Beamten ohne Rücksicht auf ihre Beschäftigung. Diese Ansicht hat jedoch der VI. Zivilsenat des Reichsgerichts in der RGZ. Bd. 99 S. 274 abgedruckten Entscheidung abgelehnt. Gerade die Bestimmungen des SächsUnfFürsG. gaben ihm Veranlassung, mit ausführlicher Begründung darzulegen, daß § 14 in Übereinstimmung mit dem sonstigen Inhalt des RUnfFürsG. nur solche Staats- und Kommunalbeamte betreffe, die in reichsgesetzlich der Unfallversicherung unterliegenden Betrieben beschäftigt seien. Nur zu ihren Ungunsten ordne die fragliche Vorschrift als Ausgleich für die ihnen gewährte Unfallfürsorge den Ausschluß von Schadensersatzansprüchen an.

Dieser Auslegung des § 14 ist beizupflichten. Die Geltendmachung reichsgesetzlicher Schadensersatzansprüche ist nur den in Betrieben der bezeichneten Art beschäftigten Landes- und Kommunalbeamten untersagt. Eine etwa darüber hinausgehende Vorschrift des

Landesrechts — so § 10 SächsUnfFürsG. — entbehrt der Gültigkeit, allerdings nur, soweit sie sich auf reichsrechtliche Schadensersatzansprüche bezieht. Anders steht es mit landesrechtlichen Ansprüchen, mit denen sich § 14 nicht befaßt. Soweit das Gebiet der Landesgesetzgebung überhaupt reicht, kann sie auch die Schadensersatzansprüche regeln. Es steht nichts im Wege, daß sie im Landesrecht begründete Schadensersatzansprüche allen eine Unfallfürsorge genießenden Beamten entzieht, auch dann, wenn sie nicht in einem Betriebe beschäftigt sind, der reichsgesetzlich der Unfallversicherung unterliegt. Die die Ersatzansprüche der Beamten einschränkenden §§ 10 und 11 SächsUnfFürsG. sind also vom Standpunkte des Reichsrechts aus insofern nicht zu beanstanden, als sie Ansprüche aus sächsischen Landesgesetzen einschränken, auf welche Ansprüche sich übrigens § 11 — anders als § 10 — ausdrücklich nur bezieht.

Der Kläger war zur Zeit seiner Ansteckung nicht in einem reichsgesetzlich der Unfallversicherung unterliegenden Betriebe beschäftigt. § 14 RUnfFürsG. trifft ihn demnach nicht. Die aus seiner Erkrankung ihm etwa erwachsenen reichsgesetzlichen Schadensersatzansprüche hat er behalten. Daß er dagegen im sächsischen Landesrecht begründete Ansprüche dieser Art gegen die Beklagte nicht geltend machen kann, hat der Berufungsrichter den §§ 10, 11 SächsUnfFürsG. entnommen. Insoweit ist seine Entscheidung der Anfechtung entzogen (§ 549 ZPO.). Es kann deshalb auch nicht in die von der Revision erbetene Nachprüfung der Frage eingetreten werden, ob die Ansteckung mit ägyptischer Augenkrankheit, die der Kläger, wie unterstellt, im Dienste erlitten hat, einen Dienstunfall darstellt. Daß sie es ist im Sinne der angezogenen sächsischen Bestimmungen, hat das Oberlandesgericht bindend ausgesprochen.

Die Entscheidung über den Klaganspruch hängt also davon ab, ob er seine Begründung im Reichs- oder im Landesrecht findet. Der Kläger wirft der Beklagten vor, sie habe die Vorkehrungen nicht getroffen, die sie zum Schutze ihrer Beamten vor Ansteckung habe treffen müssen. Er behauptet also eine Verletzung der der Beklagten dem Kläger als ihrem Beamten gegenüber obliegenden Fürsorgepflicht. Insoweit handelt es sich um Rechtsbeziehungen, die lediglich in dem zwischen den Parteien bestehenden Beamtenverhältnis ihre Wurzel haben und die deshalb nach dem einschlägigen — öffentlichen —

Landesrecht zu beurteilen sind. Nach ihm bemißt sich, ob und inwieweit eine Gemeinde ihre Beamten vor Gefahren zu schützen hat, die sie bei Ausübung ihres Dienstes treffen können, und welche Folgen sich an die Nichterfüllung einer solchen Verpflichtung knüpfen. § 618 BGB. findet auf das öffentlichrechtliche Beamtenverhältnis keine, auch keine entsprechende Anwendung. Nur der darin ausgeprägte Rechtsgedanke kann als allgemein gültig zur Ausfüllung einer Lücke des positiven öffentlichen Rechts verwandt werden (RGZ. Bd. 97 S. 44, Bd. 111 S. 22). Er gilt dann aber lediglich als öffentlichrechtliche Regel, als Teil des für das Beamtenverhältnis maßgebenden Landesrechts (RGZ. Bd. 95 S. 146). In diesem Sinne kann die Anziehung des § 618 BGB. durch den Berufungsrichter verstanden und gebilligt werden. Die Abweisung des hierauf gestützten, ausschließlich landesrechtlichen Anspruchs kann nach dem oben Gesagten mit der Revision nicht angefochten werden.

In den Behauptungen des Klägers liegt aber nicht bloß ein Vorwurf gegen die Beklagte selbst, sondern auch gegen ihre mit der Fürsorge für den städtischen Beamtenkörper betrauten Beamten. Ihnen legt der Kläger die Verletzung einer Amtspflicht zur Last, aus der er auch als Beamter einen Schadensersatzanspruch herzuleiten berechtigt sein kann (RGZ. Bd. 100 S. 189, Bd. 105 S. 197). Die angeblich fehlerhafte Amtsausübung stand nicht mit der Wahrnehmung privatrechtlicher Interessen der Beklagten in Zusammenhang, sondern bezog sich auf die ihr ihren Beamten gegenüber obliegenden öffentlichrechtlichen Pflichten, stellt sich also als Ausübung öffentlicher Gewalt dar (vgl. RGZ. Bd. 84 S. 28), die sich nicht bloß im Zwange, sondern auch in der Fürsorge betätigt (RGZ. Bd. 102 S. 32 und die dort angeführten Entscheidungen). So aufgefaßt stützt sich der Klaganspruch auf eine reichsrechtliche Grundlage, auf Art. 131 RVerf. in Verbindung mit § 839 BGB. Ihn hat das Oberlandesgericht dem Kläger zu Unrecht auf Grund der §§ 10, 11 SächsUnfFürsG. abgesprochen. ...

38. Darf bei Berechnung des Schadensersatzanspruchs gegen einen deutschen Verkäufer wegen nicht ordnungsmäßiger Erfüllung eines mit einem in Wien ansässigen Käufer geschlossenen Kaufvertrags der wechselnde Kurs der Tschechenkrone zugrunde gelegt werden?

BGB. §§ 242, 249.

II. Zivilsenat. Urt. v. 30. Juni 1925 i. S. L. (Kl.) w. M. u. H. (Bekl.). II 430/24.

I. Landgericht Hamburg, Kammer für Handelssachen.
II. Oberlandesgericht daselbst.

Im Oktober 1920 verkaufte die Beklagte an die in Wien ansässige Klägerin 50 Tonnen Saigonreis, Lieferung bis 15. November 1920 franko Waggon Hamburg zum Preise von 9,20 *M* je Kilogramm, Zahlung Kasse bei Andienung, und übernahm es, die Ware über Mittenwald an die Speditionsfirma N. in Preßburg zu senden. Nach Empfang des Kaufpreises brachte sie die 50 Tonnen abredegemäß auf den Weg. Eingetretene Verkehrshindernisse veranlaßten sie jedoch, von der Sendung nachträglich 40 Tonnen über Passau nach Wien „transito" an die Adresse der Klägerin „umzudisponieren". In Wien wurden diese 40 Tonnen am 23. Dezember 1920 in einem städtischen Lagerhaus untergebracht, die Klägerin wurde jedoch bis zum 2. Februar 1921 weder von der Umleitung noch von der Einlagerung der Ware benachrichtigt. Inzwischen war die Firma St. in Preßburg, welcher die Klägerin die Ware für 12,80 Tschechenkronen je Kilogramm weiterverkauft hatte, nach Fristsetzung von diesem Kaufe zurückgetreten. Die Klägerin forderte deshalb von der Beklagten Schadensersatz und wurde zunächst auf Zahlung von 204725,50 *M* klagbar. Das Landgericht wies die Klage ab, dagegen erklärte das Oberlandesgericht den Anspruch als dem Grunde nach gerechtfertigt. In dem weiteren Verfahren erhöhte die Klägerin ihre Schadensersatzforderung auf 160000 Tschechenkronen nebst 5% Zinsen seit dem 5. Februar 1921. Das Landgericht nahm an, daß die Klägerin nicht geschädigt sei, und wies die Klage erneut ab, während das Oberlandesgericht der Klägerin 6939,45 Goldmark nebst Zinsen zusprach, ihre Mehrforderung jedoch gleichfalls abwies. Die Revision der Klägerin war erfolglos.

Aus den Gründen:

Durch das erste Berufungsurteil ist der ursprünglich in Höhe von 204725,50 ℳ nebst Zinsen anhängig gemachte Schadensersatzanspruch der Klägerin insoweit als dem Grunde nach gerechtfertigt erklärt worden, als die Klägerin einen Schaden dadurch erlitten hat, daß die Beklagte sie von der am 13. Dezember 1920 erfolgten „Umdisposition" der 40000 kg Reis nicht alsbald benachrichtigt und ihr auch von der am 23. Dezember 1920 geschehenen Einlagerung in einem Wiener städtischen Lagerhaus erst am 2. Februar 1921 Kenntnis gegeben hat. Nach Eintritt der Rechtskraft dieses Urteils hat die Klägerin den Klageantrag auf 160000 Tschechenkronen nebst 5% Zinsen seit dem 5. Februar 1921 mit der Begründung erweitert, daß sie bei rechtzeitiger Benachrichtigung von der „Umdisposition" in der Lage gewesen wäre, Anfang Januar 1921 für die Ware einen Kaufpreis von 12,80 Tschechenkronen je Kilogramm gezahlt zu erhalten, während sie bei einem am 4. Februar 1921 vorgenommenen anderweitigen Verkaufe nur noch 8 Tschechenkronen je Kilogramm hätte erzielen können. Den so erweiterten Klageanspruch hat das Oberlandesgericht in derselben Erwägung, wie den ursprünglichen, als dem Grunde nach gerechtfertigt erachtet. Es hat jedoch angenommen, daß die Klägerin den ihr erwachsenen Schaden nicht nach Tschechenkronen berechnen könne, weil der Goldwert der letzteren schon in der Zeit von Anfang Januar bis zum 4. Februar 1921 sich nicht unerheblich gehoben habe und seitdem weiter gestiegen sei, die Klägerin aber, selbst wenn sie Anfang Januar 1921 für die 40000 kg Reis einen Kaufpreis von 40000 mal 12,80 =) 512000 Tschechenkronen erhalten hätte, die damals erhaltenen Tschechenkronen nicht liegen gelassen, sondern alsbald in ihrem Geschäftsbetrieb zum Ankauf von Waren oder sonstwie verwendet hätte. Diese Annahme ist rechtlich ebensowenig zu beanstanden, wie die fernere, daß zu einer sachgemäßen Schadens(berechnung nur unter Zugrundelegung der den geringsten Wertschwankungen ausgesetzten Dollarwährung zu gelangen sei. Das Oberlandesgericht ist daher mit Recht in der Weise vorgegangen, daß es zunächst die der Klägerin als Kaufpreis entgangenen 512000 Tschechenkronen nach dem Kurse vom 3. Januar 1921 und die für die Klägerin am 4. Februar 1921 erzielbar gewesenen

(40000 mal 8 =) 320000 Tschechenkronen nach dem Kurse des letzteren Tages in Dollars umgerechnet und sodann den Dollarunterschied, nach Verhältnis von 1 : 4,20 in Goldmark umgerechnet, der Klägerin zuerkannt hat. Die Rüge der Revision, daß der Klägerin mindestens der nach dem Dollarkurs vom 4. Februar 1921 zu ermittelnde Goldmarkwert von (512000—320000 =) 192000 Tschechenkronen zuzusprechen gewesen sei, muß an der Feststellung des Oberlandesgerichts scheitern, daß die Klägerin die 512000 Tschechenkronen alsbald nach Empfang (Anfang Januar 1921) in Waren umgesetzt, also auch die 192000 Tschechenkronen als solche am 4. Februar 1921 nicht mehr im Besitze gehabt hätte ...

---

39. **Bedarf der in allgemeiner Gütergemeinschaft lebende Mann der Einwilligung der Frau zur wirksamen Abgabe eines bindenden Verkaufsangebots über ein von ihm angekauftes, aber noch nicht auf seinen Namen eingetragenes Grundstück? Kommt durch die Annahme des Angebots, wenn sie erst nach der Eintragung der gütergemeinschaftlichen Eheleute als Grundstückseigentümer erfolgt, ein die Frau bindender Kaufvertrag zustande?**

BGB. § 1445.

V. Zivilsenat. Urt. v. 1. Juli 1925 i. S. A. (Kl.) w. W. (Bekl.). V 110/25.

I. Landgericht Tilsit.
II. Oberlandesgericht Königsberg.

Der Kläger, der mit seiner Ehefrau in allgemeiner Gütergemeinschaft lebt, kaufte durch notariellen Vertrag vom 9. März 1922 von der Landbank das Gut Abl. Schäferei für 3250000 ℳ. Der Vertrag wurde am 22. Juni 1922 vom Landrat unter der Bedingung genehmigt, daß das Gut vor Ablauf von 5 Jahren bei Vermeidung einer Vertragsstrafe nicht weiter verkauft werden dürfe. Durch notariellen Vertrag vom 17. Mai 1922 verpachtete der Kläger das Gut mit dem toten Inventar für 5 Jahre zu einem für die ganze Pachtzeit im voraus zu entrichtenden jährlichen Pachtzins von 300000 *M* und verkaufte das lebende Inventar nebst vorhandenen Vorräten für 1500000 *M* an den Beklagten. In dem Vertrag wurde dem Kläger das Recht ausbedungen, das Gut bis zu 1000000 *M* mit Hypotheken zu belasten, deren Zinsen bis zu 6 v. H. der Beklagte zahlen sollte. In einer zweiten notariellen Urkunde vom 17. Mai 1922 machte der Kläger dem Beklagten ein Kaufangebot wegen des Gutes nebst totem Inventar für 2000000 *M*, an das er sich bis zum 1. Mai 1927 gebunden erklärte. Der Pachtvertrag vom 17. Mai 1922 wurde am 24. August 1922 vom Landrat genehmigt, der Kläger verweigerte jedoch die Übergabe des Gutes an den Beklagten und klagte auf Feststellung, daß der Pachtvertrag und das Kaufangebot vom 17. Mai 1922 nichtig seien. Er machte geltend, die Verträge seien aber auch unverbindlich, weil die Ehefrau des Klägers ihre Zustimmung dazu versagt habe.

Nachdem der Kläger und seine Ehefrau am 28. März 1923 als Eigentümer des Gutes im Grundbuch eingetragen worden waren, nahm der Beklagte durch notarielle Erklärung vom 16. April 1923 das Kaufangebot vom 17. Mai 1922 an. Dieser Kaufvertrag erhielt am 21. April 1923 die landrätliche Genehmigung. Das Landgericht erkannte auf den dem Kläger zugeschobenen Eid über die vom Beklagten behauptete Zustimmung der Ehefrau des Klägers zu den Verträgen vom 17. Mai 1922. Das Oberlandesgericht wies die Klage ab. Die Revision des Klägers wurde zurückgewiesen.

Aus den Gründen:

Das Berufungsgericht nimmt an, daß § 1445 BGB. nur auf Verfügungen oder auf die Eingehung von Verpflichtungen zu solchen zu beziehen sei, die schon zum Gesamtgut gehörende Grundstücke zum Gegenstande haben, dagegen keine entsprechende Anwendung finden könne, wenn der Mann ein Grundstück verkaufe, in Ansehung dessen nur ein schuldrechtlicher Anspruch auf Eigentumsübertragung zum Gesamtgut gehöre. Weder der gesetzgeberische Zweck noch der Wortlaut der Vorschrift vermöchten eine so weitgehende Auslegung zu rechtfertigen. Daß im vorliegenden Fall die Annahme des vom Kläger gemachten Kaufangebots erst erfolgt sei, nachdem der Kläger und seine Ehefrau im Grundbuch als Eigentümer des Gutes eingetragen worden seien, sei belanglos. Entscheidend sei, daß die verpflichtende Erklärung des Klägers, das Kaufangebot, in einem Zeitpunkt abgegeben sei, als das

Grundstück noch nicht Bestandteil des Gesamtguts gewesen sei. Durch den in der Zwischenzeit vor der Annahme des Angebots eingetretenen Wegfall der alleinigen Verfügungsfähigkeit des Klägers über das Grundstück habe, wie sich aus entsprechender Anwendung des § 153 BGB. ergebe, das Angebot seine verbindliche Kraft nicht verloren. Aus denselben Gründen würde gegen die Wirksamkeit des Pachtvertrags kein Bedenken bestehen, wenn darin überhaupt eine Verfügung über das Grundstück im Sinne des § 1445 BGB. zu finden sein sollte.

Diese Ansicht des Berufungsgerichts ist für zutreffend zu erachten.

Nach § 1445 BGB. bedarf der Mann der Einwilligung der Frau zur Verfügung über ein zum Gesamtgute gehörendes Grundstück sowie zur Eingehung der Verpflichtung zu einer solchen Verfügung. Zur Zeit, als der Kläger das von ihm angekaufte Gut dem Beklagten verpachtete und gleichzeitig unter Bindung auf 5 Jahre zum Kauf anbot, war der vom Kläger mit der Landbank abgeschlossene Kaufvertrag vom Landrat noch nicht genehmigt und die Auflassung und die Eintragung des Klägers und seiner Ehefrau in das Grundbuch noch nicht erfolgt. Das Gut war also noch nicht in das Eigentum der Eheleute A. übergegangen und gehörte noch nicht zum Gesamtgut der Gütergemeinschaft. Zum Gesamtgut gehörte vielmehr nur der durch die Erteilung der landrätlichen Genehmigung bedingte schuldrechtliche Anspruch gegen die Landbank auf Verschaffung des Eigentums an dem Gute. Daß der Kläger zur Verfügung über diesen Anspruch oder zur Eingehung einer Verpflichtung zu einer Verfügung über das noch im Eigentum eines Dritten stehende Grundstück der Einwilligung der Frau bedurft hätte, ist aus § 1445 BGB. nicht zu entnehmen. Die Aufnahme der Vorschrift des § 1445 in das Gesetz beruht auf der Erwägung, daß das unbewegliche Vermögen im Hinblick auf seine wirtschaftliche und soziale Bedeutung gegenüber dem beweglichen Vermögen eine hervorragende Stellung einnehme, daß der bei weitem größere Teil des Grundbesitzes die feste Grundlage des Bauern- und Gutsbesitzerstandes bilde, hier regelmäßig den Hauptbestandteil des Vermögens ausmache und die Basis der ganzen wirtschaftlichen Tätigkeit und des Standesverhältnisses sei, und daß die Veräußerung des Grundbesitzes in diesen Kreisen der Bevölkerung daher eine besonders tief eingreifende Wirkung auf die Lebensverhältnisse der ganzen Familie habe, mithin eine für die Frau und die Kinder so wichtige Lebensveränderung dem Manne ohne die Einwilligung der Frau zur Veräußerung nicht gestattet werden dürfe (Mot. Bd. 4 S. 353). Es wurde ferner darauf hingewiesen, daß in einem erheblichen Teil der bestehenden Rechte, darunter namentlich in den §§ 377—380 II 1 Preuß. ALR. der gleiche Standpunkt eingenommen sei (Mot. Bd. 4 S. 349, 353). Dieser bei den Kommissionsberatungen (vgl. Mugdan Mat. Bd. 4 S. 806) ausdrücklich gebilligte gesetzgeberische Zweck, Frau und Kinder vor einer so wichtigen Lebensveränderung zu schützen, wie sie durch die Veräußerung des die wirtschaftliche Grundlage der Familie bildenden Grundbesitzes herbeigeführt werde, trifft in der Regel nicht zu, wenn der Mann ein Grundstück, das er selbst erst gekauft hat, noch vor dem Eigentumserwerb daran alsbald weiter veräußert. In solchen Fällen wird regelmäßig nicht gesagt werden können, daß das Grundstück bereits zu einer Grundlage der Wirtschafts- und Lebensverhältnisse der Familie geworden sei und deshalb die Weiterveräußerung eine Veränderung der hergebrachten Lebenshaltung der Familie bedeute. Eine Einbeziehung dieser Fälle unter die Vorschrift des § 1445 BGB. kann daher nicht als im Sinne des Gesetzes liegend angesehen werden. Einer Ausdehnung des Anwendungsgebietes des § 1445 über den durch seinen Wortlaut gekennzeichneten Rahmen hinaus würde auch das Bedenken entgegenstehen, daß es sich bei dieser Vorschrift um eine Ausnahme von der im § 1443 aufgestellten Regel handelt, daß dem Manne die freie Verwaltung und Verfügung in Ansehung des Gesamtguts zusteht, und daß daher eine enge Auslegung geboten ist (vgl. RGZ. Bd. 69 S. 179). Auch in der Rechtsprechung zu § 378 II 1 Preuß. ALR., der bestimmt, daß bei bestehender Gütergemeinschaft der Mann Grundstücke und Gerechtigkeiten nicht ohne Einwilligung der Frau verpfänden oder veräußern könne, ist dieses Verbot für nicht anwendbar erklärt worden auf den Fall, wenn der Mann ohne Einwilligung der Frau ein Grundstück, auf dessen Erwerbung er nur ein persönliches Recht besitzt, dessen Eigentum aber noch nicht auf ihn übergegangen ist, wieder verkauft oder zu verkaufen rechtsgültig verspricht (Präjudizien des Ober-Trib. Bd. 1 S. 143, Pr. 1043; Strieth. Arch. Bd. 58

S. 107; Ober-Trib. Entsch. Bd. 64 S. 160; RGZ. Bd. 9 S. 272). Da in den Materialien zu § 1445 BGB. ausdrücklich auf die Vorschriften des Allgemeinen Landrechts hingewiesen und die dort in Übereinstimmung mit einigen anderen Rechten ausgesprochene Beschränkung des Mannes in der Verfügung über Grundstücke in das Bürgerliche Gesetzbuch übernommen worden ist, so rechtfertigt sich die Annahme, daß man im Hinblick auf die Rechtsprechung zu § 378 II 1 ALR. eine etwa gewollte weitere Ausdehnung der Beschränkung des Mannes klar zum Ausdruck gebracht haben würde. Statt dessen ist im § 1445 BGB. die Beschränkung ausdrücklich in Ansehung eines zu dem Gesamtgut gehörenden Grundstückes angeordnet und damit die Anwendbarkeit der Vorschrift auf Fälle beschränkt worden, in denen das Grundstück, über das der Mann verfügt oder zu verfügen sich verpflichtet, zum Gesamtgut gehört. Auch das spricht dafür, daß eine Veräußerung eines Grundstücks, auf dessen Eigentumserwerb für das Gesamtgut nur ein schuldrechtlicher Anspruch besteht, nicht an die Einwilligung der Frau hat geknüpft werden sollen. Tatsächlich besteht auch in derartigen Fällen keine Notwendigkeit, daß das Grundstück überhaupt erst Bestandteil des Gesamtguts werden müßte, ehe es in das Eigentum des dritten Erwerbers übergehen kann. Vielmehr kann diese Eigentumsübertragung unmittelbar von dem bisherigen Eigentümer an den dritten Erwerber im Wege der Auflassung und Eintragung erfolgen, indem der Mann entweder den Anspruch auf Auflassung an seinen Abkäufer abtritt oder seinen Verkäufer anweist, die Auflassung an den dritten Erwerber zu erteilen. Der Kläger räumt ein, daß auf diesem Wege eine Veräußerung des vom Manne angekauften Grundstücks ohne Einwilligung der Frau rechtswirksam erfolgen könne, er will aber eine abweichende Beurteilung stattfinden lassen, wenn, wie im vorliegenden Falle, das Grundstück tatsächlich zunächst in das Eigentum der gütergemeinschaftlichen Ehegatten gelangt. Diese Unterscheidung ist jedoch in Ansehung der Frage, ob der Mann über das Grundstück, bevor es in das Gesamtgut gekommen ist, ohne Einwilligung der Frau rechtsverbindlich einen Kaufvertrag abschließen kann, nicht zu billigen. Denn diese Frage kann nur nach der Rechtslage, wie sie bei der Vornahme des Rechtsgeschäfts bestanden hat, und nicht nach ihrer später eingetretenen Gestaltung beurteilt werden.

Hat der Mann das von ihm angekaufte Grundstück weiter verkauft, bevor es Bestandteil des Gesamtguts geworden ist, so ist die von ihm damit übernommene Verpflichtung, dem Abkäufer das Eigentum an dem Grundstück zu verschaffen, nach § 1459 Abs. 1 BGB. als Gesamtgutsverbindlichkeit zur Entstehung gelangt. Erwirbt der Mann dann das Eigentum an dem Grundstück und wird dieses damit Teil des Gesamtguts, so wird dadurch an dem Bestehen der vorher rechtswirksam begründeten Gesamtgutsverbindlichkeit gegenüber dem Abkäufer nichts geändert. Allerdings bedarf der Mann zur Auflassung des Grundstücks, da es jetzt zum Gesamtgut gehört, der Einwilligung der Frau; diese ist aber vermöge der bestehenden Gesamtgutsverbindlichkeit zur Erteilung ihrer Einwilligung verpflichtet und kann jedenfalls den Eigentumsübergang an den Abkäufer nicht mehr verhindern, da dieser in der Lage ist, sich im Wege der Klage und demnächstigen Zwangsvollstreckung gemäß § 740 ZPO. das Eigentum an dem Grundstück zu verschaffen.

War hiernach der Kläger, als er die Verträge mit dem Beklagten schloß, zur Weiterveräußerung des angekauften Gutes ohne Einwilligung seiner Ehefrau berechtigt, so war auch das von ihm dem Beklagten gemachte Kaufangebot wirksam und der Beklagte imstande, durch die Erklärung der Annahme innerhalb der ihm gewährten Frist den Kaufvertrag zum Abschluß zu bringen. Mit der Abgabe des Angebots war eine Bindung des Klägers eingetreten, die auch dem Gesamtgut gegenüber wirksam war und die nicht dadurch in Wegfall kam, daß das Grundstück in der Zwischenzeit vor der Annahme des Angebots in das Gesamtgut gekommen war. Mit Recht verweist das Berufungsgericht in dieser Beziehung auch auf die Vorschrift des § 153 BGB., deren entsprechende Anwendung auf den gegenwärtigen Fall unbedenklich erscheint. Eine abweichende Beurteilung könnte nur stattfinden, wenn aus dem Antrage des Klägers zu entnehmen gewesen wäre, daß der Antrag nicht mehr gelten sollte, wenn das Gut Bestandteil des Gesamtguts werden sollte. Die Umstände sprechen hier aber für die gegenteilige Annahme. Die Annahme des Kaufangebots sollte bis zu dem Zeitpunkt aufgeschoben bleiben, von dem an mit der Erlangung der landrätlichen Genehmigung zu dem Verkaufe des Gutes an den Beklagten zu rechnen war. Diesen Zeitraum hatten die Parteien auf eine mögliche Dauer von fünf Jahren bemessen. Daß so lange auch die Auflassung von der Landbank an den Kläger hinausgeschoben werden könnte, war nicht ohne weiteres anzunehmen. Die Parteien haben demnach von vornherein mit der Möglichkeit rechnen müssen, daß die Annahme des Angebots erst erfolgen würde, nachdem der Kläger und seine Ehefrau bereits als Eigentümer des Gutes eingetragen worden seien. Das wird von der Revision auch selbst zugegeben. Wenn aber die Revision gerade hieraus den Schluß ziehen will, daß die Einwilligung der Frau zu dem Kaufangebot notwendig gewesen sei, weil damit die Verpflichtung zu einer Verfügung über ein künftiges Gesamtgutsgrundstück übernommen worden sei, so kann ihr hierin nicht gefolgt werden. Es kann dahingestellt bleiben, ob die Einwilligung der Frau für erforderlich zu erachten sein möchte, wenn der Mann eine Verpflichtung zu einer Verfügung über das Grundstück eingehen will, deren Erfüllung notwendigerweise den vorgängigen Eigentumserwerb durch ihn voraussetzt, wie das z. B. der Fall ist, wenn sich der Mann zur Hypothekbestellung oder zur sonstigen Belastung eines angekauften, aber noch nicht aufgelassenen Grundstücks verpflichtet. Selbst wenn zu derartigen Geschäften die Einwilligung der Frau erforderlich sein sollte (was vom Reichsgericht RGZ. Bd. 69 S. 177 für den Fall des Erwerbes eines Grundstücks unter gleichzeitiger Bestellung einer Restkaufgeldhypothek verneint worden ist), würde für den vorliegenden Fall eine abweichende Beurteilung geboten sein. Denn der Weiterverkauf des Grundstücks setzt, wie bereits dargelegt ist, nicht voraus, daß es zunächst in das Gesamtgut fallen muß, und ist deshalb ohne Einwilligung der Frau durch den Mann allein zulässig. Alsdann kann aber der Fall, daß der Mann seinerseits eine bindende Verkaufserklärung abgibt, dem anderen Teil aber noch eine bestimmte Frist für die Entschließung einräumt, ob er das Angebot annehmen will oder nicht, keine andere Beurteilung erfahren als ein sofort abgeschlossener endgültiger Kaufvertrag. In beiden Fällen besteht, falls das Grundstück zunächst Bestandteil des Gesamtguts wird, eine auf Eigentumsverschaffung an den Abkäufer gehende Gesamtgutsverbindlichkeit, die im zweiten Falle nur durch die innerhalb der Bindungsfrist erfolgende Annahme des Kaufangebots bedingt ist. Die Gründe, welche die Aufnahme der Vorschrift des § 1445 BGB. veranlaßt haben, treffen auf den Fall der Abgabe eines bindenden Verkaufsangebots durch den Mann, wenn das Grundstück nicht zum Gesamtgut gehört, ebensowenig zu, wie bei einem sofort endgültig zustandegekommenen Weiterverkauf. Entscheidend für die Frage der Erforderlichkeit der Einwilligung der Frau kann in beiden Fällen nur der Zeitpunkt der Abgabe der bindenden Verkaufserklärung des Mannes sein, und zu dieser ist der Mann allein befugt, wenn das Grundstück noch nicht zum Gesamtgut gehört. Es mag die Möglichkeit zugegeben werden, daß in einem einzelnen Fall die wirtschaftliche Grundlage einer Familie auf Grundbesitz beruht, der vor längerer Zeit erworben, aber aus irgendwelchen Gründen noch nicht in das Eigentum der Ehegatten übergegangen ist, und daß in solchem Falle eine Veräußerung durch den Mann ohne Einwilligung der Frau dem gesetzgeberischen Zwecke, der mit § 1445 BGB. verfolgt wird, widersprechen würde. Immerhin würde es sich aber hier nur um seltene Ausnahmefälle handeln, deren Einbeziehung in das Verbot des § 1445 dem Gesetzgeber nicht notwendig erschienen ist und sich jedenfalls gegenüber dem auf die Zugehörigkeit zum Gesamtgut abgestellten klaren Wortlaut nicht rechtfertigen läßt.

---

40. 1. **Zum Begriff des Vorratszeichens.**

2. **Verhältnis des formalen Zeichenrechts zu der Bedeutung, die ein dem geschützten Wort gleichlautendes Wort infolge Nichtausübung des Zeichenrechts in bezug auf betriebsverwandte Waren und das ganze Handelsunternehmen eines anderen angenommen hat.**

WZG. §§ 9, 13. 14. UWG. § 1. BGB. § 826.

II. Zivilsenat. Urt. v. 19. Juni 1925 i. S. Goldina AG. (Bekl.) w. R. u. W. GmbH. (Kl.). II 381/24.

I. Landgericht Bremen, Kammer für Handelssachen.
II. Oberlandesgericht Hamburg.

Für die Klägerin, welche Margarine vertreibt, ist in der Zeichenrolle des Patentamts unter Nr. 91145 auf Grund einer Anmeldung vom 13. Juni 1906 das Wortzeichen „Goldina" am 2. Oktober 1906 für Butter, Margarine, Speisefette, Speiseöle eingetragen worden. Als Geschäftsbetrieb ist Margarinefabrik angegeben.

Für die Beklagte, die im wesentlichen selbsthergestellte Schokolade- und Kakaoerzeugnisse vertreibt, sind drei Warenzeichen eingetragen und zwar

1. auf Grund einer Anmeldung vom 30. Juli 1898 unter Nr. 33278 das Wortzeichen „Goldina" für Kakao, Schokoladen, Zuckerwaren, Tee, Kaffee. Als Geschäftsbetrieb ist der Vertrieb von Nahrungs- und Genußmitteln (Kakao, Schokolade, Kaffee, Tee usw.) angegeben. Die Eintragung erfolgte am 8. Oktober 1898. Die Anmeldung dieses Zeichens erfolgte durch Fr. A., Krefeld, dessen Geschäft im Jahre 1911 von der A. Schokolade Werke GmbH. in Bremen übernommen wurde. Am 3. Juli 1912 wurde die Beklagte als Hanseatische Kakao- und Schokoladenwerke gegründet. Am 10. Juli 1912 übernahm diese das Geschäft der Firma A. Schokoladen Werke GmbH. mit Aktiven und Passiven. Am 27. September 1912 änderte sie ihre Firma in „Weser Werke, Kakao und Schokoladen AG.", und am 3. März 1922 nahm sie den Namen „Goldina" AG. an. Auf diese Firma ist das Zeichen „Goldina" umgeschrieben worden.

2. Am 2. Juli 1921 meldete die Beklagte zwei Zeichen an, das eine bestehend aus dem Worte „Goldina" inmitten eines in Form eines Schattenrisses dargestellten Stadtbildes, das andere bestehend aus dem gleichen Worte als Unterschrift unter einem ähnlichen Stadtbilde. Die Zeichen wurden am 5. Dezember 1922 unter Nr. 295284 und 295285 für eine große Zahl von Waren, darunter Milch, Butter, Käse, Kunstbutter, Speisefette, Speiseöle, kondensierte und getrocknete Milch, Rahmgemenge und Kakaobutter eingetragen. Als Geschäftsbetrieb ist Fabrikation und Vertrieb von Schokolade, Kakao und sonstigen Nahrungs- und Genußmitteln angegeben.

Die Klägerin klagt auf Löschung der beiden zu 2 aufgeführten Warenzeichen wegen Gleichheit der letzteren mit ihrem älteren Zeichen bei beiderseits gleichen oder gleichartigen geschützten Waren. Die Beklagte begehrt Abweisung der Klage und widerklagend Löschung des Zeichens der Klägerin. Sie begründet diese Anträge damit, daß die Klägerin ihr Zeichen nie benützt habe, als Vorratszeichen für Butter, Speisefette und Speiseöle aber das Zeichen nicht rechtswirksam sei, weil die Klägerin einen solchen Geschäftsbetrieb nicht eröffnet habe, sondern nur Margarine vertreibe, und weil das Zeichen „Goldina" durch die Tätigkeit der Beklagten und ihrer Rechtsvorgängerin seit

Jahren in den beteiligten Kreisen zum Kenn- und Schlagwort für ihre Waren wie für ihr ganzes Unternehmen geworden sei, derart, daß sie schließlich ihr Zeichen als Firmennamen aufgenommen habe. Dann erst habe die Klägerin sich gerührt und die ausschließliche Verwendung ihres Zeichens für sich in Anspruch genommen. Angesichts der Verkehrsentwicklung müsse aber das formale Zeichenrecht der Klägerin zurückstehen, weil sein Inhalt den tatsächlichen Verhältnissen nicht entspreche und die Gefahr einer Täuschung begründe (§ 9 Abs. 1 Nr. 3 WZG.), das Firmenrecht der Beklagten verletze (§§ 13, 14 WZG.) und seine Benutzung gegen die guten Sitten verstoße (§ 826 BGB., § 1 UWG.). Demgegenüber behauptet die Klägerin, sie habe zu Anfang des Jahres 1921, und zwar noch vor der Anmeldung der Beklagten, ihr Zeichen durch Vermittlung ihrer Schwesterfirma K. & E. GmbH. zu verwenden begonnen.

Das Landgericht gab der Klage insoweit statt, als es sich nicht um die Eintragung für Rahmgemenge und Kakaobutter handelte. In diesem Umfange hat es die Klage abgewiesen. In demselben Verhältnis entschied es über den Löschungsantrag der Widerklage. Die Berufungen beider Parteien wurden zurückgewiesen. Auf die Revision der Beklagten wurde aufgehoben und zurückverwiesen aus folgenden

Gründen:

Das Berufungsgericht hat festgestellt, daß einerseits die der Klägerin geschützten Waren: Butter, Speisefette, Speiseöle mit der ihr ebenfalls geschützten Margarine und anderseits die der Beklagten geschützten Waren: Milch, Butter, Käse, Kunstbutter, Speisefette, Speiseöle, kondensierte und getrocknete Milch mit den der Klägerin geschützten Waren teils identisch, teils gleichartig seien. Diese Feststellung liegt wesentlich auf tatsächlichem Gebiete, steht mit den Erfahrungen des Lebens im Einklang und läßt keinen Rechtsirrtum erkennen. Aus ihr folgt ein doppeltes: Da die Klägerin eine Margarinefabrik betreibt, Margarine also zweifellos unter ihren Geschäftsbetrieb fällt, so erstreckt sich der ihr gewährte Zeichenschutz ohne weiteres wirksam auch auf die übrigen für sie eingetragenen und mit Margarine gleichartigen Waren, gleichgültig, ob sie von ihr geführt werden oder nicht (vgl. RGZ. Bd. 108 S. 37). Und zweitens: Diesem wirksamen Zeichenschutz gegenüber haben die späteren zugunsten der

Beklagten vorgenommenen Eintragungen gemäß § 9 Abs. 1 Nr. 1 WZG. insoweit zu weichen, als sie sich auf Waren beziehen, die mit den dort aufgeführten identisch oder gleichartig sind.

Es fragt sich zunächst, ob diese Rechtslage auch dann anzuerkennen ist, wenn das Zeichen der Klägerin nur als Vorratszeichen zu gelten hat und von ihr bisher nicht benutzt worden ist. Daß für sogenannte Vorratszeichen im Verkehr ein Bedürfnis besteht, ist vom Reichsgericht in ständiger Rechtsprechung anerkannt. Ihre Geltung als wirksame Zeichen wird rechtlich durch die Erwägung getragen, daß das deutsche Warenzeichenrecht eine Benutzung des eingetragenen Zeichens nicht erfordert. Allein der Wirksamkeit solcher Vorratszeichen ist eine Schranke gesetzt. Es muß für sie im Einzelfall ein schutzwürdiges Bedürfnis bestehen, und es darf keine unangemessene oder übermäßige Beeinträchtigung des freien Wettbewerbs durch das nicht gebrauchte Zeichen vorliegen (vgl. RGZ. Bd. 97 S. 90; RGU. vom 29. Oktober 1920 II 197/20; Seligsohn, 3. Aufl. S. 26). Was aber für Vorratszeichen gilt, muß entsprechend auch für die Aufnahme von „Vorratswaren" in die Anmeldung und Eintragung zutreffen (vgl. Seligsohn a. a. O. S. 29 und 147). Danach ist in erster Linie zu erfordern, daß sich die Anmeldung nach den Bedürfnissen des Verkehrs als eine nur vorsorgliche erweist und daß somit vor allem schon bei der Anmeldung die Absicht vorlag, den bezeichneten Geschäftsbetrieb in angemessener Zeit zu eröffnen und die aufgeführten Waren tatsächlich zu führen; und es muß weiter auch die Verwirklichung dieser Absicht in angemessener Zeit erfolgen (vgl. RGZ. Bd. 101 S. 373).

In dieser Beziehung hat das Berufungsgericht ein doppeltes festgestellt: einmal daß die Klägerin ihr Zeichen durch Vermittlung der Firma K. & E. GmbH. Anfang 1921 zu benutzen angefangen habe und daraus der Schluß zu ziehen sei, daß sie solche Verwendung von vornherein beabsichtigt habe; und zweitens, daß sie mit Rücksicht auf die Gleichartigkeit der Waren, für welche das Zeichen angemeldet wurde, beabsichtigt haben werde, ihren Betrieb später auf Butter, Speisefette und Speiseöle auszudehnen. Diese Begründung ist unzureichend. Es wird übersehen, daß die Klägerin ihr Zeichen viele Jahre hindurch überhaupt nicht benutzt hat. Wenn sie schließlich im Jahre 1921 einer anderen Firma die Benutzung für Margarine gestattet hat, so ist das keine eigene Benutzung; denn für die Benutzung eines Zeichens kommt nur der Geschäftsbetrieb des Zeicheninhabers selbst in Betracht, mit dem der Geschäftsbetrieb der Firma Kr. & E. GmbH. nicht identisch ist. Das Warenzeichen ist nach § 7 WZG. Zubehör des Geschäftsbetriebs, für den es angemeldet und eingetragen ist, und daher nur mit diesem übertragbar. Die einem anderen erteilte Erlaubnis, es zur Bezeichnung seiner Waren zu verwenden, ist nicht als Benutzung im zeichenrechtlichen Sinne, d. h. zur Kennzeichnung von Waren aus dem Betriebe des eingetragenen Zeicheninhabers anzusehen. Danach liegt die Sache so, daß die Klägerin ihr Zeichen seit 1906 für keine der in der Eintragung erwähnten Waren verwendet hat, und daß sie bis auf den heutigen Tag weder Butter noch Speisefette noch Speiseöle vertreibt. Ob unter solchen Umständen die fortdauernde Wirksamkeit der Eintragung mit der bloßen Vermutung gerechtfertigt werden kann, daß die Klägerin von vornherein beabsichtigt haben werde, das Vorratszeichen in absehbarer Zeit zu verwenden und die außer der Margarine aufgeführten Waren demnächst in ihrem Geschäfte zu führen, ist sehr zweifelhaft. Doch kann die Frage dahingestellt bleiben. Denn zur Entscheidung führt auch nicht die Annahme der fortdauernden Wirksamkeit des Warenzeichens aus dem Gesichtspunkt des Vorratszeichens, dessen Anmeldung nicht über ein anzuerkennendes Schutzbedürfnis hinausgegangen ist und daher keine unzulässige Beschlagnahme des Zeichens und keine übermäßige Beeinträchtigung der Ausübung des freien Wettbewerbs Dritter enthalten würde, vielmehr ist weiter zu erörtern — und diese Frage bildet den Kernpunkt des Streits der Parteien —, ob hier das formale Zeichenrecht der Klägerin der von der Beklagten behaupteten Entwicklung der Dinge weichen müßte. Diese soll nach Angabe der Beklagten dahin geführt haben, daß das für ihre Rechtsvorgängerin schon im Jahre 1898, wenn auch für andere Waren, eingetragene Zeichen zum Kenn- und Schlagwort für das ganze Unternehmen der Beklagten geworden sei, derart, daß die nunmehrige Verwendung des Zeichens der Klägerin für ihre Waren im Publikum die irrige Meinung erwecken müßte, es handle sich um Waren aus der Fabrik der Beklagten.

Auf § 9 Abs. 1 Nr. 3 WZG. kann nach der ständigen Rechtsprechung des Reichsgerichts diese Auffassung der Beklagten nicht gegründet werden. Denn zur Feststellung, daß der Inhalt eines Zeichens den tatsächlichen Verhältnissen nicht entspreche und die Gefahr einer Täuschung begründe, genügt nicht, daß das Zeichen wegen der Verwechselbarkeit mit einem fremden Warenzeichen auf die Herkunft aus einem anderen Betriebe hinweist. Erforderlich ist vielmehr, daß es inhaltlich unwahr ist; es muß der mit ihm versehenen Ware der Anschein einer Beschaffenheit oder einer sonstigen, nicht bloß die Herkunft aus einem anderen Betriebe betreffenden Eigentümlichkeit gegeben werden, welche die Ware nicht hat (vgl. RGZ. Bd. 101 S. 29; RGU. vom 5. Januar 1923 II 146/22, abgedruckt in Markensch. u. Wettbew. 22, 134). Derartige Behauptungen sind in den Vorinstanzen von der Beklagten nicht aufgestellt worden.

Wohl aber kommt hier die Anwendbarkeit von § 826 BGB., § 1 UWG. in Betracht. Das formale Zeichenrecht darf nur innerhalb der Grenzen ausgeübt werden, die das Recht höherer Ordnung setzt, insbesondere nur innerhalb der Grenzen des lauteren Wettbewerbs und guter Sitten, in deren Dienst auch das formale Zeichenrecht steht, nicht aber zur Verübung unlauterer Handlungen und zu Verletzungen materiellen Rechts (vgl. RGZ. Bd. 97 S. 93). Verstößt die Benutzung eines Warenzeichens gegen die guten Sitten, so kann seine Löschung verlangt werden. Würde sich im vorliegenden Falle das Vorbringen der Beklagten bewahrheiten, das Wortzeichen „Goldina" habe seit langen Jahren in den beteiligten Verkehrskreisen derart Wurzel geschlagen, daß allgemein bei „Goldina" nur an Waren der Beklagten gedacht werde, ja daß sich das Wort „Goldina" geradezu zum Kenn- und Schlagwort für das Unternehmen der Beklagten oder bereits ihrer Rechtsvorgängerin ausgebildet habe, und wäre es auf der anderen Seite richtig, daß die Klägerin, die während der ganzen Zeit ihr Zeichen „Goldina" nicht benutzt und somit auch nichts dazu getan hat, eine solche Entwicklung zu hindern, in voller Kenntnis dieser Sachlage nunmehr ihr Zeichen in Anspruch nimmt, so müßte solches Vorgehen als gegen die guten Sitten verstoßend angesehen werden. Denn einmal würde die Klägerin bewußt aus der von der Beklagten oder ihrer Rechtsvorgängerin aufgewandten Arbeit und Reklame für das Gedeihen ihres Geschäfts Nutzen ziehen und sodann in den beteiligten Verkehrskreisen die Täuschung erregen, daß auch ihre Waren aus dem Betriebe der Beklagten stammten.

Beide Wirkungen wären geeignet, der Beklagten erheblichen Schaden zuzufügen.

Das Berufungsgericht hat die Verwertung dieses Gesichtspunktes abgelehnt, weil nach seiner Ansicht der gute Ruf, den sich das Unternehmen der Beklagten unter der Bezeichnung „Goldina" verschafft haben möge, sich zur Zeit der Eintragung und ersten Benutzung des Zeichens der Klägerin nur auf ihren ursprünglichen Geschäftsbetrieb (Schokolade, Kakao und dgl.) bezogen und die Beklagte erst im Jahre 1922 begonnen habe, über diesen Betriebskreis hinauszugreifen. Das beweise schon der Umstand, daß die Beklagte erst in dem eben genannten Jahre ihre Firma in „Goldina" AG. geändert habe. Diese Erwägung ist teils rechtsirrig, teils tatbestandswidrig. Auf die Zeit der Eintragung des Zeichens der Klägerin kommt es hier ebensowenig an, wie bei Erörterung der Frage, ob ein Fall des § 9 Abs. 1 Nr. 3 WZG. gegeben ist (vgl. RGZ. Bd. 101 S. 29; RGU. vom 17. September 1915 II 101/15). Maßgebend ist, ob die Benutzung des eigenen Zeichens zur Zeit der Klagerhebung (Februar 1923) gegen die guten Sitten verstieß. Anderseits steht nach dem eigenen Vorbringen der Klägerin fest, daß diese ihr Zeichen bisher überhaupt noch nicht benutzt hat. Das Berufungsgericht nimmt ferner an, daß das Wortzeichen der Beklagten jedenfalls nicht vor dem Jahre 1922 die von ihr behauptete Entwicklung angenommen habe. Worauf es diese Feststellung stützt, hat es nicht dargelegt. Denn der Hinweis auf die Tatsache, daß die Beklagte erst 1922 ihre Firma in „Goldina" AG. geändert habe, kann angesichts der Behauptung der Beklagten, daß diese Änderung gerade das Ergebnis einer langjährigen Entwicklung gewesen sei, nicht ins Gewicht fallen. Die Beklagte stützt sich in erster Reihe auf die Bedeutung des Wortzeichens „Goldina" als Kennzeichnung ihres Unternehmens und erst in zweiter Reihe auf ihr Firmenrecht (§ 37 HGB., §§ 13, 14 WZG.). Die Feststellung des Berufungsgerichts ist also tatbestandswidrig und willkürlich. Davon, daß etwa die Benutzung des Zeichens der Klägerin durch die Firma Kr. & E. GmbH. der von der Beklagten behaupteten Entwicklung entgegenstehen sollte, kann keine Rede sein. Weder hat die Klägerin eine eigene Benutzung des Zeichens behaupten können, noch geht aus ihrem Vorbringen hervor, daß die Benutzung durch die Firma Kr. & E. GmbH. von irgendwie erheblichem Umfange gewesen sei. Rechtsirrtümlich und tatbestandswidrig ist auch die weitere Erwägung des Berufungsgerichts, daß die Parteien keine geschäftlichen Berührungspunkte hätten und daher die Erregung einer Täuschung über die Herkunft der beiderseitigen Waren ausgeschlossen sei. Ist ein Wortzeichen Kenn- und Schlagwort für ein ganzes Unternehmen geworden, so kommt es auf die volle Gleichartigkeit der sich gegenüberstehenden Betriebe nicht an; vgl. übrigens hierzu den Entwurf eines Warenzeichengesetzes, in der Zeitschrift für Industrierecht, Berlin 1913, S. 114, 140. Hiervon abgesehen ist als Geschäftsbetrieb der Beklagten schon bei Eintragung ihres 1898 angemeldeten Zeichens der Vertrieb von Nähr- und Genußmitteln (Kakao, Schokolade, Kaffee, Tee und dgl.), bei den beiden späteren Zeichen aber die Fabrikation und der Vertrieb von Schokolade, Kakao und sonstigen Nahrungs- und Genußmitteln angegeben. Wenn das Berufungsgericht trotz der Behauptung der Beklagten, daß ihre Rechtsvorgängerin schon 1906 auch Butter, Margarine und dgl. in ihren Ladengeschäften geführt habe, ausspricht, daß es den beiderseitigen Betrieben an geschäftlichen Berührungspunkten fehle, so ist das eine tatbestandswidrige und willkürliche Feststellung. Endlich ist auch, entgegen der Ansicht des Berufungsgerichts, kein Gewicht darauf zu legen, daß die Parteien ihre Waren von örtlich getrennten Niederlassungen aus vertreiben. Dem Berufungsgericht könnte höchstens dann beigestimmt werden, wenn feststände, daß sich der Vertrieb der Parteien auf den Ort ihrer Handelsniederlassung beschränkt.

---

41. Ist § 152 Abs. 2 der Gewerbeordnung durch Art. 159 der Reichsverfassung außer Kraft gesetzt?

IV. Zivilsenat. Urt. v. 2. Juli 1925 i. S. Arbeitgeberverband der Sägewerkindustrie Ostpreußen (Kl.) w. J. (Bekl.). IV 154/25.

I. Landgericht Lyck.
II. Oberlandesgericht Königsberg.

Die Beklagte war Mitglied des klagenden Verbands. Im Frühjahr 1923 hatte dieser aus Anlaß von Lohnforderungen eine Aussperrung der Arbeitnehmer in den Betrieben seiner Mitglieder angeordnet. Die Beklagte war dieser Anordnung zunächst nachgekommen, hat aber später die Aussperrung in ihrem Betriebe nicht mehr aufrechterhalten. Der Kläger verlangt mit der Klage Zahlung der in Gemäßheit des § 10 seiner Satzung gegen die Beklagte festgesetzten Vertragsstrafe von 3000 GM. Die Vorinstanzen wiesen die Klage auf Grund des § 152 Abs. 2 GewO. ab. Die Revision des Klägers führte zur Aufhebung des Berufungsurteils.

Gründe:

Der § 152 der Gewerbeordnung bestimmt:

Alle Verbote und Strafbestimmungen gegen Gewerbetreibende, gewerbliche Gehilfen, Gesellen oder Fabrikarbeiter wegen Verabredungen und Vereinigungen zum Behufe der Erlangung günstiger Lohn- und Arbeitsbedingungen, insbesondere mittels Einstellung der Arbeit oder Entlassung der Arbeiter, werden aufgehoben.

Jedem Teilnehmer steht der Rücktritt von solchen Vereinigungen und Verabredungen frei, und es findet aus letzteren weder Klage noch Einrede statt.

Die Beklagte will nach der Vorschrift des Abs. 2 zur Leistung der eingeklagten Vertragsstrafe nicht verpflichtet sein. Die Vorschrift findet Anwendung auf Kampforganisationen der in Abs. 1 bezeichneten Art (RGZ. Bd. 73 S. 99/100; RG. in Seuff. Arch. Bd. 78 Nr. 45, 46). Daß es sich bei dem klagenden Verband um eine solche Kampforganisation handelt, nimmt der Berufungsrichter auf Grund der Satzung rechtsirrtumsfrei an. Es fragt sich aber, ob § 152 Abs. 2 GewO. im Hinblick auf die Bestimmungen der Reichsverfassung, namentlich auf Art. 159, noch geltendes Recht ist. Das muß entgegen der Ansicht des Berufungsrichters verneint werden.

Die bisher den gewerblichen Arbeitgebern und Arbeitnehmern, wenn auch nur unvollkommen, gewährleistete Vereinigungsfreiheit (Koalitionsfreiheit) ist durch Art. 159 Satz 1 RV. unter Erweiterung ihrer Zwecke grundsätzlich auf alle Personenkreise ausgedehnt worden. Während § 152 Abs. 2 GewO. den Teilnehmern der Vereinigung ein beliebiges Rücktrittsrecht gab und der Koalitionsabrede durch Versagung von Klage und Einrede den staatlichen Schutz vorenthielt, erklärt Art. 159 S. 2 RV. alle Abreden und Maßnahmen für rechtswidrig, welche die Vereinigungsfreiheit einzuschränken oder zu behindern suchen. Daß Art. 159 RV., insbesondere Satz 2, objektives Gesetzesrecht, nicht einen bloßen Richtsatz enthält und daher geeignet ist, § 152 Abs. 2 GewO. außer Kraft zu setzen, muß in Übereinstimmung mit dem Berufungsrichter und der herrschenden Meinung angenommen werden. Ebenso kann es nicht zweifelhaft sein, daß unter „Maßnahmen" im Sinne des Art. 159 Abs. 2 RV. auch gesetzliche Maßnahmen, so die des § 152 Abs. 2 GewO., zu verstehen sind. Stellt sich daher die letztere Vorschrift als eine Maßnahme dar, durch welche die Vereinigungsfreiheit eingeschränkt oder behindert wird, so steht ihr die Verfassung entgegen (Art. 178 Abs. 2 RV.); sie wäre danach außer Kraft gesetzt.

Die Frage der Fortgeltung des § 152 Abs. 2 GewO. ist im Schrifttum bestritten. Das Reichsgericht hat sie in dem Urteil vom 8. Februar 1923 IV 161/22 (Seuff. Arch. Bd. 78 Nr. 45) stillschweigend und in dem Urteil vom 6. April 1922 VI 456/21 (RGZ. Bd. 104 S. 327) beiläufig bejaht, während in dem Falle des Urteils vom 22. Juni 1922 IV 579/21 (Seuff. Arch. Bd. 78 Nr. 46, auch JW. 1923 S. 687) ein Anlaß zu ihrer Erörterung nicht gegeben war, da es sich dort nicht um eine Kampforganisation handelte.

Auszugehen ist bei der Entscheidung der Streitfrage von dem Wesen und Inhalt der Vereinigungsfreiheit, wie sie durch Art. 159 RV. anerkannt ist. Danach gewährt sie zunächst mehreren das Recht, sich zur Erreichung der dort angegebenen Zwecke zusammenzuschließen. Sie stellt es zugleich in das freie Belieben des einzelnen, einer solchen Vereinigung beizutreten. Ob der Vorschrift die Gewährleistung eines Rechts auf Nichtvereinigung zu entnehmen ist, kann auf sich beruhen bleiben. Jedenfalls enthält, wie auch der Berufungsrichter annimmt und z. B. in RGZ. Bd. 104 S. 329 anerkannt wird, die Reichsverfassung keine Bestimmung, die einen Zwang zum Beitritt (sog. Organisations- oder Koalitionszwang) für zulässig erklärt. Vom Gesichtspunkt einer solchen Koalitionsfreiheit des einzelnen aus hält der Berufungsrichter einen Widerstreit zwischen Art. 159 S. 2 RV. und § 152 Abs. 2 GewO. nicht für gegeben. Wenn der einzelne sich frei entschließen könne, ob er der Vereinigung beitreten wolle oder nicht, so stehe mit dieser Freiheit die Vorschrift des § 152 Abs. 2 GewO., die ihm das Recht des Rücktritts und der Klaglosstellung gewährleiste, vollkommen im Einklang. Es handle sich auch hierbei nicht anders wie bei der Frage des Anschlusses um die selbständige, keinem Rechtszwang unterworfene Stellung des einzelnen zu der Vereinigung.

Diese Erwägungen mögen an sich zutreffen. Sie würden auch durch den Einwand der Revision, daß im Streitfall nicht der Anschluß der Beklagten, sondern die Klagbarkeit eines gegen sie als Mitglied erhobenen Anspruchs in Frage stehe, noch nicht ausgeräumt. Die Ausführungen des Berufungsrichters werden aber der Sach- und Rechtslage insofern nicht gerecht, als sie nur die eine Seite des Verhältnisses ins Auge fassen. Darin, daß der einzelne das Recht freier Entschließung hat, erschöpft sich die Vereinigungsfreiheit des Art. 159 RV. nicht. Geschützt ist in gleichem Maße das positive Recht der anderen auf Zusammenschluß. Dementsprechend werden ihre Organisationen in Art. 165 Abs. 2 RV. ausdrücklich anerkannt. Ihrem Wesen und Zweck nach muß aber diese Vereinigungsfreiheit der zum Verband zusammengeschlossenen Teilnehmer die weitere Befugnis in sich begreifen, sie wirksam auszugestalten und zur rechtlichen Geltung zu bringen. Auch das fällt begrifflich in den Rahmen des der Organisation als solcher gewährleisteten Freiheitsrechts. Ihre Koalitionsfreiheit würde in Wahrheit unvollkommen und ein Schattenbild sein, wenn nicht auch das Recht der Gesamtheit der Teilnehmer geschützt wäre, die zur Durchführung des Koalitionszwecks erforderlichen Maßnahmen und Abmachungen zu treffen, z. B. Vertragsstrafen gegen unbotmäßige, dem Verbandszweck zuwiderhandelnde Mitglieder festzusetzen und einzuklagen. Die Schutzbestimmung des Art. 159 S. 2 RV. hat hiernach, und zwar in diesem weiteren Sinn auch zugunsten der Vereinigung selbst, gegenüber einschränkenden Maßnahmen Anwendung zu finden. Allerdings war ihr wie den einzelnen Teilnehmern bisher durch § 152 Abs. 2 GewO. trotz grundsätzlicher Anerkennung der Koalitionsfreiheit, wie sie zum ersten Male in Abs. 1 das. ausgesprochen wurde, jeder zivilrechtliche Schutz versagt. Diese Unvollkommenheit sollte aber, wie die Verhandlungen der verfassunggebenden deutschen Nationalversammlung (mündlicher Bericht des 8. Ausschusses, Aktenstück Nr. 391 S. 389) erkennen lassen, nunmehr durch die Vorschrift des Art. 159 S. 2 RV. beseitigt werden. Gerade aus der geschichtlichen Entwicklung folgt, daß hierdurch nicht nur die Freiheit des Zusammenschlusses gewährleistet, sondern darüber hinaus die rechtliche Möglichkeit seiner wirksamen Durchführung geschaffen werden sollte — abgesehen von solchen Mitteln, die nach allgemeinen Rechtsgrundsätzen unerlaubt sind. Ist aber die der Gesamtheit der Teilnehmer gewährte Vereinigungsfreiheit in diesem Sinn aufzufassen, so steht mit ihr § 152 Abs. 2 GewO. in offenbarem Widerspruch; er hat daher gemäß Art. 178 Abs. 2 RV. als aufgehoben zu gelten und kann einem Einwand der Beklagten, die seinerzeit Mitglied des klagenden Verbandes war, nicht zur Stütze dienen. Demgemäß wird im Schrifttum der neueren Zeit die Fortgeltung des § 152 Abs. 2 GewO. fast überall verneint (Oertmann, Deutsches Arbeitsvertragsrecht S. 269/70; Groh, Koalitionsrecht S. 30ff.; Erdmann in der Zeitschrift: Der Arbeitgeber, 13. Jahrgang S. 148; Kaskel, Arbeitsrecht 1925 S. 232/33, Nipperdey, Beiträge zum Tarifrecht S. 137 Anm. 30. Zur gegenteiligen Meinung vgl. hauptsächlich Gäde, Vereinigungsrecht S. 22ff.; Landmann, Gewerbeordnung, 7. Auflage, Bd. II Anm. 4 zu § 152).

Die Revision hat noch darauf hingewiesen, daß es dem Willen des Gesetzgebers nicht entsprechen könne, zweierlei Arten von Koalitionsfreiheit — eine durch § 152 Abs. 2 GewO. eingeschränkte für die unter den Geltungsbereich der Gewerbeordnung fallenden Berufs- und Personenkreise, im übrigen eine nach Art. 159 RV. unbeschränkte — zur gesetzlichen Anerkennung zu bringen. Auch diese Erwägung erweist sich als zutreffend und als geeignet, der hier getroffenen Entscheidung zur weiteren Stütze zu dienen.

Der Senat gibt hiernach die in seinem Urteil vom 8. Februar 1923 vertretene Rechtsansicht auf. Gegenüber dem Urteil des VI. Senats (RGZ. Bd. 104 S. 327) bedurfte es einer Anrufung der vereinigten Zivilsenate nicht, weil der damalige VI. Zivilsenat zu bestehen aufgehört hat (RGZ. Bd. 108 S. 60), übrigens auch in jenem Urteil die Fortgeltung des § 152 Abs. 2 GewO. nur nebenbei erwähnt wird und auf diesem Satze die aus §§ 138, 823, 826 BGB. hergeleitete Entscheidung nicht beruht.

Nicht ausgeschlossen ist selbstverständlich, daß unter Umständen in Fällen der vorliegenden Art § 138 BGB. der Festsetzung und Einforderung einer Vertragsstrafe entgegenstehen kann.

Die Beklagte hat gegen den Klaganspruch weitere sachliche Einwendungen erhoben, über die der Berufungsrichter nicht entschieden hat. Die Sache war daher unter Aufhebung des angefochtenen Urteils zur weiteren Verhandlung und Entscheidung an das Berufungsgericht zurückzuverweisen.

---

42. 1. Zur Unterscheidung einer Anforderung auf Grund der §§ 4 flg. des Ausführungsgesetzes zum Friedensvertrage vom 31. August 1919 (RGBl. S. 1530) von einem Vertragsantrag.

2. Zur Frage der privatrechtlichen oder der öffentlichrechtlichen Natur eines Abkommens zwischen dem Deutschen Reich und einem Kommunalverband über Leistungen zur Ausführung des Vertrags von Versailles.

IV. Zivilsenat. Urt. v. 2. Juli 1925 i. S. Fiskus des Deutschen Reichs (Bekl.) w. Bezirksverband des Regierungsbezirks Kassel (Kl.). IV 141/25.

I. Landgericht I Berlin.
II. Kammergericht daselbst.

Im Januar 1922 verlangte die französische Regierung unter kurzer Fristsetzung die Übernahme einer Anzahl aus Elsaß-Lothringen ausgewiesener Hilfsbedürftiger. Daraufhin ersuchte der Reichsminister des Innern unter dem 18. Januar 1922 den Kläger um vorläufige Unterbringung derjenigen Hilfsbedürftigen, welche in der Rheinprovinz nicht untergebracht werden könnten; gleichzeitig wurde „die Erstattung der durch die Übernahme und Unterbringung entstehenden Kosten aus Reichsmitteln vorbehaltlos zugesichert". Durch Schreiben vom 23. Januar 1922 erklärte sich der Kläger zur vorläufigen Unterbringung der betreffenden Personen bereit mit dem Vorbehalte, daß einmal alle durch die Übernahme und Unterbringung, auch durch die gegebenenfalls notwendig werdende Verlegung in eine andere Anstalt entstehenden Kosten für die ganze Dauer des Aufenthalts aus Reichsmitteln gedeckt würden, wie dies ja auch in Aussicht gestellt sei, daß sich weiterhin aus der Übernahme keinerlei belastende armenrechtliche Folgen für einen Armenverband des Bezirks ergäben, und daß schließlich die Reichsregierung bemüht sei, die Überführung der vorläufig übernommenen Personen in die für sie in Betracht kommenden Landesteile zu veranlassen. Auf Wunsch des Klägers bestätigte der Reichsminister des Innern unter dem 27. Januar 1922, daß er der vorläufigen Unterbringung der 17 hilfsbedürftigen Personen deutscher Abstammung, deren Abtransport aus elsaß-lothringischen Anstalten bevorstehe, unter den erwähnten Bedingungen zustimme. Der Kläger überführte darauf 17 Personen in die ihm unterstellte Landesheilanstalt in Marburg. Der Beklagte zahlte die Verpflegungskosten bis Ende März 1923, lehnte dann aber die Weiterzahlung mit der Begründung ab, daß die elsaß-lothringische Flüchtlingsfürsorge abgebaut werden müsse.

Der Kläger vertritt den Standpunkt, daß durch den wiedergegebenen Schriftwechsel zwischen ihm und dem Beklagten ein privatrechtlicher Vertrag zustande gekommen sei, durch den der Beklagte die Tragung der Verpflegungskosten für die Hilfsbedürftigen auf die ganze Dauer ihres Aufenthaltes im Gebiete des Klägers übernommen habe. Er verlangt mit der Klage die Erstattung ihm in der Zeit vom 1. Mai 1923 bis zum 29. Februar 1924 entstandener Verpflegungskosten. Beide Vorinstanzen haben gegen den Widerspruch des Beklagten den Rechtsweg für zulässig erachtet. Das Reichsgericht hat dies gebilligt.

Aus den Gründen:

Die Vorfrage, ob der vorliegende Streit als eine bürgerliche Rechtsstreitigkeit im Sinne des § 13 GVG. vor die ordentlichen Gerichte gehört, wird im Berufungsurteil mit der folgenden Begründung bejaht: Der Kläger habe das Ersuchen des Beklagten vom 18. Januar 1922, in dem dieser ihm „vorbehaltlos" zugesichert habe, daß die durch die Übernahme und Unterbringung der Hilfsbedürftigen entstehenden Kosten aus Reichsmitteln erstattet würden, als das Angebot des Abschlusses eines privatrechtlichen Vertrags auffassen müssen. Der Beklagte habe in seinem Ersuchen, dem sogenannten Erlaß, in keiner Weise darauf hingewiesen, daß er den Kläger für verpflichtet halte, dem Übernahmeersuchen nachzukommen. Insbesondere seien die §§ 4, 5 des Ausführungsgesetzes zum Friedensvertrage vom 31. August 1919 (RGBl. S. 1530), die der Beklagte jetzt anführe, um darzutun, daß der Kläger zur Übernahme verpflichtet gewesen sei, in dem Erlaß gar nicht erwähnt. Schon wegen des Fehlens des Hinweises auf diese Bestimmungen sowie mit Rücksicht auf die vorbehaltlose Übernahme der entstehenden Kosten auf das Reich habe für den Kläger jede Veranlassung gefehlt, in dem Erlaß einen „Bescheid“ im Sinne des § 7 des Ausführungsgesetzes vom 31. August 1919 zu sehen. Denn der § 7 schreibe für den Bescheid einen ausdrücklichen Hinweis darauf vor, daß die angeforderte Leistung zur Erfüllung des Friedensvertrags oder ergänzender Abkommen bestimmt sei. Für die Festsetzung der „Vergütung“ schreibe der § 8 desselben Gesetzes ein besonderes Verfahren vor. Die „vorbehaltlose“ Übernahme der Kosten durch das Reich habe daher beim Kläger den Gedanken, daß das Reich eine Leistung zur Ausführung des Friedensvertrags gegen eine später erst noch festzusetzende Vergütung verlange, gar nicht aufkommen lassen können. Dazu komme, daß die geforderte Leistung keine solche sei, welche das Reich nach den §§ 4, 5 a. a. O. habe anfordern können. Nach diesen Vorschriften sei die Anforderung von Leistungen land- und forstwirtschaftlicher, gewerblicher und kaufmännischer Betriebe, und zwar entweder unmittelbar oder durch Vermittelung von Verbänden zulässig. Die Unterbringung hilfsbedürftiger (armer) Personen sei aber schon wegen fehlender Gewinnaussicht keine Leistung, die den Gegenstand gewerblicher oder kaufmännischer Betriebe zu bilden pflege. Ebensowenig sei aus dem Erlaß des Beklagten zu entnehmen gewesen, daß der Kläger auf Grund der Vorschriften über den Unterstützungswohnsitz habe in Anspruch genommen werden sollen, wobei zu berücksichtigen sei, daß er nach diesen Vorschriften auch nicht haftbar gewesen sei. So lasse denn auch die Antwort des Klägers vom 23. Januar 1922 deutlich erkennen, daß er der Überzeugung gewesen sei, er sei vollkommen frei, ob er die Hilfsbedürftigen aufnehmen wolle oder nicht, und könne dementsprechend seine Bedingungen stellen. Daß diese Auffassung richtig gewesen sei, habe der Beklagte durch das Schreiben vom 27. Januar 1922, mit dem er den „Bedingungen“ des Klägers zugestimmt habe, bestätigt. Auch juristische Personen des öffentlichen Rechts könnten Verträge des Privatrechts mit Privatpersonen oder anderen juristischen Personen des öffentlichen Rechts rechtswirksam abschließen. Wenn Jellinek (System der subjektiven öffentlichen Rechte S. 348) ausführe, daß „öffentliches Recht niemals das Objekt privater Rechtsgeschäfte bilden könne", so sei aus diesem Satze, dessen Richtigkeit dahingestellt bleiben könne, für den vorliegenden Fall nichts zu folgern. Denn es handle sich nicht etwa um eine vereinbarte Abänderung, Erweiterung oder Einschränkung irgendwelcher öffentlichrechtlicher Normen, auf Grund deren dem Beklagten gegen den Kläger ein Anspruch auf Unterbringung der Hilfsbedürftigen zugestanden hätte. Vielmehr habe sich der Beklagte an den Kläger wie an eine Privatperson gewendet. Stütze sich der Kläger somit auf ein Abkommen privatrechtlichen Inhalts, so sei auch die Ausführung des Beklagten hinfällig, daß der Kläger einen nach § 28 des Verdrängungsschädengesetzes vom 28. Juli 1921 (RGBl. S. 1021), jetzt § 31 der Gewaltschädenverordnung vom 28. Oktober 1923 (RGBl. I S. 1018) vom ordentlichen Rechtsweg ausgeschlossenen Anspruch auf Ersatz von Verdrängungsschaden geltend mache.

In diesem Rechtszug kommt der Beklagte auf die Meinung nicht zurück, daß die Verfolgung des vorliegenden Anspruchs vor den ordentlichen Gerichten durch das Verdrängungsschädengesetz oder die Gewaltschädenverordnung ausgeschlossen werde. Ebensowenig wendet sich die Revision gegen die Annahme des Berufungsgerichts, daß der klagende Bezirksverband zur Zeit des Schriftwechsels der Parteien vom Januar 1922 nicht aus dem Unterstützungswohnsitzgesetz oder sonstigen Vorschriften des Armenrechts zur Unterstützung der in Betracht kommenden Personen habe herangezogen werden können. Die sich auf die Zulassung des ordentlichen Rechtswegs (vgl. RGZ. Bd. 106 S. 408) beziehenden Revisionsangriffe bewegen sich vielmehr in den beiden folgenden Richtungen:

a) Die Revision rügt die Verletzung der §§ 4, 5, 8 des Ausführungsgesetzes zum Friedensvertrag vom 31. August 1919. Ihr ist zuzugeben, daß die Auffassung des Berufungsgerichts, die in Rede stehende Leistung sei keine solche, welche die Reichsregierung hätte anfordern können, nicht unbedenklich ist. Es mag dem Beklagten darin gefolgt werden können, wenn er geltend macht: Nach Art. 53 des Vertrags von Versailles sei Deutschland verpflichtet gewesen, diejenigen Einwohner von Elsaß-Lothringen, welche nicht gemäß der Anlage hinter Art. 79 des Vertrags die französische Staatsangehörigkeit erlangten, in seinem Gebiet aufzunehmen. Es habe sich daher um die Erfüllung einer im Friedensvertrag übernommenen Verpflichtung gehandelt, als die Reichsregierung die von der französischen Regierung aus Elsaß-Lothringen ausgewiesenen hilfsbedürftigen Geisteskranken übernommen und für ihre Unterbringung in einer deutschen Irrenanstalt gesorgt habe. Der Betrieb einer Irrenanstalt sei, wenn er in Händen Privater liege, ein gewerblicher Betrieb (§ 30 GewO.), die Verpflegung eines Kranken in einer solchen Anstalt also die Leistung eines gewerblichen Betriebs. Von dem Unternehmer einer Privatirrenanstalt hätte eine derartige Leistung demnach auf Grund des § 4 a. a. O. angefordert werden können. Dieselbe Anforderung habe aber gemäß § 5 a. a. O. auch an den klagenden Bezirksverband gerichtet werden können, selbst wenn dieser die von ihm eingerichtete Anstalt nicht in gewerblicher Form, d. h. nicht in der Absicht der Gewinnerzielung, betreibe.

Die Richtigkeit dieser Ausführung kann dahingestellt bleiben. Denn darauf, ob die Reichsregierung eine Anforderung hätte vornehmen können, kommt es nicht entscheidend an, wenn sie die ihr etwa mögliche Anforderung tatsächlich nicht vorgenommen hat. Das letztere aber hat das Berufungsgericht auf Grund einer rechtlich einwandfreien Würdigung des Schriftwechsels der Parteien festgestellt. Die Anforderung erfolgt nach § 7 a. a. O. ohne besonderes Verfahren möglichst nach Anhörung des Leistungsverbandes (§ 5) oder des Betriebsinhabers (§ 4) durch Bescheid an diese. Der Bescheid hat Art und Umfang, sowie Ort und Zeit der angeforderten Leistung zu bestimmen. Er soll ausdrücklich darauf hinweisen, daß die Leistung zur Erfüllung des Friedensvertrags oder ergänzender Abkommen bestimmt ist. Die Aufnahme dieses Hinweises in den Bescheid ist hiernach nicht zwingend, sondern durch eine bloße Ordnungsvorschrift angeordnet. Der an den Betroffenen zu richtende Bescheid selbst aber ist das notwendige Ausdrucksmittel für die Anforderung, ebenso wie nach § 2 des Gesetzes über Enteignungen und Entschädigungen aus Anlaß des Friedensvertrags vom 31. August 1919 (RGBl. S. 1527) der entsprechende „Bescheid" für die Enteignung. Bei der Anforderung wie bei der Enteignung handelt es sich um staatlichen Zwang. Dessen Anwendung muß dem Betroffenen durch den „Bescheid" kundgemacht werden. Zur Ausübung des Zwanges wurde die Reichsregierung durch die beiden Gesetze ermächtigt, um sie instand zu setzen, „nötigenfalls auch gegen den Willen der Beteiligten die gesamten wirtschaftlichen Kräfte des Reichs bis zur äußersten Grenze für die Erfüllung der in dem Friedensvertrag und in etwaigen ergänzenden Abkommen übernommenen Verpflichtungen nutzbar zu machen". In erster Linie aber sollte, wie in der Begründung zu den Entwürfen beider Gesetze (bei Schlegelberger, Ausführungsgesetze zum Friedensvertrag 2. Aufl. S. 21, 178) ausdrücklich hervorgehoben ist, darauf hingewirkt werden, die erforderlichen Leistungen „im Wege des Vertrags" sicherzustellen. Richtete daher ein Reichsminister an einen Verband, von dem er eine Leistung anfordern konnte, ein Ersuchen, in dem weder die technische Bezeichnung „Anforderung" gebraucht, noch der in § 7 a. a. O. vorgeschriebene Hinweis gemacht wurde, so kann dies, wie in der Vorentscheidung geschehen, als ein wichtiges Anzeichen dafür angesehen werden, daß keine Anforderung erfolgen sollte. Kam wie hier dazu, daß der Reichsminister in dem Ersuchen „vorbehaltlos", also ohne die sich für eine Anforderungsvergütung aus den §§ 8, 9 das. ergebenden Maßgaben, die Übernahme der entstehenden Kosten auf die Reichskasse zusicherte, so konnte in dem Ersuchen ohne Rechtsirrtum ein den freihändigen Erwerb der Leistungen anbahnender Vertragsantrag (Schlegelberger a. a. O. S. 153) gefunden werden. Das spätere Schreiben des Reichsministers, in dem er den auf sein Ersuchen von dem Verband gestellten „Bedingungen" zustimmte, stellt sich erst recht nicht als ein eine Anforderung aussprechender Bescheid dar.

Beim Fehlen einer Anforderung trifft die in § 8 a. a. O. für die Entscheidung über eine Anforderungsvergütung vorgesehene Zuständigkeit des Reichswirtschaftsgerichts im vorliegenden Falle nicht zu.

b) Die Revision macht weiter geltend, daß auch dann, wenn in dem Schriftwechsel vom Januar 1922 ein Vertragsschluß zu erblicken sein solle, nach der rechtlichen Natur des Gegenstandes dieses Vertrags der sich an ihn knüpfende Streit keine bürgerliche Rechtsstreitigkeit im Sinne des § 13 GVG. sei. Der vorausgesetzte Vertrag stelle sich, so wird unter Bezugnahme auf Otto Mayer, Deutsches Verwaltungsrecht 3. Aufl. Bd. 2 § 60, ausgeführt, als ein vereinbartes Zusammenwirken zweier Verwaltungskörper dar, die als gleichwertige Träger öffentlicher Gewalt bei der Erfüllung einer öffentlichrechtlichen Aufgabe Hand in Hand gegangen seien und deren Beziehungen daher sachlich und verfahrensrechtlich nur nach öffentlichem Recht zu beurteilen seien. Allerdings könnten auch juristische Personen des öffentlichen Rechts Verträge privatrechtlichen Inhalts miteinander abschließen. Diese Möglichkeit beschränke sich aber auf die Fälle, in denen der behandelte Gegenstand seiner Natur nach der privaten Vereinbarung zugänglich sei.

Der letzte Satz ist zweifellos richtig. Er steht aber der Auffassung des vorliegenden Abkommens als eines privatrechtlichen Vertrags nicht entgegen. Die öffentlichrechtliche Natur des Abkommens ergibt sich nicht schon daraus, daß die in ihm ausbedungene Leistung der Erfüllung einer vom Reich im Friedensvertrag übernommenen, also öffentlichrechtlichen Verpflichtung diente. Wenn das Reich, das nach dem Friedensvertrag zur Lieferung von Schiffen, Tieren, Maschinen, Werkzeugen, Kohlen, Farbstoffen und anderen Gegenständen mehr verpflichtet war, solche Gegenstände, statt sie zu enteignen oder ihre Lieferung anzufordern, freihändig erwarb, so konnte dies im Wege privatrechtlicher Kauf- oder Lieferungsverträge geschehen. Ebenso konnte das Reich die Bereitstellung der von ihm abzuliefernden Gegenstände in der Weise bewirken, daß es ihren Transport, auch eine zur Ausführung des Friedensvertrags erforderliche und deshalb der Anforderung zugängliche Leistung, einem im Wege privatrechtlichen Vertrags angenommenen Transportunternehmer übertrug. Die hier in Rede stehende Unterbringung aus Elsaß-Lothringen ausgewiesener Hilfsbedürftiger in einer deutschen Irren-, Heil- und Pflegeanstalt kann, wenn auch insoweit eine Anforderung möglich gewesen sein sollte, grundsätzlich nicht anders beurteilt werden. Das Reich konnte über die Unterbringung der Kranken in einer, sei es privaten oder kommunalen, Anstalt einen privatrechtlichen Vertrag abschließen. Der klagende Bezirksverband war freilich zugleich ein Landarmenverband. Er war aber als solcher (nach der unbeanstandet gebliebenen Annahme des Berufungsgerichts) gegenüber den von ihm in seine Anstalt übernommenen Kranken nicht unterstützungspflichtig und hat es in dem Schreiben vom 23. Januar 1922 mit Zustimmung des Beklagten ausdrücklich abgelehnt, daß aus der Übernahme jener Kranken für einen Armenverband seines Bezirks, also für ihn selbst als Landarmenverband oder für einen Ortsarmenverband, armenrechtliche Folgen hergeleitet werden dürften. Er hat somit damals nicht in seiner Eigenschaft als Landarmenverband, sondern lediglich in seiner Eigenschaft als Inhaber einer zur Unterbringung der ausgewiesenen Kranken geeigneten Anstalt mit dem Beklagten verhandelt. Der Fall liegt darum rechtlich anders als die von Otto Mayer a. a. O. Anm. 24 für öffentlichrechtliche Vereinbarungen über eine Aushilfe auf dem Gebiete der gemeindlichen Armenunterstützung gegebenen Beispiele, daß die eine Gemeinde ihrem Angehörigen, der sich bei der anderen aufhält, durch diese die nötige Unterstützung verabreichen läßt oder sie bittet, ihn in das dortige Krankenhaus aufzunehmen, oder daß der Landarmenverband einen Ortsarmenverband mit der Fürsorge für einen Landarmen beauftragt. In solchen Fällen handelt es sich bei der von der angegangenen Gemeinde zur Besorgung übernommenen fremden Angelegenheit nach den Worten von Otto Mayer (a. a. O. S. 389 Nr. III), „zugleich um eine eigene Angelegenheit oder doch um eine Aufgabe, in der einem bestimmten höheren Zwecke (nämlich der Armenfürsorge) entsprochen wird, dem man beiderseits zu dienen hat". Zu der umstrittenen Frage, ob in derartigen Fällen die Geschäftsbesorgung nur unter öffentlichrechtlichen, nicht unter privatrechtlichen Gesichtspunkten zu betrachten ist, braucht hier keine Stellung genommen zu werden. Denn unter den festgestellten besonderen Umständen des gegebenen Falles trifft die von Otto Mayer für seine Lehre vom öffentlichrechtlichen Vertrag zwischen Verwaltungskörpern aufgestellte Voraussetzung (a. a. O. S. 380), daß man beiderseits „als Träger öffentlicher Verwaltung und der darin erscheinenden öffentlichen Gewalt" gehandelt habe, beim klagenden Bezirksverbande nicht zu.

---

43. 1. **Ist der Rechtsweg zulässig für Rechtsansprüche auf vermögenswerte Leistungen zu kirchlichen Zwecken?**

2. **Über die rechtliche Natur und den Inhalt der Preuß. Kabinettsorder vom 25. September 1834, betr. die von Pfarreien und Kirchengemeinden rechts des Rheins aus der Säkularisation hergeleiteten Dotationsansprüche.**

GVG. § 13.

IV. Zivilsenat. Urt. v. 2. Juli 1925 i. S. kathol. Kirchengemeinde Groß-Ammensleben (Kl.) w. Preuß. Staat (Bekl.). IV 377/24.

I. Landgericht Magdeburg.
II. Oberlandesgericht Naumburg a. S.

Das Kloster Groß-Ammensleben ist auf Grund des Reichsdeputationshauptschlusses durch die Preußische Kabinettsorder vom 21. September 1804 säkularisiert und vom Preußischen Staate unter Umwandlung in ein Domänenamt am 2. Oktober 1804 übernommen worden. Die klagende Kirchengemeinde macht geltend, daß der Staat ihre sämtlichen persönlichen und sachlichen Kultuskosten zu tragen habe. Sie beansprucht zur Deckung dieser Kosten „außer der ihr seither bereits gewährten jährlichen Dotation" eine weitere Jahreszahlung. Diesen Anspruch gründet sie u. a. auf die Preußische Kabinettsorder vom 25. September 1834 (Arch. für Kath. KR. Bd. 19 S. 340). Das Landgericht hat der Klage stattgegeben, das Berufungsgericht hat sie abgewiesen.

Die Revision der Klägerin führte zur Aufhebung und Zurückverweisung.

Aus den Gründen:

Die Vorfrage der Zulässigkeit des Rechtswegs ist im Berufungsurteil nur in dem Zusammenhange berührt, es könne mit Rücksicht darauf, daß die Kabinettsorder vom 25. September 1834 nicht als ein Gesetz, sondern als eine bloß für den inneren Dienst bestimmte Verwaltungsanweisung anzusehen sei, dahingestellt bleiben, ob die Klage, soweit sie sich auf diese Kabinettsorder stütze, der Einrede der Unzulässigkeit des Rechtswegs unterliege oder wegen Fehlens der Rechtsunterlage für einen privatrechtlichen Anspruch abzuweisen sei. Dieses Verfahren ist rechtlich zu mißbilligen, da jedes klagabweisende Urteil wegen der Verschiedenheit der rechtlichen Folgen Klarheit darüber geben muß, ob eine bloße Prozeßabweisung erfolgt oder ob der Klaganspruch als sachlich unbegründet aberkannt wird. Dazu kommt, daß im Hinblick auf die neuere Rechtsprechung des Preußischen Gerichtshofs zur Entscheidung der Kompetenzkonflikte (JW. 1924 S. 73, 2081 Nr. 4, 2083 Nr. 5; Preuß. Pfarrarchiv Bd. 13 S. 45, 76, 175) die Zulässigkeit des Rechtswegs für einen Anspruch gegen den Staat auf Bestreitung von kirchlichen Bedürfnissen, wie er hier vorliegt, auch insoweit zu prüfen ist, als der Anspruch nicht aus der bezeichneten Kabinettsorder hergeleitet, sondern unter anderen rechtlichen Gesichtspunkten begründet wird.

Nach § 13 GVG. gehören vor die ordentlichen Gerichte alle bürgerlichen Rechtsstreitigkeiten, für die nicht entweder die Zuständigkeit von Verwaltungsbehörden oder Verwaltungsgerichten begründet ist oder reichsgesetzlich besondere Gerichte bestellt oder zugelassen sind. Besondere Gerichte sind für einen Rechtsstreit, wie den vorliegenden, reichsgesetzlich weder bestellt noch zugelassen. Es bestehen auch keine reichs- oder landesgesetzlichen Vorschriften, nach denen die Zuständigkeit von Verwaltungsbehörden oder Verwaltungsgerichten begründet wäre. Insbesondere greift der in RGZ. Bd. 110 S. 160 behandelte Art. 17 des Preuß. Staatsgesetzes, betr. die Kirchenverfassungen der evangelischen Landeskirchen, vom 8. April 1924 hier schon deshalb nicht ein, weil die Klägerin eine katholische Kirchengemeinde ist. Die Zulässigkeit des Rechtswegs hängt somit nur davon ab, ob der anhängige Prozeß sich als eine bürgerliche Rechtsstreitigkeit im Sinne des § 13 GVG. darstellt.

Das Gerichtsverfassungsgesetz enthält keine Bestimmung des Begriffs der bürgerlichen Rechtsstreitigkeit. Es sieht den Begriff als einen, ungeachtet seiner Verschiedenheit in den verschiedenen Rechtsgebieten des Reichs, nach geschriebenem oder ungeschriebenem Rechte feststehenden an. Was nach der zur Zeit der Erlassung des Gerichtsverfassungsgesetzes bestehenden Rechtsauffassung als bürgerliche Rechtsstreitigkeit galt und deshalb durch die ordentlichen Gerichte zu entscheiden war, sollte auch fernerhin als bürgerliche Rechtsstreitigkeit vor die ordentlichen Gerichte gehören. Der Begriff deckt deshalb nicht nur Streitigkeiten aus einem Privatrechtsverhältnis, schließt vielmehr auch solche Ansprüche, welche nach heutiger Auffassung auf öffentlichem Rechte beruhen, nicht schlechthin aus. So ist für Streitigkeiten „über die Zuständigkeit des Patronatrechts", die durch § 577 II 11 Pr. ALR. den ordentlichen Gerichten zugewiesen sind, der ordentliche Rechtsweg auch jetzt noch zulässig, trotzdem das Patronatrecht jetzt als ein Individualrecht kirchlich öffentlichrechtlicher Natur aufgefaßt wird (vgl. RGZ. Bd. 63 S. 21 und das Urteil IV 84/25 vom 27. Juni 1925 S. 161 dieses Bandes). Auch da, wo das Gesetz rechtliche Ansprüche gibt, ohne durch positive Vorschrift eine

Rechtsschutzbehörde zu bestimmen, kann sich aus der Gesamtheit der für das Rechtsgebiet geltenden Normen und ihrer Anwendung in ständiger Rechtsübung ergeben, daß der Rechtsschutz, trotz Einschlags von öffentlichem Recht, durch die ordentlichen Gerichte zu gewähren ist. So steht für die Ansprüche aus einem sog. Zustimmungsvertrage nach § 6 des Preuß. Kleinbahngesetzes vom 28. Juli 1892 in der Rechtsprechung des Reichsgerichts fest, daß solche Ansprüche zwar im Sinne des materiellen Rechtes als öffentlichrechtlich, aber im Sinne des § 13 GVG. als bürgerlichrechtlich anzusehen sind, weil das Rechtsgebiet dieser Zustimmungsverträge und der daraus entspringenden Rechtsverhältnisse nach der seinerzeit herrschenden Auffassung der Entscheidung durch die ordentlichen Gerichte unterstellt war (RGZ. Bd. 92 S. 310, Bd. 93 S. 78, Bd. 106 S. 177). Ebenso ist in anderen Entscheidungen des Reichsgerichts zwar die Meinung zurückgewiesen, daß vermögensrechtliche Ansprüche notwendigerweise privatrechtlich seien, und es ist denjenigen vermögensrechtlichen Ansprüchen, welche sich ihrem Wesen nach auf öffentliches Recht gründen, der öffentlichrechtliche Charakter zuerkannt, aber doch nur mit der Maßgabe, daß diese Ansprüche zum Teil nach der geschichtlichen Entwicklung unter den Begriff der bürgerlichen Rechtsstreitigkeiten in § 13 GVG. fallen (RGZ. Bd. 106 S. 409 u. a.). Für rechtliche, wenn auch, wenigstens nach heutiger Anschauung, im öffentlichen Rechte begründete Ansprüche auf vermögenswerte Leistungen zu kirchlichen Zwecken ist in bestimmter und ständiger Rechtsprechung, wie des vormaligen Preuß. Obertribunals, so auch des Reichsgerichts der ordentliche Rechtsweg zugelassen, soweit nicht besondere landesgesetzliche Vorschriften, wie die Preuß. Kabinettsorder, betr. die Einziehung der Kirchen-, Pfarr- und Schulabgaben usw., vom 19. Juni 1836 (GS. S. 198) und § 15 Pr. G., betr. die Erweiterung des Rechtswegs, vom 24. Mai 1861 entgegenstehen. Von einschlägigen Urteilen des Reichsgerichts seien angeführt die nach vorstehendem für die Auslegung des § 13 GVG. bedeutungsvollen Entscheidungen aus den ersten Jahren nach dem Inkrafttreten dieses Gesetzes RGZ. Bd. 1 S. 140, Bd. 5 S. 300, Bd. 6 S. 233, Bd. 7 S. 136. Die von der damaligen Rechtsauffassung abweichende Umgrenzung des Begriffs der bürgerlichen Rechtsstreitigkeit, die der Preuß. Gerichtshof zur Entscheidung der Kompetenzkonflikte in seinen oben angezogenen Entscheidungen vorgenommen hat, würde dazu führen, daß bisher des Rechtsschutzes durch die ordentlichen Gerichte teilhaftigen, im Rechte begründeten Ansprüchen, insbesondere Ausstattungsansprüchen von Kirchengemeinden gegen den Staat, ohne eine Änderung der Gesetzgebung der Rechtsschutz entzogen würde. Das erscheint als ein unannehmbares Ergebnis.

Der Senat bejaht hiernach (in Übereinstimmung mit dem Urteil Warn. 1925 Nr. 31) die Zulässigkeit des Rechtswegs. Darauf, ob die Kabinettsorder vom 25. September 1834 eine Rechtsgrundlage für den Anspruch bietet, braucht erst bei der Prüfung der Begründetheit des Anspruchs eingegangen zu werden. Denn die Klägerin macht damit, daß sie sich auf diese Order beruft, keinen selbständigen Klagegrund geltend, sondern sie führt damit ein „Gesetz" an, das neben anderen (parallel laufenden) Rechtsnormen schon für sich allein geeignet sei, den Klaganspruch auf Grund der vorgetragenen Tatsachen als gerechtfertigt erscheinen zu lassen. Die Anwendung des zutreffenden Gesetzes auf die den Klagegrund bestimmenden Tatsachen aber ist eine von dem Parteivorbringen unabhängige Aufgabe des Gerichts.

In der Sache selbst ... (wird nach der Zurückweisung von Revisionsangriffen, die sich auf andere Rechtsnormen stützen, mit Bezug auf die Kabinettsorder vom 25. September 1834 ausgeführt:)

Die zuerst 1868 im Archiv für katholisches Kirchenrecht Bd. 19 S. 340 nicht ganz vollständig veröffentlichte, ihrem vollen Wortlaute nach in dem Aufsatze von Triepel, Archiv des öffentlichen Rechts N. F. Bd. 5 S. 207, mitgeteilte Kabinettsorder König Friedrich Wilhelms III. vom 25. September 1834 ist auf den gemeinschaftlichen Bericht des Ministers der geistlichen Angelegenheiten und des Finanzministers vom 19. August 1834 an diese beiden Minister gerichtet. Sie bezieht sich auf die von Pfarreien und Kirchengemeinden diesseits des Rheins „aus den Klosteraufhebungen abgeleiteten Dotationsansprüche" gegen den Preußischen Staat. Der König geht davon aus, daß bei der Verschiedenheit der Fälle und Verhältnisse nach Umständen und den Beweismitteln im einzelnen näher zu beurteilen bleibe, ob einem aufgehobenen Stifte oder Kloster wirklich zu Recht bestehende Verpflichtungen obgelegen haben oder nicht, erachtet es aber doch für zulässig und notwendig, mit Hinsicht auf die Bestimmungen des Reichsdeputationsschlusses vom 25. Februar 1803 allgemeine Grundsätze anzunehmen, die bei den Ansprüchen der Pfarreien und Kirchengemeinden an den Staat zunächst im Auge gehalten werden könnten, und genehmigt gemäß der in dem Berichte vom Minister der geistlichen Angelegenheiten geäußerten Ansicht, „daß eine rechtliche Verpflichtung (nämlich des ehemaligen Stifts oder Klosters) und daher auch ein Anspruch auf vollständige oder ergänzende Dotation überall anzuerkennen sei, wo erweislich entweder

1. vor Errichtung des Stifts oder Klosters schon eine Pfarrkirche existierte, welche mit den diesfälligen Pfarrverrichtungen dem Kloster oder Stifte übergeben worden ist, oder wo

2. das Pfarroffizium späterhin dem Kloster oder Stifte von der geistlichen Behörde förmlich inkorporiert worden, oder wo

3. Stifter und Klöster sich anderweitig zur Leistung der Pfarrdienste ausdrücklich und auf rechtsverbindliche Weise verpflichtet hatten, oder wo endlich

4. die betreffende Gemeinde, ohne zu einer anderen Pfarrkirche des Orts oder der Nachbarschaft wirklich eingepfarrt zu sein, wenigstens 44 Jahre hindurch vom Jahre 1803 exklusive an zurückgerechnet, also vom Jahre 1759 ab, im fehlerfreien und ununterbrochenen Besitze der von dem aufgehobenen Kloster oder Stift ihr geleisteten Pfarrdienste sich befunden hat." Im Anschluß hieran wird es in der Order als selbstverständlich bezeichnet, daß die zu gewährenden Entschädigungen nicht über den Betrag des eingezogenen Klostervermögens und über die früheren Verpflichtungen der Klostergeistlichkeit ausgedehnt werden dürfen.

Das vormalige Preußische Obertribunal hat in einem Erkenntnis vom 22. Februar 1858 (Striethorst Archiv Bd 29 S. 149) ausgesprochen, daß die in jenem Prozeß von dem Bischöflichen Stuhl in Paderborn als Kläger in Abschrift vorgelegte Kabinettsorder sich nach Form und Inhalt und im Hinblick auf die fehlende Publikation als eine für die richterliche Entscheidung nicht maßgebende bloße Instruktion für die Verwaltungsbehörden darstelle. Dagegen hat das Reichsgericht in den Urteilen vom 25. Januar 1900 IV 266/99 und 8. März 1907 II 369/06 (JW. 1907 S. 292 Nr 54) die Kabinettsorder als ein Gesetz gekennzeichnet, das der Kirchengemeinde unter den darin bestimmten Voraussetzungen gegen den Staat einen

Rechtsanspruch auf Dotation gewähre. Die in den beiden Urteilen gegebene Begründung ist in zwei späteren Urteilen (RGZ. Bd. 96 S. 31; JW. 1922 S. 1579 Nr. 5) ergänzt. In gleichbleibender Rechtsprechung ist dieselbe Auffassung wiederholten anderen Entscheidungen sowohl des IV. als auch des II. Zivilsenats zugrunde gelegt worden (Recht 1914 S. 429; Warn. 1916 Nr. 120; JW. 1917 S. 228 Nr. 18; RGZ. Bd. 97 S. 170, Bd. 101 S. 15 u. a.). Der Auffassung des Reichsgerichts, der Kahl (in Anm. zu JW. 1917 S. 228 Nr. 18) zugestimmt hat, sind Fürstenau (in Anm. zu JW. 1922 S. 1579 Nr. 5), Triepel in dem schon erwähnten Aufsatz (Arch. Öff. R. N. F. Bd. 5 S. 206) und der Preuß. Gerichtshof zur Entscheidung der Kompetenzkonflikte in dem Erkenntnis vom 12. Mai 1923 (JW. 1924 S. 73) entgegengetreten, und zwar unter Billigung des Standpunkts des Obertribunals, während Otto Fischer wiederum diesen Standpunkt bekämpft und die Auffassung des Reichsgerichts verteidigt hat (Anm. zu JW. 1924 S. 73 und Arch. Kath. KR. Bd. 103 S. 37). Auch das Berufungsgericht hat sich auf den Standpunkt des Obertribunals gestellt.

Der erkennende Senat hält nach eingehender Würdigung der gegen die Annahme der Gesetzesnatur der Kabinettsorder vorgebrachten Gründe an dieser Annahme fest. Es sind zwei Fragen zu unterscheiden, einmal die, ob der König durch die Order eine Anordnung erlassen hat, die objektives Recht setzen sollte, zum anderen die, ob er diese Wirkung durch eine nicht veröffentlichte Order erreichen konnte. Die erste Frage ist aus dem Inhalt und Wortlaute der Order selbst und ihrem Zusammenhang mit dem sie veranlassenden Immediatberichte vom 19. August 1834 zu beantworten. Die früheren Vorgänge, die übrigens dem Senat bei Erlassung seines Urteils vom 15. Mai 1922 (JW. 1922 S. 1579 Nr. 5) schon sämtlich bekannt waren, haben nur untergeordnete Bedeutung. Es darf nicht übersehen werden, daß der Bericht vom 19. August 1834 sich nicht darauf beschränkt hat, den ihm vorangegangenen Auftrag des Königs zu erledigen, sondern in einem wesentlich weiteren Rahmen erstattet ist. Auf dieser breiteren Grundlage ist die Order vom 25. September 1834 ergangen. Was sich aus der zusammenfassenden Betrachtung von Order und Bericht ergibt, ist in RGZ. Bd. 96 S. 33—36 dargelegt. Auf diese Darlegung, die zwar Widerspruch, aber keine

Widerlegung gefunden hat, wird hier verwiesen. Der König hat danach kraft seines Majestätsrechts zur Deklaration von Recht und Gesetzen (§ 6 II 13, vgl. auch §§ 7, 15 Einl. z. Pr. ALR.) die Voraussetzungen festgestellt, unter denen die aus dem Reichsdeputationshauptschlusse folgenden oder aus der Gesamtnachfolge des Staates in die säkularisierten Güter entstandenen Verpflichtungen des Fiskus gegenüber den vor der Säkularisation von den Stiftern oder Klöstern versorgten Pfarreien oder Kirchengemeinden anerkannt werden sollen. Ob diese Deklaration dem bestehenden Rechtszustand entsprach oder davon abwich, ist für ihre Eigenschaft als Rechtsquelle ohne Belang. Daß die vom König aufgestellten Grundsätze von den Verwaltungsbehörden bei der Beurteilung der an sie herantretenden Dotationsansprüche zu beachten waren, war eine praktisch sehr bedeutsame, aber nicht die einzige Folge ihrer auf Allgemeinverbindlichkeit abzielenden Aufstellung.

Übereinstimmung besteht in der Wissenschaft und Rechtsprechung darüber, daß die Sanktion eines Gesetzes durch den absoluten König weder durch die vorherige Anhörung einer beratenden Behörde, als welche in § 7 Einl. z. Pr. ALR. die (1808 aufgehobene) Gesetzkommission und in § 2a VO. wegen Einführung des Staatsrats vom 20. März 1817 (GS. S. 67) der Staatsrat vorgesehen war, noch durch die bereits in einer Verordnung König Friedrich Wilhelms I. vom 25. März 1719 vorgesehene Gegenzeichnung eines Departementsministers rechtlich bedingt war. Daß die Kabinettsorder vom 25. September 1834 nicht im Staatsrate vorberaten und nicht von einem Minister gegengezeichnet worden ist, ist daher für die Gültigkeit unerheblich. Beide Umstände lassen auch keinen Rückschluß darauf zu, daß die Order trotz ihres für ein Gesetz geeigneten Inhalts nicht als Gesetz beabsichtigt gewesen sei.

Zweifelhafter ist, was der Senat schon früher anerkannt hat, die zweite, die Bekanntmachung der Order betreffende Frage. Nach § 10 Einl. z. Pr. ALR. erhält ein Gesetz seine rechtliche Verbindlichkeit erst von der Zeit an, da es gehörig bekannt gemacht worden. Die Form der Bekanntmachung war im Jahre 1834 durch die Verordnungen vom 27. Oktober 1810 (GS. S. 1), 28. März 1811 (GS. S. 165), 14. Januar 1813 (GS. S. 2) und 24. Juli 1826 (GS. S. 73) geregelt. Danach war für die Gesetze, um sie verbindlich zu machen, der Abdruck in der Gesetzsammlung oder in den Amtsblättern vorgeschrieben. Aber solange der preußische Staat absoluter Staat war, blieb es dem Könige freigestellt, im einzelnen Falle die von ihm selbst über die „gehörige“ Form der Gesetzespublikation aufgestellten Normen zu durchbrechen. Er konnte an die Stelle der normalen Verkündigungsform selbstherrlich eine andere setzen, wenn ihm dies die Verhältnisse des besonderen Falls als zweckmäßig erscheinen ließen. Und er hat nicht ganz selten von dieser Freiheit Gebrauch gemacht (so mit Recht Triepel a. a. O. S. 218 in Übereinstimmung mit Hubrich, Entwickelung der Gesetzespublikation in Preußen S. 17, 47).

Von den in der Tat „nicht ganz seltenen“ Fällen, in denen der König in solcher Weise verfahren ist, seien hier aus der oberstrichterlichen Rechtsprechung die Fälle angeführt, in denen es sich, wie hier, um Verordnungen aus dem vierten Jahrzehnt des vorigen Jahrhunderts handelt. Es sind dies die Kabinettsorder vom 20. Mai 1832 über das Disziplinarverfahren gegen die Hofstaatsbeamten (RGZ. Bd. 84 S. 168), die Kabinettsorder vom 6. Juni 1835 über das Verhältnis der Stadt Berlin zum Charité-Krankenhause, (Gegenstand des auf die mündliche Verhandlung vom 17. Dezember 1914 am 1. Februar 1915 verkündeten Reichsgerichtsurteils IV 498/14, Recht 1915 Sp. 197), und die Kabinettsorder vom 3. Juni 1838 über die Begrenzung der Haftung der suspendierten Beamten für die Kosten ihrer Stellvertretung, Gegenstand des Urteils des Preuß. Obertribunals vom 30. Januar 1840 (Entsch. Bd. 12 S. 145).

Keine dieser drei Verordnungen mit verbindlich gewordenem Gesetzesinhalt ist in der Gesetzsammlung oder in einem Amtsblatte bekannt gemacht. Wenn daher der Kompetenzgerichtshof (JW. 1924 S. 73) sagt, „soweit bekannt, sei seit 1817 bis zum Erlasse der Verfassung kein allgemeines Gesetz, im Gegensatze zu den nur einen Einzelfall entscheidenden Befehlen, ohne Beobachtung der bezeichneten (insbesondere also auch der die Bekanntmachung regelnden) Formvorschriften ergangen“, so könnte dem nur zugestimmt werden, wenn der Begriff des allgemeinen Gesetzes nicht in dem weiten, sich aus dem Gegensatz zum Befehle für einen Einzelfall ergebenden Sinne gebraucht, sondern lediglich auf solche Gesetze angewandt wird, welche für die Untertanen im allgemeinen bestimmt waren. In diesem engeren Sinne aber ist auch die Kabinettsorder vom 25. September 1834 kein allgemeines Gesetz, da sie sich nur auf die Rechtsverhältnisse des beschränkten Kreises von Pfarreien und Kirchengemeinden bezieht, deren frühere Versorger von der Säkularisation betroffen worden waren.

Aus der oben mit den Worten Triepels wiedergegebenen Rechtslage folgt zunächst, was auch Triepel und Hubrich a. a. O. sowie Fürstenau (JW. 1922 S. 1580 Anm.) gelten lassen, daß der König eine gesetzlich bestimmte Art der Bekanntmachung, nämlich die durch die Gesetzsammlung oder die Amtsblätter, durch eine andere Art in der Weise ersetzen konnte, daß er mit der Rechtssetzung eine besondere Anordnung über eine von der Regel abweichende Art der Bekanntmachung an die Betroffenen verband. Eine solche besondere Anordnung ist in den vorher erwähnten Ordern vom 20. Mai 1832 und 6. Juni 1835 getroffen. Die Order vom 25. September 1834 enthält keine entsprechende Anordnung. Es bedurfte dessen aber auch nicht. Denn der König nahm die Kundmachung an die Beteiligten und damit die nach seinem maßgebenden Willen „gehörige" Bekanntmachung selbst schon dadurch vor, daß er die Order den Ministern der geistlichen Angelegenheiten und der Finanzen zugehen ließ. Das ist hinsichtlich des auf der einen Seite beteiligten, durch den Finanzminister vertretenen Fiskus ohne weiteres klar, erhellt aber auch hinsichtlich der auf der anderen Seite beteiligten Pfarreien und Kirchengemeinden, wenn man sich den damaligen Rechtszustand vergegenwärtigt, der von dem Kompetenzgerichtshof (JW. 1924 S. 76) zutreffend in der folgenden Weise gekennzeichnet ist: „Die Verwaltung auch der katholischen Kirche lag im wesentlichen in der Hand des Staates, dessen Behörden die wichtigeren Geschäfte erledigten. Oberste Instanz war das geistliche Departement, später seit der Verordnung vom 3. November 1817 (GS. S. 289) das Ministerium für die geistlichen Angelegenheiten". Da dem so war, konnte der König den Minister der geistlichen Angelegenheiten als denjenigen betrachten, welcher bei der Entgegennahme der Order die Pfarreien und Kirchengemeinden vertrat, deren Interessen er auch bei dem der Order vorangegangenen Schriftwechsel in ausgesprochenem Gegensatze zum Finanzminister wahrgenommen hatte. In dem gleichen Sinne hat der Senat schon früher (JW. 1922 S. 1580) darauf Gewicht gelegt, daß die Order „vom Könige selbst an die mit der Ausführung betrauten Minister gerichtet" worden ist. Daß die Order etwa vor den Pfarreien und Kirchengemeinden oder den zur Entscheidung künftiger Rechtsstreitigkeiten zwischen ihnen und dem Fiskus berufenen Gerichten geheim gehalten werden sollte, ist in ihr weder ausdrücklich angeordnet, noch ergibt es sich aus ihrem Inhalte. Insbesondere läßt die Erklärung des Königs am Schlusse der Order, daß die Anberaumung eines Präklusionstermins für die noch vorhandenen rechtlichen Ansprüche allerdings nicht ratsam sei, da sie eine Menge unbegründeter Prätensionen zur Folge haben würde, keinen Rückschluß auf den Willen des Königs zur Geheimhaltung zu (so auch Triepel a. a. O. S. 220). Die Minister haben die Order auch nicht geheim gehalten. Wie schon erwähnt, war der Bischöfliche Stuhl in Paderborn in dem 1858 vom Obertribunal entschiedenen Prozeß in der Lage, eine Abschrift der Order vorzulegen. Er hatte die Order nach einer Feststellung von Hilling, dem Herausgeber des Archivs für katholisches Kirchenrecht (Bd. 103 S. 37 Anm. 3), durch die Regierung in Minden unter dem 15. Januar 1840 mitgeteilt erhalten, und zwar auf Anweisung des vorher mit dem Finanzministerium ins Benehmen getretenen Ministers der geistlichen Angelegenheiten.

Nach alledem erscheinen die aus der Art der Bekanntmachung der Order gegen ihre rechtliche Verbindlichkeit (im Sinne des § 10 Einl. z. Preuß. ALR.) hergeleiteten Bedenken nicht stichhaltig.

Von den vier alternativen Voraussetzungen, unter denen nach der Kabinettsorder anzunehmen ist, daß einem aufgehobenen Kloster gegen eine Gemeinde eine (auf den Staat übergegangene) rechtliche Verpflichtung hinsichtlich der Seelsorge obgelegen habe, stellt sich die vierte als eine abschließende Regelung des Falles eines Rechtserwerbs gegen das Kloster durch Zeitablauf (Ersitzung oder unvordenkliche Verjährung) dar. In den Urteilen des II. Zivilsenats vom 8. März 1907 (JW. 1907 S. 292 Nr. 54) und des IV. Zivilsenats vom 4. Mai 1914 (Recht 1914 Sp. 429) ist darüber hinaus gesagt, daß ein Anspruch gegen den Staat aus der Säkularisation auf Bestreitung von Kultuskosten überhaupt nur unter den genau umschriebenen Voraussetzungen der Kabinettsorder gegeben sei. An diesem allgemeinen Satze, auf dem in beiden Fällen die Entscheidung nicht beruht, hält der IV. Zivilsenat nicht fest. Er entnimmt vielmehr daraus, daß die Order ihre Grundsätze nur als solche aufstellt, welche „zunächst im Auge gehalten werden können", als den Willen des

Königs, daß er den Gemeinden die Möglichkeit der Geltendmachung anderer Entstehungsgründe für eine Verpflichtung des Klosters „und daher auch" für einen Anspruch gegen den Staat offen lassen wollte. Gegenüber den Entstehungsgründen aller Art gilt aber, was zur Vermeidung von Mißverständnis hier bemerkt sei, die in der Order ausgesprochene Beschränkung der Dotationsansprüche gegen den Staat auf den „Betrag des eingezogenen Klostervermögens" und auf den Umfang der „früheren Verpflichtungen der Klostergeistlichkeit".

Das Berufungsgericht, das die Gesetzesnatur der Kabinettsorder verneint, hat doch hilfsweise geprüft, ob ihre Voraussetzungen gegeben seien. Es scheidet die drei ersten Fälle der Order (förmliche Inkorporation einer schon bei Errichtung des Klosters vorhanden gewesenen Pfarrkirche, spätere Inkorporation, anderweitige ausdrückliche Verpflichtung des Klosters zur Leistung der Pfarrdienste) als mindestens nicht erwiesen aus. Das ist rechtlich nicht zu beanstanden.

Für den vierten Fall der Order kommt es darauf an, ob sich die betreffende Gemeinde, ohne zu einer anderen Pfarrkirche des Ortes oder der Nachbarschaft eingepfarrt gewesen zu sein, wenigstens 44 Jahre hindurch, von 1759 bis 1802 einschließlich, im fehlerfreien und ununterbrochenen Besitze der ihr vom Kloster geleisteten Pfarrdienste befunden hat. Es genügt dabei, wie das Reichsgericht schon im Urteil vom 25. Januar 1900 IV 266/99 und später wiederholt (so JW. 1922 S. 1581 und im Urt. v. 20. Oktober 1924 IV 614/23) ausgesprochen hat, wenn dem Kloster eine durch gemeinschaftliche örtliche Beziehungen verbundene Mehrheit von Personen gegenübergestanden hat, die sich allmählich zu einer Pfarrgemeinde entwickelt hat. Das nimmt auch das Berufungsgericht an. Es meint aber, daß der Besitz der Gemeinde nur dann fehlerfrei gewesen sei, wenn er dem Zivilrechte des Staates entsprochen habe, und daß dieses Recht einen Besitz nur dann als fehlerfrei anerkannt habe, wenn er sich nicht in Widerspruch zu dem geltenden Staatsrecht gesetzt habe. Auf dieser Grundlage wird ausgeführt: Im Magdeburger Gebiete sei der Erzbischof in der Mitte des 16. Jahrhunderts evangelisch geworden, während die Ordensgeistlichkeit der Klöster zum Teil dem alten Glauben treu geblieben sei. Für das nach dem Westfälischen Frieden (Instrumentum Pacis Osnabrugensis Art. V §§ 25, 31) maßgebende Jahr 1624 seien keine von Klostergeistlichen im evangelisch gewordenen Dorfe vorgenommenen Ministerialhandlungen erwiesen, die den Schluß auf ein exercitium religionis der Katholiken rechtfertigen könnten. Die katholischen Einwohner von Ammensleben hätten demgemäß nach den angeführten Friedensbestimmungen kein Recht auf exercitium ihrer Religion gehabt. An diesem Rechtszustande habe sich in der Folgezeit bis zu den entscheidenden Jahren 1759 flg. nichts geändert.

Die so begründete Verneinung des vierten Falles der Kabinettsorder ist von Rechtsirrtum beeinflußt. Die Bedeutung, in der die Kabinettsorder den Begriff „fehlerfrei" gebraucht hat, ist aus den zur Zeit ihrer Erlassung geltenden §§ 96 flg. I 7 Pr. ALR. zu entnehmen (vgl. Urt. vom 3. Juli 1922 IV 620/21). Es ist ebenso anzusehen, wie wenn die Kabinettsorder bestimmt hätte, der von ihr erforderte 44jährige Besitz dürfe dem Kloster gegenüber weder auf Gewalt oder Betrug noch auf Verheimlichung noch auf Precarium beruht haben. Die Kabinettsorder erfordert allerdings juristischen Besitz an einem Rechte, was voraussetzt, daß der eine Teil die Leistung als Recht verlangt, der andere sie in Erfüllung einer Pflicht gewährt hat (Urt. v. 4. Mai 1914 Recht 1914 Sp. 429). Ob Recht und Pflicht aus der staatlichen oder der kirchlichen Rechtsordnung abgeleitet wurden, ist dabei aber ebenso unerheblich wie für die Anwendung des von der Kabinettsorder bei der Umgrenzung des Umfanges der Dotationsansprüche gebrauchten Begriffs der „früheren Verpflichtungen der Klostergeistlichkeit" (Urt. v. 27. Januar 1922 II 6/578/21; vgl. auch JW. 1922 S. 1580). Auch juristischer Besitz ist ferner nur Besitz und unabhängig von dem Rechte zum Besitze. Die vom Berufungsgericht, und zwar auch nur auf Grund der staatlichen Rechtsordnung, angestellte Untersuchung über das Recht zum Besitze, sowie die Erörterungen der Parteien hierüber in der Revisionsinstanz liegen deshalb neben der Sache. Unter den zutreffenden rechtlichen Gesichtspunkten ist die Sachlage mit Bezug auf den vierten Fall der Kabinettsorder bisher nicht geprüft....

44. Zur Frage der Enteignungsentschädigung bei der Beschlagnahme von Wohnungen zur Bekämpfung des Wohnungsmangels.

Gesetz über Maßnahmen gegen Wohnungsmangel vom 11. Mai 1920 (RGBl. S. 949). Art. 153 RVerf.

VI. Zivilsenat. Urt. v. 3. Juli 1925 i. S. Stadtgemeinde Berlin (Bekl.) w. Kr. (Kl.). VI 113/25.

I. Landgericht I Berlin.
II. Kammergericht daselbst.

Die Klägerin ist Eigentümerin eines Hauses in Berlin-Schöneberg. Seit Jahren vermietet sie dort gewerbsmäßig möblierte Wohnungen. Zwei von diesen hat das Wohnungsamt in Berlin-Schöneberg bei ihrem Freiwerden durch Verfügungen vom 5. und 25. April 1923 für Wohnungssuchende in Anspruch genommen. Es hat der Klägerin auch Mieter für diese Wohnungen zugewiesen, aber nur für die unmöblierten Wohnungen. Die Klägerin verlangt deshalb von der Beklagten eine Entschädigung, bestehend in dem Unterschiede zwischen dem gesetzlichen Mietzins für eine möblierte Wohnung und dem für eine unmöblierte Wohnung. Außerdem fordert sie noch Erstattung der Kosten für das Hinausschaffen und Lagern der Möbel.

In einem anderen Hause in Berlin-Schöneberg betreibt G. W. als Mieter eines Teiles dieses Hauses ebenfalls das Gewerbe, möblierte Wohnungen zu vermieten. Durch Verfügung vom 16. August 1921 hat das Wohnungsamt eine dieser möblierten Wohnungen bei ihrem Freiwerden in Anspruch genommen und als unmöblierte Wohnung dem bisherigen Untermieter zugewiesen. W. hat seine Ansprüche gegen die Beklagte an die Klägerin abgetreten. Sie verlangt auch hier Entschädigung und berechnet sie in derselben Art, wie bei ihren eigenen Wohnungen. Im Laufe des Rechtsstreits hat sie ihre Ansprüche für die Zeit bis zum 3. Juni 1924 auf 1850 GM. beziffert.

Beide Vorinstanzen haben den Anspruch dem Grunde nach für berechtigt erklärt. Die Revision der Beklagten blieb erfolglos.

Gründe:

1. Zu den eigenen Ansprüchen der Klägerin.

Als die maßgebenden Verfügungen des Wohnungsamts vom 5. und 25. April 1923 erlassen wurden, galt noch das Gesetz über Maßnahmen gegen den Wohnungsmangel vom 11. Mai 1920 (RGBl. S. 949). Es ist — mit hier nicht wesentlichen Änderungen — wiederholt verlängert und schließlich durch das Wohnungsmangelgesetz vom 26. Juli 1923 (RGBl. I S. 754) ersetzt worden. Das Landgericht hat in den beiden von der Beschlagnahme betroffenen Wohnungen der Klägerin Geschäftsräume im Sinne des § 5 des Gesetzes vom 11. Mai 1920 erblickt, weil die Klägerin diese Wohnungen in ihrem Geschäftsbetrieb gewerbsmäßig als möblierte Wohnungen vermietete. Eben weil die Klägerin diese Wohnungen in ihrem Geschäftsbetrieb benutzte, hat sie das Landgericht trotz augenblicklichen Unvermietetseins nicht als unbenutzte Geschäftsräume im Sinne des § 5 a. a. O. angesprochen. Das Landgericht hat deshalb die Verfügungen des Wohnungsamts nicht als durch § 5 a. a. O. gedeckt angesehen und der Klägerin den geltend gemachten Schadensersatzanspruch unter dem Gesichtspunkt der Enteignungsentschädigung dem Grunde nach zugebilligt. Das Kammergericht hat sich diesen Darlegungen angeschlossen. Wenn es davon spricht, daß die Wohnungen nicht unbenutzt im Sinne des § 5 a. a. O. gewesen seien, so liegt dem auch die Anschauung zugrunde, daß die Wohnungen nicht als solche, sondern als Geschäftsräume in Frage kämen. Diese Auffassung ist rechtsirrig, der Irrtum des Kammergerichts ist aber für seine Entscheidung im Endergebnis nicht ausschlaggebend gewesen.

Im § 5 a. a. O. handelt es sich nur um Räume, die noch nicht bewohnbar sind, die zu Wohnräumen erst hergerichtet werden müssen. Dazu gehören möblierte Wohnungen nicht. Auch möblierte Wohnungen sind fertige Wohnungen. Sie unterscheiden sich von gewöhnlichen Wohnungen nur dadurch, daß die zum Bewohnen erforderlichen Möbel und Gebrauchsgegenstände mitvermietet werden. Auf § 5 a. a. O. konnten sich also die Anordnungen des Wohnungsamts nicht stützen. Eher könnte man an den § 4 a. a. O. denken, der von unbenutzten Wohnungen spricht. Man müßte dann unter einer unbenutzten eine unbewohnte Wohnung verstehen und auch jede möblierte Wohnung, die gerade unvermietet ist, als unbenutzt ansehen, selbst wenn sie gewerbsmäßig vermietet wird. Es kommt auf die Entscheidung dieser Frage indessen nicht an. Mögen die Verfügungen des Wohnungsamts im Gesetz vom 11. Mai 1920 eine Unterlage finden oder nicht, die Klägerin kann und will die Rechtmäßigkeit der behördlichen Maßnahmen im gegenwärtigen Verfahren nicht anfechten, sie fordert lediglich eine Entschädigung und dieses Verlangen ist jedenfalls gerechtfertigt.

Bei jeder Zuweisung eines Zwangsmieters leidet die Freiheit des Eigentümers, mit seinem Eigentum nach Belieben zu verfahren und andere von jeder Einwirkung auszuschließen; es sind das aber regelmäßig mehr ideelle Nachteile, und in der vom Zwangsmieter gezahlten Miete findet der Eigentümer das Entgelt für die Überlassung der Wohnung. Mit diesen Nachteilen hat sich auch die Klägerin abgefunden, hierfür fordert sie keinen Ersatz. Geschädigt fühlt sie sich durch das Wohnungsamt nur insofern, als dieses möblierte Wohnungen beschlagnahmte, sie den Wohnungsuchenden aber als unmöblierte zuwies. Der Klägerin ist dadurch verboten worden, die Wohnungen fortan wieder als möblierte zu vermieten. Sie hat die Möbel und Gebrauchsgegenstände hinausschaffen und einlagern müssen. Das hat Kosten verursacht und verursacht laufend weitere Kosten. Außerdem entgeht der Klägerin jetzt die Einnahme für das Mitvermieten der Möbel. Für diese Schädigungen verlangt sie Ersatz.

Daß die Eingriffe in das Recht des Eigentümers, die von den zuständigen Behörden auf Grund der gesetzlichen Vorschriften zur Bekämpfung des Wohnungsmangels vorgenommen werden, sich als eine Enteignung darstellen, ist in der Rechtsprechung des Reichsgerichts anerkannt (vgl. RGZ. Bd. 105 S. 253 und Bd. 108 S. 252). Eine Enteignung darf nach Art. 153 Abs. 2 RVerf. nur gegen angemessene Entschädigung vorgenommen werden, sofern nicht ein Reichsgesetz etwas anderes bestimmt. Das Gesetz vom 11. Mai 1920, das allein als ein solches Reichsgesetz in Frage kommen könnte, schließt die Notwendigkeit einer Entschädigung nicht aus; es enthält im letzten Satz seines § 9 sogar eine Vorschrift darüber, wer für die Zahlung einer Entschädigung haftet, die für Eingriffe in Privatrechte zu gewähren ist. Danach ist also in Fällen wie dem vorliegenden der Entschädigungsanspruch gegeben. Der erkennende —

damals als der VII. bezeichnete — Senat hat sich auch bereits früher auf diesen Standpunkt gestellt (vgl. das Urteil vom 6. April 1923 VII 321/22). Damals waren benutzte Zimmer beschlagnahmt und zu einer Notwohnung umgebaut worden. Die verklagte Stadtgemeinde wurde verurteilt, allen aus der Beschlagnahme entstehenden Schaden zu ersetzen, so weit er nicht durch die vom Mieteinigungsamt zu bestimmende Vergütung abgegolten wird. Die Ansicht des erkennenden Senates wird jetzt auch vom III. Senat des Reichsgerichts geteilt (vgl. dessen Urteil vom 13. Februar 1925 III 965/23). Früher hatte dieser Senat eine abweichende Meinung vertreten (vgl. das Urteil vom 24. Oktober 1922 III 716/21 bei Warn. Bd. 16 Nr. 46).

2. Zu den von W. an die Klägerin abgetretenen Ansprüchen.

Hier kann im allgemeinen auf die Ausführungen zu 1 verwiesen werden. Ein Unterschied ist nur insofern vorhanden, als W. nicht, wie die Klägerin, Eigentümer des Hauses ist, in dem er möblierte Wohnungen vermietet. Er ist selbst nur Mieter. Aber auch der Mieter ist im Falle einer Enteignung für die ihm erwachsenden Nachteile zu entschädigen (RGZ. Bd. 105 S. 253). Hinzuweisen ist auch noch auf die Entscheidungen RGZ. Bd. 107 S. 375 und Bd. 109 S. 319. Der Art. 153 Abs. 2 RVerf. ist danach nicht beschränkt auf das Eigentum und die Rechtsverhältnisse an Grundstücken, er umfaßt vielmehr auch alle subjektiven Privatrechte, einschließlich der Forderungsrechte.

---

45. 1. Ist ein Beschluß der Generalversammlung der Genossen, der nicht mit der nötigen Stimmenzahl gefaßt ist, nichtig oder nur nach § 51 GenG. anfechtbar?

2. Hat der Beschluß der Generalversammlung, das Vermögen der Genossenschaft im ganzen zu veräußern, die Auflösung der Genossenschaft zur Folge?

Gesetz betr. die Erwerbs- und Wirtschaftsgenossenschaften §§ 16, 51, 78a, 78b.

II. Zivilsenat. Urt. v. 7. Juli 1925 i. S. St. (Kl.) w. Spar- und Leihkasse Sch., eingetragene Genossenschaft m. b. H. (Bekl.). II 423/24.

I. Landgericht Verden.
II. Oberlandesgericht Celle.

Die beklagte Genossenschaft, ein Vorschuß- und Kreditverein (§ 1 Nr. 1 GenG.), wurde im Jahre 1906 errichtet. Mehrere Gemeinden übernahmen bis zu gewissen Beträgen die Haftung für die Verbindlichkeiten der Beklagten und erhielten als Gegenleistung Einfluß auf ihre Verwaltung und einen Anteil an ihrem jährlichen Gewinne zugesagt; auch wurde durch einen später dem § 37 Abs. 2 des Statuts beigefügten Schlußsatz für den Fall der Auflösung der Beklagten bestimmt, daß die Garantiegemeinden das nach Auszahlung der Geschäftsguthaben verbleibende Vermögen nach Verhältnis ihrer Haftsummen für gemeinnützige Zwecke erhalten sollten. Für Beschlüsse über Änderung des Statuts ist in § 24 Abs. 2, entsprechend der Regel des § 16 Abs. 2 GenG., eine Mehrheit von drei Vierteln der zur Generalversammlung Erschienenen verlangt. Auflösung und Liquidation sollen nach § 37 Abs. 1 nach den Bestimmungen des Genossenschaftsgesetzes erfolgen; der Beschluß über Auflösung und Liquidation soll nach § 24 Abs. 3 nur dann gültig sein, wenn er gleichlautend in zwei zu diesem Zwecke berufenen Generalversammlungen, die innerhalb vier Wochen abgehalten wurden, jedesmal mit einer Mehrheit von drei Vierteln der Stimmen der Anwesenden gefaßt wurde.

Am 23. November 1923 fand eine außerordentliche Generalversammlung der Beklagten statt mit folgender Tagesordnung: 1. Abänderung des § 37 des Statuts betr. anderweitige Verteilung des Genossenschaftsvermögens. 2. Überleitung des gesamten Geschäfts an eine aus der Genossenschaft heraus zu gründende Aktiengesellschaft bzw. Umwandlung der Genossenschaft in eine Aktiengesellschaft. Nach der Beurkundung im Protokollbuche der Beklagten waren von 708 Mitgliedern 163 in der Versammlung erschienen. Wie das Protokoll weiter ergibt, faßten die Erschienenen zu den beiden Punkten der Tagesordnung, zu Punkt 1 mit 126, zu Punkt 2 mit 161 der abgegebenen 163 Stimmen folgende Beschlüsse:

1. In § 37 Abs. 2 des Statuts sei der erwähnte Schlußsatz zu streichen und dafür als Abs. 3 anzufügen: „Überschüsse bei Auflösung der Genossenschaft sowie Fehlbeträge bei der Auflösung

und bei der Auseinandersetzung mit den Mitgliedern sind nach Verhältnis der Geschäftsanteile der Mitglieder zu berechnen, sofern nicht die Generalversammlung, durch welche die Liquidation beschlossen wird, den Ausschluß der Verteilung und eine anderweitige Verwertung des Vermögens und der Überschüsse beschließt."

2. Das gesamte Geschäft der Genossenschaft mit Aktiven und Passiven und dem Depot- und Depositenrecht einschließlich des Gewinns für 1923 pro 31. Dezember 1923 an eine zu gründende Aktiengesellschaft und zwar zum Buchwert zu verkaufen. Vorstand und Aufsichtsrat werden beauftragt, die Gründung der Aktiengesellschaft und den Verkauf des gesamten Geschäfts der Genossenschaft an diese Aktiengesellschaft vorzunehmen und die nötigen Verträge abzuschließen.

Das Protokoll ist vom Kläger, der als Vorsitzender des Vorstands der Beklagten die Versammlung geleitet hat, nach Verlesung und Genehmigung mitunterschrieben.

Die zur Übernahme des Geschäfts der Beklagten bestimmte Aktiengesellschaft wurde am 30. November 1923 gegründet und am 7. Dezember 1923 in das Handelsregister eingetragen. Zu ihrem Vorstand wurde Ludwig M. bestellt, der auch dem Vorstande der Beklagten angehörte. Sie schloß, vertreten durch den Mühlenbesitzer von R. in seiner Eigenschaft als Vorsitzenden ihres Aufsichtsrats, mit der durch Ludwig M. und das weitere Vorstandsmitglied B. vertretenen Beklagten am 19. Januar 1924 einen notariellen Vertrag, der die Übertragung des Geschäfts der Beklagten zum Gegenstand hatte; nach der Behauptung der Aktiengesellschaft ist dieser Vertrag, dessen Gültigkeit die Beklagte in einem zwischen ihr und der Aktiengesellschaft anhängigen Prozesse bestreitet, schon am 14. Dezember 1923 wirksam privatrechtlich geschlossen worden.

Mit der vorliegenden Klage beantragt der Kläger, die Beschlüsse der Generalversammlung vom 23. November 1923 für nichtig zu erklären. Die Klage war ursprünglich nur als Anfechtungsklage nach § 51 GenG. erhoben. Da ihre Zustellung mit Formmängeln behaftet war, erfolgte nach Ablauf der einmonatigen Anfechtungsfrist des § 51 eine nochmalige Zustellung, und es wurde nunmehr vom

Kläger geltend gemacht, daß die beiden Beschlüsse nicht bloß anfechtbar, sondern nichtig seien.

Die Vorinstanzen wiesen die Klage ab. Die Revision des Klägers hatte bezüglich des zweiten der beiden Beschlüsse Erfolg.

Gründe:

... Zur Begründung der Nichtigkeitsklage hat der Kläger unter Beweiserbieten vorgetragen, die Versammlung vom 23. November 1923 könne überhaupt nicht als Generalversammlung gelten, weil wegen der Enge des Lokals eine ordnungsmäßige Abstimmung nicht möglich gewesen sei, ferner hätten einzelne nicht stimmberechtigte Personen mitgestimmt, auch sei die Zahl der Erschienenen nicht festgestellt worden. Das Berufungsgericht nimmt ohne Rechtsirrtum an, daß es sich bei diesem Vorbringen um die Behauptung von Mängeln handle, die nur die Anfechtungsklage rechtfertigen könnten. Das trifft, entgegen der Meinung der Revision, insbesondere auch insoweit zu, als das Vorbringen des Klägers auch die Behauptung enthielt, daß die Beschlüsse nicht mit der zu ihrer Gültigkeit erforderlichen Mehrheit gefaßt worden seien. Daß ein Verstoß der letzteren Art nur die Anfechtbarkeit des — wie hier, in der Versammlung als gefaßt festgestellten — Beschlusses zur Folge hat, ist vom Reichsgericht für das Recht der Genossenschaft in dem Urteil RGZ. Bd. 60 S. 409 (414) und für das Recht der Aktiengesellschaft in dem Urteil RGZ. Bd. 75 S. 239 anerkannt. An dieser Auffassung ist auch hier festzuhalten.

Ein weiterer Revisionsangriff, der sich nur auf den zweiten Beschluß bezieht, geht dahin, daß die Übertragung des Vermögens der Beklagten im ganzen, weil im Statut nicht vorgesehen, unzulässig sei, jedenfalls aber begrifflich eine Auflösung der Genossenschaft darstelle und deshalb an die — nicht erfüllten — Voraussetzungen des § 24 Abs. 3 des Statuts gebunden sei. Soweit das Berufungsgericht es ablehnt, die Unzulässigkeit des Beschlusses daraus zu folgern, daß das Genossenschaftsgesetz und das Statut der Beklagten die Möglichkeit der Übertragung des Vermögens im ganzen nicht erwähnen, kann ihm nicht entgegengetreten werden. Es erwägt vielmehr zutreffend, daß es zur Annahme des Verbots einer solchen Rechtshandlung und damit eines entsprechenden Generalversammlungsbeschlusses einer ausdrücklichen Bestimmung bedurft hätte. Im übrigen legt es zu diesem Punkte dar: Daraus, daß § 303 Abs. 2 HGB. für die Aktiengesellschaft als Folge des Beschlusses, das ganze Vermögen zu veräußern, die Auflösung der Gesellschaft anordne, während das Genossenschaftsgesetz die Übertragung des Vermögens im ganzen nicht erwähne, sei zu entnehmen, daß bei der Genossenschaft die gleiche Folge des Beschlusses vom Gesetz nicht gewollt sei. Eine entsprechende Übertragung des in § 303 HGB. niedergelegten Grundsatzes auf die Genossenschaft verbiete sich schon um deswillen, weil die Aktiengesellschaft und die Genossenschaft, wie in der gesetzlichen Begriffsbestimmung beider Rechtsgebilde (§ 178 HGB., § 1 GenG.) deutlich zum Ausdruck komme, in ihrer rechtlichen und wirtschaftlichen Wesensart grundlegend verschieden seien. Bei der Aktiengesellschaft seien Grundkapital und Aktie die maßgebende Grundlage der Gesellschaft, die selbstverständlich der Gesellschafter nicht entbehren könne, bei der aber die Gesellschafter durch die Bedeutung der Aktien verdeckt würden, während bei der Genossenschaft mit ihrer nicht geschlossenen Mitgliederzahl und dem Grundsatze des gemeinschaftlichen Geschäftsbetriebes die Genossen als die eigentlichen Träger der Genossenschaft erschienen, hinter welchen die Bedeutung des Geschäftsanteils und der Vermögensgrundlage überhaupt an die zweite Stelle rücke. Die Frage, ob der Beschluß, das Geschäft der Beklagten im ganzen auf die zu gründende Aktiengesellschaft zu übertragen, nach seiner Rechtsnatur mit Notwendigkeit eine Auflösung der beklagten Genossenschaft darstelle, sei danach zu verneinen. Freilich sei nicht zu verkennen, daß die Beklagte mit der Durchführung des Beschlusses die wirtschaftliche Grundlage für die Fortführung ihres Unternehmens verliere, trotzdem werde aber die Beklagte durch den Beschluß nicht aufgelöst, weil die Rechtsträger der Genossenschaft und ihres Wirtschaftsbetriebs, die Genossen, nach wie vor vorhanden und durch den genossenschaftlichen Zweck zu einer Einheit verbunden seien.

Gegen diese Beurteilung besteht im Hinblick auf den rein kapitalistischen Charakter der Aktiengesellschaft insoweit kein Bedenken, als das Berufungsgericht die Vorschrift des § 303 Abs. 2 HGB. nicht für entsprechend anwendbar erachtet. Daraus ist jedoch nicht zu folgern, daß der Beschluß, das Vermögen im ganzen zu veräußern, bei einer Genossenschaft überhaupt nicht als Auflösungsgrund wirken könne. Vielmehr hängt es von den Umständen des einzelnen Falles ab, ob diese Wirkung mit ihm verbunden ist. Das Berufungsgericht durfte deshalb dem Beschlusse die ihm nach der Behauptung des Klägers zukommende Bedeutung nicht allein daraufhin absprechen, daß die erwähnte aktienrechtliche Vorschrift nicht platzgreife. Das wäre nur zulässig gewesen, wenn nach der Sachlage jene Bedeutung des Beschlusses überhaupt nicht in Frage kommen könnte. Dies anzunehmen verbietet sich jedoch schon dadurch, daß die Genossenschaft nach der in der Revisionsinstanz als richtig zu unterstellenden Behauptung des Klägers für das am Ende der Inflationsperiode zum Buchwerte veräußerte Geschäft nicht etwa einen für ihren Fortbestand in Betracht kommenden Gegenwert, sondern nur einige Goldpfennige erhielt. Wenn die Revisionsbeantwortung die Auffassung des Berufungsgerichts auch durch Heranziehung der Bestimmungen des in Ausführung des Beschlusses mit der neu gegründeten Aktiengesellschaft geschlossenen Vertrags zu rechtfertigen versucht, so ist ihr grundsätzlich darin beizupflichten, daß die Einzelheiten dieses Vertrags einen Anhalt dafür bieten können, welche Tragweite der Beschluß nach der Meinung der Generalversammlung hatte. Das Revisionsgericht ist jedoch, weil es sich hierbei auch um tatsächliche Beurteilung handelt, nicht in der Lage, nach dieser Richtung in eine Prüfung einzutreten.

Sollte sich ergeben, daß der Beschluß als Auflösungsbeschluß zu gelten hat, so ist er schon nach § 24 Abs. 3 des Statuts der Beklagten unwirksam, weil zu seiner Endgültigkeit die nochmalige Fassung in einer binnen vier Wochen abzuhaltenden zweiten Generalversammlung notwendig gewesen wäre. Seine Nichtigkeit folgt dann aber auch aus den durch das Gesetz vom 1. Juli 1922 (RGBl. I S. 567) in das Genossenschaftsgesetz eingefügten §§ 78a und 78b; dort sind für die Auflösung von Vorschuß- und Kreditvereinen, die als eingetragene Genossenschaften bestehen, zwingende Erfordernisse aufgestellt, denen hier nicht genügt ist.

46. Besteht bei der Veräußerung von Spekulationspapieren eine Pflicht des Verkäufers, den Käufer über die dem ersteren bekannten allgemeinen Anzeichen für ein erhebliches Sinken der Aktienkurse aufzuklären?

BGB. § 123.

II. Zivilsenat. Urt. v. 7. Juli 1925 i. S. P. (Kl.) w. F. (Bekl.). II 494/24.

I. Landgericht II Berlin.
II. Kammergericht daselbst.

Zwischen den Parteien kam am 6. November 1923 ein Vertrag dahin zustande, daß die Beklagte dem Kläger ein Feurig Klavier zu liefern habe für 2200 Goldmark, die zum Betrage von 220 Goldmark bar, im übrigen durch Hingabe von gewissen im Vertrage bezeichneten und zu einem bestimmten Kurs berechneten Aktien beglichen werden sollten. Nachdem der Kläger am 7. November die Aktien der Beklagten übergeben hatte, fielen schon an diesem Tage die Aktienkurse allgemein außerordentlich. Infolgedessen machte die Beklagte die Lieferung des Klaviers von der Zahlung des vollen vereinbarten Goldmarkpreises in bar abhängig. Gegenüber der auf Lieferung Zug um Zug gegen Zahlung von 220 Goldmark gerichteten Klage wendet die Beklagte ein, die Leistung des Klägers sei schon am 7. November nicht mehr dasjenige gewesen, was er nach dem Inhalt des Vertrags zu entrichten gehabt habe; daher griffen die Grundsätze der clausula rebus sic stantibus ein. Außerdem werde der Vertrag wegen arglistiger Täuschung angefochten; Kläger habe gewußt, daß die dem Vertrag zugrunde gelegten Kurse vom 5. November 1923 nur Scheinkurse gewesen seien, und daß bereits am 6. November im Freiverkehr ein starkes Abbröckeln der Kurse eingesetzt habe.

Die Vorinstanzen verurteilten die Beklagte nach dem Klagantrag. Ihre Revision hatte keinen Erfolg.

Gründe:

Die Revision greift das Berufungsurteil nur insoweit an, als es die Anfechtung wegen arglistiger Täuschung zurückweist. Eine arglistige Täuschung durch Verschweigen wesentlicher Umstände erblickt die Beklagte darin, daß der Kläger, dem als Bankbeamten die Neigung zum Sinken der Aktienkurse, infolge starken Abbröckelns der Kurse im Freiverkehr schon am 6. November 1923, bekannt gewesen sei, trotzdem ohne Mitteilung dieses Umstandes die betreffenden Aktien noch zu einem höheren, nach dem Kurse des 5. November bemessenen Werte in Zahlung gegeben habe. Das Berufungsgericht hat zur Begründung seines die Anfechtung ablehnenden Standpunktes erwogen: Bloßes Verschweigen könne als arglistige Täuschung nur dann in Frage kommen, wenn eine Pflicht zur Offenbarung des verschwiegenen Umstandes bestanden habe. Eine solche habe nach Treu und Glauben dem Kläger, auch wenn er als Bankangestellter ein stärkeres Sinken der Aktienkurse erwartet habe, nicht obgelegen, da er diese seine Ansicht über den vermutlichen Verlauf der Dinge dem Vertragsgegner mitzuteilen nicht nötig gehabt habe.

Der rechtliche Ausgangspunkt des Kammergerichts gibt zu durchgreifenden Bedenken ebensowenig Veranlassung wie die Anwendung auf den vorliegenden Fall. Auch bloßes Verschweigen kann sich als arglistige Täuschung im Sinne des § 123 BGB. darstellen, wenn eine Pflicht zur Mitteilung des für die Entschließungen des Vertragsgegners erheblichen Umstandes besteht. Eine solche Offenbarungspflicht liegt aber einem Vertragschließenden nicht allgemein, sondern nur dann ob, wenn Treu und Glauben nach der Verkehrsauffassung das Reden erfordern, der andere Teil nach den Grundsätzen eines reellen Geschäftsverkehrs eine Aufklärung erwarten durfte (RGZ. Bd. 62 S. 149, Bd. 77 S. 314). Ob diese Voraussetzung gegeben ist, muß auf Grund der zwischen den Parteien bestehenden Rechtsbeziehungen nach den Verhältnissen des einzelnen Falles beurteilt werden. Es ist für diese Frage ohne wesentliche Bedeutung, ob man, was das Berufungsgericht dahingestellt läßt, das zwischen den Parteien bestehende Rechtsverhältnis als Tausch oder richtiger als einen Kauf mit Hingabe von Aktien an Zahlungsstatt auf den Kaufpreis auffaßt. Auf jeden Fall sind die Verpflichtungen des Klägers in Beziehung auf die hingegebenen Aktien ebenso wie diejenigen eines Verkäufers zu beurteilen (§ 515 und § 365 BGB.). Gerade beim Kauf aber darf die Aufklärungspflicht nicht zu weit ausgedehnt werden. Käufer und Verkäufer können wegen der widerstreitenden Interessen nach den Anschauungen des Verkehrs voneinander regelmäßig nicht eine Aufklärung über die für die Preisbildung in Betracht kommenden allgemeinen Verhältnisse des Marktes, insbesondere darüber erwarten, ob nach der Marktlage ein Steigen oder Fallen der Preise eintreten wird, sondern müssen in dieser Beziehung sich bei unbeteiligten Personen unterrichten. In verstärktem Maße greifen diese Erwägungen Platz bei den auf Erwerb von Spekulationspapieren gerichteten Rechtsgeschäften. Im Gegensatz zu solchen für die Preislage in Betracht kommenden allgemeinen Verhältnissen des Marktes, hinsichtlich deren eine Aufklärungspflicht regelmäßig zu verneinen ist, können Treu und Glauben im Verkehr vom Verkäufer eine Mitteilung derjenigen besonderen Umstände erfordern, die hinsichtlich des bestimmten Kaufgegenstandes und seiner Wertschätzung erkennbar für die Entschließungen des Käufers erheblich sind. So ist ein arglistiges Verschweigen angenommen worden, wenn ein Bankier Bergwerksaktien zum Tageskurs verkauft, obwohl er bereits von einem Wassereinbruch in das Bergwerk unterrichtet war (Urt. v. 3. Februar 1904 I 404/03). Auf den gleichen Erwägungen beruht auch die Entscheidung JW. 1921 S. 680 Nr. 3, die beim Verkauf einer Hypothek eine Mitteilung der allgemeinen Kenntnis von der Unsicherheit durch den Verkäufer grundsätzlich nicht für geboten erachtet und eine Ausnahme nur für den Fall macht, daß die Kenntnis von der Unsicherheit auf besonderen, dem Verkäufer bekannten Umständen beruht, hinsichtlich deren er damit rechnet, daß sie dem anderen Teile unbekannt sind, aber für seinen Willensentschluß von Bedeutung sein könnten.

Mit Unrecht meint die Revision, daß auch für den Kläger hier wegen seiner besonderen Kenntnis der Börsenverhältnisse ein solcher Ausnahmefall vorgelegen und deshalb nach Treu und Glauben eine Offenbarungspflicht hinsichtlich des zu erwartenden Sinkens der Aktienkurse bestanden habe. Das Sinken der Kurse hatte seinen Grund nicht in besonderen, das Unternehmen der betreffenden Aktiengesellschaften ungünstig beeinflussenden Umständen, sondern in der damaligen allgemeinen wirtschaftlichen Lage, namentlich in der Unsicherheit der Währungsverhältnisse. Daß der Kläger als Bankangestellter die auf ein Sinken der Aktienkurse hindeutenden allgemeinen Umstände besser beurteilen konnte, als die dem eigentlichen Börsenbetrieb ferner stehende Beklagte, reicht nicht aus, um eine Aufklärungspflicht des Klägers gegenüber der Beklagten über diese die allgemeine Marktlage betreffenden Verhältnisse zu begründen. Es handelt sich nicht um eine Veräußerung von Aktien im Betrieb eines Bankunternehmens, vielmehr hat die Eigenschaft des Klägers als Bankbeamter für das Geschäft keine besondere Bedeutung. Die Beklagte konnte deshalb nicht erwarten, daß der Kläger sie über ein bevorstehendes Sinken der Kurse unterrichten werde. Es liegt, wie von den beiden Vorinstanzen festgestellt worden ist, ein Geschäft mit starkem spekulativen Einschlag vor. Wer in Zeiten der größten Unsicherheit aller wirtschaftlichen Verhältnisse, wie im Herbst 1923, sich auf ein Geschäft einläßt, bei dem er besonderen Schwankungen unterworfene Aktien erwirbt, kann nach der Verkehrsauffassung von seinem Vertragsgegner nicht unaufgefordert eine Aufklärung darüber verlangen, ob ein Sinken der Kurse bevorsteht. Dies kann hier um so weniger angenommen werden, als nach den Vertragsvereinbarungen die Aktien nicht zum vollen Tageskurs vom 5. November 1923, sondern zu einem etwas geringeren Satze anzurechnen waren, ein weiteres Sinken der Kurse nach der Auslegung der Vorinstanzen also zu Lasten der Beklagten gehen sollte.

Hiernach kann es nicht als rechtsirrig bezeichnet werden, wenn das Berufungsgericht kein mit Treu und Glauben im Verkehr in Widerspruch stehendes arglistiges Verhalten nach den besonderen Umständen des Falles darin erblickt hat, daß der Kläger die ihm bekannten allgemeinen Anzeichen für ein erhebliches Sinken der Aktienkurse der Beklagten nicht offenbarte. Dafür, daß die Annahme der Aktien an Zahlungsstatt ausschließlich im Interesse des Klägers geschah, bieten die Feststellungen der Vorinstanzen keinen Anhalt; es läßt sich deshalb auch nicht sagen, daß der Kläger die Unkenntnis der Beklagten geflissentlich ausgenutzt habe, um diese Annahme an Zahlungsstatt herbeizuführen.

---

47. Wann liegt ein rechtliches Interesse vor, das den Beitritt des Nebenintervenienten rechtfertigt?

ZPO. §§ 66, 71.

I. Zivilsenat. Zwischenurt. v. 8. Juli 1925 i. S. J. P. B. Akt.-Ges. (Kl.) w. Z.-B. Akt.-Ges. (Bekl.). I 319/24.

I. Landgericht Dresden.
II. Oberlandesgericht daselbst.

Die Klägerin ist Inhaberin eines Patents, das sich auf eine Maschine zur Herstellung von Kunstseide bezieht. Sie hat gegen die Beklagte, welche sich in ihrem Gewerbebetrieb gleichfalls mit der Herstellung von Kunstseide befaßt und dazu eine bestimmte Maschine benutzt, auf Unterlassung des Gebrauchs dieser Maschine Klage erhoben. In beiden Vorinstanzen ist sie mit der Klage unterlegen. Gegen das Urteil des Oberlandesgerichts hat sie Revision eingelegt.

In der Revisionsinstanz hat die Firma M. H. in Barmen mittels Schriftsatzes erklärt, daß sie der Beklagten zu deren Unterstützung als Nebenintervenientin beitrete. Zur Begründung ihres Beitritts hat sie ausgeführt, daß sie ein rechtliches Interesse am Obsiegen der Beklagten habe. Sie habe zur Herstellung von Kunstseide in ihrem Gewerbebetrieb eine Maschine verwendet, die in den hier wesentlichen Teilen der von der Beklagten benutzten gleiche. Auch gegen sie habe die Klägerin wegen angeblicher Verletzung des Patents Klage erhoben. Das Landgericht in Elberfeld habe dieser Klage stattgegeben; das Oberlandesgericht in Düsseldorf habe als Berufungsgericht die Klage abgewiesen. Die Frage, welche Aussichten eine Revision der Klägerin haben werde, hänge wesentlich vom Ausgange des dem Revisionsgericht gegenwärtig zur Entscheidung vorliegenden Rechtsstreits ab. Denn es sei anzunehmen, daß die Auslegung, die das Revisionsgericht jetzt dem Patent gebe, auch Platz greifen werde, wenn der Rechtsstreit der Klägerin gegen die Nebenintervenientin an das Reichsgericht gelangen werde. Überdies sei die Nebenintervenientin mit Geschäftsanteilen an der H.seide GmbH. beteiligt, die gleichfalls von der Klägerin wegen Verletzung des Patents verklagt worden sei. Mit der H.seide GmbH. verhandle die Klägerin wegen eines wirtschaftlichen Zusammenschlusses, dem die Nebenintervenientin widerstrebe. Die Stellung der Nebenintervenientin gegenüber den übrigen Beteiligten der H.seide GmbH. würde eine Stärkung erfahren, wenn die Klägerin in der Revisionsinstanz gegenüber der Beklagten unterliegen würde.

Die Klägerin hat beantragt, die Nebenintervention zurückzuweisen; sie hat ein rechtliches Interesse der Nebenintervenientin am Obsiegen der Beklagten bestritten.

Die Nebenintervention wurde vom Reichsgericht als unzulässig zurückgewiesen.

Gründe:

Nach § 66 ZPO. kann in einem zwischen anderen Personen anhängigen Rechtsstreite nur derjenige einer Partei zum Zwecke ihrer Unterstützung als Nebenintervenient beitreten, der ein rechtliches Interesse an dem Obsiegen der Partei hat. Der Begriff des rechtlichen Interesses — im Gegensatz zu einem bloß wirtschaftlichen oder sonstigen tatsächlichen Interesse — erfordert, daß der Nebenintervenient zu den Parteien oder dem Gegenstande des Rechtsstreits in einem Rechtsverhältnis steht, das durch die Entscheidung des Rechtsstreits, ihren Inhalt oder ihre Vollstreckung mit betroffen wird (RGZ. Bd. 83 S. 183). Das ergehende Urteil muß, wie der erkennende Senat in der im wesentlichen gleichliegenden Sache I 240/11 durch Urteil vom 8. Juni 1912 (JW. 1912 S. 873 Nr. 34; Warn. 1912 Nr. 350) entschieden hat, auf die Rechtslage des Nebenintervenienten seine Wirkung ausstrahlen und sie irgendwie verändern können, mag auch seine Rechtskraft sich auf sie nicht unmittelbar erstrecken. Dagegen genügt es nicht, daß der Nebenintervenient, ohne an den rechtlichen Beziehungen der Parteien beteiligt zu sein, aus der ergehenden Entscheidung nur mittelbar eine vorteilhafte Beeinflussung seiner wirtschaftlichen Lage erwartet.

Keine ausreichende Begründung für die Nebenintervention ist daher im vorliegenden Fall aus der Behauptung zu entnehmen, daß beim Obsiegen der Beklagten die Nebenintervenientin in der Vertretung ihrer Anschauungen gegenüber den anderen Beteiligten an der H.seide GmbH. eine Stärkung erfahren würde. Denn die rechtlichen Beziehungen, in denen die Gesellschafter der H.seide GmbH. zueinander stehen, haben mit dem gegenwärtigen Verletzungsstreit der Parteien unmittelbar nicht das mindeste zu tun. Aber auch der Umstand, daß die Nebenintervenientin mit der Klägerin in einen gleichliegenden Verletzungsstreit in Ansehung desselben Patents verwickelt ist, genügt nicht, um eine Beeinflussung der Rechtslage der Nebenintervenientin durch das hier zu fällende Urteil darzutun. Die rechtliche Stellung der Nebenintervenientin in dem gegen sie anhängigen Rechtsstreit bleibt die gleiche, wie immer auch die Entscheidung im gegenwärtigen Rechtsstreit ausfallen mag. Zwar hängt angeblich das Schicksal beider Prozesse von der Beantwortung derselben Rechtsfrage ab. Das ist aber lediglich auf den mehr zufälligen Umstand zurückzuführen, daß die Nebenintervenientin und die Beklagte, getrennt voneinander, in tatsächlicher Hinsicht gleichartige Handlungen vorgenommen haben. Rechtliche Beziehungen sind dadurch aber nicht zwischen ihnen hergestellt worden. Der Wunsch der Nebenintervenientin, daß der Rechtsstreit zugunsten der Beklagten entschieden werden möge, und die Erwartung, daß das Reichsgericht dann auch in dem gegen die Nebenintervenientin anhängigen Rechtsstreit an seinem einmal eingenommenen Standpunkt festhalten und zu einer ihr günstigen Entscheidung gelangen werde, stellen sich lediglich als Umstände dar, die ein tatsächliches Interesse der Nebenintervenientin an dem Obsiegen der Beklagten erklärlich machen. In rechtlicher Hinsicht werden durch die Entscheidung des gegenwärtigen Rechtsstreits die Belange der Nebenintervenientin und der Beklagten nicht miteinander verknüpft. Eine bindende Wirkung hat das hier ergehende Urteil für die Prozeßsache der Nebenintervenientin nicht, mag auch ein hoher Grad von Wahrscheinlichkeit dafür bestehen, daß das Reichsgericht bei wirklich völliger Übereinstimmung des Sach- und Streitstandes beide Sachen in gleichem Sinne entscheiden werde.

Mithin kann ein rechtliches Interesse der Nebenintervenientin am Obsiegen der Beklagten nicht als vorliegend angesehen werden.

---

48. 1. **Kann die Formwidrigkeit eines Grundstücksveräußerungsvertrags durch eine Auflassung geheilt werden, die der nach dem Preuß. Gesetz über den Verkehr mit Grundstücken vom 10. Februar 1923 (GS. S. 25) erforderlichen Genehmigung der Behörde entbehrt?**

2. **Ergreift die Nichtigkeit von Inlandsgeschäften auf Grund der Verordnung gegen die Valutaspekulation vom 8. Mai 1923 (RGBl. I S. 275) auch die Auflassung als Erfüllungsgeschäft?**

GVerkG. §§ 1, 7, 10. VSpVO. §§ 2, 8.

BGB. §§ 313, 873 Abs. 1.

V. Zivilsenat. Urt. v. 8. Juli 1925 i. S. A. (Bekl.) w. K. (Kl.). V 603/24.

I. Landgericht II Berlin.
II. Kammergericht daselbst.

Durch notariellen Vertrag vom 9. August 1923 verkaufte der Kläger dem Beklagten die nachstehend bezeichneten, im Grundbuch von Berlin-Lichterfelde eingetragenen Grundstücke, die gleichzeitig dem Beklagten aufgelassen wurden. Nur die Grundstücke Bd. 67 Blatt 1999 und Bd. 117 Blatt 3510 — dieses teilweise — sind auf den Beklagten als Eigentümer umgeschrieben worden, nicht dagegen die mitveräußerten Teile des in Bd. 67 Blatt 2000, 2001 und 2004 eingetragenen Grundbesitzes. Als Kaufpreis aller Grundstücke ist im Vertrag die Summe von 100 Millionen Mark nebst Übernahme einer Hypothek von 10000 ℳ angegeben. In Wirklichkeit sollten nach mündlich getroffener Parteivereinbarung 2000 Dollar für die Grundstücke gezahlt werden.

Der Kläger macht mit der Klage die Nichtigkeit des ganzen Veräußerungsgeschäfts geltend, indem er sich auf § 313 BGB., sowie auf die Vorschriften über die Genehmigungspflicht im Preußischen Gesetz betr. den Verkehr mit Grundstücken vom 10. Februar 1923 und über den Verkehr mit ausländischen Zahlungsmitteln bezieht. Er verlangt Verurteilung des Beklagten, die Umschreibung der für diesen eingetragenen Grundstücke auf den Kläger zu bewilligen, ferner Feststellung, daß die Auflassung der anderen Grundstücke nichtig sei. Der Beklagte, der behauptet, der Kläger habe beim Abschluß des Vertrags dessen Nichtigkeit gekannt, hat vor dem Landgericht Abweisung der Klage erreicht, ist jedoch in der Berufungsinstanz unterlegen. Seine Revision hatte teilweise Erfolg.

Gründe:

Die Zuerkennung des Klaganspruchs rechtfertigt sich nach Meinung des Berufungsgerichts aus folgenden Gründen:

Der notarielle Kaufvertrag ist nichtig. Es ist ein anderer Kaufpreis beurkundet, als vereinbart ist. Soweit die Grundstücke aufgelassen sind und der Eigentumswechsel im Grundbuch eingetragen ist, ist der von den Parteien gewollte, der Form des § 313 BGB. entbehrende Vertrag gültig. Soweit nur Auflassung erfolgt ist, kann der Kläger die Nichtigkeit des Vertrags dann nicht geltend machen, wenn er sie gekannt hat. Eines weiteren Eingehens hierauf bedarf es nicht. Die Auflassung und der Eigentumserwerb des Beklagten sind nach § 1 GVerkG. und nach §§ 2, 8 VSpVO. unwirksam.

Nach § 1 GVerkG. bedürfen alle Rechtsgeschäfte, die die Veräußerung eines Grundstücks zum Gegenstand haben, der Genehmigung. Die Auflassung bedarf der Genehmigung, wenn das zugrunde liegende Verpflichtungsgeschäft nicht genehmigt ist. Der Vertrag, der nach dem Willen der Parteien gelten sollte, in dessen Erfüllung aufgelassen wurde und der durch die Auflassung und Eintragung trotz Fehlens der Form gültig ist, ist nicht genehmigt, sondern nur der in der notariellen Urkunde enthaltene Vertrag. Die Auflassung ist nicht genehmigt. Ihrer Genehmigung bedurfte es, da das Verpflichtungsgeschäft nicht genehmigt war. Die Auflassung ist deshalb rechtsunwirksam. Der Beklagte wurde durch die Eintragung im Grundbuche nicht Eigentümer.

Nach § 2 der Verordnung vom 8. Mai 1923 darf Zahlung mit Zahlungsmitteln in ausländischer Währung bei Inlandsgeschäften nicht gefordert, angeboten, ausbedungen, geleistet oder angenommen werden. Nach § 8 sind Geschäfte, die gegen § 2 verstoßen, nichtig. Ein Verstoß gegen § 2 macht nicht nur das Zahlungsgeschäft, sondern das ganze auf Umtausch von inländischen Vermögenswerten gegen ausländische Zahlungsmittel gerichtete Veräußerungsgeschäft nichtig. Das ist aus dem Wortlaut und dem Zwecke der Verordnung, die sich gegen die Valutaspekulation richtete, herzuleiten. Die als Gegenleistung hingegebene Auflassung ist nichtig und der Beklagte nicht Eigentümer der umgeschriebenen Parzellen.

Demgegenüber wendet der Beklagte in seiner Revisionsbegründung ein:

Dem Klagantrag sei aus dem Gesichtspunkt des Eigentums des Klägers stattgegeben worden. Das hätte insoweit nicht geschehen dürfen, als der Kläger nicht eingetragener Eigentümer der dem Beklagten übereigneten Grundstücke gewesen sei. Der Notar habe den vor ihm geschlossenen Kaufvertrag der zuständigen Behörde zur Genehmigung vorgelegt, die nach § 7 Abs. 4 GVerkG. infolge Nichtabgabe einer Erklärung durch die Behörde als erteilt anzusehen sei. Mangels Vorlage des wirklich von den Parteien abgeschlossenen Vertrags liege wenigstens hinsichtlich der im notariellen Protokoll beurkundeten Auflassung eine Genehmigung vor. Weil sie bisher weder versagt, noch, insofern sie als erteilt zu gelten habe, zurückgenommen worden sei, könne von einer Nichtigkeit der rechtsgeschäftlichen Erklärungen infolge Nichtgenehmigung nicht die Rede sein. Zudem sei die Auflassung hinsichtlich der Grundstücke Bd. 27 Blatt 1999 und Bd. 117 Blatt 3510 nachträglich (10. Januar 1925) auch ausdrücklich genehmigt worden. Die Rechtsgültigkeit der Genehmigung als reinen Verwaltungsakts könne von den ordentlichen Gerichten nicht nachgeprüft werden.

Soweit die Klage wegen des behaupteten Verstoßes gegen die Verordnung vom 8. Mai 1923 sich als Bereicherungsanspruch darstelle, sei sie gemäß §§ 817, 814 BGB. unbegründet. Soweit es sich um den Eigentumsanspruch handle, sei es rechtsirrig, den ganzen Vertrag und vor allem die Auflassung nebst Eintragung als nichtig anzusehen. Nichtig seien nur die „Geschäfte", die gegen die §§ 2flg. der Verordnung verstießen, also das Fordern, Anbieten, Ausbedingen usw. der Zahlungsmittel in ausländischer Währung. Welche Bedeutung diese Nichtigkeit für den ganzen Vertrag habe, sei nach § 139 BGB. zu beurteilen gewesen. Eine solche Beurteilung habe das Berufungsgericht unterlassen, auch nicht berücksichtigt, daß die Nichtigkeit das Erfüllungsgeschäft nicht ergreife.

Gegenüber den weitergehenden Anführungen der Parteien ist bei der Beurteilung des Sachverhalts davon auszugehen, daß den Gegenstand der Nachprüfung in der Revisionsinstanz ausschließlich die Frage bildet, ob der Sachverhalt, wie er zu der Zeit vorlag, als das Berufungsurteil erlassen wurde, die Anträge rechtfertigt, wie sie damals vom Kläger gestellt und begründet worden sind. Deshalb müssen insbesondere die in der Revisionsinstanz aufgestellten Behauptungen über die nachträgliche Genehmigung der Auflassung der streitigen Grundstücke durch die zuständige Behörde, sowie der in erster Instanz und in der Revisionsbegründung berührte Streitpunkt unberücksichtigt bleiben, ob das Klageverlangen auch mit einer Kondiktion begründet werden könne. Denn in letzterer Hinsicht hat der Kläger in der Berufungsinstanz seine Klaganträge geändert und dazu erklärt, er wolle nur seine Rechte aus dem Eigentum geltend machen. Verfehlt aber ist die Bemängelung in der Revisionsbegründung, dem Klagantrag sei teilweise mit Unrecht aus dem Gesichtspunkt des Eigentums stattgegeben worden, da der Kläger unstreitig nicht eingetragener Eigentümer eines Teiles der Grundstücke sei. Es handelt sich hierbei um die Grundstücke Bd. 67 Blatt 2000, 2001 und 2004. Insoweit ist jedoch den Entscheidungsgründen des Berufungsrichters keineswegs zu entnehmen, daß er einem Eigentumsanspruch des Klägers stattgegeben habe. Vielmehr ist hierbei lediglich die Nichtigkeit der Auflassung festgestellt und diese Feststellung auf die Vorschriften des Preußischen Grundstücksverkehrsgesetzes und der Valutaspekulationsverordnung gestützt worden. Ein Eigentumsrecht des Klägers hat mithin insofern keine Rolle gespielt.

1. Die Zuerkennung der Klaganträge stützt das Berufungsgericht bloß auf die vorbezeichneten gesetzlichen Bestimmungen. Es macht zwar auch Rechtsausführungen, die sich auf die Anwendung des § 313 BGB. beziehen, erklärt es aber nicht für erforderlich, darauf weiter einzugehen. Wegen des Zusammenhangs mit den die Genehmigung betreffenden Fragen sei indessen bemerkt, daß rechtliche Bedenken gegen die Annahme des Berufungsgerichts bestehen, der von den Parteien in Wirklichkeit gewollte, aber der Form des § 313 entbehrende Vertrag sei insoweit gültig, als die Grundstücke aufgelassen sind und der Eigentumswechsel im Grundbuch eingetragen steht.

Hiervon werden die beiden Grundstücke Bd. 67 Blatt 1999 und Bd. 117 Blatt 3510 betroffen, hinsichtlich deren der Kläger die Verurteilung des Beklagten begehrt, die Umschreibung der Grundstücke auf den Kläger zu bewilligen. Diese Grundstücke sind jedoch nicht für sich allein, sondern in dem notariellen Vertrag vom 9. August 1923, der neben einem unstreitig wegen unrichtiger Angabe des Kaufpreises nichtigen Verpflichtungsgeschäft die Auflassung aller Grundstücke an den Beklagten enthält, zusammen mit den übrigen Grundstücken zu einem Gesamtpreis verkauft worden. Auch die mündlich nebenher geschlossene Vereinbarung verpflichtete den Käufer zur Zahlung eines einheitlich für alle Grundstücke festgesetzten Preises von 2000 Dollar. Deshalb muß die Heilung der Formwidrigkeit, wenn man nur die Vorschriften des § 313 BGB. in Betracht zieht, schon aus den in RGZ. Bd. 56 S. 386 angeführten Gründen als zweifelhaft angesehen werden, wonach, wenn mehrere Grundstücke durch formlosen Vertrag zu einem einheitlichen Kaufpreis veräußert worden sind, der Vertrag durch teilweise Erfüllung mittels Auflassung und Umschreibung einer oder mehrerer der Parzellen nicht zu Kräften kommt.

Wollte man aber selbst, insbesondere wegen der vom Beklagten behaupteten, vom Kläger bestrittenen Bedeutungslosigkeit der nicht umgeschriebenen Streitparzellen, Bedenken gegen die Anwendbarkeit jenes Grundsatzes auf den vorliegenden Fall hegen, so würde der Annahme einer Heilung gemäß § 313 Satz 2 BGB. dennoch das weitere vom Berufungsrichter mit Recht aus dem Gesetz vom 10. Februar 1923 entnommene Hindernis fehlender Genehmigung entgegenstehen. Unterstellt man hierbei — wie, abgesehen von der in zweiter Linie zu erörternden Einwirkung der Verordnung vom 8. Mai 1923, durch den Sachverhalt geboten —, die Rechtswirksamkeit der Auflassung werde nur von dem Mangel der behördlichen Genehmigung berührt und tatsächlich erfolgt sei lediglich eine solche Genehmigung, die bei der Behörde unter ausschließlicher Vorlegung des notariellen Vertrags vom 9. August 1923 nachgesucht worden ist, so kommt für die rechtliche Nachprüfung folgender Ausspruch des Berufungsgerichts in Betracht: „Der Vertrag, der nach dem Willen der Parteien gelten sollte, in dessen Erfüllung aufgelassen ist und der durch die Auflassung und Eintragung trotz Fehlens der Form gültig ist, ist nicht genehmigt, sondern der in der notariellen Urkunde enthaltene Vertrag. Die Auflassung ist nicht genehmigt. Ihrer Genehmigung bedurfte es, da das Verpflichtungsgeschäft nicht genehmigt war. Die Auflassung ist deshalb rechtsunwirksam."

Dazu ist zunächst zu bemerken, daß die Heilung der Formwidrigkeit eines Grundstücksveräußerungsgeschäfts gemäß § 313 Satz 2 BGB. eine wirksame und zwar auch nach den Vorschriften des GVerkG. wirksame Auflassung voraussetzt (RGRKomm. zu § 313 Anm. 6 Abs. 1 und Hagelberg, JW. 1925 S. 1343). Hier müssen die Grundsätze Platz greifen, die der erkennende Senat in RGZ. Bd. 94 S. 150 niedergelegt hat, als er einer Auflassung auf Grund unwirksamer Vollmacht die heilende Kraft versagte. Im hier gegebenen Falle war die Genehmigung der Behörde zwar zu einem Vertrag nachgesucht worden, der neben einem Grundgeschäft auch das Erfüllungsgeschäft enthielt. Zu ihrer Kenntnis wurde indessen dabei nur der notarielle Scheinvertrag, nicht aber das der Auflassung wirklich zugrunde liegende Kaufgeschäft — der mündlich zum Dollarpreis abgeschlossene Kaufvertrag — gebracht. Dadurch konnte überhaupt keine wirksame Genehmigung erzielt werden: eine solche des zugrunde liegenden Verpflichtungsgeschäfts im Sinne von § 1 Abs. 1 GVerkG. nicht, weil die Behörde von ihm keine Mitteilung erhielt; der Auflassung, die der Genehmigung bedarf, wenn das zugrunde liegende Verpflichtungsgeschäft nicht genehmigt ist, ebensowenig, weil nicht sie als solche, sondern der Kaufvertrag, in dem sie allerdings enthalten war, als genehmigt zu gelten hat. Insoweit macht es keinen Unterschied, ob, was der Berufungsrichter nicht aufgeklärt hat, die damalige Genehmigung der Behörde ausdrücklich erklärt worden ist oder als auf dem Weg über § 7 Abs. 4 GVerkG. herbeigeführt zu gelten hat.

Die demgemäß mangels behördlicher Genehmigung fehlerhafte Auflassung konnte nicht zur Heilung führen, da diese eine rechtlich bedenkenfreie Auflassung voraussetzt. Ein Übergang des Eigentums an den auf den Beklagten, nach § 10 GVerkG. unzulässigerweise, überschriebenen Grundstücken ist mithin bisher nicht eingetreten. Deshalb war beim Sachstand zurzeit der Berufungsentscheidung das Grundbuch unrichtig. Selbst unter Berücksichtigung des Umstandes, daß die Genehmigung der Auflassung auch nachträglich erteilt werden kann und deshalb — vgl. RGZ. Bd. 103 S. 106 — die Bindung der Parteien alsdann noch in der Schwebe befindlich ist, braucht der Veräußerer den Verlust seiner grundbuchmäßigen Eigentümerstellung jedenfalls dann nicht zu dulden, wenn der Verlust, wie hier, auf Grund eines formungültigen und deshalb auch ohne Rücksicht auf das Genehmigungserfordernis der Wirkung unter den Parteien entbehrenden Vertrags eingetreten ist. Zwar hat laut des vorgetragenen Urteils erster Instanz der Beklagte sich insofern auf Arglist des Klägers berufen. Er hat aber hierzu keine Behauptungen aufgestellt, die für die Anwendung der in RGZ. Bd. 107 S. 359 hinsichtlich der Einrede der allgemeinen Arglist aufgestellten Rechtsregeln ausreichen.

Aus diesen Gründen hat der Berufungsrichter mit Recht in Nr. 1 seiner Urteilsformel die Verpflichtung des Beklagten zur Bewilligung der Umschreibuug der dort bezeichneten Grundstücke, und ferner in seinen Urteilsgründen ausgesprochen, daß die Auflassung mangels Genehmigung unwirksam ist.

2. Diese die Unwirksamkeit der Auflassung betreffenden Er-

wägungen gelten ohne weiteres auch für die Entscheidung über den noch geltend gemachten Feststellungsanspruch hinsichtlich der Auflassung der nicht auf den Beklagten überschriebenen Parzellen. Da jedoch hinsichtlich ihrer das Berufungsgericht, dem weitergehenden Antrag des Klägers entsprechend, die Nichtigkeit der Auflassung festgestellt hat, und diese Nichtigkeit den Vorschriften des GVerkG. nicht zu entnehmen ist, muß insoweit die Einwirkung der dafür herangezogenen VSpVO. auf den maßgebenden Sachverhalt behandelt werden. Wenn hierzu das Berufungsgericht erwägt, daß ein Verstoß gegen § 2 VSpVO. nicht nur das Zahlungsgeschäft, sondern das ganze auf Austausch von inländischen Vermögenswerten gegen ausländische Zahlungsmittel gerichtete Veräußerungsgeschäft nichtig mache, und in dieses auch die Auflassung einschließt, so verkennt es deren rechtliche Natur als selbständiges dingliches Erfüllungsgeschäft. Insofern ist der Revisionsbegründung beizutreten.

Rechtsgrundsätzlich hat das Reichsgericht von jeher aus der abstrakten Art der Einigung nach § 873 Abs. 1 BGB. gefolgert, daß ihr rechtlicher Bestand von demjenigen des für sie maßgebenden Grundgeschäfts unabhängig ist, und daß insbesondere dessen Nichtigkeit nicht ohne weiteres auch diejenige des Erfüllungsgeschäfts bewirkt (vgl. die in RGRKomm. zu § 873 Anm. 7b und zu § 925 Anm. 6 angeführten Entscheidungen). Davon sind Ausnahmen nur dann zugelassen worden, wenn solche durch den Inhalt der anzuwendenden besonderen gesetzlichen Bestimmungen gerechtfertigt werden (vgl. z. B. hinsichtlich des § 138 Abs. 2 BGB.: RGZ. Bd. 57 S. 97, Bd. 75 S. 76). Es kann nicht anerkannt werden, daß die in § 8 VSpVO. verordnete Nichtigkeit der gegen ihren § 2 verstoßenden Geschäfte auch die Auflassung eines Grundstücks ergreift, die ein solches Geschäft im Gefolge hat. Wenn § 2 Abs. 1 lediglich die Möglichkeiten aufzählt, die sich bei Inlandsgeschäften für die Zahlung mit Zahlungsmitteln oder Forderungen in ausländischer Währung ergeben, so trifft er damit, wie dies auch dem auf Unterbindung des Währungsverfalls gerichteten Zweck der Verordnung entspricht, lediglich den Inhalt des Grundgeschäfts, nicht aber den der Auflassung als seiner Natur nach selbständigen und von Währungsrücksichten nicht erfaßten Erfüllungsgeschäfts. Eine andere Absicht des Gesetzgebers hätte bei der zurzeit des Erlasses feststehenden

Rechtsprechung in der Verordnung zum Ausdruck gelangen müssen. Zur Behebung der Schwierigkeiten, die sich für den Ausgleich der zwischen den Parteien eintretenden Vermögensverschiebung ergeben, hat das Reichsgericht ständig auf die gegenseitigen Ansprüche aus grundloser Bereicherung verwiesen (vgl. z. B. RGZ. Bd. 104 S. 103).

Da hiernach schon aus den Vorschriften der VSpVO. selbst sich ergibt, daß aus ihr die Nichtigkeit der Auflassung hinsichtlich der noch nicht auf den Beklagten umgeschriebenen Grundstücke nicht hergeleitet werden kann, und da der Kläger einen anderen Rechtsgrund für die Nichtigkeit der Auflassung nicht dargetan hat, so kann dahinstehen, ob die Anwendbarkeit der VSpVO. auch aus den in RGZ. Bd. 105 S. 138 oder Bd. 108 S. 139 (142) berührten, die rückwirkende Aufhebung der in Betracht kommenden Vorschriften nahe legenden Gründen entfallen würde. Deshalb war bei der nach § 565 Abs. 2 Nr. 1 ZPO. zu erlassenden Entscheidung über die Nichtigkeitsfeststellung der Ausspruch zu 2 der Formel des angegriffenen Urteils nur mit der Maßgabe aufrechtzuerhalten, daß die Auflassung für unwirksam erklärt wird. Im übrigen war die Revision zurückzuweisen.

---

49. 1. Über die Grenzen einer entsprechenden Anwendung des § 185 Abs. 2 Satz 1 BGB.

2. Kann der Erblasser das von ihm als früheres Testament Niedergeschriebene bei der Neuerrichtung eines eigenhändigen Testaments benutzen?

3. Wird die rechtliche Gültigkeit eines eigenhändigen Testaments dadurch berührt, daß der Erblasser sich zur Zeit der Niederschrift eines Teiles des Textes, aber nicht mehr zur Zeit des Abschlusses des Testaments im Zustande der Testierunfähigkeit oder fehlender Testierbefugnis befunden hat?

BGB. §§ 185, 2231 Nr. 2, 2229, 2247.

Preuß. Gesetz, betr. das eheliche Güterrecht in der Provinz Westfalen usw., vom 16. April 1860 § 6.

IV. Zivilsenat. Urt. v. 9. Juli 1925 i. S. D. u. Gen. (Kl.) w. W. u. Gen. (Bekl.). IV 514/24.

I. Landgericht Bielefeld.
II. Oberlandesgericht Hamm.

Die Eheleute Wilhelm und Hermine W. haben in einer Privatschrift vom 8. November 1916 ein mit „Unser letzter Wille" überschriebenes Testament errichtet. Das Testament ist von Wilhelm W. unter Angabe des Ortes und Tages eigenhändig geschrieben und unterschrieben. Hermine W. hat nur ihre Namensunterschrift unter die Unterschrift ihres Mannes gesetzt. In dem Testament ist einleitend bemerkt, daß die Eheleute in der westfälischen Gütergemeinschaft nach dem Gesetz vom 16. April 1860 leben, und daß nach dem Tode des einen von ihnen der Überlebende die Gütergemeinschaft mit den gemeinschaftlichen Kindern fortsetze. Für die Zeit nach dem Tode des letztlebenden ist in § 1 angeordnet, daß das gesamte Vermögen auf die vier damals noch lebenden Kinder und die Tochter eines vorverstorbenen Sohnes zu gleichen Teilen als Erben übergehen sollte. Nach § 2 sollte der Sohn Heinrich die zum Gesamtgute gehörige Brauerei zum Preise von 100000 ℳ haben. Nach § 3 sollte die Tochter Frieda den Haushalt und 6000 ℳ besonders erhalten.

Hermine W. starb im Jahre 1917, Wilhelm W. am 19. Februar 1920, nachdem er auf die vierte Seite der drei Seiten füllenden Testamentsschrift vom 8. November 1916 die unter Angabe des Ortes und Tages, nämlich des 31. Oktober 1919, eigenhändig geschriebene und unterschriebene Erklärung gesetzt hatte: „Hiermit bestimme ich, daß meine Tochter Frieda das Haus und Wirtschaft nebst Inventar zu 40000 ℳ nach meinem Tode haben soll. Alle sonstigen Zuwendungen im Testament bleiben bestehen. Frieda hat uns alte Leute gepflegt und ihre Jugend geopfert, das war die Veranlassung, ihr ein Heim in meinem elterlichen Hause zu bieten ..."

Heinrich W. ist im Jahre 1921 gestorben und von den Beklagten beerbt worden. Die Kläger, die neben ihm die gesetzlichen Erben des Wilhelm W. geworden wären, machen geltend, daß das gemeinschaftliche Testament vom 8. November 1916 wegen Formmangels nichtig und deshalb die gesetzliche Erbfolge eingetreten sei. Ihre hierauf gegründete Feststellungs- und Leistungsklage ist in beiden Vorinstanzen abgewiesen worden; ihre Revision hatte keinen Erfolg.

Aus den Gründen:

Das Testament vom 8. November 1916 ist von Wilhelm W. in der durch § 2231 Nr. 2 BGB. vorgeschriebenen Form errichtet. Als gemeinschaftliches Testament der Eheleute hat es trotz seiner Mitunterzeichnung durch die Ehefrau keinen rechtlichen Bestand, weil ihm die in § 2267 BGB. vorgeschriebene Erklärung der Frau nicht beigefügt ist. Für die Zeit seiner Errichtung und die Folgezeit bis zum Tode der Frau spricht ihm das Berufungsgericht auch die Kraft eines einseitigen Testaments um deswillen ab, weil die in westfälischer Gütergemeinschaft lebenden Eheleute W. nach § 6 des Preuß. Gesetzes betr. das eheliche Güterrecht in der Provinz Westfalen, vom 16. April 1860 (GS. S. 165), Art. 48 § 1 Pr. AG. z. BGB. bei beerbter Ehe über das gemeinschaftliche Vermögen nur gemeinschaftlich von Todes wegen verfügen konnten. Das Berufungsgericht führt aber weiter aus: a) Der Mangel im Verfügungsrechte des Mannes sei mit dem am 18. September 1917 eingetretenen Tode der Frau gehoben worden. Der Mann sei nunmehr nach § 10 Abs. 4 PrG. vom 16. April 1860 befugt gewesen, unter den unabgefundenen Kindern die Nachfolge in das gemeinschaftliche Vermögen letztwillig zu regeln. Vom 18. September 1917 ab sei also auch das Testament vom 8. November 1916, soweit es einseitige Verfügungen des Mannes enthalte, wirksam geworden. b) Überdies habe der Mann von seiner Verfügungsbefugnis auch noch durch sein Testament vom 31. Oktober 1919 Gebrauch gemacht. Dieses Testament sei in der Form des § 2231 Nr. 2 BGB. in unmittelbarem Anschluß an die Urkunde vom 8. November 1916 auf ihrer vierten Seite niedergeschrieben. Es besage, daß die Tochter Frieda das Wohnhaus usw. für 40000 *M* haben solle, und bestimme dann, daß „alle sonstigen Zuwendungen im Testament“ bestehen bleiben; zum Schluß werde eine Begründung für die der Frieda gemachte Zuwendung gegeben. Die Absicht, von der Wilhelm W. bei der Abfassung der Urkunde geleitet worden sei, sei dahin gegangen, die Frieda über das in § 3 des früheren Testaments für sie Festgesetzte hinaus zu bedenken, im übrigen aber alle dort von ihm und seiner Frau getroffenen Anordnungen in Kraft zu lassen. Das letztere komme zum deutlichen Ausdruck durch die Redewendung über die bestehen bleibenden, auf den ersten drei Seiten des Schriftstücks ausgesprochenen Zuwendungen.

Der Gebrauch der Mehrheitsform „sonstige Zuwendungen“ fordere die Auslegung, daß mit diesen bestehen bleibenden Bestimmungen die im früheren Testament bezüglich der anderen Kinder und der Enkelin getroffenen Teilungsvorschriften gemeint seien. Wilhelm W. habe hiernach, auch wenn man von einer Unwirksamkeit des ersten Testaments ausgehen wollte, durch das zweite Testament den Bestimmungen des ersten Testaments rückwirkende Kraft verliehen. Die Vorschrift des § 185 Abs. 2 Satz 1 BGB. finde hier, wenn nicht unmittelbare, so doch entsprechende Anwendung.

Die Ausführungen zu a und b werden von der Revision mit Recht angegriffen. Sie scheinen sich nicht nur in ihrem zweiten Teile (b), sondern auch in ihrem ersten Teile (a) auf § 185 Abs. 2 Satz 1 BGB. zu stützen, wonach eine Verfügung, die ein Nichtberechtigter über einen Gegenstand ohne Einwilligung des Berechtigten trifft, wirksam wird, wenn der Berechtigte sie genehmigt oder wenn der Verfügende den Gegenstand erwirbt. An den letzten dieser beiden Fälle scheint zu a, an den anderen Fall, den der Genehmigung, die gemäß § 184 BGB. (RGZ. Bd. 89 S. 158) rückwirkende Kraft hat, zu b gedacht zu sein, und zwar in dem Sinne, daß

a) dem nachträglichen Erwerbe des Gegenstands der Verfügung durch den Verfügenden der Fall gleichzustellen sei, daß jemand, der in der Verfügungsmacht beschränkt war und während dieses Zustandes eine Verfügung getroffen hat, nachträglich das Verfügungsrecht erlangt,
b) der Genehmigung der Verfügung des Nichtberechtigten durch den Berechtigten der Fall, daß der Verfügende selbst die von ihm im Zustande beschränkter Verfügungsmacht getroffene Verfügung nach Erlangung des Verfügungsrechts genehmigt.

Eine entsprechende Anwendung des § 185 Abs. 2 Satz 1 in solchem Sinne ist an sich rechtlich möglich (RG. VI 601/10, Recht 1912 Nr. 22; RGRKomm. § 185 Anm. 2). Sie setzt aber das Vorhandensein einer „Verfügung über einen Gegenstand“, d. h. nach dem feststehenden Sinne, in dem dieser Ausdruck in dem § 185 und zahlreichen anderen Vorschriften des Bürgerlichen Gesetzbuchs gebraucht wird, ein Rechtsgeschäft voraus, durch das unmittelbar ein Recht übertragen, belastet, verändert oder aufgehoben wird. Eine letztwillige Verfügung oder sonstige Verfügung von Todes wegen fällt nicht unter diesen Begriff. Sie ist etwas von der dinglichen Verfügung wesentlich verschiedenes. Was für diese nach § 185 Abs. 2 BGB. hinsichtlich der Heilung des Mangels der Verfügungsberechtigung gilt, kann deshalb nicht auf eine Verfügung von Todes wegen übertragen werden. Zu der Frage, ob auch ein Übertragsvertrag, sofern er entgegen dem § 3 Abs. 3 PrG. vom 16. April 1860 nicht von beiden Eheleuten gemeinschaftlich, sondern nur vom Manne als Übertragsgeber abgeschlossen wird, einer unmittelbaren oder entsprechenden Anwendung des § 185 Abs. 2 BGB. unzugänglich ist (vgl. RG. JW. 1925 S. 604 Nr. 7 und dagegen Jacobi ebenda), braucht hier nicht von neuem Stellung genommen zu werden.

Kann nach dem vorher Ausgeführten dem Berufungsgericht auch darin nicht beigetreten werden, daß das Testament vom 8. November 1916 mit dem Tode der Ehefrau Hermine W. als einseitiges Testament des Mannes wirksam geworden sei oder daß die vom Manne in dem Testament vom 31. Oktober 1919 ausgesprochene Genehmigung der Bestimmungen des früheren Testaments diesen rückwirkend Kraft verliehen habe, so ist doch die Entscheidung des Berufungsgerichts unter einem anderen rechtlichen Gesichtspunkte zu billigen. Die Rechtslage ist folgende: Wilhelm W. war bei Lebzeiten seiner Frau nach § 6 PrG. vom 16. April 1860 in der Befugnis, über das eheliche Gesamtgut zu verfügen, insofern beschränkt, als er eine solche Verfügung nur gemeinschaftlich mit seiner Frau treffen konnte. Nach dem Tode der Frau, während er mit den vier noch lebenden Kindern und der Tochter eines vorverstorbenen Sohnes die Gütergemeinschaft fortsetzte, konnte er die Nachfolge dieser Abkömmlinge in das gemeinschaftliche Vermögen gemäß § 10 Abs. 4 das. letztwillig regeln. Das hat er durch das Testament vom 31. Oktober 1919 getan. Das Testament enthält nicht bloß eine Anordnung zugunsten der Tochter Frieda, sondern es deckt auch die vom Testator am 8. November 1916 niedergeschriebenen Bestimmungen, nicht unter dem in der Vorentscheidung angenommenen rechtlichen Gesichtspunkt der Genehmigung, sondern deshalb, weil das früher Niedergeschriebene als ein Bestandteil des neuen Testaments anzusehen ist. Nach der mit der Revision nicht angreifbaren tatsächlichen Feststellung des Berufungsgerichts war Wilhelm W. bei der Niederschrift vom 31. Oktober

1919 von der Absicht geleitet, die Tochter Frieda über das für sie in der Niederschrift vom 8. November 1916 Ausgesetzte hinaus zu bedenken, im übrigen aber alle früher niedergeschriebenen Anordnungen aufrechtzuerhalten. Diese Absicht konnte, da § 2231 Nr. 2 BGB. keine Einheit der Errichtungshandlung vorschreibt, in der Weise verwirklicht werden, daß der Testator das von ihm als früheres Testament Niedergeschriebene dazu benutzte, um es durch die erforderliche eigenhändige Ergänzung mit neuer Orts- und Zeitangabe und neuer Unterschrift so zu vollenden, daß es sein nunmehr gewolltes Testament darstellte (Warn. 1919 Nr. 70). Das frühere Testament eignete sich zu einer solchen Benutzung deswegen ohne weiteres, weil es letztwillige Anordnungen nicht für die Zeit nach dem Tode des erstversterbenden, sondern nur für die Zeit nach dem Tode des letztlebenden der beiden Ehegatten enthielt, also, da Wilhelm W. seine Frau überlebt hat, für die Zeit nach seinem Tode. Die Zusammenfassung der beiden Niederschriften zu einem Testament hat dadurch ihren äußeren Ausdruck gefunden, daß der Testator die ihm erforderlich erscheinende Ergänzung unmittelbar hinter die frühere, die ersten drei Seiten eines Bogens füllende Niederschrift auf die vierte Seite des Bogens gesetzt und dabei noch ausdrücklich auf die sonst, nämlich auf den ersten drei Seiten „im Testament" angeordneten Zuwendungen hingewiesen hat. Daß der Testator zur Zeit der Niederschrift vom 8. November 1916 noch nicht die Befugnis zur Errichtung eines einseitigen Testaments hatte, ist ebenso unerheblich, wie wenn ihm damals die Testierfähigkeit aus §§ 2229, 2247 BGB. gefehlt hätte. Ein im Zustand der Testierunfähigkeit oder fehlender Testierbefugnis errichtetes Testament wird allerdings, wie der Revision zuzugeben ist, nicht dadurch gültig, daß der Testator nachträglich die Testierfähigkeit oder die Testierbefugnis erlangt (Mot. Bd. 5 S. 252). War aber das Hindernis der Fähigkeit oder Befugnis zur Testamentserrichtung im Zeitpunkte des Testamentsabschlusses bereits beseitigt, so steht der Umstand, daß es in einem früheren Zeitpunkt, insbesondere zur Zeit der Niederschrift eines Teiles des Textes, bestanden hat, der Gültigkeit des ganzen Testaments nach der herrschenden und richtigen Anschauung nicht entgegen (Dernburg-Engelmann, Bürg. Recht Bd. 5 § 30 Anm. 1; Staudinger-Herzfelder, BGB. § 2231 V C 2; RGRKomm. § 2231 Anm. 7).

Der Streit der Parteien über die Gültigkeit der von Wilhelm W. am 8. November 1916 niedergeschriebenen Testamentsbestimmungen ist hiernach zugunsten der Beklagten zu entscheiden.

---

50. Ist die Berufung wegen des nicht rechtzeitigen Nachweises der Zahlung der Prozeßgebühr in vollem Umfange unzulässig, wenn für einen Teil des Streitgegenstandes das Armenrecht bewilligt war?

ZPO. § 519 Abs. 6.

VI. Zivilsenat. Beschl. v. 11. Juli 1925 i. S. B. (Kl.) w. H. (Bekl.). VI B 21/25.

I. Landgericht Stolp.
II. Oberlandesgericht Stettin.

Der Kläger hatte wegen eines Streitgegenstandes von 1000 *M* Berufung eingelegt, worauf von ihm nach diesem Streitwert die Prozeßgebühr erfordert wurde. Er suchte das Armenrecht nach, das ihm vom Berufungsgericht aber nur für einen Anspruch in Höhe von 500 *M* bewilligt wurde. Im Anschluß daran wurde der Betrag der eingeforderten Prozeßgebühr entsprechend ermäßigt, vom Kläger aber auch in dieser Höhe nicht bezahlt. Das Berufungsgericht hat darauf die Berufung wegen des nicht rechtzeitigen Nachweises der Zahlung in vollem Umfang als unzulässig verworfen. Die hiergegen eingelegte sofortige Beschwerde hatte den Erfolg, daß der Beschluß hinsichtlich desjenigen Teiles, für den das Armenrecht bewilligt war, aufgehoben wurde.

Aus den Gründen:

Das Berufungsgericht hat die Entscheidung RGZ. Bd. 109 S. 272 zu Unrecht auf den vorliegenden Fall angewendet. Dort war dem Kläger für den gesamten Berufungsanspruch gemäß § 115 Abs. 2 ZPO. das Armenrecht zur Hälfte bewilligt, was die Bedeutung hatte, daß die von ihm zu zahlenden Gebühren einstweilen nur zum halben Betrage von ihm erhoben wurden. Dies konnte nicht zur Folge haben, daß nun die Berufung zur Hälfte nicht mehr weiter von dem rechtzeitigen Nachweis der Zahlung der Prozeßgebühr abhängig war. Denn es war nicht die Hälfte des Berufungsgegenstandes vom Armenrecht betroffen, sondern nur wegen der Hälfte des Gebührenbetrags eine vorläufige Zahlungsbefreiung eingetreten. Dadurch konnte aber eine Spaltung in bezug auf die Zulässigkeit der Berufung nicht erfolgen, weil die Berufung in ihrem gesamten Umfange mit der Hälfte der Gebühren belastet geblieben war und darum auch ihre Zulässigkeit im gesamten Umfange von dem rechtzeitigen Nachweis der Zahlung dieser Gebührenhälfte abhängig blieb.

Im gegebenen Falle war dagegen für einen Teil des Berufungsgegenstandes das Armenrecht ganz bewilligt. Hierdurch schied dieser Teil für die Gebührenzahlung überhaupt aus, so daß für ihn auch die Zulässigkeit der Berufung nicht mehr von dem Nachweis der rechtzeitigen Zahlung einer Gebühr abhängig sein konnte. Deshalb war hier eine Spaltung des Verfahrens nicht bloß denkbar, sondern auch geboten. Der Kläger hatte jetzt nur noch die geringere Prozeßgebühr für den vom Armenrecht nicht betroffenen Teil der Berufung zu zahlen und wenn der Nachweis dieser Zahlung nicht rechtzeitig erbracht war, so war nur zu diesem Teil die Berufung als unzulässig zu verwerfen.

---

51. Kann ein Verstoß gegen die guten Sitten im Sinne von § 1 des Gesetzes gegen den unlauteren Wettbewerb darin gefunden werden, daß das Ergebnis fremder Arbeit durch Herstellung und Vertrieb von Waren ausgenutzt wird, die mit den älteren Erzeugnissen des anderen verwechselt werden können?

I. Zivilsenat. Urt. v. 11. Juli 1925 i. S. K. (Kl.) w. B. u. Gen. (Bekl.). I 103/24.

I. Landgericht I Berlin.
II. Kammergericht daselbst.

Die Klägerin ist die Schöpferin und Herstellerin der „Käthe Kruse-Puppen“. Die Beklagte B. hat eine größere Anzahl „Künstlerpuppen“ hergestellt und durch die Beklagte W. vertreiben lassen. Die Klägerin behauptet, diese Puppen seien minderwertige, auf Täuschung berechnete Nachahmungen der ihrigen. Sie hat unter Berufung auf das Kunstschutzgesetz, auf § 826 BGB. und § 1 UWG. Klage mit dem Antrag erhoben, die Beklagten zur Unterlassung des weiteren Vertriebs der Puppen und zur Auskunfterteilung über Zahl und Preis der bisher vertriebenen Puppen zu verurteilen.

Das Landgericht entsprach dem Klagantrag auf Grund des Kunstschutzgesetzes. Das Berufungsgericht wies die Klage ab. Die Revision der Klägerin hatte Erfolg.

Gründe:

Der Klaganspruch ist aus dem Rechtsgrunde des unlauteren Wettbewerbs jedenfalls begründet (Ges. vom 7. Juni 1909 § 1).

Die Käthe Kruse-Puppen werden von der Klägerin sämtlich in gleicher Größe und Gestalt (43 cm lang) aus wasserdichtem Nessel hergestellt. Der Kopf, nach dem Flamingokopfe gebildet, wird nach einer und derselben Preßform gefertigt. Durch Bearbeitung besonders beim Stopfen (mit Holzwolle), dann durch Bemalung (Gesichts- und Haarfarbe), schließlich durch eine auf die Bemalung abgestimmte Kleidung mit mannigfaltigen Trachten nach dem Beispiele menschlicher Bekleidungen verschiedener Zeiten, Lebensalter, deutscher und fremder Völker und Stämme, ergeben sich Unterschiede.

Auch die Beklagte B. macht Stoffpuppen. Auch sie versieht deren Rumpf mit dem gleichen nach einheitlicher Form ausgeführten Kopfe, der durch Bemalung kennzeichnende Verschiedenheiten empfängt. Auch sie stattet ihre Puppen mit mannigfaltigen Trachten aus, die sich nach Alter, Geschlecht, Volk, Stamm und Landschaft unterschiedlich bestimmen. Nur fertigt sie nicht, wie die Klägerin, eine, sondern vier Größen an, je um etliche Zentimeter Länge unterschieden und in den sonstigen Maßen dem Längenunterschied angepaßt.

Wohl sind in Einzelheiten, wie sich schon aus diesen Andeutungen ergibt, mancherlei Unterschiede zwischen den Puppen der Klägerin und denen der Beklagten B. vorhanden; zum Teil, wie das Berufungsgericht hervorhebt, starke, z. B. in der Kopfform. Die Puppen der Beklagten B., billiger hergestellt, sind weniger sorgsam ausgeführt; wer besonnen vergleicht oder die Käthe Kruse-Puppen schon genau kennt, wird auch verschiedenen Gesichtsausdruck bemerken. Aber nach dem Gesamteindrucke besteht eine solche Ähnlichkeit, daß der nicht besonders begabte, geschulte oder durch warnenden Hinweis vorbereitete Beschauer, zumal der nach solchen Gegenständen sich umschauende

Durchschnittskäufer, die B.-Puppen für eine Spielart der Käthe Kruse-Puppen halten wird. Zu diesem Eindrucke trägt viel bei, daß die Puppen beider Parteien gewisse massige Formen, stämmige Glieder, volles Gesicht, gesunde Farbe aufweisen; das Haar ist durch Bemalung angedeutet; Nase, Mund und Ohren sind in gleicher Art ausgeführt; der vordere Teil des Kopfes ist aus härterem, der hintere Teil aus weicherem Stoffe verfertigt. Gleiche oder doch sehr ähnliche Trachten verstärken die Gefahr, daß die B.schen Puppen mit den Kruseschen verwechselt werden.

Die Käthe Kruse-Puppen sind das ältere Erzeugnis. Die B.-Puppen sind erst später hergestellt worden und auf den Markt gekommen. Bei dieser Lage der Dinge würde sich die Beklagte B., und mit ihr die Beklagte W., welche die Puppen vertreibt, im geschäftlichen Verkehr zu Zwecken des Wettbewerbs die Gedanken, die Arbeit und das mit Mühe und Kosten errungene Arbeitsergebnis der Klägerin zunutze machen, wenn sie die B.schen Puppen herstellten und vertrieben, obwohl sie mit den bekannten, künstlerischen Ruf genießenden Käthe Kruse-Puppen verwechselt werden können. Dies widerspräche dem Anstandsgefühl der billig und gerecht Denkenden, den Forderungen des redlichen Verkehrs, und verstieße also gegen die guten Sitten (RGZ. Bd. 73 S. 294, Bd. 77 S. 431, Bd. 79 S. 415, Bd. 88 S. 183, Bd. 92 S. 111; JW. 1913 S. 1106 Nr. 7; Leipz. Ztschr. Bd. 10 S. 742 Nr. 16; Rosenthal, Wettbewerbsgesetz 5. Aufl. Anm. 49flg. zu § 1; Osterrieth in Gewerbl. Rechtsschutz 1917 S. 194; Kohler ebenda 1919 S. 1flg.). Ob die Beklagten sich bewußt gewesen sind, daß ihr Gebaren im Verkehr zu Täuschungen führen könne, ist gleichgültig und braucht deshalb nicht festgestellt zu werden (RG. II 31/20 vom 4. Juni 1920 in Gruch. Beitr. Bd. 64 S. 731). Schon das, was aus dem unstreitigen Sachverhältnis in Verbindung mit den vorgelegten Puppen und Bildverzeichnissen erhellt, vollendet den Tatbestand unlauteren Wettbewerbs im Sinne der allgemeinen Vorschrift des § 1 UWG. Wenn das Berufungsgericht sagt, daß dieser rechtliche Gesichtspunkt ausscheide, so geht es davon aus, daß „keine unzulässige Nachahmung der einzelnen Erzeugnisse der Klägerin vorliege und Kunstschutz für einen Typus nicht auf dem Umweg über das Wettbewerbsgesetz eingeführt werden könne". Doch hat es ungeprüft gelassen, ob nicht durch sittenwidrige Ausnutzung fremder Arbeitsergebnisse — ganz abgesehen davon, ob den Puppen der Klägerin Kunstwerkschutz gebühre — der Tatbestand des unlauteren Wettbewerbs (§ 1 UWG.) gegeben sei. Das ist der Fall.

Mit Recht hat also das Landgericht die Beklagten dem Klagantrag entsprechend nach § 1 UWG. zur Unterlassung (insoweit als Gesamtschuldner) und zur Auskunft über den Vertrieb der Puppen verurteilt.

Da die Klägerin aus dem Rechtsgrunde des unlauteren Wettbewerbs völlig obsiegt, kann dahingestellt bleiben, ob ihr auch Kunstschutz nach dem Gesetze vom 9. Januar 1907 zuzubilligen ist.

---

52. Kann ein Kaufvertrag wegen Irrtums des Verkäufers über die Kaufkraft der Mark nach § 119 Abs. 2 oder Abs. 1 BGB. angefochten werden?

V. Zivilsenat. Urt. v. 11. Juli 1925 i. S. S. (Bekl.) w. Oe. (Kl.). V 130/25.

I. Landgericht Zwickau.
II. Oberlandesgericht Dresden.

Am 29. Januar 1923 hat die Klägerin dem Beklagten, ihrem Schwiegersohn, ihr Hausgrundstück für 45000 ℳ verkauft und aufgelassen. Der Beklagte ist am 23. April 1923 als Eigentümer in das Grundbuch eingetragen worden, der Kaufpreis ist noch nicht entrichtet. Die Klägerin verlangt die Rückauflassung des Grundstücks. Die Vorinstanzen haben dem willfahrt. Die Revision des Beklagten hatte Erfolg.

Aus den Gründen:

Die Klägerin hatte zur Begründung ihres Verlangens nach Rückauflassung u. a. geltend gemacht, der Kaufvertrag sei nur unter der — nicht zur Urkunde verlautbarten — Bedingung abgeschlossen worden, daß für die Klägerin und ihren Ehemann ein „Nießbrauch für deren lebenslänglichen Unterhalt“ im Grundbuch eingetragen werde. Dies sei unterblieben. In der Berufungsinstanz hat die Klägerin noch weiter vorgetragen: Erst im Herbste 1923 sei ihr infolge einer durch den Gemeindevorstand erteilten Aufklärung zum Bewußtsein gekommen, wie wenig der vereinbarte Kaufpreis tatsächlich bedeute. Bei dem Kaufabschluß sei sie über die Kaufkraft der Papiermark im Irrtum gewesen, wogegen der Beklagte Klagänderung gerügt und geltend gemacht hat, es sei keine rechtzeitige Anfechtung hierwegen erfolgt. Das Berufungsgericht hält die Anfechtung wegen Irrtums über den Wert, über die Kaufkraft der Mark für durchgreifend. In dieser Hinsicht wird ausgeführt: Unstreitig habe die Klägerin unter dem 30. Juli 1923 durch Schreiben des Rechtsanwalts W. den Kaufvertrag wegen Irrtums angefochten, weil sie an diesem Tage erst auf dem Grundbuchamt erfahren habe, daß der zugesagte „Nießbrauch für ihren lebenslänglichen Unterhalt" nicht im Kaufvertrag beurkundet und nicht in das Grundbuch eingetragen worden sei. Daß die Klägerin zur Zeit des Kaufabschlusses einem Irrtum über die Kaufkraft der Mark unterlegen sei, glaubt das Berufungsgericht nach den Umständen des Falles unbedenklich annehmen zu können; es unterstellt weiter die Behauptung der Klägerin, sie habe erst im Herbst 1923 von diesem Irrtum Kenntnis erhalten, als richtig und stellt fest, daß die Klägerin selbst nicht behaupte, daraufhin wegen dieses Irrtums den Vertrag angefochten zu haben. Auf den Irrtum über die Eintragung der Altenteilsleistung könne die Anfechtungserklärung vom 30. Juli 1923 nicht gestützt werden, weil es sich insoweit um eine nach dem Vertragsschluß eingetretene Tatsache handle. Dagegen sei es zulässig, die Anfechtung, wie sie unter dem 30. Juli 1923 erklärt worden sei, auf diesen zweiten Irrtum zu stützen, dessen Entdeckung der Abgabe der Anfechtungserklärung erst nachgefolgt sei. Der hiernach rechtzeitig zur Geltung gebrachte Irrtum über die Kaufkraft des Geldes greife durch, er stelle sich nicht als ein Irrtum über den Wert des Grundstücks dar, sondern als ein solcher über die verkehrswesentliche Eigenschaft des Geldes als Wertmesser. Der Einwand der Klagänderung sei unbegründet (wird näher ausgeführt).

Die Revision wendet ein, der hiernach für wesentlich erachtete Irrtum sei in Wahrheit ein unbeachtlicher Irrtum im Beweggrund, sei von der Klägerin erst in der zweiten Instanz in einem Schriftsatz geltend gemacht worden und es könne darauf die Anfechtungserklärung vom 30. Juli 1923 schon deshalb nicht mit Erfolg bezogen werden, weil die Klägerin am 30. Juli 1923 unstreitig von diesem Anfechtungsgrund noch gar keine Kenntnis gehabt habe. Die Entscheidung, daß eine Änderung der Klage nicht vorliege, ist der Anfechtung und Nachprüfung durch § 270 ZPO. entzogen. Das Urteil war aber aufzuheben, weil dem Berufungsgericht in der von ihm für durchgreifend erachteten Irrtumsfrage nicht beigetreten werden kann.

Daß der bezüglich des Kaufpreises festgestellte Irrtum als ein in dessen Bemessung sich ausdrückender Irrtum über den Wert der Kaufsache, des Grundstücks, unerheblich sein würde, spricht das Berufungsgericht selbst aus unter Hinweis auf die Entscheidung VII 388/11 vom 13. Februar 1912 (JW. 1912 S. 525 Nr. 1), wo der Einwand, der Kläger habe irrig angenommen, die dem Beklagten unentgeltlich überlassene Sache (Knochen eines Plesiosaurus) habe keinen oder nur einen geringen Geldwert, als unerheblich mit dem in der Rechtsprechung des Reichsgerichts wiederholt ausgesprochenen Satze zurückgewiesen ist, daß „die für die Bewertung einer Sache maßgebenden Umstände keine Eigenschaft der Sache seien, die nach § 119 Abs. 2 BGB. in Betracht kommen könnte (RGZ. Bd. 64 S. 266)". Das Berufungsgericht will aber den Irrtum der Klägerin rechtlich als einen solchen, „über die Funktion des Geldes als Wertmesser" kennzeichnen: sie habe „in dem Kaufpreis einen anderen Wertmaßstab ausgedrückt gehalten, als ihm tatsächlich zugekommen sei, indem sie ihm eine andere, viel höhere Kaufkraft zugeschrieben habe". Soweit hierbei etwa die zur Zeit des Vertragsschlusses erst künftig zu erwartende Gestaltung der Währungsverhältnisse in Betracht kommen könnte, ist die Anwendung des § 119 Abs. 2 BGB. auch im Sinne des Berufungsgerichts ausgeschlossen, das selbst den Irrtum über die Eintragung des Altenteils ohne Rechtsverstoß als unbeachtlich bezeichnet hat, weil es sich um einen dem Vertragsschluß nachgefolgten Umstand handle. Aber auch soweit der Irrtum die zur Zeit des Vertragsschlusses gegebene „Kaufkraft" des Geldes zum Gegenstand gehabt haben soll, handelt es sich nicht um eine Eigenschaft des Geldes im Sinne des § 119 Abs. 2, sondern nur um das Urteil des Verkehrs darüber, welchen Tauschwert das Geld gegenüber anderen Sachen bewährt, deren Preis im Verkehr in Geld ausgedrückt wird. In den Veränderungen der Kaufkraft des Geldes, wie sie hier in Frage steht, tritt die zeitweilige Verschiedenheit in der Bewertung des Geldes zutage, die ihrerseits auf Tatsachen verschiedener Art, so insbesondere bei dem Papiergeld auf Minderung des Kredits des Staates als des Ausgebers des Papiergelds, auf die Menge der ausgegebenen Papiergeldzeichen überhaupt wie im Verhältnis zu ihrer Deckung, zurückzuführen sein kann. Aus dem Zusammenwirken solcher Momente ergibt sich — auf der Grundlage sei es der allgemeinen Konjunktur, sei es eines bestimmten Marktgebiets, sei es der besonderen Umstände des einzelnen z. B. Kaufgeschäfts — eine Wertbestimmung des Geldes, die eine Schätzung auf Grund aller dafür wesentlichen Umstände, mithin ein Urteil über deren Bedeutsamkeit, aber kein unmittelbar auf das Geld bezügliches Verhältnis rechtlicher oder tatsächlicher Art, keine ihm innewohnende Eigenschaft im Sinne des § 119 Abs. 2 darstellt. Der Wert des Geldes als solcher, wie er in seiner Kaufkraft zutage tritt, kann auf Faktoren beruhen, die als Eigenschaft des Geldes anzusehen sind, ist aber nicht selbst eine solche. Grundsätzlich gilt insoweit nichts anderes, als was über die rechtliche Bedeutung des Wertes oder des Preises der Kaufsache in der Rechtsprechung schon wiederholt ausgesprochen worden ist (ROHG. Bd. 22 S. 392; RGZ. Bd. 59 S. 242, 243, Bd. 61 S. 86, Bd. 64 S. 269, Bd. 103 S. 22). So wenig in der Zusage, das verkaufte Warenlager habe einen bestimmten Geldwert, die Zusicherung einer Eigenschaft (§ 459 Abs. 2 BGB.) zu finden sein würde (vgl. RGZ. Bd. 98 S. 292), so wenig kann in dem Irrtum über die Kaufkraft einer zugesagten Geldleistung ein Irrtum über eine Eigenschaft des Geldes gefunden werden.

Auch ein Irrtum im Sinne des § 119 Abs. 1 kommt nicht in Frage. Die Klägerin hat das Grundstück für 45000 *M* hergeben wollen, dieser Betrag ist ihr zur Zeit des Vertragsschlusses als wertentsprechende Gegenleistung erschienen. Soweit diese Bewertung mit der Wirklichkeit nicht übereinstimmte, liegt kein dem Käufer in den entscheidenden Vertragsverhandlungen kenntlich gewordener Irrtum im Sinne des in RGZ. Bd. 101 S. 53 und 108, Bd. 105 S. 406 und in der Entscheidung III 679/23 vom 16. Mai 1924 (Bay. Z. 1924 S. 258) Ausgeführten vor; dies schon deshalb nicht, weil das Berufungsgericht selbst als nicht widerlegbar bezeichnet, daß auch der Beklagte den Preis für angemessen erachtet habe. Eine besondere Stütze findet dies darin, daß auch nach dem Gutachten des Sachverständigen H. der Preis dem zur Zeit des Vertragsschlusses „in der Hauptsache Üblichen“ entsprochen hat. Im übrigen kann darin, daß trotz dieses beiderseitigen Irrtums der Beklagte die Klägerin am Vertragsschluß festzuhalten wünscht, nach Lage der Sache ein Verstoß gegen Treu und Glauben (vgl. RGZ. Bd. 108 S. 110) nicht gefunden werden, da der Beklagte unstreitig schon im November 1923 eine — wenngleich von der Klägerin als unzulänglich befundene — Aufwertung des Kaufpreises angeboten hat und nichts dafür vorgetragen ist, daß er zu einer solchen nicht imstande sei.

---

53. Welche Bedeutung hat die nachträglich vorgenommene Änderung der Summenzahl eines Geldvermächtnisses in einem eigenhändigen Testament?

BGB. §§ 2231 Nr. 2, 2255

IV. Zivilsenat. Urt. v. 11. Juli 1925 i. S. Th. (Kl.) w. R. u. Gen. (Bekl.). IV 184/25.

I. Landgericht Bremen.
II. Oberlandesgericht Hamburg.

Der am 13. Oktober 1923 in B. als Privatmann ledig gestorbene R. hat ein von ihm zu der Zeit, als er noch der Hauptteilhaber einer Handelsgesellschaft war, unter Angabe des Ortes B. und des Tages, nämlich des 24. April 1913, mit Tinte eigenhändig geschriebenes und unterschriebenes Testament hinterlassen. In diesem hat er für verschiedene Personen, darunter für die Klägerin, Vermächtnisse ausgesetzt. Der die Klägerin betreffende Absatz des Testaments lautet: „Fräulein Th. bekommt 30000 ℳ. Das Geld bleibt im Geschäft stehen, sie bekommt also nur die Zinsen.“ Die Ziffern 30 hat der Erblasser mit Tintenstift ausgestrichen und daneben an den Rand ebenfalls mit Tintenstift die Ziffern 60 gesetzt. Die beiden Beklagten, die von der Klägerin als Erben in Anspruch genommen werden, behaupten, daß diese Änderung erst einige Jahre nach der Unterzeichnung des ursprünglichen Testaments vorgenommen worden sei, während die Klägerin bestreitet, daß die Änderung aus der Zeit nach der Abgabe der Unterschrift herrühre. Die Klägerin vertrat zunächst den Standpunkt, daß sie einen Anspruch auf die Zinsen eines Kapitals von 60 000 *M* erlangt habe, das auf 15 000 Goldmark aufzuwerten sei. Auf dieser Grundlage stellte sie verschiedene Klaganträge. Landgericht und Oberlandesgericht haben die Klage abgewiesen.

Mit der Revision machte die Klägerin den aufzuwertenden Vermächtnisanspruch nur noch auf der Grundlage des Testaments vom 24. April 1913 in seiner ursprünglichen Fassung geltend. Die Revision hatte Erfolg.

Aus den Gründen:

1. Das Berufungsgericht geht von den folgenden Feststellungen und Erwägungen aus: Der Erblasser habe das Testament vom 24. April 1913 an diesem Tage mit Tinte in einem Zuge geschrieben, datiert und unterschrieben. Die Streichung eines in dem Testament enthaltenen Vermächtnisses von 200000 *M*, die der Erblasser in einer Randschrift damit begründet habe, daß der Bedachte in Frankreich (nämlich während des Weltkriegs) gefallen sei, könne erst nach dem 1. August 1914 vorgenommen worden sein. Diese Streichung, durch die 200000 *M* und die Zinsen davon frei geworden seien, gebe die Erklärung dafür warum das für die Klägerin ausgesetzte Vermächtnis erhöht worden sei. ...

Gemäß dieser Sachwürdigung, die mit der Revision nicht angreifbar ist und mit ihr nicht angegriffen wird, ist anzunehmen, daß der Erblasser die Änderung der Tausendzahl in der die Klägerin betreffenden Vermächtnisanordnung erst nach der Datierung und Unterzeichnung des Testaments vorgenommen hat. Den Vorinstanzen ist hiernach unbedenklich darin beizutreten, daß eine Erhöhung des Vermächtnisses auf den Zinsgenuß eines Kapitals von 60000 *M* nicht zustande gekommen ist. Eine solche Erhöhung erforderte als eine neue letztwillige Verfügung, daß die Formen des § 2231 Nr. 2 BGB. von neuem gewahrt wurden, was beim Fehlen einer neuen Orts- und Zeitangabe und einer nochmaligen Unterzeichnung nicht geschehen ist (RGZ. Bd. 71 S. 302; Warn. 1917 S. 401, 1919 S. 106).

2. Es bleibt zu prüfen, ob, was die Revision angenommen wissen will, ein Vermächtnisanspruch der Klägerin auf der Grundlage des Testaments in seiner ursprünglichen Fassung begründet ist.

Beide Vorinstanzen haben dies verneint, weil das Vermächtnis des Zinsgenusses an einem Kapital von 30000 ℳ durch die an der Testamentsurkunde vorgenommene Veränderung gemäß § 2255 BGB. widerrufen worden sei. Dabei ist folgendes erwogen:

a) Schon das Landgericht hat sich mit Recht die Frage vorgelegt, ob die Sache nicht so anzunehmen sei: der Erblasser habe gewollt, daß die Verfügung über den Zinsgenuß an einem Kapital von 30000 ℳ bestehen bleiben und zu ihr eine Verfügung über den Zinsgenuß an weiteren 30000 ℳ hinzukommen sollte; die äußere Veränderung (60000 statt 30000 + 30000) sei nur eine Zusammenfassung des alten Vermächtnisses mit dem neuen und diese Zusammenfassung sei, soweit sie das alte Vermächtnis betreffe, eine bloße Fassungsänderung, durch die kein Widerruf der Verfügung erfolge.

Das Landgericht hat die von ihm aufgeworfene Frage mit der Begründung verneint: Die Mark sei nichts anderes als ein Wertmesser. 30000 ℳ stellten einen bestimmten Wert dar und dieser bestimmte Wert sei ein Begriff; 60000 ℳ stellten einen anderen Wert dar, einen anderen Begriff. Wenn der Erblasser den ursprünglichen Begriff durchstreiche und einen anderen Begriff einsetze, so wolle er den alten Begriff aufheben.

Diese Auffassung würde, so führt demgegenüber das Berufungsgericht aus, gewiß dann nicht zutreffen, wenn es sich zur Zeit der ursprünglichen Verfügung und ihrer Abänderung um gleichbleibende Währungs- und Wirtschaftsverhältnisse gehandelt hätte. Am 24. April 1913 sei indessen ein Goldmarkvermächtnis ausgesetzt worden, während es sich 1915 oder 1916 (zur Zeit der Vornahme der Änderung) für den Erblasser sachlich nur um ein in Papiermark auszuzahlendes Vermächtnis habe handeln können. In der Änderung offenbare sich daher keine bloße summenmäßige Verschiedenheit der beiden Vermächtnisse, die Änderung drücke vielmehr gegenüber dem ursprünglich gewollten Inhalte des Testaments eine gegenständliche Verschiedenheit aus. Die Rechtsprechung sei heute zu der Erkenntnis gelangt, daß der währungsrechtliche Grundsatz „Mark gleich Mark" nicht aufrechtzuerhalten sei, und diese Erkenntnis, die lediglich deklaratorische Bedeutung haben könne, sei auch für weiter zurückliegende Rechtsverhältnisse, die heute zu beurteilen seien, maßgebend. Danach komme es aber auf den wirtschaftlichen Wert des Geldes an, wenn gegenständlich ein Goldmarkvermächtnis aus dem Jahre 1913 mit einem Papiermarkvermächtnis aus dem Jahre 1915 oder 1916 verglichen werden solle. Gegenständlich sei 1913 ein vollwertiges Goldmarkvermächtnis ausgesetzt worden, während die 1915 oder 1916 getroffene Vermächtnisanordnung weder einen Goldmarkanspruch habe begründen können noch bei gleichem Nennwerte der vermachten Summe einen gleichen inneren Wert, eine gleiche Kaufkraft, dargestellt habe. Daher sei mit der Durchstreichung der Ziffer 30 der zur Zeit der Testamentserrichtung gewollte Inhalt der Verfügung gegenständlich abgeändert worden. Es sei an ihre Stelle eine andersartige Verfügung getreten, die mit der alten Verfügung nicht vereinbar gewesen sei und die unter den obwaltenden Umständen weder vom währungsrechtlichen noch vom wirtschaftlichen Standpunkt auch nur zum Teil als mit der alten Verfügung identisch angesehen werden könne.

Die in dieser Ausführung des Berufungsgerichts an der Auffassung des Landgerichts geübte Kritik ist lediglich zu billigen. Der eigenen Auffassung des Berufungsgerichts aber ist entgegenzuhalten, daß die Übertragung der in einer späteren Zeit gewonnenen Erkenntnis von der unrichtig gewordenen Anwendung des Währungsbegriffs „Mark gleich Mark" in eine frühere Zeit, insbesondere in eine so frühe Zeit, wie das Jahr 1915 oder 1916, jedenfalls dann nicht angängig ist, wenn es nicht auf die objektive Sachlage, sondern auf die Absicht des eine Willenserklärung Abgebenden, hier gemäß § 2253 Abs. 1, § 2255 BGB. auf die Absicht des Erblassers ankommt, durch eine an der Testamentsurkunde vorgenommene Veränderung das Testament oder eine einzelne in ihm enthaltene Verfügung aufzuheben. Ein Erblasser, der im Jahre 1915 oder 1916 ein von ihm im Jahre 1913 ausgesetztes Vermächtnis des Zinsgenusses von 30000 ℳ in ein Vermächtnis des Zinsgenusses von 60000 ℳ abändern wollte, hat nach der aus dem damaligen Wirtschafts- und Rechtsleben zu schöpfenden Erfahrung keine andere Absicht gehabt als die, die Marksumme des Vermächtnisses zu erhöhen. Die Absicht, an die Stelle eines bisherigen Goldmarkvermächtnisses ein davon dem Gegenstande nach verschiedenes Papiermarkvermächtnis zu setzen, könnte ihm nur unter besonderen Umständen unterstellt werden, wie sie von den Beklagten gar nicht behauptet, noch weniger vom Berufungsgericht festgestellt sind. Dieses spricht im Gegenteil in anderem (oben unter Nr. 1 erörterten) Zusammenhange lediglich von einer vom Erblasser beabsichtigten „Erhöhung" des Vermächtnisses der Klägerin, die sich dadurch erkläre, daß durch den Tod eines anderen im Testament eingesetzten Vermächtnisnehmers 200000 ℳ frei geworden seien. Weder die vom Landgericht noch die vom Berufungsgericht gegebene Begründung ist danach geeignet, der naheliegenden Erwägung den Boden zu entziehen, daß der Erblasser, als er in der Zahl 30000 die Ziffern 30 ausstrich und die Ziffern 60 an den Rand setzte, nicht das bisherige Vermächtnis aufheben, sondern es bestehen lassen und durch ein gleichartiges Vermächtnis von gleicher Höhe ergänzen wollte.

b) Das Berufungsgericht führt ferner aus: Die Behandlung dieser Testamentsangelegenheit durch den Erblasser rechtfertige den Schluß, daß er ein neues Testament habe errichten wollen und dies versäumt habe. Dem gebildeten Erblasser hätten Zweifel darüber aufkommen müssen, ob er, der sein Testament eigenhändig geschrieben und unterschrieben habe, mit seinen Korrekturen im Testament gültige Verfügungen habe schaffen können. Es dürfe deshalb angenommen werden, daß er die alte Verfügung zugunsten der Klägerin habe beseitigen wollen, und daß er die neue Verfügung am Rande als einen Entwurf betrachtet habe, dem er noch Testamentsform habe geben wollen, aber aus irgendwelchen Gründen nicht gegeben habe.

Auch diese Ausführung ist rechtlich zu beanstanden. Sie läßt die rechtliche Möglichkeit außer Betracht, daß auch solche Korrekturen in einem Testament, welche zur Vorbereitung eines neuen Testaments dienen sollen, sehr wohl mit der Absicht vereinbar sind, das alte Testament vorerst, nämlich bis zur Errichtung des neuen Testaments, bestehen zu lassen (RGZ. Bd. 71 S. 301; RGRKomm. § 2255 Anm. 2).

Dazu kommt, daß nicht jede Veränderung, die an der Testamentsurkunde in der Absicht vorgenommen wird, das Testament oder eine einzelne in ihm enthaltene Verfügung aufzuheben, ein gültiger Widerruf durch schlüssige Handlung ist. Der § 2255 BGB. erfordert vielmehr die Vornahme einer solchen Handlung, durch welche der Wille, eine schriftliche Willenserklärung aufzuheben, ausgedrückt zu werden pflegt. Das Gesetz gibt damit, wenn es sich auch selbst näherer Bestimmungen enthält und statt dessen auf die allgemeinen

Gepflogenheiten verweist, eine Formvorschrift, deren Wahrung der freien Beurteilung des Revisionsgerichts unterliegt (RGZ. Bd. 69 S. 414). Die vorgeschriebene Form ist im vorliegenden Falle nicht gewahrt. Würde der Erblasser, wie er es bei den den gefallenen Vermächtnisnehmer betreffenden beiden Absätzen des Testaments getan hat, auch den die Klägerin betreffenden Absatz des Testaments durchgestrichen haben, so würde an einer den Verkehrsgewohnheiten entsprechenden Erscheinungsform des Aufhebungswillens nicht gezweifelt werden können. Auch dann, wenn er sich darauf beschränkt hätte, in der Zahl 30000 die Ziffern 30 auszustreichen, und nur die Ziffern 000 hätte stehen lassen, mag, was hier dahingestellt bleiben kann, eine solche Erscheinungsform angenommen werden können. Die Durchstreichung der Ziffern 30 in Verbindung mit der Beischreibung der Ziffern 60 kann dagegen im Hinblick auf die durch diese Beischreibung nahegelegten, unter a und b besprochenen Möglichkeiten eines abweichenden Willens, nämlich des Willens, das Vermächtnis mit Bezug auf die 30000 ℳ überhaupt oder wenigstens vorerst (bis zur Errichtung eines neuen Testaments) bestehen zu lassen, nicht in solchem Sinne gewertet werden. Hieraus ergibt sich, daß die in dem Testament vom 24. April 1913 zugunsten der Klägerin getroffene Vermächtnisanordnung in ihrer ursprünglichen Fassung gültig ist.

---

54. 1. **Kann der auf eine bestimmte Depositenkasse der Bank gezogene Scheck bei der Bankzentrale wirksam präsentiert und mit dem Nichteinlösungsvermerk versehen werden?**

2. **Wird durch das von der auswärtigen Filiale der bezogenen Bank auf den Inhaberscheck gesetzte Indossament für die Filiale eine scheckmäßige Haftung gegenüber dem Inhaber und bei Nichteinlösung ein scheckmäßiger Regreßanspruch gegenüber dem Aussteller begründet?**

Scheckgesetz v. 11. März 1908 §§ 8, 10, 15, 16.

Feriensenat. Urt. v. 20. Juli 1925 i. S. Darmstädter u. Nationalbank (Kl.) w. L. (Bekl.). II 597/24.

I. Landgericht I Berlin.
II. Kammergericht daselbst.

Die Beklagte ist Ausstellerin zweier unter dem Datum Charlottenburg, den 8. Dezember 1923, auf die Darmstädter und Nationalbank, Kommanditgesellschaft auf Aktien, Depositenkasse und Wechselstube Berlin, Weinbergsweg 1, gezogener Schecks, in denen die Bezogene angewiesen wurde, je 1590 Billionen Mark aus dem Guthaben der Ausstellerin an die Firma S. Gr. in Köln oder Überbringer zu zahlen. Beide Schecks tragen die quer über die Vorderseite gesetzten Vermerke: „Nur zur Verrechnung". Am Rande der Vorderseite befindet sich bei beiden Schecks der Vermerk:

„Vorgelegt am 18. 12. 23 und nicht eingelöst. Darmstädter und Nationalbank, Kommanditgesellschaft auf Aktien, Abteilung Behrenstraße" (folgen Unterschriften).

Auf der Rückseite tragen die Schecks ein von der Darmstädter und Nationalbank, Kommanditgesellschaft auf Aktien, Filiale Köln, ausgestelltes undatiertes Indossament an die Reichsbankdirektion Berlin.

Die Kölner Filiale der Darmstädter und Nationalbank, welche die Schecks im Regreßwege bei der Reichsbank eingelöst zu haben behauptet, hat als Inhaberin der Schecks die Beklagte als Ausstellerin im Scheckprozeß auf Zahlung der Schecksummen von zusammen 3180 Goldmark zuzüglich 6 v. H. Zinsen seit 18. Dezember 1923 und 1/3 v. H. Provision in Anspruch genommen.

Die Beklagte hat mehrere Einwendungen erhoben und unter anderem geltend gemacht, daß die Erklärungen über die Vorlegung und Nichteinlösung der Schecks nur von der Depositenkasse Weinbergsweg 1, nicht aber von der Abteilung Behrenstraße der bezogenen Bank hätten ausgestellt werden können, der Nachweis der rechtzeitigen ordnungsmäßigen Vorlegung der Schecks also fehle, und daß ein Regreßanspruch der Klägerin gemäß § 20 des Scheckgesetzes verjährt sei, da die Klage erst am 19. März 1924 erhoben sei. Das Landgericht hat die Beklagte nach dem Klagantrage verurteilt. Das Kammergericht hat die Klage abgewiesen. Die Revision der Klägerin blieb ohne Erfolg.

Gründe:

Das Berufungsgericht hat die Klage, soweit damit ein Regreßanspruch geltend gemacht wird, auf Grund der §§ 16 und 8 des Scheckgesetzes vom 11. März 1908 abgewiesen, weil die Schecks nicht in dem darin angegebenen Geschäftslokal der Bezogenen zur Zahlung vorgelegt seien und weil die auf die Schecks gesetzten Indossamente der Klägerin, die als Filiale der bezogenen Bank mit dieser ein und dieselbe Rechtspersönlichkeit darstelle, nach ausdrücklicher Gesetzesvorschrift unwirksam seien. Soweit die Klägerin als Inhaberin der Schecks klagt, erachtet das Berufungsgericht den Verjährungseinwand der Beklagten nach § 20 Abs. 2 des Scheckgesetzes für durchgreifend.

Die Revision greift nur die auf die §§ 16 und 8 des Scheckgesetzes gestützten Abweisungsgründe an. Tatsächlich würde auch, soweit die Klägerin als Inhaberin der Schecks klagt, der Anspruch nach § 20 Abs. 2 verjährt sein, da die Vorlegungsfrist am 18. Dezember 1923 abgelaufen, die Klage aber erst am 19. März 1924, also einen Tag nach dem Ablauf der dreimonatigen Verjährungsfrist, bei Gericht eingereicht und zugestellt worden ist.

Die auf Verletzung des § 16 des Scheckgesetzes gestützte Revisionsrüge erweist sich als begründet. Nach § 16 muß zur Ausübung des Regreßrechts nachgewiesen werden, daß der Scheck rechtzeitig zur Zahlung vorgelegt und nicht eingelöst worden ist, und kann dieser Nachweis geführt werden durch eine auf den Scheck gesetzte, von dem Bezogenen unterschriebene und den Tag der Vorlegung enthaltende Erklärung. Diesen Anforderungen genügen die auf den Schecks befindlichen Erklärungen der Darmstädter und Nationalbank, daß die Schecks am 18. Dezember 1923 vorgelegt und nicht eingelöst sind. Die Beklagte will diese Erklärungen nicht als genügend gelten lassen, weil sie von der Abteilung Behrenstraße der bezogenen Bank ausgestellt seien, während in den Schecks selbst die Depositenkasse und Wechselstube Weinbergsweg 1 der Darmstädter und Nationalbank als Bezogene angegeben sei, die Vorlegung der Schecks sonach bei dieser Kasse habe erfolgen müssen. Diese auch vom Berufungsgericht vertretene Ansicht ist nicht zutreffend.

Die Depositenkassen einer Bank stellen sich lediglich als Geschäftsstellen der Bank dar; sie sind, wie die Revision zutreffend ausführt, nur örtlich getrennte Verkehrseinrichtungen einer einheitlichen Rechtspersönlichkeit. Wenn also die Schecks auf die Depositenkasse Weinbergsweg 1 der Darmstädter und Nationalbank gezogen sind, so ist Bezogene immer nur die Bank selbst und hat die Beifügung einer Depositenkasse nur die Bedeutung, daß damit eine bestimmte Kasse der Bank als Zahlstelle bezeichnet wird, an der die der Bank aufgetragene Zahlung oder Einlösung des Schecks erfolgen soll. Es mag zugegeben werden, daß an sich die Vorlegung des Schecks durch den Inhaber ordnungsmäßig bei der im Scheck als Einlösungsstelle bezeichneten Kasse zu erfolgen hat. Das schließt aber nicht aus, daß auch eine Vorlegung des Schecks bei einer anderen Geschäftsstelle der bezogenen Bank wirksam erfolgen kann, wenn der Inhaber des Schecks und die Bank darüber einverstanden sind. Auf die Vorlegung des Schecks und den Protest finden nach § 16 Abs. 2 SchG. die Vorschriften der Art. 87, 88, 90, 91 der Wechselordnung entsprechende Anwendung. In Art. 91 Abs. 1 Satz 2 WO. ist aber zugelassen, daß die Präsentation zur Annahme oder Zahlung des Wechsels, die nach Satz 1 in dem Geschäftslokal und in Ermangelung eines solchen in der Wohnung der im Wechsel bestimmten Person vorgenommen werden muß, an einer anderen Stelle im beiderseitigen Einverständnis geschehen kann. Erforderlich ist nur, daß diese andere Stelle sich innerhalb der Ortschaft, die als Zahlungsort im Wechsel angegeben ist, oder in einem dieser benachbarten Orte (Art. 91a WO.) befindet, und daß ferner die Person, bei welcher die Vorlegung des Wechsels zu erfolgen hat, und die Person, welche die Vorlegung vornimmt, über die Stelle, an der die Vorlegung geschieht, sich im Einverständnis befinden (RGZ. Bd. 66 S. 301). Die entsprechende Anwendung dieser Grundsätze auf das Scheckrecht ergibt, daß auch die Vorlegung des Schecks und die den Protest ersetzende Erklärung des Bezogenen gemäß § 16 Nr. 1 SchG. im beiderseitigen Einverständnis des Scheckinhabers und des Bezogenen an einer anderen Stelle als bei der im Scheck bezeichneten Geschäftsstelle des Bezogenen wirksam erfolgen kann. Es besteht daher kein rechtliches Hindernis, wenn die Berliner Großbanken zum Zweck der Übersicht und schnelleren Abwicklung untereinander und mit der Reichsbank die Einrichtung getroffen haben, daß die Schecks nicht bei den einzelnen Kassen, sondern bei einer Abteilung der Zentrale der bezogenen Bank zur Einlösung vorgelegt werden sollen, und wenn demgemäß die Vorlegung und die Ausstellung der Erklärung gemäß § 16 Nr. 1 SchG. bei dieser Abteilung der Zentrale der Bank vorgenommen wird. Vorausgesetzt ist dabei nur, daß der Inhaber des Schecks oder die den Scheck vorlegende Person mit diesem Verfahren einverstanden ist. Dieses Einverständnis braucht aber nicht ausdrücklich erklärt zu werden, sondern kann auch stillschweigend dadurch zustande kommen, daß der Scheckinhaber gemäß der ihm bekannten, von der bezogenen Bank getroffenen Einrichtung sich sofort an die von der Bank bestimmte Abteilung der Zentralstelle wendet, wie das im vorliegenden Falle von der Reichsbank geschehen ist. Insoweit würde daher dem Klaganspruch kein Bedenken entgegenstehen.

Dagegen wird die Entscheidung des Berufungsgerichts durch den auf § 8 SchG. gestützten Grund getragen. Das Berufungsgericht hat in dieser Beziehung ausgeführt:

Die Klägerin könne keine Regreßrechte aus den Schecks gegen die Beklagte als Ausstellerin geltend machen, weil ihr Indossament nach § 8 SchG. unwirksam sei. Aus dem Scheck selbst sei zu entnehmen, daß sie nur eine Filiale des Bezogenen sei. Es müsse aber angenommen werden, daß auch Filialen des Bezogenen einen Scheck nicht wirksam indossieren könnten. Der Zweck der Vorschrift sei, eine Umgehung des in § 10 aufgestellten Verbots der Annahme zu verhindern. Ein Indossament des Bezogenen würde eine abstrakte Schuldverpflichtung gegenüber jedem späteren Inhaber ohne Rücksicht auf das Vorhandensein eines Guthabens begründen, also dieselbe Bedeutung haben wie ein Annahmevermerk. Es könne daher auch nicht zulässig sein, daß eine Filiale der bezogenen Firma indossiere, da auch durch das Indossament der Filiale die Hauptstelle verpflichtet werde.

Die Revision zieht nicht in Zweifel, daß die Filialen keine eigene Rechtspersönlichkeit besitzen; sie weist aber darauf hin, daß Zweigniederlassungen in materieller und prozessualer Hinsicht immerhin eine gewisse Selbständigkeit haben, und will daraus folgern, daß auch in scheckrechtlicher Hinsicht die Hauptniederlassung nicht als identisch mit der Filiale zu behandeln sei. Weder dem Sinne des Gesetzes noch den wirtschaftlichen Bedürfnissen, denen die Reichsbank durch Hereinnahme solcher von Filialen indossierter Schecks gefolgt sei, werde die Auffassung des Berufungsgerichts gerecht. Bei der herrschenden Geldknappheit sei es nötig, die Umlaufwirkung der Schecks nach Möglichkeit zu fördern.

Diese Ausführungen können der Revision nicht zum Siege verhelfen.

Die streitigen Schecks haben, da der Firma des Zahlungsempfängers die Worte „oder Überbringer" beigefügt sind, nach § 4 SchG. als auf den Inhaber ausgestellte Schecks zu gelten. Ein eigentliches Indossament kam daher bei diesen Schecks nicht in Frage. Legitimiert zur Geltendmachung der Rechte aus den Schecks war jeder Inhaber, und ein auf die Rückseite gesetztes Indossament hatte nur die Wirkung, daß dessen Aussteller dem Inhaber für die Einlösung haftbar wurde, jedoch mit Ausnahme des Bezogenen, auf den die Vorschrift des § 15 Abs 2 Satz 1 SchG. nach ausdrücklicher Bestimmung des Satzes 2 keine Anwendung findet. Die Vorschrift des § 15 Abs. 2 Satz 2 steht im Zusammenhang mit § 10 und § 8 Abs. 2 Satz 3 und 4, nach denen ein auf den Scheck gesetzter Annahmevermerk als nicht geschrieben gilt, ein Indossament des Bezogenen unwirksam und ein Indossament an den Bezogenen nur als Quittung zu behandeln ist. Diese Vorschriften beruhen darauf, daß nach dem Willen des Gesetzgebers der Scheck lediglich ein Zahlungsmittel und kein Kreditpapier, daß er nur eine Anweisung auf ein bei dem Bezogenen bestehendes Guthaben des Ausstellers sein soll, und daß ein Akzept wie auch ein Indossament, durch das der Bezogene zu einem selbständigen Schuldner würde (während er nach dem Charakter des Schecks lediglich Zahlungsorgan sein soll), mit der Natur des Schecks nicht verträglich ist (vgl. Begründung zum Entw. des Scheckgesetzes S. 13, 25).

Hiernach konnte ein von der bezogenen Bank auf die Schecks gesetztes Indossament keine scheckrechtliche Haftung der Bank gegenüber späteren Inhabern der Schecks und insbesondere auch nicht gegenüber dem von der Bank angegebenen Indossanten begründen. Die Rechtslage wird aber auch dadurch keine andere, daß die Indossamente nicht von der in den Schecks als Zahlstelle angegebenen Berliner Depositenkasse oder von der Berliner Zentrale, sondern von der Kölner Filiale auf die Schecks gesetzt worden sind. Denn die Filiale ist, wie das Berufungsgericht zutreffend angenommen hat, kein von der bezogenen Bank verschiedenes Rechtssubjekt, sondern nur eine mit selbständiger Geschäftsführungsbefugnis ausgestattete Geschäftsstelle; die bezogene Bank ist das alleinige Subjekt aller aus den von der Filiale vorgenommenen Geschäften entspringenden Rechte und Pflichten. Die Gutschrift, die die Kölner Filiale auf Grund der ihr übergebenen Schecks zugunsten der Firma Gr. vorgenommen hat, stellt sich als eine

Leistung der bezogenen Bank dar. Das gleiche muß hinsichtlich der weiteren Rechtshandlungen gelten, die von der Kölner Filiale in Ansehung der Schecks bewirkt worden sind, also hinsichtlich ihrer Indossierung und Weiterbegebung an die Reichsbank in Berlin und ihrer Wiedereinlösung daselbst. Die Rechtslage ist keine andere, als wenn die Firma Gr. die Schecks an die darin angegebene Geschäftsstelle der bezogenen Bank in Berlin mit dem Ersuchen, ihr die Schecksumme auf ihrem Konto bei der Kölner Filiale gutschreiben zu lassen, übersandt und die Berliner Geschäftsstelle diesem Verlangen entsprochen hätte. Daß die Gutschrift für die Firma Gr. bei der Kölner Filiale auf Grund deren selbständiger Entschließung und nicht auf Anordnung der Berliner Geschäftsstelle erfolgt ist, kann rechtlich keinen Unterschied begründen, da beide Geschäftsstellen nur Vertreter der Bank sind, die durch die von ihren Geschäftsstellen innerhalb deren Vertretungsmacht vorgenommenen Rechtshandlungen berechtigt und verpflichtet wird. Hieraus ergibt sich, daß durch die von der Kölner Filiale vorgenommene Indossierung der Schecks auf die Reichsbank keine scheckmäßige Haftung der Darmstädter und Nationalbank begründet worden ist, die Indossamente vielmehr unwirksam gewesen sind (§ 15 Abs. 2 SchG.), daß demnach auch die Reichsbank keinen scheckmäßigen Regreßanspruch bei Nichteinlösung der Schecks gegen die Darmstädter und Nationalbank erwerben konnte, und daß die letztgenannte Bank ihrerseits auf Grund ihrer Indossamente und ihrer Inanspruchnahme durch die Reichsbank keinen scheckmäßigen Regreßanspruch gegen die Beklagte als Ausstellerin hat. Ob und welche Ansprüche der Reichsbank gegen die Darmstädter und Nationalbank und dieser Bank gegen die Beklagte erwachsen sind, richtet sich vielmehr lediglich nach den aus allgemeinen Vorschriften des bürgerlichen Rechts zu beurteilenden Rechtsverhältnissen, die zwischen den genannten Personen durch die Annahme der Schecks und die darauf bewirkten Leistungen begründet worden sind.

Die hiergegen von der Revision erhobenen Bedenken können nicht als begründet anerkannt werden. Weder aus dem Scheckgesetz selbst noch aus der Begründung läßt sich ein Anhalt dafür entnehmen, daß auswärtige Filialen einer bezogenen Bank von den in § 8 Abs. 2 Satz 3 und § 15 Abs. 2 Satz 2 gegebenen Vorschriften haben ausgenommen werden sollen. Ebensowenig läßt sich aus den Vorschriften des § 270 Abs. 2 BGB., der §§ 29, 31 HGB. und des § 21 ZPO etwas zugunsten der Revision herleiten. In keiner dieser Vorschriften ist zum Ausdruck gebracht, daß eine auswärtige Zweigniederlassung als ein von der Hauptniederlassung völlig unabhängiges Unternehmen anzusehen sei. Gerade § 21 ZPO. spricht gegen die Ansicht der Revision. Denn dort ist als Partei für die im Gerichtsstand der Niederlassung zu erhebenden Klagen der Inhaber des Hauptbetriebs bezeichnet und damit deutlich erkennbar gemacht, daß als Rechtssubjekt der Zweigniederlassung der Inhaber des Hauptbetriebs anzusehen sei. Ob die Reichsbank von Filialen der bezogenen Banken indossierte Schecks anstandslos hereinnimmt, kann nicht von Erheblichkeit sein. Für die Reichsbank ist dieses Verfahren, solange ihr die betreffenden Banken wegen der in Betracht kommenden Beträge sicher sind, ohne besonderes Risiko, da sie jederzeit von den Banken Deckung erwarten kann. Endlich kann auch der Hinweis darauf nicht durchschlagen, daß es bei der herrschenden Geldknappheit nötig sei, die Umlaufswirkung der Schecks nach Möglichkeit zu fördern. Das Scheckgesetz hat, wie die Begründung zu § 10 (S. 25) ergibt, durch Festsetzung einer kurzen Vorlegungsfrist in Verbindung mit dem Verbot der Annahme ausdrücklich darauf Bedacht genommen, den Scheck der Einlösungsstelle so rasch als möglich zuzutreiben und ein unnötig langes Herumwandern gleich dem Papiergeld hintanzuhalten. Es ist auch in der Begründung immer wieder besonders betont worden, daß der Scheck kein Kreditpapier wie der Wechsel sein solle. Bei diesem klaren Standpunkt des Gesetzes kann einer sich im Verkehr bildenden Übung, den Scheck als Kreditpapier zu behandeln, keine rechtliche Anerkennung zuteil werden. Aus den Ausführungen von Simonson, Scheckgesetz S. 160/161, über die Zulässigkeit der Ausstellung trassiert = eigener Schecks, die von einzelnen Großbanken auf ihre auswärtigen Filialen ausgestellt werden, ist nichts zugunsten der Revision zu entnehmen. Denn auch Simonson erkennt an, daß diesem von ihm bezeugten neuerlichen Verfahren einiger Großbanken in rechtlicher Hinsicht das nicht zu beseitigende Bedenken entgegensteht, daß es sich bei der Bankzentrale und ihren Filialen immer um ein einheitliches Rechtssubjekt handelt.

55. Kartell in der Form einer Gesellschaft mit beschränkter Haftung. Zur Frage der persönlichen Bindung der Teilhaber einer dem Kartell beigetretenen offenen Handelsgesellschaft.

HGB. § 128. GmbHG. § 3 Abs. 2.

II. Zivilsenat. Urt. v. 16. Juni 1925 i. S. K. B. (Bekl.) w. Verband deutscher Schiefertafelfabrikanten G. m. b. H. (Kl.). II 384/24.

I. Landgericht Nürnberg, Kammer für Handelssachen.
II. Oberlandesgericht daselbst.

Der klagende Verband ist ein erstmals auf den 30. Juni 1927 kündbares Verkaufskartell, zu dem sich deutsche Schiefertafelfabrikanten in der Form einer Gesellschaft mit beschränkter Haftung vereinigt haben. Nach § 15 des Gesellschaftsvertrags sind die Mitglieder verpflichtet, ihre etwaiger Rechtsnachfolger an die Bestimmungen des Vertrags zu binden. Die offene Handelsgesellschaft Karl & Antonie B., deren Teilhaber die Eheleute Karl und Antonie B. waren, trat im März 1922 unter Übernahme einer Stammeinlage dem Verbande bei. Im Januar 1923 schrieb Karl B. dem Verband, er fühle sich wegen zu geringer Zuweisung auf seine Quote nicht mehr an den Vertrag gebunden. Nachdem der Verband diese Austrittserklärung zurückgewiesen hatte, lösten die Eheleute B. die bisherige offene Handelsgesellschaft in der Weise auf, daß die Frau gegen Abfindung ausschied und der Mann das Geschäft mit den Aktiven und Passiven, jedoch unter Ausschluß des Verbandsvertrags, übernahm. Das Landgericht wies die auf Vertragserfüllung und Schadensersatz gerichtete Klage des Verbands der Ehefrau gegenüber ab, dem Ehemann gegenüber gab es ihr im wesentlichen statt. Die Berufung und die Revision des Ehemanns hatten keinen Erfolg.

Gründe:

Das Berufungsgericht nimmt zutreffend an, daß es sich bei den Verpflichtungen, die in dem Gesellschaftsvertrag vom 11. August 1921 und dem gleichzeitig geschlossenen Lieferungsvertrag außer der Leistung von Kapitaleinlagen den Verbandsmitgliedern auferlegt sind, um gesellschaftliche Verpflichtungen handelt, die unter § 3 Abs. 2 GmbHG. fallen. Ohne Rechtsirrtum weist es sodann den Einwand zurück, daß der Beitritt der offenen Handelsgesellschaft Karl & Antonie B. zu dem klagenden Verbande wegen einer von einigen Verbandsmitgliedern und dem Geschäftsführer verübten arglistigen Täuschung wirksam auf Grund von § 123 BGB. angefochten worden sei. Daß ein solches Anfechtungsrecht gegenüber einer Gesellschaft mit beschränkter Haftung, die, wie der klagende Verband, in das Handelsregister eingetragen ist, nicht besteht, ist in der Rechtsprechung des Reichsgerichts anerkannt. In seinen weiteren Ausführungen beschäftigt sich das Berufungsgericht mit der Frage, ob das durch den Beitritt der offenen Handelsgesellschaft zum Verbande begründete Gesellschaftsverhältnis wegen Vorliegens eines wichtigen Grundes gekündigt werden konnte, und ob die Beitrittserklärung nach § 138 Abs. 1 BGB. deshalb nichtig war, weil die Zugehörigkeit zu dem Verband eine übermäßige, mit den guten Sitten unvereinbare Beschränkung der wirtschaftlichen Bewegungsfreiheit zur Folge hatte. Wie das Urteil ausdrücklich feststellt, hat der Beklagte diese beiden Rechtsbehelfe in der Berufungsinstanz nicht geltend gemacht. Schon deshalb kann er nicht dadurch beschwert sein, daß das Berufungsgericht das Kündigungsrecht verneint. Aber auch die Annahme eines Verstoßes gegen die guten Sitten ist bedenkenfrei abgelehnt.

Der Beklagte hat die Ansicht vertreten, daß die gegen ihn erhobenen Ansprüche deshalb hinfällig seien, weil Mitglied des Verbands nicht er persönlich, sondern nur die seit Mai 1923 aufgelöste offene Handelsgesellschaft geworden sei, und daß ihm gegenüber nur in Betracht kommen könne, ob er für den Schaden zu haften habe, der dem Verband in der Zeit vom Austritte der offenen Handelsgesellschaft bis zu deren Auflösung entstanden sei. Beide Vorderrichter gehen zutreffend davon aus, daß der Beitritt einer offenen Handelsgesellschaft zu einer Gesellschaft m. b. H. an sich nur die Mitgliedschaft der Gesellschaft und nicht auch der einzelnen Gesellschafter zur Folge hat. Der erste Richter glaubt aber den besonderen Umständen des gegenwärtigen Falles entnehmen zu können, daß der Beklagte, indem er den Beitritt der offenen Handelsgesellschaft erklärte, sich auch für seine Person für die Zeit seiner Geschäftsinhaberschaft der Bindung unterworfen habe. Das Berufungsgericht ist der Meinung, es könne ununtersucht bleiben, ob dieser Auffassung beizutreten sei, weil die Bindung des Beklagten aus folgendem Grunde bestehe:

Nach § 128 HGB. hafteten die Gesellschafter der offenen Handelsgesellschaft für die Verbindlichkeiten der Gesellschaft persönlich; eine Verbindlichkeit der offenen Handelsgesellschaft sei die in § 15 des Gesellschaftsvertrags den Verbandsmitgliedern auferlegte Verpflichtung, ihren etwaigen Rechtsnachfolgern die Bindung an den Vertrag aufzuerlegen; mit der Auflösung der offenen Handelsgesellschaft sei der Beklagte mit der bisherigen Firma und mit allen Aktiven und Passiven als Rechtsnachfolger an die Stelle der offenen Handelsgesellschaft getreten; damit habe er nach dem Vertrage sich selbst die Bindung an die Gesellschaft m. b. H. aufzuerlegen gehabt; die Verpflichtung, sich selbst zu binden, falle aber rechtlich mit der Bindung an den Vertrag zusammen; daß bei der Übernahme der Aktiven und Passiven der offenen Handelsgesellschaft der Verbandsvertrag ausgenommen worden sei, habe, weil die Bindung aus anderen Gründen bestehe, keine rechtliche Wirkung; auch durch Anbieten der bedungenen Vertragsstrafe habe sich der Beklagte nicht von der Erfüllung seiner primären Vertragspflichten befreien können. Eine den Beklagten beschwerende Gesetzesverletzung ist in dieser Beurteilung nicht enthalten. Vielmehr bedarf es überhaupt nicht der Heranziehung des § 15 des Gesellschaftsvertrags, um die Bindung des Beklagten zu rechtfertigen. Diese ergibt sich schon daraus, daß der Geschäftsanteil der aufgelösten Handelsgesellschaft auf den Beklagten, der das Gesamthandvermögen übernommen hat, im Wege der Anwachsung übergegangen ist.

---

56. Kann beim Abschluß eines Jagdpachtvertrags rechtswirksam vereinbart werden, daß die privatrechtlichen Streitigkeiten der Parteien über den Vertrag statt von den Gerichten von dem Landrat als der Jagdaufsichtsbehörde entschieden werden sollen?

GVG. § 13. ZPO. §§ 1025 flg.

VI. Zivilsenat. Urt. v. 30. Juni 1925 i. S. Jagdgenossenschaft A. (Bekl.) w. F. (Kl.). VI 29/25.

I. Landgericht Cleve.
II. Oberlandesgericht Düsseldorf.

Durch Vertrag vom 26. Mai 1920 hat der Kläger den Jagdbezirk I der Gemeinde A. von der Beklagten auf die Zeit vom

15. Januar 1920 bis 15. Januar 1929 für jährlich 8200 ℳ gepachtet. Dem Vertrag sind Allgemeine Bedingungen beigefügt. Nach § 5 ist die Pachtsumme alljährlich am 1. April im voraus zu bezahlen. § 17 lautet:

Streitigkeiten zwischen dem Jagdvorsteher und dem Pächter wegen Erfüllung der in diesem Vertrag enthaltenen Bedingungen, insbesondere wegen Festsetzung der Vertragsstrafen, werden unter Ausschluß des Rechtswegs, auf welchen der Pächter ausdrücklich verzichtet, von der Jagdaufsichtsbehörde endgültig entschieden.

Die vom Jagdvorsteher verfügte Vertragsstrafe wird rechtskräftig, wenn der Pächter nicht innerhalb zwei Wochen nach Zustellung der Festsetzung die Entscheidung der Jagdaufsichtsbehörde anruft.

Wegen der fortschreitenden Geldentwertung wurde der Pachtzins für das Jahr 1923 durch Vereinbarung der Parteien auf 250000 ℳ erhöht. Die Verhandlungen zogen sich bis zum Juli hin, der Betrag ist am 18. Juli 1923 bezahlt worden. Im Jahre 1924 begannen neue Verhandlungen. Da es nicht zu einer Einigung kam, rief die Beklagte unter dem 27. März 1924 das Pachteinigungsamt an. Dieses beraumte Termin auf den 13. Mai an. Durch eingeschriebenen Brief vom 2. Mai kündigte die Beklagte dem Kläger gemäß § 13b der Allgemeinen Pachtbedingungen — wegen säumiger Pachtzinszahlung — den Vertrag mit sofortiger Wirkung. Der Termin vom 13. Mai fand nicht statt. Am 20. Mai protestierte der Kläger bei der Beklagten schriftlich gegen die ausgesprochene Kündigung und legte am selben Tage Einspruch gegen die Kündigung beim Kreisausschuß ein. Unter dem 3. Juli 1924 entschied „der Landrat" dahin, daß die Beschwerde wegen Versäumung der Frist des § 17 der Allgemeinen Bedingungen zurückgewiesen werde. Dabei erhob er eine „Verwaltungsgebühr" von 2 GM. Daraufhin richteten die Anwälte des Klägers am 15. Juli ein Schreiben an den Landrat, in welchem sie ihm mitteilten, daß § 17 der Allgemeinen Bedingungen auf den gegenwärtigen Streitfall nicht anwendbar sei; daß sie nunmehr die Klage vor dem ordentlichen Richter erheben würden, daß in dem genannten § 17 höchstens die Vereinbarung eines Schiedsgerichts gefunden werden könne, daß für dessen Anrufung aber die Frist des § 17 Abs. 2 a. a. O. nicht in Frage komme. Im Anschluß daran verlangten die Anwälte, der Landrat solle als Schiedsrichter dahin entscheiden, daß der Pachtvertrag durch das Schreiben vom 2. Mai 1924 nicht aufgelöst sei. Gleichzeitig gaben sie ihm anheim, auf eine Zurücknahme der unberechtigten Kündigung hinzuwirken. Der Landrat gab auf dieses Schreiben keine Antwort. Nunmehr erhob der Kläger die Klage im gegenwärtigen Rechtsstreit mit dem Antrag, festzustellen, daß der Pachtvertrag durch die Kündigung vom 2. Mai 1924 nicht aufgelöst sei, und die Beklagte zu verurteilen, dem Kläger die weitere Jagdausübung zu gestatten, eine anderweitige Verpachtung der Jagd aber zu unterlassen. Die Beklagte erhob die Einreden der Unzulässigkeit des Rechtswegs und der Vereinbarung eines Schiedsgerichts, beantragte aber ihrerseits im Wege der Widerklage festzustellen, daß der Vertrag aufgelöst sei. Das Landgericht wies die Klage ab, weil schiedsgerichtliche Entscheidung des Streites vereinbart sei, und sah die Widerklage als erledigt an. Das Oberlandesgericht gab auf die Berufung des Klägers der Klage statt und wies die Widerklage ab. Es erblickt im § 17 des Vertrags eine rechtsgültige Schiedsklausel, nimmt aber an, daß der Landrat bisher nur als Behörde gesprochen und den Erlaß eines Schiedsspruchs verweigert habe. Demzufolge hat das Oberlandesgericht selbst eine Sachentscheidung getroffen. Die Revision der Beklagten hatte Erfolg.

Gründe:

Die Revision wendet sich gegen die Auslegung, welche der § 17 der Allgemeinen Bedingungen des Vertrags beim Berufungsrichter gefunden hat. Dabei sieht sie in diesen Bedingungen, die von den Regierungen allgemein den Jagdgenossenschaften zur Benutzung empfohlen worden seien, sogenannte typische Bedingungen, deren freie Nachprüfung sich das Reichsgericht in ständiger Rechtsprechung vorbehalten habe. Typisch sind Allgemeine Bedingungen, die in verschiedenen Oberlandesgerichtsbezirken den Verträgen zugrunde gelegt werden, über deren Sinn und Tragweite also auch verschiedene Oberlandesgerichte zu entscheiden haben. Hier erfordert es der Gedanke der Rechtseinheit, daß die Bedingungen nicht von dem einen Oberlandesgericht anders ausgelegt werden, als von einem zweiten oder dritten; hier ist das Reichsgericht als oberste Instanz zur maßgebenden Auslegung berufen. Nach der ganzen Aufmachung der dem Vertrag der Parteien beigefügten Allgemeinen Bedingungen ist wohl anzunehmen, daß sie mindestens in einem großen Teil Preußens verwendet werden. Dafür spricht namentlich auch, daß sich Bauer in seinem Kommentar zur Jagdordnung (5. Aufl. Anm. 13 zu § 24) mit einer Vorschrift dieser Allgemeinen Bedingungen beschäftigt, ohne etwa zu erwähnen, daß sie nur in einem beschränkten Gebiet angewendet würden. Im übrigen ist aber auch die Auffassung, die der Berufungsrichter von der streitigen Vorschrift der Allgemeinen Bedingungen gewonnen hat, offenbar unrichtig und mit dem völlig eindeutigen Wortlaut der Vorschrift nicht vereinbar, sodaß dem Berufungsrichter schon wegen Verstoßes gegen maßgebende Auslegungsregeln entgegengetreten werden müßte.

Nach dem § 17 der Allgemeinen Bedingungen sollen die Streitigkeiten zwischen dem Jagdvorsteher und dem Pächter wegen Erfüllung der im Vertrag enthaltenen Bedingungen unter Ausschluß des Rechtswegs von der Jagdaufsichtsbehörde endgültig entschieden werden. Diese Streitigkeiten sind bürgerliche Rechtsstreitigkeiten, für die weder eine gesetzliche Zuständigkeit von Verwaltungsbehörden oder Verwaltungsgerichten begründet ist, noch reichsgesetzlich besondere Gerichte bestellt oder zugelassen sind. Sie gehören also nach § 13 GVG. vor die ordentlichen Gerichte. Das ist eine Vorschrift des öffentlichen Rechts, sie kann durch einen privatrechtlichen Vertrag der beteiligten Parteien regelmäßig nicht abgeändert werden. Die einzige Ausnahme bildet der gesetzlich zugelassene Abschluß eines Schiedsvertrags (§§ 1025 flg ZPO.). Nur auf diesem Wege können bürgerliche Rechtsstreitigkeiten durch die Parteien den ordentlichen Gerichten entzogen werden (vgl. Warn. 1911 Nr. 304). Das hat auch der Berufungsrichter nicht verkannt. Er erblickt aber in dem § 17 der Allgemeinen Bedingungen den Abschluß eines Schiedsvertrags. Hierin kann ihm indessen nicht gefolgt werden. Die Parteien haben im § 17 a. a. O. die Jagdaufsichtsbehörde, d. h. den Landrat als Behörde, zur Entscheidung ihrer Streitigkeiten berufen, nicht als Schiedsrichter. Der Landrat sollte nicht an die Vorschriften der Zivilprozeßordnung über Abfassung, Zustellung und Niederlegung des Schiedsspruchs auf der Gerichtsschreiberei gebunden, die Vollstreckbarkeit seiner Entscheidung sollte nicht von gerichtlicher Zulassung der Vollstreckung abhängig, die Möglichkeit einer gerichtlichen Aufhebung des landrätlichen Spruches sollte nicht gegeben sein. Ganz offenbar haben die Parteien dem Landrat, der als Jagdaufsichtsbehörde ohnehin mit Jagdsachen in gewissem Umfang befaßt ist, das Gebiet seiner behördlichen Zuständigkeit erweitern wollen. Nur so hat auch der Landrat selbst die Abrede der Parteien aufgefaßt. Er hat als Behörde gesprochen, ohne vorangehendes schiedsrichterliches Verfahren und ohne die Vorschriften über den Schiedsspruch zu beachten. Er hat auch als Behörde eine Verwaltungsgebühr von 2 *M* erhoben, nicht etwa ein Schiedsrichterhonorar eingezogen. Dem Ersuchen des Klägers, doch noch einen Schiedsspruch zu erlassen, hat er nicht stattgegeben.

Der Revision ist also darin beizutreten, daß der § 17 der Allgemeinen Bedingungen keinen Schiedsvertrag enthält. Dagegen konnte die Meinung der Revision, daß die Parteien befugt gewesen seien, den Landrat als Behörde zur Entscheidung ihrer privatrechtlichen Streitigkeiten zu berufen, aus den schon dargelegten Gründen nicht gebilligt werden. Die Vorschrift des § 17 ist mit Bauer an der oben angeführten Stelle für nichtig zu erachten. Damit wird die Gültigkeit des ganzen Vertrags in Frage gestellt, denn nach § 139 BGB. ist bei Nichtigkeit eines Teiles des Rechtsgeschäfts das ganze Rechtsgeschäft nichtig, wenn nicht anzunehmen ist, daß es auch ohne den nichtigen Teil vorgenommen worden wäre. Ob diese Ausnahme zutrifft, ist eine von dem Berufungsrichter zu beantwortende Tatfrage. ...

---

57. 1. Konnte schon vor dem Inkrafttreten der Verordnung über Goldmark- und Goldmarknoten-Wechsel und -Schecks vom 6. Februar 1924 ein Scheck in der Weise ausgestellt werden, daß die zu zahlende Geldsumme in Goldmark ausgedrückt wurde?

2. Kann trotz nachträglicher Verfälschung des Scheckinhalts die Verpflichtung eines Regreßschuldners nach Maßgabe des echten Scheckinhalts fortbestehen?

Scheckgesetz vom 11. März 1908 § 1 Nr. 2, § 23.

Feriensenat. Urt. v. 12. August 1925 i. S. S. (Bekl.) w. S. (Kl.). II 2/25.

I. Landgericht I Berlin.
II. Kammergericht daselbst.

Der Kläger besitzt einen vom Beklagten auf „selbst oder Überbringer" gestellten Scheck vom 24. Januar 1924. Zur Herstellung des Schecks ist ein Formular benutzt, in dem für die Angabe der zu zahlenden Geldsumme außerhalb des Kontextes der Buchstabe M und innerhalb des Kontextes das Wort Mark vorgedruckt ist. Der Beklagte hat hinter das M die Zahl 7235 in Ziffern und hinter das Wort Mark dieselbe Zahl in Buchstaben geschrieben. Vor das M und vor das Wort Mark hat er den Buchstaben G gesetzt. Dieses, gleich den sonstigen Teilen der ursprünglichen Niederschrift, mit Tinte geschriebene G ist mit Tintenstift durchstrichen, aber an beiden Stellen noch lesbar. Daneben steht an den beiden Stellen das mit Tintenstift geschriebene Wortzeichen Rtm. Die Parteien sind darüber einig, daß GM und GMark Goldmark, Rtm. Rentenmark bedeuten soll. Streitig ist, wer die Durchstreichung des G und die Beisetzung des Wortzeichens Rtm. vorgenommen hat.

Der Kläger hat den Scheck der bezogenen Bank am 28. Januar 1924 zur Zahlung vorlegen lassen. Die Bank hat ihn als vom Aussteller gesperrt nicht eingelöst und dieses, sowie den Tag der Vorlegung durch eine auf den Scheck gesetzte, von ihr unterschriebene Erklärung bescheinigt.

Auf die im Scheckprozeß erhobene Klage haben die beiden Vorderrichter den Beklagten verurteilt, an den Kläger 7235 Goldmark nebst Zinsen zu zahlen. Die Revision des Beklagten hatte keinen Erfolg.

Gründe:

Der Beklagte macht in erster Linie die Nichtigkeit des Schecks geltend, und zwar mit doppelter Begründung: 1. wegen Nichterfüllung des Formerfordernisses in § 1 Nr. 2 des Scheckgesetzes mit Bezug auf die Angabe einer „bestimmten Geldsumme", 2. wegen Verfälschung des Schecks durch nachträgliche unbefugte Abänderung der Bezeichnung der zu zahlenden Geldsumme.

1. Nach § 1 Nr. 2 SchG. muß der Scheck die an den Bezogenen gerichtete Anweisung des Ausstellers enthalten, aus seinem Guthaben eine bestimmte Geldsumme zu zahlen. Es fragt sich, ob dieser zwingenden Vorschrift in dem vorliegenden Scheck dadurch genügt ist, daß die zu zahlende Geldsumme auf 7235 Goldmark angegeben ist. Ein Zweifel könnte in dieser Hinsicht nicht bestehen,

wenn der Scheck erst nach dem Inkrafttreten der Verordnung der Reichsregierung über Goldmark- und Goldmarknoten-Wechsel und -Schecks vom 6. Februar 1924 (RGBl. I S. 50) ausgestellt worden wäre. Nach § 1 dieser auf Grund des Ermächtigungsgesetzes vom 8. Dezember 1923 (RGBl. I S. 1179) erlassenen Verordnung können Wechsel und Schecks in der Weise ausgestellt werden, daß die zu zahlende Geldsumme in Goldmark ausgedrückt wird. Als Goldmark gilt dann der Wert von $^{10}/_{42}$ des nordamerikanischen Dollars. Nach § 2 der Verordnung haben Zahlungen aus solchen Goldmark-Wechseln und -Schecks in Reichswährung zu erfolgen. Der Aussteller kann aber durch einen entsprechenden Zusatz Zahlung in Rentenmark bestimmen. Für die Umrechnung in Reichswährung oder Rentenmark ist die Zeit der Zahlung maßgebend. Diese Verordnung ist am 27. Februar 1924 in Kraft getreten, während der Beklagte den vorliegenden Scheck bereits am 24. Januar 1924 ausgestellt hat. Das Berufungsgericht führt demgegenüber aus: Der Gesetzgeber habe schon im Sommer 1923 mit der Goldmark gerechnet, so in § 13 der Durchführungsbestimmungen zur Verordnung über Devisenerfassung vom 7. September 1923 (RGBl. I S. 865) und in §§ 10 flg. der Devisenmaklerverordnung vom 17. September 1923 (RGBl. I S. 902). Auch der Verkehr habe sich während der Inflationszeit und insbesondere im Januar 1924 der Goldmark als Rechnungswährung in dem Sinne bedient, daß unter einer Goldmark ein Betrag in Reichswährung verstanden worden sei, der dem Werte von $^{10}/_{42}$ des nordamerikanischen Dollars entsprochen habe. Die Verwendung einer derartigen Rechnungswährung zur Bestimmung der Geldsumme sei für den Wechsel durch Art. 37 WO. besonders geregelt. Auch beim Scheck müsse es als genügend angesehen werden, wenn der Betrag unter Verwendung einer im Verkehr gebräuchlichen Rechnungswährung dergestalt angegeben werde, daß er in Reichswährung bestimmbar sei. Die Verordnung vom 6. Februar 1924 schaffe in § 1 keinen neuen Rechtszustand, sondern sie beseitige nur Zweifel, die sich für den bestehenden Rechtszustand ergeben könnten.

Diese Ausführung ist im wesentlichen zu billigen. § 1 Nr. 2 SchG. verlangt allerdings die Angabe einer bestimmten, d. h. sich gleichbleibenden (sich z. B. nicht durch einen Ansatz von Zinsen in ihrem Umfange wandelnden) und aus dem Scheck unmittelbar ersichtlichen Geldsumme. Welche Anforderungen zur Erfüllung dieser gesetzlichen Voraussetzung im einzelnen zu stellen sind, kann aber nicht ohne Berücksichtigung der jeweiligen Geldverhältnisse beurteilt werden. Zu einer Zeit, in der einerseits die alte deutsche Mark im Verkehr nicht mehr als ein ebenbürtiges Zahlungsmittel anerkannt wurde und eine neue deutsche Reichswährung noch nicht geschaffen worden war, anderseits nach der zutreffenden Feststellung des Berufungsgerichts mit der Goldmark in dem feststehenden Sinne ihrer Gleichsetzung mit $^{10}/_{42}$ des nordamerikanischen Dollars gerechnet wurde, konnte auch ein Scheck auf Goldmark ausgestellt werden. Der Einwand der Revision, der Begriff der Goldmark sei mehrdeutig gewesen, je nachdem er auf den Dollar oder auf Feingold bezogen worden sei, ist unbegründet. Denn der Begriff wurde eben damals, wenn ihm keine abweichende Erläuterung hinzugefügt wurde, im Verkehr nur auf den nordamerikanischen Dollar bezogen. Die Rechtslage ist in der Tat die, daß die Verordnung vom 6. Februar 1924 in ihrem § 1 (Satz 1 und 2) keinen neuen Rechtsgrundsatz aufgestellt, sondern einen bereits bestehenden bestätigt und für die Rechtsanwendung außer Zweifel gestellt hat. Ohne Grund hält die Revision dem entgegen, daß die Verordnung auf Grund des Ermächtigungsgesetzes vom 8. Dezember 1923, also als eine Maßnahme ergangen sei, die von der Reichsregierung „im Hinblick auf die Not von Volk und Reich für erforderlich und dringend erachtet" worden sei. Denn in diesen weiten Rahmen fiel nicht nur die Setzung neuen Rechts, sondern auch die in dem angegebenen Sinne zu verstehende gesetzliche Anerkennung eines in der Not der Inflationszeit herausgebildeten Rechtszustandes. So hat das Reichsgericht (JW. 1925 S. 231 Nr. 15) auch bereits entschieden, daß es schon vor dem Inkrafttreten des § 26a (Abs. 1 Satz 2) der Bekanntmachung zur Entlastung der Gerichte in der Fassung der Verordnung vom 22. Dezember 1923 (RGBl. I S. 1239) zulässig war, im Urteil die Höhe einer zu zahlenden Geldsumme nach Maßgabe einer amtlichen Teuerungszahl festzusetzen, daß also auch diese auf Grund des Ermächtigungsgesetzes erlassene Verordnung nur einen bereits geltenden Rechtssatz bestätigt hat.

Auch die Bestimmungen in § 2 Satz 1 und 3 der Verordnung vom 6. Februar 1924, daß Zahlungen aus Goldmark-Wechseln und

-Schecks in Reichswährung zu erfolgen haben und daß für die Umrechnung in Reichswährung die Zeit der Zahlung maßgebend sei, haben wenigstens für den Scheck, für den keine dem Art. 37 WO. entsprechende Vorschrift bestand, die bloße Bedeutung der Bestätigung eines bereits vorher im Verkehrsleben (§ 242 BGB.) entwickelten Rechtszustandes. Zu der von der Revision gestellten Frage, ob etwa auch der Vorschrift in § 2 Satz 2 der Verordnung vom 6. Februar 1924 (über die Zahlung in Rentenmark bei Bestimmung des Ausstellers) dieselbe Bedeutung zukommen solle, brauchte das Berufungsgericht und braucht das Revisionsgericht keine Stellung zu nehmen. Denn, wie im folgenden erörtert wird, berührt der an zwei Stellen im Scheck gemachte Zusatz Rtm. die Verpflichtung des Beklagten nicht. Der Kläger, der schon im vorigen Rechtszuge lediglich die Zurückweisung der Berufung gegen das erste Urteil beantragt hat, verlangt auch gar nicht mehr die Zahlung von Rentenmark.

2. Die Durchstreichung des G und die Beisetzung des Wortzeichens Rtm. bei der in Ziffern und bei der in Buchstaben ausgedrückten Marksumme ist nach dem äußeren Anschein nachträglich bewirkt. Nach der unwiderlegten und deshalb zu unterstellenden Behauptung des Beklagten ist beides nach der Begebung des Schecks durch ihn ohne sein Wissen und ohne seine Einwilligung oder Genehmigung geschehen. Es ist demnach davon auszugehen, daß dem Beklagten gegenüber eine nachträgliche Verfälschung des Scheckinhalts stattgefunden hat. Dies hat das Berufungsgericht nicht verkannt. Es nimmt aber an, daß der Beklagte, da der ursprüngliche Wortlaut des Schecks noch lesbar sei, trotz der nachträglichen Verfälschung den Scheck mit dem Inhalt gegen sich gelten lassen müsse, den er selbst ihm gegeben habe. Diese Annahme entspricht dem in der Rechtsprechung des Reichsgerichts (RGZ. Bd. 54 S. 386, Bd. 108 S. 78 = JW. 1924 S. 1153 Nr. 18) für den Wechselverkehr entwickelten Grundsatz, daß die Wechselverpflichtung nach dem ursprünglichen Wechselinhalt erhalten bleibt, wenn die fälschende Veränderung den ursprünglichen Text dergestalt unberührt läßt, daß er neben der Veränderung unversehrt bestehen bleibt und nach der Entfernung der fälschenden Durchstreichung oder des fälschenden Zusatzes, werde sie tatsächlich oder auch nur in Gedanken vorgenommen, in seiner Ursprünglichkeit wieder erkennbar wird. Daß

diese von der Rechtsprechung des vormaligen Reichsoberhandelsgerichts und der überwiegenden Meinung im Schrifttum abweichende Auffassung mit allgemeinen Rechtsgrundsätzen und mit der besonderen Natur des formellen Wechselrechts in Einklang steht, ist insbesondere in dem zweiten der beiden angeführten Reichsgerichtsurteile eingehend dargelegt. Die von der Revision angezogene kritische Bemerkung von Bernstein (zu JW. 1924 S. 1153 Nr. 18), in der dieser seine vom Reichsgericht a. a. O. zurückgewiesene Meinung verteidigt, gibt dem erkennenden Senat keinen Anlaß, von der durch zwei Senate in voller Kenntnis des Streitstandes entwickelten Auffassung abzugehen. Daß das, was hinsichtlich der Verfälschung des Inhalts der Urkunde beim Wechsel gilt, auf den Scheck entsprechend anzuwenden ist, ist bei der insoweit wesentlich gleichen Rechtslage auf den beiden Rechtsgebieten nicht zu bezweifeln (vgl. einerseits Art. 75, 76 WO., anderseits § 23 SchG. und die Begründung zum Entwurf dieses Gesetzes S. 32), wird auch von der Revision nicht in Zweifel gezogen.

Die Revision wendet schließlich ein, aus der Veränderung des Schecks entstehe die Ungewißheit, ob bei seiner Vorlegung Zahlung in Goldmark oder in Rentenmark verlangt, und ersterenfalls, ob Goldmark in dem sich aus der Beziehung auf den Dollar oder aus der Beziehung auf Feingold ergebenden Sinne gefordert worden seien; die Rückrechnung sei in Rentenmark ausgestellt. Das letzte ist eine erst in diesem Rechtszug aufgestellte und deshalb unbeachtliche Behauptung. Die angebliche Ungewißheit, in welchem Sinne Goldmark gefordert sein könnten, ist zu verneinen mit Rücksicht auf die schon oben (unter Nr. 1 Abs. 2) festgestellte verkehrsmäßige Gleichsetzung der Goldmark mit $^{10}/_{42}$ des nordamerikanischen Dollars. Auch die Frage, ob die Zahlung von Goldmark oder von Rentenmark verlangt worden sei, kann, ganz abgesehen von der damaligen Gleichwertigkeit von Goldmark und Rentenmark, schon deshalb nicht aufgeworfen werden, weil nach der auf dem Scheck stehenden Erklärung der bezogenen Bank der Scheck schlechthin zur Zahlung vorgelegt und seine Einlösung nicht etwa wegen einer aus seiner Beschaffenheit folgenden Ungewißheit über Art oder Maß der Zahlung, sondern schlechthin wegen seiner Sperrung durch den Aussteller abgelehnt worden ist. . . .

58. Fallen regelmäßige Zuschüsse, die ein Vater seiner Tochter mit Rücksicht auf ihre Verheiratung zur Erhaltung der Wirtschaft zusichert, unter den Begriff der Leibrente?

BGB. §§ 1624, 759—761.

IV. Zivilsenat. Urt. v. 17. September 1925 i. S. v. B. (Bekl.) w. v. C. (Kl.). IV 159/25.

I. Landgericht I Berlin.
II. Kammergericht daselbst.

Der Beklagte ist der Vater der seit dem Jahre 1913 verheirateten Klägerin. Diese behauptet, daß der Beklagte sich vor ihrer Eheschließung in einem an sie gerichteten Briefe verpflichtet habe, ihr vom Tage der Eheschließung einen jährlichen Zuschuß von 18000 *M* in vierteljährlichen Teilen im voraus zu zahlen. Sie fordert den aufzuwertenden Wirtschaftszuschuß für die Zeit vom 1. April bis 30. September 1924. Das Berufungsgericht hat ihr für diese Zeit 3000 RM. zuerkannt.

Die Revision des Beklagten wurde zurückgewiesen.

Gründe:

Das Berufungsgericht geht von den rechtlich nicht anfechtbaren und mit der Revision nicht angefochtenen Erwägungen aus, daß das der Klage zugrunde liegende (von den beiden Vorderrichtern für erwiesen erachtete) Versprechen sich als ein Ausstattungsversprechen im Sinne des § 1624 BGB. darstelle und als solches der Formvorschrift des § 518 BGB. nicht unterliege, da der Beklagte nach eigener Angabe im Jahre 1913 ein Einkommen von einer Million Mark gehabt habe, ein Zuschuß von 18000 *M* im Jahre an eine Tochter daher das den Umständen entsprechende Maß nicht überstiegen habe. Weiter führt das Berufungsgericht aus: a) Das Versprechen habe, da die Klägerin von der Eheschließung ab auf Lebenszeit eine fortlaufende Geldrente in vierteljährlichen Vorausteilen habe erhalten sollen, die Gewährung einer Leibrente zum Gegenstande gehabt und deshalb nach § 761 BGB. schriftlich erteilt werden müssen. b) Die Schriftform des § 126 BGB. sei gewahrt, obwohl die beiden für ihre Erfüllung in Betracht kommenden Schreiben, das streitige aus der Zeit vor der Eheschließung der Klägerin und ein unstreitiges vom 24. Oktober 1921, vom Beklagten nur mit „Dein Papa" unterzeichnet worden seien.

Diese Ausführung wird von der Revision in ihrem Teile b angegriffen. Die Berechtigung dieses Angriffs kann auf sich beruhen. Denn die vom Berufungsgericht unter a vertretene Annahme, daß sich das vom Beklagten Versprochene als eine Leibrente im Sinne der §§ 759—761 BGB. darstelle, ist rechtlich zu mißbilligen.

Eine Leibrente ist ein einheitliches nutzbares Recht, das dem Berechtigten für seine eigene oder die Lebenszeit eines anderen Menschen eingeräumt ist und dessen Erträge aus fortlaufend wiederkehrenden gleichmäßigen Leistungen in Geld oder vertretbaren Sachen bestehen. Nach dieser in RGZ. Bd. 67 S. 207 entwickelten und seitdem in ständiger Rechtsprechung festgehaltenen Begriffsbestimmung ist es wesentliche Voraussetzung eines Leibrentenvertrags, daß das Grundrecht, aus dem sich die Ansprüche auf die einzelnen Renten ableiten, lediglich nach Maßgabe des Vertrags unabhängig und losgelöst von den sonstigen Beziehungen und Verhältnissen der Parteien gewährt wird. Auch das Ausstattungsversprechen eines Vaters, womit er seiner Tochter mit Rücksicht auf ihre Verheiratung zur Erhaltung der Wirtschaft regelmäßige Zuschüsse zusichert, mag so ausgestaltet werden können, daß es diesen rechtlichen Anforderungen des Leibrentenvertrags entspricht; in RGZ. Bd. 67 S. 213 ist dies als „nicht geradezu ausgeschlossen" bezeichnet. Immerhin wird sich, wenn die Wirtschaftszuschüsse nicht ausdrücklich als Leibrente versprochen sind, die von den Parteien gewollte Schaffung eines von ihren sonstigen Beziehungen und Verhältnissen unabhängigen Grundrechts nur selten feststellen lassen. Für die Regel trifft es zu, was das Landgericht angenommen hat, daß ein Ausstattungsrentenversprechen unter dem stillschweigenden Vorbehalte gleichbleibender Verhältnisse (der sogenannten clausula rebus sic stantibus) erteilt wird. Besondere Umstände, welche die Unterordnung des vorliegenden Ausstattungsversprechens unter den Begriff des Leibrentenvertrags rechtfertigen könnten, sind weder im Berufungsurteil festgestellt noch von einer der beiden Parteien behauptet. Die Gültigkeit des Versprechens ist danach nicht durch die Erfüllung der Formerfordernisse des § 126 BGB. bedingt. . . .

---

59. 1. Ist der im erstversäumten Schwurtermine vom Prozeßbevollmächtigten der schwurpflichtigen Partei gestellte Antrag, einen neuen Termin zur Eidesleistung anzuberaumen, wie ein Antrag aus § 466 ZPO. oder als Vertagungsantrag zu behandeln?

2. Greift das Recht zur Vertagung eines Termins von Amts wegen auf Grund des § 227 Abs. 1 ZPO. nicht durch, wenn die schwurpflichtige Partei auch im zweiten Eidesleistungstermin nicht erschienen ist und der Gegner beantragt, den Eid als verweigert anzusehen?

ZPO. §§ 227, 466, 468.

VI. Zivilsenat. Urt. v. 18. September 1925 i. S. Eheleute K. (Bekl.) w. P. (Kl.). VI 169/25.

I. Landgericht Königsberg i. Pr.
II. Oberlandesgericht daselbst.

Der Kläger hat von der Erstbeklagten, seiner Tochter, eine Reihe ihm gehöriger Sachen herausverlangt, die ihr angeblich seine mit ihm in Scheidung lebende Frau ohne sein Wissen und Willen zugebracht hatte. Die Entscheidung über diesen Anspruch ist vom Landgericht rechtskräftig zum Teil von einem der Erstbeklagten auferlegten Eide abhängig gemacht worden, unter welchen zugleich auch der gegen den Zweitbeklagten erhobene Anspruch auf Duldung der Zwangsvollstreckung in das eingebrachte Gut seiner Ehefrau gestellt worden ist. Die Beklagten haben nach Rechtskraft des Urteils den Kläger vor das Landgericht geladen, worauf vom Vorsitzenden Termin zur Eidesleistung und weiteren mündlichen Verhandlung auf den 3. Juni 1924 anberaumt worden ist. In dem Termin ist die schwurpflichtige Beklagte nicht erschienen. Ihr Vertreter erklärte, daß sie ausgeblieben sei, weil er angenommen habe, daß es mangels ordnungsmäßiger Ladung nicht zur Eidesleistung kommen könne. Tatsächlich war bei dem Termin die Ladungsfrist nicht gewahrt. Der Vertreter des Klägers sah darin keinen stichhaltigen Grund für das Ausbleiben der beklagten Ehefrau und beantragte, den Eid als verweigert anzusehen. Hierauf beantragte der Vertreter der Beklagten, und zwar schon im Termin, einem neuen Termin zur Abnahme des Eides anzuberaumen. Dieser Termin wurde vom

Vorsitzenden auf den 13. Juni bestimmt und verkündet. In dem neuen Termin erschien die Erstbeklagte wiederum nicht, sondern nur ihr Ehemann. Irrtümlich hatte der Vertreter der Beklagten dieser mitgeteilt, daß der Mann zur Eidesleistung erscheinen solle. Der Vertreter des Klägers beantragte nunmehr wiederum, den Eid als verweigert anzusehen und das Urteil für den Fall der Nichtleistung des Eides zu läutern. Der Vertreter der Beklagten bat hingegen nochmals um Anberaumung eines neuen Termins zur Eidesabnahme. Das Landgericht beraumte Termin zur Verkündung der Entscheidung auf den 20. Juni 1924 an und erließ in diesem Termin ein Zwischen- und Läuterungsurteil dahin, daß der Eid als verweigert angesehen wurde und die Beklagten zur Herausgabe der Sachen und Duldung der Zwangsvollstreckung verurteilt wurden. Das Berufungsgericht wies die Berufung gegen dieses Urteil zurück. Die Revision der Beklagten blieb ohne Erfolg.

Gründe:

Da der Termin vom 3. Juni 1924 nicht bloß zur Eidesleistung, sondern auch zur mündlichen Verhandlung bestimmt war, so mag sich allerdings schon aus letzterem Grunde die Notwendigkeit der Ladungsfrist ergeben haben. Aber die Beklagten konnten sich auf die Nichteinhaltung dieser Frist nicht berufen, weil ihre Wahrung nur zugunsten der geladenen, nicht aber der ladenden Partei in Betracht kommt (RGZ. Bd. 86 S. 140). Es trat auch noch hinzu, daß sich der Vertreter der Beklagten lediglich auf die Erklärung beschränkte, daß anscheinend die Ladung keine ordnungsmäßige sei, und demnächst doch verhandelte. Denn nachdem der Vertreter des Klägers beantragt hatte, den Eid als verweigert anzusehen, hat er schließlich um die Anberaumung eines neuen Termins zur Eidesabnahme namens der Beklagten gebeten. Es enthält darum keinen Rechtsverstoß, wenn das Berufungsgericht in Übereinstimmung mit dem Landgericht in dem Termin vom 3. Juni 1924 den erstversäumten Schwurtermin erblickt hat. Wenn die Revision meint, daß der Antrag auf Anberaumung eines neuen Schwurtermins im erstanberaumten Termin selbst nicht habe gestellt werden dürfen und deshalb der vom Vertreter der Beklagten gestellte Antrag auf Anberaumung eines neuen Termins lediglich ein Vertagungsantrag gewesen sei, so geht sie fehl. Die in § 466 ZPO. getroffene Bestimmung regelt nur die Dauer und den Lauf der Frist für den Antrag auf Abnahme des Eides, aus ihr ist aber nicht zu entnehmen, daß der Antrag nicht auch schon vor dem Beginn der für ihn laufenden Notfrist im ersten Termin vom Vertreter der schwurpflichtigen Partei gestellt werden könnte (vgl. auch Stein-Jonas Bem. I 1 zu § 466). Geschieht dies, so kommt das Verfahren nach § 467 ZPO. nicht mehr in Frage. Darum ist richtig sofort der neue Termin zur Eidesleistung vom Landgericht bestimmt worden, der nunmehr als zweiter Schwurtermin zu gelten hatte. Auch in diesem Termin ist die schwurpflichtige Partei nicht erschienen. Ein nochmaliger Antrag auf Abnahme des Eides war deshalb nicht mehr zulässig (§ 468 ZPO). Daß das Nichterscheinen der beklagten Ehefrau im zweiten Schwurtermin durch ein Versehen ihres Prozeßbevollmächtigten bei der Mitteilung des neuen Eidesleistungstermins veranlaßt worden ist, fällt nicht ins Gewicht. Denn selbst wenn ein entschuldbares Ausbleiben der schwurpflichtigen Partei die Folgen der Säumnis ausschließen würde, so können sich die Beklagten im gegebenen Falle doch nicht auf ein solches berufen, weil sie das Versehen ihres Prozeßbevollmächtigten zu vertreten haben.

Auch daß das Berufungsgericht in der angeblichen Verletzung des § 227 ZPO. keinen Grund zur Beanstandung des landgerichtlichen Urteils gefunden hat, kann die Revision nicht rügen. Will sie auch hier geltend machen, daß in dem im zweiten Schwurtermin gestellten Antrage des Vertreters der Beklagten, zur Leistung des Eides einen neuen Termin anzuberaumen, lediglich ein Vertagungsantrag gelegen habe, so scheitert ihr Angriff daran, daß die Ablehnung der Vertagung nach § 227 Abs. 2, 3 ZPO. unanfechtbar ist und deshalb auch der Beurteilung des Berufungsgerichts nicht mehr unterlag (§ 512 ZPO.). Soll dem Berufungsgericht aber vorgeworfen werden, daß es sich über die Möglichkeit einer Vertagung von Amts wegen durch das Landgericht auf Grund des § 227 Abs. 1 ZPO. im Irrtum befunden habe, so mag der Zulässigkeit dieser Rüge die Vorschrift in Abs. 2 und 3 möglicherweise nicht entgegenstehen, doch liegt der behauptete Rechtsverstoß nicht vor. Denn das Recht zur Vertagung von Amts wegen auf Grund des § 227 Abs. 1 ZPO. greift nicht Platz, wenn eine Partei in dem anstehenden Termin nicht erschienen ist und sich an ihre Säumnis Folgen zugunsten des Gegners knüpfen.

Das Gegenteil würde Rechte des Gegners verkürzen und besonders auch im gegebenen Falle verkürzt haben, da der Kläger durch das Ausbleiben der schwurpflichtigen Partei im zweiten Eidesleistungstermin das Recht gewonnen hatte, daß der Eid endgültig als verweigert anzusehen und das Urteil für den Nichtschwörungsfall zu läutern war (vgl. auch Beschluß des II. Zivilsenats vom 7. März 1899 II B 53/99). Nur für den Fall des § 337 ZPO. kennt das Gesetz eine Ausnahme von dem vorbezeichneten Grundsatz. Eine gleiche Vorschrift ist aber für den Fall der §§ 465, 468 ZPO. vom Gesetz nicht getroffen und kann durch eine Anwendung des § 227 ZPO. in dieses auch nicht hineingetragen werden.

---

60. Ist die in Preußen angeordnete Herabsetzung der Altersgrenze für Richter von 68 auf 65 Jahre rechtsgültig?

Preuß. Personal-Abbau-Verordnung vom 8. Februar 1924 § 84. Preuß. Verfassung Art. 55.

III. Zivilsenat. Urt. v. 18. September 1925 i. S. R. u. Gen. (Kl.) w. Land Preußen (Bekl.). III 568/24.

I. Landgericht Potsdam.

Die Kläger, ein Senatspräsident und vier Oberverwaltungsgerichtsräte des Preußischen Oberverwaltungsgerichts, sind, weil sie die Altersgrenze von 65 Jahren überschritten hätten, am 1. April 1924 in den Ruhestand versetzt worden und beziehen vom genannten Tage an Ruhegehalt. Sie behaupten, zu Unrecht in den Ruhestand versetzt worden zu sein, und verlangen Zahlung des Unterschieds zwischen ihrem Stellen- und dem Ruhegehalt. Vom Landgericht abgewiesen, haben sie unter Übergehung der Berufungsinstanz unmittelbar Revision eingelegt. Sie wurde zurückgewiesen.

Gründe:

Die Kläger sind auf Grund der preußischen Personal-Abbau-Verordnung vom 8. Februar 1924 (GS. S. 73) in den Ruhestand versetzt worden. Diese Verordnung ist vom Staatsministerium in Übereinstimmung mit dem ständigen Ausschuß des Landtags gemäß

Art. 55 der preußischen Verfassung erlassen worden. Ihre Rechtsgültigkeit wird von den Klägern in formeller und materieller Hinsicht beanstandet, und zwar soll sie sowohl gegen preußisches wie gegen Reichsrecht verstoßen.

Nach Art. 55 der preußischen Verfassung kann, wenn der Landtag nicht versammelt ist und die Aufrechterhaltung der öffentlichen Sicherheit oder die Beseitigung eines ungewöhnlichen Notstandes es dringend erfordert, das Staatsministerium in Übereinstimmung mit dem im Art. 26 vorgesehenen ständigen Ausschuß Verordnungen, die der Verfassung nicht zuwiderlaufen, mit Gesetzeskraft erlassen. Diese Voraussetzungen sollen bei Erlaß der Verordnung vom 8. Februar 1924 jedenfalls insoweit nicht vorgelegen haben, als einerseits der Landtag damals versammelt gewesen sei und anderseits weder die Aufrechterhaltung der öffentlichen Sicherheit noch ein ungewöhnlicher Notstand ein solches Vorgehen erheischt habe. Der Berücksichtigung dieses Vorbringens steht jedoch schon entgegen, daß die genannte Verordnung gemäß Art. 55 der preußischen Verfassung dem Landtag zur Genehmigung vorgelegt worden und diese am 22. Februar 1924 erfolgt ist (Sitzungsberichte des preußischen Landtags 1. Wahlperiode Bd. 15 S. 21437). Dadurch ist die Verordnung rechtlich einem ordnungsmäßig ergangenen Gesetz in jeder Hinsicht gleichgestellt, und zwar ohne daß es einer weiteren Veröffentlichung, insbesondere einer Verkündung in Gesetzesform bedarf; eine Bekanntmachung ist vielmehr in Art. 55 nur für den Fall vorgeschrieben, daß der Landtag seine Genehmigung versagt. Deshalb entfallen auch die Rügen der Revision, daß nicht der Staatsrat vor Erlaß gehört worden sei (Art. 40 Abs. 2 und Art. 42) und daß eine Verkündung unter dem vorgeschriebenen Hinweis auf einen Beschluß des Landtags oder eines Volksentscheids (Art. 61) nicht stattgefunden habe.

Da die Notverordnung, nachdem sie die Genehmigung des Landtags erhalten hat, einem Gesetz gleichzuachten ist, verstößt die in ihr getroffene Bestimmung der Altersgrenze nicht gegen Art. 104 RVerf. Auch ein Verstoß gegen Art. 129 liegt nicht vor.

Soweit die beanstandete Regelung ihre Stütze in der auf Grund des Ermächtigungsgesetzes vom 23. Oktober 1923 (RGBl. I S. 943) ergangenen Verordnung zur Herabminderung der Personalausgaben des Reichs (Personal-Abbau-Verordnung) vom 27. dess. Mts. (RGBl. I

S. 999) findet, bestehen ebenfalls keine durchgreifenden Rechtsbedenken. Ob bei Erlaß der preußischen Verordnung das vorgenannte Ermächtigungsgesetz noch in Kraft stand, ist hier nicht von Belang. Denn mit seinem Wegfall erlosch zwar die Befugnis der Reichsregierung, die in § 1 des Ermächtigungsgesetzes vorgesehenen Maßnahmen fortan zu treffen, nicht jedoch wurde hierdurch die auf Grund des genannten Gesetzes ergangene Personal-Abbau-Verordnung des Reichs hinfällig und so auch nicht Art. 18 dieser Verordnung, der den Ländern die Verpflichtung auferlegte, eine den allgemeinen Grundsätzen der in Art. 1 gegebenen Neufassung des Reichsbeamtengesetzes entsprechende Regelung für ihre Landesbeamten eintreten zu lassen. Daß aber die die Kläger betreffende Regelung, nämlich die durch § 84 der Verordnung erfolgte Herabsetzung der Altersgrenze auf die Vollendung des 65. Lebensjahres, den reichsrechtlichen Grundsätzen widerspreche, ist nicht anzuerkennen. Die Kläger nehmen zu Unrecht an, daß das Reich in seiner Personal-Abbau-Verordnung die Altersgrenze für seine Richter anders als für andere Reichsbeamte gezogen habe. Vielmehr sollen grundsätzlich alle Reichsbeamten mit Vollendung des 65. Lebensjahres die Altersgrenze erreichen; nur für die Mitglieder der drei darin besonders genannten Behörden ist eine andere Altersgrenze bestimmt worden. Das Land Preußen war daher nicht gehindert, für seine Richter, zu denen in dieser Hinsicht nach § 5 Abs. 2 des preußischen Altersgrenzengesetzes vom 15. Dezember 1920 (GS. S. 621) auch die Mitglieder des Oberverwaltungsgerichts gehören, die Altersgrenze auf die Vollendung des 65. Lebensjahres zu setzen. Ob das der Stellung des Oberverwaltungsgerichts gegenüber anderen preußischen Behörden sachlich entspricht, kann hier nicht erörtert werden.

Auch die Rüge geht fehl, daß die so bald vorgenommene Herabsetzung der Altersgrenze, die erst in § 2 des vorgenannten Gesetzes von 1920 auf die Vollendung des 68. Lebensjahres bestimmt worden war, auf das 65. Jahr eine offenbare und deshalb unzulässige Willkür sei. Das Land Preußen hat sich bei dieser Regelung an die ihm durch Art. 18 der Reichs-Personal-Abbau-Verordnung erteilte Weisung gehalten, auch soweit es hierbei die Kläger weniger günstig als bisher stellte.

61. 1. Findet § 7 des Reichshaftungsgesetzes Anwendung, wenn eine ausländische Firma einen Schadensersatzanspruch gegen das Deutsche Reich geltend macht, den ihr eine deutsche Firma abgetreten hat?

2. Sind die Vorschriften revisibel, die die in Art. 109 des Versailler Vertrags vorgesehene Internationale Kommission während der Zeit der Besetzung Nordschleswigs erlassen hat?

ZPO. § 549. Reichshaftungsgesetz § 7.

III. Zivilsenat. Urt. v. 25. September 1925 i. S. T. (Kl.) w. Deutsches Reich (Bekl.). III 486/24.

I. Landgericht Flensburg.
II. Oberlandesgericht Kiel.

Im Juli 1920 sandte eine Flensburger Firma Preßtorf an die Klägerin, eine dänische Firma. Die Sendung wurde am 7. Juli von der Kontrollstelle Niebüll des Reichsbeauftragten für die Überwachung der Ein- und Ausfuhr angehalten und vorläufig sichergestellt, und am 13./14. Juli von dem genannten Reichsbevollmächtigten für verfallen erklärt. Auf Beschwerde der Klägerin sind am 14. Oktober 1920 Beschlagnahme und Verfallserklärung aufgehoben worden. Der Torf war inzwischen versteigert worden. Die Klägerin, der die Flensburger Firma ihre einschlägigen Ansprüche abgetreten hatte, lehnt die Annahme des hinterlegten Versteigerungserlöses, als bei dem Verkauf einer anderen, nicht der fraglichen Sendung erzielt, ab und verlangt vom Reich Zahlung von 1918,98 Goldmark nebst Zinsen als Schadensersatz. Das Berufungsgericht hat ihre Klage abgewiesen. Ihre Revision wurde zurückgewiesen.

Gründe:

Nach dem festgestellten Sachverhalt ist davon auszugehen, daß es sich bei dem fraglichen Torf um einen sogenannten Versendungskauf gehandelt hat, bei dem das Eigentum an dem Torf trotz der Versendung an die Klägerin bei der Flensburger Firma geblieben ist (RGZ. Bd. 102 S. 40) Ohne Rechtsirrtum konnte daher diese als durch die behördlichen Maßnahmen geschädigt angesehen und es brauchte kein maßgebendes Gewicht darauf gelegt zu werden, daß sie zunächst versucht hat, die Klägerin als die unmittelbar geschädigte gelten zu lassen. Ihr, der deutschen Firma, stand also, wenn der im § 1 des Reichshaftungsgesetzes vom 22. Mai 1910 (RGBl. S. 798) vorgesehene Sachverhalt vorlag, ein Ersatzanspruch gegen das Reich zu. Dadurch, daß sie ihn einer ausländischen Firma abtrat, wurde die Rechtsnatur dieses Anspruchs nicht geändert, insbesondere wurde er nicht zu einem solchen, der dem Angehörigen eines ausländischen Staates erwachsen war, sondern er blieb ein für eine deutsche Firma begründeter, wenn auch einem Ausländer abgetretener Anspruch. Auf diesen Fall findet § 7 des vorgenannten Gesetzes, der eine materielle Voraussetzung solchen Ersatzanspruchs, nicht aber seine Geltendmachung regelt, keine Anwendung. Aus der genannten Gesetzesstelle ist daher kein Bedenken gegen die Zulässigkeit der vorliegenden Klage herzuleiten. Schon deshalb erübrigt sich eine Erörterung darüber, ob § 7 des Reichshaftungsgesetzes mit dem gegebenen Falles in erster Linie heranzuziehenden Art. 131 RV. vereinbar ist (RGZ. Bd. 109 S. 212), zumal diese Verfassungsbestimmung zu denjenigen gehört, die als Grundrechte der Deutschen aufgestellt sind....

Ferner rügt die Revision, daß das Berufungsgericht, welches das Vorliegen einer ordnungsmäßigen Ausfuhrbewilligung wegen Fehlens eines der vorgeschriebenen Stempelaufdrucke auf den Frachtbriefen verneint hat, die Bedeutung dieses Stempels verkannt und die Unterlassung seines Aufdrucks rechtlich unzutreffend beurteilt habe. Auch dieser Angriff versagt, da es sich insoweit um die Auslegung von Vorschriften handelt, auf deren Verletzung die Revision nicht gestützt werden kann (§§ 549, 562 ZPO.). Das Verlangen der Revision, diese Vorschriften, welche von der in Art. 109 des Versailler Vertrags vorgesehenen Internationalen Kommission erlassen worden sind, mit Rücksicht auf den genannten Artikel als reichsrechtliche anzusehen, ist als unbegründet abzulehnen. Weder aus den einzelnen Bestimmungen dieses Artikels noch aus seinem Gesamtinhalt und seiner Stellung im System des genannten Vertrags ist ein derartiger Schluß herzuleiten, ebensowenig aus den deutschen Ausführungsbestimmungen oder aus allgemein anerkannten Regeln des Völkerrechts. Daher versagt auch eine Bezugnahme auf Art. 178 Abs. 1 Satz 2 und Art. 4 der Reichsverfassung. Auch die Erwägung kann nicht platzgreifen, daß, weil das Reich den Erlaß solcher Vorschriften — wenn auch gezwungen — zugelassen habe, diese deshalb als reichsrechtliche anzusehen seien. Wenn sogar Normen, deren Setzung das Reich seinen Ländern ausdrücklich zuweist oder überläßt, nicht reichsrechtliche im Sinne des § 549 ZPO. sind, so muß entsprechendes um so mehr hier gelten. Die Behauptung einer Verletzung der fraglichen Vorschriften kann daher in diesem Rechtszuge keine Berücksichtigung finden.

Daß das Berufungsgericht auf Grund seiner Annahme des Vorliegens der obengenannten Umstände die behördlichen Maßnahmen als gerechtfertigt angesehen hat, ist auch dann nicht rechtlich fehlsam, wenn letztere ursprünglich auf einen anderen Grund — etwa den Mangel der Berechtigung des Ausstellers der beizubringenden Bescheinigungen — gestützt worden sein sollten. Für die vom Berufungsgericht zu treffende Entscheidung kam es nur darauf an, ob die Maßnahmen mit Recht getroffen, nicht ob sie sogleich richtig begründet worden waren....

---

62. Entfällt für den preußischen Notar der Anspruch auf die gesetzliche Geschäftsgebühr, wenn er das Notariatsgeschäft außerhalb seines Amtsbezirks vorgenommen hat?

Preuß. Gesetz über freiwillige Gerichtsbarkeit Art. 39, 80.
Preuß. Notariatsgebührenordnung § 11.

III. Zivilsenat. Urt. v. 25. September 1925 i. S. P. (Kl.) w. G. (Bekl.). III 470/24.

I. Landgericht Stolp.
II. Oberlandesgericht Stettin.

Am 28. Oktober 1923 hat der Beklagte von Berlin aus, wo er über den Verkauf seines Ritterguts zum Preise von 1100000 Goldmark mit einem Dritten verhandelte, den Kläger ersucht, nach Berlin zu kommen und dort den in Aussicht stehenden Kauf als Notar zu beurkunden. Der Kläger will in Schlawe das Grundbuch eingesehen und sich Auszüge daraus gemacht haben; er ist dann nach Berlin gefahren, hat jedoch den Beklagten nicht getroffen und schließlich durch den Fernsprecher den Bescheid erhalten, daß das Geschäft sich zerschlagen habe. Mit der Klage verlangt der Kläger seine Gebühren und Auslagen, die er gemäß § 32 des Preußischen Gerichtskostengesetzes vom 4. Oktober 1923 auf etwas über 11000 Goldmark berechnet, im Rechtsstreit übrigens nur in Höhe von 2000 Goldmark geltend macht. Zur Abgeltung der Reisekosten hat der Beklagte dem Kläger 100 Goldmark bezahlt. Das Landgericht hat die Klage abgewiesen. Die Berufung des Klägers hatte keinen Erfolg. Auf seine Revision ist das Berufungsurteil aufgehoben und die Sache in die Vorinstanz zurückverwiesen worden.

Gründe:

Das Landgericht hatte die Klage abgewiesen, weil eine Tätigkeit des Klägers im Sinne des § 11 der preuß. Notariatsgebührenordnung nicht stattgefunden habe. Das Oberlandesgericht hat, ohne zu diesem Entscheidungsgrund Stellung zu nehmen, die Berufung des Klägers zurückgewiesen, weil dem Kläger verboten gewesen sei, in Berlin, außerhalb seines Amtsbezirks, amtlich tätig zu werden; für diese ihm verbotene Tätigkeit könne der Kläger keine Vergütung beanspruchen. Dem kann nicht zugestimmt werden.

Zwischen dem Notar und seinem sogenannten Auftraggeber besteht — davon geht der Berufungsrichter zutreffend aus — kein Vertragsverhältnis; der Notar übt ein Amt aus, und der Anspruch auf die ihm für die Amtsausübung zustehende Gebühr beruht unmittelbar auf dem Gesetz, nicht auf Vertrag. Aus dem Gesetz muß im Wege der Auslegung entnommen werden, ob der Gebührenanspruch dem Notar auch dann zusteht, wenn er, dem Verbot des Art. 80 PrFGG. zuwider, außerhalb seines Amtsbezirks tätig geworden ist. Einen Anhalt für die Auslegung bildet Art. 39 PrFGG. Danach ist eine von dem Notar vorgenommene Beurkundung nicht deshalb unwirksam, weil er sie außerhalb der Grenzen seines Amtsbezirks vorgenommen hat. Hat der Notar den Auftrag, außerhalb der Grenzen seines Amtsbezirks amtlich tätig zu werden, entgegengenommen und zu Ende durchgeführt, so würde das Ergebnis seiner amtlichen Mühewaltung, seines Wissens und Könnens, und die Haftung aus seiner Verantwortlichkeit dem Auftraggeber zugutekommen, ohne daß der letztere, nach der Auffassung des Berufungsrichters, dem Notar die gesetzlichen Gebühren schuldig würde. Dieses Ergebnis wäre befremdlich und ist nicht zu billigen. Es ist auch nicht zwingend geboten. Dem Inhalt und Zweck des Art. 80 PrFGG. wird man immer noch hinreichend gerecht, wenn man ihn als eine Vorschrift auffaßt, deren etwaige Übertretung im Wege der Dienstzucht zu ahnden wäre. Auch außerhalb des Verbots des Art. 80 PrFGG. sind in der Amtsführung des Notars Zuwiderhandlungen gegen dienstliche Verbots- und Gebotsvorschriften denkbar, die das Verhalten des Notars zu einem vorschriftswidrigen machen, ohne daß sich an den Verstoß der Verlust des Gebührenanspruchs knüpfte. Und selbst der Verstoß gegen Art. 80 PrFGG. kann unter entschuldbaren Umständen begangen sein, sodaß auch vom Standpunkt der Dienstzucht aus eine milde Beurteilung sich rechtfertigt; um so weniger verständlich wäre es, daß der Notar auch in Fällen solcher Art den Verstoß mit dem Verlust seines Gebührenanspruchs sollte büßen müssen. Zu solchen Ergebnissen nötigt aber die Auffassung des Berufungsrichters. Der Satz des Berufungsrichters muß, wenn richtig, schlechthin gelten; er läßt keinen Raum für Unterscheidungen und Abstufungen je nach der Schwere des Verschuldens oder danach, ob die Ausführung des Auftrags mehr oder weniger weit gediehen ist.

Danach kann der Entscheidungsgrund des Berufungsrichters nicht gebilligt werden. Das ausschließlich hierauf beruhende Berufungsurteil war aufzuheben. Bei der erneuten Verhandlung wird der Berufungsrichter zu prüfen haben, ob eine Tätigkeit des Klägers im Sinne des § 11 PrNotGebO. stattgefunden hat.

---

63. Unter welchen Voraussetzungen kann der Abtretungsempfänger eines Forderungsrechts auf Auflassung vom Abtretenden, dem der Schuldner trotz der erfolgten Abtretung das Grundstück aufgelassen hat, Auflassung des Grundstücks verlangen?

BGB. §§ 249, 313, 325, 407, 433, 816 Abs. 2, 823, 826.

V. Zivilsenat. Urt. v. 26. September 1925 i. S. L. (Bekl.) w. R. (Kl.). V 570/24.

I. Landgericht Cottbus.
II. Kammergericht Berlin.

Der Beklagte hatte von J. die Parzelle 427/21 in K. gekauft. In der Folge kam zwischen ihm und der Klägerin ein Abkommen zustande, über dessen Inhalt privatschriftlich eine Urkunde vom 14. November 1919 errichtet wurde. Sie ist „Zur Abtretung“ überschrieben und besagt, daß der Beklagte an die Klägerin das vorbezeichnete Grundstück in einer Länge von 60 m Straßenfront ohne jede Sondervergütung, jedoch unter denselben Bedingungen, wie dem Beklagten die Baustelle verkauft worden sei, abtrete — 37 a 36 qm groß —, wogegen die Klägerin sich zur Tragung der Unkosten sowie weiter dazu verpflichtete, sämtliche auf dem Grundstück vorzunehmenden Bauarbeiten jeder Art dem Beklagten zum angemessenen, ortsüblichen Preise zu übertragen. Die Klägerin zahlte dem Beklagten auf Grund dieses Abkommens 14944 *M*, erhielt die Parzelle übergeben und nahm sie in Bewirtschaftung. Die Auflassung an sie ist nicht erfolgt. Mit Schreiben vom 7. Oktober 1922 erklärte der Beklagte im Verfolg von Zwistigkeiten der Parteien der Klägerin, daß er vom Vertrag zurücktrete und ihre Zahlung mit 15040,65 *M* auf ihr Bankkonto habe zurücküberweisen lassen. Am 7. Dezember 1922 wurde das Grundstück dem Beklagten selbst von den Erben des inzwischen verstorbenen J. aufgelassen.

Die Klägerin bestreitet, daß der Rücktritt des Beklagten vom Vertrag vom 14. November 1919 gerechtfertigt gewesen sei, und verlangt mit der Klage auf Grund dieses Vertrags die Auflassung des darin bezeichneten Teilstücks. Das Landgericht hat die Klage abgewiesen, das Berufungsgericht hat ihr stattgegeben.

Die Revision des Beklagten wurde zurückgewiesen.

Aus den Gründen:

In dem Vertrag vom 14. November 1919 hat der Beklagte nach Ansicht des Berufungsgerichts nicht die Verpflichtung zur Übereignung des darin bezeichneten Grundstücks (Teilstücks) übernommen, sondern den ihm gegen J. zustehenden Anspruch auf Auflassung für dieses Teilstück an die Klägerin abgetreten, ein Rechtsgeschäft, das der Form des § 313 BGB. nicht bedürfe. Das Berufungsgericht hält die Rücktrittserklärung des Beklagten vom 7. Oktober 1922 für unberechtigt und gelangt zu dem Ergebnis, daß die Klägerin den Anspruch auf Auflassung des Grundstücks dem Beklagten gegenüber behalten habe. Diesen Anspruch habe der Beklagte vereitelt, indem er im Dezember 1922 die Auflassung des streitigen Grundstücks von den J.schen Erben entgegengenommen habe und die Weiterauflassung an die Klägerin verweigere. Wegen dieses seines vertragswidrigen Verhaltens sei er daher der Klägerin nach § 325 BGB. schadensersatzpflichtig. Der Schaden bestehe darin, daß die Klägerin, wenn der Beklagte vertragstreu geblieben wäre, die Auflassung des Grundstücks erhalten hätte; nach § 249 BGB. sei der Beklagte zur Herstellung dieses Zustands verbunden.

Die Revision wendet sich gegen die Annahme einer Anspruchsabtretung, weiter gegen die Heranziehung des § 325, weist darauf hin, daß ein dem § 826 BGB. genügender Tatbestand nicht einmal behauptet sei, und vermißt eine Darlegung, worin der Schaden der Klägerin bestehen solle, da diese gemäß § 407 BGB. den Erfüllungsanspruch auf Auflassung den J.schen Erben gegenüber behalten habe. Jedenfalls würde nur Geldersatz in Frage kommen können, wofür auf RGZ. Bd. 103 S. 420 (gegen Bd. 108 S. 58) verwiesen wurde.

Die Auslegung des Berufungsgerichts, daß in dem Vertrag vom 14. November 1919 die Abtretung des schuldrechtlichen Auflassungsanspruchs des Beklagten für eine Teilfläche von 37 a 36 qm zu erblicken sei, ist mit dem Wortlaut der Urkunde vereinbar; weder unter dem Gesichtspunkt der nach § 133 BGB. gebotenen Willenserforschung noch unter dem des § 157 BGB. und im besonderen in der Richtung, wie der Erklärungsgegner den Sinn der Erklärung nach Treu und Glauben mit Rücksicht auf die Verkehrssitte verstehen durfte, erhellt ein Rechtsverstoß. Es muß also dabei bleiben, daß der Beklagte durch den Vertrag vom 14. November 1919 seinen gegen J. (nun dessen Erben) begründeten, damals noch nicht erfüllten Vertragsanspruch auf Auflassung des — ganzen — Grundstücks für die Teilfläche von 37 a 36 qm an die Klägerin abgetreten hat. Dies konnte ohne Einhaltung der in § 313 BGB. vorgesehenen Form geschehen (RGZ. Bd. 53 S. 286; Warn. 1909 Nr. 287, vgl. auch Nr. 394; V 47/23); der auf eine solche Abtretung gerichtete Vertrag ergibt weder für den bisherigen noch für den neuen Berechtigten, sondern nur für den Schuldner des abgetretenen Anspruchs eine Verpflichtung des in § 313 BGB. vorgesehenen Inhalts, das

Eigentum an einem Grundstück zu übertragen. Die Erfüllung dieses gültig und wirksam abgetretenen Auflassungsanspruchs hat der Beklagte (Zedent) nach geschehener Abtretung vom Schuldner, den J.schen Erben, entgegengenommen. Auf die Herausgabe der so erlangten Erfüllung ist die Klage des neuen Gläubigers gerichtet. Der damit geltend gemachte Anspruch ist begründet.

Gemäß § 407 BGB. muß die Klägerin die vom Schuldner an den Beklagten als bisherigen Gläubiger bewirkte Leistung gegen sich gelten lassen, es sei denn, daß der Schuldner die Abtretung bei der Leistung kannte. Nicht ohne Berechtigung vermißt die Revision im Urteil eine Erwähnung davon, ob die J.schen Erben bei der Auflassung (7. Dezember 1922) um die Abtretung vom 14. November 1919 wußten. Es handelt sich insoweit nicht um eine der Revision zur Zeit (Verordnung vom 15. Januar 1924) verschlossene Rüge aus § 286 ZPO., sondern um den materiellrechtlichen Einwand, das Berufungsgericht, das die Vorschrift des § 407 gar nicht erwähnt, habe infolge Rechtsirrtums erhebliche Tatumstände ungewürdigt gelassen. Eine Behauptung des fraglichen Inhalts folgert die Revision aus Ausführungen der Klagseite, die in der Tat von der Annahme auszugehen scheinen, daß die J.schen Erben am 7. Dezember 1922 von der Abtretung Kenntnis hatten. Eine gegnerische Bestreitung ist in dieser Hinsicht nicht verlautet. Ob das Berufungsgericht hiernach die Kenntnis des Schuldners von der Abtretung für die Zeit der Auflassung als unstreitig angesehen hat, kann des weiteren unerörtert bleiben: auch bei Annahme dieser Kenntnis ist der eingeklagte Anspruch begründet.

In dem Falle, daß der neue Gläubiger die an den bisherigen Gläubiger bewirkte Erfüllung des Schuldners gegen sich gelten lassen muß, ergibt sich der Anspruch des neuen Gläubigers an den bisherigen Gläubiger auf Herausgabe des Geleisteten jedenfalls aus § 816 Abs. 2 BGB. Ob aus dieser Vorschrift der gleiche Anspruch auch für den Fall zu entnehmen ist, daß der neue Gläubiger die Leistung nicht gegen sich gelten zu lassen braucht, aber in Gestalt der gegen den bisherigen Gläubiger gerichteten Klagerhebung in gewissem Sinne genehmigt (Komm. v. RGR. § 816 Erl. 1 in b u. Erl. 5), kann unerörtert bleiben; denn der Klaganspruch, wie erhoben, ist auf die Vorschriften über die ungerechtfertigte Bereicherung weder nach seiner rechtlichen Grundlage (§ 816) noch nach seinem Umfang (§ 818) beschränkt.

Zuzugeben ist der Revision, daß weder im Sinne des § 826 noch des § 823 Abs. 2 BGB. ein ausreichender Tatbestand auch nur behauptet ist, und daß der Heranziehung des § 823 Abs. 1 der in der Rechtsprechung des Reichsgerichts feststehende Grundsatz entgegensteht, wonach unter „sonstiges Recht" im Sinne dieser Bestimmung das Forderungsrecht nicht mitzuverstehen ist (Komm. v. RGR. § 823 Erl. 9 auf S. 1100).

Dagegen ergibt sich die mit der Klage geltend gemachte Verpflichtung des Beklagten aus dem Inhalt des Vertrags, der als das zwischen der Klägerin und dem Beklagten vorgenommene schuldrechtliche Kausalgeschäft der Abtretung vom 14. November 1919 zugrunde liegt. Die Revision hat eingewendet, es sei nicht abzusehen, welche Leistung im Sinne des im Berufungsurteil allein angeführten § 325 BGB. durch die Leistung des Schuldners, d. i. durch die am 7. Dezember 1922 erfolgte Auflassung, unmöglich geworden sein solle: als die Leistung, auf die jener schuldrechtliche Vertrag gerichtet sei, erscheine eben die (abstrakte) Abtretung des Auflassungsanspruchs, diese aber sei erfolgt. Und wenn die Klägerin gemäß § 407 BGB. die geschehene Auflassung nicht gegen sich gelten zu lassen brauche, so sei auch nicht zu ersehen, worin der Schaden bestehen solle, den die Klägerin geltend zu machen versuche; sie könne den Auflassungsanspruch nach wie vor gegen den Schuldner geltend machen. Hiermit wird indessen der Inhalt des in Rede stehenden Vertragsverhältnisses nicht erschöpft. Aus der Eigenart des auf den Verkauf einer Forderung (oder eines sonstigen Rechts) gerichteten Vertrags (Kausalgeschäft) ist eine Bindung des Veräußerers derart zu folgern, daß er über die unmittelbare — durch die Vornahme der Abtretung bewirkte — Erfüllung hinaus auch noch im Bereich der Verfolgung des abgetretenen Anspruchs vertraglich nach allgemeinen Grundsätzen verhaftet bleibt. Die Vertragspflicht des bisherigen Gläubigers (Zedenten) aus jenem Kausalgeschäft erreicht mit dem Vollzug der Abtretung nicht notwendig ihr Ende. Auf eine Erstreckung der Vertragshaftung des Zedenten über diesen Zeitpunkt hinaus weisen ebensowohl die Verschaffungspflicht nach § 433 BGB. und die Haftung für den rechtlichen Bestand der abgetretenen Forderung (oder des Rechts) nach § 437 hin, wie sie auch bei der in § 402 gedachten Betätigungspflicht vorausgesetzt ist und im allgemeinen in den Grundsätzen der §§ 157, 242 BGB. ihre Grundlage findet. Danach ist grundsätzlich anzuerkennen, daß, wenn der schuldrechtliche Vertrag auf die Übertragung und den Erwerb eines Forderungsrechts (oder sonstigen Rechts) gerichtet war, der Zedent auch nach geschehener Abtretung vertraglich gehalten ist, alles zu unterlassen, was dem neuen Gläubiger (Zessionar) die Einziehung der Forderung beeinträchtigt. Auf die Anwendung dieses Grundsatzes für Fälle des Forderungsübergangs kraft Gesetzes (§ 412) und für sonstige Fälle (§ 413) ist hier nicht näher einzugehen; im vorliegenden Fall handelt es sich nur um den schuldrechtlichen Anspruch auf Auflassung.

Jene vertragliche Haftung des Zedenten regelt sich nach den allgemeinen Grundsätzen. Der hier gegebene Fall der Einziehung nach geschehener Abtretung steht, soweit der neue Gläubiger die Leistung des Schuldners gegen sich gelten lassen muß, unter dem allgemeinen Gesichtspunkt der positiven Vertragsverletzung; im übrigen greift die Regelung des § 407 ein. Danach ergibt sich: Hat der Schuldner an den bisherigen Gläubiger ohne Kenntnis von der Abtretung geleistet, so ist er frei, das abgetretene Forderungsrecht ist ihm gegenüber durch Erfüllung erloschen (§ 362 BGB.), seine weitere Geltendmachung durch das Eingreifen des bisherigen Gläubigers unmöglich gemacht. Bei entgeltlichem Kausalgeschäft haftet dieser auf das volle Interesse, wenn ihn ein Verschulden trifft. Auch wenn ihn bezüglich der Entgegennahme der Erfüllung kein Verschulden trifft, ergibt sich aus § 281 BGB. die Verpflichtung, das Erlangte dem neuen Gläubiger (Zessionar) herauszugeben. Daß dieser, soweit schadensersatzberechtigt, auf Geldersatz beschränkt wäre, wie die Revision unter Hinweis auf RGZ. Bd. 103 S. 420 vorgetragen hat, ist nicht anzuerkennen. Der Hinweis auf diese Entscheidung, wo es sich um den Anspruch des Erstkäufers wider den Zweitkäufer auf Herausgabe der diesem vom Verkäufer unter Verletzung des erstgeschlossenen Verkaufs verkauften und übergebenen Sachen handelte, trifft nicht zu; dies schon deshalb nicht, weil dort abgestellt ist auf den Mangel eines Vertragsbands zwischen dem Erst- und dem Zweitkäufer, hier dagegen gerade eine Auswirkung des der Abtretung zugrunde liegenden

Veräußerungsgeschäfts unter den Vertragsparteien dieses Geschäfts anzunehmen ist. Der Einwand der Revision kann auch nicht etwa mit dem Abmaß Bedeutung beanspruchen, daß, wenn der Zedent nicht durch Entgegennahme der Erfüllung vertragswidrig eingegriffen hätte, die Auflassung zunächst nur überhaupt unterblieben wäre, der geschädigte neue Gläubiger daher Wiederherstellung nach § 249 BGB. nur dahin verlangen könne, daß der Zedent an den Schuldner zurückauflasse. Vielmehr hat das Berufungsgericht, als es der Klage wie geschehen willfahrte, nach dem Zusammenhang seiner Urteilsgründe — auf Grund einer im wesentlichen tatsächlichen Würdigung aller Umstände des Falles — ohne Rechtsverstoß angenommen, daß nach dem nächstgegebenen Verlauf der Dinge ohne das Eingreifen des Beklagten die Auflassung durch die J.schen Erben an die Klägerin erfolgt sein würde (vgl. RGZ. Bd. 108 S. 58).

Haben die J.schen Erben die Auflassung an den Beklagten am 7. Dezember 1922 in Kenntnis der Abtretung geleistet, so ist der Klägerin allerdings der Erfüllungsanspruch an jene als Schuldner gemäß § 407 BGB. erhalten geblieben. Davon, daß den Schuldnern die Zurückerlangung des Eigentums am Grundstück (Trennstück) unmöglich sei, erhellt nichts. Etwa mögliche praktische Hemmungen, die sich nach geschehener Auflassung an den Beklagten einem Vorgehen der Klägerin gegen die J.schen Erben entgegenstellen könnten, würden, soweit erkennbar, für sich allein noch nicht genügen, die Unmöglichkeit der als Erfüllung geschuldeten Auflassung darzutun. Anderseits kann es aber nicht zugelassen werden, daß der Zedent in einem Fall der hier gegebenen Art sich der Haftung für sein vertragswidriges Verhalten dem neuen Gläubiger gegenüber dadurch entzieht, daß er diesen auf die Verfolgung des abgetretenen Anspruchs gegen den Schuldner verweist. Es kann dem neuen Gläubiger, dem die Leistung des Schuldners durch das Eingreifen des Zedenten, wenn auch nur tatsächlich, entzogen und damit zunächst praktisch vorenthalten ist, nicht verwehrt werden, sich den tatsächlichen Verlauf der Dinge anzueignen und sich die an den Zedenten gelangte Leistung bei diesem — in Anpassung an dessen eigenes Verhalten — zu verschaffen. Dieser Anspruch, auf Herausgabe des Erlangten gerichtet, ist nicht auf die Bereicherung des Zedenten als solche abgestellt und beschränkt, sondern auf den Vertrag (Kausalgeschäft) und auf die diesem entfließende Verpflichtung des oben gekennzeichneten Inhalts gestützt. Wenngleich auf die bestimmungsgemäße Verwirklichung des abgetretenen Rechts ausgedehnt, ist der Anspruch seinem wesentlichen Inhalt nach auf die vertragsgemäße Beischaffung des Rechts, mithin auf Erfüllung im allgemeinen Sinne des § 433 BGB. gerichtet. Auf das Vorliegen eines Verschuldens wird es daher in dem hier vorausgesetzten Fall nicht entscheidend ankommen können. Im gegenwärtigen Rechtsstreit ist übrigens in den Vorinstanzen eine Rechtsverteidigung des Beklagten dahin, er habe sich bei der Entgegennahme der Auflassung in einem entschuldbaren Irrtum über die Rechtslage befunden oder ähnliches, nicht geltend gemacht worden; sollte er sich dabei auf den von ihm erklärten, nach § 326 BGB. unwirksamen Rücktritt vom Vertrag gestützt haben, so hat er auf seine Gefahr gehandelt.

Ein auf diese vertragliche Grundlage, wie ausgeführt, gestütztes Vorgehen des neuen Gläubigers gegen den Zedenten würde, wenn es nach besonderen Umständen nicht zum Ziel führen würde, jenen nicht hindern, in der Folge den abgetretenen Anspruch gegen den Schuldner zu verfolgen, dessen Verpflichtung nach Maßgabe des § 407 BGB. bestehen geblieben ist.

Die dargelegte rechtliche Würdigung weicht von der des Berufungsgerichts teilweise ab, ergibt aber keine Abweichung von der durch die Klagbegründung geschaffenen Grundlage. Sie stützt sich vielmehr insgesamt auf die bereits in den Vorinstanzen erörterten Tatsachen und stellt nur eine teilweise Änderung des rechtlichen Gesichtspunkts der Beurteilung dar. Unerörtert kann bleiben, ob nach dem gegebenen Sach- und Streitstand als Grundlage für den Klaganspruch auch die Vorschrift des § 687 Abs. 2 BGB. zu verwerten wäre, wonach gegen denjenigen, der ein fremdes Geschäft als sein eigenes behandelt, obwohl er weiß, daß er dazu nicht berechtigt ist, der Anspruch des § 681 verbunden mit § 667 BGB. auf Herausgabe des durch die Geschäftsbesorgung Erlangten erhoben werden kann.

64. 1. Können die Parteien bei gegebener sachlicher Zuständigkeit des Gewerbegerichts an Stelle eines örtlich zuständigen Gewerbegerichts die Zuständigkeit eines örtlich unzuständigen Gewerbegerichts vereinbaren? Können sie es beim Fehlen eines örtlich zuständigen Gewerbegerichts?

2. Sind Urteile sachlich zuständiger, aber örtlich unzuständiger Gewerbegerichte nichtig?

GewGG. § 27.

V. Zivilsenat. Urt. v. 23. September 1925 i. S. Braunkohlengrube G. (Kl.) w. G. u. Gen. (Bekl.). V 549/24.

I. Landgericht Halberstadt.
II. Oberlandesgericht Naumburg a. S.

Die Klägerin ist durch Urteile des Gewerbegerichts in A. rechtskräftig zur Zahlung von rückständigem Lohn an die Beklagten verurteilt worden. Sie hatte in der mündlichen Verhandlung erfolglos die Einrede der örtlichen Unzuständigkeit des Gewerbegerichts erhoben und ebenso ohne Erfolg den Antrag auf Verbindung der einzelnen Sachen zu gemeinsamer Verhandlung und Entscheidung gestellt. Wegen örtlicher Unzuständigkeit des Gewerbegerichts und Fehlens der Gerichtsbarkeit und ferner wegen prozeßwidrigen Verfahrens des Vorsitzenden dieses Gerichts hält sie die Urteile für nichtig und die Zwangsvollstreckung aus ihnen für unzulässig. Sie begehrt eine Feststellung nach dieser Richtung. Die Vorinstanzen haben zu ungunsten der Klägerin entschieden. Ihre Revision blieb erfolglos.

Aus den Gründen:

... Die von der Klägerin behauptete örtliche Unzuständigkeit des Gewerbegerichts A. hat nicht die Nichtigkeit der von ihm erlassenen Urteile zur Folge. Es bedarf hier keiner Stellungnahme zu der Streitfrage, ob, wie dies die herrschende Meinung des Schrifttums annimmt, Urteile sachlich unzuständiger Gewerbegerichte „Nichturteile", „Scheinurteile" oder „nichtige Urteile" sind, oder ob sie, was gleichfalls im Schrifttum vertreten wird, wirksam sind und nur mit den gegebenen Rechtsmitteln angefochten werden können. Denn daß das Gewerbegericht A. bei Erlaß der genannten Urteile innerhalb der ihm durch §§ 4, 5 GewGG. eingeräumten sachlichen Zuständigkeit entschieden hat, ist außer Streit. Es handelt sich hier um die Frage, ob, wie die Revision meint, die Urteile eines örtlich unzuständigen Gewerbegerichts bei vorhandener sachlicher Zuständigkeit nichtig sind. Diese Frage ist jedoch zu verneinen. Hierfür sprechen folgende Erwägungen:

Nach § 6 GewGG. wird durch die Zuständigkeit eines Gewerbegerichts die Zuständigkeit der ordentlichen Gerichte ausgeschlossen. Daraus ist nicht zu folgern, daß umgekehrt durch die Zuständigkeit der ordentlichen Gerichte, die bei gegebener sachlicher Zuständigkeit der Gewerbegerichte nur beim Fehlen eines örtlich zuständigen Gewerbegerichts in Frage kommen könnte, die Zuständigkeit der Gewerbegerichte ausgeschlossen wird (Daab, Zuständigkeit der Gewerbegerichte S. 19 und LG. Stettin in „Gewerbegericht" Jahrg. 3 Spalte 42). Vielmehr ist bei vorhandener sachlicher Zuständigkeit die Vereinbarung eines örtlich unzuständigen Gewerbegerichts durch die Parteien zulässig. Die in § 27 GewGG. bestimmten örtlichen Gerichtsstände zu ausschließlichen zu gestalten, hat der Gesetzgeber nicht beabsichtigt, vielmehr die Zulässigkeit einer Vereinbarung örtlich unzuständiger Gewerbegerichte, ihre sachliche Zuständigkeit vorausgesetzt, festsetzen wollen. Das ist bereits in der Begründung zum Gesetz vom 29. Juli 1890 und ebenso auch bei der Beratung in der Reichstagskommission und im Reichstag hervorgehoben worden (Begründung zu § 22, I. Session des Reichstags 1890 Nr. 5 S. 27; Drucks. des Reichstags 1890 Nr. 51 S. 6 und S. 38/39), ergibt sich auch aus der Vorschrift des § 26 GewGG., nach der auf das Verfahren vor den Gewerbegerichten die für das amtsgerichtliche Verfahren geltenden Vorschriften der Zivilprozeßordnung anzuwenden sind. Daß hiernach insbesondere auch die Bestimmungen der §§ 38 bis 40 ZPO. entsprechende Anwendung zu finden haben, ist im Schrifttum und in der Rechtsprechung fast ausnahmslos anerkannt:[1]

---

[1] Wilhelmi-Bewer, Komm. z. GewGG. Anm. 5 zu § 26 S. 129, 130 u. 2b zu § 27 S. 132; Bewer im „Arbeitsrecht" 1921 S. 8; Dungs in Zeitschr. für Zivilproz. Bd. 15 S. 456; Stölzel, Rechtsweg u. Kompetenzkonflikt in Preußen S. 320; Haas, Komm. z. GewGG. Anm. 2 zu § 6 S. 42 u. Anm. 18 zu § 27 S. 82; Mugdan-Cuno, GewGG. Anm. 2 zu § 27; Schier, RGes. betr. GewGer. Anm. zu § 5 u. Anm. 2 zu § 25; Freundlich,

Allerdings hat der I. Zivilsenat des Reichsgerichts in seinem Urteil vom 19. September 1894 (RGZ. Bd. 33 S. 428, 430) ausgesprochen, daß der § 25 (jetzt § 27) nicht aus § 24 (jetzt § 26) ergänzt werden könne; denn § 24 (jetzt § 26) erkläre nur die für das amtsgerichtliche Verfahren geltenden Vorschriften, also die §§ 456 flg. ZPO. (jetzt §§ 495 flg.) für entsprechend anwendbar, beziehe sich also nicht auf die Bestimmungen über den Gerichtsstand (§§ 12 flg. ZPO.). Demgegenüber ist jedoch darauf hinzuweisen, daß § 24 (jetzt § 26) GewGG. nicht von den Vorschriften spricht, die für das „Verfahren vor den Amtsgerichten" im Sinne der Überschrift des 2. Abschnitts des 2. Buches der Zivilprozeßordnung gelten, vielmehr ganz allgemein die „für das amtsgerichtliche Verfahren geltenden Vorschriften" für entsprechend anwendbar erklärt. Zu diesen letzteren Vorschriften gehören aber nicht nur die im 2. Abschnitt des 2. Buches der Zivilprozeßordnung enthaltenen, sondern auch die Bestimmungen über die bei der mündlichen Verhandlung anzuwendenden Vorschriften des 1. Buches der Zivilprozeßordnung. Der Ausdruck „Verfahren" bezeichnet die gesamte Behandlung des Rechtsstreits nach den Grundsätzen des Prozeßrechts (Wilhelmi-Bewer a. a. O. Anm. 5 zu § 26 S. 130; Wilmowski im Gewerbegericht Jahrg. II Sp. 46 und schon ebenso auch Urt. d. GewGer. Berlin vom 4. Oktober 1897

D. Verfahren nach dem Reichsges. betr. die GewGer. S. 2; Bachem, RGes. betr. die GewGer. Anm. b zu § 25 und Anm. b zu § 5; Frankenberg in Hirths Annalen Jahrg. 1897 S. 329; Daab, Zuständigkeit der GewGer. S. 19; Wittmaak im Arch. für Ziv. Pr. Bd. 90 S. 27—29; Neumann im Jahrb. des KaufmGer. Berlin Bd. 1 S. 197; v. Bernewitz, GewGG. in GewO. Bd. 2 S. 450 Anm. 8 zu § 27; Deichelmann im „Gewerbe- u. Kaufmannsgericht" Jahrg. 11 Sp. 340; v. Schulz, Komm. zum GewGG. Anm. 4 zu § 27; Lützow im „Gew.- u. KaufmGer." Jahrg. 10 Sp. 191; Urteile des GewGer. Stettin und des LG. Stettin vom 25. Februar 1896 im „Gewerbegericht" Jahrg. 3 S. 42; GewGer. Berlin vom 4. Oktober 1897 ebenda S. 43; KaufmGer. München (bezügl. KaufmGer.) vom 15. Februar 1911 im „Gew.- u. Kaufmannsgericht" Bd. 16 S. 518 flg.; AG. Berlin vom 29. April 1905 ebenda 11. Jahrg. Sp. 155; KaufmGer. Berlin (bezügl. KaufmGer.) bei Wölbling, Neumann, v. Schulz, Arbeitsrechtl. Entsch. der Gew.- u. KaufmGer. Berlin Nr. 1373. A. M. nur Wilmowski im „Gewerbegericht" Jahrg. 2 S. 44—46 (auch bei Unger, Entschdg. des GewGer. Berlin Nr. 220); Urt. des GewGer. Berlin vom 2. Juli 1896 bei Unger a. a. O.; KaufmGer. Bremen vom 28. November 1922 im „Gew.- u. KaufmGer." 1923 Sp. 72. D. E.

im „Gewerbegericht" Jahrg. III Sp. 43—45). Im übrigen aber ergibt auch der im Abschnitt „Verfahren vor den Amtsgerichten" enthaltene § 495 ZPO. die Anwendung der §§ 38 bis 40 ZPO. auf das Verfahren vor den Amtsgerichten und damit auch gemäß § 26 GewGG. auf das Verfahren vor den Gewerbegerichten. Einer Anrufung der Vereinigten Zivilsenate bedarf es nicht; denn die genannte Entscheidung des I. Zivilsenats betrifft einen anderen Fall und bezieht sich auf den § 25 GewGG. der alten Fassung, nach dem es nur den Gerichtsstand des Erfüllungsorts gab.

Was für die stillschweigende oder ausdrückliche Vereinbarung eines zwar sachlich zuständigen, örtlich aber unzuständigen Gewerbegerichts an Stelle eines vorhandenen örtlich zuständigen Gewerbegerichts gilt, muß aber ebenso gelten, wenn es bei gegebener sachlicher Zuständigkeit des Gewerbegerichts an einem örtlich zuständigen Gewerbegericht überhaupt und damit an einer Gerichtsbarkeit des Gewerbegerichts deshalb fehlt, weil am Erfüllungsort, am Ort der Niederlassung des Arbeitgebers und am Wohnsitz beider Parteien ein Gewerbegericht nicht besteht und deshalb die Zuständigkeit des ordentlichen Gerichts begründet ist. Auch in diesem Fall ist das Recht der Parteien auf ausdrückliche oder stillschweigende Vereinbarung eines örtlich unzuständigen Gewerbegerichts, seine sachliche Zuständigkeit vorausgesetzt, anzuerkennen. Dies ergibt nicht nur die entsprechende Anwendung der §§ 38—40 ZPO., sondern auch der gesetzgeberische Gedanke, daß es ein mangelhafter Zustand ist, wenn infolge Fehlens eines Gewerbegerichts an einem Ort die gewerberechtlichen Streitigkeiten vor den ordentlichen Gerichten entschieden werden müssen (Wittmaak im Arch. für Ziv. Pr. Bd. 90 S. 28; gl. Ansicht auch: Lützow im „Gewerbe- u. Kaufmannsgericht" Jahrg. 10 Sp. 191; Deichelmann, ebenda Jahrg. 11 Sp. 340; Daab, a. a. O. S. 19; Bachem, Komm. z. GewGG. Anm. b zu § 5; a. M. Urt. des KaufmGer. Bremen vom 28. November 1922 in Gew.- u. KaufmGer. 1923 Sp. 72 und GewGer. Berlin vom 7. Juli 1896 bei Unger, Entscheidungen des GewGer. Berlin Nr. 220.) Die Bestimmung des § 76 GewGG. steht dem nicht entgegen. Denn durch diese, übrigens nur auf Streitigkeiten der in § 4 Abs. 1 Nr. 1 und 5 GewGG. bezeichneten Art bezügliche, Vorschrift ist den Parteien nicht das Recht genommen, für diese Streitigkeiten beim Fehlen eines örtlich zuständigen Gewerbegerichts an Stelle der vorläufigen Entscheidung des Gemeindevorstehers auf Grund ausdrücklicher oder stillschweigender Vereinbarung die endgültige Entscheidung eines örtlich unzuständigen Gewerbegerichts anzurufen.

Aus alledem ergibt sich, und auch die spätere Rechtsentwicklung (§ 512a ZPO.) bestätigt dies, daß der Gesetzgeber einer Überschreitung der örtlichen Zuständigkeit durch die Gewerbegerichte — ihre sachliche Zuständigkeit vorausgesetzt — grundsätzlich nicht die Bedeutung hat beimessen wollen, daß die von einem sachlich zuständigen, aber mangels ausdrücklicher oder stillschweigender Vereinbarung örtlich unzuständigen Gewerbegericht erlassenen Urteile nichtig sind. Vielmehr sind solche Urteile der materiellen Rechtskraft fähig und können vor Eintritt der Rechtskraft nur mit dem ordentlichen Rechtsmittel und nach eingetretener Rechtskraft nur unter den hier nicht gegebenen Voraussetzungen der §§ 578flg. ZPO. durch Nichtigkeits- oder Restitutionsklage angefochten werden. Ist, wie es hier mangels der Berufungssumme der Fall ist, die Berufung nicht zulässig, so behält es bei der Rechtskraft des Urteils sein Bewenden. Ob in besonders gearteten Fällen, insbesondere bei bewußt zu Unrecht angemaßter örtlicher Zuständigkeit, eine andere Beurteilung Platz zu greifen hätte und Urteilsnichtigkeit anzunehmen wäre, braucht hier nicht entschieden zu werden: denn um einen solchen Fall handelt es sich hier nicht.

---

65. Wie gestalten sich die Rechtsfolgen, wenn ein Stromabnehmer eines städtischen Elektrizitätswerks gegen dessen Preisfestsetzung Widerspruch erhebt?

BGB. §§ 138, 315.

VI. Zivilsenat. Urt. v. 29. September 1925 i. S. Aktiengesellschaft H. (Bekl.) w. Stadt Chemnitz (Kl.). VI 182/25.

I. Landgericht Chemnitz.
II. Oberlandesgericht Dresden.

Die Beklagte ist Abnehmerin von Licht- und Kraftstrom aus dem Elektrizitätswerk der Klägerin. Ein Sondervertrag der Parteien über die Stromlieferung ist auf den 31. Dezember 1921 gekündigt worden; seitdem hat aber die Beklagte den Strom weiter von der Klägerin bezogen. Die Strompreise für Großabnehmer, zu denen die Beklagte gehört, werden nach Anhörung einer Kommission, die aus Mitgliedern des Stadtrats, Stadtverordneten und Vertretern der Großabnehmer der Stadt Chemnitz gebildet ist, festgesetzt und in den Amtsblättern bekannt gemacht. Dem Strombezug liegen die Strombezugsbedingungen des Elektrizitätswerks der Stadt Chemnitz zugrunde. Die Beklagte hat sich nun geweigert, für Oktober bis Dezember 1923, Januar und Februar 1924 den festgesetzten Strompreis zu zahlen, der sich insgesamt für den Bezug in diesen Monaten auf 111035,83 GM. beläuft; sie hat nur den nach ihrer Ansicht angemessenen Preis mit 66099,06 GM. gezahlt. Sie begründet ihre Weigerung damit, daß sie die Preisbekanntmachungen der Klägerin nicht anerkannt, sondern wiederholt Widerspruch dagegen erhoben und Berechnung des angemessenen Preises verlangt habe. Die Klägerin beantragt, die Beklagte zur Zahlung von 49234,67 GM. zu verurteilen.

Das Landgericht hat die Beklagte zur Zahlung von 44744,27 GM. verurteilt. Das Oberlandesgericht hat die Berufung der Beklagten zurückgewiesen. Auch ihre Revision hatte keinen Erfolg.

Gründe:

Die Angriffe der Revision gegen die rechtliche Auffassung des Berufungsgerichts, daß der Widerspruch der Beklagten gegen die Preisfestsetzung der Klägerin für den Strombezug aus dem städtischen Elektrizitätswerk wirkungslos sei, sind unbegründet.

Wenn das Berufungsgericht sagt, der Widerspruch sei von der Klägerin zurückgewiesen worden, so ist das nicht dahin zu verstehen, als ob es der irrigen rechtlichen Auffassung gewesen sei, der Widerspruch hätte der Annahme bedurft und sei schon wegen seiner Zurückweisung hinfällig. Der Vorderrichter hat vielmehr nur feststellen wollen, daß die Klägerin dem Widerspruch gegenüber an ihren Preisen festgehalten und dies der Beklagten zum Ausdruck gebracht habe.

Wer aber von einem städtischen Elektrizitätswerk Strom beziehen will, muß sich den allgemeinen Lieferungsbedingungen und den einheitlich für alle Stromabnehmer festgesetzten Preisen unterwerfen; sonst muß er vom Strombezug Abstand nehmen. Mit der Eigenart eines städtischen Elektrizitätsbetriebs läßt es sich nicht vereinbaren, daß jemand zwar Strom bezieht, sich aber den für alle Stromabnehmer durch Beschluß der berufenen Stelle allgemein festgesetzten Bedingungen, insbesondere den festgesetzten Preisen, nicht unterwerfen will und für sich kraft bloßen Widerspruchs eine Sonderstellung beansprucht, namentlich den Strom zu anderen, nach seiner Meinung angemessenen Preisen geliefert haben will. Zwar ist es möglich, daß die Stadt mit einzelnen Großabnehmern durch besonderen Vertrag günstigere Bedingungen und billigere Preise vereinbart, wie ein solcher Vertrag zwischen den Parteien bis Ende 1921 tatsächlich bestanden hatte. Wenn aber die Stadt eine solche Sondervereinbarung ablehnt, so bleibt es bei den allgemeinen Bedingungen und Preisen. Die Stadt ist, wenn ein Stromabnehmer Widerspruch gegen die von ihr festgesetzten Preise erhebt und diese zu zahlen verweigert, zur Sperre der Leitung befugt. Aber aus der Nichtausübung dieser Befugnis folgt noch nicht, daß sie dem Widerspruch stattgeben will. Es können Umstände, besonders öffentliche Interessen, ihr es nicht angezeigt erscheinen lassen, von diesem Mittel, ihre Rechte zu wahren, Gebrauch zu machen. Sie kann es vielmehr unter Ablehnung des Widerspruchs dem betreffenden Stromabnehmer überlassen, ob er trotzdem den Strom weiter entnehmen will. Tut er dies in Kenntnis des Willens der Stadt, daß sie ihm den Strom nur zu den allgemein festgesetzten Preisen liefern werde, so unterwirft er sich trotz seines Widerspruchs durch den weiteren Strombezug dieser Preisfestsetzung. Welche Beweggründe für den Weiterbezug maßgebend waren, ist gleichgültig. Der aufrechterhaltene Widerspruch hat dann in der Tat nur die Bedeutung einer protestatio facto contraria, er ist unvereinbar mit dem wirklichen Verhalten des Stromabnehmers und daher unbeachtlich.

Anders ist die Bedeutung eines Widerspruchs gegen die Preisfestsetzung dann freilich zu beurteilen, wenn mit ihm geltend gemacht wird, daß die Preisfestsetzung der Stadt gegen § 138 Abs. 1 oder 2 BGB. verstoße. Diesen Verstoß hat denn auch die Beklagte der Klägerin vorgeworfen; er ist aber vom Berufungsgericht ohne Rechtsirrtum verneint worden. Die Annahme von Wucher (§ 138 Abs. 2 BGB.) hat es abgelehnt, weil einmal keine Ausbeutung einer Notlage der Beklagten vorliege, ferner auch die für den Oktober 1923 und die folgenden Monate festgesetzten Preise mit Rücksicht auf die damaligen wirtschaftlichen Verhältnisse nicht als übermäßig hohe angesehen werden könnten. Beides sind tatsächliche Feststellungen, die der Nachprüfung in der Revisionsinstanz entzogen sind. Die Revision greift denn auch nur die Ausführungen des Vorderrichters zu § 138 Abs. 1 BGB. an, und zwar wendet sie sich dagegen, daß das Berufungsgericht zwar grundsätzlich eine Monopolstellung der Klägerin anerkannt, aber verneint hat, daß eine solche auch der Beklagten gegenüber bestehe, weil es dieser als Großabnehmerin rechtlich und tatsächlich freigestanden habe, sich eine eigene Krafterzeugungsanlage herzustellen. Es bedarf aber nicht des Eingehens auf diesen Revisionsangriff, da jene Erwägung sich nur als ein Hilfsgrund darstellt. In erster Reihe verneint das Berufungsgericht einen Verstoß gegen § 138 Abs. 1 BGB. ebenfalls aus dem Grunde, weil die von der Klägerin festgesetzten Preise nicht übermäßig hohe gewesen seien und daher eine gegen die guten Sitten verstoßende Ausbeutung der Monopolstellung der Klägerin nicht vorliege.

Schließlich glaubt die Revision zu ihren Gunsten sich auf den § 315 BGB. berufen zu können, demzufolge, wenn eine Leistung durch einen der Vertragschließenden bestimmt werden soll, im Zweifel anzunehmen ist, daß die Bestimmung nach billigem Ermessen zu treffen und nicht verbindlich ist, wenn sie der Billigkeit nicht entspricht. Zwar ist dieser rechtliche Gesichtspunkt vom Berufungsgericht nicht in den Kreis seiner Beurteilung gezogen worden, aber die Feststellung, daß mit Rücksicht auf die wirtschaftliche Lage die festgesetzten Preise nicht übermäßig hoch gewesen sind, daß die Klägerin einerseits zwar das Werk vor Verlusten hat schützen, anderseits aber die Abnehmer nicht hat überteuern wollen, reicht schon aus, um die Preisfestsetzung nicht als unbillig erscheinen zu lassen.

---

66. 1. Inwieweit sind die Auskünfte der Versicherungsagenten für den Versicherer bindend?

2. Welche Anforderungen sind an die Sorgfalt des eine Auskunft erteilenden Agenten zu stellen?

Reichsgesetz über den Versicherungsvertrag vom 30. Mai 1908 §§ 43flg.

VI. Zivilsenat. Urt. v. 2. Oktober 1925 i. S. der Firma E. S. & Co. (Kl.) und der Firma Tr. Akt.-Ges. (Nebenintervenientin) w. die Firma Allg. Versicherungs-Aktiengesellschaft (Bekl.). VI 157/25.

I. Landgericht München I.
II. Oberlandesgericht daselbst.

Am 11. Januar 1920 wurden Kaufmannsgüter der Klägerin, die auf einem Grundstück der Nebenintervenientin in München in der Lagerhalle V eingelagert waren, durch Einbruchsdiebstahl entwendet. Einen Teil der Sachen hat die Klägerin zurückbekommen. Wegen der angeblich nicht zurückerlangten Sachen hat sie den Versicherungsschutz der Beklagten in Anspruch genommen. Der Versicherungsvertrag, auf den sich die Klägerin hierbei stützt, ist von der Nebenintervenientin, welche den Transport und die Lagerung von Gütern gewerbsmäßig betreibt, mit der Beklagten abgeschlossen worden.

Das Landgericht hat die Klage abgewiesen, in erster Linie deshalb, weil der Versicherungsvertrag sich auf Güter in der Lagerhalle V überhaupt nicht erstrecke. Nur die auf eine Streitverkündung hin der Klägerin beigetretene Nebenintervenientin hat Berufung eingelegt. Das Oberlandesgericht hat die Berufung zurückgewiesen. Die Revision der Nebenintervenientin blieb erfolglos.

Aus den Gründen:

(Es wird dargelegt, daß die Feststellung des Oberlandesgerichts, die ursprüngliche Versicherung habe sich auf die Lagerhalle V nicht erstreckt, rechtlich nicht zu beanstanden ist. Sodann wird fortgefahren:)

Eine Erweiterung des Versicherungsvertrags, seine Ausdehnung auch auf die Lagerhalle V, sieht die Revision durch einen Vorgang vom Herbst 1919 als bewirkt an. Damals besichtigte G. Sch., der Sohn und Vertreter des Generalagenten H. Sch., die Lagerhalle V und der Vertreter der Nebenintervenientin fragte ihn bei dieser Gelegenheit, ob die dort aufbewahrten Güter — es waren die später entwendeten — in genügend sicherer Weise aufbewahrt seien. Diese Frage hat G. Sch. bejaht. Der Revision ist hier insoweit beizupflichten, daß die Agenten der Versicherungsgesellschaften, auch die bloßen Vermittlungsagenten, dazu berufen sind, den Versicherungslustigen und den Versicherten Auskunft über Inhalt und Bedeutung der Versicherungsbedingungen und über den Umfang des abzuschließenden oder bereits abgeschlossenen Versicherungsvertrags zu erteilen. Derartige Auskünfte muß die Gesellschaft gegen sich gelten lassen, das Publikum darf ihnen vertrauen. Wenn also bei jener erwähnten Gelegenheit der Vertreter der Nebenintervenientin den G. Sch. gefragt hätte, ob die Lagerhalle V auch unter den Versicherungsvertrag falle, und wenn G. Sch. diese Frage bejaht hätte, dann wäre der Versicherungsvertrag nunmehr mit bindender Wirkung auf die Lagerhalle V ausgedehnt worden. So hat sich aber der Vorgang nicht abgespielt. Der Vertreter der Nebenintervenientin ging davon aus, daß die Halle V bereits versichert sei, und fragte nur danach, ob die Aufbewahrung den Anforderungen der Gesellschaft genüge. Nur diese Frage hat G. Sch. bejaht. Er war also gar nicht vor die Entscheidung der Frage gestellt worden, ob denn die Halle V wirklich schon versichert sei. Aus seiner bloßen Äußerung über die Technik der Aufbewahrung lassen sich so weitgehende Schlüsse nicht ableiten, wie die Revision es tun will.

An letzter Stelle meint die Revision, daß dem G. Sch. bei der Beantwortung der Frage nach der Sicherheit der Aufbewahrung eine Fahrlässigkeit zur Last falle. Nach der Ansicht der Revision hätte er die ihm vorgelegte Frage nicht bejahen dürfen, vielmehr erwidern müssen, daß die Halle V gar nicht versichert sei. Das Oberlandesgericht teilt diese Ansicht und ist zu einem anderen Ergebnis als die Revision nur deshalb gekommen, weil es auch auf seiten des Vertreters der Nebenintervenientin ein Verschulden erblickt, und zwar das bei weitem überwiegende. Aus dieser Erwägung heraus hat es die Folgen des beiderseitigen Verschuldens der Nebenintervenientin allein aufgebürdet.

Ob dieser Entscheidung aus den Gründen des Berufungsrichters beizutreten sein möchte, kann unerörtert bleiben. Im Ergebnis ist sie aber zutreffend. Die Anforderungen, die man an einen Versicherungsagenten zu stellen hat, sind vom Oberlandesgericht überspannt worden. Wenn dem Agenten die Frage vorgelegt wird, ob gewisse Sachen in gewissen Räumen genügend sicher aufbewahrt sind, dann darf er sich mit seiner Antwort auf diese Frage beschränken. Es kann nicht von ihm verlangt werden, daß er zunächst prüft, ob auch alle die Voraussetzungen, von denen der Fragesteller bei seiner Frage ausgegangen ist, wirklich richtig sind. Wenn sich also G. Sch. auf den Boden der Frage stellte und nur die Auskunft gab, die von ihm verlangt wurde, so trifft ihn keine Fahrlässigkeit. Damit erweist sich die Klage auch insoweit als unbegründet, als sie auf den Gesichtspunkt des Schadensersatzes gestützt ist.

---

67. Wer hat bei einer in ausländischer Währung ausgedrückten Kaufpreisschuld das sog. Repartierungsrisiko zu tragen, wenn dem Verkäufer, der Zahlung in Reichsmark erhalten hat, die sofortige Eindeckung in Devisen nicht möglich ist?

BGB. § 244.

II. Zivilsenat. Urt. v. 2. Oktober 1925 i. S. J. (Kl.) w. K. (Bekl.). II 543/24.

I. Landgericht Guben.
II. Kammergericht Berlin.

Der Kläger verkaufte der Beklagten im Juni 1923 gleichzeitig ein Los englische Wolle zum Preise von 1,55 holländischen Gulden und ein Los holsteinische Wolle zum Preise von zwei holländischen Gulden für das Kilogramm. Nach Leistung einer Anzahlung in holländischen Gulden lieferte der Kläger zunächst die holsteinische Wolle, und die Beklagte leistete weitere Zahlungen, überwiegend in Mark. Dann erfolgte am 10. Juli 1923 die Lieferung der englischen Wolle und gleichzeitig die Mitteilung des Klägers an die Beklagte, daß mit Rücksicht auf die verschärften Devisengesetze die Eindeckung in Devisen an einem bestimmten Tage unmöglich sei, der Kläger sich deshalb die Eindeckungsmöglichkeit vorbehalten müsse und die eingedeckten Devisen nur noch gegen Original-Bankabrechnung verrechnen könne. Hiergegen verwahrte sich die Beklagte und verlangte auch weiterhin Verrechnung ihrer Markzahlungen zum Berliner Briefkurs des Zahlungstags. Sie machte dann noch weitere Markzahlungen, die der Kläger unter Vorbehalt der Verrechnung nach der Eindeckungsmöglichkeit vorläufig annahm.

Mit der Klage begehrt der Kläger Zahlung von 1218,95 holländischen Gulden. Er betrachtet das Lieferungsgeschäft wegen der holsteinischen Wolle als erledigt und verlangt den eingeklagten Betrag auf die englische Wolle, weil seine Kaufpreisforderung durch die Markzahlungen der Beklagten insoweit nicht gedeckt sei. Der Kläger behauptet, es sei ausdrücklich Zahlung in holländischen Gulden bedungen worden, und macht eventuell geltend, die Beklagte müsse das sogenannte Repartierungsrisiko tragen. Die Beklagte bestritt die angebliche Vereinbarung wegen Zahlung in Gulden und behauptete, die Kaufpreisforderung sei bei Verrechnung ihrer Markzahlungen zum Kurs des Tags der Zahlung ganz beglichen; das Repartierungsrisiko habe mangels besonderer Vereinbarung der Kläger zu tragen.

Beide Vorinstanzen wiesen die Klage ab. Die Revision des Klägers hatte keinen Erfolg.

Gründe:

Mit Unrecht macht die Revision geltend, das Berufungsgericht verletze den § 244 BGB., wenn es annehme, die Beklagte sei nicht verpflichtet gewesen, ihre Kaufpreisschuld nur in holländischen Gulden zu zahlen, sondern habe nach § 244 BGB. auch in Mark erfüllen können. Wenn das Berufungsgericht dem Umstande, daß die Preisberedung unbestritten auf holländische Gulden lautet, nicht die Bedeutung eines „ausdrücklichen" Bedingens der Zahlung in dieser ausländischen Währung beilegt, so befindet es sich im Einklang mit der Rechtsprechung des Reichsgerichts (vgl. RGZ. Bd. 107 S. 110). Danach ist in der vertraglichen Festsetzung der Schuld in einer ausländischen Währung allein noch kein zur Beseitigung der Befugnis auf Markzahlung ausreichendes Übereinkommen zu erblicken, vielmehr ist eine in besonderem Maße unzweideutige Offenbarung des auf Zahlung in ausländischer Währung gerichteten Willens zu erfordern. Im übrigen liegen die Erwägungen, aus denen das Berufungsgericht eine „ausdrückliche" Vereinbarung über die Zahlung nur in holländischen Gulden für den Lieferungsvertrag nicht für festgestellt erachtet, auf tatsächlichem Gebiete. Das Kammergericht hat daher die Beklagte zutreffend für befugt angesehen, die in holländischer Währung ausgedrückte Kaufpreisschuld in Reichswährung zu erfüllen.

In zweiter Reihe beanstandet der Beschwerdeführer die Berechnung der einzelnen Zahlungen nach dem Kurs des holländischen Guldens zur Zeit der Zahlung und meint, die Zahlungen müßten nach den einzelnen Terminen berechnet werden, zu denen dem Kläger eine Eindeckung in Devisen möglich gewesen sei; die Regel des § 244 Abs. 2 BGB. passe nicht für eine Zeit, in der, wie im Juli 1923, die Zuteilung von Devisen nur in beschränktem Maße erfolgt sei. Daß der Wortlaut des § 244 Abs. 2 BGB., wonach die Umrechnung der Zahlung in Reichswährung nach dem Kurswerte zur Zeit der Zahlung zu geschehen hat, mit der Auffassung über das Tragen des sogenannten Repartierungsrisikos durch den Schuldner in Widerspruch steht, wird hiernach von der Revision selbst anerkannt. Wenn § 244 BGB. dem Schuldner einer in ausländischer Währung ausgedrückten, im Inlande zahlbaren Geldschuld im Regelfalle die Möglichkeit gewährt, sich von seiner Schuld durch Zahlung in Reichswährung zu befreien, und für die Umrechnung den Kurswert zur Zeit der Zahlung als maßgebend bezeichnet, so wird damit zum Ausdruck gebracht, daß durch Hingabe des jenem Umrechnungsmaßstab entsprechenden Markbetrags die Schuld ebenso getilgt wird wie bei Leistung in ausländischer Währung (RGZ. Bd. 101 S. 312/313). Dieser vom Gesetz gewollte Erfolg des Erlöschens der Schuldverbindlichkeit kann nicht durch Umstände in Frage gestellt werden, die eine Umwandlung der hingegebenen Markbeträge in die in erster Reihe geschuldete ausländische Währung zu dem maßgebenden Kurs unmöglich machen. Das Gesetz will durch seine Regelung Klarheit darüber schaffen, durch welchen Markbetrag der Schuldner der ausländischen Währung seine Schuld tilgen kann, und macht diese Wirkung nicht davon abhängig, daß dem Gläubiger der Erwerb der ausländischen Währung zum Kurs des Zahlungstags möglich ist. Allerdings enthält auch der Abs. 2 des § 244 BGB. nur dispositives Recht, und daher konnten die Parteien, soweit nicht etwa die besonderen Vorschriften der Devisengesetzgebung entgegenstanden, andere Bestimmungen über die Art der Umrechnung treffen. Daß keine derartige Vereinbarung getroffen worden und auch sonst aus dem Willen der Vertragschließenden nichts für die Übernahme des Repartierungsrisikos durch die Beklagte zu entnehmen ist, hat das Berufungsgericht ausdrücklich festgestellt.

Allgemeine zwingende Gründe sprechen nicht dafür, die durch

die besonderen Verhältnisse der Inflationszeit hervorgerufenen Nachteile in solchem Falle dem Schuldner aufzubürden. Soll die Hingabe eines dem Umrechnungsmaßstab entsprechenden Markbetrags die Wirkung der Zahlung haben, so trägt der Gläubiger die Gefahr einer weiteren Verschlechterung der Mark nach geleisteter Zahlung. Zwar wird in dem Beschluß der Vereinigten Zivilsenate in RGZ. Bd. 101 S. 312 ausgeführt: Die Vorschrift des § 244 Abs. 1 beruhe auf dem Gedanken der Gleichwertigkeit des Markbetrags, durch dessen Leistung der Schuldner sich solle befreien können, mit der an sich allein geschuldeten ausländischen Währungssumme; der Gläubiger dürfe durch die Zahlung in Reichswährung keine Einbuße erleiden, er müsse dieselben Vermögenswerte erhalten wie bei Zahlung in ausländischer Währung; das sei der Fall, wenn der ihm zugegangene Wert in Markwährung hinreiche, um bei sofortigem Zugreifen den ausländischen Währungsbetrag zum herrschenden Kurs anzuschaffen; der Gläubiger solle in dem durch die Umrechnung ermittelten Markbetrag ein zur sofortigen Beschaffung der fremden Valuta hinreichendes Äquivalent in Reichswährung bekommen. Diese Erwägungen dienen jedoch nur dazu, die Auffassung zu rechtfertigen, daß nicht der Zeitpunkt der Fälligkeit der Schuld, sondern derjenige der tatsächlichen Zahlung, die dem Gläubiger die Verfügung über den Geldbetrag verschafft, für die Berechnung des Kurswerts maßgebend sei. Daß ihnen die Vereinigten Zivilsenate nicht die Bedeutung beimessen, die Regel des § 244 Abs. 2 BGB. unter Umständen ganz außer Wirksamkeit und einen früheren oder späteren Zeitpunkt an die Stelle zu setzen, zeigen die Ausführungen am Schluß der Entscheidung S. 319, 320. Hier wird ausdrücklich darauf hingewiesen, daß die besonderen Verhältnisse der Kriegs- und Nachkriegszeit allerdings der Anwendung jenes Grundsatzes zu widerstreben schienen, daß aber diese Umstände nicht dazu führen könnten, dem § 244 Abs. 2 eine andere Bedeutung beizumessen; dies gelte namentlich auch von der Erwägung, daß der Gesetzgeber an die Möglichkeit einer solchen Gestaltung der Verhältnisse nicht gedacht habe. Am Schluß wird noch hervorgehoben, daß solche Gestaltungen dem Tatrichter Anlaß gäben zu einer besonders sorgfältigen Prüfung der Frage, ob nicht im einzelnen Fall nach dem Willen der Parteien ein anderer Zeitpunkt als derjenige der tatsächlichen Zahlung der Umrechnung zugrunde zu legen sei. Das

Berufungsgericht hat, wie schon erwähnt, eine Prüfung nach dieser Richtung vorgenommen und die Frage verneint. Eine Verletzung des § 242 BGB. tritt dabei nicht zutage. Der Umstand, daß die Gläubiger im Verkehr besondere Vereinbarungen über die Übernahme des Risikos für Beschaffung von Devisen, sogenannte Repartierungsklauseln, für erforderlich hielten, während anderseits mit Rücksicht auf die Devisengesetzgebung von maßgebender Seite Bedenken gegen die Gültigkeit derartiger Vereinbarungen erhoben wurden, beweist, daß eine von der gesetzlichen Regelung abweichende feste Verkehrsauffassung über die Übernahme des Repartierungsrisikos durch den Schuldner sich noch nicht gebildet hatte.

Hiernach ist die Auffassung des Berufungsgerichts, daß die Kaufpreisschuld der Beklagten in vollem Umfang durch die zum Tageskurs der geleisteten Zahlung in Anrechnung zu bringenden Markbeträge getilgt sei, rechtlich nicht zu beanstanden.

---

68. **1. Sind die Gerichte zur Prüfung der Verfassungsmäßigkeit von Reichsgesetzen befugt?**

2. Steht die im Aufwertungsgesetz geschehene Regelung der Aufwertung von Hypotheken und der unter die §§ 62, 63 fallenden Ansprüche mit Vorschriften der Reichsverfassung in Widerspruch?

3. Nach welchen Vorschriften ist eine Darlehensforderung aufzuwerten, deren hypothekarische Sicherheit vor dem Beginn des Währungsverfalls fortgefallen ist?

4. Liegt eine Annahme der Leistung im Sinne des § 14 des Aufwertungsgesetzes vor, wenn der Gläubiger den Nennbetrag seiner Forderung in Papiermark auf Grund eines von ihm erwirkten Pfändungs- und Überweisungsbeschlusses vom Drittschuldner eingezogen hat?

Reichsverfassung Art. 105, 109, 134, 152, 153. 3. Steuernotverordnung § 11. Aufwertungsgesetz §§ 14, 15 bis 24, 62, 63, 67, 68.

V. Zivilsenat. Urt. v. 4. November 1925 i. S. K. (Bekl.) w. M. (Kl.). V 621/24.

I. Landgericht II Berlin.
II. Kammergericht daselbst.

Der Kläger hat dem Beklagten im März 1909 ein zu 5 v. H. verzinsliches Darlehen von 50000 ℳ gegen hypothekarische Sicherstellung gegeben. Das Darlehen war abredegemäß am 1. April 1914 fällig, es wurden aber darauf nur 5000 ℳ zurückgezahlt. Das Pfandgrundstück kam im Juni 1914 zur Zwangsversteigerung, wobei die Hypothek des Klägers bis auf 2110,87 ℳ ausfiel. Im Jahre 1923 pfändete dieser auf Grund der Schuldurkunde, in der sich der Beklagte der sofortigen Zwangsvollstreckung unterworfen hatte, eine dem Beklagten zustehende Forderung und erhielt durch deren Einziehung von dem Drittschuldner den Nennbetrag des Darlehensrestes ausbezahlt. Demnächst wurde er klagbar, um einen Ausgleich für die Geldentwertung zu erlangen, und zwar forderte er mit der Klage, die er auf die 3. Steuernotverordnung und auf Schuldnerverzug des Beklagten stützte, unter Vorbehalt weitergehender Ansprüche vorläufig Zahlung von 600 Goldmark nebst 5 v. H. Zinsen seit 1. Januar 1914. Der Beklagte wandte unter anderem ein, ein Aufwertungsanspruch des Klägers bestehe nach § 11 der 3. StNVO. nicht mehr, weil der Kläger bei Empfangnahme des Geldes keinen Vorbehalt gemacht habe.

Das Landgericht gab der Klage statt. Berufung und Revision des Beklagten blieben ohne Erfolg.

Aus den Gründen:

1. (Betrifft das Vorhandensein der Revisionssumme.)

2. Was die Sache selbst anbetrifft, so ist die rechtliche Beurteilung des Sachverhalts nicht mehr nach der inzwischen außer Kraft getretenen 3. Steuernotverordnung, sondern auf Grund des Aufwertungsgesetzes vom 16. Juli 1925 vorzunehmen, das mit Wirkung vom 15. Juli 1925 in Kraft getreten ist (§ 88 Abs. 1), daher von diesem Tage an auch auf anhängige Rechtsstreitigkeiten Anwendung finden muß. Daß die Anwendung des Gesetzes auf die bei seinem Inkrafttreten bereits in der Revisionsinstanz anhängigen Sachen zu erfolgen hat, ergeben die Vorschriften des § 68, wonach es bei einer die Aufwertung regelnden rechtskräftigen gerichtlichen Entscheidung sein Bewenden behalten soll mit der Maßgabe, daß der Anwendung der §§ 15 bis 24 über die Aufwertung kraft Rückwirkung auch eine rechtskräftige gerichtliche Entscheidung nicht entgegensteht. Soweit also noch keine rechtskräftige Entscheidung vorliegt, sollen hiernach

die Vorschriften des Aufwertungsgesetzes in vollem Umfang zur Anwendung gebracht werden.

Voraussetzung für die Anwendung der Vorschriften des Aufwertungsgesetzes ist, daß sich keine durchgreifenden Bedenken gegen die Verfassungsmäßigkeit des Gesetzes ergeben, das mit einfacher Mehrheit des Reichstags zustande gekommen ist. Im Hinblick auf die in der Öffentlichkeit gegen die Rechtsgültigkeit des Aufwertungsgesetzes erhobenen Angriffe erscheint es hiernach geboten, die Verfassungsmäßigkeit des Gesetzes von Amts wegen einer Prüfung zu unterziehen.

a) In dieser Hinsicht erhebt sich zunächst die Frage, ob und inwieweit die Gerichte überhaupt berechtigt und verpflichtet sind, die Rechtsgültigkeit eines an sich ordnungsmäßig verkündeten Reichsgesetzes nachzuprüfen. Dabei ist mit dem Urteil des I. Strafsenats vom 15. Dezember 1921 (RGSt. Bd. 56 S. 177) davon auszugehen, daß in erster Reihe etwaige reichsrechtliche Bestimmungen, seien es gesetzliche oder gewohnheitsrechtliche, die unmittelbar oder mittelbar zu der Frage Stellung nehmen, maßgebend sein müssen und daß, soweit solche Bestimmungen fehlen, auf die allgemeinen Grundsätze zurückzugehen ist, die aus dem Wesen der gesetzgebenden oder richterlichen Gewalt und der von diesen Gewalten ausgehenden Betätigungen sowie aus ihrem gegenseitigen Verhältnis abzuleiten sind. Die Reichsverfassung hat im Art. 102 den im § 1 GVG. aufgestellten Grundsatz aufgenommen, daß die Richter unabhängig und nur dem Gesetz unterworfen seien. Diese letztere Bestimmung schließt nicht aus, daß einem Reichsgesetz oder einzelnen seiner Bestimmungen vom Richter die Gültigkeit insoweit aberkannt werden kann, als sie mit anderen, vom Richter zu beachtenden Vorschriften, die ihnen vorgehen, in Widerspruch stehen. Das ist der Fall, wenn ein Gesetz einem in der Reichsverfassung aufgestellten Rechtssatz widerspricht und bei seinem Erlaß die durch Art. 76 RV. für eine Verfassungsänderung vorgeschriebenen Erfordernisse nicht vorgelegen haben. Denn die Vorschriften der Reichsverfassung können nur durch ein ordnungsmäßig zustande gekommenes verfassungsänderndes Gesetz außer Kraft gesetzt werden. Sie bleiben daher auch gegenüber abweichenden Bestimmungen eines späteren, ohne Beobachtung der Erfordernisse des Art. 76 erlassenen Reichsgesetzes für den Richter verbindlich und nötigen ihn, die widersprechenden Bestimmungen des späteren Gesetzes außer Anwendung zu lassen. Da die Reichsverfassung selbst keine Vorschrift enthält, nach der die Entscheidung über die Verfassungsmäßigkeit der Reichsgesetze den Gerichten entzogen und einer bestimmten anderen Stelle übertragen wäre, muß das Recht und die Pflicht des Richters, die Verfassungsmäßigkeit von Reichsgesetzen zu prüfen, anerkannt werden.

b) Die Verfassungsmäßigkeit des Aufwertungsgesetzes wird unter verschiedenen Gesichtspunkten in Zweifel gezogen. Es wird behauptet, daß die im Gesetz vorgenommene Schematisierung der Aufwertung gewisser Rechte durch Festsetzung eines nach bestimmten Regeln zu berechnenden festen Aufwertungsbetrags, die Einführung bestimmter Stichtage für die Zulässigkeit oder die Höhe der Aufwertung, die Abhängigmachung der Aufwertung von einem bei Annahme des gezahlten entwerteten Geldbetrags gemachten Vorbehalt des Gläubigers einen nach Art. 153 RV. unzulässigen Eingriff in das gewährleistete Eigentum enthielten, daß diese Vorschriften sowie einige weitere Bestimmungen, z. B. die Versagung der dem Schuldner gewährten Härteklausel gegenüber dem Gläubiger, den im Art. 109 Abs. 1 RV. aufgestellten Grundsatz der Gleichheit aller Deutschen vor dem Gesetz verletzten, daß die Begründung der ausschließlichen Zuständigkeit der Aufwertungsstelle für die Entscheidung gewisser ihr zugewiesener Streitpunkte mit Art. 105 RV. unvereinbar sei, und daß endlich auch im Hinblick darauf, daß für die Festsetzung des Maßes der Aufwertung Erwägungen steuerpolitischer Natur maßgebend gewesen seien, ein Verstoß gegen Art. 134 RV. vorliege (vgl. Zeiler, Die Rechtsgültigkeit der Aufwertungsgesetzgebung, Halle a. S., Verlag „Der Rechtsstaat"; die Aufsätze: „Der vorläufige Sieg Dr. Luthers und des Großkapitals" und „Verfassungsmäßigkeit der Aufwertungsgesetze" im Rechtsstaat 1925 Nr. 25; Daltrop in JW. 1925 S. 1714; ferner Stampe Aufwertungsurteil, Nachtr. S. 87; Zeiler und Sontag, Brennende Fragen der Aufwertung S. 81 flg.; Oertmann, Die Aufwertungsfrage S. 76). Diese Angriffe gegen die Verfassungsmäßigkeit des Aufwertungsgesetzes decken sich, abgesehen von der Heranziehung des Art. 109, in der Hauptsache mit den Gründen, aus denen schon die Verfassungsmäßigkeit der 3. Steuernotverordnung bekämpft worden ist. Das Reichsgericht hat diese Bedenken bezüglich der letzteren in dem Urteil vom 1. März 1924 (RGZ. Bd. 107 S. 375) zurückgewiesen. An den dort entwickelten Gründen ist auch bei erneuter Prüfung unter Berücksichtigung der dagegen vorgebrachten Bedenken durchweg festzuhalten.

Was zunächst den angeblichen Verstoß gegen Art. 153 RV. anbetrifft, so ist im Urteil vom 1. März 1924 ausgeführt worden: Es könne schon zweifelhaft sein, ob die Regelung der Hypothekenaufwertung überhaupt eine Enteignung, d. h. eine zwangsweise Entziehung von Rechten, darstelle oder nicht vielmehr auf die gesetzliche Normierung des streitig gewordenen zivilrechtlichen Rechtsverhältnisses zwischen Hypothekengläubiger und Hypothekenschuldner sich beschränke. In keinem Falle aber liege eine verfassungsmäßig unzulässige Entziehung von Gläubigerrechten vor, da die im Abs. 2 des Art. 153 aufgestellten Voraussetzungen für die Zulässigkeit einer Enteignung erfüllt seien. Diese Erwägungen treffen auch gegenüber den Vorschriften des Aufwertungsgesetzes zu. Die Geldentwertung und der Wirtschaftsverfall in der Nachkriegszeit hatten zu einer völligen Erschütterung aller wirtschaftlichen Verhältnisse geführt. Wenngleich den Gläubigern in der Rechtsprechung das Recht zugestanden wurde, an Stelle des entwerteten Papiermarkbetrags ihrer Forderungen einen der Billigkeit entsprechend aufgewerteten Betrag zu verlangen, so fehlte es doch an jeder sicheren Grundlage für die Beurteilung, welchen Wert die einzelne Forderung in Wahrheit noch darstellte. Denn dabei waren nicht nur die gesamten in Ansehung des Schuldverhältnisses in Betracht kommenden Verhältnisse, sondern auch die Wirtschaftslage des Gläubigers und des Schuldners und die allgemeine, auf der Verringerung des Volksvermögens beruhende Verarmung zu berücksichtigen. Die Berechnung des Aufwertungsbetrags hing also von einer großen Anzahl an sich unsicherer und schwer feststellbarer Umstände ab, deren Beurteilung in das Ermessen der für die Festsetzung des Aufwertungsbetrags zuständigen Stelle gelegt war. Niemand konnte daher mit annähernder Sicherheit voraussagen, wie hoch die einzelne Forderung ihrem Aufwertungsbetrage nach zu bewerten war. Diese völlige Unsicherheit ließ eine gesetzliche Regelung im Interesse des gesamten Wirtschaftslebens dringend geboten erscheinen und zwar in einer Weise, die möglichst schnell eine sichere feste Grundlage für die Bewertung der durch die Geldentwertung betroffenen Verhältnisse zu schaffen geeignet war. Dieses Ziel schien nur im Wege der Schematisierung der Aufwertung erreichbar. Demgemäß begründete die Mehrheit des Reichstagsausschusses ihren Beschluß, der weiteren Beratung den Regierungsentwurf zugrundezulegen, dahin:

> Notwendigkeit einer sofortigen, klaren und abschließenden Regelung im Hinblick auf die öffentlichen und privaten Haushalte zur Wiederherstellung von Ruhe, Ordnung und Sicherheit im Innern und in der Steuerwirtschaft, daher Ablehnung der zwar gerechteren, aber wirtschaftlich unhaltbaren und praktisch undurchführbaren Individualmethode des Best'schen Entwurfs und jeder zeitlichen Hinausschiebung des Aufwertungsergebnisses; vielmehr schematische Lösung unter Anpassung des Normalsatzes, der Zahlungsfristen und Zinshöhe an die Leistungsfähigkeit der Wirtschaft, Ausdehnung der Rückwirkung, Wahrung des öffentlichen Glaubens des Grundbuchs, Zulassung einer Individualregelung, wo sie wirtschaftlich möglich oder aus sozialen Gründen notwendig sei.

Bei dieser Sachlage läßt sich die Annahme vertreten, daß es sich bei der Regelung der Aufwertung durch das Gesetz vom 16. Juli 1925 nicht um eine Entziehung wohlbegründeter Rechte, sondern um eine Festsetzung und Begrenzung des Inhalts der durch die Geldentwertung und den Wirtschaftsverfall in ihren Grundlagen völlig erschütterten Rechtsverhältnisse im Sinne des Art. 153 Abs. 1 Satz 2 RV. gehandelt hat. In dieser Beziehung sei darauf hingewiesen, daß das Aufwertungsgesetz die durch Vereinbarungen oder rechtskräftige Entscheidungen zugunsten der Gläubiger bereits festgestellten weitergehenden Rechte hat bestehen lassen (§§ 67, 68).

Aber auch wenn in der Regelung der Aufwertung eine unter den Begriff der Enteignung fallende Entziehung von Gläubigerrechten zu finden sein sollte, wären die im Abs. 2 des Art. 153 aufgestellten Erfordernisse für die Zulässigkeit der Enteignung erfüllt. Die gesetzliche Grundlage, die Abs. 2 Satz 1 für eine zulässige Enteignung erfordert, ist hier, wo die Enteignung unmittelbar durch ein Reichsgesetz geschieht, in dem Gesetz selbst enthalten. Daß eine Enteignung nicht nur durch einen Verwaltungsakt auf Grund eines ihn rechtfertigenden Gesetzes, sondern unmittelbar durch ein Gesetz selbst erfolgen kann, ist vom Reichsgericht bereits wiederholt ausgesprochen worden (RGZ. Bd. 103 S. 200, Bd. 109 S. 317/18). Der Mangel einer den verkürzten Gläubigern zu gewährenden angemessenen Entschädigung steht der Zulässigkeit der Enteignung nicht entgegen, da Abs. 2 Satz 2 des Art. 153 den Ausschluß einer Entschädigung durch ein Reichsgesetz zuläßt, und demnach für eine durch Reichsgesetz vorgenommene Enteignung das Erfordernis einer Entschädigung überhaupt nicht zwingend vorgeschrieben ist. Im übrigen geht aus den Vorschriften des Aufwertungsgesetzes mit hinreichender Deutlichkeit hervor, daß eine Entschädigung der Gläubiger für ihren etwaigen Rechtsverlust nicht stattfinden soll. Daß endlich auch dem Erfordernis genügt ist, daß die Enteignung „zum Wohle der Allgemeinheit" vorgenommen ist, ergibt sich aus den oben mitgeteilten Erwägungen, die für den Erlaß des Aufwertungsgesetzes und die darin geschehene Regelung der Aufwertung der Hypotheken und anderen Vermögensanlagen maßgebend gewesen sind. Gerade die Abweichung von der Individualaufwertung, in der eine teilweise Enteignung der Gläubiger zu finden sein könnte, geschah aus dem Grunde, weil zur Wiederherstellung von Ruhe, Ordnung und Sicherheit im Innern und in der Steuerwirtschaft eine sofortige klare und abschließende Regelung der Aufwertungsfrage unbedingt geboten war, und diese ohne eine Schematisierung der Aufwertung zur Erreichung des erstrebten Zieles nicht möglich erschien. Die Herstellung von Ruhe, Ordnung und Sicherheit im Innern dient dem Wohle der Allgemeinheit und eine zu diesem Zwecke vorgenommene Enteignung kann daher nicht als unzulässig angesehen werden. Ob der mit dem Gesetz erstrebte gemeinnützige Zweck in dem erhofften Umfang tatsächlich erreicht wird, ist ohne Belang. Wesentlich für die Zulässigkeit einer Enteignung kann immer nur sein, daß ein dem Wohle der Allgemeinheit dienender Zweck erstrebt wird und wenigstens teilweise erreichbar erscheint, und das trifft unter den gegebenen Verhältnissen zu.

Der Einwand, daß die Zulassung einer Enteignung im Interesse der Wirtschaft in Fällen der vorliegenden Art zu einer Aufhebung jeder verfassungsmäßigen Gewähr für das Eigentum der Staatsbürger führe, trifft nicht zu. Die Gewähr für das Eigentum wird von der Verfassung nicht unbedingt geleistet, sie kann nicht nur im Wege einer Verfassungsänderung gänzlich beseitigt werden, sondern sie gilt überhaupt nur mit den sich aus den Vorschriften des Abs. 1

Satz 2 und des Abs. 2 des Art. 153 ergebenden Beschränkungen. Es ist ein allgemein anerkannter Grundsatz, daß das Wohl der einzelnen Staatsbürger hinter dem Allgemeinwohl zurückstehen muß. Dieser Grundsatz kommt in der Vorschrift des Abs. 2 Art. 153 zum Ausdruck, daß das Eigentum zum Wohle der Allgemeinheit entzogen werden kann. Damit wird die im Abs. 1 Satz 1 ausgesprochene Gewährleistung des Eigentums in gewissem Umfang eingeschränkt, aber keineswegs gegenstandslos. Es sind im Abs. 2 bestimmte Garantien dafür geschaffen, daß keine willkürliche Eigentumsentziehung stattfinden kann, indem ausdrücklich festgesetzt wird, daß die Enteignung nur zum Wohle der Allgemeinheit und nur auf gesetzlicher Grundlage vorgenommen werden und mangels abweichender Bestimmung eines Reichsgesetzes nur gegen eine im Rechtswege verfolgbare angemessene Entschädigung erfolgen darf. Gerade in der Festlegung dieser Voraussetzungen für die Vornahme einer Enteignung besteht der Schutz, den die Verfassung mit der im Abs. 1 ausgesprochenen Gewährleistung dem Privateigentum gewähren will. Dieser Schutz versagt, wenn die Voraussetzungen des Abs. 2 für eine Enteignung vorliegen. Soweit dabei das Wohl der Allgemeinheit in Betracht kommt, sind von der Verfassung keine Unterscheidungen gemacht, auf welchem Gebiet die Förderung des Wohles der Allgemeinheit geschehen soll. Sie kann daher auch auf dem Gebiet der allgemeinen Wirtschaft liegen.

Im Gegensatz zu den gegen die 3. Steuernotverordnung gerichteten Angriffen, die deren Verfassungsmäßigkeit in Zweifel zu ziehen suchten, weil sie eine unzulässige Enteignung enthielte, wird jetzt die Ansicht vertreten (Zeiler a. a. O. S. 15), daß das Aufwertungsgesetz gegen Art. 153 RV. verstoße, weil es eine Rechtsentziehung vornehme, die nicht unter den Begriff einer Enteignung falle und daher durch Art. 153 Abs. 2 nicht gedeckt werde. Diese Ansicht beruft sich darauf, daß mit dem Worte Enteignung ein bestimmter, rechtswissenschaftlich feststehender Begriff, wie er sich auf Grund des preußischen Enteignungsgesetzes gebildet habe, verbunden werde und daher auch im Abs. 2 Art. 153 RV. nur in diesem Sinne gebraucht sein könne. Allein mit Recht weist Wolff (Festgabe für Kahl, IV S. 20) darauf hin, daß die Frage, was Enteignung sei, nicht mit der Frage, unter welchen Voraussetzungen eine Enteignung zulässig sei, verwechselt werden dürfe, und daß Abs. 2 des Art. 153 RV. — wie auch das preußische Enteignungsgesetz — nur die Erfordernisse für eine zulässige Enteignung aufstellt, den Begriff der Enteignung jedoch nicht näher bestimmt. Ist aber das Wort „Eigentum" im Abs. 1 Satz 1, wie die heute allgemein herrschende Meinung annimmt, nicht in dem dem Bürgerlichen Gesetzbuch entsprechenden Sprachgebrauch im Sinne von Sacheigentum zu verstehen, sondern im weitesten Sinne auszulegen, so daß darunter auch Rechte aller Art, insbesondere auch Forderungsrechte fallen, so würde auch der Abs. 2, der die Zulässigkeit einer Enteignung regelt, in dem Sinne auszulegen sein, daß darunter eine Entziehung oder Beschränkung des im Abs. 1 Satz 1 gewährleisteten Eigentums zu verstehen ist, also jeder Eingriff der Staatsgewalt in ein durch Abs. 1 Satz 1 geschütztes Recht. Daß darunter nicht nur Eingriffe durch Verwaltungsakt, sondern auch durch den Gesetzgeber selbst fallen, ist, wie oben erwähnt, vom Reichsgericht bereits wiederholt angenommen worden. Ob zum Begriff der Enteignung im Sinne des Art. 153 eine „Überführung" des entzogenen Rechtes in das Vermögen eines anderen Rechtssubjekts erforderlich ist (vgl. Wolff a. a. O. S. 24flg. und die dort S. 25 in Anm. 1 angeführten Schriftsteller), kann dahingestellt bleiben, weil diesem Erfordernis hier dadurch genügt wäre, daß die Schuldner zu dem Betrag, um den die Aufwertungsbeträge der Forderungen durch das Aufwertungsgesetz gegenüber den allgemeinen Vorschriften herabgesetzt worden sind, von ihrer Leistungspflicht befreit worden sind (RGZ. Bd. 103 S. 200, Bd. 109 S. 317/18). Das von Zeiler angeregte Bedenken kann hiernach nicht als durchschlagend anerkannt werden (vgl. auch Triepel, Goldbilanzen-Verordnung S. 25).

Bezüglich der Bedeutung und der Tragweite des Ausspruchs im Art. 109 Abs. 1 RV. besteht Streit, ob sie sich in der Bedeutung erschöpfe, die dem gleichlautenden Ausspruche der preußischen Verfassungsurkunde vom 31. Januar 1850 (Art. 4) beigelegt worden ist, nämlich dahin, daß die Gesetze ohne Unterschied des Standes gegen jeden in vollem Umfang angewendet werden sollen (Entsch. des preuß. OVG. Bd. 56 S. 235; Anschütz, Preuß. VU., Bd. I S. 108flg.), und mithin nur als eine Norm für Justiz und Verwaltung, nicht für die Gesetzgebung selbst aufzufassen sei (Anschütz, Reichsverf.

S. 189; Giese, RV. 6. Aufl. S. 300), oder ob dadurch auch eine Schranke für die Gesetzgebung gezogen worden ist (Triepel, Goldbilanzen-Verordnung, S. 26flg.; Leibholz, Die Gleichheit vor dem Gesetz, bes. S. 34, 87, 95, 99; Aldag, Die Gleichheit vor dem Gesetz in der RV., bes. S. 38, 41, 51flg.). Es kann ferner zweifelhaft sein, ob sich Abs. 1 des Art. 109, wie aus dem weiteren Inhalt des Art. 109 gefolgert werden könnte, nur auf reine Persönlichkeits-, nicht auch auf Vermögensrechte bezieht (Daltrop, JW. 1924 S. 1714) oder ob er eine allgemeine, auch das Gebiet des Vermögensrechts umfassende Vorschrift aufstellt. Einer Stellungnahme zu diesen Fragen bedarf es nicht, weil auch eine Prüfung unter dem Gesichtspunkt des Art. 109 Abs. 1 RV. nicht zur Verneinung der Verfassungsmäßigkeit des Aufwertungsgesetzes führt. Der Grundsatz der Gleichheit vor dem Gesetz kann nur die Bedeutung haben, daß Tatbestände vom Gesetz als gleich zu behandeln sind, die ungleich zu behandeln Willkür bedeuten würde. Eine verschiedene Behandlung, die durch keinen auf vernünftigen Erwägungen beruhenden Grund zu rechtfertigen ist, würde als willkürlich erscheinen und gegen den Gleichheitsgrundsatz verstoßen (Triepel, S. 30; Leibholz, S. 87, 95; Aldag, S. 41, 51). Die Regelung der Aufwertung, wie sie im Gesetz vom 16. Juli 1925 geschehen ist, insbesondere ihre Schematisierung, beruht aber, wie die oben wiedergegebene Begründung für die Ablehnung der als gerechter ausdrücklich anerkannten Individualmethode ergibt, auf durchaus vernünftigen Erwägungen, nämlich auf der allseitig betonten und durch die Wirtschaftslage tatsächlich begründeten Notwendigkeit einer sofortigen, klaren und abschließenden Regelung des Aufwertungsproblems unter Anpassung der Regelung im einzelnen an die Leistungsfähigkeit der Wirtschaft, und Zulassung der Individualaufwertung, wo sie wirtschaftlich möglich oder aus sozialen Gründen erforderlich war. Die Unterschiede, die sich aus der Regelung des Gesetzes für die Aufwertung nach der Art der betroffenen Ansprüche und nach gewissen im Gesetz hervorgehobenen Umständen ergeben, können hiernach nicht als willkürliche, den Grundsatz des Art. 109 Abs. 1 RV. verletzende Unterscheidungen angesehen werden, wenngleich damit, wie auch die Reichstagsmehrheit nicht verkannt hat, vielfach große Härten und beklagenswerte Unbilligkeiten, namentlich für die Gläubiger, verbunden sind. Man mag über die Zweckmäßigkeit oder Notwendigkeit einzelner Bestimmungen des Gesetzes streiten können; gerade die umstrittenen Vorschriften sind aber bei den Beratungen im Reichstagsausschuß Gegenstand eingehender Prüfung und Erörterung gewesen und schließlich zur Annahme gelangt, weil eine anderweite Regelung mit dem erstrebten Zwecke des Gesetzes nicht verträglich erschien. Von einer willkürlichen, vernünftiger Erwägungen entbehrenden Regelung kann daher auch in diesen Beziehungen nicht gesprochen werden.

Daß das Aufwertungsgesetz keinen Verstoß gegen die Artikel 105 und 134 RV. enthält, ergibt sich aus den Gründen, aus denen in dem Urteil vom 1. März 1924 (RGZ. Bd. 107 S. 376/377) die Vereinbarkeit der 3. Steuernotverordnung mit den genannten Artikeln angenommen worden ist. Auf die dort gemachten Ausführungen, an denen der Senat festhält, wird hiermit verwiesen. Von Daltrop (JW. 1925 S. 1714) wird die im § 68 Abs. 2 AufwG. vorgeschriebene Ausdehnung der in den §§ 15 bis 24 geregelten Rückwirkung der Aufwertung gegenüber rechtskräftigen gerichtlichen Entscheidungen mit Art. 105 Satz 2 RV. für unvereinbar gehalten. Da indessen grundsätzlich kein Bedenken dagegen besteht, daß ein Gesetz sich rückwirkende Kraft beilegen kann, und auch eine Änderung der Vorschriften der Zivilprozeßordnung über die Rechtskraftwirkung gerichtlicher Entscheidungen im Wege eines einfachen Reichsgesetzes zulässig ist, könnte es sich nur fragen, ob der in Rede stehenden Bestimmung des Aufwertungsgesetzes der Art. 153 RV. entgegensteht. Das ist zu verneinen. Es handelt sich bei der Vorschrift des § 68 Abs. 2 wie auch bei der des § 67 Abs. 2 um die Beseitigung eines Rechtsverlusts des Gläubigers aus Billigkeitsrücksichten, nicht um einen Eingriff in ein konkretes, unter den Eigentumsbegriff im Sinne des Art. 153 Abs. 1 fallendes Vermögensrecht des Schuldners. Will man aber einen derartigen Eingriff als vorliegend ansehen, so wäre er aus den oben zu Art. 153 gemachten Ausführungen als zulässig zu erachten. Ebensowenig enthält § 67 Abs. 2 AufwG. einen unzulässigen Eingriff in den im Art. 152 RV. aufgestellten öffentlichrechtlichen Grundsatz der Vertragsfreiheit. Denn dieser Grundsatz gilt nach Art. 152 nur „nach Maßgabe der Gesetze". Da hiermit der Gesetzgebung das Recht vorbehalten ist, Beschränkungen der Vertragsfreiheit aufzustellen, steht Art. 152 auch einem im Wege des

Gesetzes erfolgenden Eingriff mit rückwirkender Kraft in schon bestehende Vertragsverhältnisse nicht entgegen (RGZ. Bd. 103 S. 310).

Die im Aufwertungsgesetz vorgenommene Regelung der Aufwertung von Hypotheken und der unter die §§ 62, 63 fallenden Ansprüche verstößt hiernach weder im ganzen noch hinsichtlich der vorstehend erörterten Einzelbestimmungen gegen Vorschriften der Reichsverfassung.

3. Bei der Beurteilung des vorliegenden Streitfalles nach den Vorschriften des Aufwertungsgesetzes erhebt sich zunächst die Frage, ob die Darlehensforderung, deren Aufwertung der Kläger geltend macht, als eine durch Hypothek gesicherte Forderung der Aufwertung gemäß den §§ 8flg. unterliegt, oder ob sie als ungesicherte Forderung nach §§ 62, 63 aufzuwerten ist. Die Forderung ist im Jahre 1909 begründet worden und zunächst durch eine Hypothek gesichert gewesen. Bei der im Frühjahr 1914 erfolgten Zwangsversteigerung des belasteten Grundstücks ist die Hypothek mit 2110,87 *M* zur Hebung gelangt, der Rest ist ausgefallen und die Hypothek gelöscht worden. Der damals ungetilgt gebliebene Rest der Forderung bestand seitdem ohne hypothekarische Sicherung fort. Das Berufungsgericht hat bei der Beurteilung der Rechtslage auf Grund der 3. Steuernotverordnung angenommen, daß die Forderung, da sie bei Beginn des Währungsverfalls bereits nicht mehr durch Hypothek gesichert war, im Sinne der 3. Steuernotverordnung als eine ungesicherte Vermögensanlage zu behandeln und demnach als ein Anspruch aus einer Vermögensanlage anderer Art gemäß § 12 der 3. Steuernotverordnung aufzuwerten sei. Die Behandlung als einer ungesicherten Forderung erweist sich auch nach den Vorschriften des Aufwertungsgesetzes als zutreffend. Es kann dahingestellt bleiben, ob im Sinne dieses Gesetzes nur die Forderungen, für die bei seinem Inkrafttreten noch eine Hypothek bestand, als durch Hypothek gesichert anzusehen sind, oder ob für diese Frage ein früherer Zeitpunkt, etwa der im § 2 für die Berechnung des Goldmarkbetrags als Stichtag angegebene 1. Januar 1918, als maßgebend anzunehmen wäre. Das Gesetz bezeichnet im § 1 als Gegenstand der Aufwertung Ansprüche, die auf einem vor dem 14. Februar 1924 begründeten Rechtsverhältnis beruhen, wenn sie durch den Währungsverfall betroffen sind. Soweit also das Gesetz eine verschiedene Art der Aufwertung für die durch den Währungsverfall

betroffenen Ansprüche festsetzt, je nachdem sie dinglich gesichert sind oder nicht, können Ansprüche, deren dingliche Sicherheit bereits vor dem Beginn des Währungsverfalls fortgefallen war und die als ungesicherte von dem Währungsverfall betroffen worden sind, für die Aufwertung nur als ungesicherte Ansprüche in Betracht kommen. Der Währungsverfall hat erst im Laufe des Weltkriegs eingesetzt. Da die für die Forderung des Klägers bestellte Hypothek bereits im Jahre 1914 gelöscht worden ist, stellt sich hiernach seine Forderung jedenfalls als eine ungesicherte im Sinne des Aufwertungsgesetzes dar. Anderseits ist dem Berufungsgericht darin beizustimmen, daß die Forderung des Klägers, die als Darlehensforderung begründet worden ist, ihren Charakter als eine Vermögensanlage durch den Fortfall der hypothekarischen Sicherheit nicht verloren hat. Der Umstand, daß eine Forderung hypothekarisch sichergestellt wird, kann bei der Beurteilung, ob eine Vermögensanlage vorliegt, von Erheblichkeit sein, zum Begriff der Vermögensanlage gehört aber das Bestehen einer hypothekarischen Sicherung nicht. Stellt sich eine Forderung als eine solche aus einer Vermögensanlage dar, so bleibt dieser Charakter durch den Ausfall der dafür bestellten Hypothek unberührt.

4. Die Aufwertung der Darlehensforderung des Klägers bestimmt sich hiernach nach § 62 AufwG. und zwar richtet sie sich nach den allgemeinen Vorschriften mit den sich aus § 63 Abs. 1 und 4 ergebenden Maßgaben für die Aufwertung von Vermögensanlagen. Danach ergibt sich kein Anlaß zu einer Beanstandung der vom Berufungsgericht in Ansehung der Klage getroffenen Entscheidung. Denn das Berufungsgericht hat den Aufwertungsanspruch des Klägers auf Grund der allgemeinen Vorschriften, insbesondere der §§ 157, 242 BGB., geprüft und dabei den bisher eingeklagten Betrag, der kaum 2 v. H. des Goldmarkbetrags der Forderung ausmache, als jedenfalls begründet befunden. Da § 63 Abs. 1 AufwG. eine Aufwertung bis zu 25 v. H. des Goldmarkbetrags zuläßt, so ergibt sich in dieser Hinsicht kein rechtliches Bedenken.

Der vom Beklagten auf § 11 der 3. Steuernotverordnung gestützte Einwand, der Kläger habe den Nennbetrag seiner Restforderung vorbehaltlos angenommen, ist vom Berufungsgericht mit der Begründung verworfen worden, daß § 11 nicht bloß Hinnahme der

Leistung, sondern deren Annahme als Erfüllung voraussetze, ein derartiger Tatbestand aber hier nicht dargetan sei, wo der Kläger den Betrag auf Grund einer Pfändung der Forderung des Beklagten vom Drittschuldner eingezogen habe. An sich würde der Mangel eines Vorbehalts bei der Annahme der Zahlung dem Aufwertungsverlangen des Klägers nach § 15 Satz 1 AufwG., der nach § 63 Abs. 1 Satz 2 auch auf die Aufwertung nicht gesicherter Vermögensanlagen entsprechende Anwendung zu finden hat, nicht entgegenstehen, da der Kläger die Zahlung erst im Jahre 1923 erhalten hat. Der Beklagte hat sich aber in der Revisionsinstanz darauf berufen, daß die Voraussetzungen des § 15 Satz 2 für einen Ausschluß der Aufwertung kraft Rückwirkung vorlägen, und ihm Gelegenheit gegeben werden müsse, nach dieser Richtung neue tatsächliche Anführungen zu machen, da er vor dem erst im Laufe der Revisionsinstanz erfolgten Inkrafttreten des Aufwertungsgesetzes nicht in der Lage gewesen sei, seine Verteidigung auf diesen Gesichtspunkt abzustellen. Dieses Verlangen würde an sich berechtigt sein, es kommt aber gegenwärtig auf die Zulässigkeit einer Aufwertung kraft Rückwirkung nicht an, weil der Annahme des Berufungsgerichts zuzustimmen ist, daß es eines Vorbehalts des Klägers zur Erhaltung seines Aufwertungsanspruchs nicht bedurft hat.

Nach § 14 Aufw.G., der nach § 63 Abs. 1 Satz 2 entsprechende Anwendung findet, ist die Aufwertung ausgeschlossen, wenn der Gläubiger sich „bei der Annahme der Leistung" seine Rechte nicht vorbehalten hat. Der § 14 AufwG. schließt sich, soweit er die Aufwertung von einem Vorbehalt des Gläubigers abhängig macht, an § 11 der 3. Steuernotverordnung an. Zur Begründung des § 11 war angeführt, es müsse verhindert werden, daß der wirtschaftliche Erfolg einer nachträglichen Aufwertung bereits erloschener Ansprüche auf Umwegen (ungerechtfertigte Bereicherung, Irrtumsanfechtung) herbeigeführt werde. Der Vorschrift liegt hiernach die Auffassung zugrunde, daß das Schuldverhältnis erlösche, wenn der Gläubiger eine ihm als Erfüllung angebotene unvollständige Leistung als Erfüllung annehme. Wenngleich diese Auffassung nach feststehender Rechtsprechung unrichtig ist, so ist sie doch für die Auslegung der auf ihr beruhenden Vorschriften zu berücksichtigen. Danach ist davon auszugehen, daß unter der Annahme der Leistung im Sinne der genannten

Vorschriften ein Verhalten des Gläubigers zu verstehen ist, das nach Lage des Falles unter Berücksichtigung der Verkehrssitte und der Grundsätze von Treu und Glauben sich als Ausdruck des Willens darstellt, eine ihm zugehende Leistung als Erfüllung gelten zu lassen (Schlegelberger S. 104; Mügel S. 270). Ein derartiges Verhalten mag an sich auch dann vorliegen können, wenn der Gläubiger im Wege der Zwangsvollstreckung gegen den Schuldner vorgeht und von ihm eine Leistung erzwingt. Es ist aber rechtlich nicht zu beanstanden, wenn das Berufungsgericht unter den Umständen des vorliegenden Falles, wo der Kläger auf Grund einer vollstreckbaren Ausfertigung der Schuldurkunde eine Forderung des Beklagten hat pfänden und sich zur Einziehung überweisen lassen, in der Entgegennahme der vom Drittschuldner geleisteten Zahlung des gepfändeten Betrags keine Erklärung des Willens erblickt hat, sich dadurch wegen seiner Forderung gegen den Beklagten für befriedigt zu erklären. Der dem Kläger zur Verfügung stehende vollstreckbare Titel lautete nur über den Nennbetrag seiner Forderung, einen Titel über den Aufwertungsbetrag hatte er nicht, sondern sucht er sich mit der gegenwärtigen Klage erst zu verschaffen. Wenn er sich des ihm zur Verfügung stehenden Vollstreckungstitels bedient hat, um zwangsweise gegen den Beklagten vorzugehen, so bekundete er damit seinen Willen, den Beklagten im Rahmen des vollstreckbaren Titels zu einer Leistung zu zwingen, er gab jedoch damit nicht zu erkennen, daß er diese Leistung als die volle Erfüllung der dem Beklagten obliegenden Verbindlichkeit annehmen wollte. Der Beklagte konnte den Umständen nach das Vorgehen des Klägers auch nicht anders auffassen; denn dem Kläger stand damals eine weitergehende Vollstreckungsmöglichkeit nicht zu Gebote. Ein Anlaß zu einem Vorbehalt dem zahlenden Drittschuldner gegenüber bestand für den Kläger nicht, da die Zahlung des Drittschuldners nicht als Erfüllung der Schuld des Beklagten geleistet wurde, sondern nur zur Tilgung seiner eigenen Schuld in Höhe des vom Kläger gepfändeten Betrags erfolgte. Eine Annahme der Leistung, wie sie § 14 AufwG. voraussetzt, hat seitens des Klägers hiernach nicht stattgefunden, es bedurfte daher zur Erhaltung des Aufwertungsanspruchs des Klägers auch keines Vorbehalts (Schlegelberger S. 105).

Die Ansicht des Oberlandesgerichts Marienwerder (JW. 1924

S. 1269/70), daß auch bei zwangsweiser Beitreibung des Nennbetrags ein Vorbehalt erforderlich sei, ist unrichtig. Das Oberlandesgericht begründet diese Ansicht damit, daß der Gläubiger, wenn er gegen den Schuldner vorgehe, noch besser in der Lage sei, sich zu überlegen, wieviel er fordern könne, als wenn der Schuldner ihm eine Zahlung aufdränge. Daß diese Erwägung nicht zutreffend ist, zeigt der vorliegende Fall, wo der Kläger nicht in der Lage war, auf Grund des vollstreckbaren Titels mehr als den Nennbetrag beizutreiben, wie er es getan hat. . . .

---

69. Welche Pflichten hat die Bahn bei der Gestellung von Eisenbahnwagen für die Verladung von Möbelwagen? Welche Pflichten hat der Versender bei einer solchen Verladung?

Eisenbahnverkehrsordnung § 86 Abs. 1 Nr. 1 u. 3, Abs. 3.

I. Zivilsenat. Urt. v. 26. September 1925 i. S. J. (Kl.) w. Deutsche Reichsbahnges. (Bekl.). I 166/25.

I. Landgericht I Berlin.
II. Kammergericht daselbst.

Laut Frachtbrief vom 20. Oktober 1923 verlud der Kläger in G. auf einem offenen Eisenbahnwagen einen ihm gehörigen Möbelwagen, in dem sich Umzugsgut befand, und übergab ihn der Bahn zur Beförderung nach Gr. L. Als der Wagen in dem elektrisch betriebenen Zuge auf der Strecke Halle—Bitterfeld befördert wurde und sich nicht weit vor der letztgenannten Station befand, geriet er in Brand. Nach Eintreffen auf der Station wurde der Brand gelöscht. Der Möbelwagen war jedoch durch den Brand schon erheblich beschädigt und auch das Umzugsgut hatte durch das Feuer gelitten.

Mit Eingabe vom 5. November 1923 verlangte der Kläger von der Bahn Ersatz des ihm durch den Brand des Möbelwagens entstandenen Schadens, wurde aber abschlägig beschieden. Darauf klagte er auf Zahlung eines Schadensersatzbetrags. Das Landgericht wies die Klage ab.

Die Berufung des Klägers wurde zurückgewiesen. Seine Revision führte zur Aufhebung und Zurückverweisung.

Gründe:

Das Berufungsgericht führt aus: Der Klaganspruch entfalle auf Grund des § 86 Nr. 1 und 3 EVO. Denn die Brandgefahr sei mit der Beförderung auf einem offenen Wagen verbunden und ebenso mit der vom Kläger vorgenommenen, die Profilhöhe überschreitenden Verladung; der Schaden habe den Umständen nach aus diesen Gefahren entstehen können. Ein Verschulden der Beklagten liege nicht vor. Bestimmte Feststellungen über die Entstehung des Brandes hat das Berufungsgericht nicht getroffen; es läßt dahingestellt, ob Überspringen eines elektrischen Funkens, Funkenflug oder eine sonstige Ursache den Brand veranlaßt hat. Wenn auch dem Berufungsgericht darin nicht entgegenzutreten ist, daß mit der Beförderung im offenen Wagen in jedem Fall insoweit eine größere Gefahr des durch Einwirkung von außen, auch durch Überspringen eines elektrischen Funkens, entstehenden Brandes verbunden ist, als das schützende Dach des geschlossenen Eisenbahnwagens fehlt (vgl. auch RGZ. Bd. 34 S. 42), so genügen die bisherigen Feststellungen doch nicht zur Beurteilung der Frage, ob für die Entstehung des Brandes ein Verschulden der Beklagten ursächlich gewesen ist. Die Beklagte ist im Rechtsstreit — und zwar im wesentlichen in Übereinstimmung mit den Ergebnissen der Tatbestandsaufnahme — davon ausgegangen, daß der Brand durch Überspringen eines elektrischen Funkens entstanden und daß dies nur durch Hinausragen der Oberkante des Möbelwagens über die Profilhöhe herbeigeführt worden ist, und das Berufungsgericht hat das bei seinen Ausführungen über die Anwendbarkeit des § 86 Nr. 3 EVO. unterstellt. Liegt die Sache so und treffen die weiteren Behauptungen des Klägers über Art und Höhe des Möbelwagens und des Eisenbahnwagens, sowie über die jahrelange, gefahrlose Beförderung des Möbelwagens auf der Eisenbahn zu, so irrt das Berufungsgericht in der Annahme, daß die Beklagte kein Verschulden in der Stellung des Eisenbahnwagens treffe. Aus dem Frachtvertrag ergibt sich für die Eisenbahn die Pflicht, einen für die Beförderung des Gutes, hier des Möbelwagens, geeigneten Eisenbahnwagen zu stellen. Das Verladen lag dann dem Kläger ob, da es sich um Wagenladungsgut handelte (Deutscher Eisenbahn-Gütertarif

Teil I Abt. B § 42). Zu stellen war, wie sich aus III § 44 daß ergibt, ein offener Wagen. Auf Grund der gemäß § 63 EVO. vom Kläger gemachten Mitteilung war der Beklagten bekannt, daß ein Möbelwagen verladen werden sollte. Trifft es zu, daß Möbelwagen regelmäßig eine bestimmte Höhe oder bestimmte größte Höhe haben und daß deshalb nur bei Verwendung offener Eisenbahnwagen der niedrigeren Art die Profilhöhe nicht überschritten wird, so lag der Beklagten die Verpflichtung ob, einen solchen Wagen zu stellen, und sie verletzte durch Stellung eines höheren Wagens die ihr obliegende Sorgfaltspflicht. Dieses Verschulden war aber auch, falls die Überschreitung der Profilhöhe wirklich das Überspringen des Funkens bedingt hat, allein oder doch mit ursächlich für die Entstehung des Brandes. Und auch das letztere genügt zur Anwendung des § 86 Abs. 3 EVO. In Betracht zu ziehen ist aber, ob den Kläger etwa ein mitwirkendes Verschulden trifft, sowie nötigenfalls, in welchem Verhältnis zueinander das beiderseitige Verschulden steht, insbesondere ob eines bei weitem überragt, da dann § 254 BGB. anzuwenden ist. Auch dafür sind weitere tatsächliche Erörterungen notwendig. Es wird dabei zu erörtern sein, ob nach Lage der Umstände den Kläger die Verpflichtung traf, die Höhe des Eisenbahnwagens nachzuprüfen, oder ob er sich in Betracht der früheren jahrelangen, ungestörten Beförderung darauf verlassen konnte, daß ihm ein der Höhe des Möbelwagens entsprechender Eisenbahnwagen gestellt sei, sowie ob die Leute des Klägers ohne weitere Prüfung erkennen konnten, daß der Eisenbahnwagen an sich zu hoch war und daß die Gesamtladung die Profilhöhe überschritt. Schließlich wird auch zu prüfen sein, ob bei ordnungsmäßiger Anlegung der Oberleitung auch im Fall etwa vorliegender Profilüberschreitung der Funken übergesprungen wäre, was der Kläger bestreitet. Daß die Beklagte die Verpflichtung traf, den Kläger auf den elektrischen Betrieb der Strecke Halle—Bitterfeld hinzuweisen, kann dagegen nicht anerkannt werden, da dem Kläger als Spediteur das bekannt sein mußte. Nur wenn die Ursache des Brandes festgestellt ist, wird sich beurteilen lassen, ob überhaupt der Brandschaden aus der mit der mangelhaften Verladung verbundenen Gefahr entstanden ist und ob den Umständen nach dieser Schaden daraus entstehen konnte.

70. Kann eine Klage, die vor Teilung des Nachlasses eine Verfügung über Nachlaßgegenstände begehrt, nur dann gegen einen einzelnen Miterben gerichtet werden, wenn die Bereitwilligkeit der übrigen Miterben zur Vornahme der Verfügung unstreitig ist?

BGB. §§ 2033 Abs. 2, 2040 Abs. 1.

V. Zivilsenat. Urt. v. 5. Oktober 1925 i. S. J. S. (Bekl.) w. Th. S. (Kl.). V 598/24.

I. Landgericht Verden.
II. Oberlandesgericht Celle.

Durch notariellen Vertrag vom 30. Januar 1922 kaufte der Kläger ein auf den Namen des verstorbenen August R. eingetragenes Hausgrundstück in Geestemünde von der Witwe P. Diese trat im Akte zugleich als Bevollmächtigte der übrigen Erben des R. und seiner Ehefrau auf, zu denen auch die Beklagte gehört. Das Landgericht hat die Witwe P. und die Beklagte dem Klagantrag gemäß zur Eigentumsübertragung, insbesondere zur Auflassung des Grundbesitzes an den Kläger verurteilt. Von den übrigen Erben behauptet der Kläger, sie seien zur Auflassung bereit. Das Berufungsgericht hat auf die Berufung der Beklagten zunächst durch Zwischenurteil die Einreden der mangelnden Passivlegitimation der Beklagten und der Nichtigkeit des Kaufvertrags, sodann durch Schlußurteil die Berufung zurückgewiesen.

Die Revision der Beklagten hatte Erfolg.

Gründe:

Im Zwischenurteil wird die von der Revision zur Nachprüfung gestellte Meinung des Berufungsgerichts, ein Fall des § 2040 BGB. liege nicht vor und deswegen sei der Einwand unbegründet, daß die Klage, weil nicht gegen alle Miterben gerichtet, abgewiesen werden müsse, wie folgt gerechtfertigt: Wenn die Beklagte an dem streitigen Grundstück auch nur als Miterbin anteilsberechtigt sei, so verlange doch der Kläger von ihr die Übertragung und Auflassung nicht in ihrer Eigenschaft als Miterbin, sondern auf Grund der Behauptung, daß sie ihm, wenn auch vertreten durch die Frau P., das Grundstück verkauft habe. Die Sachlage sei demnach geradeso zu beurteilen, als wenn ein nicht zu den Erben gehörender Dritter dem Kläger das Haus verkauft hätte. Die Beklagte könne ebensowenig wie der Dritte mit der Behauptung, daß das Haus Eigentum einer Miterbengemeinschaft sei, sich von der Verpflichtung zur Übergabe und Auflassung befreien. Habe sie das Haus verkauft, so sei es ihre Sache, die Erfüllung zu ermöglichen.

Damit geht das Berufungsgericht von einem Sachverhalt aus, der dem Klagevorbringen nicht entspricht. Im Einklang mit dem Beginn des Vertrags vom 30. Januar 1922 trägt die Klageschrift vor, die Frau P. habe als Bevollmächtigte der gesamten R.schen Erben, zu denen außer ihr auch die jetzige Revisionsklägerin gehöre, den Grundbesitz an den Kläger verkauft. Demgemäß wird im Klagantrag von der Frau P. und der Revisionsklägerin, nicht aber auch von den übrigen Erben, Übertragung des Grundstücks, insbesondere Auflassung, begehrt und bezüglich der anderen Erben behauptet, sie seien zur Auflassung bereit. Der Kläger hat mithin weder eine vertragliche Verpflichtung der Frau P. und der Revisionsklägerin zur selbständigen Verfügung über das ganze Grundstück behauptet, noch hat er sein Klageverlangen auf die einer derartigen Verpflichtung entsprechende Herbeiführung der Auflassung durch alle Erben gerichtet (Gruch. Bd. 54 S. 1064; RGZ. Bd. 71 S. 370). Dem statt dessen gegen zwei einzelne Erben geltend gemachten Anspruch auf Vornahme der Auflassung würde deshalb gemäß § 2033 Abs. 2, § 2040 Abs. 1 BGB. der Einwand der mangelnden Passivlegitimation entgegenstehen, und dieser Einwand wäre auch dadurch nicht beseitigt, daß das Landgericht die beklagten Miterben verurteilt hat, das Eigentum dem Kläger zu ihrem Erbanteil zu übertragen. Besondere Umstände stellen jedoch eine dem Kläger günstige Beurteilung in den Bereich der Möglichkeit.

Der erkennende Senat hat in RGZ. Bd. 93 S. 295 von dem Verlangen abgesehen, daß die Erben ihre die Verfügung über ein Nachlaßgrundstück enthaltende Erklärung sämtlich gleichzeitig und bei derselben Gelegenheit abgeben, und hat die Klage gegen einzelne Erben dann zugelassen, wenn dargetan wird, daß die übrigen eine rechtsbeständige und unumstößliche Verfügung bereits freiwillig getroffen haben oder zur Vornahme einer solchen verurteilt worden sind. Diesen Fällen hat der IV. Zivilsenat durch Urteil vom 28. September 1922 in der Sache IV 548/21 den Fall gleichgestellt, daß in einem gegen einzelne Erben anhängig gemachten Rechtsstreit die Bereitwilligkeit der übrigen zur Auflassung unstreitig bleibt, und hat auch dann der Klagpartei das Recht zugestanden, den widerstrebenden Miterben allein auf Abgabe der Auflassungserklärung, als notwendigen Bestandteil der Gesamtverfügung der Erbengemeinschaft, in Anspruch zu nehmen. Die Hereinziehung zur Abgabe der Auflassungserklärung ohnehin bereiter Erben in den Rechtsstreit würde nach Ansicht des IV. Zivilsenats auf eine unnötige und Kosten verursachende Formalität hinauslaufen. Daß der Klagantrag in dem Sinne aufzufassen sei, dem Beklagten werde nur die Mitwirkung bei der von der Erbengemeinschaft vorzunehmenden Verfügung angesonnen, daß mit der Klage also nur die Verurteilung des Beklagten verlangt werde, in Gemeinschaft mit den übrigen Erben das Grundstück aufzulassen, könne aus der Klagebehauptung gefolgert werden, der Beklagte verweigere allein von allen Miterben seine Bereitwilligkeit zur Auflassung. Der erkennende Senat tritt dieser Begründung bei, die einen Sonderfall betrifft und dem in RGZ. Bd. 93 S. 292 eingenommenen Rechtsstandpunkt nicht widerspricht.

Im vorliegenden Rechtsstreit ist die in der Klageschrift aufgestellte Behauptung, die übrigen Erben seien zur Auflassung bereit, in der ersten Instanz unbestritten gewesen. In zweiter Instanz wurde sie vom Beklagten bestritten, während der Kläger geltend macht, er habe von den übrigen Erben Auflassungsvollmachten in Händen. Für die Annahme eines gerichtlichen Geständnisses der Beklagten in erster Instanz liegt kein Anhalt vor. Deshalb muß für diesen Rechtszug die Behauptung als bestritten gelten. Wäre sie nachweislich richtig — dieser Fall muß dem des Einverständnisses der Parteien über die Richtigkeit gleichgestellt werden —, so wäre die Einrede der mangelnden Passivlegitimation ebenso hinfällig, wie dann, wenn freiwillige oder durch rechtskräftiges Urteil herbeigeführte Verfügungen der anderen Miterben vorlägen. Andernfalls müßte die Einrede durchgreifen. Zur Aufklärung in dieser Richtung ist eine erneute Verhandlung der Sache vor dem Berufungsgericht erforderlich.

71. **Sind die Landgerichte ohne Rücksicht auf den Wert des Streitgegenstandes ausschließlich zuständig für Ansprüche, die ein Beamter der Deutschen Reichspost gegen diese auf Grund des Unfallfürsorgegesetzes für Beamte und für Personen des Soldatenstandes vom 18. Juni 1901 erhebt?**

ZPO. § 547 Nr. 2. GVG. § 71 Abs. 2 Nr. 1.
RBeamtenUnfFürsGes. § 9.
Reichspostfinanzgesetz vom 18. März 1924 § 12 Abs. 1.

III. Zivilsenat. Urt. v. 6. Oktober 1925 i. S. Sch. (Kl.) w. Deutsche Reichspost (Bekl.). III 504/24.

I. Landgericht I Berlin.
II. Kammergericht daselbst.

Der Kläger, ein pensionierter Oberpostschaffner, leidet infolge eines Dienstunfalls an einer schweren Nervenerkrankung. Mit der Klage verlangt er die Erstattung von Kosten des Heilverfahrens.

Das Landgericht hat die Beklagte zur Zahlung von jährlich 157,50 Goldmark verurteilt; das Kammergericht hat auf die Berufung der Beklagten den jährlich zu zahlenden Betrag auf 74 Goldmark herabgesetzt.

Der Kläger hat Revision eingelegt. Sie wurde für zulässig erklärt aus folgenden

Gründen:

Der Beschwerdegegenstand beläuft sich auf weniger als 1800 RM. Trotzdem ist die Revision nach § 547 Nr. 2 ZPO. zulässig, da für den eingeklagten Anspruch das Landgericht ohne Rücksicht auf den Streitwert ausschließlich zuständig war. Der Anspruch stützt sich auf § 1 Abs. 6 RBeamtenUnfFürsGes., gehört also allerdings nicht zu den in § 71 (früher § 70) Abs. 2 Nr. 1 GVG. genannten Ansprüchen, die auf Grund des Reichsbeamtengesetzes gegen den Reichsfiskus erhoben werden. Nach § 9 RBeamtenUnfFürsGes. finden aber auf die nach seinen §§ 1 bis 3 zu gewährenden Bezüge die für die Beteiligten geltenden Bestimmungen über die Pension Anwendung. Zu diesen Bestimmungen gehören nicht nur die sachlichrechtlichen, sondern auch die verfahrensrechtlichen. § 71 Abs. 2 Nr. 1 GVG.

begründet also, ebenso wie für die im Reichsbeamtengesetz (§§ 34 flg.) wurzelnden Pensionsansprüche der Reichsbeamten, so auch für ihre Ansprüche aus dem RBeamtenUnfFürsGes. die ausschließliche Zuständigkeit der Landgerichte.

Dem Reichsfiskus ist bei Anwendung der angezogenen Vorschrift des Gerichtsverfassungsgesetzes die Deutsche Reichspost gleichzustellen, wenn sie auch nach dem Reichspostfinanzgesetz vom 18. März 1924 ein selbständiges Unternehmen bildet. § 12 Abs. 1 das. ergibt, daß die Rechtsstellung der Beamten der Deutschen Reichspost die gleiche sein soll wie die der Reichsbeamten. Das Bedürfnis einheitlicher Rechtsprechung, dem die fragliche besondere Zuständigkeitsnorm ihre Entstehung verdankt, besteht für jene nicht weniger als für diese. Deshalb muß § 71 a. a. O. für die gegen die Deutsche Reichspost von ihren Beamten erhobenen Ansprüche aus dem Beamtenverhältnis ebenfalls gelten. . . .

---

72. Wie hat die Schadensberechnung beim Deckungskauf zu erfolgen, wenn der ursprünglich vereinbarte und der beim Deckungskauf gezahlte Kaufpreis auf Papiermark lauten und der Wert der Mark in der Zwischenzeit gesunken ist?

BGB. §§ 242, 249.

I. Zivilsenat. Urt. v. 7. Oktober 1925 i. S. H. & Th. (Kl.) w. S. (Bekl.). I 506/24.

I. Landgericht Köln, Kammer für Handelssachen.
II. Oberlandesgericht daselbst.

Am 25. August 1921 kaufte die Klägerin vom Beklagten 5000 holländische Gulden zum Kurse von 2615 ℳ = 100 Gulden, also zum Kaufpreise von 130750 Papiermark. Der Beklagte lieferte die Gulden nicht, trotzdem die Klägerin ihn mahnte und ihm gemäß § 326 BGB. eine Nachfrist setzte. Am 17. November 1921 nahm die Klägerin einen Deckungskauf vor und kaufte die 5000 Gulden zum Preise von 9219,25 ℳ = 100 Gulden. Sie wandte dabei einschließlich Provision und Spesen 461584,80 Papiermark auf. Hiervon setzt sie den für die 5000 Gulden vereinbarten Kaufpreis mit 130750 Papiermark, sowie einen vom Beklagten am 1. Oktober 1921 auf das Geschäft gemachten Einschuß von 50000 Papiermark ab und berechnet danach den ihr durch das Verhalten des Beklagten zugefügten Schaden auf 281650 Papiermark, die sie mit der Klage in Goldmark aufgewertet fordert. Das Landgericht verurteilte den Beklagten zur Zahlung von 5317,95 Goldmark nebst Zinsen. Das Oberlandesgericht wies die Klage ab. Die Revision der Klägerin hatte Erfolg.

Gründe:

Das Berufungsgericht hat festgestellt, daß der Beklagte mit Lieferung der Gulden in Verzug geraten ist und der Klägerin grundsätzlich gemäß § 326 BGB. Schadensersatz wegen Nichterfüllung zu leisten hat. Es meint aber, daß dieser an sich begründete Schadensersatzanspruch daran scheitern müsse, daß die Klägerin tatsächlich keinen Schaden erlitten habe. Zwar habe sie, als sie am 17. November 1921 den Deckungskauf vorgenommen habe, um die 5000 holländischen Gulden zu erlangen, mehr Papiermark aufwenden müssen, als der Vertragspreis betragen habe. Die am 17. November 1921 aufgewandte Papiermark sei aber ihrem Werte nach schlechter gewesen als die Papiermark, die am 25. August 1921 den Kaufpreis gebildet habe. Die 5000 Gulden, welche die Klägerin am 17. November 1921 im Wege des Deckungskaufs angeschafft habe, seien nach ihrem Goldwert genau so viel wert gewesen als die 5000 Gulden, welche den Gegenstand des am 25. August 1921 abgeschlossenen Kaufvertrags gebildet hätten. Und dementsprechend stellten die Papiermarkbeträge, welche die Klägerin hätte aufwenden müssen, wenn die am 25. August 1921 gekauften Gulden umgehend geliefert worden wären, und die Papiermarkbeträge, welche sie am 17. November 1921 zur Erlangung der 5000 Gulden tatsächlich aufgewandt habe, an Goldwert den gleichen Betrag, nämlich den Gegenwert von 5000 Gulden, dar. Danach habe die Klägerin beim Deckungskauf keinen den Goldwert des Vertragspreises übersteigenden Goldwert hingegeben und in Wahrheit keinen Schaden erlitten, da die Unkosten des Deckungsgeschäfts vom Beklagten anderweit abgegolten seien.

Diese Erwägungen des Berufungsgerichts stehen mit den Rechtsgrundsätzen in Widerspruch, welche vom Reichsgericht wiederholt in Fällen ähnlicher Art ausgesprochen worden sind. Weder im August noch im November 1921 rechnete der deutsche inländische Verkehr — und zwar auch im besetzten Gebiet — bei Kaufgeschäften der hier fraglichen Art mit einer Preisbemessung nach Goldmark oder Goldwert. Vielmehr war damals noch die Papiermark rechtlich und wirtschaftlich als der maßgebliche Wertmesser allgemein anerkannt. Wer damals einen Kaufgegenstand zu einem in Papiermark vereinbarten bestimmten Kaufpreise zu liefern hatte, mußte sich mit dem Nennbetrag des Kaufpreises in Papiermark zufrieden geben und gegen diesen Nennbetrag liefern, auch wenn er am Dollarkurs oder Goldwert gemessen weniger wert war als zur Zeit des Kaufabschlusses. Demgemäß hat nach der für die damalige Zeit noch jetzt als maßgebend zu erachtenden Rechtsauffassung der Käufer, welcher mangels Lieferung der Kaufsache durch den Verkäufer berechtigterweise zu einem Deckungskauf geschritten ist und dabei in Papiermark mehr als den Vertragspreis bezahlt hat, grundsätzlich Schaden erlitten und kann diesen Schaden von dem säumigen Verkäufer — und zwar jetzt angemessen aufgewertet — ersetzt verlangen (RG. Urt. vom 9. Januar 1925 VI 242/24; RGZ. Bd. 109 S. 39; Urt. vom 30. September 1924 II 657/23).

Die Klägerin berechnet diesen Schaden in folgender Weise:

Sie habe am 17. November 1921 für die im Wege des Deckungskaufs angeschafften 5000 holländischen Gulden einschließlich Provision und Spesen 461584,80 Papiermark aufwenden müssen. Hiervon seien 130750 Papiermark als am 25. August 1921 zwischen den Parteien vereinbarter Kaufpreis und ferner 50000 Papiermark als ein vom Beklagten am 1. Oktober 1921 auf das Geschäft gemachter Einschuß abzuziehen. Die danach verbleibenden 281650 Papiermark beträfen den der Klägerin durch das Verhalten des Beklagten verursachten Schaden und müßten wegen des inzwischen eingetretenen Verfalls des Papiermarkwerts aufgewertet werden.

Diese Ausführungen sind vom Rechtsstandpunkt aus nicht zu beanstanden. Dagegen sind die von der Klägerin für die Aufwertung angestellten Berechnungen nicht ohne weiteres zu billigen.

Die Klägerin rechnet den von ihr am 17. November 1921 aufgewandten Betrag von 281650 Papiermark nach dem Guldenkurs vom 18. November 1921 in 3129,44 holländische Gulden um und setzt dafür — unter Bewertung eines holländischen Guldens gleich

1,70 Goldmark — einen Betrag von 5317,95 Goldmark ein. Eine etwas andere Rechnungsweise wendet die Klägerin in der Revisionsschrift an, indem sie berechnet, daß sie für den zwischen den Parteien vereinbarten Kaufpreis von 130750 Papiermark am 17. November 1921 nur noch 1418,5 holländische Gulden hätte kaufen können, also 3581,5 Gulden weniger als sie bei gehöriger Vertragserfüllung durch den Beklagten gehabt hätte, so daß ihr Schaden in dem zur Beschaffung jener Guldensumme erforderlichen Reichsmarkbetrage zu erblicken sei.

Beide Berechnungsarten lassen das erforderliche Eingehen auf die in der Rechtsprechung des Reichsgerichts festgestellten Aufwertungsgrundsätze vermissen. Der Schaden der Klägerin bestand ihrer eigenen Angabe nach zunächst darin, daß sie am 17. November 1921 einen Betrag von 281650 Papiermark aufgewendet hat, den sie bei vertragsmäßigem Verhalten des Beklagten erspart hätte. Inwiefern dieser Papiermarkbetrag aufzuwerten ist, hängt davon ab, was aus ihm geworden wäre, wenn er im Vermögen der Klägerin geblieben wäre. Daß die Klägerin, eine in Köln ansässige Bankfirma, jenen Betrag wertbeständig, etwa in holländischen Gulden, angelegt und erhalten hätte, ist nicht ohne weiteres, sondern nur bei Darlegung besonderer Umstände anzunehmen. Grundsätzlich ist davon auszugehen, daß die Klägerin die erwähnte Papiermarksumme in ihrem Gesamtbetrieb verwandt und dabei nur zum Teil der fortschreitenden Entwertung des deutschen Geldes entzogen hätte. Es wird Sache des Tatrichters sein, die erforderlichen Unterlagen im einzelnen festzustellen und danach die Aufwertung vorzunehmen.

---

73. Darf eine Bank Orderschuldverschreibungen, die mit Blankoindossament versehen ihr vom Eigentümer in Verwahrung gegeben sind, ohne dessen Ermächtigung bei sich selbst als der Einlösungsstelle des Schuldners zur Einlösung bringen und sich zugleich namens des Eigentümers mit dem durch sie vertretenen Schuldner über die Höhe der Aufwertung einigen?

HGB. §§ 363 bis 366. BGB. § 181.

I. Zivilsenat. Urt. v. 7. Oktober 1925 i. S. G. (Kl.) w. Ges. f. elektr. Unternehmungen (Bekl.). I 481/24.

I. Landgericht I Berlin.

In den Jahren 1900 und 1911 hatte die Beklagte Obligationenanleihen aufgenommen und darüber Teilschuldverschreibungen ausgestellt, die auf die D.-Gesellschaft in Berlin oder ihre Order lauteten und für welche unter anderen Banken auch die D.-Gesellschaft Zahlstelle war. Von beiden Anleihen besaß der Kläger eine Reihe von Teilschuldverschreibungen über verschiedene Beträge, die das Blankoindossament der D.-Gesellschaft trugen und dieser Bank vom Kläger zur Aufbewahrung übergeben waren. Mitte 1923 kündigte die Beklagte beide Anleihen zur Rückzahlung zu 103%, und zwar diejenige von 1900 zum 2. Januar 1924, diejenige von 1911 zum 1. April 1924, erklärte sich aber bereit, 2000% zu vergüten, wenn die Stücke bis zum 30. September 1923 eingereicht würden. Wie an alle Kunden, so ließ die D.-Gesellschaft auch an den Kläger ein Schreiben fertigen, in dem sie ihm die Kündigung und das Angebot mitteilte mit dem Hinzufügen, sie würde das Angebot der Einlösung zu 2000% annehmen, wenn sie bis zum 15. August keine gegenteilige Mitteilung erhielte. Da der Kläger sich nicht meldete, brachte sie seine Stücke bei sich selbst als Zahlstelle der Beklagten zur Einlösung und schrieb den dem Angebot entsprechenden Betrag dem Konto des Klägers gut. Der Beklagten zeigte sie, ohne die einzelnen Nummern anzugeben, an, wieviel Schuldverschreibungen sie im ganzen eingelöst habe und mit welchem Betrage sie die Beklagte dafür belaste. Die eingelösten Schuldverschreibungen übersandte sie der Beklagten, nachdem sie die Stücke zum Zeichen der Einlösung gelocht hatte. Auch die Stücke des Klägers hat sie so zusammen mit anderen der Beklagten übermittelt; wann, steht nicht fest. Nach der Einlösung ließ die Bank eine Mitteilung über den gutgeschriebenen Betrag an den Kläger fertigen. Erst gegen Mitte 1924 stellte sich heraus, daß die D.-Gesellschaft die beiden erwähnten Mitteilungen — über die Kündigung und das Angebot der Beklagten sowie über die Gutschrift — an den Kläger versehentlich nicht abgesandt hatte.

Der Kläger hat Klage erhoben und beantragt, die Beklagte zu

verurteilen, ihm in erster Reihe mehrere der früheren Stücke, in zweiter Reihe andere Stücke derselben Art und über dieselben Beträge zu liefern.

Das Landgericht wies entsprechend dem Antrage der Beklagten die Klage ab. Die hiergegen vom Kläger unmittelbar eingelegte Revision führte zur Verurteilung der Beklagten nach dem Hauptantrage.

Gründe:

Mit Recht beanstandet die Revision die zur Grundlage der Entscheidung gemachte Ausführung des Landgerichts, daß die D.-Gesellschaft — künftig die Bank genannt — kraft ihrer allgemeinen Verwaltungsbefugnis berechtigt gewesen sei, zu prüfen, ob ein Aufwertungsangebot der vorliegenden Art angemessen sei, es ohne Zustimmung des Klägers anzunehmen und dementsprechend die Stücke zur Einlösung zu geben. Allerdings ist eine Bank, wie allgemein anerkannt ist, kraft der ihr neben der Verwahrung übertragenen Verwaltung von Wertpapieren berechtigt und verpflichtet, diejenigen Handlungen vorzunehmen, welche zur ordnungsmäßigen Verwaltung im Interesse des Hinterlegers erforderlich oder angemessen erscheinen, und daher auch ordnungsmäßig gekündigte oder ausgeloste Stücke zur Einlösung zu geben. Diese Befugnis setzt aber voraus, daß sich aus der ordnungsmäßigen Kündigung ohne weiteres das Recht und die Pflicht des Kunden ergibt, die Stücke zur Einlösung zu einem fest bestimmten Betrage zu geben. So lag die Sache aber hier nicht. Kraft der von der Beklagten ausgesprochenen ordnungsmäßigen Kündigung waren die Teilschuldverschreibungen erst zum 2. Januar oder zum 1. April 1924 einzulösen und zwar zu einem Betrage, dessen Höhe infolge der besonderen Verhältnisse keineswegs feststand, sondern höchst zweifelhaft war. Die Stücke lauteten zwar, wie erforderlich, auf bestimmte Summen; aber die deutsche Währung war damals schon sehr stark verfallen, ein lebhafter, noch nicht endgültig ausgetragener Streit war entbrannt, ob und nötigenfalls in welcher Höhe eine Aufwertung zu gewähren sei. Bei einzelnen Verhältnissen griff die Gesetzgebung schon ein, z. B. § 16 des Finanzausgleichsgesetzes vom 23. Juni 1923 und § 1 des Gesetzes über anderweitige Festsetzung von Geldbezügen aus Altenteilsverträgen vom 18. August 1923. Das Angebot der Beklagten, 2000% zu vergüten, beabsichtigte, die bestehenden Zweifel durch eine besondere Vereinbarung auszugleichen. Es bedeutete eine dementsprechende Einigung also einen erheblichen Eingriff in die Rechte des Klägers und unter diesen Umständen einen Verzicht auf sehr erhebliche Summen. Diese Einigung ging also weit über den Inhalt der üblichen Verwaltungsbefugnis hinaus, die nur die Geltendmachung von ganz feststehenden Rechten der Kunden umfaßt. So ist denn auch nach der Rechtsprechung und der herrschenden Ansicht des Schrifttums die Bank nicht befugt, das Bezugsrecht hinsichtlich neuer Aktien bei Kapitalserhöhung auszuüben oder dieses Recht zu veräußern. Eine Entscheidung dieser Art, und um eine solche handelte es sich auch hier bei der Annahme des Angebots, soll eben dem Kunden selbst vorbehalten werden; sie fällt nicht in den Rahmen der Verwaltung. Hier ist noch besonders darauf hinzuweisen, daß die Goldmark bereits am 15. Juni 1923 auf 20000 Papiermark stand und ferner zu der Zeit, in welcher die Bank die Einlösung vorgenommen hat — sie steht nicht fest, kann aber nicht vor dem 15. August liegen —, noch ungemein höher, nämlich am 15. August auf 643000 ℳ, am 17. August auf 762000 ℳ und am 20. August auf 1000000 ℳ. War die inländische Kaufkraft auch nicht ganz entsprechend gesunken, so doch in einem erheblichen Maße. Als die Bank die Stücke zur Einlösung gab und damit das Angebot der Beklagten annahm, war das Aufgeld also fast gleich Null.

Die hier in Frage stehenden Teilschuldverschreibungen sind Verpflichtungsscheine der im § 363 Abs. 1 S. 2 HGB. bezeichneten Art. Auf sie findet daher auch § 365 HGB. Anwendung. Da sie mit Blankoindossament versehen im Besitze der Bank sich befanden, wäre in entsprechender Anwendung der Art. 36, 74 WO. und des § 366 HGB. die Beklagte befugt gewesen, den Schuldbetrag mit befreiender Wirkung an die Bank zu zahlen, falls sie nicht wußte, daß letztere zu dieser Verfügung über die Stücke nicht befugt war, und sich auch nicht grob fahrlässig in Unkenntnis darüber befand. Und ebenso wäre sie berechtigt gewesen, mit der Bank die Vereinbarung über die Höhe der Aufwertung zu treffen und dementsprechend die Stücke einzulösen, da darin eine Verfügung der Bank gelegen hätte. Dafür, daß sie selbst wußte, die Bank sei nicht zu dieser Verfügung berechtigt, oder grob fahrlässig das nicht wußte, liegt nichts vor, selbst wenn man annehmen wollte, sie habe damit gerechnet, die Stücke gehörten nicht der Bank, sondern einem Kunden. Nun hat sie aber nicht selbst die Stücke entgegengenommen und die Einlösung ausgeführt, sondern die Bank. Die Annahme des Vertragsangebots der Beklagten, durch Vergütung von 2000% bereits zum 30. September 1923 die Schuld endgültig zu tilgen, hatte nach der Bestimmung der Beklagten dadurch zu erfolgen, daß die Stücke der Bank vorgelegt wurden. Mit dieser Vorlegung zum Zwecke der Einlösung kam der entsprechende Vertrag zustande, und es entsprang daraus für die Beklagte die Verpflichtung, den entsprechenden Betrag gegen Rückgabe der Stücke zu zahlen, und für den Eigentümer der Stücke die Verpflichtung, sich mit dem entsprechenden Betrage endgültig wegen seiner Forderung abfinden zu lassen. Bei dem Vertragsschluß und der Einlösung vertrat die Bank sowohl den Kläger als die Beklagte. Für den Kläger legte sie die Stücke vor, gab sie zur Einlösung hin und nahm die Überweisung des Betrags entgegen. Als Vertreterin der Beklagten nahm sie die Stücke entgegen und überwies den Betrag auf das Konto des Klägers. Zu dieser Vertretung der Beklagten war sie dadurch befugt, daß sie als die Stelle, der die Stücke vorzulegen waren, und als Zahlstelle bestimmt war. Denn darin lag die Ermächtigung, die Stücke entgegenzunehmen, ihre Ordnungsmäßigkeit und die Legitimation des Inhabers zu prüfen und dann Zahlung zu leisten. Sie nahm also diese Geschäfte mit sich selbst als Vertreterin beider Parteien vor. Dazu aber war sie gemäß § 181 BGB. nicht berechtigt, da eine besondere Ermächtigung dazu nicht dargelegt ist, sich auch aus der Sachlage nicht ohne weiteres ergab und es sich keineswegs ausschließlich um die Erfüllung einer Verbindlichkeit handelte.[1] Es konnten daher schon aus diesem Grunde die von der Bank vorgenommenen Handlungen für den Kläger nicht rechtsverbindlich sein.

Eine solche Rechtsverbindlichkeit entfällt aber auch aus dem folgenden Grunde. Wie oben dargelegt ist, durfte die Bank bei Vornahme der Geschäfte für die Beklagte davon ausgehen, daß der Inhaber der Stücke, also sie selbst, zur Verfügung über diese befugt war, es sei denn, daß sie das Gegenteil wußte oder grob fahrlässig nicht wußte. Auf ihre eigene

[1] Der in RGZ. Bd. 109 S. 80 behandelte Fall liegt in tatsächlicher Hinsicht anders. D. E.

Kenntnis, nicht diejenige der Beklagten selbst, kam es nach § 166 BGB. an. Ein grob fahrlässiges Nichtwissen liegt aber vor. Denn die Bank selbst, die auch in ihren verschiedenen Abteilungen als Einheit zu betrachten ist, hatte die Absendung des Benachrichtigungsschreibens an den Kläger unterlassen. Das festzustellen wäre ein leichtes gewesen. Nur wenn das Schreiben abgesandt war, konnte die Bank die Zustimmung des Klägers annehmen. Daß sie den Mangel der Zustimmung des Klägers und damit ihrer Verfügungsbefugnis nicht kannte, beruhte also auf ihrer groben Fahrlässigkeit. Sollte die Bank, wie die Beklagte jetzt behauptet, angenommen haben, daß sie schon kraft ihrer Verwaltungsbefugnis, also ohne besondere Zustimmung des Klägers, zu den in Frage kommenden Rechtshandlungen befugt war, so würde sie zu dieser Annahme nur in Ermanglung einer genügenden Prüfung gelangt sein und es müßte ihr auch das zur groben Fahrlässigkeit angerechnet werden. Die Beklagte muß also den Mangel der Verfügungsbefugnis der Bank gegen sich gelten lassen.

---

74. Unter welchen Voraussetzungen enthält die Benutzung eines nicht selbständig geschützten Teiles eines Kombinationspatents eine Patentverletzung?

PatG. §§ 4, 35.

I. Zivilsenat. Urt. v. 7. Oktober 1925 i. S. Sch. u. Gen. (Bekl.) w. S. (Kl.). I 383/24.

I. Landgericht II Berlin.
II. Kammergericht daselbst.

Die Klägerin ist Inhaberin des Deutschen Reichspatents Nr. 220218, eine nach Stromstärke und Spannung unverwechselbare Schraubstöpselsicherung betreffend. Der Patentanspruch lautet: „Nach Stromstärke und Spannung unverwechselbare Schraubstöpselsicherung, gekennzeichnet durch Unverwechselbarkeits-Einsatzkörper in Form von Kontaktschrauben, deren Kopfhöhe bei wachsender Spannung abnimmt, wobei in bekannter Weise die von den Kontaktschrauben gehaltenen Isolierkörper mit einer zentralen Bohrung versehen sind, deren Durchmesser bei wachsender Stromstärke zunimmt, zum Zweck, Schraubstöpsel niedriger Spannung in Sicherungssockeln höherer Spannung nicht stromführend einsetzen zu können." Sicherungen dieser Art bestehen im wesentlichen aus einem Stöpselkopf, einer Patrone, einer Kontakt- (oder Paß-)Schraube und einem Isolierkörper. Die Patrone wird mit Hilfe des Stöpselkopfs in den durch die Kontaktschraube gehaltenen Isolierkörper eingeschraubt. Die Klägerin behauptet, daß die Beklagten ihr Patent verletzt hätten, und hat auf Unterlassung, Rechnungslegung und Schadensersatz geklagt, und zwar hinsichtlich der Schraubstöpselsicherungen im ganzen wie hinsichtlich der dazu gehörigen Patronen. Das Landgericht hat der Unterlassungsklage in Ansehung der Schraubstöpselsicherungen im ganzen stattgegeben, im übrigen aber die Klage abgewiesen. Das Kammergericht dagegen hat die Beklagten durch Teilurteil ferner verurteilt, 1. bei Vermeidung einer Geld- oder Haftstrafe es zu unterlassen, Patronen gewerblich herzustellen, in Verkehr zu bringen, feilzuhalten oder zu gebrauchen, die durch die Wahl der Farbe und durch die Angabe der Maße für die elektrische Spannung oder Stromstärke dem in der landgerichtlichen Urteilsformel bezeichneten Unverwechselbarkeitssystem genau angepaßt sind, 2. der Klägerin darüber Auskunft zu erteilen, wieviel Einsatzkörper und Patronen der in der landgerichtlichen Urteilsformel und im Berufungsurteil bezeichneten Art sie hergestellt oder vertrieben haben. Die Revision der Beklagten hatte keinen Erfolg.

Gründe:

Die Erfindung der Klägerin betrifft eine Sicherung für elektrische Anlagen, deren einzelne Teile so ausgebildet sind, daß sie nur bei bestimmten Stromstärken und Spannungen stromführend ineinandergesetzt werden können. Teile dieser Sicherung, die für eine bestimmte Stromstärke und Spannung vorgesehen sind, lassen sich mit den für andere Stromstärken und Spannungen eingerichteten anderen Teilen stromführend nicht vereinigen. Dies wird dadurch erreicht, daß die Köpfe der Kontaktschrauben um so niedriger gebaut werden, je höher die Spannung ist, für die sie bestimmt sind, und daß die zentralen Bohrungen der von den Kontaktschrauben gehaltenen Isolierkörper um so weiter sind, je größer die Stromstärke ist. Für die einzelnen Teile der Sicherung als solche, insbesondere für die Patronen, nimmt die Klägerin keinen Patentschutz in Anspruch; es handelt sich nach ihrem Vortrage vielmehr um eine sog. Kombinationserfindung in dem Sinne, daß die Erfindung gerade in der Zusammenstellung der Teile ohne Rücksicht auf deren Neuheit liegt. Das ist auch die Auffassung der beiden Vordergerichte, entspricht dem klaren Wortlaut des Patentanspruchs und dem übrigen Inhalt der Patentschrift und steht mit dem Stande der Technik zur Zeit der Anmeldung des Patentes nach den Erörterungen, die im ersten Rechtszuge darüber stattgefunden haben, im Einklang.

Bei solchen Patenten enthält die Nachbildung der Gesamtkonstruktion stets eine Patentverletzung, und einer solchen haben sich die Beklagten nach den insoweit mit der Berufung nicht angefochtenen landgerichtlichen Feststellungen schuldig gemacht; denn danach haben sie die in der vorliegenden Preisliste beschriebenen Sicherungen, die sämtliche Merkmale des Klagepatents aufweisen, nicht nur angeboten, sondern auch gewerbsmäßig hergestellt und vertrieben. Bei bestehender Wiederholungsgefahr erweist sich daher die vom Landgericht ausgesprochene Verurteilung der Beklagten, die Herstellung und Inverkehrbringung der geschützten Gesamteinrichtung zu unterlassen, als gerechtfertigt. Berufung haben die Beklagten dagegen nicht eingelegt. Abweichende Feststellungen konnten daher vom Kammergericht nicht getroffen werden und sind von ihm nicht getroffen worden.

Daraus ergibt sich ohne weiteres gemäß § 35 PatG., sofern die Beklagten die Patentverletzung wissentlich oder aus grober Fahrlässigkeit begangen haben, ihre Verpflichtung zum Schadensersatz, soweit die Gesamteinrichtung von ihnen benutzt worden ist, und im Zusammenhang damit nach feststehender Rechtsprechung insoweit auch die Verpflichtung zur Rechnungslegung. Daß die Beklagten aber mindestens mit bedingtem Vorsatz gehandelt haben, hat das Kammergericht kraft der ihm zustehenden freien Beweiswürdigung ohne ersichtlichen Rechtsirrtum angenommen. Das bezweifelt auch anscheinend die Revision nicht; jedenfalls hat sie dagegen nichts erhebliches vorgebracht. Sie wendet sich gegen die Ansicht des Kammergerichts, daß schon die Herstellung der Patronen allein eine Verletzung des Klagepatents enthalte, und sucht darzulegen, daß demgemäß die Beklagten in Ansehung der Patronen zu Unrecht zur Unterlassung der Benutzung und zur Auskunfterteilung verurteilt worden seien.

In aller Regel verletzt ein Kombinationspatent nicht, wer nur einen selbständig nicht geschützten Teil des Patents benutzt, es sei denn, daß die Benutzung sich als Teilnahme an der von einem anderen begangenen Patentverletzung darstellt. Von diesem allgemeinen Grundsatz sind aber Ausnahmen anzuerkennen, und eine solche Ausnahme rechtfertigt sich in dem vorliegenden eigenartigen Fall. Er weist nämlich die Besonderheit auf, daß der von den Beklagten benutzte Teil, die Patronen, für die gewerbliche Verwertung der Erfindung von besonderer Bedeutung ist. Wer die Sicherung der Klägerin einmal angeschafft hat, wird nur ausnahmsweise noch Bedarf an Ersatz von Kontaktschrauben, Isolierkörpern und Stöpselköpfen haben, während die Patronen mit den darin enthaltenen Sicherungsdrähten regelmäßig verbraucht und neu beschafft werden müssen. Daß jemand gewerbsmäßig die von den Beklagten hergestellten Patronen dazu benutzt, um unter Hinzufügung der übrigen Teile der Sicherungseinrichtung Schraubstöpselsicherungen von der der Klägerin geschützten Art zu bauen und diese dann zu vertreiben, wird kaum vorkommen. Es hieße daher, das Patent der Klägerin wesentlich seiner Bedeutung entkleiden, wenn man den Beklagten gestatten wollte, Patronen von solcher Form und Größe herzustellen, daß sie mit den nach dem Patent der Klägerin eingerichteten, für die gleiche Stromstärke und Spannung bestimmten anderen Sicherungsteilen zusammengefügt werden können und mit ihnen als eine alle Merkmale des klägerischen Patents enthaltende Schraubstöpselsicherung verwendbar sind. Damit würde man Umgehungen des Patentes Tür und Tor öffnen und den Patentschutz durch Auseinanderhaltung der einzelnen Kombinationsteile zerstören, was, wie schon RGZ. Bd. 22 S. 167 gesagt worden ist, nicht im Sinne des Gesetzes liegt. Dazu kommt, daß hier die Befürchtung einer beabsichtigten Umgehung des Patents besonders naheliegt, weil die Beklagten festgestelltermaßen alle Teile der klägerischen Erfindung hergestellt und vertrieben und dadurch das Patent bedingt vorsätzlich verletzt haben. Lassen sich nun auch die Patronen für andere Sicherungseinrichtungen als die der Klägerin gebrauchen, so wissen doch weder die Beklagten bei ihrem Vertriebe, wozu sie von den Verbrauchern tatsächlich benutzt werden, noch hat die Klägerin eine Gewähr dafür, daß man sie nicht für die ihr geschützte Sicherungseinrichtung verwendet.

Nun könnten die Ausführungen des Kammergerichts den Anschein erwecken, daß die Anpassung der Patronen an die der Klägerin geschützte Einrichtung nur in der Wahl der gleichen Farben und Maßeinheiten erblickt worden sei. Das ist zur Patentverletzung weder erforderlich noch allein ausreichend. Verletzt wird das Klagepatent vielmehr durch eine solche Ausgestaltung der Patronen nach Form und Größe, daß sie bei gleichen Spannungen und Stromstärken zu den anderen Teilen der Sicherungsvorrichtung der Klägerin genau passen und mit diesen zusammen deren Erfindung verkörpern. In diesem Sinne muß das kammergerichtliche Urteil verstanden werden.

Danach rechtfertigt sich der Unterlassungsanspruch auch hinsichtlich der Patronen; denn daß die Beklagten Patronen hergestellt haben, die nicht nur nach Farbe und Maßeinheiten, sondern auch nach Form und Größe der Einrichtung der Klägerin angepaßt waren, sagt das Kammergericht zwar nicht ausdrücklich, es ist das aber seinen Ausführungen zu entnehmen.

Was über den bedingten Vorsatz festgestellt ist, mit dem die Beklagten gehandelt haben, bezieht sich nicht nur auf die Gesamteinrichtung, sondern auch auf die Patronen als solche. Deshalb ist auch der Schadensersatz- und Rechnungslegungsanspruch hinsichtlich dieser begründet. Können die Beklagten nachweisen, daß von ihnen hergestellte Patronen für eine andere als die der Klägerin geschützte Einrichtung verwandt worden sind, so würde der Schadensersatz- und Rechnungslegungsanspruch insoweit entfallen. Diese Regelung der Beweislast rechtfertigt sich durch die Lage des Falles, weil die Beklagten die Gesamteinrichtung der Klägerin verletzt haben und die Wahrscheinlichkeit dafür spricht, daß ihre Patronen für die der Klägerin geschützte Sicherung gebraucht werden sollen und benutzt werden.

---

75. Zum Begriffe der Tariffähigkeit im Sinne des § 1 der Tarifvertragsverordnung vom 23. Dezember 1918.

III. Zivilsenat. Urt. v. 9. Oktober 1925 i. S. des Bundes der B.er Haus- und Grundbesitzer (Kl.) w. den Deutschen Portierverband (Bekl.). III 237/25.

I. Landgericht III Berlin.
II. Kammergericht daselbst.

Der Schlichtungsausschuß Groß-B. setzte im Wege des Schiedsspruchs einen Tarifvertrag zwischen den Parteien fest, der die Arbeitsbedingungen der in B.er Wohnhäusern beschäftigten Portiers, Hausreiniger und Hausreinigerinnen zum Gegenstande hatte und der von dem Schlichter für verbindlich erklärt wurde. Der klagende Verband verlangt nun die Feststellung der Rechtsunwirksamkeit des Schiedsspruchs, da ihm, dem Kläger, die Tariffähigkeit im Sinne des § 1 der Tarifvertragsverordnung vom 23. Dezember 1918 fehle. Das Landgericht gab der Klage statt, das Kammergericht wies sie ab. Auf die Revision des Klägers wurde die Sache zur anderweiten Verhandlung und Entscheidung an das Berufungsgericht zurückverwiesen.

Gründe:

Tarifverträge dürfen nach § 1 der Verordnung vom 23. Dezember 1918 zwischen Vereinigungen von Arbeitgebern und Vereinigungen von Arbeitnehmern geschlossen werden. Eine Erläuterung des Begriffs „Arbeitgebervereinigung" gibt das Gesetz nicht. Soviel erhellt aber aus seinem Wortlaut und Zweck, sowie aus dem Wesen der Tarifverträge, daß tariffähig nur eine Vereinigung von Personen ist, die sich in ihrer Eigenschaft als Arbeitgeber in irgendeiner Rechtsform zusammengeschlossen haben und zu deren Satzungs- oder Verbandszweck es, ser es allein, sei es mit gehört, ihre Arbeitgeberinteressen gegenüber den wirtschaftlichen Interessen der Arbeitnehmer zu vertreten und Einfluß auf die Gestaltung der Lohn- und Arbeitsbedingungen zu gewinnen. Im Schrifttum wird zum wirksamen Abschluß von Tarifverträgen neben der nach objektiven Rechtsgrundsätzen zu beurteilenden Tariffähigkeit vielfach noch Tarifberechtigung, d. h. der in der Satzung zum Ausdruck gelangte Wille des Verbandes gefordert, von seiner gesetzlichen Befugnis zum Abschluß von Tarifverträgen Gebrauch zu machen.

Vgl. Dersch, R. Schl. O. Anm. 6c zu § 3; Flatow-Joachim, R. Schl. O. S. 12flg.; Kaskel, Arb.-R. 1925 S. 17; Sitzler, TV.-Recht S. 17; Hueck, R. d. TV. S. 53/54; § 4 des vom Ausschuß für ein einheitliches Arbeitsrecht aufgestellten und im R.-Arb.-Bl. 1921 S. 491flg. veröffentlichten Entwurfs eines

TV.-Gesetzes; a. M. Jörges im Schl. Wesen 1924 S. 157 und Erdel im Schl. Wesen 1925 S. 2.[1]

Nach dem zurzeit geltenden Recht wird man jedoch für die Feststellung der Berechtigung zur Eingehung von Tarifverträgen nicht verlangen dürfen, daß die Satzung eine ausdrückliche Bestimmung über die Absicht oder Bereitschaft zum Abschluß von Tarifverträgen oder eine besondere Ermächtigung des Vorstandes oder eines anderen Organs dazu enthält. Es muß vielmehr genügen, wenn aus dem Charakter und Wesen des Vereins entweder allein oder in Verbindung mit dem Gesamtinhalt der Satzung klar und zweifelsfrei erhellt, daß die Eigenschaft der Vereinsmitglieder als Arbeitgeber wenigstens eines der Bänder ist, welche sie zusammenhalten, und daß sich der Verband auf dem Gebiete der Lohn- und Arbeitsbedingungenpolitik betätigen und handelnd in sie eingreifen will und soll. Demgegenüber führt aber das Kammergericht aus:

„Weil unzweifelhaft die nach der Satzung des Klägers wahrzunehmenden Interessen auf wirtschaftlichem Gebiete liegen, sei zweifellos der Kläger auch ein gemäß § 1 TVVO. zum Abschlusse von Tarifverträgen berechtigter Verein, zu dessen Aufgaben insbesondere auch der Abschluß von Tarifverträgen mit den Portiers usw. gehöre."

Der Berufungsrichter folgert also die Tariffähigkeit des klagenden Verbandes allein daraus, daß er wirtschaftliche Zwecke verfolgt. Das ist rechtsirrig. Es gibt zahlreiche Verbände, z. B. von Beamten und Ärzten, zur Wahrnehmung der wirtschaftlichen Interessen ihrer Mitglieder. Viele, wenn nicht die Mehrzahl dieser Mitglieder werden auch Hausangestellte beschäftigen. Deshalb darf man aber nicht ohne weiteres diese Wirtschaftsverbände für fähig und befugt ansehen, mit den Arbeitnehmervereinigungen, zu denen ihre Hausangestellten gehören, Tarifverträge abzuschließen. Sie werden in der Regel — und zwar mit Recht — ein derartiges Ansinnen ablehnen, weil bei ihrem Zusammenschluß nicht daran gedacht worden ist, denjenigen Teil der wirtschaftlichen Interessen ihrer Mitglieder, welcher auf dem Gebiete des Arbeitsrechts liegt, in ihren Tätigkeitsbereich aufzunehmen. Allein durch die Tatsache, daß der klagenden Verband

[1] Vgl. auch RGZ. Bd. 107 S. 144. D. R.

sich die Verfolgung wirtschaftlicher Interessen zum Ziele gesetzt hat, kann also seine Rechtsstellung als Arbeitgeberverband nicht bewiesen werden. Daß zu den gemeinsamen wirtschaftlichen Interessen der Mitglieder eines Haus- und Grundbesitzervereins beispielsweise ihre Beziehungen zu den Mieteinigungsämtern, zu den Mietern, zu dem Staat und der Stadt hinsichtlich der Mieterschutzgesetzgebung, hinsichtlich der Steuern, Hausbeleuchtung, Straßenreinigung usw., sowie ihr Verhältnis zu den Hypothekengläubigern zu rechnen sind, liegt auf der Hand. Auch die Beziehungen der Haus- und Grundbesitzer zu ihren Arbeitnehmern können darunter fallen, brauchen es aber nicht.

Das angefochtene Urteil unterliegt daher der Aufhebung. Es wird nunmehr zu prüfen sein, ob der klagende Verband der Gesamtsachlage nach dazu gegründet ist oder sich später die Aufgabe gestellt hat, neben anderen Interessen der Haus- und Grundbesitzer auch ihre Arbeitgeberinteressen auf dem Gebiete der Lohnpolitik zu vertreten. Hierbei kann von Bedeutung sein, ob nach der örtlichen B.er Verkehrsauffassung mit dem Begriff eines Hausbesitzers notwendig auch der eines Arbeitgebers zu verbinden ist, und welcher Teil der Verbandsmitglieder Portiers, Hausreiniger und Hausreinigerinnen beschäftigt. Das Landgericht sieht für gerichtskundig an, daß dies bei einer nicht geringen Anzahl von Hausbesitzern nicht der Fall sei. Das Kammergericht hat dazu keine Stellung genommen. Wenn sich freilich aus einer Vereinssatzung klar die Befugnis zum Abschluß von Tarifverträgen ergibt, wird diese selbstverständlich dadurch nicht berührt, daß einzelne Vereinsmitglieder nicht Arbeitgeber sind. Anderseits kann aber, wenn die Tariffähigkeit eines Vereins aus der Satzung und aus seinem Charakter nicht zweifelsfrei zu entnehmen ist, das Fehlen der Arbeitgebereigenschaft bei einem nicht unbeträchtlichen Hundertsatz der Mitglieder gegen die Befugnis des Vereins zum Abschluß von Tarifverträgen sprechen. Das wird um so mehr dann der Fall sein, wenn der Verein, wie es z. B. der Kläger von sich behauptet, seit seiner Gründung stets den Eintritt in Tarifvertragsverhandlungen mit der Begründung, er sei nicht tariffähig, verweigert hat. Umgekehrt würde auch ohne klare Satzungsbestimmung der wiederholte Abschluß von Tarifverträgen ohne Widerspruch der Vereinsmitglieder ein Beweisgrund für die Tariffähigkeit des Vereins sein.

Alle diese Fragen können nicht vom Revisionsgericht, sondern nur vom Tatrichter geprüft werden.

---

76. Kann ein Minister Beamte, die aus seinem Dienstbereich ausgeschieden und im Amtsbereich eines anderen Ministers angestellt worden sind, mit rückwirkender Kraft noch befördern?

Reichsbesoldungsgesetz § 23. Reichsverfassung Art. 56.

III. Zivilsenat. Urt. v. 9. Oktober 1925 i. S. K. u. Gen. (Kl.) w. Deutsches Reich (Bekl.). III 501/24.

I. Landgericht München I.
II. Oberlandesgericht daselbst.

Die Kläger, welche früher planmäßige Militärgerichtsschreibergehilfen (Militärgerichtsassistenten) waren, wurden nach dem Inkrafttreten des Gesetzes vom 17. Dezember 1920, betr. Änderung des Reichsbesoldungsges. vom 30. April 1920, zu Kriegsgerichtssekretären ernannt. Als solche erhielten sie vom 1. April 1920 an die Bezüge der Gruppe VI der Besoldungsordnung. Nach Aufhebung der Militärgerichtsbarkeit, die auf Grund des Gesetzes vom 17. August 1920 vom 1. Oktober 1920 ab erfolgte, zählten sie zu den Beamten des Abwicklungswesens. Im November 1920 wurden sie auf ihr Ansuchen vom Reichsschatzministerium zur probeweisen Dienstleistung bei Reichsvermögensstellen einberufen und im April 1921 als Verwaltungssekretäre der Besoldungsgruppe VI angestellt, und zwar K. mit Wirkung vom 25., S. mit Wirkung vom 22. November 1920 an. Am 5. August 1921 ernannte sie der Reichswehrminister auf Grund des Nachtrags zum außerordentlichen Haushalt Kap. VIII B I Tit. 5 für 1920 mit Wirkung vom 1. April 1920 an zu Oberkriegsgerichtssekretären. Das Mehr an Dienstbezügen, das sich infolge der Einstufung dieser Beamtenklasse in die Gruppe VII der Besoldungsordnung ergab, wurde ihnen auf die Zeit vom 1. April bis 30. November 1920 ausgezahlt. Für die Zeit vom 1. Dezember 1920 an wurde ihnen eine höhere Besoldung als aus Gruppe VI vom Reichsschatz- und später vom Reichsfinanzminister verweigert. Sie haben deshalb Klage mit dem Antrag erhoben, festzustellen, daß ihnen die Gebührnisse der Gruppe VII zustünden, und den Beklagten zur

Zahlung der entsprechenden Bezüge auf die Zeit vom 1. Dezember 1920 an zu verurteilen. Das Landgericht hat der Klage stattgegeben; das Oberlandesgericht hat sie abgewiesen. Die Revision der Kläger hatte keinen Erfolg.

Gründe:

Die Kläger sind der Meinung, daß sie durch die Verfügung des Reichswehrministers vom 5. August 1921 mit rückwirkender Kraft vom 1. April 1920 an mit der Stelle eines Oberkriegsgerichtssekretärs beliehen worden sind, und daß ihnen deshalb auch für die Zeit nach ihrer Übernahme in die Reichsvermögensverwaltung, also auch für die Zeit nach dem 30. November 1920, die Bezüge der Besoldungsgruppe VII zustehen. Sie berufen sich hierfür auf § 23 des Reichsbesoldungsgesetzes, wonach Beamte, die infolge einer Umbildung der Reichsbehörden aus Anlaß der Umgestaltung des Staatswesens aus dienstlichen Rücksichten in Stellen von geringerem Diensteinkommen verwendet werden, während der Dauer dieser Verwendung das Grundgehalt erhalten sollen, das sie in ihrer früheren Stelle nach den Vorschriften des bezeichneten Gesetzes bezogen haben. Das Berufungsgericht hält die Vorschrift um deswillen für unanwendbar, weil der Reichswehrminister nach der Anstellung der Kläger im Bereiche des Reichsschatzministeriums nicht mehr in der Lage gewesen sei, sie in einem ihm unterstellten Dienstzweig zu befördern, und seiner Entschließung deshalb eine über den November 1920 hinausreichende Wirkung nicht beigemessen werden könne. Dem Vorderrichter ist darin beizupflichten, daß diese Erwägung die Anwendung des § 23 zugunsten der Kläger ausschließt. Sie bezogen bei ihrem Übertritt in die Reichsvermögensverwaltung die Gebührnisse aus Gruppe VI, also aus der nämlichen Gruppe, in welche die Klasse der Verwaltungssekretäre eingestuft ist, der sie vom Reichsschatzminister zugeteilt wurden. Eine höher besoldete Stelle konnte ihnen nach ihrer endgültigen Anstellung im Bereiche des Reichsschatzministeriums vom Reichswehrminister in seinem Dienstbereich nicht mehr mit rechtlichem Erfolg verliehen werden. Nach Art. 56 Satz 2 der Reichsverfassung leitet jeder Minister den ihm anvertrauten Geschäftszweig selbständig. Rechtsbeständige Maßnahmen kann daher ein Minister außerhalb seines Amtsbereichs nicht treffen. Die Verordnung des Reichspräsidenten vom 14. Juni 1922 (RGBl. I S. 577), durch welche dieser auf Grund von Art. 46 RV. das ihm zustehende Ernennungsrecht hinsichtlich der Beamten der Gruppen A I bis IX den Leitern der obersten Reichsbehörden übertragen hat, muß demgemäß sowie mit Rücksicht auf die Anforderungen einer geordneten Staatsverwaltung dahin verstanden werden, daß jeder dieser Leiter Ernennungen nur in seinem Geschäftsbereich wirksam vornehmen kann. Das gleiche gilt infolgedessen von den Beförderungen. Beamte, die seiner Dienstgewalt nicht oder nicht mehr unterstehen, kann ein Minister nicht mit rechtlicher Wirkung befördern. Die Ernennung der Kläger zu Oberkriegsgerichtssekretären durch den Reichswehrminister blieb daher für ihre Anstellung in der Reichsvermögensverwaltung wirkungslos. Ob ihr im Falle des Einverständnisses des Reichsschatzministers die rechtliche Anerkennung nicht versagt werden könnte, bedarf keiner Entscheidung. Eine solche Zustimmung ist nicht eingeholt worden. Ebensowenig ist zu prüfen, ob die Ernennung für die Kläger ein Recht auf das höhere Diensteinkommen der Gruppe VII für die Zeit bis zu ihrem Eintritt in die Reichsvermögensverwaltung begründet hat. Sie haben das Mehr der Bezüge dieser Gruppe gegenüber der Gruppe VI für den Zeitraum vom 1. April bis 30. November 1920 unstreitig erhalten, wie sie denn auch in ihrem Antrag erst vom 1. Dezember 1920 an die Bezüge der Gruppe VII in Anspruch nehmen. Die Zuständigkeit des Reichswehrministers für die Beförderung läßt sich auch nicht daraus ableiten, daß im Nachtrag zum außerordentlichen Haushalt für 1920 zwei von den sechs Stellen früherer Militärgerichtsschreiber-Gehilfen in solche von Obersekretären umgewandelt wurden. Eine Erweiterung des Ernennungsrechts des Ministers ergibt sich hieraus nicht. Noch weniger können auf Grund des Nachtrags die Kläger einen Anspruch auf Verleihung der beiden neugeschaffenen Stellen erheben. Ein Recht auf Beförderung steht dem Beamten überhaupt nicht zu, auch begründen die Gesetze über die Feststellung des Staatshaushalts keine Ansprüche der Beamten auf die dort ausgeworfenen Gehälter (RGZ. Bd. 59 S. 419).

Nach § 26 Abs. 1 Satz 2 des Gesetzes über die Aufhebung der Militärgerichtsbarkeit vom 17. August 1920 findet zwar auf die bei den aufgehobenen Militärgerichten planmäßig angestellten Beamten der § 23 des Reichsbeamtengesetzes entsprechende Anwendung, und nach dieser Vorschrift müssen sich Reichsbeamte bei eintretendem dienstlichen Bedürfnis die Versetzung in ein anderes Amt nur gefallen lassen, wenn es sich um ein Amt von nicht geringerem Rang und etatmäßigem Diensteinkommen handelt. Allein die Kläger waren, wie erwähnt, zur Zeit der Übernahme in die Reichsvermögensverwaltung Beamte der Gruppe VI und sind infolge der Unwirksamkeit ihrer Beförderung zu Militärgerichtsobersekretären durch die Ernennung zu Verwaltungssekretären nicht schlechter gestellt worden, als sie es nach ihrer Ernennung zu Kriegsgerichtssekretären waren.

---

77. 1. **Wieweit reichen die Rechtskraftwirkungen, wenn die Klage auf Vollstreckbarerklärung eines Schiedsspruchs wegen Unzulässigkeit des schiedsrichterlichen Verfahrens abgewiesen wird?**

2. **Wieweit reicht die Rechtskraft des Papiermarkurteils, wenn hinterher in einem neuen Prozeß Aufwertung oder Schadensersatz wegen Verzugs mit der ursprünglich geschuldeten Leistung oder auch Schadensersatz wegen Verzugs mit der Zahlung der zugesprochenen Papiermarksumme gefordert wird?**

3. **In welchem Verhältnis stehen die unter 2 erwähnten Klagen zueinander und wie unterscheiden sie sich in ihrem Ergebnis?**

4. **Läßt Art. VII Abs. 6 der Verordnung vom 13. Februar 1924 den § 529 Abs. 3 ZPO. a. F. für die Übergangszeit noch in Geltung?**

BGB. § 242. ZPO. a. F. §§ 1041 Nr. 1, 1042 Abs. 2, 529 Abs. 3.

VI. Zivilsenat. Urt. v. 9. Oktober 1925 i. S. Di. (Bekl.) w. Da. & Tr. (Kl.). VI 158/25.

I. Landgericht II Berlin.
II. Kammergericht daselbst.

Auf Grund eines Vertrags vom März 1922 hat die Klägerin für den Beklagten Bauarbeiten ausgeführt. Der Vertrag enthielt eine Schiedsklausel. Am 13. Februar 1923 verurteilte ein Schiedsgericht den Beklagten zur Zahlung von 1377766 ℳ nebst 12% Zinsen seit dem 28. Juli 1922, weiter zur Zahlung von 150000 ℳ und zur Erstattung von Kosten. Letztere sind durch Beschluß des Schiedsgerichts vom 2. März 1923 auf 574791,16 ℳ festgesetzt worden. Einem besonderen Verfahren behielt der Schiedsspruch Ansprüche der Klägerin wegen der Geldentwertung vor. Über diese Ansprüche ist durch Schlußschiedsspruch vom 27. März 1923 erkannt worden. Der Klägerin wurden 21000000 ℳ Geldentwertungsschaden zugesprochen. Der erste Schiedsspruch ist rechtskräftig für vollstreckbar erklärt worden, bei dem zweiten Schiedsspruch ist die Vollstreckungsklage rechtskräftig abgewiesen worden. Mit der gegenwärtigen Klage verlangt die Klägerin den Goldwert der ihr durch den ersten Schiedsspruch zuerkannten Beträge; sie berechnet ihn über den Dollarkurs, und zwar bei den 1377766 + 150000 ℳ nach dem Kurse vom 28. Juli 1922, bei den 574791,16 ℳ Kosten nach dem Kurse vom 2. März 1923. Ihr Klagantrag ging auf 11732,19 GM nebst 4% Zinsen für die Zeit vom 1. August 1922 bis 31. Dezember 1923 und 12% Zinsen seit dem 1. Januar 1924. Der Beklagte erhob die Einwände, daß für die Aufwertung das Schiedsgericht zuständig sei, daß es auch bereits gesprochen habe. Weiter bestritt er den der Klageforderung zugrunde liegenden materiellrechtlichen Anspruch und bemängelte die Berechnung der Aufwertung. Das Landgericht hat den Beklagten unter Abweisung des weitergehenden Zinsanspruchs zur Zahlung von 11732,19 GM nebst 4% Zinsen seit dem 29. Februar 1924, dem Tage des Urteilserlasses, verurteilt. Auf die Berufung des Beklagten hat das Kammergericht die Klage in Höhe von 4732,19 GM nebst Zinsen davon abgewiesen, es im übrigen aber bei der Verurteilung des Beklagten zur Zahlung von 7000 Gold- oder nunmehr Reichsmark nebst 4% Zinsen seit dem 29. Februar 1924 belassen. Beide Parteien haben mit Erfolg Revision eingelegt.

Aus den Gründen:

Zur Revision des Beklagten.

1. Das Kammergericht hat die Frage, ob das Schiedsgericht auch über etwaige Aufwertungsansprüche der Klägerin entscheiden sollte, selbständig geprüft. Es hat die Frage verneint. Die Revision stellt dieses Ergebnis mit dem Bemerken zur Nachprüfung, daß das Kammergericht die Zulässigkeit und Notwendigkeit ergänzender Auslegung außer acht gelassen habe. Es braucht hierauf indessen nicht eingegangen zu werden, denn im Gegensatz zu der Annahme des

Kammergerichts steht bereits rechtskräftig fest, daß das Schiedsgericht zur Entscheidung über die Aufwertungsansprüche der Klägerin nicht berufen war. Es ergibt sich das aus dem Urteil des Kammergerichts im zweiten Vorprozeß. Die Klägerin hatte um die Vollstreckbarerklärung des zweiten Schiedsspruchs gebeten, schloß sich aber dann der Meinung des Beklagten von der Unzuständigkeit des Schiedsgerichts an und nahm die Klage zurück. Der Beklagte war damit nicht einverstanden und bestand auf Abweisung der Klage. Nun mußte das Kammergericht über die Streitfrage entscheiden. Es hat diese Notwendigkeit auch selbst erkannt und hat dann entschieden. Der Einwand des Beklagten, daß das Schiedsgericht nicht zuständig, das Verfahren also unzulässig gewesen sei, wurde auf Grund der schließlichen Stellungnahme der Klägerin selbst für erwiesen erachtet, und die Klage wurde daraufhin gemäß § 1042 Abs. 2 und § 1041 Nr. 1 ZPO. a. F. abgewiesen. Damit steht die Unzulässigkeit des die Aufwertungsansprüche der Klägerin betreffenden Schiedsverfahrens rechtskräftig fest. Daran scheitern die jetzt erhobenen Einwendungen des Beklagten, daß das Schiedsgericht sprechen müsse und auch bereits gesprochen habe. Soweit die Revision auf diese Einwendungen zurückkommen will, kann sie keinen Erfolg haben.

2. Begründet ist aber die zweite Rüge der Revision. Der Berufungsrichter hat es abgelehnt, auf die materiellen Einwendungen des Beklagten gegen den Werklohnanspruch der Klägerin einzugehen. Rechtskräftig entschieden hat der erste Schiedsspruch aber nur über die darin genannten Papiermarksummen und nur in dieser Höhe auch über die Einwendungen des Beklagten. Wenn jetzt weitere Beträge, und zwar Gold- oder Reichsmarkbeträge, verlangt werden, so stehen dem Beklagten alle Einwendungen gegen den Anspruch selbst wieder offen. Das entspricht der ständigen Rechtsprechung des Reichsgerichts (vgl. RGZ. Bd. 109 S. 195, 288, 345, 375, Bd. 110 S. 127, Urteil vom 5. Mai 1925 VI 25/25). Das Kammergericht beruft sich auf die Entscheidungen Bd. 106 S. 184 und Bd. 108 S. 39. Beide betreffen die ganz anders liegende Frage der Verjährung. Dort kommt es darauf an, was rechtshängig geworden ist, hier darauf, worüber entschieden worden ist. Es braucht nicht notwendig über den ganzen rechtshängig gewordenen Anspruch auch entschieden worden zu sein.

Die verschiedene rechtliche Beurteilung, welche der Klaganspruch bei dem Landgericht und dem Kammergericht gefunden hat, ist in diesem Zusammenhang — wenigstens für den Hauptanspruch — ohne Bedeutung. Das Landgericht hatte die Klageforderung nur zugesprochen unter dem Gesichtspunkt des Verzugsschadens, das Kammergericht nimmt an, daß es sich um die sogenannte reine Aufwertung oder Umrechnung handelt. Auf einen solchen Anspruch sind die oben entwickelten Grundsätze unbedenklich anzuwenden, der Senat hat sie aber auch für maßgebend erachtet, wenn Verzugsschaden wegen Nichterfüllung des alten Vertrags gefordert wird (vgl. Urteil vom 11. Juli 1925 VI 117/25.) Anders liegt die Sache nur — auch das ist in dem soeben genannten Urteil bereits hervorgehoben worden —, wenn Schadensersatz verlangt wird wegen Nichtzahlung einer urteils- (oder schiedsspruch-)mäßig festgestellten Forderung. In einem solchen Falle kann auf die Grundlagen des Urteilsspruchs nicht mehr zurückgegriffen werden, denn es steht bereits rechtskräftig fest, daß die zugesprochenen Summen zu zahlen waren.

Verzug in der Erfüllung eines Urteils kann erst nach Erlaß des Urteils eintreten. Vorliegend verlangt die Klägerin bei den 1377766 und 150000 ℳ Umrechnung nach dem Dollarkurse am Tage der Fälligkeit, d. h. dem 28. Juli 1922. Dieser Tag lag lange vor dem Erlaß des Schiedsspruchs. Hier ist also der Anspruch jedenfalls nicht auf Verzug mit Zahlung der urteilsmäßig festgestellten Summe gestützt.

Bei den — mehr einen Nebenpunkt darstellenden — 574791,16 ℳ Kosten, welche der Beklagte nach dem Beschluß des Schiedsgerichts vom 2. März 1923 der Klägerin erstatten soll, ist die Sache vielleicht anders zu beurteilen. Am 2. März 1923 lag der Schiedsspruch schon vor, er wurde durch den Beschluß nur ergänzt. Da die Klägerin hier die Umrechnung nach dem Kurse vom 2. März 1923 fordert, ist wohl anzunehmen, daß insoweit Schadensersatz wegen Nichtzahlung der beschlußmäßig festgestellten Summe verlangt wird. Übrigens kann der Beklagte von der Erstattung dieser umzurechnenden Kosten niemals frei werden, auch wenn sonst die Klägerin wegen der sachlichen Einwendungen des Beklagten abgewiesen werden müßte. Der Erstattungsanspruch ruht nicht auf der ursprünglichen und nachprüfbaren Vertragsforderung, er ruht auf dem Schiedsspruch und dem Festsetzungsbeschluß selbst. Wenn das angefochtene Urteil gleichwohl auch insoweit aufgehoben werden muß, so liegt das daran, daß auch die dritte Revisionsrüge begründet ist.

3. Der Berufungsrichter hat die vom Beklagten erst in der Berufungsinstanz, aber gegenüber den gesamten Klagansprüchen zur Aufrechnung gestellten Gegenforderungen nach § 529 Abs. 5 ZPO. in neuer Fassung, d. h. ohne den früher durch § 529 Abs. 3 Satz 2 ZPO. a. F. vorgeschriebenen Vorbehalt zurückgewiesen. Das ergibt sich nicht nur aus den Gründen des Berufungsurteils, es kommt auch in der Formel durch die vorbehaltlose Verurteilung zum Ausdruck. Mit dieser Entscheidung hat der Berufungsrichter Art. VII Abs. 6 der Verordnung über das Verfahren in bürgerlichen Rechtsstreitigkeiten vom 13. Februar 1924 (RGBl. I S. 135) verletzt. Nach dieser Übergangsbestimmung ist die Zurückweisung eines neuen Vorbringens in der Berufungsinstanz nur in den Fällen zulässig, in denen die letzte mündliche Verhandlung der ersten Instanz nach dem Inkrafttreten des Gesetzes, d. h. der Zivilprozeßnovelle, abgehalten worden ist. Es soll also niemand von der verschärften Ausschlußvorschrift des § 529 Abs. 5 der neuen Zivilprozeßordnung betroffen werden, der nicht schon unter ihrer Geltung in erster Instanz verhandelt hatte. Die letzte mündliche Verhandlung erster Instanz hat in vorliegender Sache am 29. Februar 1924 stattgefunden, also vor dem Inkrafttreten der Novelle (1. Juni 1924). Danach ist der Revision beizutreten, wenn sie meint, daß das Kammergericht die auf die Aufrechnung gegründete Einwendung des Beklagten nur unter dem Vorbehalt der alten §§ 529 Abs. 3 Satz 2, 540, 541 ZPO. hätte zurückweisen dürfen. Mit Recht hat die Revision nicht den Schluß gezogen, daß der Berufungsrichter die Einwendung des Beklagten überhaupt nicht hätte zurückweisen dürfen. Durch Art. VII Abs. 6 der Verordnung vom 13. Februar 1924 ist das alte Recht für die Übergangszeit aufrechterhalten worden.

Zur Revision der Klägerin.

1. . . . (Eine Verfahrensrüge wird zurückgewiesen).

2. Die Revision bezeichnet aber auch das materielle Recht als verletzt, und das ist in der Tat der Fall. Wie bereits erwähnt, hat das Kammergericht den Beklagten unter dem Gesichtspunkt der reinen Aufwertung verurteilt, während das Landgericht einen Schadens-

ersatzanspruch wegen Verzugs zugebilligt hatte. Nun ist aber für die reine Aufwertung erst Raum, wenn kein anderer, die Geldentwertung mit berücksichtigender, Anspruch erhoben worden ist (vgl. RGZ. Bd. 109 S. 61, Bd. 110 S. 127). Das Kammergericht hätte daher zunächst zu dem vom Landgericht anerkannten Schadensersatzanspruch Stellung nehmen müssen. Es macht einen Unterschied, ob der eine Anspruch für gerechtfertigt gehalten wird oder der andere. Im Gebiete der reinen Aufwertung eines Leistungsanspruchs gilt § 242 BGB. und auf diese Vorschrift stützt anscheinend der Berufungsrichter seine Entscheidung, wenn er sie als „billig" bezeichnet. Handelt es sich dagegen um einen Schadensersatzanspruch, so kommt § 242 BGB. nicht in Frage, der Schaden ist — gegebenenfalls unter Heranziehung des § 287 ZPO. — festzustellen und diesen Schaden hat der Ersatzpflichtige alsdann zu ersetzen. ...

---

78. 1. **Sind Ansprüche auf Ersatz des Verzugsschadens bei verspäteter Auszahlung von Versorgungsgebührnissen und Ansprüche auf Aufwertung solcher Gebührnisse im Rechtswege verfolgbar?**

2. **Kann der unter 1 bezeichnete Schaden unter dem Gesichtspunkt der Reichshaftung für schuldhafte Amtspflichtverletzungen von Beamten geltend gemacht werden?**

Gesetz über das Verf. in Versorgungssachen vom 10. Januar 1922 §§ 1, 160, 73 Satz 1. Reichsverfassung Art. 131 Abs. 1 Satz 1. Verordnung über die 12. Erg. des BesoldungsGes. vom 12. Dezember 1923 Art. 7. Personal-AbbauVO. vom 27. Oktober 1923 Art. 21 IV.

III. Zivilsenat. Urt. v. 6. Oktober 1925 i. S. Deutsches Reich (Bekl.) w. K. (Kl.). III 224/24.

I. Landgericht I Berlin.
II. Kammergericht daselbst.

Die Klägerin ist die Witwe des am 16. Februar 1922 zu Glogau verstorbenen Obersten a. D. K. In den Versorgungsbezügen, welche sie auf die Zeit vom 1. Juni bis 31. Dezember 1922 ausgezahlt erhalten hat, waren die gesetzlich bewilligten Teuerungszuschläge nicht enthalten. Erst im Januar 1923 wurden ihr die Zuschläge nachgezahlt. Mit der Klage fordert sie vom Reich Ersatz eines Teils des Schadens, der ihr durch die verspätete Zahlung erwachsen ist. Das Landgericht hat durch Zwischenurteil den Klaganspruch dem Grunde nach für gerechtfertigt erklärt. Das Kammergericht hat die Berufung des Beklagten zurückgewiesen. Auf die Revision des Beklagten wurde das Berufungsurteil aufgehoben und die Sache an die Vorinstanz zurückverwiesen.

Gründe:

Das Berufungsgericht würdigt den Klaganspruch unter dem doppelten Gesichtspunkt der Reichshaftung für schuldhafte Amtspflichtverletzungen von Beamten und des Verzugsschadens. Auf den ersten Rechtsgrund kann sich die Klägerin nach der Ansicht des Kammergerichts nicht berufen, weil das Reich bei der Auszahlung der Versorgungsgebührnisse nur als „Fiskus" in Betracht komme, also nur in der Rolle eines Gleichgestellten dem Versorgungsberechtigten gegenüberstehe und seine dabei tätigen Beamten deshalb nicht in Ausübung einer ihnen anvertrauten öffentlichen Gewalt handelten. Dagegen erachtet der Vorderrichter den zweiten Haftungsgrund für durchgreifend; die Zweifel, welche gegen die Zulässigkeit des Rechtswegs insoweit obwalten, weist er als unbegründet zurück. Er hält daher die Entscheidung des ersten Richters für gerechtfertigt.

Gegen diese Erwägungen erhebt sich zunächst das Bedenken, ob die Erklärungen der Klägerin über den Anspruch, den sie mit der Klage verfolgen will, für die Anwendung eines anderen rechtlichen Gesichtspunkts als den der Verantwortlichkeit des Reichs für schuldhaftes Zuwiderhandeln von Beamten gegen die Amtspflichten überhaupt Raum lassen. Die Klägerin führt mit aller Deutlichkeit aus, daß es sich nicht um die Geltendmachung eines Verzugsschadens im eigentlichen Sinne, d. h. um einen mit dem Versorgungsanspruch zusammenhängenden Schaden, sondern um einen selbständigen, auf das Reichshaftungsgesetz vom 22. Mai 1910 — richtiger den Art. 131 Abs. 1 Satz 1 Reichsverfassung, vgl. RGZ. Bd. 102 S. 166 — verb. mit § 839 BGB. gestützten Anspruch handle. Sollte jedoch hierin auch nur eine den Richter nicht bindende Äußerung über die rechtliche Natur der Klagforderung zu erblicken sein, so müßte im jetzigen Prozeßverfahren der angebliche Verzug des Beklagten als Unterlage des Klagbegehrens um deswillen ausscheiden, weil für einen so begründeten Anspruch der Rechtsweg nicht offensteht. Die Feststellung der Versorgungsgebührnisse, deren verspätete Zahlung in Frage kommt, würde im Streitfall im Verfahren vor den Spruchbehörden der Reichsversorgung zu erfolgen haben; die ordentlichen Gerichte wären hierfür nicht zuständig (§§ 1, 160, 73 Satz 1 des Gesetzes über das Verfahren in Versorgungssachen vom 10. Januar 1922). Dasselbe hat von dem Streit über den Schaden zu gelten, der der Klägerin nach ihrer Behauptung aus der verzögerten Zahlung der Versorgungsbezüge erwachsen ist. Der Ersatz dieses Schadens stellt sich als eine zu den Versorgungsgebührnissen hinzutretende Nebenleistung dar, die in innigem Zusammenhang mit der Hauptleistung steht und über die daher zweckmäßigerweise von denselben Spruchbehörden wie in der Hauptsache entschieden wird. Die Schadensersatzpflicht hat das Bestehen und die Fälligkeit der Hauptschuld zur Voraussetzung und die Entscheidung über sie hängt demnach von der Beantwortung von Rechts- und Tatfragen ab, über die auch in der Hauptsache zu befinden ist. Es muß deshalb dem Gesetzgeber die Absicht beigemessen werden, daß er den Rechtsweg auch für die Entscheidung über die Nebenansprüche nicht hat zulassen und dies durch die allgemeine Fassung des § 73 Satz 1 „In Versorgungssachen ist der Rechtsweg vor den ordentlichen Gerichten ausgeschlossen" hat zum Ausdruck bringen wollen.

Auch die Aufwertung der nachgezahlten Beträge würde, wenn sie von der Klägerin angestrebt sein sollte, in dem Verfahren vor den ordentlichen Gerichten nicht zulässig sein. Der Aufwertungsanspruch könnte nur die richtige Bemessung der Versorgungsbezüge zum Ziel haben und würde nur die Geltendmachung des Versorgungsanspruchs zu einem nach den Grundsätzen der Billigkeit erhöhten Betrag bedeuten, so daß er ebenso wie der Verzugsschaden von der Verfolgung im Rechtsweg ausgeschlossen wäre.

Hinsichtlich des Anspruchs aus Art. 131 Abs. 1 Satz 1 RV. hat zwar der Vorderrichter die Zulässigkeit des Rechtswegs mit Recht angenommen — vgl. Satz 3 das. —, ihm jedoch aus unzutreffenden sachlichen Gründen die Beachtung versagt. Die Versorgung, welche der Staat den Beamten und Offizieren, sowie ihren

Hinterbliebenen durch die Besoldung und Ruhe- und Hinterbliebenenbezüge gewährt, erfolgt nicht in Wahrnehmung privatrechtlicher Interessen, sondern sie ist ein Ausfluß der Fürsorge, die der Staat den Beamten und Offizieren dafür angedeihen läßt, daß sie ihre Person in seinen Dienst stellen und sich seiner Gewalt unterwerfen. Die Tätigkeit der Beamten, welche an der Verwirklichung dieser Fürsorge beteiligt sind, ist sonach als eine Ausübung öffentlicher Gewalt anzusehen, die gerade auch das Gebiet der staatlichen Fürsorge mit umfaßt (RGZ. Bd. 92 S. 274). Auch der Art. 7 der Verordnung über die 12. Ergänzung des Besoldungsgesetzes vom 12. Dezember 1923 steht dem bezeichneten Anspruch nicht entgegen. Die Vorschrift versagt bei nachträglicher Auszahlung von Versorgungsgebührnissen das Recht auf Verzinsung oder Ersatz des durch die spätere Auszahlung entstandenen Schadens. Es kann dahingestellt bleiben, ob von der Vorschrift der Anspruch auf Ausgleich eines derartigen Schadens auch dann ergriffen wird, wenn die verspätete Auszahlung auf dem Verschulden eines seine amtlichen Obliegenheiten verabsäumenden Beamten beruht: eine Annahme, die mit dem durch die Einführung der Staatshaftung verfolgten Zweck kaum verträglich erscheint, dem Geschädigten an Stelle des häufig nicht zahlungsfähigen Beamten in dem Staat, der den ersteren in seine Machtstellung einsetzt und handeln läßt, einen immer zahlungsfähigen Schuldner gegenüberzustellen. Jedenfalls würde die Ausschließung der Staatshaftung auf eine Außerkraftsetzung des jetzt die alleinige Grundlage der staatlichen Verantwortlichkeit bildenden Art. 131 Abs. 1 Satz 1 RV. für die Fälle des Verspätungsschadens hinauslaufen. Da die Verordnung vom 12. Dezember 1923 auf dem Ermächtigungsgesetz vom 8. Dezember 1923 beruht, also nur insoweit rechtsgültig ist, als sie der Verfassung nicht widerspricht, so würde der Art. 7 in dem bezeichneten Umfang nicht zu Recht bestehen.

Endlich greift auch der vom Beklagten entgegengehaltene Einwand aus Art. 21 IV der Personalabbau-Verordnung vom 27. Oktober 1923 gegenüber dem auf die Reichshaftung aus Art. 131 RV. abzielenden Anspruch nicht durch. Die Vorschrift erklärt „Nachzahlungen" von Ruhegehalt und Versorgungsgebührnissen auf die Zeit vor dem 1. Januar 1923 für unzulässig. Wenn nun auch der Schluß statthaft sein sollte, daß dieses Verbot auch das Verbot der

Gewährung von Schadensersatz wegen verspäteter Auszahlung vor dem bezeichneten Zeitpunkt fällig gewesener Bezüge in sich schließt, so kann es doch keinesfalls auf solche Ersatzansprüche bezogen werden, deren Grundlage die Behauptung bildet, daß die Verzögerung der Auszahlung auf dem pflichtwidrigen Verhalten von Beamten beruht. Eine solche Auslegung findet in dem Zweck der Personalabbau-Verordnung, der Finanznot des Reichs zu wehren, keine genügende Rechtfertigung und kann bei dem Mangel eines näheren Anhalts für sie um so weniger gebilligt werden, als sich die Verordnung als ein Ausnahmegesetz darstellt. Soweit sich daher die Prüfung der Voraussetzungen des Anspruchs aus Art. 131 RV. nach dem, was oben über den Begriff der öffentlichen Gewalt dargelegt wurde, nicht erübrigt, hat sich das Berufungsgericht ihr nunmehr zu unterziehen.

---

79. Über den Begriff des gegenwärtigen rechtswidrigen Angriffs auf das Eigentum und über die zu seiner Abwendung zulässigen Mittel.

BGB. § 227.

IV. Zivilsenat. Urt. v. 12. Oktober 1925 i. S. B. (Bekl.) w. H. (Kl.). IV 205/25.

I. Landgericht Hannover.
II. Oberlandesgericht Celle.

Der Kläger ist am 18. Oktober 1923 abends, als er auf einem Feld des Beklagten Kartoffeln entwendete, von letzterem betreten und durch einen Schrotschuß verwundet worden. Sein Schadensersatzanspruch ist vom Landgericht abgewiesen, vom Oberlandesgericht zu einem Drittel für gerechtfertigt erklärt worden. Die Revision des Beklagten führte zur Wiederherstellung des landgerichtlichen Urteils.

Gründe:

Der Beklagte hatte geltend gemacht, daß er den Schuß, durch den der Kläger verletzt worden sei, in berechtigter Notwehr abgegeben und deshalb nach § 227 BGB. nicht rechtswidrig gehandelt habe. Es seien in der damaligen Zeit in dortiger Gegend des öfteren Kartoffeldiebstähle von bewaffneten Diebsbanden ausgeführt worden;

auch auf seinem eigenen Feld sei in den vorausgegangenen Tagen ein erheblicher Teil der Kartoffelernte gestohlen worden. Zur Zeit des fraglichen Vorfalls habe er in der Dunkelheit eine ganze Anzahl von Personen auf seinem Felde beobachtet, auf der daneben liegenden Straße hätten Personen mit einem Handwagen gehalten. Er habe beim Zusammentreffen mit mehreren Personen nach wiederholter Aufforderung zum Halten einen Schreckschuß abgegeben und damit den Kläger unabsichtlich verletzt.

Der Verlauf des Vorfalls hat sich nicht völlig klarstellen lassen. Das Berufungsgericht nimmt an, daß der Beklagte nicht auf den Kläger gezielt, sondern einen Schreckschuß vor sich gegen den Boden abgegeben habe, um den Dieben den Ernst der Lage klarzumachen. Es sagt aber, der Beklagte habe gewußt, daß ein solcher Schuß in der Richtung gegen den Erdboden, wenn Menschen in der Nähe seien, stets eine Gefahr für Leib und Leben dieser Menschen bilde, besonders hier, wo es dunkel gewesen sei und der Beklagte deshalb das Gelände nicht mit Sicherheit habe übersehen können. Zur Herbeiführung einer solchen Gefahr sei der Beklagte unter dem Gesichtspunkt der Notwehr nicht berechtigt gewesen, weil er, nachdem sich die Kartoffeldiebe zur Flucht gewendet gehabt hätten, einen Angriff auf seine Person nicht zu befürchten gehabt habe. Er habe auch nicht etwa schießen dürfen, um die Flucht zu hindern, weil das außerhalb des Abwehrzweckes gelegen habe; denn er habe nicht damit zu rechnen gehabt, daß der Fliehende Helfershelfer herbeiholen und in Kürze wieder erscheinen werde; dabei könne die Behauptung des Beklagten, daß damals auf dem Lande häufiger Bandendiebstähle mit Waffen ausgeführt worden seien, als richtig angenommen werden. Etwa bloß zum Schutze seines Eigentums ohne Rücksicht auf die Frage persönlicher Bedrohung habe der Beklagte schon deshalb nicht schießen dürfen, weil das beim Weglaufen der Diebe nicht notwendig gewesen sei.

Der letztere Satz läßt erkennen, daß das Berufungsgericht den Begriff der Notwehr rechtlich verkannt hat. Unstreitig führte der Kläger, als er vor dem Beklagten davonzulaufen suchte, einen Rucksack mit gestohlenen Kartoffeln mit sich. Solange er bestrebt war, sich die Diebsbeute zu sichern, dauerte sein gegenwärtiger rechtswidriger Angriff gegen das Eigentum des Beklagten noch fort, und der Beklagte war berechtigt, die zur Abwendung dieses vom Kläger angestrebten Erfolges erforderlichen Mittel anzuwenden, und zwar auch solche Mittel, die eine Gefährdung des Angreifers an Leib und Leben herbeiführen konnten. Als solches berechtigtes Mittel muß bei der hier gegebenen Sachlage der vom Beklagten abgegebene Schrotschuß unbedenklich anerkannt werden. Es kann insoweit auf die Ausführungen des I. Strafsenats im Urteil vom 20. September 1920 (RGSt. Bd. 55 S. 82) verwiesen werden, denen sich der erkennende Senat anschließt.

Hiernach stellt sich die Handlung des Beklagten, wie sie vom Berufungsgericht festgestellt ist, als eine durch Notwehr gebotene Handlung im Sinne von § 227 BGB. dar, aus der eine Haftung des Beklagten für den entstandenen Schaden nicht herzuleiten ist.

Bei dieser Sachlage bedarf es keiner Erörterung, ob nicht das eigene Verschulden des Klägers, das vom Berufungsgericht angenommen wird und wegen dessen es eine Haftung des Beklagten unter Anwendung des § 254 BGB. nur zu einem Drittel ausgesprochen hat, bei richtiger Beurteilung dazu führen würde, den Schadensersatzanspruch völlig auszuschließen (vgl. JW. 1924 S. 1968 Nr. 3).

Das Berufungsurteil mußte aus den oben angeführten Erwägungen aufgehoben werden; weitere tatsächliche Feststellungen sind nicht mehr erforderlich, weshalb von hier aus die Berufung des Klägers gegen das seine Klage abweisende landgerichtliche Urteil zurückzuweisen war.

---

80. Nach welchen Grundsätzen hat die Aufwertung eines Anspruchs auf Rechtsanwaltsgebühren zu erfolgen?

BGB. § 242. Gebührenordnung für Rechtsanwälte §§ 85, 86.

III. Zivilsenat. Urt. v. 13. Oktober 1925 i. S. M. (Bekl.) w. Schw. (Kl.). III 532/24.

I. Landgericht Schneidemühl.
II. Oberlandesgericht Marienwerder.

Der Kläger hat in einer Berufungssache vor dem Oberlandesgericht M. die Beklagte als Prozeßbevollmächtigter vertreten. Der

Rechtsstreit wurde durch Vergleich erledigt; die Vergleichsanzeige ist am 29. Oktober 1923 beim Gericht eingegangen. Durch Beschluß vom 29. November 1923 hat das Gericht den Streitwert für den Zeitpunkt des Eingangs der Vergleichsanzeige auf 6680 Bill. Mark festgesetzt. Auf Grund dieser Wertfestsetzung und der damals geltenden Gebührensätze hat der Kläger seine Gebühren auf 260 Bill. Mark berechnet. Mit der Klage verlangt der Kläger Aufwertung dieses Betrags, berechnet nach dem Wert vom 29. Oktober 1923. Er hat seine Forderung erst auf 16000 Goldmark berechnet und davon 5000 Goldmark als Teilbetrag eingeklagt. Vom Landgericht abgewiesen, hat er, nachdem inzwischen das Gericht den Streitwert des Vorprozesses anderweit, nämlich auf 5144 Bill. Mark festgesetzt hatte, beantragt, die Beklagte zur Zahlung von 14148,35 Goldmark, abzüglich bezahlter 268 Goldmark, zu verurteilen. Das Oberlandesgericht hat die Beklagte zur Bezahlung von 7000 Goldmark verurteilt und die Mehrforderung abgewiesen. Die Revision der Beklagten ist zurückgewiesen worden.

Gründe:

Da nach den Feststellungen des Berufungsrichters Verzug der Beklagten als Grundlage des Klaganspruchs nicht in Frage kommt, liegt der gegenwärtige Fall durchaus ähnlich wie derjenige, den der Senat durch Urteil vom 30. Januar 1925 entschieden hat. An diesem Urteil, abgedruckt RGZ. Bd. 110 S. 139, hält der Senat, wie schon bisher (vgl. III 329, 447, 605/24), so auch jetzt im wesentlichen fest. Danach ist dem Kläger die Aufwertung seiner Gebühren- und Auslagenforderung vom 29. Oktober 1923 an, als an welchem Tag die Forderung nach den Feststellungen des Berufungsrichters im Sinne des § 85 RAGO. fällig geworden ist, zuzubilligen. Der Vertreter der Revision hat sich auch in der mündlichen Verhandlung dem nicht verschlossen, daß die Rechtsprechung des Senats dem Standpunkt der Revision entgegensteht. Das Bestreben des Gesetzgebers, durch Abänderung der maßgebenden Gebührenvorschriften den Nachteilen zu begegnen, die die fortschreitende Entwertung der deutschen Währung gerade auch für den Anwaltsstand mit sich brachte, hat, wie dies schon in RGZ. Bd. 110 S. 139 erwähnt und von der Revision nicht in Abrede gezogen ist, nicht zu einem befriedigenden Ergebnis geführt und kann deshalb der Aufwertung nicht im Wege stehen. Daß — worauf die Revision besonders hingewiesen hat — die Gebührensätze der Anwälte gerade zu der in Frage stehenden Zeit verhältnismäßig hoch bemessen waren, so daß ihre volle Goldaufwertung zu unbilligen Ergebnissen für den Schuldner zu führen geeignet ist, mag für die Festsetzung des Ausmaßes der Aufwertung zu beachten sein, kann aber nicht die Aufwertung schlechthin und grundsätzlich ausschließen. Demzufolge hat es der Berufungsrichter mit Recht für unbeachtlich erklärt, daß die gerichtliche Festsetzung des Streitwerts erst am 29. November 1923 erfolgte und deshalb vor diesem Tage weder der Kläger seine Gebührenrechnung aufstellen, noch die Beklagte diese bezahlen konnte. Dieser Umstand wäre ausschlaggebend für eine Aufwertung auf Grund Verzugs; aber er ist belanglos für die Aufwertung auf Grund des § 242 BGB., die ja nur das rein sachlich gegebene Mißverhältnis zwischen dem Wert der Forderung zur Zeit ihrer Begründung und dem gesunkenen Wert der Zahlungsmittel ausgleichen soll, mit denen der Schuldner nach Währungsrecht die Forderung zu tilgen an sich berechtigt wäre. Daß nicht erst von dem Tag an aufzuwerten ist, an welchem der Rechtsanwalt gemäß § 86 RAGO. dem Schuldner die Berechnung der Gebühren mitgeteilt hat, ist in RGZ. Bd. 110 S. 139 (145) ausgesprochen und zur Sache III 447/24 bestätigt.

Daß schließlich der Berufungsrichter die Aufwertung vom 29. Oktober 1923 an zugelassen und nicht der Beklagten noch einige Tage als angemessene Zeitspanne zur Befriedigung des Klägers zugegeben hat, ist gleichfalls nicht geeignet, zur Aufhebung des Berufungsurteils zu führen. Wenn sich der Schuldner in kürzester Frist nach Fälligkeit der Forderung zur Zahlung erbietet, so wird Treu und Glaube im Verkehr, § 242 BGB., es in aller Regel mit sich bringen, daß der Gläubiger den Betrag im Nennwert entgegennehmen muß und sich auf die, meist geringe, Entwertung in dieser kurzen Zeitspanne nicht berufen kann, um eine Aufwertung zu verlangen. In diesem Sinne war es zu verstehen, daß das Urteil RGZ. Bd. 110 S. 139 (144) dem damaligen Berufungsrichter anheimgegeben hatte, zu beachten, daß dem Schuldner eine gewisse angemessene Zeitspanne zur Befriedigung des Gläubigers gelassen werden müßte. Für den gegenwärtigen Fall erhellt aus den Feststellungen des Berufungsrichters, daß die Beklagte nicht bezahlt hat; es ist kein Gebot der Billigkeit, zu ihren Gunsten einen Zeitraum in Anrechnung zu bringen, in dem sie hätte bezahlen können, aber in Wirklichkeit nicht bezahlt hat.

Bei der Bemessung der Aufwertung hat der Berufungsrichter im Einklang mit der Klage den amerikanischen Dollar als Maßstab zugrunde gelegt. Vielleicht wäre die Bemessung nach der Lebenshaltungsrichtzahl richtiger gewesen. Indessen hat der Berufungsrichter auch nur auf 50 v. H. aufgewertet; bei dieser Sachlage erscheint die Beklagte durch die Wahl des Dollarkurses als Aufwertungsmaßstab nicht beschwert, und es kann ferner auch angenommen werden, daß damit auch dem von der Revision angeführten Umstand hinreichend Rechnung getragen worden ist, daß die Rechtsanwaltsgebühren damals verhältnismäßig hoch bemessen waren.

---

81. **1. Ist der rein staatsrechtliche Charakter der den Kaiser Wilhelm-Kanal betreffenden Verhältnisse auch nach dem Abschluß des Versailler Vertrags weiter bestehen geblieben?**

2. Darf der Schutz der in Art. 131 der Reichsverfassung getroffenen Bestimmung auch Ausländern nicht versagt werden?

3. Verbürgt der Art. 381 des Versailler Vertrags den Fremdstaaten die Gleichstellung mit Deutschland nur in bezug auf die tatsächliche Benutzung des Kanals oder auch hinsichtlich der Haftung des Reichs für Verschulden seiner Beamten?

Reichsverfassung Art. 131. Reichshaftungsgesetz vom 22. Mai 1910 § 7. Vers. Vertrag Art. 381.

VI. Zivilsenat. Urt. v. 13. Oktober 1925 i. S. Portugiesischer Staat (Kl.) w. Deutsches Reich (Bekl.). VI 239/25.

I. Landgericht Kiel.
II. Oberlandesgericht daselbst.

Am 13. November 1921 durchfuhr der dem Kläger gehörige Handelsdampfer „Cunene“ von Brunsbüttel aus den Kaiser Wilhelm-Kanal. Als er die Hochbrücke von Hochdonn passierte, stießen die 43 m hohen Masten des Schiffes gegen die um 1 m niedrigere

Brücke. Dabei wurden die obersten Stangen der Masten abgebrochen, die Antenne heruntergerissen und die Brücke beschädigt. Der Kläger nimmt wegen seines Schadens, den er auf 360 englische Pfund beziffert, den Beklagten in Anspruch, weil der an Bord genommene Kanallotse pflichtwidrig den Kapitän des Schiffes nicht darauf hingewiesen habe, daß Schiffe, deren Masten höher als 40 m seien, den Kanal nicht passieren dürften. Der Beklagte mißt dagegen die Schuld an dem Unfall dem Kapitän des Schiffes bei und verlangt vom Kläger Ersatz des ihm durch die Beschädigung der Brücke entstandenen Schadens in Höhe von 31,96 Goldmark mit Widerklage.

Das Landgericht hat die Klage abgewiesen und der Widerklage zu dem in erster Instanz geforderten Papiermarkbetrage des Schadens stattgegeben. Das Berufungsgericht hat auf die Berufung des Klägers und die Anschlußberufung des Beklagten Klage und Widerklage zur Hälfte abgewiesen und den Klaganspruch zur Hälfte dem Grunde nach für gerechtfertigt erklärt, auf die Widerklage aber den Kläger zur Zahlung von 15,98 Reichsmark verurteilt. Auf die Revision des Beklagten wurde die Berufung des Klägers gegen das landgerichtliche Urteil zurückgewiesen und der Kläger voll nach dem Widerklagantrage verurteilt.

Gründe:

Die vom Berufungsgericht vertretene Auffassung, daß zwischen den Parteien über die Fahrt durch den Kaiser Wilhelm-Kanal ein Vertrag zustande gekommen sei, steht in Widerspruch mit der Rechtsprechung des Reichsgerichts, die aufzugeben kein Anlaß vorliegt. Sowohl in der Entscheidung des III. Zivilsenats vom 28. Februar 1913 (JW. 1913 S. 595), wie in dem Urteile desselben Senats vom 19. Januar 1915 (RGZ. Bd. 86 S. 121) hat das Reichsgericht ausgesprochen, daß nach der im Gesetz vom 16. März 1886 festgelegten Zweckbestimmung des Kanals, sowie den dort getroffenen Vorschriften über die Kanalabgabe und weiter auch den Ausführungsbestimmungen zu diesem Gesetz und der für die Benutzung des Kanals bestehenden Betriebsordnung über den rein staatsrechtlichen Charakter der den Kaiser Wilhelm-Kanal betreffenden Verhältnisse kein Zweifel bestehen kann. Daraus ist der Schluß gezogen worden, daß für die Beziehungen des Reichs zu den von Zwangslotsen geführten Schiffen irgendwelches Rechtsverhältnis des bürgerlichen Rechts und besonders der Gesichtspunkt eines Vertrags nicht in Frage kommen kann. Nun ist es zwar richtig, daß sich infolge der durch den Versailler Vertrag dem Reich aufgezwungenen Verkleinerung der deutschen Kriegsmarine die Benutzung des Kaiser Wilhelm-Kanals durch Marinefahrzeuge erheblich vermindert hat und dadurch der im § 1 des Gesetzes vom 16. März 1886 bezeichnete Zweck, daß ein für die Benutzung durch die deutsche Kriegsflotte geeigneter Seeschiffahrtskanal hergestellt werden solle, wesentlich zurückgetreten ist. Aber damit hat sich die Zweckbestimmung des Kanals, der Landesverteidigung zu dienen, nicht schlechtweg verloren, und jedenfalls ist er deshalb eine gemeinnützige Einrichtung geblieben, weil er den Bedürfnissen der Handelsschiffahrt dienstbar erhalten und über die Verhältnisse der Vorkriegszeit hinaus auch internationalen Ansprüchen zur Verfügung gestellt ist. Letzteres ergibt sich aus den Art. 380 flg. des Versailler Vertrags (vgl. auch RGZ. Bd. 105 S. 100). Im Art. 380 dieses Vertrags ist bestimmt, daß der Kieler Kanal und seine Zugänge den Kriegs- und Handelsschiffen aller mit Deutschland in Frieden lebenden Nationen auf dem Fuße völliger Gleichberechtigung dauernd frei und offen stehen müssen, und im Zusammenhang damit haben die Art. 382, 384 auch die Erhebung von Abgaben auf dem Kanal in der Weise beschränkt, daß für die Benutzung des Kanals und seiner Zugänge von den Schiffen und Booten anderer Staaten nur Abgaben erhoben werden dürfen, die zur angemessenen Deckung der Kosten für die Schiffbarerhaltung oder die Verbesserung des Kanals und seiner Zugänge oder zur Bestreitung von Ausgaben im Interesse der Schiffahrt erforderlich sind. Auch den Reichsangehörigen ist die Gewähr geboten, die Benutzung des Kanals nicht mit übermäßigen Abgaben erkaufen zu müssen. Denn auch Art. 99 Abs. 1, 2 der Reichsverfassung begrenzt die zu erhebenden Abgaben durch die Bestimmung, daß die Kosten der Herstellung und Unterhaltung künstlicher Wasserstraßen bei der Bemessung der Abgaben nicht überschritten werden dürfen. Aus alledem ergibt sich aber, daß der Kaiser Wilhelm-Kanal im öffentlichen Interesse und nicht als gewerbliches Betriebsunternehmen unterhalten wird, und unter diesen Umständen ist für die Annahme eines Vertragsverhältnisses zwischen dem Reich und den Eigentümern der von den Zwangslotsen durch den Kanal geführten Schiffe kein Raum.

Es kann deshalb nur die außervertragliche Haftung des Beklagten in Betracht kommen, die darauf gegründet ist, daß der Lotse bei dem Unfall in Ausübung der ihm anvertrauten öffentlichen Gewalt gehandelt habe und darum das Reich für sein Verschulden einstehen müsse (RGZ. Bd. 86 S. 122, Bd. 110 S. 350). Daß diese Haftung, die allerdings nur für den Fall besteht, daß der Kläger sich nicht bei dem Kapitän schadlos halten kann, aus Art. 131 RV. in Verbindung mit dem Reichshaftungsgesetz vom 22. Mai 1910 vom Kläger überhaupt nicht hergeleitet werden könne, ist eine rechtsirrige Auffassung des Berufungsgerichts. Zutreffend geht dieses davon aus, daß der Art. 131 RV. nicht nur eine Richtlinie für die Reichs- und Landesgesetzgebung enthält, sondern unmittelbar wirkendes Recht aufstellt, so daß jetzt er und nicht mehr der § 1 Abs. 1 des Reichshaftungsgesetzes vom 22. Mai 1910 die Quelle der Staatsverantwortlichkeit für Versehen der Reichsbeamten bildet (RGZ. Bd. 102 S. 171, 393; Bd. 104 S. 291; Bd. 106 S. 36). Ist dies aber der Fall, dann kann der Schutz dieser verfassungsrechtlichen Bestimmung auch Ausländern nicht versagt werden, zumal wenn der Tatbestand, aus dem die Haftung des Reichs hergeleitet wird, sich innerhalb der Reichsgrenzen ereignet hat. Denn es ist nicht einzusehen, warum sie die Wohltat der Verfassungsvorschrift, wenn diese als unmittelbar anwendbares Recht zu gelten hat und an die Stelle des § 1 des Reichshaftungsgesetzes getreten ist, nicht ebenso genießen sollen, wie sie bis dahin der Rechte aus § 1 des Reichshaftungsgesetzes teilhaftig gewesen sind und auch den Schutz anderer deutscher Gesetze genießen, sobald sie zum Inland in Beziehung getreten sind. Daß die Vorschrift des Art. 131 RV. ihren Platz im zweiten Hauptteil der Verfassung über die Grundrechte und Grundpflichten der Deutschen gefunden hat, vermag ihre Tragweite nicht zu beengen. Denn dieser Umstand erklärt nur ihre Entstehung und ihre Aufnahme in die Verfassung, begrenzt aber nicht das Anwendungsgebiet und die Wirkung dieser Vorschrift nach außen. Andernfalls müßte der § 1 des Reichshaftungsgesetzes, der nicht ausdrücklich aufgehoben ist, für die Rechte der Ausländer noch als geltend angesehen werden, da diese im Bereich der Staatshaftung sonst schutzlos wären und eine solche Rechtsentziehung unzweifelhaft nicht im Sinne des Art. 131 RV. gelegen hat.

Unbedenklich haben aber die dem § 1 des Reichshaftungsgesetzes nachfolgenden Bestimmungen ihre weitere Gültigkeit behalten, soweit sie dem Art. 131 Abs. 1 Satz 1 und 3 RV. nicht widersprechen. Denn sie enthalten eine schon vorhandene nähere Regelung der Reichshaftung, die der Art. 131 Abs. 2 RV. der zuständigen Gesetzgebung ausdrücklich vorbehalten hat (RGZ. Bd. 102 S. 171). Deshalb kommt für den Anspruch des Klägers auch der § 7 des Reichshaftungsgesetzes in Betracht, wonach den Angehörigen eines ausländischen Staates ein Ersatzanspruch auf Grund des Reichshaftungsgesetzes gegen das Reich nur insoweit zusteht, als durch die Gesetzgebung des ausländischen Staates oder durch Staatsvertrag die Gegenseitigkeit verbürgt ist. Diese Vorschrift ist zwar nur für die Angehörigen eines fremdländischen Staates getroffen, sie ist indes auch auf den Fremdstaat selbst anzuwenden, wenn dieser als Person des Privatrechts wegen der Amtspflichtverletzung eines Beamten mit Schadensersatzansprüchen an das Reich herantritt. Nach ihr aber entfällt die Haftung des Beklagten, weil mit Portugal nicht die Gegenseitigkeit verbürgt ist. Das Gegenteil ist auch aus Art. 381 des Versailler Vertrags nicht zu entnehmen. Dort heißt es allerdings, daß die Staatsangehörigen, Güter, Schiffe und Boote aller Mächte hinsichtlich der Abgaben, der Abfertigung sowie in jeder anderen Richtung bei der Benutzung des Kanals auf dem Fuße völliger Gleichberechtigung behandelt werden sollen, so daß jeder Unterschied zuungunsten der Staatsangehörigen, Güter, Schiffe und Boote irgendeiner Macht gegenüber den Reichsangehörigen, sowie den Gütern, Schiffen und Booten Deutschlands oder der meistbegünstigten Nation ausgeschlossen bleibt. Aber diese Vorschrift bezieht sich nur auf die tatsächliche Benutzung des Kanals und nicht auf die Rechtsverhältnisse, die zufolge der Benutzung zwischen den Beteiligten in Frage kommen und auch nicht notwendig mit dieser verbunden sind, sondern nur durch sie zur Entstehung gelangen können. Darum folgt aus ihr auch nicht die Gleichstellung der ausländischen Staatsangehörigen mit den Reichsangehörigen hinsichtlich der Staatshaftung für Verschulden der beim Kaiser Wilhelm-Kanal tätigen Reichsbeamten. Vielmehr bewendet es insoweit bei den allgemeinen Vorschriften der deutschen Gesetze.

Unter diesen Umständen kommt es für die Klage auch nicht

weiter darauf an, ob den Lotsen an dem Unfall ein Verschulden trifft. Gegebenenfalls müßte aber auch dieses verneint werden. Denn es kann dem Berufungsgericht darin nicht beigetreten werden, daß der Lotse verpflichtet war, den Kapitän nach der Mastenhöhe zu fragen. Er konnte annehmen, daß der Kapitän, als er den Anmeldeschein unterschrieb, sich auch über die Bestimmungen der Betriebsordnung hinsichtlich der Masten unterrichtet hatte, und brauchte sich deshalb über deren Höhe bei dem Kapitän nicht noch zu erkundigen. Die abweichende Ansicht des Berufungsgerichts, die von diesem zwar nur für den Fall des Vertrags ausgesprochen ist, jedoch in gleicher Weise auch für das außervertragliche Verschulden unterstellt werden kann, überspannt die Sorgfaltspflicht des mit der Führung des Schiffes befaßten Lotsen.

Der Mangel eines solchen Verschuldens läßt aber auch die Entscheidung auf die Widerklage, soweit sie zum Nachteil des Beklagten ergangen ist, nicht gerechtfertigt erscheinen. Denn fällt nur dem Kapitän des Schiffes ein Verschulden an dem Unfall zur Last — und von diesem Verschulden kann aus den dafür gegebenen Gründen des Berufungsgerichts für die außervertragliche Schadenshaftung ebenso ausgegangen werden, wie für die vertragliche —, so braucht der Beklagte die Hälfte des ihm entstandenen Schadens nicht zu tragen, sondern hat Anspruch auf Ersatz des ganzen Schadens gegen den Kläger. Daß dieser, wenn auch ein ausländischer Staat wegen privatrechtlicher Ansprüche an sich vor den inländischen Gerichten nicht verklagt werden kann (RGZ. Bd. 103 S. 274), mit einer Widerklage vor diesen belangt werden kann, ist wegen des Zusammenhangs zwischen Klage- und Widerklaganspruch im gegebenen Falle nicht bedenklich. Im übrigen hat der Kläger gegen die Inanspruchnahme vor dem inländischen Gericht auch keinen Widerspruch erhoben und dadurch seine Unterwerfung unter die deutsche Gerichtsbarkeit zu erkennen gegeben (RGZ. Bd. 111 S. 149).

---

82. 1. **Zu wessen Lasten geht die Entwertung einer Marksumme, die sich der zur Kaufpreiszahlung in deutscher Mark verpflichtete ausländische Käufer zur Erfüllung dieser Verpflichtung angeschafft hat, wenn der deutsche Verkäufer seiner Lieferpflicht nicht nachkam?**

2. Unter welchen Umständen mußte der ausländische Käufer die angeschaffte Marksumme bei fortschreitender Verschlechterung der Mark wieder abstoßen und in seine heimische Währung umwechseln? BGB. §§ 242, 254.

II. Zivilsenat. Urt. v. 13. Oktober 1925 i. S. Firma R. (Bekl.) w. Firma N. V. Magnesitfabriken (Kl.). II 489/24.

I. Landgericht Hamburg, Kammer für Handelssachen.
II. Oberlandesgericht daselbst.

Mitte August 1921 verkaufte die in Hamburg ansässige Beklagte an die Klägerin, eine holländische Firma, 200 Tonnen Chlormagnesium um 190 *M* für 100 kg fob Hamburg zur Lieferung „September/Oktober auf Abruf". Am 19. September schaffte sich die Klägerin den zur Bezahlung des Kaufpreises erforderlichen Markbetrag an, und am 26. dess. Monats, nachdem inzwischen ein Teil der gekauften Ware geliefert worden war, mahnte sie die Beklagte auf Lieferung des damals noch ausstehenden Restes, jedoch ohne Erfolg. Auch die Anfang Januar 1922 der Beklagten gesetzte Nachfrist verlief fruchtlos. Demnächst erhob die Klägerin Klage auf Schadensersatz wegen Nichterfüllung (Nichtlieferung von noch rund 60 Tonnen) mit dem Antrag auf Zahlung von 250100 *M*, und erstritt ein den Anspruch dem Grunde nach für gerechtfertigt erklärendes Urteil des Landgerichts, das infolge Zurücknahme der dagegen eingelegten Berufung rechtskräftig wurde. Im nachherigen Betragsverfahren vor dem Landgericht verlangte die Klägerin an Stelle obiger Papiermarksumme 2188,68 holl. Gulden, die sie zugesprochen bekam. Auf ihre Berufung wurde die Beklagte zur Zahlung desjenigen Goldmarkbetrags verurteilt, der am Zahlungstage der Summe von 2005,07 holl. Gulden entspricht; der weitergehende Anspruch wurde abgewiesen. Auf die Revision der Beklagten erfolgte Aufhebung und Zurückverweisung.

Aus den Gründen:

... Insoweit, als die schließlich geforderte Summe von 2188,68 holl. Gulden den Betrag von 250100 Papiermark übersteigt, ist das Berufungsgericht mit Recht von neuem in eine Prüfung der Berechtigung des Grundes des Anspruchs eingetreten. Denn das rechtskräftig gewordene landgerichtliche Urteil vom 14. Dezember 1922, das den Schadensersatzanspruch wegen Nichterfüllung dem Grunde nach für gerechtfertigt erklärt, bezieht sich nur auf den damals verlangten Betrag von 250100 Papiermark. Bei dieser neuen Prüfung gelangt das Berufungsgericht von der Annahme aus, daß die Beklagte vom 26. September 1921 an im Lieferungsverzug gewesen, daß also die Nachfristsetzung vom 5. Januar 1922 nicht zu beanstanden sei, zur Bejahung der Berechtigung des Anspruchs dem Grunde nach, ohne die Frage, ob die restlichen 60 Tonnen schon gegen Ende September 1921 zur Lieferung fällig waren, im Zusammenhang mit der Vertragsklausel „Lieferung September/Oktober auf Abruf" zu erörtern. Eine Prüfung in diesem Sinne durfte nicht unterbleiben. Denn wenn die Lieferungsklausel — wie die Revision geltend macht und worüber zunächst der Tatrichter sich auszusprechen hat — die Bedeutung haben sollte, daß die Klägerin zur Verteilung ihrer Abrufe auf die Monate September und Oktober verpflichtet, also zum Abruf des Restes von 60 Tonnen schon gegen Septemberende nicht berechtigt war, dann ist die Annahme, daß die Beklagte am 26. September 1921 in Verzug geraten sei, nicht begründet und muß, wenn die Fristsetzung vom 5. Januar 1922 in Ordnung gehen soll, bezüglich des Eintritts des Lieferungsverzugs der Beklagten eine anderweitige Feststellung erfolgen.

Unbegründet ist die weitere den Schadensersatzanspruch wegen Nichterfüllung betreffende Revisionsrüge, die darauf gestützt wird, daß die Klägerin nicht berechtigt gewesen sei, sich schon am 19. September 1921 mit dem zur Bezahlung des Kaufpreises für die noch ausstehende Ware erforderlichen Markbetrage zu versehen. Die Revision meint, die Klägerin habe, solange ihr noch keine Ware angedient gewesen sei, zu solcher Anschaffung keinen Anlaß gehabt, um so weniger, als sie an der Börse jederzeit bei Bedarf deutsche Mark gegen holländische Gulden hätte bekommen können. Durch das Liegenlassen der angeschafften 500000 *M* bis zum 21. Januar 1922, trotz des fortschreitenden Sinkens der deutschen Währung, habe sich die Klägerin selbst in Schaden gebracht. Jedenfalls wäre sie aber — nach Ansicht der Revision — gemäß § 254 Abs. 2 BGB. verpflichtet gewesen, die Beklagte von der Anschaffung und Bereithaltung der Kaufpreissumme in Mark in Kenntnis zu setzen und sie auf die

Gefahr des durch den Kursverlust entstehenden ungewöhnlich hohen Schadens aufmerksam zu machen. Diesen Erwägungen vermag sich der erkennende Senat nicht anzuschließen. Die Klägerin, die in der zweiten Hälfte des September 1921 nicht wissen konnte, wie sich der Kurs der deutschen Mark fernerhin gestalten würde, handelte im Hinblick auf die damals keineswegs ausgeschlossene Möglichkeit eines künftigen Steigens der Mark nur als vorsichtiger Kaufmann, wenn sie sich — wie das Berufungsgericht einwandfrei festgestellt hat — zur Erfüllung der aus dem Abschluß ihr noch erwachsenden Verbindlichkeiten in Mark eindeckte. Trat auch eine wesentliche, nachhaltige Besserung der deutschen Währung in der Folge nicht ein, so ermöglichte die Entwicklung, wie sie sich bis Mitte September 1921 vollzogen hatte, doch nicht einen auch nur halbwegs sicheren Schluß dahin, daß die Mark unaufhaltsam weiter fallen werde. Diesem Gedanken mochte sich späterhin, als die Mark mehr und mehr ihrem Verfall entgegenging, der zur Zahlung in deutscher Währung verpflichtete ausländische Käufer nicht verschließen dürfen; für die hier fragliche Zeit vom September 1921 bis Anfang 1922 kann der Klägerin eine solche Erwägung nicht zugemutet werden. Deshalb liegt ein Verschulden der Klägerin auch nicht darin, daß sie den zur Bezahlung der 60 Tonnen erforderlichen Markbetrag als solchen behielt und nicht wieder in holländische Gulden umwechselte; dies um so weniger, als sie sich nach der Mahnung vom 26. September 1921 auf die demnächst erfolgende Lieferung des Restes, jedenfalls aber darauf verlassen durfte, daß die Beklagte bis Ende Oktober oder Anfang November 1921 ihrer Lieferpflicht vollends genügen werde. Diese Auffassung steht mit den Entscheidungen des I. Zivilsenats vom 29. September 1924 I 10/24 (JW. 1925 S. 137 Nr. 4) und des III. Zivilsenats vom 16. Dezember 1924 (RGZ. Bd. 109 S. 337) nicht in Widerspruch, weil eben die Voraussetzung, unter welcher diese Urteile von dem ausländischen Käufer eine Wiederabstoßung des angeschafften Markbetrags verlangen, hier nicht vorliegt, insofern gegen Schluß des Jahres 1921 die Aussicht auf ein Steigen der Mark noch nicht als verschwindend gering bezeichnet werden konnte. Noch weiter geht (zugunsten des Valutaschuldners) Nußbaum, Das Geld in Theorie und Praxis des deutschen und ausländischen Rechts S. 201: er gestattet dem ausländischen Valutaschuldner schlechthin die Berufung auf die vorgenommene Eindeckung in der fremden (unbeständigen) Währung und erklärt es für zu weitgehend, wenn dem Valutaschuldner zugemutet werde, die durch das Sicherungsgeschäft eingegangene Haussepoſition bei unaufhaltsamem Fallen der eingedeckten Währung zu lösen.

Unrichtig ist auch die Ansicht der Revision, die Klägerin hätte mit der Anschaffung der deutschen Mark zum mindesten bis zur Andienung weiterer Ware warten müssen. Denn es ist üblich und durch die Sorgfalt eines ordentlichen Kaufmanns geboten, daß sich der ausländische Käufer, der den Kaufpreis in deutscher Währung zu entrichten hat, alsbald nach Vertragsschluß in Mark eindeckt (vgl. JW. 1925 S. 137 Nr. 4 und Nußbaum a. a. O.); mit der Möglichkeit, daß sich die Klägerin den erforderlichen Markbetrag anschaffe, konnte und mußte daher die Beklagte schon im September 1921 rechnen. Damit und auf Grund der Erwägung, daß auch das einige Monate fortdauernde Bereithalten eines angeschafften Markbetrags unter den hier gegebenen Umständen nichts außerordentliches bedeutet, entfällt auch die Berechtigung der aus § 254 Abs. 2 BGB. abgeleiteten Rüge, ganz abgesehen davon, daß die Beklagte in den Vorinstanzen ein Mitverschulden der Klägerin im Sinne des § 254 nicht geltend gemacht hat.

---

83. Kann ein Grundstück mit einer beschränkten persönlichen Dienstbarkeit des Inhalts belastet werden, daß die darauf erstellte Landarbeiterwohnung auf die Dauer von fünfzig Jahren nur von „deutschstämmigen" Landarbeiterfamilien bewohnt werden darf?

BGB. §§ 1018, 1019, 1090.

V. Zivilsenat. Beschl. v. 14. Oktober 1925 in der Grundbuchsache von Saerbeck Bd. 17 Bl. 282. V B 22/25.

I. Amtsgericht Münster.
II. Landgericht daselbst.

Die Frage wurde — vorbehaltlich der Klarstellung der Bedeutung des Ausdrucks „deutschstämmig" — bejaht.

Gründe:

Der Landwirt W. F. in W. ist als Eigentümer gewisser Parzellen an der oben bezeichneten Stelle im Grundbuch eingetragen und beabsichtigt, auf seinem Grundbesitz eine Wohnung für einen Landarbeiter zu errichten. Zur Förderung dieses Unternehmens ist ihm vom preußischen Staat (Minister für Volkswohlfahrt) aus den Mitteln der produktiven Erwerbslosenfürsorge ein zinsloses Tilgungsdarlehen zugesagt worden. Mit Rücksicht hierauf hat der Eigentümer die Eintragung folgender Rechte am Grundstück zugunsten des preußischen Staats bewilligt:

a) einer Reallast dahin, daß der Eigentümer verpflichtet ist, jährlich einen Geldbetrag im Werte von 149,5 GM. an die Regierungshauptkasse in Münster zu zahlen, erstmalig am 1. April 1926, wozu nähere Festsetzungen über Tilgung und Ablösung getroffen sind;

b) einer beschränkten persönlichen Dienstbarkeit zugunsten des preußischen Staats, vertreten durch den Regierungspräsidenten in Münster, des Inhalts, daß die vorbezeichnete Landarbeiterwohnung auf die Dauer von fünfzig Jahren nur von deutschstämmigen Landarbeiterfamilien bewohnt werden darf.

Dem Antrag des Regierungspräsidenten auf Eintragung dieser Rechte hat das Amtsgericht Münster für die Reallast willfahrt, für die Dienstbarkeit hat es ihn dagegen mit Beschluß vom 23. Januar 1925 zurückgewiesen. In dem Beschluß wird ausgeführt, die unter b) wiedergegebene Bestimmung sei nicht eintragungsfähig. Nach § 1090 BGB. könne eine persönliche Dienstbarkeit nur in der Weise bestellt werden, daß entweder der Berechtigte das belastete Grundstück in einzelnen Beziehungen benützen könne oder daß ihm eine sonstige Befugnis zustehe, die den Inhalt einer Grunddienstbarkeit bilden könne. Nur der zweite dieser beiden Fälle sei hier gegeben, für diesen aber der nach § 1019 BGB. erforderliche wirtschaftliche Vorteil zu vermissen, der dem Berechtigten aus dem Bestehen der Dienstbarkeit erwachse. Die Interessen des Staats seien hier von öffentlichrechtlicher Natur. Die Entscheidung des Reichsgerichts vom 11. Oktober 1905 (RGZ. Bd. 61 S. 342) treffe auf den vorliegenden Fall nicht zu.

Hiergegen hat der Regierungspräsident in Münster mit Schreiben vom 17. Februar 1925 Beschwerde eingelegt und beantragt, das Grundbuchamt zur Eintragung der Dienstbarkeit anzuweisen. Er hat ausgeführt, daß ihr Inhalt mit der Vorschrift des § 1019 BGB. sich in Einklang bringen lasse. Die Förderung des Baues von Landarbeiterwohnungen durch zinslose Darlehen solle ausschließlich deutschstämmigen Landarbeitern zugute kommen. Deutsche Landarbeiter sollten durch Errichtung von Wohnungen seßhaft gemacht, von der Abwanderung zur Stadt und Industrie abgehalten, von da aufs Land zurückgezogen, und damit solle zugleich der Zuwanderung fremder, nichtdeutscher Landarbeiter nach Möglichkeit entgegengewirkt werden. Namentlich für den dortigen Bezirk sei diese Festsetzung von besonderer Bedeutung, um zu verhindern, daß die unter Aufwendung öffentlicher staatlicher Mittel errichteten Landarbeiterwohnungen nach einiger Zeit in den Besitz fremdstämmiger Personen übergingen.

Unter dem 10. März 1925 hat die 4. Zivilkammer des Landgerichts Münster die Beschwerde zurückgewiesen; es sei eine unerläßliche Vorbedingung nach § 1090 BGB., daß dem Berechtigten aus der Berechtigung ein wirtschaftlicher Vorteil erwachse; nur ein privatrechtliches, nicht aber ein öffentlichrechtliches (staats- oder polizeirechtliches) Interesse dürfe maßgebend sein, wofür auf RGZ. Bd. 61 S. 342, KGJ. Bd. 42 S. 214, Bd. 45 S. 227 hingewiesen und beigefügt wird: in der Entscheidung KGJ. Bd. 36 A S. 216, wo eine beschränkte persönliche Dienstbarkeit des Inhalts, daß auf einem Grundstück nur Familien des Arbeiterstands in bestimmter Anzahl wohnen dürften, für zulässig erachtet sei, werde ausdrücklich dargelegt, daß diese Bestimmung im gegebenen Fall für die Berechtigten einen wirtschaftlichen Nutzen habe. Im vorliegenden Fall liege für den preußischen Staat ein erhebliches öffentlichrechtliches Interesse vor, dagegen sei ein privatrechtliches, wirtschaftliches Interesse nicht zu ersehen. Der Staat könne also die Sicherung seiner Belange im vorliegenden Fall auf dem erstrebten Wege nicht erreichen, da das Gesetz es nicht zulasse.

Hiergegen hat der Regierungspräsident die weitere Beschwerde eingelegt, den Antrag der Beschwerde wiederholt und geltend gemacht, daß nicht nur ein öffentlichrechtliches Interesse des Staats an der in Rede stehenden Berechtigung gegeben sei, sondern ein ebenso großes privatrechtliches: die Nichteintragung bedeute für den Staat mit Bestimmtheit eine schon in kürzester Zeit zu erwartende geldliche Mehrbelastung des Etats. Durch vertragswidrige Überlassung von Arbeiterwohnungen an Nichtdeutsche werde der Zustrom landfremder Arbeiter gefördert, der Abbau der Arbeitslosigkeit in Deutschland verhindert und so eine Entlastung des Landesfiskus von den Geldzuschüssen für die Erwerbslosenfürsorge unterbunden. Auch die Beschwerde beruft sich auf die Entscheidung RGZ. Bd. 61 S. 342 und weist darauf hin, daß zehn andere Amtsgerichte des Bezirks die Dienstbarkeit antragsgemäß in das Grundbuch eingetragen hätten.

Der 1. Zivilsenat des Kammergerichts hat mit Beschluß vom 28. Mai 1925 die weitere Beschwerde unter Hinweis auf § 79 der Grundbuchordnung dem Reichsgericht zur Entscheidung vorgelegt. Das Kammergericht erachtet die Entscheidung des Reichsgerichts RGZ. Bd. 61 S. 342, soweit sie verlange, daß eine beschränkte persönliche Dienstbarkeit für den Berechtigten wirtschaftlichen Vorteil oder, was dem gleichstehe, privatrechtliches Interesse bieten müsse, nicht für überzeugend begründet und kennzeichnet seinen eigenen Standpunkt — unter näherer Stellungnahme zur bisherigen Rechtsprechung, die dem Reichsgericht im Grundsatz gefolgt ist, und zum Schrifttum — dahin: die persönliche Dienstbarkeit sei, auch wo sie auf Verbietung eines bestimmten, an sich dem Eigentümer zustehenden Gebrauchs der Sache gerichtet sei, ein Recht, das eben dadurch einen eigenen Gebrauch des Grundstücks durch den Berechtigten gewähren soll. Zu fordern, daß dieser Gebrauch nur materiellen Zwecken dienen dürfe, liege kein Grund vor; auch bei anderen subjektiven Rechten bilde der Ausübungszweck keinen Maßstab für die Zulässigkeit des Rechts, die Vorschrift des § 1019 BGB. sei nur als Sondervorschrift für subjektiv-dingliche Rechte zu verstehen und gelte nicht für das subjektiv-persönliche Recht, als welches die beschränkte persönliche Dienstbarkeit anzusehen sei. Bei dieser habe sich im Rechtsleben vielfach die Zulässigkeit der Ausübung oder wenigstens der Vorteilsziehung durch Dritte durchgesetzt, wofür beispielsweise auf § 1093 Abs. 2 BGB. hingewiesen wird. Das hier in Rede stehende Recht zugunsten des preußischen Staats zuzulassen, würde das Kammergericht kein Bedenken tragen; denn es sei auf Verbietung eines bestimmten Gebrauchs gerichtet, gewähre Zwang gegen Zuwiderhandlungen des Eigentümers und sei ein Recht zum Vorteil Dritter, nämlich deutschstämmiger Landarbeiter, das dem die Wohnungserrichtung aus öffentlichen Mitteln fördernden preußischen Staat zuzusprechen sei. In diesem Sinne zu erkennen, sieht das Kammergericht sich indessen gehindert durch die Entscheidung RGZ. Bd. 61 S. 342, der es zwar insoweit beitritt, als für die Eintragung einer beschränkten persönlichen Dienstbarkeit ein bestimmtes subjektives Privatrecht vorausgesetzt, die Sicherung baupolizeilicher Vorschriften nicht für genügend erachtet werde, von der es aber in der Auslegung des § 1090 BGB., also einer grundbuchrechtlichen reichsgesetzlichen Vorschrift abweiche.

Der Fall des § 79 GBO. ist gegeben (vgl. RGZ. Bd. 108 S. 358/359). Der weiteren Beschwerde war Folge zu geben.

1. Die in RGZ. Bd. 61 S. 338 abgedruckte Entscheidung des erkennenden Senats vom 11. Oktober 1905 V B 265/05 hatte eine badische Sache zum Gegenstand. Nach der damals geltenden Landesbauordnung § 10 mußte die Außenseite eines Hauses als Brandmauer hergestellt werden, wenn sie weniger als 3,6 m vom Nachbargebäude oder weniger als 1,8 m von der Eigentumsgrenze entfernt war. Eine Ausnahme davon war nach § 11 Nr. 4 das. zulässig, wenn Sicherheit dafür bestehe, daß auf dem an den Neubau grenzenden Platze in einem Abstand von weniger als 3,6 m nicht gebaut werde. Diese Sicherheit sollte — nach einer Anordnung des Ministeriums des Innern vom 29. September 1904 — in der Weise geschaffen werden, daß zu Lasten des Nachbargrundstücks und zugunsten der Gemeinde als des an der Aufrechterhaltung bauordnungsmäßiger Zustände nächstbeteiligten Rechtssubjekts eine beschränkte persönliche Dienstbarkeit entsprechenden Inhalts zum Grundbuch eingetragen werde und die Gemeinde sich der Baupolizeibehörde (Bezirksamt) gegenüber verpflichte, den Grundbucheintrag nicht ohne Genehmigung der Behörde löschen zu lassen. Eine demgemäß erklärte, übrigens als „Grunddienstbarkeit“ bezeichnete Rechtsbewilligung dahin, der Eigentümer verpflichte sich zugunsten der Gemeinde J., nie näher als 3,6 m an die Grenze des Nachbargrundstücks heranzubauen, der jeweilige Eigentümer dieses Grundstücks sei daher berechtigt, an seinem

zu erbauenden Wohnhause und Schopfe keine Brandmauer zu errichten, führte nicht zur Eintragung in das Grundbuch, weil das Grundbuchamt sie mit der Begründung versagte: wie die Grunddienstbarkeit nach § 1019 BGB. nur in einer Belastung bestehen könne, die für die Benutzung des Grundstücks des Berechtigten Vorteil biete, so müsse auch die beschränkte persönliche Dienstbarkeit nach §§ 1090, 1091 dem Berechtigten eine Befugnis zuwenden, die ihm einen Vorteil gewähre; unter Vorteil aber habe das Gesetz einen wirtschaftlichen Vorteil verstanden, wie denn überhaupt die Belastung eines Grundstücks mit Dienstbarkeiten nur in wirtschaftlichen (vermögensrechtlichen) Zwecken ihre gesetzliche Grundlage finde. Vermögensrechtlich oder wirtschaftlich sei aber die Gemeinde daran, wie weit das fragliche Grundstück bebaut werde, überhaupt nicht interessiert: sie habe nur ein Interesse daran, daß die Baupolizeivorschrift, also eine öffentlichrechtliche Norm, durchgeführt werde. Dieses öffentlichrechtliche Interesse der Gemeinde könne nicht durch Bestellung einer beschränkten persönlichen Dienstbarkeit für die Gemeinde gewahrt werden. Die Beschwerde gegen diese Entscheidung wurde zurückgewiesen, die weitere Beschwerde vom Oberlandesgericht Karlsruhe für begründet erachtet, aber dem Reichsgericht vorgelegt, weil damals schon eine Entscheidung des Kammergerichts vom 3. Dezember 1900 vorlag, wonach von den Befugnissen, die den Inhalt einer Grunddienstbarkeit zu bilden geeignet sind, nur solche zum Gegenstand einer beschränkten persönlichen Dienstbarkeit gemacht werden können, die dem Berechtigten einen wirtschaftlichen Vorteil bieten oder bieten können.

Das Reichsgericht ist dem beigetreten und hat ausgesprochen, es gehöre zum Wesen sowohl der Grunddienstbarkeit wie der beschränkten persönlichen Dienstbarkeit, daß das ihren Inhalt bildende Recht für den Berechtigten einen wirtschaftlichen Vorteil biete oder bieten könne, und daß man ein außerhalb des Privatrechts liegendes Interesse nicht für ausreichend erachten dürfe, um ein Recht, das zu seiner Befriedigung dienen solle, als beschränkte persönliche Dienstbarkeit gelten zu lassen (S. 340/341). Dies wird, und zwar nach dem Wortlaut des § 1090 BGB., für unzweifelhaft erachtet bezüglich derjenigen beschränkten persönlichen Dienstbarkeiten, welche die Berechtigung geben, das Grundstück in einzelnen Beziehungen zu benützen. Für die Fälle, wo eine sonstige Befugnis in Frage steht, die den Inhalt einer Grunddienstbarkeit bilden kann, wird es aus §§ 1018, 1019 BGB. hergeleitet, wo die Merkmale einer zulässigen Grunddienstbarkeit aufgestellt seien; diese Merkmale änderten sich für die beschränkten persönlichen Dienstbarkeiten nur insoweit, als es sich nicht um die Bedürfnisse eines Grundstücks, sondern um die einer Person handle. Wenn § 1019 ausdrücklich einen Vorteil für die Benützung des Grundstücks des Berechtigten erfordere, so könne darunter nur ein wirtschaftlicher, d. h. ein solcher verstanden sein, der in den privatrechtlichen Beziehungen des Grundstücks zu einem anderen Grundstück seine Unterlage finde; eine Belastung, die nicht zugleich eine Veränderung der privatrechtlichen Beziehungen der beiden Grundstücke zueinander in sich schließe, und zwar eine derartige Veränderung, daß sie für die Benützung des Grundstücks des Berechtigten Vorteil biete, könne nicht als Grunddienstbarkeit bestellt werden. Sei dies richtig, so sei damit aber auch die beschränkte persönliche Dienstbarkeit an diese Voraussetzung gebunden. Diese Übereinstimmung bringe das Gesetz in § 1090 durch die Worte zum Ausdruck: „die den Inhalt einer Grunddienstbarkeit bilden kann“; nur quantitativ, nach dem Maßstab der Belastung, nicht nach ihrer Art, seien die beiden Dienstbarkeiten verschieden. Daß eine beschränkte persönliche Dienstbarkeit auch für eine Gemeinde bestellt werden könne, sei ebenso selbstverständlich, wie weiter, daß jeder Vorteil, an dessen Erreichung ein privatrechtliches Interesse bestehe, den Gegenstand einer solchen Gemeindeservitut bilden könne. Im gegebenen Falle aber handle es sich um eine baupolizeiliche Vorschrift, an deren Durchführung die Gemeinde ein privatrechtliches Interesse überhaupt nicht habe. Die Normen des Privatrechts seien aber nicht dazu bestimmt, öffentlich-rechtlichen Vorschriften zum Vollzug zu verhelfen. Nur das privatrechtliche Interesse biete den vom Gesetz auch für die beschränkte persönliche Dienstbarkeit als Voraussetzung aufgestellten wirtschaftlichen Vorteil.

Daß diesem Erfordernis, dessen Aufstellung die Rechtsprechung (vgl. Güthe-Triebel, Grundbuchordnung Bd. 2 S. 1737 unter dem Worte Beschränkte persönliche Dienstbarkeiten in Nr. 1, dazu KGJ. Bd. 52A S. 173, Bd. 53A S. 152) und überwiegend auch die Rechtslehre (dagegen Brandi, Preuß. Verwaltungsblatt Bd. 27

S. 888; Maenner, Sachenrecht § 50 Anm. 7 S. 332; Biermann in der Berliner Festgabe für Gierke 1911 S. 89flg., Predari, Grundbuchordnung § 19 Erl. 6 S. 330/331; Enneccerus-Wolff, Sachenrecht § 112 in und zu Anm. 12; Kohler, Lehrbuch Bd. 2 § 98 S. 289flg.) beigetreten sind, im vorliegenden Falle auf Seite des Beschwerdeführers genügt sei, wie dieser geltend machen will, kann nicht zugegeben werden. Im Sinne der in RGZ. Bd. 61 S. 341/342 entwickelten grundsätzlichen Erwägungen genügt nicht ein volks-, gemein- oder staatswirtschaftlicher Vorteil. Gemeint ist vielmehr ein Interesse, wie es Schutz und rechtliche Regelung im Privatrechte findet, d. i. in dem Teile der Rechtsordnung, wo nicht die Herrschafts- und Pflichtverhältnisse der öffentlichen Rechtsgemeinschaft geordnet werden, sondern die Rechtsverhältnisse der Einzelnen als Einzelner, die der Gemeinschaft nicht in rechtlichem Unterordnungsverhältnis, sondern nicht anders entgegentreten wie jeder Einzelne (Eigentümer, Schuldner, Gläubiger, Erbe u. a.). Ein solches Verhältnis kann nicht als vorliegend angenommen werden, wenn es sich wie hier um die Verwendung der zu Zwecken der staatlichen Wohlfahrtsfürsorge bestimmten Staatsgelder, um den Schutz des Steuerzahlers vor übermäßiger Inanspruchnahme handelt. Die Interessenlage, deretwegen der Staat hier die bewilligte Dienstbarkeit anzustreben erklärt, gehört in das Bereich der Staatshaushaltsführung, der staatlichen Finanzwirtschaft, und zwar dieser nicht auf dem Gebiet wirtschaftlicher, auf Ertrag gerichteter Betriebe, sondern auf dem Gebiet, wo die wirtschaftlichen Kräfte und Erfolgsmöglichkeiten für das Staatswesen auf dessen Hoheitsrechten beruhen. Dies gilt auch dann, wenn man das in Rede stehende privatrechtliche Interesse auch in Ansehung idealer, gemeinnütziger Zwecke insbesondere der berechtigten juristischen Person als gegeben ansieht (Planck-Strecker, § 1090 Erl. 3d, S. 708, Kammerg. OLG. Bd. 41 S. 170, vgl. auch RGZ. Bd. 61 S. 342). Jenes Streben der Staatsverwaltung, Staatsgelder zweckmäßig zu verwenden und Mehrbelastung der Steuerzahler zu verhüten, bewegt sich insgesamt auf einem Gebiet, das nur öffentlichrechtlicher Regelung unterliegt. Für diejenige Leistung aber, mit der das — ideale, gemeinnützige — Bedürfnis einer Fürsorge für minderbemittelte Landarbeiter befriedigt werden soll — Darlehen zum Wohnungsbau —, ist die Beschränkung der Verwendung des

Geschaffenen auf Deutschstämmige kein Vorteil oder mindestens nicht der unmittelbare Vorteil, wie ihn die Entscheidung RGZ. Bd. 61 S. 338 erfordern zu müssen glaubt. Ein Interesse des Staates an der bewilligten Dienstbarkeit ist nur auf dem Gebiet der staatlichen Finanzgebarung abzusehen.

Es kann nun aber überhaupt nicht für geboten erachtet werden, für den Rechtsinhalt einer beschränkten persönlichen Dienstbarkeit das Erfordernis eines wirtschaftlichen Vorteils oder eines privatrechtlichen Interesses aufzustellen. Insoweit werden die grundsätzlichen Ausführungen der Entscheidung RGZ. Bd. 61 S. 338 nicht aufrechterhalten. Es kann dahingestellt bleiben, ob in ihrer Begründung mit Recht die Vorschrift des § 1019 Satz 1, wonach die Grunddienstbarkeit nur in einer für die Benutzung des Grundstücks des Berechtigten Vorteil bietenden Belastung bestehen kann, trotz ihrer Nichterwähnung in § 1090 Abs. 2 auf die für die beschränkten persönlichen Dienstbarkeiten getroffene Regelung mitbezogen worden ist, oder ob der Satz 1 des § 1019 als durch die Auslegungsregel des § 1091 ersetzt zu gelten hat. Denn nach den Regeln der allgemeinen Erfahrung wird mit der Bestellung einer beschränkten persönlichen Dienstbarkeit ohne einen damit verbundenen Vorteil nicht zu rechnen sein; wenn nach § 1091 für deren Umfang im Zweifel das persönliche Bedürfnis des Berechtigten bestimmend sein soll, so ist eben in der Befriedigung dieses — vordem nicht oder nicht in gleichem Maße befriedigten — Bedürfnisses der Vorteil des Berechtigten zu finden, der für ihn mit der Bewilligung des Rechtes verbunden ist. Das Fehlen eines Vorteils oder wenigstens eines schutzwürdigen Vorteils kann die Rechtsschutzbedürftigkeit für das Verlangen einer Dienstbarkeitsbestellung in Frage stellen — dies nach allgemeinen Grundsätzen. Von der Voraussetzung eines Vorteils überhaupt abzusehen, besteht kein Anlaß. Aber es ist nicht gerechtfertigt, diesen Vorteil als einen wirtschaftlichen zu kennzeichnen und damit ein Gültigkeitserfordernis der Rechtsbestellung dem Bereich entfernterer Beweggründe zu entnehmen. Grundsätzlich muß sich das Bedürfnis des Berechtigten, wie es in § 1091 vorausgesetzt ist, zur Verfolgung mit Rechtsbehelfen des Privatrechts eignen; nicht für jedes Bedürfnis oder Interesse wird dies zutreffen. Aber dieses Erfordernis ist entscheidend nicht aus entfernteren Beweggründen, aus Zweckrichtungen zu beurteilen, sondern aus der unmittelbar gegebenen Rechtslage. Nach dieser aber ist für den Streitfall unter dem hier in Rede stehenden Gesichtspunkt die Zulässigkeit der Rechtsbestellung zu bejahen. Hier begibt sich der Staat in Verfolgung öffentlichrechtlicher Zwecke und Aufgaben auf den Boden des Privatrechts; was er zu schaffen anstrebt, ist eine Schöpfung privatrechtlichen Ursprungs — ein Grundstückseigentum, ein Wohngebäude; dazu leistet er finanziellen Beistand in Gestalt eines privatrechtlichen Darlehens. Er gebietet nicht durch öffentlichrechtliche Norm, etwa unter Androhung von Strafe oder sonstigem Rechtsnachteil, daß das so geschaffene Besitztum einer bestimmten zweckgemäßen Verwendung vorbehalten bleibt, sondern er sucht das von ihm angestrebte, privatrechtlich begründete Verhältnis zu dem von der staatlichen Fürsorge Bedachten in einem den staatlichen Zwecken entsprechenden Sinne auszugestalten. Darin, daß das gesamte Verhältnis, in dem diese Zwecke verfolgt werden, privatrechtlich gestaltet ist, liegt die Zulässigkeit der Dienstbarkeitsbestellung begründet. Dafür kommt es nicht darauf an, ob diese Zwecke in irgendeinem Sinne als privatrechtliche Interessen aufgefaßt werden können, ihrem Wesen nach denjenigen Lebensverhältnissen zugehören, die im Privatrecht ihren Schutz und ihre Regelung zu finden bestimmt sind; vielmehr ist entscheidend, daß der Staat hier nicht dem Einzelnen kraft Hoheitsrechts gebietet, sondern in privatrechtlicher Gleichstellung sich mit ihm einläßt. Geschieht dies letztere, so ist nicht abzusehen, warum der Staat in solchem Falle von der Benutzung privatrechtlicher Rechtsbehelfe ausgeschlossen wäre. Die Dienstbarkeit, durch deren Bestellung die Erreichung jener staatlichen Zwecke gesichert werden soll, beruht auf einem Bedürfnis des Berechtigten und darf dem privatrechtlich gestalteten Rechtsverhältnis eingefügt werden, weil dieses insgesamt dem Privatrecht zugehört. Anderes mag sich ergeben, wenn das Verhältnis des Einzelnen zum Gemeinwesen bereits durch öffentlichrechtliche Normen als ein öffentlichrechtliches geregelt ist. In dieses Verhältnis die privatrechtliche Begründung einer Dienstbarkeit einzufügen, wird grundsätzlichen Bedenken begegnen; wie unter diesem Gesichtspunkt der in RGZ. Bd. 61 S. 338 entschiedene Fall im Hinblick darauf zu beurteilen sein möchte, daß dort bereits eine baupolizeiliche Vorschrift für das zu regelnde Verhältnis vorlag, kann unerörtert bleiben, da ähnliches hier nicht in Frage steht.

In der älteren Rechtsprechung insbesondere des gemeinen Rechtes sind vielfach sog. Gemeindeservituten als beschränkte Gebrauchsrechte für die Mitglieder der Gemeinde zugelassen worden (RGZ. Bd. 4 S. 132, Bd. 14 S. 214, Bd. 44 S. 146; vgl. auch Prot. Bd. 3 S. 437 flg.). Daß die Gemeinde, die hier jeweils als der — allein — Berechtigte anerkannt ist, insoweit einen wirtschaftlichen Vorteil im Sinne des in RGZ. Bd. 61 S. 338 Ausgeführten für sich angestrebt oder erlangt hätte, kann regelmäßig nicht gesagt werden. Die Zwecke, die die Gemeinde verfolgt, sind von ihrem Standpunkt aus regelmäßig nur öffentlichrechtlicher Natur, auf das Wohlergehen und die Förderung der Gemeindegenossen gerichtet, zu deren Fürsorge die Gemeinde kraft ihrer öffentlichrechtlichen Stellung als Rechtspersönlichkeit, in der die Gemeinschaft organisiert ist, berufen erscheint. Ein wirtschaftlicher Vorteil oder ein eigenes privatrechtliches Interesse mag gegebenenfalls in der Person der Gemeindeglieder oder einzelner von ihnen vorliegen; die Gemeinde verfolgt ihre öffentlichrechtlichen Aufgaben, aber die privatrechtliche Rechtsform der (beschränkten persönlichen) Dienstbarkeit steht ihr dafür offen, weil sie für die Verwirklichung jener Aufgaben sich auf den Boden des Privatrechts begibt (vgl. Prot. Bd. 3 S. 439, bes. in Abs. 2).

Hiernach ist in der in Rede stehenden Bewilligung für den preußischen Staat ein für eine beschränkte persönliche Dienstbarkeit zulässiger Rechtsinhalt zu finden. Die Eintragung ist aus dem bisher angegebenen Grunde weiterhin nicht zu versagen.

2. Indessen war weiter zu prüfen, ob etwa der beantragten Eintragung ein sonstiges rechtliches Bedenken entgegensteht. In dieser Hinsicht war im besonderen zu erwägen:

Von dem in §§ 1090, 1018 als möglich gekennzeichneten Inhalt einer beschränkten persönlichen Dienstbarkeit kommt hier nur ein Verbot in Betracht, auf dem Grundstück gewisse Handlungen vorzunehmen, nämlich daselbst andere als „deutschstämmige" (s. unten 3.) Landarbeiter und ihre Familien, also „fremdstämmige" Landarbeiter und ihre Familien wohnen zu lassen. Daß dieses Verbot eine Handlung trifft, die kraft des Eigentums am Grundstück an sich erlaubt, darin als Befugnis des Eigentümers enthalten ist, nicht nur nach den Grundsätzen der persönlichen Freiheit oder der Gewerbefreiheit erlaubt erscheint (Planck-Strecker, § 1090 Erl. 3b S. 707; Komm.

v. RGR. § 1090 Erl. 6, vgl. § 1018 Erl. 8; dagegen Enneccerus-Wolff, Sachenrecht § 106 II 2 zu Anm. 14, 15 auf S. 350), kann keinem Zweifel unterliegen. In Frage kommt aber die grundsätzlich anzuerkennende weitere Beschränkung, daß die den Eigentümern des belasteten Grundstücks auferlegte Unterlassungspflicht auf die Beschränkung in der tatsächlichen Herrschaft über das Grundstück gerichtet ist, nicht etwa bloß auf eine Beschränkung in der rechtlichen Verfügung darüber, daß mithin die dem Grundstückseigentümer durch die Dienstbarkeit auferlegte Beschränkung sich im tatsächlichen Gebrauch oder in der tatsächlichen Beschaffenheit des Grundstücks auswirkt und auf diesem Gebiet in die Erscheinung tritt (hierüber bes. Kohler, Lehrb. Bd. II § 94 II 5 S. 271 flg., § 98 VI S. 293). Eine Beschränkung des Eigentums im Sinne der §§ 1090, 1018 dahin, daß auf dem Grundstück gewisse Handlungen nicht vorgenommen werden dürfen, kann nur Handlungen zum Gegenstand haben, welche sich im Sinne des § 903 BGB. als ein „Verfahren mit der Sache" darstellen und insofern eine Ausübung der aus dem Eigentum fließenden Befugnisse sind. Die Gewährung einer Wohnung in einem Hause an andere Personen ist eine solche Handlung; das Grundstück, auf dem das Haus steht, wird in seiner Benutzung, wie die des Hauses selbst und seine Beschaffenheit, wesentlich dadurch beeinflußt. Ist der Eigentümer in der Wahl der Personen, denen er die Benutzung des Grundstücks, insbesondere z. B. das Bewohnen des Hauses, gestatten darf, nach Art oder Zahl oder beidem beschränkt (vgl. z. B. den Fall KGJ. Bd. 36 A S. 216 flg., 220), so liegt insoweit eine Beschränkung der Befugnis des Eigentümers, mit dem Grundstück nach Belieben zu verfahren, dann vor, wenn jene Einschränkung auf das Grundstück andere Wirkungen äußert als eine uneingeschränkte Benutzung. Mit Recht ist in der angefochtenen Entscheidung (KGJ. Bd. 36 A S. 216), wo die Beschränkung dahin ging, daß das Haus nur von Familien des Arbeiterstandes, und zwar nur von drei solchen Familien ohne Kostgänger, bewohnt werden dürfe, darauf abgestellt, ein nur in diesem eingeschränkten Maß bewohntes Haus habe einen anderen Verkehrscharakter, werde anders benutzt und sei auch anders zu unterhalten als ein Haus, wo Familien verschiedener Stände oder zahlreiche Familien oder Kostgänger wohnten, woraus zutreffend der rechtliche Schluß gezogen wird, daß diese Beschränkung den Inhalt einer Dienstbarkeit bilden könne.

Auch unter diesem Gesichtspunkt ist im vorliegenden Fall kein Bedenken gegen die beantragte Eintragung zu entnehmen. Sowohl in der Beschränkung auf Landarbeiter wie in der Ausschließung „fremdstämmiger" — die nähere Klarstellung dieser letzteren Festsetzung noch vorbehalten (vgl. unten 3.) — treten in ausreichendem Maß Momente hervor, die gegenüber dem Fall, wo der Eigentümer in der Wahl der Bewohner nicht beschränkt ist, auf eine Verschiedenheit in der tatsächlichen Benutzung des Grundstücks hinweisen. Daß von keiner bloß rechtlichen Beschränkung gesprochen werden kann, bedarf keiner Ausführung; es soll nicht verboten sein, „fremdstämmigen" Landarbeitern das Haus in irgendeiner rechtlichen Form (Kauf, Miete, Nießbrauch) zu überlassen, vielmehr soll ihnen das tatsächliche Bewohnen verwehrt sein, gleichviel ob eine Berechtigung am Grundstück für den „Fremdstämmigen" besteht oder nicht. Daß die vorgeschriebene Beschränkung dieses Bewohnens dem Hause einen anderen Verkehrscharakter gibt, eine andere Benutzung und Unterhaltung mit sich bringt, als es beim Fehlen einer solchen Beschränkung der Fall wäre, ist ebensowohl bezüglich der Beschränkung auf Landarbeiter überhaupt, wie auf deutschstämmige Landarbeiter und ihre Familien anzuerkennen. Das Haus erhält dadurch den Verkehrscharakter eines ländlichen Anwesens von der bei der deutschen landwirtschafttreibenden Bevölkerung gewohnten Art, eines deutschen Bauernhauses mit den dafür in Bauweise, Ausstattung, Benutzung und Unterhaltung üblicherweise zu stellenden Anforderungen. Es besteht kein Anhalt dafür, daß diese Besonderheiten nach Lage des hier gegebenen Falles sich nicht in der tatsächlichen Benutzung des Grundstücks, wie sie dem Eigentümer zukommt, auswirken. Es ist mithin in Ansehung der hier bewilligten Dienstbarkeit eine Einschränkung des Eigentums am Grundstück in bezug auf dessen Grundstücksqualität gegeben.

3. Weiterer Aufklärung bedarf es indessen noch bezüglich des Erfordernisses, daß die allein zugelassenen Bewohner Landarbeiter (Landarbeiterfamilien) „deutschen Stammes", „deutschstämmige" Landarbeiter sein müssen. Abgesehen davon, daß der dafür gewählte Ausdruck in den aktenmäßigen Unterlagen schwankt — außer den angeführten kommt auch das Wort „deutsch", als Gegensatz „land-

fremd" vor —, ist die hiermit versuchte Bezeichnung nicht bestimmt genug, um zweifelsfrei richtig verstanden zu werden. Ist anzunehmen, daß damit lediglich die deutsche Staats-(Reichs-)Angehörigkeit erfordert sein soll, so besteht kein rechtliches Bedenken; der Ausdruck wäre aber dann dementsprechend richtigzustellen. Andernfalls würde eine Beschränkung, die eine nähere Prüfung der Abstammungsverhältnisse im Einzelfall und nach sonstigen Merkmalen erfordern würde, gegenüber den im besonderen für das Grundbuch zu stellenden Anforderungen nicht als ausreichend ausgedrückt gelten können. Für die Voraussetzungen und Erfordernisse, die bezüglich der „Deutschstämmigkeit" gemeint sein sollen, wäre dem Eintrag im Grundbuch kein klarer, bestimmter Inhalt zu entnehmen. Das Amtsgericht (Grundbuchamt) hat daher zunächst durch Zwischenverfügung auf die Klarstellung des Antrags in dieser Hinsicht hinzuwirken und danach den Antrag unter Abstandnahme von dem bisherigen Grunde seiner Abweisung weiter zu behandeln. ...

---

84. Kann der Grundstückseigentümer, welcher persönlicher Schuldner der durch eine Sicherungshypothek gesicherten, über 25 v. H. aufzuwertenden Restkaufgeldforderung ist, Erteilung der Löschungsbewilligung Zug um Zug gegen Zahlung des Aufwertungsbetrags der Hypothek verlangen? Macht es einen Unterschied, wenn der Schuldner nach dem Vertrage berechtigt war, auf die Forderung jederzeit beliebige Teilzahlungen zu leisten?

Aufwertungsgesetz v. 16. Juli 1925 §§ 10, 25.
BGB. §§ 266, 1142, 1144, 1185.

V. Zivilsenat. Urt. v. 11. November 1925 i. S. W. (Bekl.) w. E. (Kl.). V 22/25.

I. Landgericht Karlsruhe.
II. Oberlandesgericht daselbst.

Der Kläger ist eingetragener Eigentümer des Grundstücks Karlsruhe Band 17 Heft 7, auf dem für den Beklagten als Erben seiner verstorbenen Mutter eine Sicherungshypothek von 21640 *M* wegen einer gleich hohen Restkaufgeldforderung aus dem notariellen Kaufvertrag vom 27. September 1919 haftet. Das Kapital war für den Gläubiger bis zum 1. Oktober 1924 unkündbar, dem Schuldner war jedoch gestattet, es jederzeit ganz oder teilweise abzuzahlen. Persönlicher Schuldner ist der Kläger geworden, der beim Erwerb des Grundstücks die persönliche Schuld und die Hypothek übernommen hat. Am 13. Januar 1924 bot der Kläger dem Beklagten die Rückzahlung der Hypothek mit 25 v. H. Aufwertung an. Da der Beklagte die Annahme der Zahlung und die Ausstellung der Löschungsbewilligung ablehnte, ist der Kläger mit dem Antrag klagbar geworden, den Beklagten zu verurteilen, in die Löschung der Hypothek von 21640 ℳ Zug um Zug gegen Zahlung von 649,20 Goldmark zu willigen. Der Beklagte widersprach diesem Antrag aus verschiedenen Gründen, unter anderem, weil er eine höhere Aufwertung auf Grund der allgemeinen Vorschriften beanspruchte und nur gegen Zahlung des vollen Aufwertungsbetrags seiner Forderung sich zur Erteilung einer Löschungsbewilligung bereit erklärte. Das Landgericht verurteilte den Beklagten nach dem Klagantrag, das Oberlandesgericht wies seine Berufung zurück.

Auf die Revision des Beklagten wurde das Berufungsurteil aufgehoben.

Gründe:

Das Berufungsgericht hat den Einwand des Beklagten, daß er die Löschung der Hypothek bis zur Bezahlung des vollen, nach den allgemeinen Vorschriften zu bestimmenden Aufwertungsbetrags seiner Forderung verweigern könne, als unbegründet angesehen. Es führt aus: Die 3. Steuernotverordnung unterscheide zwischen der Aufwertung des dinglichen und der des persönlichen Anspruchs; der Aufwertungsbetrag habe den dinglichen Rang des aufgewerteten Rechts und sei auf Antrag im Grundbuch einzutragen. Daraus ergebe sich die Unabhängigkeit des dinglichen Anspruchs von dem persönlichen Anspruch, soweit der aufgewertete persönliche Anspruch den aufgewerteten dinglichen Anspruch übersteige. Mit der Zahlung des Aufwertungsbetrags des dinglichen Anspruchs sei der Gläubiger im Sinne des § 1144 BGB. als befriedigt anzusehen und zur Bewilligung der Löschung der Hypothek verpflichtet. Die Hypothek sei nach § 2 der 3. StNVO. auf 15 v. H. des Goldmarkbetrags aufzuwerten, die vom Kläger angebotene Summe übersteige den sich hiernach ergebenden Aufwertungsbetrag der Hypothek. Der Streit über den Aufwertungsbetrag der persönlichen Forderung berühre den gegenwärtigen Rechtsstreit nicht; ein Anlaß, das Verfahren dem Antrag des Beklagten gemäß nach § 10 der 3. StNVO. auszusetzen, bestehe nicht.

Das Reichsgericht hat in dem Urteil vom 28. November 1923 (RGZ. Bd. 107 S. 93) ausgesprochen, daß das Verlangen des Grundstückseigentümers, der zugleich persönlicher Schuldner ist, nach Bewilligung der Löschung und nach Herausgabe der im § 1144 BGB. bezeichneten Urkunden gegen Zahlung lediglich des Betrages der Hypothek ungerechtfertigt sei, weil durch den den Rechtsbeziehungen zugrunde liegenden schuldrechtlichen Vertrag der Eigentümer sich verpflichtet habe, für die ganze Forderung des Gläubigers Sicherheit zu gewähren, und weil, wenn sich diese Forderung durch Aufwertung ziffermäßig erweitere, die Gebote von Treu und Glauben die persönliche Verpflichtung des Eigentümers ergäben, die hypothekarische Belastung des Grundstücks für diese Forderung so lange fortbestehen zu lassen, bis der Gläubiger wegen seiner ganzen Forderung befriedigt sei: unter allen Umständen sei aber dem Gläubiger das Recht zuzugestehen, wegen seiner fälligen und aus demselben rechtlichen Verhältnis hervorgegangenen aufgewerteten persönlichen Forderung die Löschungsbewilligung und die Herausgabe der sonstigen Urkunden in Ausübung des Zurückbehaltungsrechts gemäß § 273 BGB. zu verweigern. Ob dieser auch in dem Urteil vom 16. Januar 1924 (Warn. 1923/24 Nr. 80) eingenommene Standpunkt gegenüber der Regelung der Aufwertung der Hypothek einerseits und der persönlichen Forderung anderseits, wie sie zunächst durch die 3. Steuernotverordnung und jetzt durch das Aufwertungsgesetz vom 16. Juli 1925 festgesetzt ist, aufrechterhalten werden kann, mag zweifelhaft sein. Im Schrifttum (Schlegelberger-Harmening, AufwGesetz, Anm. 3 zu § 4; Mügel, Aufw.Recht, Anm. 18 zu § 10 AufwG.) und in der Rechtsprechung (OLG. Dresden, JW. 1924 S. 1621; OLG. Hamburg, Hans.Ger.Z. 1924 Beibl. S. 227; OLG. Karlsruhe, Bad. Rechtspraxis 1924 S. 94) wird zur Begründung der gegenteiligen Ansicht angeführt: Aus der gesetzlichen Regelung der Aufwertung des dinglichen Rechts und aus der Zulassung einer verschieden hohen Aufwertung des dinglichen Rechts und der persönlichen Forderung ergebe sich, daß der Gläubiger die Löschung der Hypothek nicht verweigern dürfe, wenn er in Höhe der dinglichen Sicherheit wegen seiner Forderung befriedigt werde; einem Zurückbehaltungsrecht stehe die gesetzliche Regelung des Schuldverhältnisses durch die genannten Vorschriften gemäß § 273 Abs. 1 BGB. entgegen; die Aufwertungsgesetzgebung habe der Forderung zu dem Betrage, um den ihr Aufwertungsbetrag den der Hypothek übersteige, die dingliche Sicherung entzogen; die Zuerkennung eines Zurückbehaltungsrechts würde auf einem Umwege dazu führen, das Grundstückspfand entgegen dem Willen des Gesetzes für den vollen Forderungsbetrag haften zu lassen. Anderseits findet sich die Ansicht vertreten, daß auch nach der gesetzlichen Regelung der Aufwertung der Gläubiger dem Grundstückseigentümer gegenüber, der zugleich persönlicher Schuldner sei, zur Bewilligung der Löschung der Hypothek nur gegen Befriedigung wegen des Aufwertungsbetrags der persönlichen Forderung verpflichtet sei (Wagemann, S. 19; Kleinschmidt, JW. 1924 S. 856; Hakkesbring, JW. 1925 S. 220).

Einer grundsätzlichen Stellungnahme zu dieser Frage bedarf es zurzeit nicht, weil nach der Besonderheit des vorliegenden Falles das Recht des Klägers, die Löschung der Hypothek gegen Zahlung ihres Aufwertungsbetrags zu verlangen, aus einem anderen Grunde zu verneinen ist.

Der Kläger betreibt mit der Klage die Löschung der auf seinem Grundstück eingetragenen Sicherungshypothek für eine Restkaufgeldforderung des Beklagten, deren persönlicher Schuldner er ist. Der Beklagte hat die Annahme der ihm als Aufwertungsbetrag der Hypothek angebotenen Summe von 649,20 Goldmark abgelehnt, indem er für die persönliche Forderung eine über 25 v. H. des Goldmarkbetrags hinausgehende Aufwertung auf Grund der allgemeinen Vorschriften beansprucht und Zahlung des ihm hiernach zustehenden vollen Forderungsbetrags verlangt hat. Nach § 10 Abs. 1 Nr. 5 AufwG., dessen Vorschriften jetzt der Beurteilung des Rechtsverhältnisses zwischen den Parteien zugrunde zu legen sind, würde eine höhere Aufwertung der Forderung des Beklagten nach allgemeinen Vorschriften unter Abweichung von dem normalen Höchstsatz von 25 v. H. zulässig sein. Für die Revisionsinstanz ist daher eine den Aufwertungsbetrag der Hypothek übersteigende Aufwertung der persönlichen Forderung zu unterstellen.

Nach § 1144 BGB. kann der Eigentümer gegen Befriedigung des Gläubigers die Aushändigung des Hypothekenbriefs und der zur Berichtigung des Grundbuchs oder zur Löschung der Hypothek erforderlichen Urkunden verlangen. Berechtigt zur Befriedigung des Gläubigers ist der Eigentümer nach § 1142 BGB., wenn die Forderung ihm gegenüber fällig geworden oder wenn der persönliche Schuldner zur Leistung berechtigt ist. Nach dem Kaufvertrag vom 27. September 1919 ist der Schuldner berechtigt, das Restkaufgeld jederzeit ganz oder teilweise abzuzahlen, die Forderung würde also ohne Kündigung fällig und demgemäß der Eigentümer jederzeit zur Befriedigung des Gläubigers berechtigt gewesen sein. In dieser Rechtslage ist mit dem Inkrafttreten des Aufwertungsgesetzes insofern eine Änderung eingetreten, als nach § 25 Abs. 2 der Eigentümer und der Schuldner nur berechtigt sind, den Aufwertungsbetrag nebst den fälligen Zinsen drei Monate nach Kündigung zu zahlen. Die Fälligkeit der Forderung hängt also jetzt von einer Kündigung ab. Bei einer Verkehrshypothek würde die Kündigung für die Hypothek nach § 1141 BGB. nur wirksam sein, wenn sie vom Eigentümer dem Gläubiger erklärt wird, bei einer Sicherungshypothek findet die Vorschrift des § 1141 nach § 1185 Abs. 2 BGB. keine Anwendung, der Eigentümer kann also hier das Recht zur Auszahlung der Hypothek nur durch eine zwischen dem persönlichen Schuldner und dem Gläubiger erfolgende Kündigung erlangen (vgl. Fuchs-Arnheim, Grundbuchrecht Bd. 1 Anm. 7 zu §§ 1184, 1185; Turnau-Foerster, Bd. 1 Anm. 3 zu § 1185, insbesondere die dort mitgeteilte Stelle aus den Materialien zum BGB. [Prot. Bd. 3 S. 683b; Mot. Bd. 3 S. 765]; Mügel, AufwRecht, Anm. 3 letzter Absatz zu § 25). Der persönliche Schuldner ist aber, da ihm § 25 Abs. 2 AufwG. nicht das Recht zu Teilzahlungen auf den Aufwertungsbetrag zugesprochen hat und der Gläubiger daher gemäß der allgemeinen Regelvorschrift des § 266 BGB. zur Annahme von Teilleistungen nicht verpflichtet ist, nicht berechtigt, die Kündigung nur in Höhe des durch die Hypothek gesicherten Teilbetrags der Forderung auszusprechen, sondern muß, wenn er von dem Kündigungsrecht des § 25 Abs. 2 AufwG Gebrauch machen will, die ganze Forderung zu ihrem vollen Aufwertungsbetrag kündigen. Erst durch eine derartige Kündigung der Forderung durch den persönlichen Schuldner wird die Fälligkeit der für einen Teil der Forderung fortbestehenden Sicherungshypothek herbeigeführt. Ist also der Eigentümer des Grundstücks zugleich persönlicher Schuldner, wie es im gegenwärtigen Falle beim Kläger zutrifft, so kann er nur in dieser letzten Eigenschaft das Kündigungsrecht ausüben und nach eingetretener Fälligkeit der Forderung und der Hypothek, da der Gläubiger von ihm keine Teilleistung anzunehmen braucht, nur gegen Zahlung des vollen Aufwertungsbetrags der Forderung die Aushändigung der zur Löschung der Hypothek erforderlichen Urkunden verlangen (Schlegelberger-Harmening, Anm. 4 zu § 25 AufwG.).

Wie die Rechtslage beim Vorliegen einer Verkehrshypothek zu beurteilen wäre, ob insbesondere die im Urteil des Reichsgerichts vom 3. Dezember 1924 V 574/23 (SeuffArch. Bd. 79 Nr. 37) zu § 1144 BGB. gemachten Ausführungen dazu führen könnten, gegenüber einer gemäß § 1141 BGB. vom Eigentümer erfolgten, auf den Aufwertungsbetrag der Hypothek beschränkten Kündigung der Forderung, falls der Eigentümer zugleich persönlicher Schuldner ist, dem Gläubiger auf Grund des persönlichen Schuldverhältnisses eine Einrede aus § 266 BGB. zuzugestehen, steht gegenwärtig nicht zur Entscheidung und kann dahingestellt bleiben.

Ob eine Kündigung der Restkaufgeldforderung des Beklagten durch den Kläger stattgefunden hat, steht nicht fest. In der nach dem Inkrafttreten des Aufwertungsgesetzes geschehenen Fortsetzung des Rechtstreits durch den Kläger könnte, da die Klage auf Löschung der Hypothek gegen Zahlung ihres Aufwertungsbetrags geht, eine wirksame Kündigung der Forderung nur gefunden werden, wenn das Verlangen des Beklagten nach einer den Normalsatz übersteigenden Aufwertung seiner Forderung unbegründet wäre, was ebenfalls nicht feststeht und bei Aufrechterhaltung des vom Beklagten in der Vorinstanz auf Grund des § 10 3. StNVO. gestellten Aussetzungsantrags gemäß §§ 69, 77 AufwG. durch die Aufwertungsstelle zu entscheiden wäre. Im übrigen würde aber, da der Beklagte auf die Einhaltung der Kündigungsfrist des § 25 Abs. 2 AufwG. verzichten kann und anscheinend zur Löschung der Hypothek gegen Zahlung des vollen Aufwertungsbetrags seiner Forderung sofort bereit ist, die

Sache zur Endentscheidung reif sein, wenn der Aufwertungsbetrag der Forderung feststände. Da das nicht der Fall ist, muß die Sache unter Aufhebung des Berufungsurteils zur anderweiten Verhandlung und Entscheidung in die Vorinstanz zurückverwiesen werden, die die Einhaltung des im § 12 AufwG. aufgestellten Erfordernisses für eine den Normalsatz übersteigende Aufwertung zu prüfen und demgemäß der Sachlage entsprechend weiter zu verfahren haben wird (vgl. Mügel, Anm. 3; Schlegelberger-Harmening, Anm. 4 zu § 77 AufwG.).

---

85. Ist in Rechtsstreitigkeiten über Ansprüche aus der Ersatzpflicht der Reichstreuhandgesellschaft für Verfehlungen ihrer Angestellten bei der Erledigung ihrer öffentlichrechtlichen Aufgaben die Revision ohne Rücksicht auf den Wert des Beschwerdegegenstandes zulässig?

ZPO. § 547 Nr. 2.

Reichshaftungs-Ges. vom 22. Mai 1910 § 3 Abs. 1.

III. Zivilsenat. Urt. v. 16. Oktober 1925 i. S. Reichstreuhandges. u. Gen. (Bekl.) w. S. u. Gen. (Kl.). III 232/25.

I. Landgericht Kiel.
II. Oberlandesgericht daselbst.

Den Klägern, welche sich zum Zweck der Erprobung von Erfindungen auf dem Gebiet des Flugwesens zu einer Gesellschaft des bürgerlichen Rechts zusammengeschlossen hatten, gehörte eine größere Anzahl von Luftfahrzeuggeräten, die teils bei der Firma C.werke in T., teils in der Flugzeugwerft K. lagerten. Darunter befand sich ein RAW.-Sternmotor, der in K. untergebracht war. Am 21. April 1922 führte ein belgischer Hauptmann im Namen der internationalen Luftüberwachungskommission dort einen Kontrollbesuch aus. Hierbei nahm er in Gegenwart eines von der Reichstreuhandgesellschaft abgeordneten Angestellten S. die Zerstörung des Sternmotors vor, der an sich der Zerstörungspflicht nicht unterlag, oder ließ sie durch einen anderen vornehmen. Die Kläger behaupten, daß es hierzu nicht gekommen wäre, wenn die Angestellten der Treuhandgesellschaft und die in der Angelegenheit mitwirkenden Beamten des

Reichschatzministeriums es nicht an den zur Wahrung ihrer, der Kläger, Rechte erforderlichen Maßnahmen hätten fehlen lassen. Sie machen deshalb die Gesellschaft und das Deutsche Reich für den ihnen durch die Zerstörung verursachten Schaden haftbar. Das Landgericht hat den Klaganspruch gegen die Gesellschaft dem Grunde nach für gerechtfertigt erklärt, dagegen die Klage gegen das Reich abgewiesen. Das Kammergericht hat die Berufung der Gesellschaft zurückgewiesen und auf die Berufung der Kläger auch zu deren Gunsten über den Grund des Anspruchs gegen das Reich vorabentschieden. Die Revisionen der Beklagten wurden zurückgewiesen.

Aus den Gründen:

Die Revisionsfähigkeit der vorliegenden Sache ist von dem Werte des Beschwerdegegenstands, der hier nur 1100 RM. beträgt, unabhängig. Hinsichtlich des Anspruchs gegen das Reich ergibt sich dies aus § 547 Nr. 2 ZPO. und § 3 Abs. 1 des ReichshaftungsGes. vom 22. Mai 1910, der durch den jetzt die alleinige Quelle der Staatshaftung bildenden, nur die Verfahrensvorschrift in Satz 3 enthaltenden Art. 131 RV. nicht überholt ist (vgl. RGZ. Bd. 102 S. 166, 171). Auf die Ansprüche gegen die Reichstreuhandgesellschaft kann der § 3 zwar nicht unmittelbar angewendet werden. Es führt jedoch insoweit die gebotene sinngemäße Anwendung der Vorschrift ebenfalls zur Bejahung der Zulässigkeit der Revision. Die Treuhandgesellschaft ist ins Leben gerufen worden, um durch ihre Vermittlung überflüssiges Heeresgut zu verkaufen. Später hat sich das Reich ihrer Hilfe zur Durchführung der Entwaffnungsvorschriften, soweit Heeresgut dabei in Betracht kam, bedient. Insbesondere hat es die Gesellschaft mit der Entgegennahme der Anmeldungen und mit den Ablieferungen betraut, die gemäß Art. 202 des Versailler Vertrags, ferner gemäß dem Reichsgesetz über die Anmeldepflicht der beschlagnahmten Luftfahrzeuggeräte vom 30. Dezember 1920 und der im Anschluß hieran erlassenen Verordnung vom gleichen Tage zu bewirken waren (vgl. RGBl. 1921 S. 43/44). Auch hat das Reich die örtlichen Stellen der Treuhandgesellschaft zu Anmeldestellen im Sinne der Verordnung über die Beschlagnahme von Luftfahrzeuggerät vom 9. Juli 1921 (Reichsanzeiger 1921 Nr. 164 S. 2) bestimmt. Damit hat es die Gesellschaft zum Hilfsorgan bei der Verwirklichung von Maßnahmen bestellt, die der Ausübung der

Reichsgewalt dienen. Die Pflichten der Angestellten der Gesellschaft bei der Betätigung der ihnen anvertrauten Gewalt gegenüber Dritten müssen daher folgerichtig so bemessen werden, als wenn diese dabei in der Eigenschaft von Beamten tätig würden und die Gesellschaft, welche sie mit der Gewaltausübung beauftragt hat und durch sie handelt, ist deshalb für ihre Zuwiderhandlungen gegen jene Pflicht in entsprechender Weise haftbar zu machen, wie das Reich für die Amtspflichtverletzungen seiner Beamten. Von Erwägungen im wesentlichen gleicher Art hat sich der erkennende Senat bei der Beurteilung der Verantwortlichkeit einer Reichskriegsgesellschaft für pflichtwidrige Handlungen ihrer Angestellten leiten lassen (RGZ. Bd. 106 S. 373). Die Rechtsstellung und die Pflichten der Treuhandgesellschaft und ihres Personals auf dem ihnen überlassenen Gebiet des öffentlichen Wirkens kommen daher der Rechtsstellung und den Pflichten des Reichs und seiner Beamten so nahe, daß die Erzielung einer einheitlichen Rechtsprechung, die der Gesetzgeber bei dem bezeichneten § 3 im Auge hat, auch in bezug auf die Ersatzpflicht der Treuhandgesellschaft für die Verfehlungen ihrer Angestellten bei der Erledigung ihrer öffentlichrechtlichen Aufgaben in hohem Grade erwünscht erscheint. Von diesen Gesichtspunkten aus rechtfertigt sich die entsprechende Anwendung des § 3 RHG. verb. mit § 547 Nr. 2 ZPO. auf die aus jener Ersatzpflicht entspringenden Ansprüche. ...

---

86. Liegt in der Aushändigung von Aktien an einen Treuhänder mit der Ermächtigung, während eines Zeitraums von 10 Jahren sämtliche aus dem Aktienbesitze sich ergebenden Aktionärrechte im Interesse der Aktieneigentümer nach eigenem Ermessen auszuüben, eine Verfügung im Sinne des § 2040 BGB.?

III. Zivilsenat. Urt. v. 16. Oktober 1925 i. S. W. (Kl.) w. B. (Bekl.). III 650/24.

I. Landgericht Chemnitz.
II. Oberlandesgericht Dresden.

Durch Vertrag vom 19. Juli 1922 verpflichteten sich sieben Aktionäre der St.-Aktiengesellschaft zum Zwecke einer vernünftigen

Ausnutzung ihres Aktienbesitzes, ihre Aktien bis zum 1. Juli 1932 nicht zu veräußern oder mit dem Rechte eines Dritten zu belasten und sie zur Sicherung des Vertragszwecks dem Kläger als Treuhänder zu übergeben, „der alle Rechte aus dem Aktienbesitze, insbesondere auch das Teilnahmerecht an den Generalversammlungen, so besonders das Stimmrecht ausüben sollte". Seine Vollmacht wurde bis zu dem angegebenen Zeitpunkt für unwiderruflich erklärt, es sei denn, daß sie von allen Unterzeichnern des Vertrags widerrufen würde. Der Kläger sollte die Aktien bei der Deutschen Bank Filiale Ch. unter Bekanntgabe der Vertragsbestimmungen für die Aktieneigentümer hinterlegen. Das ist auch geschehen.

Unter den Vertragschließenden befand sich auch der Beklagte. Er händigte 310 St.-Aktien dem Kläger aus. Diese Aktien gehörten jedoch zu dem ungeteilten Nachlasse seiner Ehefrau, deren Erben er und seine drei minderjährigen Kinder geworden waren.

Obgleich der Kläger sämtliche Aktien mit der Maßgabe hinterlegt hatte, daß eine Verfügung über sie nur mit seiner Zustimmung zulässig sei, hat der Beklagte die Aktien im Februar 1923 von der Deutschen Bank zurückerhalten. Der Kläger behauptet, der Beamte der Deutschen Bank, von dem die Aktien dem Beklagten ausgehändigt seien, habe böswillig oder doch zum mindesten gegen den Willen der Bankdirektoren gehandelt oder er sei von dem Beklagten durch die Vorspiegelung, der Kläger habe seine Einwilligung erteilt, zur Herausgabe der Aktien verleitet worden.

Auf Grund dieses Sachverhalts hat der Kläger mit dem Antrag Klage erhoben, den Beklagten zu verurteilen, „ihm 310 St.-Aktien in das Depot der Deutschen Bank Filiale Ch. als Treuhänder zu überlassen". Das Landgericht und das Oberlandesgericht wiesen die Klage ab. Die Revision des Klägers blieb erfolglos.

Gründe:

Der Berufungsrichter entnimmt dem Wortlaut der Urkunde vom 19. Juli 1922 und den sonstigen Umständen des Falles, daß der Beklagte den Aktienvertrag lediglich in eigenem Namen und für seine Person und nicht zugleich als gesetzlicher Vertreter seiner minderjährigen Kinder auch für diese geschlossen habe. Diese Feststellung, die einen Rechtsirrtum nicht erkennen läßt, ist tatsächlicher Natur und daher für das Revisionsgericht bindend. Von ihr aus läßt sich die Entscheidung des Oberlandesgerichts nicht beanstanden, wenn in den Vertragsverpflichtungen, die der Beklagte eingegangen ist, in Verbindung mit der Übertragung des Aktienbesitzes auf den Kläger eine dem § 2040 BGB. zuwiderlaufende Verfügung eines einzelnen Miterben über Nachlaßgegenstände zu finden ist. Und das muß in Übereinstimmung mit dem Oberlandesgericht bejaht werden. Die Revision will in der befristeten Übertragung des Aktienbesitzes und der Aktionärrechte auf den Kläger nur eine Verwaltungsmaßnahme zur Sicherung und Erhaltung bestimmter Nachlaßteile erblicken, die nach § 2038 Abs. 1 BGB. auch von einem einzelnen Miterben wirksam getroffen werden könne. Dem wäre unbedenklich beizutreten, wenn es sich nur um einen reinen Verwahrungsvertrag handeln würde. Das ist jedoch nicht der Fall.

Die Aktie gewährt ihrem Inhaber nicht nur einen vermögensrechtlichen Anspruch auf Dividendenbezug, sondern auch das Recht, sich im Rahmen des Gesetzes und der Satzung an der Verwaltung der Aktiengesellschaft und ihres Vermögens zu beteiligen und mitbestimmend auf ihr Schicksal einzuwirken. Jeder Aktionär ist, sei es allein, sei es in Gemeinschaft mit anderen Aktionären, befugt, die Einberufung außerordentlicher Generalversammlungen zu veranlassen (§ 254 HGB.), er ist weiter befugt, in ihnen oder in den ordentlichen Generalversammlungen Anträge im Interesse des Gesellschaftsvermögens zu stellen (§ 250), die Wahl von Revisoren zur Prüfung der Geschäftsführung in Vorschlag zu bringen (§ 266), bei allen Generalversammlungsbeschlüssen mitzuwirken und sie, wenn er sie für gesetz- oder satzungswidrig hält, anzufechten (§§ 252, 271). Die Erheblichkeit dieser Rechte ist nicht zu unterschätzen. Sie geben dem Aktionär die Möglichkeit, unter anderem bei Satzungsänderungen, Herauf- oder Herabsetzung des Aktienkapitals, bei Einziehung von Aktien und ähnlichen wichtigen Angelegenheiten einzugreifen und je nach der Anzahl seiner Aktien eine Entscheidung in seinem Sinne herbeizuführen.

Alle diese Rechte können aber nicht nur von dem Aktionär, d. h. von dem Eigentümer der Aktie, sondern auch von demjenigen ausgeübt werden, welcher der Aktiengesellschaft gegenüber als solcher gilt. Nun ermächtigt aber schon der Aktienbesitz den Aktieninhaber, der Aktiengesellschaft gegenüber als Aktionär aufzutreten und die

Rechte eines solchen wahrzunehmen. Es ist deshalb nicht unzulässig, Inhaberaktien einem Dritten mit dem Auftrage zu überlassen, bestimmte Aktionärrechte zwar in eigenem Namen, aber im Interesse und nach Weisung des Aktieneigentümers geltend zu machen (vgl. LeipzZ. 1913 Sp. 780). Der Beklagte und die anderen an dem Vertrag vom 19. Juli 1922 beteiligten Aktionäre haben jedoch mehr getan. Sie haben auf den Kläger zugleich mit dem Aktienbesitz alle aus ihm sich ergebenden Aktionärrechte auf die Dauer von 10 Jahren, und zwar, sofern nicht alle Beteiligten ihm ihr Vertrauen entziehen, für 10 Jahre unwiderruflich übertragen, damit er sie nicht nur in eigenem Namen, sondern auch nach eigenem Ermessen ausübe und handhabe. Zwar hat der Kläger die Verpflichtung übernommen, „nichts zu tun, was den Interessen aller Vertragsunterzeichner widerstreite“. In seinen Beziehungen zu der Aktiengesellschaft war jedoch auch diese Beschränkung bedeutungslos, ihr stand er ohne Bindung wie ein Aktieneigentümer gegenüber. Aber auch im Verhältnis zu seinen Vertragsgegnern war er an die Wünsche und Weisungen der einzelnen Aktieneigentümer nicht gebunden und konnte nach dem Zwecke des Vertrags auch nicht gebunden werden. Dieser sollte gerade eine Zersplitterung der Stimmen der 7 Aktionäre, die die Urkunde vom 19. Juli 1922 unterzeichnet hatten, verhüten und ihnen eine Mehrheit in der Generalversammlung sichern oder wenigstens ihre Bildung erleichtern. Deshalb wurde die Ausübung des Stimmrechts der 7 Aktionäre in einer Hand vereinigt und einem Willen, dem des Klägers, unterworfen. Mochten die Ansichten der 7 Aktieneigentümer über das, was im Einzelfall ihrem Interesse oder dem der Aktiengesellschaft entsprach, übereinstimmen oder auseinandergehen, immer hatte der Kläger über die Art seiner Betätigung als Aktionär und über seine Stellung zu den der Beschlußfassung der Generalversammlung unterbreiteten Angelegenheiten nach pflichtgemäßem Ermessen zu entscheiden. Die 7 Aktieneigentümer mußten in ihrem Verhältnis zur Aktiengesellschaft, der sie infolge des Abkommens vom 19. Juli 1922 gewissermaßen als unbeteiligte Dritte gegenüberstanden, die Entscheidungen und Handlungen des Klägers, dem sie als Nichtaktionär die Rechte eines Aktionärs eingeräumt hatten, gegen sich gelten lassen. Der Beklagte hatte also bezüglich der zum ungeteilten Nachlaß seiner Ehefrau gehörigen Aktien für 10 Jahre auf alle mit dem Aktienbesitz verbundenen Mitverwaltungs-, Mitbestimmungs- und Kontrollrechte zugunsten des Klägers verzichtet und sie ihm allein mit dem Aktienbesitz zugleich übertragen. Darin liegt eine Veränderung und zwar eine Schmälerung der auf sämtliche Miterben der Frau B. gediehenen Aktionärrechte und somit, da diese Rechtsänderung ohne Mitwirkung der drei minderjährigen Miterben der Frau B. vom Beklagten allein vorgenommen ist, eine unerlaubte Verfügung über Nachlaßgegenstände durch einen Miterben, die nichtig und ungeeignet ist, Rechtsbeziehungen zwischen den Parteien zu schaffen (vgl. JW. 1907 S. 834 Nr. 12).

Die Frage, ob bei objektiv unberechtigter Verfügung eines Miterben durch Bestellung eines Pfandrechts oder Übertragung von Eigentum an einem Nachlaßgegenstand infolge des guten Glaubens des anderen Teils ein Pfandrecht entstehen oder Eigentum übergehen könne, bedarf hier keiner Erörterung, da die §§ 932, 1207 BGB. als Ausnahmebestimmungen nicht über ihren Wortlaut hinaus auf einen Fall wie den vorliegenden ausgedehnt werden dürfen, in dem lediglich die fiduziarische Übertragung von Aktienbesitz und von Aktionärrechten beabsichtigt und erfolgt ist. Der Kläger sollte nicht Eigentümer, auch nicht fiduziarischer Eigentümer, sondern nur Fiduziarbesitzer der Aktien werden, um als solcher der Aktiengesellschaft gegenüber zur Ausübung der Aktionärrechte legitimiert zu sein. Mochte er deshalb auch ohne Verschulden den Beklagten für den Alleineigentümer und Alleinbesitzer der streitigen 310 Aktien gehalten haben; aus dem, wie gezeigt, wenigstens soweit der Beklagte in Frage steht, unwirksamen Vertrage vom 19. Juli 1922 kann er gegen diesen keine Rechte herleiten. Was er von ihm auf Grund jenes Abkommens erhalten hat, ist ohne Rechtsgrund in seinen Besitz gelangt und kann jederzeit zurückgefordert werden. Mit der Klage verlangt der Kläger daher etwas, was er, wenn es ihm zugesprochen würde, auf die Bereicherungsklage des Beklagten sofort zurückgewähren müßte (§ 812 BGB.). Das berechtigt diesen aber, dem Kläger, auf welchen Klagegrund neben dem des Vertrags er seinen Anspruch auch stützen möge, die Einrede der allgemeinen Arglist mit Erfolg entgegenzusetzen.

Im übrigen ist dem Berufungsrichter auch darin beizutreten, daß der Beklagte den Besitz der Aktien nicht etwa wider den Willen der bisherigen unmittelbaren Besitzerin, der Deutschen Bank, zurückerhalten hat. Die Bank hat ihm die Aktien freiwillig übergeben, und wenn dabei ihre Vertreter oder Angestellte gegenüber dem Kläger als Hinterleger vertragswidrig gehandelt haben, so wird dadurch der Besitz des Beklagten nicht zu einem fehlerhaften im Sinne der §§ 858 flg. BGB.

---

87. Nach welchen Grundsätzen ist der Streitwert für das Zwischenurteil festzusetzen, durch welches der Beitritt eines Nebenintervenienten zurückgewiesen wird?

ZPO. §§ 71, 3. DGKG. § 25 Abs. 3.

I. Zivilsenat. Beschl. v. 21. Oktober 1925 i. S. J. P. B. Akt.-Ges. (Kl.) w. Z.-V. Akt.-Ges. (Bekl.). I 319/24.

Der Sachverhalt ergibt sich aus den folgenden

Gründen:

Durch Zwischenurteil vom 8. Juli 1925 hat der I. Zivilsenat des Reichsgerichts die Nebenintervention der Firma M. H. gemäß § 71 ZPO. zurückgewiesen und die Kosten der Nebenintervention der Nebenintervenientin auferlegt. Im Rechtsstreit der Hauptparteien ist durch Beschluß vom 6. Dezember 1924 der Wert des Streitgegenstandes auf 500000 RM. festgesetzt worden. Nach diesem Streitgegenstand ist die Urteilsgebühr für die Zurückweisung der Nebenintervention (§ 25 Abs. 3 GKG.) einschließlich 5,40 RM. Schreibgebühren vom Gerichtsschreiber auf 10125,40 RM. berechnet und zu diesem Betrag auch eingefordert worden.

Hiergegen richtet sich die Erinnerung der Nebenintervenientin. Diese vertritt unter Hinweis auf einen Beschluß des Kammergerichts (OLG. Bd. 25 S. 63) die Ansicht, daß der Streitwert des Zwischenstreits über die Nebenintervention nach dem Interesse zu bemessen sei, das die Nebenintervenientin an dem Obsiegen der Beklagten als der von ihr unterstützten Partei gehabt habe; dies Interesse sei auf höchstens 30000 bis 50000 RM. zu veranschlagen.

Die Erinnerung muß für begründet erachtet werden. Nach § 66 ZPO. besteht das Wesen der Nebenintervention darin, daß der

Nebenintervenient einer Partei zum Zwecke der Unterstützung beitritt; nach § 67 ZPO. ist er berechtigt, Angriffs- und Verteidigungsmittel geltend zu machen und alle Prozeßhandlungen wirksam vorzunehmen, insoweit nicht seine Erklärungen und Handlungen mit denen der Hauptpartei in Widerspruch stehen. Er nimmt also die prozeßrechtliche Stellung eines Streitgehilfen der Hauptpartei ein, und soweit er im Rechtsstreite Erklärungen abgibt und Prozeßhandlungen vornimmt, betreffen diese Erklärungen und Handlungen denselben Gegenstand, auf den sich der Prozeßbetrieb der von ihm unterstützten Hauptpartei bezieht. Soweit es sich also um Kosten für die im Rechtsstreit tatsächlich zur Durchführung gelangte Nebenintervention handelt, erscheint es gerechtfertigt, die Gerichtsgebühren nach dem Streitgegenstand des Hauptprozesses zu berechnen (§ 101 ZPO.).

Anders aber verhält es sich mit den Kosten für den Zwischenstreit, in dem über den Antrag einer Hauptpartei auf Zurückweisung der Nebenintervention gemäß § 71 ZPO. entschieden wird. Hier handelt es sich lediglich um die Zulässigkeit der Nebenintervention, also um die Frage, ob die gesetzlichen Voraussetzungen dafür gegeben sind, daß der Nebenintervenient einer Hauptpartei zum Zwecke ihrer Unterstützung beitreten und neben ihr oder statt ihrer im Rechtsstreit Erklärungen abgeben oder Prozeßhandlungen vornehmen darf. Eine Entscheidung über den Gegenstand des Hauptprozesses findet dabei nicht statt, sondern zur Entscheidung steht ganz allein die Frage, ob der Nebenintervenient sein rechtliches Interesse am Obsiegen der Hauptpartei, die er unterstützen will, genügend glaubhaft gemacht hat. Folglich kann auch nur dieses Interesse den Streitgegenstand für den Zwischenstreit bilden. Freilich kann es in besonders gearteten Fällen, etwa bei der Gefahr von Rückgriffansprüchen gegen den Nebenintervenienten, vorkommen, daß sich der Streitwert des Zwischenstreits mit dem des Hauptprozesses der Höhe nach vollständig deckt. Das widerstreitet aber nicht der Regel, daß bei dem Zwischenstreit über die Zulässigkeit der Nebenintervention das Interesse, das der Nebenintervenient an der Zulassung seines Beitritts hat, der Bemessung des Streitwertes zugrunde zu legen ist. Dieses Interesse ist in jedem Falle vom Gericht unter Berücksichtigung der einschlägigen Umstände nach freiem Ermessen festzusetzen (§ 3 ZPO.; OLG. Bd. 25 S. 63).

Etwas gegenteiliges läßt sich auch nicht aus § 25 Abs. 3 GKG.

entnehmen. Hier ist lediglich bestimmt, daß für Zwischenurteile gemäß § 71 ZPO. die Urteilsgebühr besonders erhoben wird. Nach welchem Streitgegenstand aber die Gebühr zu berechnen ist, ist in der Vorschrift nicht gesagt. Überwiegend wird allerdings im Schrifttum (Petersen-Anger, ZPO. § 71 Anm. 5, Jonas, DGKG. Anm. 4 zu § 25, Sydow-Busch, DGKG. 10. Aufl. Anm. 3 zu § 27) und in der Rechtsprechung der Oberlandesgerichte (OLG. Bd. 23 S. 65, 125, Bd. 35 S. 163) die Auffassung vertreten, daß die Gebühr für den Zwischenstreit aus § 71 ZPO. im allgemeinen nach dem Streitgegenstande des Hauptprozesses zu berechnen ist. Diese Abweichung von der oben entwickelten Beurteilung der Streitfrage dürfte aber darauf zurückzuführen sein, daß auf den Unterschied zwischen dem Interesse des Nebenintervenienten an der Zulassung seines Beitritts einerseits und der Beteiligung des zugelassenen Nebenintervenienten bei der Durchführung des Rechtsstreits anderseits nicht mit genügender Schärfe geachtet worden ist.

Im vorliegenden Falle war das Interesse der Nebenintervenientin an der Zulassung ihrer Nebenintervention weit geringer als der Wert des Gegenstandes des Hauptprozesses, da sich aus dem Obsiegen der Beklagten für die Nebenintervenientin keine unmittelbaren rechtlichen Vorteile ergeben konnten. Der von der Nebenintervenientin für ihr Interesse angegebene Höchstbetrag von 50000 RM. erscheint als ausreichend und angemessen.

---

88. Ist zur Wirksamkeit der Zustimmung des Betriebsrats zur Entlassung eines seiner Mitglieder ein förmliches Beschlußverfahren im Sinne der §§ 29—33 des Betriebsrätegesetzes erforderlich?

III. Zivilsenat. Urt. v. 23. Oktober 1925 i. S. Deutsche Reichsbahngesellschaft (Bekl.) w. B. u. Gen. (Kl.). III 537/24.

I. Landgericht Schwerin.
II. Oberlandesgericht Rostock.

Die Kläger waren Güterbodenarbeiter bei der Güterabfertigungsstelle in Sch. und Mitglieder des Betriebsrats. Sie wurden aus Anlaß des Personalabbaus am 19. Januar 1924 entlassen. Mit der Behauptung, daß der Betriebsrat in der Sitzung vom 18. Januar seine Genehmigung zu der bereits vorher erfolgten Kündigung versagt habe und daß diese deshalb wirkungslos sei, verlangen sie klagend den Lohn für einen weiteren Monat. Die Beklagte begehrt Klagabweisung und widerklagend die Feststellung, daß das Dienstverhältnis der Kläger durch die Januarkündigung beendet sei, da der Betriebsrat in seiner Mehrheit bereits am 7. Januar gegenüber dem Vorsteher der Güterabfertigungsstelle H. der Kündigung zugestimmt habe. Die Kläger bestreiten dies und machen vor allem geltend, daß es sich am 7. Januar um keine Betriebsratssitzung, sondern um eine private Besprechung des H. mit einzelnen Betriebsratsmitgliedern gehandelt habe. Das Landgericht und das Oberlandesgericht gaben der Klage statt und wiesen die Widerklage ab. Die Revision der Beklagten hatte keinen Erfolg.

Gründe:

Die Kläger sind Opfer des im Herbst 1923 begonnenen und im Jahre 1924 fortgesetzten allgemeinen Arbeiterabbaus. Auf ihre Rechtsstellung ist jedoch die Abbau-Verordnung vom 27. Oktober 1923 ohne Einfluß. Denn sie setzt in bezug auf Arbeiterentlassungen in Art. 16 zwar die Demobilmachungs-Verordnung vom 12. Februar 1920 und das Gesetz vom 17. Juli 1923 außer Kraft, von dem Betriebsrätegesetz aber nur den § 84 Nr. 4, so daß es im übrigen bei den Schutzbestimmungen des § 84 Nr. 1—3 und des § 96 Abs. 1 das. sein Bewenden behält (vgl. RGZ. Bd. 108 S. 374).

Nach § 96 Abs. 1 BRG. bedarf der Arbeitgeber zur Kündigung von Mitgliedern des Betriebsrats dessen Zustimmung. In welcher Form sie einzuholen und zu erteilen ist, sagt das Gesetz nicht. Daraus könnte man folgern, daß eine formlose Befragung der einzelnen Betriebsratsmitglieder und die auf diesem Wege eingeholte Zustimmung ihrer Mehrheit genügen müßte, um einer Kündigung Wirksamkeit zu verleihen. Eine solche Folgerung ist aber abzulehnen, wenn man erwägt, daß § 96 a. a. O. den Kündigungsschutz den Betriebsratsmitgliedern nicht in ihrer Eigenschaft als Arbeitnehmern — denn diesem Zweck dienen die §§ 84flg. BRG. —, sondern in ihrer Eigenschaft als Vertretern der Arbeitnehmerschaft gewährt, in erster Reihe also diese selbst gegen eine willkürliche Entziehung geeigneter Vertretungskräfte sichern will. Dieser Schutz wird der Arbeiterschaft aus öffentlichrechtlichen Gründen auf öffentlichrechtlicher Grundlage durch ein öffentlichrechtliches Organ und zwar ein Kollegium zuteil. Es liegt nun in der Natur der Sache, daß bei wichtigen Kollegialentscheidungen jedes Mitglied des Kollegiums in die Lage versetzt werden muß, die Anschauungen und Erwägungen der anderen Mitglieder kennenzulernen, um sie prüfen, sich ihnen anschließen oder ihre Widerlegung versuchen zu können. Daß bei der Betriebsvertretung eine freiere Auffassung Platz zu greifen habe, ist um so weniger anzunehmen, als der Gesetzgeber Beeinträchtigungen der Rechte und der Tätigkeit einzelner Betriebsratsmitglieder sogar mit öffentlichrechtlichen Strafen bedroht (§ 99 BRG.) und dadurch zu erkennen gegeben hat, welch große Bedeutung er der Stellung des Betriebsrats beimißt. Man wird daher grundsätzlich auf die allgemeinen Vorschriften der §§ 29—33 BRG. zurückgreifen und davon ausgehen müssen, daß die Entscheidung über die Genehmigung oder Nichtgenehmigung einer Kündigung in derselben Weise zu erfolgen hat, wie jede andere rechtswirksame Entscheidung eines Betriebsrats.

Das in den angezogenen Paragraphen vorgeschriebene Verfahren ist hinsichtlich der Verhandlung vom 7. Januar 1924, auf die sich die Beklagte beruft, unstreitig nicht beobachtet worden. Eine Ladung der Betriebsratsmitglieder durch den Vorsitzenden unter Mitteilung des Beratungsgegenstands (§§ 29, 32 BRG.) hat nicht stattgefunden. Ebensowenig ist ein Protokoll über die Verhandlung vom 7. Januar aufgenommen worden (§ 33 a. a. O.). Der Dienststellenvorsteher H. hat vielmehr den Betriebsratsvorsitzenden St. und die zwei stellvertretenden Betriebsratsmitglieder K. und J. in sein Arbeitszimmer gerufen und mit ihnen wegen ihrer Zustimmung zur Kündigung der Kläger verhandelt. Soweit von einer Verhandlungsleitung die Rede sein kann, lag sie nicht in den Händen des Betriebsratsvorsitzenden, sondern in den Händen des Dienststellenvorstehers. H. nahm auch die Abstimmung in der Weise vor, daß er an jedes der drei Betriebsratsmitglieder mit der Frage herantrat, wie es sich zu der Entlassung der Kläger stelle. Über das Ergebnis dieser Abstimmung gehen die Behauptungen der Parteien auseinander. Das Oberlandesgericht hat nach dieser Richtung auch keine Feststellung getroffen, sie vielmehr für überflüssig erachtet, weil in der geschilderten Art ein rechtsgültiger Beschluß des Betriebsrats nicht habe zustandekommen können und auch nicht zustandegekommen sei.

Wie der Revision zuzugeben ist, sind freilich nicht sämtliche Verfahrensvorschriften der §§ 29—33 a. a. O., auch wenn der Gesetzesbefehl mit den Worten „es ist", „es hat" oder in ähnlichen Wendungen erteilt ist, derart zwingender Natur, daß der Betriebsrat nicht auf die Befolgung der einen oder anderen wirksam verzichten könnte. Das Betriebsrätegesetz ist in einer politisch und wirtschaftlich erregten Zeit, die bei dem Auftauchen zahlreicher neuer Rechtsgedanken eine schnelle gesetzgeberische Tätigkeit verlangte, beraten und beschlossen worden und zeigt deshalb im Ausdruck nicht überall die Feinarbeit der Vorkriegszeit. Dem Wortlaut der einzelnen Gesetzesbestimmungen allein ist daher nicht immer mit Sicherheit zu entnehmen, ob sie nach dem Willen des Gesetzgebers eine Muß- oder eine Ordnungsvorschrift enthalten. Die richtige Entscheidung hierüber kann vielmehr nur an der Hand des Zwecks der einzelnen Vorschrift und unter Berücksichtigung des Interesses getroffen werden, das die Allgemeinheit, insbesondere die Arbeitgeber- und Arbeitnehmerschaft oder der Betriebsrat an ihrer Einhaltung haben. Unverzichtbar sind jedenfalls solche Bestimmungen, die eine ordnungsmäßige, sachliche Beschlußfassung gewährleisten und eine Überrumpelung oder Übereilung der Betriebsratsmitglieder verhüten sollen. Ein näheres Eingehen auf die Frage, inwieweit der Inhalt der §§ 29—33 a. a. O. von dem Betriebsrat kraft seines Selbstverwaltungs- und Selbstbestimmungsrechts (vgl. § 34 BRG.) unbeschadet der Rechtswirksamkeit seiner Beschlüsse außer acht gelassen werden darf, erübrigt sich jedoch. Denn diese setzt unerläßlich voraus, daß die Beschlüsse in einer wirklichen Betriebsratssitzung zustandekommen, in der die Teilnehmer das Bewußtsein haben, in ihrer amtlichen Eigenschaft als Betriebsratsmitglieder tätig zu werden, abzustimmen und zu beschließen. Daran fehlt es aber nach der obigen Schilderung der Vorgänge vom 7. Januar, da damals auch nicht eine der Vorschriften der §§ 29—33 a. a. O. beobachtet worden ist. H. hat den Betriebsratsvorsitzenden und die beiden Stellvertreter der ordentlichen Betriebsratsmitglieder nicht etwa zu einer Betriebsratssitzung eingeladen — denn dazu war er nach dem Gesetz (§ 29 a. a. O.) überhaupt nicht befugt —, sondern er hat sie gelegentlich in sein Dienstzimmer gerufen und mit ihnen unvermittelt und ohne Vorbereitung über seine Kündigungsabsicht verhandelt. Das war keine Betriebsratssitzung, sondern eine formlose Zusammenkunft von Arbeitgeber und Betriebsratsmitgliedern, bei der die schwebende Kündigungsangelegenheit nur in einer die letzteren nicht verpflichtenden Weise erörtert werden konnte. In diesem Sinne bezeichnen auch die Betriebsratsmitglieder in ihren Zeugenaussagen die Unterredung mit H. nur als eine Besprechung, und selbst dieser bedient sich in seinem amtlichen Bericht an die Eisenbahndirektion vom 7. Januar 1924 desselben Ausdrucks. Er ist in keiner Weise zu beanstanden. Die damaligen Erklärungen der Betriebsratsmitglieder stellen daher, gleichviel wie sie gelautet haben, lediglich unverbindliche Meinungsäußerungen dar, die niemals zu einem Betriebsratsbeschluß im Sinne der §§ 96, 32 Abs. 2 BRG. führen konnten. . . .

Register.

Die Zahlen bedeuten die Seiten.

A. Sachregister.

A

H

J

K

O

P

R

W

B. Gesetzesregister.

1. Reichsgesetze.

2. Landesrecht.

Baden.

Bayern.

Braunschweig.

Gotha.

Hamburg.

Preußen.

a. Allgemeines Landrecht.

Einleitung.

b. Einzelne Gesetze und Verordnungen.

Sachsen.

Württemberg.

3. Gemeines Recht.

4. Rheinisches Recht.

Code civil.

5. Ausländisches Recht.

Frankreich.

C. Zusammenstellung der Entscheidungen nach der Zeitfolge.

Entscheidungen des Staatsgerichtshofs.

Zusammenstellung
der
im 111. Bande
mitgeteilten Entscheidungen
nach
Oberlandesgerichtsbezirken.

(Die Zahlen bezeichnen die Nummern der Entscheidungen.)

Berlin	1. 4. 5. 6. 7. 9. 15. 18. 19. 22. 25. 26. 27. 31. 33. 42. 44. 46. 48. 51. 54. 57. 58. 63. 67. 68. 69. 71. 74. 75. 77. 78.
Breslau	2. 23. 34. 35.
Celle	45. 70. 79.
Dresden	37. 47. 52. 65. 86.
Düsseldorf	56.
Frankfurt a.M.	21.
Hamburg	12. 17. 32. 38. 40. 53. 82.
Hamm	3. 49.
Karlsruhe	84.
Kiel	11. 13. 61. 81. 85.
Köln	20. 30. 72.
Königsberg	39. 41. 59.
Marienwerder	80.
München	66. 76.
Naumburg a. S.	14. 16. 36. 43. 64.
Nürnberg	55.
Rostock	88.
Stettin	24. 50. 62.

Reichsgericht unmittelbar	10. 28. 29. 87
Staatsgerichtshof	Anhang
Landgericht I Berlin	73.
Landgericht Frankfurt a. M.	8.
Landgericht Münster i. W.	83.
Landgericht Potsdam	60.

Berichtigungen.

Hundertundsiebenter Band.

S. 76 Z. 14 v. u. statt „15. Juni" lies „25. Juni".
„ 439 „ 16 v. o. statt „15. Juni" lies „25. Juni".

Hundertundneunter Band.

S. 28 Z. 14 v. o. statt „§ 81" lies „§ 781".

Hundertundelfter Band.

S. 140 Z. 16 v. u. statt „§ 5" lies „§ 6".
„ 161 „ 8 v. u. statt „84/25" lies „84/24".

Anhang:

Entscheidungen des Staatsgerichtshofs.

In der Verfassungsstreitigkeit zwischen

der Ortsgruppe Nassau des vormals unmittelbaren Reichsadels, vertreten durch ihren Obmann, den Gesandten Freiherrn von Ritter zu Groenesteyn in München,

und

dem preußischen Staatsministerium,

betreffend die Rechtsgültigkeit des preußischen Adelsgesetzes vom 23. Juni 1920 und der preußischen Zwangsauflösungsverordnung vom 19. November 1920

hat der Staatsgerichtshof für das Deutsche Reich in der Sitzung vom 10. Mai 1924 folgende Entscheidung erlassen:

Der Antrag der Ortsgruppe Nassau des vormals unmittelbaren Reichsadels, das preußische Adelsgesetz vom 23. Juni 1920 und die preußische Zwangsauflösungsverordnung vom 19. November 1920 für rechtsungültig zu erklären, wird als unbegründet zurückgewiesen.

Gründe:

I.

Die Ortsgruppe Nassau des ehemals unmittelbaren Reichsadels hat bei dem Staatsgerichtshof für das Deutsche Reich den Antrag gestellt, gemäß Art. 19 der Reichsverfassung über die von ihr bestrittene Rechtsgültigkeit des preußischen Adelsgesetzes vom 23. Juni 1920 und der preußischen Zwangsauflösungsverordnung vom 19. November 1920 eine Entscheidung zu treffen. Diese Ortsgruppe besteht aus den Grafen von Eltz, von Ingelheim und von Walderdorff, den Freiherrn von Ritter zu Groenesteyn und den Freiherrn von Preuschen. Der Antrag der Ortsgruppe ist im Namen der fünf Gesamtfamilien gestellt, also nicht nur im Namen der Familienhäupter und Fideikommißinhaber, sondern auch im Namen der Agnaten und Fideikommißanwärter. In dem Antrag ist ausgeführt: Die Familien der Antragsteller gehörten zu dem ehemals unmittelbaren Reichsadel, dem in Art. 14 der deutschen Bundesakte vom 8. Juni 1815 die Aufrechterhaltung der bestehenden Familienverträge und die Befugnis zugesichert sei, über seine Güter und Familienverhältnisse verbindliche Verfügungen zu treffen. Diese Rechte seien auch durch völkerrechtliche Verträge und verfassungsrechtliche Bestimmungen geschützt. Die Landesgesetzgebung könne sie nicht einseitig aufheben. Gleichwohl seien die genannten Rechte durch das preußische Adelsgesetz und durch die preußische Zwangsauflösungsverordnung den Antragstellern entzogen worden. Die Entziehung sei erfolgt ohne Zustimmung der Berechtigten, ohne jede Entschädigung und ohne Mitwirkung der Mächte, welche die völkerrechtliche Garantie für die Ausführung des Art. 14 übernommen hätten.

Das preußische Staatsministerium, welches den Freistaat Preußen nach außen vertritt (Art. 49 der preußischen Verfassung vom 30. November 1920) hat die Zuständigkeit des Staatsgerichtshofs bestritten, da eine Verfassungsstreitigkeit im Sinne des Art. 19 der Reichsverfassung nicht vorliege. Auch hat sie mangels näherer Angaben bezweifelt, daß die Voraussetzungen des Art. 14 bei den Familien der Antragsteller gegeben seien.

Nach Anhörung beider Parteien hat der Staatsgerichtshof in der Sitzung vom 29. September 1923 folgenden Beschluß verkündet: Die Einwendungen

a) daß die Antragsteller zur Geltendmachung ihrer Ansprüche nicht befugt seien,

b) daß der Staatsgerichtshof zur Entscheidung über den Antrag nicht zuständig sei,

werden zurückgewiesen.

In der Sache selbst haben die Antragsteller geltend gemacht: Art. 14 der deutschen Bundesakte enthalte zwei verschiedene Klassen von Rechten, absolute und relative. Die relativen Rechte würden nach Vorschrift der Landesgesetze ausgeübt; dagegen könnten die absoluten Rechte durch Landesgesetz nicht beschränkt werden. Zu den absoluten Rechten gehörten die Freizügigkeit (Nr. 1) und die Autonomie (Nr. 2). Letztere sei geschützt durch internationale und nationale Garantien. Internationale Garantien seien enthalten 1. in Art. 64 der Wiener Kongreßakte vom 9. Juni 1815, 2. im Aachener Konferenz-Protokoll vom 7. November 1818, 3. in Art. 58 und 63 der Wiener Schlußakte vom 8. Juni 1820, 4. im Protokoll der Londoner Konferenz vom 17. Januar 1871. Nationale Garantien bildeten das unabänderliche preußische Gesetz vom 21. Juni 1815, das Patent betr. die Besitznahme des vormaligen Herzogtums Nassau vom 3. Oktober 1866, Art. 81 Abs. 2 der preußischen Verfassung sowie die Art. 4 und 153 der Reichsverfassung. Der Ausschuß des Bundesrats für Justizwesen habe allerdings in einem Bericht, den er Anfang 1873 über eine Eingabe des Herzogs von Arenberg erstattet habe, einen abweichenden Standpunkt eingenommen (Drucks. des Bundesrats 1873 Nr. 30) und der Bundesrat sei diesem Bericht seines Ausschusses durch Beschluß vom 28. Februar 1873 beigetreten (Prot. 1873 VI. Sitzung § 70 S. 50). Allein der Bericht des Justizausschusses sei ohne Anhörung des Herzogs ergangen. Berichterstatter sei der Bevollmächtigte für Lübeck und Bremen gewesen, in welchen Staaten es niemals Berechtigte aus Art. 14 gegeben habe. Gerade diejenigen Bundesstaaten, in denen die meisten Angehörigen der in Art. 14 genannten Personenklassen lebten, hätten eine andere Ansicht vertreten. Bayern habe sich der Abstimmung enthalten; Württemberg habe zwar die Ablehnung gebilligt, aber nicht ihre Begründung. In der Angelegenheit des Herzogs von Arenberg habe es sich um das relative Recht der Gerichtsbarkeit gehandelt, während hier das absolute Recht der Autonomie in Frage stehe. Schon aus diesem Grunde könne von einer res judicata keine Rede sein. Daß der ehemalige Reichsadel hinsichtlich der Autonomie den ehemaligen Reichsständen vollständig gleichgestellt sei, ergebe sich schon aus dem Wortlaut des Art. 14. Mit den Ausdrücken „Reichsangehörige" in Abs. 1 und „Herren" in Abs. 2 sei der ehemalige Reichsadel gemeint. In einer Eingabe, welche der Reichsverband deutscher Fideikommißanwärter an den Deutschen Reichstag gerichtet habe, sei überzeugend dargelegt, daß der preußische Justizminister bei Erlaß der Zwangsauflösungsverordnung seine Befugnisse überschritten habe.

Das preußische Staatsministerium führte aus: Die völkerrechtliche Gewähr für die Autonomie der in Art. 14 der Bundesakte bezeichneten Familien sei bereits mit der Auflösung des deutschen Bundes fortgefallen. Diese Ansicht sei nicht bloß in dem Bericht vertreten, den der Justizausschuß des Bundesrats über die Beschwerde des Herzogs von Arenberg erstattet habe, auch die Motive zum Bürgerlichen Gesetzbuch (Bd. 1 S. 11) ständen auf demselben Standpunkt. Hierzu komme, daß das Reich der Landesgesetzgebung in Art. 58 EG. z. BGB. die Befugnis beigelegt habe, über die Adelsautonomie neue Bestimmungen zu treffen und sie gegebenenfalls ganz aufzuheben. Das Recht der Länder zur Aufhebung autonomer Satzungen sei durch die Art. 109 und 155 der Reichsverfassung eine verfassungsmäßige Pflicht geworden.

Von den Antragstellern wurde noch ein Gutachten des Generaldirektors der Bayerischen Staatsarchive — Dr. von Jochner — vorgelegt. Das preußische Staatsministerium erklärte, nach amtlicher Mitteilung der bayerischen Regierung stelle dieses Gutachten eine Privatarbeit des betreffenden Beamten dar. Das Hauptstaatsarchiv sei zur Erstattung von Rechtsgutachten überhaupt nicht zuständig; die bayerische Regierung halte das Gutachten für unrichtig.

Dem Reichsverband deutscher Fideikommißanwärter in München wurde auf seinen Antrag Gelegenheit zur Äußerung gegeben.

II.

Die Familien der Antragsteller nehmen auf Grund des Art. 14 der ehemaligen deutschen Bundesakte vom 8. Juni 1815 das Recht in Anspruch, autonome Satzungen hinsichtlich ihrer Güter und Familienverhältnisse aufzustellen, die mit den Landesgesetzen in Widerspruch stehen können. Nach der herrschenden Ansicht ist „Autonomie" gleichbedeutend mit „Selbstgesetzgebung" (vgl. Örtmann: Die standesherrliche Autonomie im heutigen deutschen bürgerlichen Recht (1905) S. 2 und die Note 2 daselbst angeführten Schriftsteller). Sie bedeutet die Befugnis, auf bestimmten Rechtsgebieten verbindliche Rechtsnormen aufzustellen, also objektives Recht zu schaffen, im Gegensatz zu der Befugnis, konkrete Rechtsverhältnisse durch Rechtsgeschäft zu regeln, subjektive Rechte durch Vertrag oder einseitige Verfügung zu begründen; Örtmann, S. 4, 6, 8, 16; Gebhard: Die Autonomie des hohen und des vormals reichsritterschaftlichen Adels (Anlage I zu dem Entwurf eines Bürgerlichen Gesetzbuchs für das Deutsche Reich, allgemeinen Teil 1881 S. 2, 44). Die Antragsteller behaupten also, hinsichtlich ihrer Güter und Familienverhältnisse ein Recht der Selbstgesetzgebung zu haben, das nicht bloß auf einer Delegation der Landesstaatsgewalt beruht (Örtmann, S. 21, 28). Der Streit über Existenz und Umfang eines solchen Rechts stellt eine Verfassungsstreitigkeit im Sinne des Art. 19 der Reichsverfassung dar.

III.

Das Recht der Autonomie ist in Art. 14 der Bundesakte zwei verschiedenen Personenklassen zugesichert, nämlich

1. den ehemaligen Reichsständen, den sogenannten „Mediatisierten" oder „Standesherren",
2. dem ehemaligen Reichsadel, der im wesentlichen mit der Reichsritterschaft identisch ist, vgl. Klüber, Übersicht der diplomatischen Verhandlungen des Wiener Kongresses (1816) S. 367.

Die Familien der Antragsteller gehören zur ehemaligen Reichsritterschaft. In dem Buche des Freiherrn Roth von Schreckenstein, „Geschichte der Reichsritterschaft" (1871) sind die Familien der Eltz, Ingelheim und Ritter von Groenesteyn unter den reichsritterschaftlichen Familien aufgezählt (Bd. 2 S. 333 Anm. 1 S. 420, 538, 594, 619). In dem Buche „Deutschland vor Hundert Jahren" von Berghaus (1860) werden verschiedene reichsritterschaftliche Besitzungen der Eltz und Ingelheim im rheinischen und fränkischen Ritterkreise angeführt (Bd. 2 S. 255, 260, 262, 263, 267). In Bd. 1 S. 164 desselben Werkes ist erwähnt, daß die Familie von Walderdorff seit 1665 gemeinsam mit den Grafen Wied einen Teil der reichsunmittelbaren Grafschaft Nieder-Isenburg auf dem Westerwald besessen hat. Die gleiche Angabe ist auch in dem Deutschen Adelslexikon von Kneschke Bd. 9 (1870) S. 444 enthalten. In dem Wappenbuch von Siebmacher Bd. 2 Abt. 7 (1878) ist angegeben, daß die Familie Eltz noch jetzt ehemals reichsritterschaftliche Güter in Eltville und Rauenthal besitzt, daß die Familie der Freiherrn von Ritter 1648 und die Familie der Freiherrn von Preuschen 1792 in den ritterschaftlichen Kanton Mittelrhein aufgenommen worden ist. Dieselben Angaben hinsichtlich der Freiherrn von Ritter und von Preuschen enthält auch der Genealogische Taschenkalender der Freiherrlichen Häuser (Jahrgang 1921 S. 714, Jahrgang 1922 S. 690). Am 17. Juli 1814 stellten zahlreiche Mitglieder der ehemaligen Ritterschaft am Rheinstrom auf einer Zusammenkunft in Frankfurt a. M. eine schriftliche Vollmacht für ihren Vertreter auf dem Wiener Kongreß — den Grafen Degenfeld — aus. Unter dieser Vollmacht stehen außer dem Namen des Freiherrn v. Stein auch die Namen Freiherr von Ritter, Graf Ingelheim, Graf Eltz, Graf Walderdorff, vgl. Klüber, Akten des Wiener Kongresses Bd. 6 S. 450; Freiherr Roth von Schreckenstein, Geschichte der Reichsritterschaft Bd. 2 S. 494. Am 26. Januar 1818 hat die Herzoglich Nassauische Regierung in der Frankfurter Bundesversammlung eine Erklärung über die Ausführung des Art. 14 der Bundesakte abgegeben, in der u. a. erwähnt ist, daß die Familie von Preuschen zu denjenigen Familien der Reichsritterschaft gehöre, die ehemals reichsunmittelbare Dorfschaften im Herzogtum besitzen (Protokolle der Bundesversammlung von 1818, sechste Sitzung § 20 S. 45).

Die formelle Legitimation der Antragsteller zur Anrufung des Staatsgerichtshofs kann hiernach nicht beanstandet werden.

IV.

Die Antragsteller behaupten: Art. 14 der Bundesakte habe ihnen — ebenso wie den ehemaligen Reichsständen — das absolute Souveränitätsrecht der Autonomie zugesichert, für das ausschließlich die Grundsätze der früheren deutschen Verfassung maßgebend seien. Im Gegensatz zu diesem absoluten Recht ständen die relativen Rechte — Anteil der Begüterten an Landstandschaft, Patrimonial- und Forstgerichtsbarkeit, Ortspolizei, Kirchenpatronat und privilegierter Gerichtsstand —, die nur nach Vorschrift der Landesgesetze ausgeübt werden dürften.

Art. 14 der Bundesakte hat folgenden Wortlaut: „Um den im Jahre 1806 und seitdem mittelbar gewordenen ehemaligen Reichsständen und Reichsangehörigen in Gemäßheit der gegenwärtigen Verhältnisse einen gleichförmig bleibenden Rechtszustand zu verschaffen, so vereinigen die Bundesstaaten sich dahin:

a) daß diese fürstlichen und gräflichen Häuser fortan nichtsdestoweniger zu dem hohen Adel in Deutschland gerechnet werden und ihnen das Recht der Ebenbürtigkeit in dem bisher damit verbundenen Begriff verbleibt;

b) sind die Häupter dieser Familien die ersten Standesherren in dem Staate, zu dem sie gehören. Sie und ihre Familien bilden die privilegierteste Klasse in demselben, insbesondere in Ansehung der Besteuerung;

c) es sollen ihnen überhaupt in Rücksicht ihrer Personen, Familien und Besitzungen alle Rechte und Vorgänge zugesichert werden oder bleiben, welche aus ihrem Eigentum und dessen ungestörten Genusse herrühren und nicht zu der Staatsgewalt und den höheren Regierungsrechten gehören. Unter vorerwähnten Rechten sind insbesondere und namentlich begriffen:

1. die unbeschränkte Freiheit, ihren Aufenthalt in jedem zu dem Bunde gehörenden oder mit demselben in Frieden lebenden Staat zu nehmen;

2. werden nach den Grundsätzen der früheren deutschen Verfassung die noch bestehenden Familienverträge aufrechterhalten und ihnen die Befugnis zugesichert, über ihre Güter und Familienverhältnisse verbindliche Verfügungen zu treffen, welche jedoch dem Souverän vorgelegt und bei den höchsten Landesstellen zur allgemeinen Kenntnis und Nachachtung gebracht werden müssen. Alle bisher dagegen erlassene Verordnungen sollen für künftige Fälle nicht weiter anwendbar sein;

3. privilegierter Gerichtsstand und Befreiung von aller Militärpflichtigkeit für sich und ihre Familien;

4. die Ausübung der bürgerlichen und peinlichen Gerechtigkeitspflege in erster, und wo die Besitzung groß genug ist, in zweiter Instanz, der Forstgerichtsbarkeit, Ortspolizei und Aufsicht in Kirchen- und Schulsachen, auch über milde Stiftungen, jedoch nach Vorschrift der Landesgesetze, welchen sie sowie der Militärverfassung und der Oberaufsicht der Regierungen über jene Zuständigkeiten unterworfen bleiben.

Bei der näheren Bestimmung der angeführten Befugnisse sowohl, wie überhaupt und in allen übrigen Punkten, wird zur weiteren Begründung und Feststellung eines in allen deutschen Bundesstaaten übereinstimmenden Rechtszustandes der mittelbar gewordenen Fürsten, Grafen und Herren die in dem Betreff erlassene Königl. Bayerische Verordnung vom Jahr 1807 als Basis und Norm unterlegt werden.

Dem ehemaligen Reichsadel werden die sub Nr. 1 und 2 angeführten Rechte, Anteil der Begüterten an Landstandschaft, Patrimonial- und Forstgerichtsbarkeit, Ortspolizei, Kirchenpatronat und der privilegierte Gerichtsstand zugesichert. Diese Rechte werden jedoch nur nach der Vorschrift der Landesgesetze ausgeübt.

In den durch den Frieden von Luneville vom 9. Februar 1801 von Deutschland abgetrennten und jetzt wieder damit vereinigten Provinzen werden bei Anwendung der obigen Grundsätze auf den ehemaligen unmittelbaren Reichsadel diejenigen Beschränkungen stattfinden, welche die dort bestehenden besonderen Verhältnisse notwendig machen."

Das Verständnis des Art. 14, dessen Fassung eine sehr mangelhafte ist, wird dadurch erschwert, daß die Entwürfe zu dieser Vorschrift wiederholt geändert wurden, ohne daß zum Ausdruck gebracht ist, aus welchem Grunde und zu welchem Zwecke die Änderung erfolgte. Die beiden ersten Verfassungsentwürfe, die von österreichischer Seite aufgestellt waren, enthielten die Bestimmung, daß dem ehemaligen unmittelbaren Adel die nämlichen Rechte und Vorzüge zugestanden werden sollten, wie den mittelbar gewordenen Reichsständen (Klüber, Akten des Wiener Kongresses Bd. 2 S. 4, 13). Ein dritter Verfassungsentwurf, den der österreichische Bevollmächtigte im Einverständnis mit der preußischen Regierung vorlegte, sicherte dem Reichsadel bestimmte Rechte — darunter auch das Recht der Autonomie — ohne Einschränkung zu (Klüber, Akten Bd. 2 S. 319). In der siebenten Konferenz vom 2. Juni 1815 erhielt der Abschnitt über den ehemaligen Reichsadel folgende Fassung:

„Dem ehemaligen Reichsadel werden die sub Nr. 1 und 2 angeführten Rechte (sc. unbeschränkte Freiheit des Aufenthalts und Autonomie), Anteil der Begüterten an der Landstandschaft, Patrimonial- und Forstgerichtsbarkeit, Ortspolizei und Kirchenpatronat und der privilegierte Gerichtsstand, alles jedoch nach Vorschrift der Landesgesetze, zugesichert." (Klüber, Akten Bd. 2 S. 488.)

Im zehnten Konferenzprotokoll vom 8. Juni 1815 ist dann beurkundet:

„Am Schluß des vorletzten Absatzes (sc. des Art. 14) wurde statt der Worte „alles jedoch nach Vorschrift der Landesgesetze" zu setzen beliebt: Diese Rechte werden jedoch nur nach der Vorschrift der Landesgesetze ausgeübt". (Klüber, Akten Bd. 2 S. 534).

Aus dem genannten Konferenzprotokoll geht hervor, daß am Morgen desselben Tages die Bevollmächtigten von Österreich, Preußen und Bayern eine Vorbesprechung abgehalten und auf Grund dieser „einige Modifikationen" des Entwurfs vorgeschlagen hatten (Klüber, Bd. 2 S. 351). Da die Änderung ohne Angabe von Gründen und ohne Debatte erfolgte, muß angenommen werden, daß nur eine stilistische Verbesserung, aber keine sachliche Abweichung beabsichtigt war. Diese Auslegung führt zu dem Ergebnis, daß nach der endgültigen Fassung des Art. 14 es den einzelnen Bundesstaaten überlassen wurde, die Autonomie des ehemaligen Reichsadels durch Landesgesetze zu regeln.

Zu dem gleichen Ergebnis gelangt man auch auf Grund einer anderen Erwägung. In den Eingangsworten des Art. 14 ist zwar gesagt, daß den ehemaligen Reichsständen „und Reichsangehörigen" ein gleichförmiger Rechtszustand verschafft werden solle, und unter „Reichsangehörigen" im Sinne dieser Bestimmung können nur die Angehörigen des ehemaligen Reichsadels verstanden werden (Klüber, Akten Bd. 2 S. 453, 469, 486). Allein dieser gleichförmige Rechtszustand sollte keineswegs ein identischer sein. Vielmehr macht Art. 14 einen scharfen Unterschied zwischen den Rechten der ehemaligen Reichsstände und den Rechten des ehemaligen Reichsadels. Nur die ehemaligen Reichsstände sollten zum hohen Adel Deutschlands gerechnet werden und das Recht der Ebenbürtigkeit behalten. Der ehemalige Reichsadel, der im wesentlichen aus der Reichsritterschaft bestand, bildete einen Bestandteil des niederen Adels (Freiherr Roth von Schreckenstein, Geschichte der Reichsritterschaft Bd. 2 S. 417). Das Recht der Ebenbürtigkeit kam für ihn überhaupt nicht in Frage. Nur die Häupter der ehemals reichsständischen Familien sollten „die ersten Standesherren" im Staate sein, dem sie zugehören; nur sie und ihre Familien sollten „die privilegierteste Klasse" in diesem Staate, insbesondere in Ansehung der Besteuerung, bilden. Dem ehemaligen Reichsadel wurde nur Anteil der Begüterten an der Landstandschaft zugesichert. Eine privilegierte Rechtsstellung vor dem landsässigen Adel wurde ihm nicht versprochen. Von Steuerprivilegien war bei ihm keine Rede. Den ehemaligen Reichsständen wurden durch eine Generalklausel in Rücksicht ihrer Personen, Familien und Besitzungen alle Rechte zugesichert, „welche aus ihrem Eigentum und dessen ungestörten Genusse herrühren und nicht zu der Staatsgewalt und den höheren Regierungsrechten gehören". Mit dieser allgemeinen Bezeichnung sind offenbar die droits seigneuriaux et féodaux, non essentiellement inhérent à la souveraineté gemeint, deren Aufrechterhaltung den ehemaligen Reichsständen in Art. 27 der Rheinbundakte vom 12. Juli 1806 versprochen, aber vielfach nicht gewährt worden war. Die Rechte des ehemaligen Reichsadels sind nicht in einer Generalklausel zusammengefaßt, sondern einzeln aufgezählt. Die Rheinbundakte enthielt keinen Vorbehalt zu seinen Gunsten; vielmehr war in Art. 25 ausdrücklich bestimmt:

„Chacun des Rois et Princes confédérés possédera en toute souveraineté les terres équestres enclavées dans ses possessions."

Die Befreiung von der Militärpflicht sollte nur für die Familien der ehemaligen Reichsstände gelten, nicht auch für die Familien des ehemaligen Reichsadels. Derselbe Unterschied bestand hinsichtlich der Ausübung der Rechtspflege, soweit sie nicht Patrimonial- und Forstgerichtsbarkeit war, hinsichtlich der Aufsicht in Schulsachen und über milde Stiftungen. Für den Rechtszustand der ehemaligen Reichsstände sollte die Bayerische Verordnung von 1807 als „Basis und Norm" zugrunde gelegt werden; für den Rechtszustand des ehemaligen Reichsadels sollte diese Verordnung nicht gelten. In der Sitzung der Frankfurter Bundesversammlung vom 2. März 1818 hat der württembergische Bevollmächtigte ausdrücklich erklärt:

„In Ansehung des ehemaligen Reichsadels (Reichsritterschaft) falle selbst der Anspruch auf eine analoge Anwendung der Königl. Bayerischen Verordnung weg, da seine Rechtsverhältnisse in Art. 14 der Bundesakte ohne Beziehung auf die ihn betreffenden Königl. Bayerischen Verordnungen festgesetzt worden seien." (Vollgraff, Die deutschen Standesherren. Zweite Ausgabe 1851 S. 582).

Für den Rechtszustand des ehemaligen Reichsadels war eine bestimmte Basis und Norm — also eine feste Richtschnur — in Art. 14 der Bundesakte überhaupt nicht festgesetzt worden. Hinsichtlich der ehemaligen Reichsstände war die Landesgesetzgebung durch die Normen der Bayerischen Verordnung vom 19. März 1807 gebunden, die unter A 12 eine besondere Bestimmung über Familienverträge und Sukzessionsverordnungen enthielt. Hinsichtlich des ehemaligen Reichsadels bestand eine solche Bindung nicht. Aus dem Umstand, daß die Autonomie der ehemaligen Reichsstände der einseitigen Regelung durch die Landesgesetzgebung entzogen war, folgt daher nicht, daß die Landesgesetzgebung auch die Autonomie des ehemaligen Reichsadels nicht antasten durfte. Sie war auf diesem Gebiete frei, solange nicht bestimmte Richtlinien zwischen den Bundesgliedern vereinbart waren.

V.

Der Vertreter der Freiherrn von Ritter hat die Behauptung aufgestellt, die Bayerische Verordnung von 1807 sei auch auf den ehemaligen Reichsadel anwendbar, da die Reichsritterschaft zu den mittelbar gewordenen „Herren" im Sinne des Art. 14 Abs. 2 gehöre. Der Ausdruck „Fürsten, Grafen und Herren" in der erwähnten Vorschrift ist offenbar aus der Bayerischen Verordnung vom 19. März 1807 entnommen, die in demselben Absatz ausdrücklich angeführt ist. Die Überschrift dieser Verordnung lautet „Kgl. Bayerische Deklaration, die Bestimmung der künftigen Verhältnisse der der königl. Souveränetät unterworfenen Fürsten, Grafen und Herren zu den verschiedenen Zweigen der Staatsgewalt betreffend" (Bayerisches Regierungsblatt 1807 S. 465). Auch im Text der Verordnung ist die Formel „Fürsten, Grafen und Herren" mehrfach verwendet (vgl. A 1, B 2, G 3, M 2 Abs. 2). In den Verfassungsgesetzen des Königreichs Bayern ist die erwähnte Formel stets eine Bezeichnung für den Hohen Adel gewesen. Dagegen ist die ehemalige Reichsritterschaft, die einen Bestandteil des niederen Adels bildet, in diesen Gesetzen niemals mit dem Ausdruck „Herren" bezeichnet worden. Die Rechtsverhältnisse der ehemaligen Reichsritterschaft in Bayern waren nicht durch die Verordnung vom 19. März 1807, sondern durch eine Verordnung vom 31. Dezember 1806 „die der königl. Souveränetät unterworfene Ritterschaft und ihre Hintersassen betreffend" (Bayerisches Regierungsblatt 1807 S. 193) geregelt worden. Beide Verordnungen sollten nebeneinander bestehen, wie aus einer dritten Verordnung vom 25. Mai 1807 hervorgeht, die den Titel führt: „Erläuterung der allerhöchsten Deklarationen vom 31. Dezember 1806 und 19. März laufenden Jahres über die künftigen staatsrechtlichen Verhältnisse der der königl. Souveränetät unterworfenen Fürsten, Grafen, Herren und Ritter in Beziehung auf die Bestätigung ihrer Familienverträge betreffend" (Bayerisches Regierungsblatt 1807 S. 890). Hier werden also die „Ritter" als eine besondere Klasse neben den „Herren" aufgeführt. Auch die beiden Edikte über die gutsherrlichen Rechte und die gutsherrliche Gerichtsbarkeit (sechste Verfassungsbeilage § 136, Bayerisches Gesetzblatt 1818 S. 274/275) und über die Familienfideikommisse (siebente Verfassungsbeilage §§ 102, 104, 105, Bayerisches Gesetzblatt 1818 S. 320) unterscheiden klar und deutlich zwischen den vormals reichsständischen Fürsten, Grafen und Herren einerseits und dem vormals unmittelbaren Reichsadel anderseits.

Zur Unterstützung der Ansicht, daß zu den „Herren" im Sinne des Art. 14 Abs. 2 auch die Reichsritterschaft gehöre, ist noch angeführt worden: In der Verfassung des Herzogtums Nassau seien die Mitglieder der ehemaligen Reichsritterschaft als „Herren" bezeichnet. Diese Verfassung sei älter als die Bundesakte. Ihr geistiger Urheber sei der preußische Minister Freiherr vom Stein gewesen. Aus diesen Gründen dürfe sie zur Auslegung des Art. 14 herangezogen werden. Richtig ist, daß der Freiherr vom Stein auf die Entstehung und den Inhalt der Nassauischen Verfassung von 1814 einen maßgebenden Einfluß gehabt hat (vgl. Max Lehmann, „Freiherr vom Stein". Kleine Ausgabe 1921 S. 534/535), auch daß nach dieser Verfassung eine besondere Abteilung der Landstände existierte, welche den Namen „Herrenbank" führte. Allein die Nassauische Herrenbank war keine Vertretung des ehemaligen Reichsadels, sondern eine gemeinsame Vertretung des hohen und niederen Adels in Nassau (vgl. Zachariä, Die deutschen Verfassungsgesetze der Gegenwart 1855 S. 753/754). Am Wiener Kongreß hat der Freiherr vom Stein nur als Berater des Kaisers von Rußland teilgenommen (Max Lehmann, S. 537). Die amtlichen Vertreter Preußens waren der Staatskanzler Fürst Hardenberg und der Gesandte Freiherr von Humboldt. Die Fassung des Art. 14 der Bundesakte beruht auf einem österreichischen Entwurf und auf einer Verständigung zwischen den Bevollmächtigten von Österreich, Preußen und Bayern (Klüber, Akten Bd. 2 S. 319, 531, 534). Für die Annahme, daß der Freiherr vom Stein beim Zustandekommen des Art. 14 in irgendeiner Form mitgewirkt hat, fehlt jeder Anhaltspunkt.

Hiernach kann die Auslegung, welche der Vertreter der Freiherrn von Ritter dem Begriff „Herren" in Art. 14 Abs. 2 gegeben hat, nicht als zutreffend anerkannt werden.

VI.

Art. 14 der Bundesakte bestimmt, daß „nach den Grundsätzen der früheren deutschen Verfassung" die bestehenden Familienverträge aufrechterhalten werden und neue verbindliche Verfügungen über Güter und Familienverhältnisse getroffen werden können. Aus diesen Worten darf nicht geschlossen werden, daß die alten Verträge und die neuen Verfügungen ihre Rechtsverbindlichkeit aus einer anderen, älteren oder höheren Rechtsquelle herleiten als aus den Landesgesetzen. Der Ausdruck „nach den Grundsätzen der früheren deutschen Verfassung" bezeichnet vielmehr eine Schranke, die für die Aufstellung autonomer Satzungen besteht (Löning, Die Autonomie der standesherrlichen Häuser Deutschlands (1905) S. 86). Die Familienverträge sollten „aufrechterhalten" werden, soweit sie nach dem Staatsrecht des alten deutschen Reichs zulässig waren. „Worüber schon damals die Hausverfassung nichts anzuordnen hatte, kann sie es auch jetzt nicht" (Graßmann-Piloty, Bayerisches Staatsrecht S. 198 Anm. 55). Das Verfassungsrecht des alten Reichs konnte im Wege der Autonomie nicht geändert werden (Gebhard, Die Autonomie des hohen und des vormals reichsritterschaftlichen Adels (1881) S. 6). Zu den Grundsätzen der früheren deutschen Verfassung gehörte auch die in zahlreichen Wahlkapitulationen anerkannte Rechtsnorm, daß Familienverträge nicht gegen Reichsgesetze und gegen die Rechte Dritter verstoßen durften (Löning, S. 75, 86; Schlund, Inaugural-Abhandlung über die Gültigkeit der Hausgesetze des hohen deutschen Adels (1842) S. 1). Ein anderer Grundsatz der früheren deutschen Verfassung bestimmte, daß die Hausgesetze nicht mit dem jus ecclesiasticum in Widerspruch stehen durften (Löning, Autonomie S. 43, 86; Graßmann-Piloty, Bayerisches Staatsrecht S. 196 Anm. 42.).

VII.

Der beste Beweis für die Richtigkeit der hier vertretenen Ansicht, daß die Autonomie des ehemaligen Reichsadels nur nach Vorschrift der Landesgesetze ausgeübt werden darf, ist die tatsächliche Anwendung, welche die Bestimmung des Art. 14 Abs. 3 in den deutschen Einzelstaaten gefunden hat.

Bayern hat dem ehemaligen Reichsadel das Recht der Autonomie niemals in vollem Umfang eingeräumt. Das bayerische Edikt über die Familienfideikommisse von 1818 enthält folgende Bestimmungen:

§ 104: Bei den Fideikommissen der Familien des vormals unmittelbaren Reichsadels, welche noch in ihrem alten Komplexe bestehen und nicht inzwischen an andere Besitzer übergegangen sind, treten die Bestimmungen ein, welche in Ansehung derselben in der Bundesakte gegeben waren, nach welcher in diesem Falle die bestehenden Familienverträge aufrechterhalten werden.

§ 105: Bei neuen Dispositionen zur Errichtung oder Vermehrung eines Fideikommisses sind die Mitglieder des vormals unmittelbaren Reichsadels an die im gegenwärtigen Edikte enthaltenen Bestimmungen gebunden.

Die bezeichneten Vorschriften werden allgemein dahin ausgelegt, daß Bayern zwar die alten Familienverträge der Reichsritterschaft aufrechterhält, dagegen ein Recht der Reichsritterschaft, neue autonome Satzungen aufzustellen, nicht anerkennt (vgl. v. Pözl, Lehrbuch des bayerischen Verfassungsrechts 5. Aufl. (1877) S. 140 Anm. 4; Roth, Bayerisches Zivilrecht 2. Aufl. Bd. 1 (1881) § 32 Anm. 46 S. 221 und § 8 S. 113; v. Seydel, Bayerisches Staatsrecht 2. Aufl. Bd. 1 S. 318; Graßmann-Piloty, Bayerisches Staatsrecht (1913) S. 190; Gebhard, Autonomie S. 40).

Baden hat in der Verordnung vom 23. April 1818 Nr. I § 3 ausdrücklich bestimmt, daß alle den vormaligen Reichsständen und den Mitgliedern der ehemaligen unmittelbaren Reichsritterschaft erteilten Vorrechte und Befugnisse nur „nach Vorschrift der Landesgesetze" und unter der Aufsicht des Staats ausgeübt werden dürfen (Großherzoglich Badisches Staats- und Regierungsblatt 1818 S. 45; vgl. auch Walz, Das Staatsrecht des Großherzogtums Baden (1909) S. 27).

In Württemberg sind die Rechtsverhältnisse der ehemaligen Reichsritterschaft durch eine allgemeine „Deklaration" vom 8. Dezember 1821 geregelt worden, während hinsichtlich der Rechtsverhältnisse der vormaligen Reichsstände auf Grund besonderer Verträge mindestens 18 verschiedene Deklarationen erlassen wurden (Wächter, Geschichte, Quellen und Literatur des Württembergischen Privatrechts Bd. 1 zweite Abteilung (1842) S. 926; Gebhard, Autonomie S. 27, 40). Der formelle Rechtsgrund für die Autonomie der reichsritterschaftlichen Familien ist also auch hier das vom Staat einseitig erlassene Landesgesetz. Außerdem ist anerkannt, daß die Familienstatuten der Verfassung sowie den absolut gebietenden oder verbietenden Gesetzen nicht zuwiderlaufen dürfen (Lang bei Gebhard, Autonomie S. 28).

In Hessen hat die ehemalige Reichsritterschaft das Recht der Autonomie zwar eine Zeitlang besessen, aber schon vor 75 Jahren wieder verloren. W. van Calker sagt in seinem „Staatsrecht des Großherzogtums Hessen" (1913) S. 21:

„Die Mitglieder der ehemaligen Reichsritterschaft und die adeligen Gerichtsherren besaßen ursprünglich eine Reihe von bedeutsamen Vorrechten wie Patrimonialgerichtsbarkeit, Autonomie u. a. Durch das Gesetz vom 7. August 1848 wurden diese Privilegien durchweg und für immer beseitigt."

In Preußen erging bald nach dem Schluß des Wiener Kongresses das Edikt, betreffend den Rechtszustand der dem preußischen Staat als Standesherren untergeordneten vormaligen reichsständischen Landesherren vom 21. Juni 1815 (Pr. GS. 1815 S. 105). Dieses Edikt hatte den Zweck, die Vorrechte der dem preußischen Staat einverleibten ehemaligen Reichsstände festzusetzen. Gleichzeitig aber wiederholte und bestätigte es alles dasjenige, was dem ehemals unmittelbaren Reichsadel in Art. 14 der deutschen Bundesakte „versichert" worden war.

Die Bestätigung der dem ehemaligen Reichsadel in Art. 14 zugesicherten Rechte hatte für die preußischen Provinzen auf dem rechten Rheinufer keine praktische Bedeutung, da dort — soweit bekannt — Familien der ehemaligen Reichsritterschaft nicht ansässig waren. Hinsichtlich der ehemals unmittelbaren Reichsritterschaft im Rheinland, die auch als rheinischer ritterbürtiger Adel bezeichnet wird — Gebhard, Autonomie S. 42 — ergingen die Kabinettsordre vom

16. Januar 1836 und die Verordnung vom 21. Januar 1837 (Pr. GS. 1837 S. 7). Die zuletzt genannte Verordnung gewährte keine volle Autonomie hinsichtlich der Güter und Familienverhältnisse, sondern nur eine Erweiterung der Testierfreiheit. Nach der herrschenden Ansicht, der sich auch die Redaktoren des Entwurfs zum Bürgerlichen Gesetzbuch angeschlossen haben, ist die der Rheinischen Ritterschaft eingeräumte autonomische Dispositionsbefugnis überhaupt keine echte Autonomie; die auf Grund dieser Befugnis getroffenen Verfügungen sind nicht Rechtsnormen, sondern Rechtsgeschäfte (Gebhard, Autonomie S. 44).

VIII.

An und für sich ist es schon sehr unwahrscheinlich, daß ein Recht, dessen Inhalt und Umfang von der Landesgesetzgebung abhängt, eine disposition d'un intérêt majeur et permanent im Sinne der Eingangsworte der Wiener Kongreßakte sein soll, die durch Art. 64 dieses Vertrags einen erhöhten völkerrechtlichen Schutz erhalten hat.

Die Unterscheidung, welche die Antragsteller zwischen den allgemeinen und den besonderen Bestimmungen der deutschen Bundesakte machen wollen, ist unhaltbar, wie sich aus folgenden Erwägungen ergibt:

Nicht bloß die besonderen Bestimmungen der deutschen Bundesakte (Art. 13 bis 20) sind in die Wiener Kongreßakte aufgenommen, sondern auch die allgemeinen (Art. 1 bis 11). Letztere sind der Wiener Kongreßakte sogar wörtlich einverleibt worden (Art. 53 bis 63), während Art. 64 nur in einer Generalklausel auf die besonderen Bestimmungen der Bundesakte verweist. Die Bundesakte selbst sagt im Eingang zu den besonderen Bestimmungen, daß die Art. 12 bis 20 gleiche Kraft mit den Art. 1 bis 11 haben sollen. Art. 118 der Wiener Kongreßakte bestimmt: „Les traités, conventions, déclarations, qui se trouvent annexés au présent acte, sont considérés comme parties intégrantes des arrangemens du congrès et auront partout la même force et valeur que s'ils étaient insérés mot à mot dans le traité général". Zu den Verträgen, die als Annex der Wiener Kongreßakte beigefügt sind, gehört auch die deutsche

Bundesakte (Art. 118 Nr. 9). Wenn Art. 64 den besonderen Bestimmungen der deutschen Bundesakte einen erhöhten völkerrechtlichen Schutz verleihen würde, so müßte dieser Schutz sich auf den ganzen Abschnitt der besonderen Bestimmungen erstrecken. In dem genannten Abschnitt sind aber zahlreiche Übergangsbestimmungen und Vereinbarungen vorübergehender Natur enthalten (Art. 15, 16 Abs. 2, 17, 19, 20), bei denen von einem intérêt majeur et permanent keine Rede sein kann. Auch hinsichtlich des Art. 12, der lediglich Fragen der Gerichtsorganisation betrifft, ist nicht ersichtlich, welches Interesse die Signatarmächte des Wiener Kongresses an der unveränderten Aufrechterhaltung dieser Bestimmung gehabt haben sollten.

Im übrigen hat die Aufnahme der deutschen Bundesakte in die Wiener Kongreßakte gar nicht die Bedeutung, welche ihr die Antragsteller beilegen. Aus den Beschlüssen der deutschen Bundesversammlung vom 18. September 1834 und vom 17. Juli 1851 — abgedruckt in dem Corpus juris Confoederationis Germanicae von Meyer, 3. Aufl. von Zöpfl (1858) Teil II S. 310, 558 — geht hervor, daß diese Aufnahme nur die völkerrechtliche Anerkennung des neuen Staatenbundes, seiner Mitglieder und seines Organs, der Bundesversammlung, enthielt, aber nicht die Befugnis gewährte, sich in die inneren Angelegenheiten des deutschen Bundes einzumischen.

IX.

Auch der Beschluß der Aachener Konferenz vom 7. November 1818 (Meyer-Zöpfl, Corpus juris Confoederationis Germanicae Teil II S. 75) kann keine Schranke für die Landesgesetzgebung bilden, da er sich überhaupt nicht auf die ehemalige Reichsritterschaft bezieht. Das Protokoll vom 7. November 1818 trägt die Überschrift „Affaire des médiatisés“. Nach einem festen Sprachgebrauch werden seit den Tagen des Wiener Kongresses unter den „Mediatisierten“ nur die mittelbar gewordenen ehemaligen Reichsstände verstanden (Klüber Akten Bd. 2 S. 318 Text und Anm., S. 445, 447, 452, 467, 474, 475, 492). Den äußeren Anlaß zu dem Beschluß der Aachener Konferenz bot eine Eingabe, welche die Fürsten Wilhelm von Bentheim-Steinfurt und Georg Löwenstein-Wertheim, also zwei Vertreter ehemals reichsständischer Familien, au nom et par autorisation des Princes et Comtes d'Allemagne médiatisés an die in Aachen versammelten Souveräne und Minister gerichtet hatten. Ein wesentlicher Punkt der Eingabe betraf die Ausführung des Art. 6 Abs. 2 der deutschen Bundesakte, welcher den mediatisierten vormaligen Reichsständen einige Kurialstimmen im Plenum der deutschen Bundesversammlung in Aussicht gestellt hatte. Die Gesuchsteller werden im Konferenzprotokoll als „la haute noblesse de l'Allemagne" bezeichnet, was auf die ehemalige Reichsritterschaft in keiner Weise zutrifft. In welchem Sinne die Worte „Etats de l'Empire" gemeint sind, ergibt sich klar und deutlich aus folgendem Satz des Protokolls:

„La question de savoir, si on doit accorder quelques voix collectives aux anciens Etats de l'Empire médiatisés, étant réservée par l'article VI de la Confédération à la décision de la diète et étant remise à son libre arbitre, cette décision ne peut être du ressort légal des Puissances".

Hier wird ausdrücklich auf Art. 6 der Bundesakte verwiesen, in dem von der Reichsritterschaft keine Rede ist.

X.

Auch die Vorschriften in Art. 58 und 63 der Wiener Schlußakte vom 15. Mai 1820 sind nicht geeignet, den Standpunkt der Antragsteller zu rechtfertigen. Art. 58 betraf bundesmäßige Pflichten der einzelnen Staaten gegen den Bund, die mit der Auflösung des Bundes 1866 weggefallen sind. Hier handelt es sich um Rechte des ehemaligen Reichsadels gegenüber den Einzelstaaten. Die in Art. 63 begründete Zuständigkeit der Bundesversammlung bezog sich nicht bloß auf das Recht der Autonomie, sondern auch auf alle übrigen, in Art. 14 angeführten Rechte. Nach dem Eingang des Art. 14 war die Bundesversammlung befugt, auf die Herstellung eines gleichförmigen Rechtszustandes auch hinsichtlich der „Reichsangehörigen" hinzuwirken. Schon aus diesem Gesichtspunkt ergab sich ihre Legitimation zur Annahme von Beschwerden des ehemaligen Reichsadels.

Das „unveränderliche" preußische Gesetz vom 21. Juni 1815 ist nicht bloß seit 1848 veraltet und überholt, sondern durch § 41 Nr. 7 des preußischen Adelsgesetzes vom 23. Juni 1920 auch formell aufgehoben. Diese Aufhebung würde auch bestehen bleiben, wenn der übrige Inhalt des Adelsgesetzes nicht rechtswirksam wäre.

In dem Patent der preußischen Regierung vom 3. Oktober 1866 betr. die Besitznahme des vormaligen Herzogtums Nassau (Pr. GS. S. 597) ist gesagt:

„Wir wollen die Gesetze und Einrichtung der bisherigen Nassauischen Lande erhalten, soweit sie der Ausdruck berechtigter Eigentümlichkeiten sind und in Kraft bleiben können, ohne den durch die Einheit des Staates und seiner Interessen bedingten Anforderungen Eintrag zu tun".

Ein unbedingtes Versprechen, die berechtigten Eigentümlichkeiten des in Nassau geltenden Landesrechts aufrecht zu erhalten, ist also nicht gegeben worden.

Ein weiteres Eingehen auf die übrigen Ausführungen der Antragsteller erscheint nicht erforderlich, wenn Art. 14 in dem Sinne auszulegen ist, wie dies hier geschieht.

In der Streitsache

des Landes Lübeck

gegen

das Land Mecklenburg-Schwerin

wegen Erlasses einer einstweiligen Verfügung

hat der Staatsgerichtshof für das Deutsche Reich in der Sitzung vom 10. Oktober 1925 für Recht anerkannt:

Bis zur Entscheidung in der Hauptsache wird dem Lande Mecklenburg-Schwerin die Ausübung der Fischereihoheit und der Schiffahrtspolizei in der Travemünder Bucht bis zur Linie Gömnitzer Turm—Pohnsdorfer Mühle—Steinrifftonne—Mündung der Harkenbeck untersagt. Die Ausübung dieser Rechte bis zu der bezeichneten Linie steht so lange allein der Freien und Hansastadt Lübeck zu.

Die weitergehenden Anträge werden zurückgewiesen.

Aus den Gründen:

... Näher zu prüfen war die Frage der Zulässigkeit des Erlasses einer einstweiligen Verfügung im Verfahren vor dem Staatsgerichtshof. Sie ist zu bejahen, wie denn auch von den Parteien in dieser Beziehung keine Zweifel geäußert worden sind. Der Staatsgerichtshof ist nicht nur dazu berufen, Rechtsfragen zu beantworten, sondern er fällt Entscheidungen, die durch den Reichspräsidenten vollstreckt werden (Art. 19 Abs. 2 RVerf.). Die Möglichkeit einer Vollstreckung in jedem Fall braucht nicht untersucht zu werden; hier besteht sie. Sind die Parteien aber der Gerichtsbarkeit des Staatsgerichtshofs in der Weise unterworfen, daß ein durch dessen Entscheidung angeordneter Zustand für die Dauer zwangsweise herbeigeführt werden kann, so ist nicht einzusehen, weshalb der Staatsgerichtshof nicht auch zu einer vorläufigen Regelung befugt sein soll, wenn sie aus besonderen Gründen erforderlich ist. Einer ausdrücklichen Ermächtigung durch den Gesetzgeber bedurfte es hierzu nicht. Dafür aber, daß der Erlaß einstweiliger Verfügungen ausgeschlossen sein soll, liegt nichts vor. Die Entstehungsgeschichte des Gesetzes über den Staatsgerichtshof vom 9. Juli 1921 (RGBl. S. 905) ergibt dafür nichts. In §§ 23, 31 daselbst ist es dem Präsidenten des Reichsgerichts überlassen worden, das Verfahren und den Geschäftsgang des Staatsgerichtshofs durch eine Geschäftsordnung zu regeln. Diese Geschäftsordnung schließt den Erlaß einstweiliger Verfügungen nicht aus, ebensowenig wie es die des vorläufigen Staatsgerichtshofs getan hat. Sie schweigt darüber; sie regelt überhaupt nur einzelne Punkte, bei denen dies als notwendig oder doch als zweckmäßig erschienen sein wird, und überläßt alles andere dem freien Ermessen des Gerichtshofs. Aus dem Schweigen der Geschäftsordnung ist die Unzulässigkeit einstweiliger Verfügungen nicht zu folgern. Eine dem § 945 ZPO. entsprechende Vorschrift, die den Antragsteller zum Schadensersatz verpflichtet, wenn sich die angeordnete Maßnahme als ungerechtfertigt erweist, ist zwar nicht getroffen worden. Das Bedenken, das hieraus hergeleitet werden könnte, ist aber nicht durchschlagend.

Die Voraussetzungen für den Erlaß einer einstweiligen Verfügung durch den Staatsgerichtshof sind nach den entsprechend anzuwendenden zivilprozessualen Vorschriften zu beurteilen. Hier kommt vornehmlich § 940 ZPO. in Betracht, wonach einstweilige Verfügungen auch zum Zweck der Regelung eines einstweiligen Zustands in bezug auf ein streitiges Rechtsverhältnis zulässig sind, sofern diese Regelung insbesondere bei dauernden Rechtsverhältnissen zur Abwendung wesentlicher Nachteile oder zur Verhinderung drohender Gewalt oder aus anderen Gründen nötig erscheint. Ein dem ähnlicher Tatbestand ist in dem vorliegenden Falle gegeben. (Wird ausgeführt.) ...

FSC
www.fsc.org
MIX
Papier | Fördert gute Waldnutzung
FSC® C083411

Kolibri 360 GmbH
Ferdinand-Jühlke-Straße 7
99095 Erfurt, Deutschland
produktsicherheit@kolibri360.de